Nikolaus G. Kogler
ZWISCHEN FREIHEIT UND KNEBELUNG
Die Tagespresse Tirols von 1914 bis 1947

TIROLER WIRTSCHAFTSSTUDIEN

Schriftenreihe der Jubiläumsstiftung

der Kammer der gewerblichen Wirtschaft

53. Folge

Nikolaus G. Kogler

Zwischen Freiheit und Knebelung

Die Tagespresse Tirols
von 1914 bis 1947

UNIVERSITÄTSVERLAG WAGNER · INNSBRUCK

Schriftleitung der Reihe: em. Univ.-Prof. Dr. ADOLF LEIDLMAIR, Innsbruck

Für den Inhalt ist der Verfasser verantwortlich.

Die Deutsche Bibliothek - CIP-Einheitsaufnahme

Kogler, Nikolaus G.:
Zwischen Freiheit und Knebelung : die Tagespresse Tirols von 1914 bis 1947 / Nikolaus G. Kogler. - Innsbruck : Wagner, 2000
   (Tiroler Wirtschaftsstudien ; Folge 53)
   ISBN 3-7030-0346-4

ISBN 3-7030-0346-4

Copyright © 2000 by Universitätsverlag Wagner, A-6010 Innsbruck

Das Werk ist urheberrechtlich geschützt. Die dadurch begründeten Rechte, insbesondere die der Übersetzung, des Nachdruckes, der Entnahme von Abbildungen, der Funksendung, der Wiedergabe auf photomechanischem oder ähnlichem Wege und der Speicherung in Datenverarbeitungsanlagen, bleiben, auch bei nur auszugsweiser Verwertung, vorbehalten.

Herstellung: Grasl Druck & Neue Medien, A-2540 Bad Vöslau

Printed in Austria

Inhaltsverzeichnis

Vorwort 11
Einleitung 13

Teil I

1. **Presse- und Pressegeschichtsforschung** 15
    1.1 Definitionen / Terminologie 15
2. **Die Tiroler Pressegeschichte im Überblick** 20
    2.1 Themenabgrenzung und Rechtfertigung 20
    2.2 Bestandsaufnahme des Forschungsstandes 21
    2.3 Die Tiroler Presse bis 1914 (Zusammenfassung) 23
    2.4 Die wirtschaftliche Entwicklung Tirols 28
3. **Die presserechtliche Situation** 32
    3.1 Zensur, Pressefreiheit, Presselenkung, Aus- und Gleichschaltung, Lizenzierung 32
4. **Die Forschungsaufgabe** 41
    4.1 Allgemeines 41
    4.2 Die Entwicklung der Tiroler Presse 1914 bis 1947. Ein Überblick . . . 43
        4.2.1 Die Zeit bis zum Ende des Ersten Weltkrieges . . . 43
        4.2.2 November 1918 bis zum Anschluß 1938 49
        4.2.3 März 1938 bis 1947 57

Teil II

1. **Die einzelnen Tageszeitungen von 1914 bis 1947** 71
    1.1 Innsbrucker Nachrichten (mit Abend- und Sonntagsblatt) . . . 71
        1.1.1 Daten zur äußeren Struktur 71
        1.1.2 Allgemeine Chronik (mit Verlagsgeschichte) 79
            1.1.2.1 Der Verlag Wagner 79
            1.1.2.2 Die 'IN' 1854–1918 83
            1.1.2.3 1918–1938 87
            1.1.2.4 1938–1945 93
    1.2 Innsbrucker Neueste/Neueste Morgenzeitung/Neueste Zeitung . . . 100
        1.2.1 Daten zur äußeren Struktur 100
        1.2.2 Allgemeine Chronik 105
    1.3 Volks-Zeitung/Deutsche Volks-Zeitung 113
        1.3.1 Daten zur äußeren Struktur 113
        1.3.2 Allgemeine Chronik 120
            1.3.2.1 Die 'VZ' 1892–1918 120
            1.3.2.2 Die 'VZ' 1918–1938 126
            1.3.2.3 1938–1939 137
            1.3.2.4 1945–1957 139
    1.4 (Neue) Tiroler Stimmen 144
        1.4.1 Daten zur äußeren Struktur 144
        1.4.2 Allgemeine Chronik (mit Verlagsgeschichte) 146

1.5	(Allgemeiner) Tiroler Anzeiger mit IZ – Innsbrucker Zeitung	153
	1.5.1 Daten zur äußeren Struktur	153
	1.5.2 IZ – Innsbrucker Zeitung – Daten zur äußeren Struktur	159
	1.5.3 Allgemeine Chronik – 'ATA' und 'IZ'	161
	1.5.3.1 Der Verlag	161
	1.5.3.2 Der 'ATA' 1908–1918	168
	1.5.3.3 1918–1938	171
1.6	Sonderfall: Tiroler Soldaten-Zeitung	182
	1.6.1 Daten zur äußeren Struktur	182
	1.6.2 Allgemeine Chronik	183
1.7	Amtsblätter	185
	1.7.0 Amtliche Publizistik	185
	1.7.1 Der Bote für Tirol	186
	1.7.1.1 Daten zur äußeren Struktur	186
	1.7.1.2 Allgemeine Chronik	189
	1.7.2 (Neuer) Außferner Bote	198
	1.7.2.1 Daten zur äußeren Struktur	198
	1.7.2.2 Allgemeine Chronik	201
1.8	Alpenland	206
	1.8.1 Daten zur äußeren Struktur	206
	1.8.2 Allgemeine Chronik	209
1.9	Tiroler Grenzbote/Tiroler Volksblatt	217
	1.9.1 Daten zur äußeren Struktur	217
	1.9.2 Allgemeine Chronik	224
	1.9.2.1 Der 'TG' 1871–1918	224
	1.9.2.2 1918–1938	226
	1.9.2.3 1938–1945 und das Wiedererscheinen 1952	234
1.10	Lienzer Zeitung	238
	1.10.1 Daten zur äußeren Struktur	238
	1.10.2 Allgemeine Chronik	239
1.11	Nordtiroler Zeitung	243
	1.11.1 Daten zur äußeren Struktur	243
	1.11.2 Allgemeine Chronik	245
1.12	Die Tyrolia-Lokalblätter	248
	1.12.0 Allgemeines	248
	1.12.1 Die Post/Tiroler Post/Oberländer Wochenpost/Der Oberländer	249
	1.12.2 Außferner Zeitung	251
	1.12.3 Lienzer Nachrichten	252
	1.12.4 Tiroler Land-Zeitung	254
	1.12.4.1 Daten zur äußeren Struktur	254
	1.12.4.2 Allgemeine Chronik	257
	1.12.5 Schwazer Lokal-Anzeiger	260
	1.12.6 Wörgler Anzeiger	261
	1.12.7 Kitzbüheler Anzeiger	262
1.13	Tiroler Bauern-Zeitung/Tiroler Landbote/Der Landbote	264
	1.13.0 Vorbemerkung	264
	1.13.1 Daten zur äußeren Struktur	264

	1.13.2 Allgemeine Chronik	269
	1.13.2.1 Die 'TBZ' 1902–1938	269
	1.13.2.2 Die 'TBZ' 1938–1945 und ihr Wiedererscheinen	273
1.14	Bozner Zeitung	278
	1.14.1 Daten zur äußeren Struktur	278
	1.14.2 Allgemeine Chronik	280
1.15	Meraner Zeitung/Südtiroler Landeszeitung	285
	1.15.1 Daten zur äußeren Struktur	285
	1.15.2 Allgemeine Chronik	288
1.16	Bozner Nachrichten	296
	1.16.1 Daten zur äußeren Struktur	296
	1.16.2 Allgemeine Chronik	298
1.17	Der Burggräfler	302
	1.17.1 Daten zur äußeren Struktur	302
	1.17.2 Allgemeine Chronik	304
1.18	Tiroler Volksblatt	311
	1.18.1 Daten zur äußeren Struktur	311
	1.18.2 Allgemeine Chronik	313
1.19	Brixener Chronik/Brixener Bote für das Eisack- und Pustertal	319
	1.19.1 Daten zur äußeren Struktur	319
	1.19.2 Allgemeine Chronik	323
1.20	Der Tiroler/Der Landsmann	330
	1.20.1 Daten zur äußeren Struktur	330
	1.20.2 Allgemeine Chronik	333
	Exkurs: Das Schicksal der Südtiroler Tagespresse unter italienischer Verwaltung und ihre Gleich- und Ausschaltung im Faschismus	338
1.21	Tiroler Tageszeitung	345
	1.21.1 Daten zur äußeren Struktur	345
	1.21.2 Allgemeine Chronik	347
1.22	Tiroler Nachrichten	355
	1.22.1 Daten zur äußeren Struktur	355
	1.22.2 Allgemeine Chronik	357
1.23	Tiroler Neue Zeitung	364
	1.23.1 Daten zur äußeren Struktur	364
	1.23.2 Allgemeine Chronik	366

2. Personelle Kontinuitäten im Tiroler Tagesjournalismus von der I. bis zum Beginn der II. Republik ... 370
  2.1 Allgemeines ... 370
  2.2 Die vier Tageszeitungen 1945–1947 ... 372
  2.3 Die Personen ... 374

3. Zusammenfassung ... 388

4. Ausblick ... 407

Abkürzungen ... 411
Quellen- und Literaturverzeichnis ... 413
Verzeichnis der Graphiken und Tabellen ... 427
Register: Personen – Druckereien – Verlage ... 428

Meiner Familie

„Eine freie, nicht von der öffentlichen Gewalt gelenkte, keiner Zensur unterworfene Presse ist ein Wesenselement des freiheitlichen Staates; insbesondere ist eine freie, regelmäßig erscheinende politische Presse für die moderne Demokratie unentbehrlich."

(Das Bundesverfassungsgericht der Bundesrepublik Deutschland über Pressefreiheit)

„Das Gesetz der öffentlichen Meinung ist das Gravitationsgesetz der politischen Geschichte."

José Ortega y Gasset

Vorwort

Das oben angeführte Zitat Ortega y Gassets aus seinem Werk „Der Aufstand der Massen" soll schon zu Beginn der vorliegenden Arbeit verdeutlichen, daß die öffentliche Meinung, wie immer man sie auch definieren mag, einen wesentlichen Faktor in der Geschichtsforschung, insbesondere der Zeitgeschichte, darstellt.

„Öffentliche Meinung" ist ein zutiefst politischer, aber auch gesellschaftlich-kultureller und im weitesten Sinn auch ein wirtschaftlicher und rechtlicher Begriff – ein Begriff also, den man nicht singulär im Raum stehen lassen und erfassen kann, sondern den man immer in seinem jeweiligen historischen Umfeld betrachten muß. Genauso verhält es sich mit publizistischer Forschung, mit Medien- und damit auch mit der Pressegeschichtsforschung.

Ohne die gegenseitigen Verflechtungen der Medien, hier der Presse, und der vielfach von ihnen mitbestimmten öffentlichen Meinung mit dem gesamten gesellschaftlichen Umfeld darzustellen, kann Pressegeschichte den heutigen Anforderungen des Faches der Publizistik nicht mehr genügen.

Aufgabe der Geschichte sei es, so Ortega y Gasset weiter, „zu zeigen, daß die öffentliche Meinung keine verstiegene Forderung, sondern eine immer und in jedem Augenblick wirkende Realität in der menschlichen Gesellschaft ist". Um nun, wie in dieser Arbeit, eine Geschichte der Tiroler Tagespresse in dem sehr sensiblen Zeitabschnitt der Jahre 1914 bis 1947 dokumentieren zu können, bedarf es also der Vernetzung all dieses historischen Umfeldes; denn die Besonderheiten der Entwicklung der Tiroler Presse werden erst bei der Gesamtschau dieser Rahmenbedingungen, in die eben die Presse eingebettet ist, sichtbar und besser verständlich.

Für viele Entwicklungen der Tiroler Presse bis herauf in die Gegenwart liegen die tieferen Ursachen in gerade diesem Untersuchungszeitraum, der von der österreichischen Presseforschung bislang eher vernachlässigt wurde und im Puzzle der Bundesländer-Mediengeschichte noch immer einen weitgehend weißen Fleck darstellt.

Es existieren zwar zwei – lückenhafte – Arbeiten zur Entwicklung der Tiroler Zeitungen bis in die Zeit der Ersten Republik, die jedoch nationalsozialistisch belastet sind, einige Dissertationen, die Einzelprobleme dieses Zeitraums streifen sowie eine Dissertation zur öffentlichen Meinung anhand ausgewählter zeitgeschichtlicher Ereignisse in Österreich respektive Tirol, mit einem Verzeichnis aller Tiroler Publikationen bis ins Jahr 1934, die aber die Tageszeitungen nur beiläufig behandelt (siehe Pkt. 2.2).

Eine umfassende, in die allgemeine Geschichte eingefügte Pressedarstellung über die Zeit von 1914 bis in die Gegenwart fehlt aber bisher. Diese Lücke bis herauf in die Zeit nach dem Zweiten Weltkrieg zu schließen ist die Intention dieser Arbeit. Es soll vor allem eine systematische Erschließung des Problembereiches sein und eine Art Handbuch der Tagespresse in Tirol ergeben; darauf aufbauend können weitere inhaltsanalytische Arbeiten folgen. Es wird auch im Jahr 1947 anzuknüpfen und die Pressegeschichte Tirols bis zum aktuellen Stand fortzuschreiben sein.

Mit der vorliegenden Forschungsarbeit soll zwar ein Katalog von im wesentlichen quantitativen Fakten entstehen, darüber hinaus war es aber mein Anliegen, auch inhaltliche Kriterien und Aussagen festzuschreiben und damit fortlaufend die Querverbindungen zur allgemeinen historischen Entwicklung im Untersuchungszeitraum sichtbar zu machen.

Im Hauptabschnitt der Arbeit (Teil II) werden die Zeitungen in Einzeldarstellungen für den gesamten Untersuchungszeitraum festgehalten, womit sich ein übersichtliches Kompendium ergeben soll.

Im ersten Teil der Arbeit werden einführende, publizistikwissenschaftlich relevante Dinge behandelt, der bisherige Forschungsstand dokumentiert, die Tiroler Presse vor 1914 kurz dargestellt, die wirtschaftliche Entwicklung und die presserechtliche Situation Österreichs und im besonderen Tirols dargelegt.

Herzlichen Dank möchte ich an dieser Stelle meiner Familie und allen jenen Personen zukommen lassen, die durch ihre Hilfe diese Arbeit ermöglicht und erleichtert haben, vor allem den Damen und Herren in den Archiven, Verlagen und Bibliotheken in Innsbruck und Salzburg sowie Andrea und Peter Kogler, Hanka Thiemeier und Rupert Fischer, Klaudia und Helmut Kienpointner.

Mein besonderer Dank für die mehr als geduldige Betreuung und Unterstützung gilt Herrn Univ.-Prof. Dr. Michael Schmolke, der mir auch nach mehreren Unterbrechungen der Arbeit, wenn der Faden gerissen war, immer wieder aufmunternd mit Lob, Kritik und Anregungen zur Seite stand.

NIKOLAUS G. KOGLER

Einleitung

Tiefgreifende Veränderungen im österreichischen und tirolischen Pressewesen fanden im gewählten Untersuchungszeitraum statt. Erster Weltkrieg, Auseinanderbrechen der Monarchie und Verlust von Absatzgebieten, Wirtschaftskrisen, Aufbau und Zerfall der Demokratie, Bürgerkrieg, das Ausmerzen des jungen österreichischen Staates durch den Nationalsozialismus, mühsamer Neubeginn nach den Schrecken des Zweiten Weltkrieges. In all diese Ereignisse war immer auch die Presse eingebunden.

Durch Lehrveranstaltungen Dr. Schmolkes im Laufe des Studiums für pressehistorische Themen, vor allem für die Publizistikgeschichte des Nationalsozialismus, besonders sensibilisiert, reifte die Fragestellung nach der Geschichte der Tiroler Presse. Die Recherche nach einer eventuell schon vorliegenden gründlichen wissenschaftlichen Aufarbeitung ergab, daß das Thema zwar punktuell in mehreren Arbeiten gestreift, nie aber umfassend untersucht wurde.

Somit soll diese Arbeit einen Teil zur Erforschung der neueren Geschichte meines Heimatlandes beitragen und dieses noch wenig erforschte Gebiet etwas aufhellen.

Am Beginn der Arbeit stand als willkommener Bezugspunkt auch das Gedenkjahr 1988 mit dem 50. Jahrestag des Hitler-Einmarsches in Österreich. Auch deshalb soll hier eine kritische Aufarbeitung des Nazi-Systems mit all seinen ungeheuerlichen Auswirkungen, nicht zuletzt auch auf die Presse des Landes, erfolgen und ihren Teil zur – besonders bei Zeitungen oft nicht existenten – Vergangenheitsaufarbeitung beitragen.

Die Geschichte der Tiroler Tagespresse (wie auch der österreichischen) ist gleichzeitig eine Geschichte der Zensur, der Kriegswirtschaft, der galoppierenden Inflation, wirtschaftlicher Auszehrung, der (presse-)rechtlichen Befreiung und Wiedereinschnürung, des Kampfes um die Demokratie, des Parteienhaders, der Pressekonzentration, eine Geschichte der Unterdrückung durch publizistische Aus- und Gleichschaltmechanismen, aber auch des Opportunismus einerseits und der Pressearbeit in der Illegalität andererseits, des Wiederaufbaues und der nicht bewältigten Vergangenheit, die sich nach dem Zweiten Weltkrieg in vielerlei personellen Kontinuitäten aus Austrofaschismus und Nationalsozialismus manifestiert.

Eine Besonderheit der Untersuchung liegt in der Tatsache der Trennung des Landes Tirol als Folge des Ersten Weltkrieges, weshalb für diese Arbeit auch nicht der Titel „Pressegeschichte des ‚Bundeslandes' Tirol" gewählt wurde.

Es wird das Ziel dieser Dissertation sein, alle deutschsprachigen Tageszeitungen Nord- und Osttirols von 1914 bis 1947 dokumentarisch zu erfassen. Die deutschsprachige Tagespresse Südtirols wird ausführlich nur von 1914 bis 1918 erfaßt sowie zusammenfassend das Ende im italienischen Faschismus beschrieben. Die Zeiträume vor 1914 und nach 1918 sind durch ausführliche Dissertationen abgedeckt (siehe Kap. 2.2).

Meine vor allem quantitative Darstellung sollte für weitere (insbesonders inhaltsanalytische) Forschungsarbeiten eine Grundlage schaffen; ebenso natürlich für die Fortschreibung der Pressegeschichte Tirols nach 1947 bis in die Gegenwart.

Als Tageszeitungen wurden hier auch jene Publikationen gewertet, die zwei- bzw. dreimal wöchentlich erschienen sind. Diese heute nicht mehr gebräuchliche Form kann nach damaliger Wirkungsweise aber als Tageszeitung definiert werden.

Die Arbeit wird zum Teil auch eine zur Verlagsgeschichte sein, gab es in Tirol doch eine Vormachtstellung der Verlage Tyrolia und Wagner sowie einen Pressekonzentrationsprozeß ab ca. 1915 bis in die 20er Jahre, den diese Verlage bestimmten.

Die Untersuchung wurde in zwei Hauptteile gegliedert: Der erste wird den allgemeinen, erklärenden Hintergrund abgeben, Definitionen liefern, das Thema abgrenzen, eine Bestandsaufnahme des Tiroler Forschungsstandes beinhalten und die Tiroler Tagespresse bis zum Beginn des Untersuchungszeitraumes skizzieren. Ergänzend wird auch der allgemeine wirtschaftliche Werdegang Tirols beleuchtet.

Mit der Darstellung der presserechtlichen Rahmenbedingungen, der Erklärung der Forschungsaufgabe und einer Zusammenfassung der Entwicklung der Tiroler Presse im Untersuchungszeitraum wird zum eigentlichen Hauptteil übergeleitet.

Dieser Teil wird die Tageszeitungen jeweils in Einzeldarstellungen untersuchen, wobei folgende Fakten zu berücksichtigen waren: allgemeine Chronik der Zeitung, Titel, Untertitel, Erscheinungsweise und -ort, Umfang, Format, Satzspiegel, Umbruch, Schriftart, Kopfgestaltung, Illustration, Impressum mit Verlag, Druck, Herausgeber, Chefredakteur, Gesinnung bzw. politische Richtung, Ressortverteilung, Preise, Vertrieb, Inseratanteil, Auflagen, Beilagen und Jubiläumsausgaben.

Diese quantitativen Merkmale wurden mit Textexzerpten, Zitaten etc. ergänzt, um auch ein inhaltliches Bild der Zeitungen zu erhalten und Querverbindungen zu zeitgeschichtlichen Ereignissen und Entwicklungen aufzeigen zu können.

In einem Exkurs wird das Schicksal der deutschsprachigen Tagespresse Südtirols nach der Abtrennung von Österreich und vor allem unter den totalitären Maßnahmen des Mussolini-Faschismus nachgezeichnet.

Für Einzeldarstellungen der Nord- und Osttiroler Zeitungen ergaben sich, historisch bedingt, Zäsuren, die auch auf die Presse nachhaltige Folgen zeitigten und daher eingehender geschildert werden: 11./12. November 1918 (Verzicht Kaiser Karls auf „jeden Anteil an den Staatsgeschäften" und Ausrufung der Republik); 4. März 1933 („Ausschaltung" des Parlaments und Beginn des autoritären Kurses); 11./12. März 1938 (Annexion und Beginn der publizistischen Aus- und Gleichschaltung); 4./5. Mai 1945 (Kriegsende in Tirol, Ankunft der US-Truppen, Bildung eines Ordnungsausschusses durch die Tiroler Widerstandsbewegung).

Für Südtirol wurde als Ende des Untersuchungszeitraumes der 3./4. 11. 1918 (Waffenstillstand Österreich-Ungarns mit Italien, Besetzung des südlichen Landesteiles durch italienische Truppen) festgelegt.

Aus den angeführten inhaltlichen Komponenten soll sich ein umfassendes und systematisches Bild der Tiroler Tagespresse für den Zeitraum von 1914 bis 1947 ergeben. Dieser Nachschlagbehelf wird auch ein ergänzender Teil zur Geschichte der österreichischen Bundesländerpresse sein und einen Beitrag zu einer Gesamtschau aller österreichischen Tageszeitungen in ihrer historischen Entwicklung ergeben.

TEIL I

1. Presse- und Pressegeschichtsforschung

1.1 Definitionen / Terminologie

In diesem Abschnitt sollen Begriffe, die in dieser Arbeit immer wieder verwendet werden, definiert und eingegrenzt werden, um Unschärfen zu vermeiden und einen klaren begrifflichen Anhaltspunkt zu erhalten. Presse, Zeitung, Tageszeitung, Massenmedien und andere Termini werden immer wieder unklar, teilweise sinnentfremdet gebraucht. Hier soll zumindest versucht werden, eine gültige sprachliche Bestimmung zu treffen, aber auch näher auf das Wesen des Phänomens Zeitung eingegangen werden.

Dovifat bringt den Begriff „Zeitung" auf eine relativ kurze, einfache Formel: „Die Zeitung vermittelt jüngstes Gegenwartsgeschehen in kürzester regelmäßiger Folge der breitesten Öffentlichkeit."[1] Er induziert als wesentliche Merkmale Aktualität, Periodizität und Publizität.

Prakke und Schmolke ergänzen diese um das der inhaltlichen Vielfalt (Universalität). „In ihrer heutigen Form ist sie (die Zeitung, Anm.) … eine regelmäßige, werktäglich oder täglich erscheinende Druckschrift aktuellen und universellen Inhalts (…). Der Kern der Zeitung ist die aktuelle Nachricht."[2]

Schmolke fügt diesen Ausführungen noch die Tatsache der mechanischen Herstellung und des Vertriebes hinzu. Die Zeitung sei demnach eine „Druckschrift, die periodisch (täglich oder werktäglich) hergestellt und vertrieben wird, mit dem Zweck der Veröffentlichung aktueller und (potentiell) universeller Aussagen, die Texte oder Bilder sein können".[3]

Die Zeitung nimmt innerhalb der Massenmedien („technische Mittel, die zur Massenkommunikation erforderlich sind, das heißt zur massenhaften, öffentlichen, indirekten und einseitigen Verbreitung von Aussagen an ein disperses Publikum"[4]) einen hervorragenden Platz ein. Sie ist ein Mittel sachlicher Unterrichtung und unabhängiger Meinungsbildung, „ein Organ der Demokratie, deren Aufstieg sie immer mitbestimmt und deren Niedergang sie immer mitverschuldet"[5], wie es Dovifat/Wilke etwas pathetisch, aber durchaus treffend formulieren.

Dies geht natürlich bereits über den Bereich der Definition hinaus und wird zur Wertung. Schließlich gibt es mehr als hundert Begriffsbestimmungen der Zeitung, wesentlich bleibt aber, daß sie jüngstes Gegenwartsgeschehen schnellstmöglich, in kürzester regelmä-

---

[1] DOVIFAT, Emil; WILKE, Jürgen: Zeitungslehre. Band I, 6. neubearbeitete Auflage.– Berlin/New York: de Gruyter 1976, S. 16.
[2] Zit. nach „Bertelsmann Bildungsbuch".
[3] Zit. nach „Handlexikon der Literaturwissenschaft".
[4] DOVIFAT/WILKE a. a. O., S. 13.
[5] Ebd., S. 15.

ßiger Folge mit möglichst umfassendem Inhalt einer breitesten Öffentlichkeit zu vermitteln hat, quasi als „Sekundenanzeiger der Weltgeschichte" (Schopenhauer).

Sekundärmerkmale sind ihre mechanische Vervielfältigung, ihre gewerbsmäßige Herstellung, die Erfüllung einer öffentlichen und geistigen Aufgabe, und daß sie eines wirtschaftlichen Nährbodens bedarf.

W. Schöne meinte, die Zeitung vermelde in Kürze das dem Handeln entsprechende, der Lage gemäße Aktuelle, sie gebe das Nötige an zum „Darnachrichten".[6] Aus tidem, tiding, zitunge hervorgegangen, kann das Wort „Zeitung" erstmals 1321 belegt werden und bedeutete Nachricht, Ereignis – eine Mitteilung oder Information zum „Darnachrichten". Bis ins 18. Jahrhundert weist der Begriff auf den Kommunikationsinhalt hin, erst später meint er das Material, die Materialisierung einer Nachricht im Druck, in der Zeitung.[7]

Das heute ebenfalls für Zeitungen gebräuchliche Synonym „Presse" meinte ursprünglich die Maschine (Gutenberg-Presse), später den Sammelbegriff für periodische Druckschriften (durch die Druckpresse hergestellt) und ist seit Mitte des 19. Jahrhunderts ein gängiger Begriff für Printmedien und ein international gebräuchlicher Titel oder Titelbestandteil von Zeitungen.[8]

1920 definierte Josef Eberle die Zeitung als Produkt der neueren Zeit (obwohl es zeitungsähnliche Einrichtungen schon sehr viel früher gab) und verstand sie „als periodische, dem Nachrichten-Dienst und den kulturellen, politischen und wirtschaftlichen Fragen des Tages dienende, jedermann zugängliche Druckschrift".[9]

Otto Groth hielt acht Jahre später sieben Wesensmerkmale der Zeitung fest: periodisches Erscheinen, mechanische Vervielfältigung, öffentliches Erscheinen (und Zugang für jedermann), Vollständigkeit, Allgemeinheit des Interesses, Aktualität und gewerbsmäßige Erzeugung.[10] Obwohl alle diese Merkmale Unschärfen aufwiesen und nie ganz unangefochten blieben, so haben sie doch auch heute noch weitgehende Gültigkeit, wenn man sie mit aktuelleren Definitionsversuchen vergleicht.

Der Begriff „Zeitung" wird heute sowohl für das einzelne Druckexemplar wie auch für die fortlaufende Folge von Exemplaren, für Zeitungsverlage sowie für das gesamte Zeitungswesen sehr vielschichtig verwendet.[11]

Für die Zeitung im strengeren Sinn macht Hagemann zehn Wesensmerkmale fest – die oben schon angeführten und zusätzlich die Kontinuität (Beharrlichkeit von Form und Inhalt), die Gemeinschaftsleistung (kollektive Einheit vieler an der Zeitungsproduktion Beschäftigter) und die Zeitung als Organismus, das heißt die Überwindung der Probleme, die sich aus dem Nebeneinander von widerspruchsvollen Elementen ergeben und die organische Überwindung dieser Probleme hin zu einem Ineinandergreifen und einem Verschmelzen der verschiedenen Funktionen zu einer harmonischen Einheit.[12]

---

[6] Schöne, Walter: Was ist Zeitung? In: Publizistik, 1956 (Jg. 1), Heft 6, S. 323–330, hier S. 323.
[7] Pürer, Heinz: Manuskript: Strukturgeschichte, a. a. O., S. 6.
[8] Brockhaus-Enzyklopädie in 20 Bänden. 17. völlig neubearbeitete Auflage. 15. Band (Por-Ris). – Wiesbaden: Brockhaus 1972, S. 113.
[9] Eberle, Josef: Großmacht Presse. Enthüllungen für Zeitungsgläubige, Forderungen für Männer. – Wien/Regensburg: Herold 1920, S. 1.
[10] Vgl. Groth, Otto: Die Zeitung. Band 1. – München/Leipzig/Berlin 1928, S. 22.
[11] Hagemann, Walter: Die Zeitung als Organismus. – Heidelberg: Vohwinckel 1950, S. 15.
[12] Vgl. ebd. S. 33 f.

Die Zeitung in ihrer heutigen Erscheinungsform ergebe sich mit einer inneren Notwendigkeit aus den Bedürfnissen und Wünschen der Gemeinschaft und werde sich immer den wechselnden Bedürfnissen von Staat, Volk und Gemeinschaft anpassen. Es gebe daher nicht „die" Zeitung als Standardprodukt, sondern ebenso viele Ausformungen wie Länder und Kulturkreise, da die Zeitung immer aus der gegebenen Gemeinschaft heraus- und in sie hineinspreche.[13]

Vom inhaltlichen Standpunkt betrachtet legt Hagemann die Sparten fest, die ebenfalls die Zeitung – in ihrer ureigensten Form als „Tageszeitung" gesehen – konstituieren: Ausland, Inland, Wirtschaft, Kultur und Feuilleton, Lokal- und Heimatteil, Sport, Technik, Vermischtes sowie Sondersparten und Hilfseinrichtungen (z.B. Bildredaktion) und nicht zu vergessen der Anzeigenteil.[14]

Drei Kräfte wirken innerhalb, prägen den Typ der Zeitung und sind untrennbar verbunden – geistige, wirtschaftliche und technische Kräfte. Je nachdem in welche dieser drei Richtungen am kräftigsten gezogen wird, kann man nach „kämpfender Gesinnungspresse", „Nachrichtenblättern" und „Anzeigenblättern" unterscheiden, nie wird aber ein Merkmal das andere völlig ausgrenzen können, da sie sich in höherem oder geringerem Maße gegenseitig bedingen.[15]

Auf die öffentliche Aufgabe der Kontrolle, oft als „vierte Gewalt", „Publikative" oder „6. Macht im Staat" (Kutschera) bezeichnet, die Macht oder Ohnmacht der Medien und insbesondere der Tagespresse sei hier noch eingegangen, obwohl eine solche Kontrollfunktion in Österreich nicht – wie etwa in der BRD – verfassungsmäßig verankert ist und war. Dennoch ist sie ein viel diskutierter Streitpunkt, der nicht eine, sondern viele (gültige) Schlußforderungen zuläßt.

Pürer weist den Massenmedien die Funktion der politischen Kritik und Kontrolle zu, wobei aber nicht nur das gesamtgesellschaftliche Umfeld erfaßt zu werden hätte, sondern auch das Medienumfeld selbst zu kontrollieren sei.[16]

Gottschlich macht zwar ein Spannungsverhältnis zwischen Politik und Medien aus, aber auch eine wechselseitige Abhängigkeit, wobei politisches Handeln Berichterstattung nach sich zieht, Medienberichterstattung aber auch politisches Handeln zur Folge hat und zudem die Politik ihrerseits Kommunikationsaufgaben wahrnimmt. Er spricht also nicht von einer Kontrollfunktion, Journalismus mißverstehe sich vielmehr als „kritischer Journalismus", und die Politik habe eine Steuerung und Instrumentalisierung der Medien übernommen.[17]

Dovifat sieht vor allem den herrschenden Einfluß der Medien, der nicht nur darin bestehe, die Themenstruktur des öffentlichen Kommunikationsprozesses zu bestimmen, sondern auch dem Publikum den Eindruck zu vermitteln, wie die Umwelt denkt, was die vor-

---

[13] Vgl. ebd. S. 35.
[14] Vgl. ebd. S. 110–142. Bezeichnungen und Schwerpunkte ändern sich natürlich, Sparten entfallen und neue kommen hinzu – heute z.B. immer öfter die Rubrik „Umwelt".
[15] Vgl. DOVIFAT/WILKE a.a.O., S. 30f.
[16] Vgl. PÜRER, Heinz: Einführung, a.a.O., S. 54. Natürlich stellt auch die Herstellung von „Öffentlichkeit", das Transparentmachen gesellschaftlicher Phänomene oder politischer Entscheidungen eine Art von Kontrolle dar.
[17] Vgl. GOTTSCHLICH, Maximilian: Journalismus zwischen Macht und Verantwortung. In: PÜRER, Heinz: Praktischer Journalismus in Zeitung, Radio und Fernsehen. – Salzburg: KfJ 1984, S. 347–356, hier S. 352 ff.

herrschende Meinung zu bestimmten Fragen ist. Mehr als Kontrolle konstatiert er also den Einfluß auf die „öffentliche Meinung". Aufgabe der Zeitung sei es daher, die Tagesereignisse aus den voreiligen, unsachlichen Urteilen der aktuellen Meinung in eine gefestigtere Meinung herüberzuführen und damit Überzeugungen vorzubereiten. Dies habe sich in freier Meinungsbildung zu vollziehen, „aber unter Mitwirkung der ihre öffentliche Aufgabe in Freiheit verantwortlich erfüllenden Zeitung".[18]

Magenschab sieht die Rolle als Kontrollinstanz überhaupt unterentwickelt: „Österreichs historische Entwicklung läßt eine späte Partizipation an der europäischen Entwicklung der Demokratie erkennen. So ist auch das Verständnis für Publizität relativ lange unterentwickelt geblieben. Die absolutistische Neigung des Herrscherhauses (…) lähmte die demokratischen Kräfte und ließ das ‚bürgerliche Räsonnement' erst spät zur Wirkung kommen"; dies und weitere spezifisch österreichische Eigenschaften führten „schon sehr früh zu einer Lähmung des Parlaments, verhinderten aber auch das Entstehen einer Gewaltkontrolle durch die publizistische Öffentlichkeit".[19]

Für Fabris gehen die Meinungen bezüglich der Rolle der Medien als „vierte Gewalt" auseinander. Er selbst stimmt dieser Rolle nur sehr bedingt zu, gebe es doch zu viele gesetzliche und institutionelle Schranken und Mängel der Berichterstattung, die die Wahrnehmung der Kritik- und Kontrollfunktion weitgehend lähmen.[20]

Daß die Medien, insbesondere auch die Presse, aber sehr wohl einen Machtfaktor darstellen, beweist die Tatsache, daß sie in diktatorischen Systemen neben der Justiz immer zu den ersten Opfern zählen, die geknebelt, unterdrückt und ausgeschaltet wurden und werden – die in diese Untersuchung fallenden Perioden des Austrofaschismus und vor allem des NS-Systems sind schlagende Beweise dafür.

Information und Kritik als Idealziele der Medien formuliert Gabriele Kössler: Informieren und kritisch analysieren, die Meinung der Bürger an die Machthaber heranzutragen, das heißt von unten einen Beitrag zur Willensbildung zu leisten sowie zu kritischer Haltung anzuregen, sei die beständige Aufgabe, die die Medien zu erfüllen hätten.[21]

Kössler zitiert auch René Marcic, der feststellte, daß außerhalb der Verfassung „Machtfeuer glimmen" – er meinte damit Parteien, Verbände und auch die Medien. Um dies hintanzuhalten, verlangte er eine Verrechtlichung dieser Machtfaktoren, hinsichtlich der Presse votierte er für eine institutionelle Garantie ihrer „öffentlichen Aufgabe".[22]

Die „sechste Großmacht", wie Kutschera sie – militärisch gesehen – nennt, habe neben der objektiven Funktion der Tatsachenberichterstattung auch einen subjektiven Part zu spielen, das heißt kritisches Räsonnement, Aussprechen persönlichen Urteils und das Vertreten

---

[18] Vgl. DOVIFAT/WILKE a. a. O., S. 151 f., 157.
[19] MAGENSCHAB, Hans: Demokratie und Rundfunk. Hörfunk und Fernsehen im politischen Prozeß Österreichs. – Wien: Herold 1973, S. 74 f.
[20] FABRIS, Hans-Heinz: Massenmedien – Instrumente der „Skandalisierung" oder „vierte Gewalt" – zum Kontrollpotential der Medien. In: BRÜNNER, Christian: Korruption und Kontrolle. – Wien: Böhlau (Jahr unbek.), S. 239–264, hier S. 246 f., 263.
[21] Vgl. KÖSSLER, Gabriele: Die Presse im demokratischen Willensbildungsprozeß in Österreich. – Salzburg: Jur. Diss. 1972, S. 14, 24 ff.
[22] Zit. ebd., S. 21. Zitiert nach R. Marcic. Seinem Wunsch nach Verankerung der „öffentlichen Aufgabe" der Medien in der Verfassung ist bis heute nicht nachgekommen worden.

1.1 Definitionen / Terminologie

und Propagieren bestimmter Anschauungen. Dem militärischen Vergleich zufolge könne sie – obwohl sie unblutige Schlachten führe – schwer verwunden, ja vernichten.[23]

Dem wird entgegengehalten, daß die Macht der Medien und deren Einfluß meist überschätzt werden. So wurde zum Beispiel keine der Massenbewegungen unseres Jahrhunderts in ihren Anfängen von einem starken Presseapparat gefördert und begleitet, eher das Gegenteil war der Fall – sie wurden publizistisch bekämpft (Sozialismus, Bolschewismus, Faschismus) und in die Illegalität getrieben, trotzdem triumphierten sie zuletzt.[24] Dazu muß angemerkt werden, daß Bewegungen wie der Faschismus zur Machtergreifung und -festigung dann sehr wohl den Nutzen der Medien erkannten und als Propaganda- und Führungsapparat gezielt einsetzten. Als Kontrollmechanismus gegenüber verbrecherischen Regimen hatten die Medien allerdings keine Chance. Mit der Niederlage der Demokratie war immer auch jene der freien Medien besiegelt.

Neuere Forschungsarbeiten zum Thema „Macht der Medien" sprechen von einer „Symbiose-Theorie": Diese besagt (hier vereinfacht dargestellt), daß die repräsentative zur präsentativen Demokratie wird und sich dabei das symbiotische Verhältnis zwischen Medien und Politik(ern) zu einer zwanghaften Unauflöslichkeit verdichtet. Eine Symbiose entsteht, in der der eine ohne den anderen Handelnden nicht bestehen kann, in der sich beide ergänzen, beide gegenseitig Macht bzw. Einfluß ausüben: Die Medien sind in großen Teilen ihrer politischen Berichterstattung auf das tägliche Zeugnis der Herrschenden angewiesen – die Herrschenden andererseits aber auf das Zitiert- und Abgebildetwerden in den Medien (eine Art Tauschverhältnis mit wechselseitiger Abhängigkeit, getauscht wird Publizität gegen Information). Die Medien können somit an der Macht partizipieren – was jedoch nicht mit der Teilnahme an der Herrschaft gleichzusetzen sei (siehe dazu Schmolke, Von der repräsentativen zur präsentativen Demokratie..., v.a. S. 29ff. sowie Sarcinelli, Massenmedien und Politikvermittlung..., v.a. S. 474, 477).

In demokratischen Systemen sind die Medien, ist die Presse aber allemal ein Korrektiv: „Die freie Zeitung ist die Frucht der politischen Demokratie. Insofern sie Trägerin und Stütze des freien politischen Räsonnements ist, ist sie zugleich stärkste Trägerin der Demokratie, tiefstes Ausleben der Demokratie."[25]

Im nächsten Satz relativiert Eberle dies jedoch, indem er anzweifelt, ob denn die Demokratie das gegebene Ideal sei. Mit der folgenden Verneinung dieser Frage zweifelt er umgehend auch das oben formulierte Ideal der Zeitung als „stärkste Trägerin der Demokratie" an.

Für die vorliegende Arbeit wurden nur die „wirklichen" Tageszeitungen (per definitionem) sowie die tageszeitungsähnlichen Blätter, also jene, die häufiger als einmal wöchentlich erschienen, zur Untersuchung herangezogen (siehe Details dazu Kap. 4.1, S. 41–43 und Einleitung, S. 13–14).

---

[23] Vgl. KUTSCHERA, Heinrich: Die Geheimnisse der „sechsten" Großmacht. Gesellschaftliche, historische und wirtschaftliche Grundlagen. Organisation und Technik. – Wien: Selbstverlag 1935, S. 5f.
[24] Vgl. MAGAZINER, Alfred: Macht und Ohnmacht der Presse. In: Die Zukunft, 1979, Nr. 6, S. 14–17, hier S. 15.
[25] EBERLE a.a.O., S. 31f.

2. Die Tiroler Pressegeschichte im Überblick

2.1 Themenabgrenzung und Rechtfertigung

Vielfach wurde – vor allem in den 80er Jahren – von namhaften Kommunikationswissenschaftlern gefordert, man möge sich in der historischen Forschung doch vom Niveau von Monographien, von Pressegeschichte, ab- und der übergreifenden Kommunikationsgeschichte zuwenden. Ich möchte diesen Quasi-Vorwurf nicht so stehen lassen. Ich meine vielmehr, daß man, solange die Medien- bzw. Pressegeschichte, also die Geschichte der einzelnen Medieninstitutionen, der einzelnen Zeitungen, Zeitschriften etc. eines Landes nicht komplett vorliegt, nicht ohne weiteres zur Weitererforschung der Kommunikationsstrukturen übergehen kann. Denn jeder einzelne Teil bestimmt die Kommunikationsstruktur und -geschichte in einem bestimmten Ausmaß mit.

Erst eine vollständige – soweit möglich – Mediengeschichte (und als Teil davon eine vollständige Pressegeschichte) erlaubt es, universellere Forschung, sprich Kommunikationsgeschichte, zu betreiben.

Eine dieser Lücken der Pressegeschichtsschreibung versuche ich in dieser Arbeit zu füllen. Die Tiroler Pressegeschichte ist bisher nur unvollständig geschrieben worden. Ohne die bestehende Lücke zu schließen, kann man noch keine Tiroler Kommunikationsgeschichte schreiben.

Natürlich soll diese Arbeit nicht nur äußere und quantitative Merkmale der Tagespresse festhalten und Zahlen verewigen (wie oftmals der Vorwurf lautet), sondern die Entwicklung der Zeitungen im historisch/politischen, wirtschaftlichen und rechtlichen Umfeld nachgezeichnet werden, um Veränderungen in der Pressestruktur verstehen und einordnen zu können.

Auffällig an der österreichischen Pressegeschichtsschreibung war oftmals die Kopflastigkeit zugunsten der Metropole Wien, obwohl gerade in den kleineren (Bundesländer-) Strukturen die Entwicklung der Presse besonders anschaulich verfolgbar ist: „Solche Themenkomplexe lenken den Blick weg von den prominenten Metropolblättern mit einer vielbeschriebenen, oft auf Hochglanz polierten Geschichte – und weisen in die Provinz, wo es Tausenden von Zeitungen, Verlegern und Redakteuren oft sehr viel schlimmer erging, als den zu Recht ob ihrer republikanischen Standhaftigkeit gerühmten, für die Endphase der ersten deutschen Demokratie aber eher untypischen, qualitativ keinesfalls dominierenden liberalen Publizistik."[1]

Tendenziell sind diese Fakten (N. Frei zur NS-Eroberung der bayerischen Provinzpresse) auch auf Österreich übertragbar, besonders eben auf die Zeit zwischen 1918 bis 1938, in der es eine Vielzahl von wichtigen, einflußreichen, weil mit der Bevölkerung verbundenen, Bundesländerzeitungen gab, die jedoch von der Wiener Großstadtpresse – und später wohl auch von einigen Pressehistorikern – abschätzig „Provinzblätter" genannt wurden.

---

[1] FREI, Norbert: Nationalsozialistische Eroberung der Provinzpresse. Gleichschaltung, Selbstanpassung und Resistenz in Bayern. – Stuttgart: dva 1980, S. 15.

Einen Teil dieser „Provinzpresse" mit einer erstaunlichen Vielfalt stellte die Tiroler Tagespresse dar. Um die Jahrhundertwende erlebte die Presse in Österreich und auch Tirol einen großen Aufschwung und wäre in eine Blüte übergegangen, hätte nicht der Erste Weltkrieg dem ein vorläufiges und abruptes Ende bereitet. Fortschritte in der Herstellungs- und Vervielfältigungstechnik, schnellere Nachrichtenübertragung, bessere Verkehrsverbindungen, die steigende wirtschaftliche Bedeutung der Zeitung, gesteigertes Publikumsinteresse (Verpolitisierung) und eine liberalere Handhabung des Pressegesetzes machten diesen Aufschwung möglich und förderten ihn.[2]

Ausgehend vom Ende der Untersuchungszeiträume der Tiroler Pressegeschichtsschreibung von G. Breit und F. Volgger und der Zäsur durch den Ersten Weltkrieg wurde das Jahr 1914 als Beginn des Untersuchungszeitraumes der vorliegenden Arbeit angesetzt, als Ende wurde das Jahr 1947 gewählt, um einerseits das Ende des NS-(Presse-)Systems, die Folgen des Zweiten Weltkrieges und den Wiederbeginn der Presse beleuchten zu können und damit andererseits einen Anknüpfungspunkt für eine gleitende Fortführung der Tiroler Pressegeschichte bis zur Gegenwart zu ermöglichen.

Vor dem Jahr 1918 läßt sich im Pressesektor keine genaue Trennung zwischen Nord- und (Deutsch-)Südtirol ziehen. Von 1914 bis 1918 wurden also auch die im südlichen Landesteil liegenden Verlagsorte und ihre (deutschsprachigen) Zeitungen miteinbezogen, die Landesteilung und der Beginn des Untersuchungszeitraumes der Dissertation E. Brunners zur deutschsprachigen Südtirol-Presse machten es nötig und möglich, das Hauptaugenmerk auf die bei Österreich verbliebenen Teile Tirols zu lenken. Die Unterdrückung und Auslöschung der deutschsprachigen Presse in Südtirol durch den italienischen Faschismus wird zusammenfassend in einem Exkurs beschrieben.

Die Arbeit umfaßt also alle Tageszeitungen, die in Tirol gedruckt und veröffentlicht wurden, aber auch jene Blätter, die, teils historisch, teils politisch oder wirtschaftlich bedingt, zwei-, drei- oder viermal wöchentlich ediert wurden. Diese Erscheinungsform ist heute ungebräuchlich, kann aber nach damaliger Intention und Wirkung in den Bereich der Tagespresse eingeordnet werden.[3] Viele dieser Zeitungen, vor allem jene, die zweimal wöchentlich erschienen, mutierten teilweise zu Wochenzeitungen, weshalb diese Zeiten nur kursorisch und der Vollständigkeit halber beschrieben werden.

Auf die großen, wichtigen (Hauptstadt-)Zeitungen wird in der Schilderung mehr Augenmerk gelegt, und sie werden eingehender beschrieben als die unscheinbaren, kurzlebigeren, kleineren Blätter.

Das Schema, das zur Beschreibung der einzelnen Zeitungen benützt wurde, folgt der gebräuchlichen Verwendung kommunikationswissenschaftlicher Handbücher und Kataloge sowie der einschlägigen pressehistorischen Dissertationen.

2.2 Bestandsaufnahme des Forschungsstandes

Ein Großteil der vorliegenden wissenschaftlichen Arbeiten zur Tiroler Pressegeschichte und damit in Verbindung stehender Forschungsfelder wurde von Absolventen von Ge-

---

[2] Vgl. VOLGGER, Franz: Das Pressewesen Deutsch-Südtirols von 1900–1914 (2 Bände). – Innsbruck: Phil. Diss. 1971, S. VI–VIII.
[3] Vgl. BRUNNER, Erwin: Die deutschsprachige Presse in Südtirol von 1918–1945. – Wien: Phil. Diss. 1979, S. V.

schichtsinstituten sowie von Geschichtswissenschaftlern geschrieben und ist meistens noch mit einer gewissen publizistik-wissenschaftlichen Unbedarftheit behaftet.

Erst relativ spät tauchen die ersten Dissertationen zu diesem Themenkomplex an den Publizistikinstituten in Wien und Salzburg auf. Im Folgenden sollen nur die wichtigsten Arbeiten erwähnt werden, die genauen bibliographischen Angaben sind der Literaturliste zu entnehmen.

Ideologisch vorbelastet ist die Arbeit Fritz Olberts zur Tiroler Zeitungsgeschichte, geschrieben und eingereicht in der Zeit des NS-Systems, während er Politik-Ressortleiter beim offiziellen NS-Gaublatt 'Innsbrucker Nachrichten' war. Zuvor war er ab 29.03.1938 Hauptschriftleiter der gleichgeschalteten 'Volkszeitung' gewesen. Er geht – ungenau und stark wertend – auf die Anfänge des Zeitungswesens in Tirol und seine historische Entwicklung mit Schwerpunkt auf dem 19. Jahrhundert ein.

Ebenfalls relativ ungenau ist ein Überblick über das „Deutsch-Tiroler Zeitungswesen" von J. Himmelreich aus dem Jahr 1927 für das Zeitungswissenschaftliche Institut München, der zwar relativ viele Fakten in komprimierter Form (auf 38 Seiten) bringt, ohne aber das Pressesystem in seiner Gesamtheit erklären zu können. Außerdem bleibt die Auflistung der Zeitungstitel unvollständig.

Gerda Breit beschreibt in ihrer (historischen) Dissertation 1950 das Nordtiroler Pressewesen der Jahre 1860 bis 1914. Auch sie bleibt, obwohl recht umfangreich, mit publizistikwissenschaftlichen Unzulänglichkeiten behaftet, bringt aber als Vorarbeit und direkter Anknüpfungspunkt für diese Arbeit wesentliche Fakten ein. Als Bindeglied zwischen Olbert und Breit sieht Peter H. Wolf seine Innsbrucker Dissertation über die Zeitungen Tirols und Vorarlbergs 1814–1860, die zwar ähnliche Mängel wie die obengenannten Arbeiten aufweist, aber doch einen recht guten Gesamtüberblick über diesen Zeitabschnitt gibt.

Teilgebiete streifen Birgit Lenart in ihrer Salzburger Dissertation zu den katholischen Pressevereinen, die die Geschichte des Tyrolia-Verlages und seiner Zeitungen zusammenfaßt, und Alexandra Moroder, die das publizistische Wirken Michael Gampers und damit der Tyrolia eingehend beschreibt. Auch E. Eigentler bringt in seiner Dissertation über das Innere Tirols in den Jahren des Ersten Weltkrieges das Zeitungswesen zur Sprache. Eine sehr umfangreiche Untersuchung zum Pressewesen Deutsch-Südtirols von 1900 bis 1914 liefert Franz Volgger, die als gute Grundlage vor allem für die Südtiroler Pressesituation dient und recht ausführliches, wenn auch teilweise ungenaues Material liefert. Die Dissertation Erwin Brunners (bei Paupié in Wien) über die deutschsprachige Presse Südtirols 1918–1945 ist eine der wenigen Pressegeschichten zu einem Tiroler Thema, die nach publizistikwissenschaftlichen Kriterien erstellt wurden und sehr informativ und genau recherchiert ist.

Einige Fakten liefern die Arbeiten Rammingers (zu den 'Dolomiten' und zu Südtirol), Buchachers (zur Osttirol-Problematik) und Hämmerles (zur sozialdemokratischen Presse Vorarlbergs und Tirols). Fleischmann liefert eine Geschichte des Verlages Tyrolia und seiner Publikationen, die jedoch auch etliche Ungenauigkeiten enthält.

Stoisavljevic schließlich schrieb eine teils publizistisch-theoretische, teils pressehistorische Abhandlung zur öffentlichen Meinung anhand ausgewählter Zeitabschnitte Tirols. Inkludiert ist ein Katalog aller Zeitungstitel Nordtirols der Zeit von 1914 bis 1934. Der Katalog ist zwar – soweit nachprüfbar – vollständig, jedoch sind auf Grund der großen Anzahl von Titeln auch jene Zeitungen, die hier behandelt werden sollen, nur sehr oberflächlich, undetailliert und mit Fehlern behaftet jeweils auf einer bis einigen Seiten kurz zusammengefaßt.

Griet Zoller liefert mit ihrer Geschichte der 'Tiroler Nachrichten' und ihrer Vorläufer und Nachfolger ein Stück Tiroler Parteien- und Parteizeitungsgeschichte. Teilergebnisse zur Tiroler Pressehistorie bringen weiters Baumgärtners Dissertation zur Stellungnahme der österreichischen Presse zur Anschlußfrage, Hausjell mit Fakten zu Tiroler Journalisten, sowie Tschögl und Schönberg, die mit ihren Arbeiten über die Nachkriegszeit zur Erforschung der alliierten Besatzungs- und Medienpolitik auch in Tirol beitragen. Ingeborg Riedl liefert einiges an Zahlenmaterial in ihrer statistischen Untersuchung zur österreichischen Presse der Jahre 1914 bis 1949.

In diversen weiteren historischen Dissertationen, Zeitschriftenartikeln und Beiträgen in Sammelbänden können einzelne Erkenntnisse gewonnen werden, aus den verschiedenen historischen Werken zur Landesgeschichte Tirols sind Teilaspekte zur Presse zu erfahren, die aber allesamt nur kleine Mosaiksteinchen für die gesamte Pressegeschichte darstellen und davon zeugen, daß sich die Tiroler Historik zwar oft der Presse als Geschichtsquelle bediente, die Presse und ihre Geschichte selber als Forschungsobjekt aber eher stiefmütterlich behandelt wurde.

Blumthaler schrieb eine Geschichte Innsbrucks (1918–1929) anhand der Berichterstattung der 'Innsbrucker Nachrichten', die teilweise Rückschlüsse auf die Tendenz dieser Zeitung zuläßt.

Fontana, Parteli, Riedmann, Steurer, Herre, Gruber, Hennersdorf und andere (Historiker) liefern in ihren Tirol-Historien teilweise Fakten zur Presse. Dörrer listet Fakten zur Frühgeschichte der Tiroler Buchdrucker und damit auch zum Zeitungswesen (vor allem des 18. und 19. Jahrhunderts) auf, Gehler beschreibt die Medien in Tirol vor und nach dem Anschluß an das Deutsche Reich überblicksartig.

Csoklich und Jagschitz bringen komprimierte Fakten zum österreichischen und tirolischen Pressewesen von 1918 bis 1938. Klotz schrieb die Biographie des Prälaten und Tyrolia-Pressepioniers Aemilian Schöpfer, G. Oberkofler lieferte mit seinen Arbeiten zur Tiroler Arbeiterbewegung auch einige wertvolle Fakten zur Geschichte des sozialdemokratischen Pressewesens. In dem umfangreichen Sammelwerk „Tirol und der Anschluß" werden unter anderem die publizistischen Vorbereitungen des Anschlusses an Tirol beschrieben.

Aus diesen (wichtigsten) und weiteren Arbeiten, die kleinere Sekundärbeträge liefern, und den neu gewonnenen Fakten und Daten aus den umfangreichen Recherchen am Primärmaterial soll in dieser Arbeit der zerstückelte Forschungsbestand komprimiert und erweitert werden.

Anschließend werden hier ein Rückblick und eine Zusammenfassung über das Pressewesen Tirols bis zum Jahr 1914 gegeben. Genauere Daten zu Zeitungen und Verlagen, die Gegenstand der eigentlichen Untersuchung sind, werden hier vernachlässigt und bei den jeweiligen Kapiteln im 2. Teil der Arbeit behandelt.

2.3 Die Tiroler Presse bis 1914 (Zusammenfassung)

Es soll hier nicht ausführlich auf die Entwicklung von „ordinari-Zeitungen" bis zu den heutigen Ausformungen der Tagespresse eingegangen werden, sondern es sollen lediglich und hauptsächlich Tirol-Spezifika behandelt werden.

Die ältesten Zeitungen, die uns bekannt sind, wurden um 1609 in Wolfenbüttel ('Aviso') und Straßburg ('Relationen') gedruckt und verlegt, die älteste Tageszeitung erschien 1650 in Leipzig als 'Einkommende Zeitungen'. In Österreich begann diese Entwicklung später. Ab dem 17. Jahrhundert wurden in Österreich in Wien, Linz, Graz, Salzburg, Feldkirch, Bregenz und Innsbruck nichtperiodische Zeitungen gedruckt, die jedoch außer in Wien nur regionale Bedeutung erlangten. Als Textvorlagen dienten auswärtige 'Neue Zeitungen'. 1621 wurde in Wien die erste periodische Zeitung gegründet. In Innsbruck waren der Verleger Michael Wagner, dessen Verlagsunternehmen noch heute besteht, und Benedikt Karl Reisacher Zeitungspioniere.[4]

Die erste ständige Druckerei in Tirol tauchte 1521 in Schwaz (Buchdrucker Josef Piernsieder) auf, in Innsbruck leitete Rupert Höller um die Mitte des 16. Jahrhunderts eine von der Regierung gegründete Druckerei. In Brixen wurde der Buchdruck 1570 eingeführt.

Die schon erwähnte Regierungsdruckerei übernahm später Michael Wagner, der 1641 schon eine eigene Druckerei gegründet hatte und mit dieser den Grundstein für den späteren Großverlag legte. Um 1760 wurde eine weitere Druckerei von Johann Thomas Edler von Trattner gegründet, die später in die Verlagsanstalt Felician Rauch überging.[5]

Am 23. März 1648 bat der Verleger und Drucker Michael Wagner bei Erzherzog Ferdinand Karl um die Erlaubnis, die jeden Sonntag aus dem Reich in Innsbruck einlangenden „Ordinarizeitungen" drucken zu dürfen. Die Bitte wurde gewährt mit der Auflage, jedes Exemplar dem Hofkanzler zur Revision vorzulegen.[6]

1684 dürfte der früher in Brixen tätig gewesene Verleger Benedikt Reisacher in Innsbruck eine Zeitung gegründet haben. Nach einer Beschwerde Wagners mußte Reisacher auf Geheiß Kaiser Leopolds I. sein Blatt nach kurzer Zeit im selben Jahr wieder einstellen.

Aus dem Jahr 1693 ist auch eine Nummer eines periodisch gezählten „Extract-Schreibens aus Wienn" erhalten, das mit hoher Wahrscheinlichkeit nach Innsbruck zu lokalisieren ist.[7]

Als Geburtsstunde der Tageszeitung in Österreich bezeichnet Schulmeister das erstmalige Erscheinen des 'Wiener Blättchens' am 9. August 1783. Bereits 1703 war das 'Wienerische Diarium' gegründet worden, das zwei- bis dreimal wöchentlich erschien (heute 'Wiener Zeitung').[8]

---

[4] Vgl. LANG, Helmut W.: Der österreichische Zeitungsverlag im 17. Jahrhundert. In: IVAN, Franz; LANG, Helmut W.; PÜRER, Heinz: 200 Jahre Tageszeitung in Österreich 1783–1983. Ausstellungskatalog und Festschrift. – Wien: ÖNB, VÖZ 1983, S. 43 ff. sowie OLBERT, Fritz: Tiroler Zeitungsgeschichte. Das Zeitungswesen von Nordtirol von den Anfängen bis zur Gegenwart. – Innsbruck: Phil. Diss. 1940, S. 14 f. Da Olbert, dem Nationalsozialismus nahestehend, das Tiroler als Teil des deutschen Zeitungswesen sieht und daher die Entwicklung Tirols als Teil des deutschen Reiches beschreibt, müssen seine Angaben sehr kritisch geprüft und können nur teilweise berücksichtigt werden.

[5] Vgl. HIMMELREICH, Josef: Geschichte der Deutsch-Tiroler Presse. Zeitungswissenschaftliche Abhandlung für das Institut für Zeitungsforschung an der Universität München. – Gelsenkirchen 1927, S. 2 f. Himmelreich war Katholik und später Nationalsozialist, agierte bei der Abstimmungspropaganda 1938 in Wien und vermittelte zwischen Bürckel und den österreichischen Bischöfen (für die Bischofserklärung pro Anschluß).

[6] LANG a. a. O., S. 49 f. Dies war auch eine erste Ausformung der Präventivzensur.

[7] Ebd., S. 50. Im Vergleich: In Salzburg erschien 1668 die erste periodische Zeitung (nachweislich 1671, lt. SCHMOLKE in DOPSCH/SPATZENEGGER…, a. a. O., S. 1.963.

[8] Vgl. SCHULMEISTER, Otto: Freiheit und Bedrohung der Presse – 200 Jahre Tageszeitung in Österreich. In: IVAN/LANG/PÜRER a. a. O., S. 17–40, hier S. 18.

2.3 Die Tiroler Presse bis 1914 (Zusammenfassung)

Nach den oben erwähnten ältesten Tiroler Zeitungen von 1648, 1684 und 1693 erschien 1765 in Tirol die erste Zeitung, die nachweislich periodisch ediert wurde und nicht nur durch Aktenstücke belegt ist: die 'Innsbrucker Ordinari Zeitung' (einmal wöchentlich bei Wagner), die bald auf zweimal wöchentliches Erscheinen überging.

Zweite periodische Zeitung war das wöchentlich erscheinende 'Intelligenzblatt der gefürsteten Grafschaft Tyrol' (1767, Regierungsblatt). 1780 entstand als politisch und kulturell berichtendes Blatt das 'Innsbrucker Wochenblatt'; 1799 erfolgte die Errichtung des Innsbrucker Fragamtes, das als erstes Auskunfts- und Annoncenbüro Tirols bewertet werden kann. Dieses Amt gab bei Wagner den 'Innsbrucker Wöchentlichen Anzeiger' heraus, eine Zeitung, die sich vor allem der Annoncierung widmete. Ihr Erscheinen endete im Jahr 1814, als sie inzwischen zweimal wöchentlich unter dem Namen 'Innsbrucker Zeitung' erschienen war.[9] Nur kurz währte das Leben des 1805 gegründeten 'Tiroler Tagblattes' (Verlag Schiffner).

Das 'Intelligenzblatt für den Innkreis' wurde von der bayrischen Verwaltung (1805–15) ab 1812 im Verlag Wagner herausgegeben.

Erstmals am 02.10.1813 erschien in Brixen der 'Bote von Tirol', der noch heute besteht. Als reines Amtsblatt erschien er vorerst zweimal wöchentlich, wurde jeweils am Regierungssitz (Brixen, Bozen, Trient, Innsbruck) herausgegeben und veränderte mehrmals seinen Titel. Nach der Übergabe Tirols von Bayern an Österreich (24.06.1814) erschien der 'Bote' anstelle der 'Innsbrucker Zeitung' im Wagner'schen Verlag.[10]

Im Verlag Felician Rauch erschien von 1848 bis 1863 die erste politisch stark gefärbte Zeitung, das 'Volksblatt für Tirol und Vorarlberg'. Es erschien bald zweimal, teilweise dreimal wöchentlich als stark monarchistisches und katholisch-konstitutionelles Blatt. Im selben Jahr brachte Rauch die liberale 'Innsbrucker Zeitung' zuerst 4x wöchentlich, ab 1849 täglich heraus. Ihre ausgesprochen liberale Einstellung provozierte die Gegnerschaft der katholisch-konservativen Strömungen in Tirol, die folgenden Fehden schwächten das Blatt derart, daß es 1852 sein Erscheinen mangels Abnehmern wieder einstellen mußte.[11]

Dies waren die ersten Anzeichen der nach 1848 sich stark verpolitisierenden und räsonnierenden Presse. 1848 hatte zwar nicht die heißumkämpfte Freiheit gebracht, sondern auch schwere Rückschläge, und es sollte noch lange dauern, bis die durch eine radikaler gewordene Presse geprägten Schlagworte endgültig verwirklicht wurden. Dennoch hatte sich erstmals der breiten Bevölkerung Gelegenheit geboten, selbst aktiv am politischen Leben mitzuwirken. Die Bevölkerung begann sich für die öffentlichen Angelegenheiten zu interessieren, und die Presse war sich damit ihrer Macht und ihrer Möglichkeiten bewußt geworden.[12] Noch hatte aber die liberale Presse den kürzeren gezogen, die christlich-konservative die Oberhand behalten.

Im südlichen Landesteil gab es Ansätze zur periodischen Presse im ausgehenden 18. Jahrhundert, verstärkt im frühen 19. Jahrhundert, eine zaghafte politische Presse nach 1848, die sich unter dem Druck der Reaktion aber bald wieder auf ihre reine Berichterstatterfunktion zurückzog.

---

[9] Vgl. HIMMELREICH a.a.O., S. 5 f. und LANG a.a.O., S. 50.
[10] Vgl. ebd., S. 8 f.
[11] Vgl. ebd., S. 10 f.
[12] Vgl. LUNZER, Marianne: Politische Parteien und Presse. In: PÜRER, Heinz; DUCHKOWITSCH, Wolfgang; LANG, Helmut: Die österreichische Tagespresse. Vergangenheit, Gegenwart, Zukunft. – Salzburg: KfJ 1983, S. 30–41, hier S. 31.

In Bozen erschien 1849 die 'Südtirolische Zeitung' als Regierungsblatt, 1850 in Innsbruck das 'Innsbrucker Tagblatt' (bei Witting, bis 1861). 1851 erschien bei J. G. Mahl der 'Pustertaler-Bote' (bis 1918) als christliche Wochenzeitung. 1852 erblickte die 'Bozner Zeitung' bei Eberle und Ferrari als anfängliches 'Bozner Wochenblatt' das Licht der Zeitungswelt. Das liberale Blatt ging 1863 zur täglichen Erscheinungsweise über.

1854 wurden bei Wagner erstmals die 'Innsbrucker Nachrichten' verlegt. Zu Beginn politisch farblos und unscheinbar, dann liberal, später deutschnational, wurde sie zur größten und wichtigsten Zeitung Nordtirols. Täglich von 1862–1866 erschien in Innsbruck die liberale 'Inn-Zeitung', im südlichen Landesteil gelangte das 'Südtiroler Volksblatt' in Bozen als katholisch-konservatives Blatt zur Ausgabe.

Erstmals 1861 erschienen die christlich-konservativ eingestellten 'Tiroler Stimmen' (anstatt des 'Innsbrucker Tagblattes'). Sie waren das Sprachrohr der konservativen Partei, erreichten relativ hohe Auflagenzahlen und Bedeutung und wurden bei der Vereinsdruckerei, die der Druckerei Witting nachgefolgt war, gedruckt.[13] 1866 entstand das (zweite) 'Innsbrucker Tagblatt', später 'Tiroler Tagblatt', das bis 1908 erschien und stark liberal und antiklerikal war.

Im Verlag B. Stockhausen wurde 1867 erstmals die 'Meraner Zeitung' ediert, die anfangs einmal wöchentlich als unabhängiges liberales Regierungsblatt erschien, sich zu einer führenden Zeitung Deutsch-Südtirols entwickelte und ab 1914 täglich in Druck ging.

Als wichtiges Bezirksblatt profilierte sich ab 1870 in Kufstein der 'Tiroler Grenzbote' im Verlag Lippott, der zu Beginn unpolitisch war und später ein starker Verfechter des Anschlußgedankens werden sollte.

Einen größeren Aufschwung nahm die Presse Südtirols bis zum Ersten Weltkrieg. Neben die alten, gediegenen Einzelverleger traten konfessionell oder parteipolitisch ausgerichtete Zeitungsgründungen. Es entwickelte sich eine leidlich pluralistische Pressestruktur, jedoch schon mit katholischem Überhang.

Das 'Tiroler Sonntagsblatt' (ab 1882) war Vorgänger des Tyrolia-Blattes 'Der Tiroler', das zur angesehensten christlich-orientierten Zeitung Südtirols werden sollte. 'Der Burggräfler' (Verlag Jandl, Meran) erschien erstmals im Jahr 1883. Zu Beginn einmal, später zweimal wöchentlich erschien ab 1886 (bis 1914) die 'Lienzer Zeitung' als christliches Lokalblatt für Osttirol. Anfangs wöchentlich wurde ab 1888 die bedeutende katholische Zeitung 'Brixener Chronik' herausgegeben, später im katholischen Preßverein und im Tyrolia-Verlag zweimal wöchentlich bzw. täglich. Mit der 'Chronik' wurde auch der katholisch-politische Preßverein aus der Taufe gehoben, der den Vorläufer des späteren Großverlages Tyrolia darstellte.

1892 wurde die 'Volks-Zeitung' als Organ des arbeitenden Volkes in Tirol und Vorarlberg bei Edlinger gegründet. Ab 1907 zweimal wöchentlich, ab 1911 als Tageszeitung, wurde sie zum Kampforgan der Tiroler Sozialdemokratie. Als unabhängiges und liberales Blatt entstanden 1894 die 'Bozner Nachrichten' (ab 1891 täglich). Sie wurde zur größten liberalen Zeitung Südtirols.

Als Vorläufer der christlich-sozialen Parteizeitung ('Tiroler Anzeiger', ab 1908 bei Tyrolia) entstand schon 1899 im Verlag Koppelstätter 'Die Post', die zweimal wöchentlich gedruckt wurde. Für das bäuerliche Volk wurde ab 1902 im Tyrolia-Verlag die 'Tiroler Bauernzeitung' herausgegeben, die im Jahr 1912 in den Selbstverlag des katholischen Bauernbundes überging.

---

[13] Vgl. HIMMELREICH a.a.O., S.13f. und BRUNNER a.a.O., S.1f.

Von regionaler Bedeutung war das liberal-fortschrittliche Blatt 'Unterinntaler Nachrichten' in Schwaz, das ab 1911 als 'Nordtiroler Zeitung' zweimal wöchentlich erschien.

Nachdem bereits 1891 Lueger von einer „Christlich-Sozialen Partei" gesprochen und er diese mit dem Wahl- und Parteiprogramm ausgestattet 1907 endgültig zur staatstragenden Partei gemacht hatte, kam es in Tirol durch Prälat Schöpfer zur Gründung des christlich-sozialen Parteiorgans 'Allgemeiner Tiroler Anzeiger' (bei Tyrolia); der 'Anzeiger' wurde neben den 'Innsbrucker Nachrichten', den 'Stimmen', der 'Volks-Zeitung' und dem 'Tiroler' zur bedeutendsten Zeitungsgründung Tirols; er wurde täglich herausgegeben und gewann rasch an Einfluß. Der schon im 19. Jahrhundert tobende Brüderstreit innerhalb des bürgerlichen Lagers zwischen Katholisch-Konservativen und Christlich-Sozialen eskalierte in diesen Jahren, was sich auch in der Polarisierung der Presse mit den 'Stimmen' einerseits und dem 'Anzeiger' andererseits manifestierte.[14]

1911 wurden die 'Lienzer Nachrichten' vorerst vom Osttiroler-Pressekonsortium, später von der Tyrolia herausgegeben. Als weiteres Bezirksblatt entstand 1913 bei Tyrolia in Reutte die 'Aussferner Zeitung'.

Der Erste Weltkrieg und die damit verbundenen restriktiven Maßnahmen auf dem Pressesektor stoppten die weitere Entwicklung. Viele Blätter wurden eingestellt, nur die stärksten konnten überleben oder sich sogar konsolidieren.[15]

Die geographisch exponierte Lage Tirols und ein unzureichendes Verkehrswesen behinderten lange Zeit einen gewissen Zustrom fremder Meinungen, fremder Zeitungen, nur nach Süden hin war das Land auch im Zeitungswesen offen.

Das Tiroler Pressewesen konzentrierte sich wie auch heute auf Innsbruck, nur von regionaler Bedeutung waren die Orte Kufstein, Kitzbühel, Schwaz, Landeck, Reutte oder Lienz. Mangelnde Ausstattung und mangelnde Geldmittel der kleinen regionalen Verlage und Druckereien trugen wesentlich zu dieser Innsbruck-Konzentration bei. Im südlichen Landesteil waren die „Pressezentren" Brixen, Bozen und Meran, aber auch sie wurden von der herausragenden Stellung Innsbrucks überstrahlt.[16] Den Großverlagen Tyrolia und Wagner kam (im auslaufenden 19. Jahrhundert) die bestimmende Stellung zu, die sich in unserem Beobachtungszeitraum fortsetzt.

Die jüngere Presse Tirols war fast ausschließlich eine Gesinnungspresse, war doch nahezu jede Zeitung entweder dem konservativ-katholischen, dem christlich-sozialen, dem liberalen oder deutsch-freiheitlichen sowie dem sozialdemokratischen Lager zuzurechnen. Eine Tradition von Partei- und parteinahen und ideologisch stark polarisierten Blättern ist also auch in Tirol eindeutig feststellbar.

Nach abgesetzten Exemplaren hielt Innsbruck in der österreichisch-ungarischen Monarchie eine Mittelstellung (1865 ca. 9.600 abgesetzte Exemplare).[17] Diese verschwindend niedrigen Absatzzahlen ließen die Zeitungen auch – zwar zögernd, aber stetig – mehr an die Eigenwerbung denken. Mit einigen Probeexemplaren war es nicht mehr getan, und man ver-

---

[14] BREIT, Gerda: Das Pressewesen Nordtirols von 1860–1914. – Innsbruck: Phil. Diss. 1950, S. 82 f. und BERCHTOLD a. a. O., S. 48–55.
[15] Vgl. HIMMELREICH a. a. O., S. 16–23. Bei der Aufzählung wurden nur die wichtigsten Zeitungen und jene, die mindestens einmal häufiger als einmal wöchentlich erschienen sind, berücksichtigt. Vgl. auch BREIT a. a. O., S. 41 ff., BRUNNER a. a. O., S. 5 f. und DÖRRER, Anton: Brixner Buchdrucker. In: Gutenberg-Jahrbuch 1937. – Mainz: Verlag der Gutenberg-Gesellschaft 1937, S. 144–167, hier S. 165.
[16] Vgl. BREIT a. a. O., S. 272 ff.
[17] Vgl. ebd., S. 286 f.

suchte, im eigenen Blatt auch im redaktionellen Teil die Wichtigkeit der Zeitung im allgemeinen und des eigenen Blattes im besonderen hervorzuheben (besonders die katholische Presse). Auch im Anzeigenwesen gab es in der zweiten Hälfte des 19. Jahrhunderts Fortschritte. Nicht nur der jeweilige herausgebende Verlag warb in seiner Zeitung für seine (Druckerei-)Dienste, auch die Privaten und die Wirtschaft traten zunehmend als Klein- und Großinserenten hervor. Das Anzeigenwesen entwickelte sich langsam zu dem Einnahmefaktor für die Presse.

Ein nicht zu verachtendes Problem für die Tiroler Presse war das vorwiegend ländlich-bäuerliche Bevölkerungssegment, dessen Angehörige wenig Anteil an und wenig Notiz von der Presse nahmen. Bis zur verstärkten Verpolitisierung des Volkes um die Jahrhundertwende war auch die städtisch-geprägte Zeitung für die Landbevölkerung zu unverständlich geschrieben, war vorwiegend (Stadt-) Lokalzeitung, als Amtsblatt zu eintönig oder als Parteiblatt zu polemisch – und zu teuer. Erst später sollten sich die Tageszeitungen Tirols zu größeren, bürgernäher redigierten Volksblättern entwickeln.[18]

„Das tirolische Pressewesen ... verdient unsere Anerkennung, es wurden hier Werte geschaffen, die zur Entwicklung Tirols ein Gutteil mit beigetragen haben. Geist und Wort haben jenen sinnvollen Zeitungscharakter geschaffen, der tirolischem Wesen und tirolischer Art entspricht."[19]

Zu Beginn des Jahres 1914 sehen wir uns im nördlichen, östlichen und südlichen (deutschsprachigen) Landesteil folgenden reinen Tageszeitungen und tageszeitungsähnlichen – zwei, drei- und viermal wöchentlich erscheinenden – Titeln gegenüber, die als Nahtstelle und Ausgangspunkt für die Beschreibung der Tagespresse Tirols 1914 bis 1947 zu berücksichtigen sind:

Innsbrucker Nachrichten, Tiroler Anzeiger, Volks-Zeitung, Neue Tiroler Stimmen, Der Bote von Tirol, Tiroler Grenzbote, Nordtiroler Zeitung, Tiroler Land-Zeitung, Oberländer Wochenpost, Lienzer Zeitung, Lienzer Nachrichten, Schwazer Lokal-Anzeiger, Wörgler Anzeiger, Kitzbühler Anzeiger, Bozner Nachrichten, Bozner Zeitung, Meraner Zeitung, Der Tiroler, (Süd)Tiroler Volksblatt, Der Burggräfler und Brixener Chronik.

Etliche Titel sollten in den folgenden Jahren verschwinden oder zu wöchentlich erscheinenden Kopfblättern degradiert werden, andere wurden von Wochenzeitungen zu mehrmals wöchentlich erscheinenden Blättern oder gar zu reinen Tageszeitungen aufgewertet, wieder andere wurden neu gegründet. Dazu sei auf den Hauptteil der Arbeit verwiesen.

2.4 Die wirtschaftliche Entwicklung Tirols

Wirtschaftlich war Tirol immer vom landwirtschaftlichen und vom Dienstleistungssektor, vor allem dem Tourismus, dominiert, der schon vor der Jahrhundertwende eingesetzt hatte. Zu dieser Zeit wurde das Land auch immer besser verkehrstechnisch erschlossen, insbesondere durch die Eisenbahn. Für den Gesamtstaat war Tirol schon 1910 eine aktive Provinz mit budgetären Ausgaben von 34 und Einnahmen von 45 Mio. Kronen.[20]

---

[18] Vgl. ebd., S. 300f.
[19] Ebd., S. 309.
[20] STOLZ a.a.O., S. 687ff.

Mit dem Krieg begannen die Probleme, vor allem auf dem Ernährungssektor, unter anderem durch die Importabhängigkeit diverser Grundnahrungsmittel, die nun oftmals ausfielen, und durch die kriegsbedingte Schmälerung der eigenen Landwirtschaft (großteils durch den Arbeitskräftemangel bedingt). Die ab 1915 eingeführte Kartenbewirtschaftung (Bezugskarten für Brot, Brennstoffe etc.) funktionierte – besonders in den Städten – nur sehr mangelhaft.

Völlig arhythmisch verlief das Leben in Handel und Gewerbe, die sich nach anfänglichen Stockungen während des Krieges wieder erholten (Kriegszulieferung), während der Fremdenverkehr schwer getroffen wurde und schließlich völlig zusammenbrach.[21] Der Geldmarkt erlebte unruhige Tage, Münzen wurden gehortet, bald war nur noch Papiergeld im Umlauf. Trotz dieses Hamsterns dürfte der Anteil Tirols am Aufkommen bei den Kriegsanleihen relativ hoch gewesen sein.

Bis Kriegsende hatte allerdings auch Tirol die Grenzen seiner Leistungsfähigkeit erreicht. Innsbruck blieb elf Tage ohne Brot, in einzelnen Orten kam es zu Streiks und Hungerkrawallen.[22] 1918 wurde wie der Gesamtstaat auch das Land Tirol zerrissen und erlebte somit ein ähnlich schwieriges Schicksal wie Restösterreich. Ein wirtschaftlich einerseits homogenes, andererseits durch Verschiedenheiten sich gegenseitig ergänzendes Land südlich und nördlich des Brenners wurde auch wirtschaftlich mit der Trennung schwer getroffen. Unter anderem wurde der Fremdenverkehr stark in seiner Entwicklung gehemmt, die landwirtschaftlichen Verluste für das nun geographisch getrennt Nord- und Osttirol waren enorm.[23] Zu den eigenen Problemen hatte das Land jene des neuen Kleinstaates mitzutragen.

Die allmähliche Besserung während der zwanziger Jahre nach dem Genfer Sanierungswerk verlief parallel zu jener des Gesamtstaates.

Mit dem beginnenden Ausbau der Wasserkraft (und damit billiger Energie) konnte die heimische Industrie ausgebaut und erweitert werden. Auch der Tourismus erholte sich wieder, die Ernährungslage besserte sich ab 1921 zusehends[24], auch weil die Landwirtschaft wieder in Gang kam. Tirol wurde schon damals zu einem wichtigen Verkehrs- und Transitland, Innsbruck zu einem zentralen Warenumschlagplatz. Die amtlich geregelte (Karten-)Bewirtschaftung konnte 1922 eingestellt werden.

Die Linderung der Not drückte sich auch in der rasant steigenden Einwohnerzahl aus: 1920 zählte man in Tirol 306.000 (Innsbruck 55.000), 1923 bereits 351.000 Einwohner, bis 1939 stieg diese Zahl bis 371.000 an.[25]

Jeder zweite erwerbstätige Tiroler (53%) war 1922 in der Landwirtschaft tätig, bis 1934 nahm dieser Anteil auf 46% ziemlich konstant ab. Damit wird auch die Dominanz des landwirtschaftlichen Bereiches sichtbar. Dienstleistungen (mit Fremdenverkehr) waren und blieben zweitwichtigster Erwerbszweig, während die Industrie auch im Tirol der Zwischenkriegszeit nur eine untergeordnete Rolle spielte. Ein Beispiel, die graphische Industrie: 1922 gab es in neun Tiroler Orten 51 graphische Betriebe mit 723 Beschäftigten. In Betrieb

---

[21] Vgl. FONTANA a.a.O., S. 489f.
[22] Vgl. ebd., S. 493.
[23] Vgl. KÖNIGSHOFER, Franz Werner: Die Wirtschaft des Bundeslandes Tirol von 1918 bis zum Ausbruch der Weltwirtschaftskrise im Jahre 1929. – Innsbruck: Phil. Diss. 1978, S. 4–6.
[24] Vgl. ebd., S. 21f. und STOLZ a.a.O., S. 714f.
[25] Vgl. RIEDMANN: Geschichte des Landes Tirol, a.a.O., S. 901 und Die Bevölkerung Tirols von 1910 bis 1948. – Innsbruck: Tiroler Landesregierung 1948.

standen sechs Rotationsmaschinen, 49 Schnellpressen, 13 Spezialmaschinen, 32 Tiegeldruckpressen, 19 Linotype-, sechs Typograph- und zwei Monotype-Setzmaschinen. Gegenüber der Vorkriegszeit war der Beschäftigungsstand gesunken. Erst 1923 ging auch hier die Arbeitslosigkeit wieder zurück. Bis 1929 besserte sich der Geschäftsgang und konnte teilweise als sehr gut bezeichnet werden. 1928 gab es bereits 72 graphische Betriebe mit 1.124 Beschäftigten.[26]

Allgemein entwickelte sich die Tiroler Wirtschaft 1920–1938 im schon skizzierten gesamtstaatlichen Rahmen. Im Vordergrund der Bemühungen standen vor allem die weitere Forcierung und der Ausbau der Gewinnung von Bodenschätzen, der Wasserkraft und des Fremdenverkehrs sowie eine Intensivierung der Landwirtschaft. Die Steigerungsraten im Fremdenverkehr übten auch positive Effekte auf Handel und Gewerbe aus.

Die Zahl der unterstützten Arbeitslosen, die 1920 im Jänner 351 betragen hatte, stieg bis zu einer Höchstmarke von 17.458 im Jahr 1933; bis 1937 sank sie wieder leicht auf 14.722 ab.[27] Der Ausbau des Telegraph- und Telefonnetzes machte in den zwanziger Jahren entscheidende Fortschritte; Rundfunkpremiere in Tirol, mit dem Sender Aldrans – war im Dezember 1926. Die Zahl der Radioteilnehmer wuchs in der Folge rasch an, 1938 zählte man immerhin schon 29.000 Rundfunkbewilligungsinhaber.

Mit dem Beginn der Weltwirtschaftskrise erlitten auch in Tirol alle Wirtschaftssparten teils dramatische Rückschläge. Besonders die Landwirtschaft war schwer betroffen. Die 1000-Mark-Sperre traf vor allem dem Tiroler Fremdenverkehr in den Lebensnerv, der zum zweitwichtigsten Erwerbszweig aufgestiegen war. Der beinahe totale Zusammenbruch des Reiseverkehrs war die Folge.

Dies hatte wiederum negative Rückwirkungen auf die Zulieferbetriebe des Gewerbes, auf die Bauern und den Handel.[28]

Erst mit dem Juli-Abkommen besserte sich die FV-Bilanz wieder, ohne aber die Frequenzen der zwanziger Jahre nur annähernd zu erreichen. So ging auch Tirol als wirtschaftlich zerrüttetes Land in das Jahr 1938. Auch hier sahen viele das Heil und das Ende von wirtschaftlicher Not und Arbeitslosigkeit im Anschluß an Deutschland. Die nach dem Anschluß erfolgte Öffnung der Grenze brachte anfangs auch einen Aufschwung, vor allem einen neuen Zustrom von (deutschen) Urlaubern, die Industrie wurde belebt, der Bauernstand großteils entschuldet.[29] Auch in Tirol war dies hauptsächlich ein Effekt der deutschen Rüstungskonjunktur. Die anfänglich von den Nazis eingeführten sozialen Besserungen für die Bevölkerung schlugen schon bald in den Negativbereich aus, so ab 1939, als die allgemeine zivile Dienstpflicht oder etwa ein Rationierungssystem eingeführt, die Arbeitszeit ohne Lohnangleichung erhöht und andere Zwangsmaßnahmen gesetzt wurden.

Die Bauernschaft wurde anstatt im bisherigen Tiroler Bauernbund im Reichsnährstand (zwangs-)organisiert, durch massive Propaganda wurde den Bauern eine (anfänglich tatsächlich merkbare) Besserung ihrer Situation vorgegaukelt.

Von der anfänglichen Euphorie profitierten zunächst auch Handel, Gewerbe und Industrie, bis 1939 mit der „Bezugsscheinpflicht" auch hier die bürokratische Wirtschaftslenkung von oben voll griff und der Handel völliger Reglementierung und Kontrolle unterwor-

---

[26] KÖNIGSHOFER a. a. O., S. 163 ff.
[27] Vgl. RIEDMANN a. a. O., S. 914 f.
[28] Vgl. auch NUSSBAUMER, Josef: Die „Tausend-Mark-Sperre" vom Mai 1933 und der Tiroler Fremdenverkehr. In: ALBRICH/EISTERER/STEININGER: Tirol und der Anschluß, a. a. O., S. 307–330.
[29] Vgl. STOLZ a. a. O., S. 735.

fen wurde.[30] Das Baugewerbe kam durch die Kriegseinwirkungen ab 1940 völlig zum Erliegen, die propagierten Straßenprojekte wurden großteils nicht mehr verwirklicht. Überhaupt nimmt sich die Bautätigkeit des NS-Systems in Tirol entgegen den vielen Ankündigungen bescheiden aus.

Der Fremdenverkehr wurde zwar belebt, Innsbruck zum Sitz des gleichgeschalteten Deutschen Alpenvereins gemacht; der staatlich organisierte Massentourismus löste aber auch bald Probleme aus. Man sprach von einer Zeit des „unechten Fremdenverkehrs". Mit Fortdauer des Krieges büßte auch dieser Wirtschaftszweig maßgeblich an Bedeutung ein.[31]

Die vorhandene Industrie Tirols wurde in die deutsche Wehrwirtschaftsplanung eingebunden, ab 1939 wurden unter anderem in den Jenbacher Werken und bei Swarovski Rüstungsgüter erzeugt. Der Höhepunkt der Tiroler Rüstungsproduktion wurde 1944 erreicht, als im Gau Tirol-Vorarlberg 68 Rüstungsbetriebe existierten, unter anderem, weil Produktionen in das relativ gesicherte Bergland verlagert wurden.

Mit der ab 1943 auch in Tirol einsetzenden Bombardierung wurden große materiellwirtschaftliche Schäden, vor allem an Wohnhäusern, Verkehrseinrichtungen, öffentlichen Versorgungseinrichtungen und Industriebauten angerichtet.

Die Ernährungssituation am Ende des Krieges war zwar wesentlich besser als nach 1918, von befriedigend konnte aber nicht gesprochen werden. Linderung brachten 1946 und 1947 UNRRA-Lieferungen. Die Wohnungsnot andererseits hatte gegenüber dem Ende des Ersten Weltkrieges noch dramatischere Ausmaße angenommen.

Die Landwirtschaft konnte sich langsam wieder erholen, Handwerk und Industrie hatten, wenn ihnen Rohstoffe zur Verfügung standen, bald im Wiederaufbau vollauf zu tun.

Das Land Tirol erhielt ab 1947 im Zuge des European Recovery Programms (Marshall-Plan) ca. 600 Mio. Schilling für die Wiederingangsetzung der Wirtschaft. Anders als im Osten Österreichs wurden in Tirol im Zuge des „Deutschen Eigentums" von französischer Seite – soweit bekannt – keine Betriebe beschlagnahmt oder Vermögenswerte außer Landes geschafft.

Der Fremdenverkehr konnte – nach Freigabe der Besatzungsmacht – erst 1949 wieder entsprechend angekurbelt werden.[32] Wie in Gesamtstaat wuchs aus Ruinen langsam wieder neues (wirtschaftliches) Leben.

---

[30] RIEDMANN a. a. O., S. 1.158.
[31] Vgl. ebd., S. 1.164.
[32] Vgl. STOLZ a. a. O., S. 765 ff. und NUSSBAUMER, Josef: Wirtschaftliche und soziale Verhältnisse in Tirol 1945. In: WANNER, Gerhard: 1945. Ende und Anfang in Vorarlberg, Nord- und Südtirol. – Lochau 1986, S. 109–114.

3. Die presserechtliche Situation

3.1 Zensur, Pressefreiheit, Presselenkung, Aus- und Gleichschaltung, Lizenzierung

Die Pressefreiheit in Österreich beruht auf Artikel 13 des Staatsgrundgesetzes vom 21. Dezember 1867, in dem es hieß: „Jedermann hat das Recht, durch Wort, Schrift, Druck oder bildliche Darstellung seine Meinung innerhalb der gesetzlichen Schranken frei zu äußern. Die Presse darf weder unter Zensur gestellt noch durch das Konzessionssystem beschränkt werden. Administrative Postverbote finden auf inländische Druckschriften keine Anwendung", und ging auf die Presseordnung vom 27. Mai 1852 zurück.[1]

Dieser Artikel und einige andere wurden im Mai 1869 (RGBl. Nr. 66) jedoch eingeschränkt, indem sie für den Fall eines Krieges ganz oder teilweise suspendiert werden konnten.

Mit dem Staatsgrundgesetz zur Jahrhundertwende konnte die österreichische Presse zu einer relativ freien Entfaltung kommen, die mit dem Erstarken des demokratischen Systems einherging.[2] Der Suspensionsartikel, die Möglichkeit der vorläufigen Beschlagnahme, das Kolportageverbot, vor allem das sogenannte „Objektive Verfahren" blieben aber noch Kritikpunkte. Letzteres bestand darin, daß sich die Staatsanwaltschaft, statt den Verfasser eines Artikels wegen einer von diesem durch die Veröffentlichung begangenen strafbaren Handlung zu verfolgen, darauf beschränken konnte, bei Gericht den Ausspruch zu erwirken, daß der Inhalt des Artikels die strafbare Handlung begründet und somit die Weiterverbreitung verboten wurde. Diese Entscheidung war einem Berufsrichtersenat übertragen, der in nichtöffentlicher Sitzung ohne Anhörung des Betroffenen das Urteil fällen konnte. Dieses „objektive Verfahren" wurde von den Zeitungen als rechtlicher Nachteil empfunden, der im subjektiven Verfahren zu vermeiden gewesen wäre.

Endgültig in den Einzelheiten festgeschrieben wurden die Bestimmungen im Pressegesetz vom 15. Oktober 1868 (RGBl. Nr. 142). Ergänzend dazu galten vorerst die Strafprozeßordnung vom Mai 1873 (über das richterliche Verfahren in Pressedelikten) und das Gesetz vom 9. Juli 1894, in dem Teile des Pressegesetzes von 1862 und der Strafprozeßordnung aufgehoben bzw. abgeändert wurden.[3] Im Juli 1902 legte die Regierung einen Preßgesetzentwurf vor, der zwar teilweise auf Kritik stieß, im großen und ganzen aber für gut, d. h. der

---

[1] Zit. nach SCHNEEFUSS a. a. O., S. 75.
[2] Vgl. KÖSSLER a. a. O., S. 12 f. und 38 f. Eine vollständige Auflistung aller die Presse betreffenden gesetzlichen Bestimmungen würde hier zu weit führen. Die Intention dieses Abschnittes ist es nicht, Gesetze taxativ aufzulisten, sondern eine Übersicht über das Wesen der die Pressefreiheit konstituierenden und andererseits einschränkenden, lenkenden, unterdrückenden Maßnahmen, sowohl gesetzlicher und verwaltungsmäßiger als auch parteidiktatorischer Art, zu geben.
[3] Vgl. FAJKMAJER, Hugo: Die Presse in der österreichischen Gesetzgebung. – Wien: Phil. Diss. 1951, S. 122 ff.

Presse entgegenkommend, befunden wurde. Dieser Entwurf wurde nie Gesetz, ließ aber eine umfassende Reformbereitschaft erkennen.[4]

Mit dem Beginn des Ersten Weltkrieges wurde die Pressefreiheit suspendiert und die Vorzensur wieder eingeführt; sie wurde in einer Art gehandhabt, die an Methoden der Zeit Metternichs erinnerte.[5] Als erleichternde Verordnung konnte die Aufhebung des bis August 1914 bestehenden Kolportageverbotes (für Sonder- und Extraausgaben) gewertet werden.

Die Presse insgesamt wurde, u.a. als wichtiges Instrument der modernen Kriegführung, Ausnahmegesetzen unterworfen (am 25. Juli 1914 wurde u.a. der Art. 13 StGG. suspendiert), die unzensurierte Veröffentlichung militärischer Nachrichten wurde verboten, die Kriegsberichterstattung der Aufsicht und Lenkung des Kriegspressequartiers beim AOK unterstellt. Die Zensur konstituierte sich als autoritätserhaltendes Element und wurde zu einem Akt des Selbstschutzes und der Selbsterhaltung des Staates[6], rief aber bald auch den Mißmut der – anfänglich kriegsbegeisterten – Zeitungen und das Mißtrauen der Leser hervor, war die Präventivzensur doch offen in Form der „weißen Flecken" erkennbar.

Das AOK mit seinem die Presse betreffenden Kriegsüberwachungsamt (mit der Zensurgruppe) und dem Kriegspressequartier gelangte zu einer Machtfülle, die für Pressefreiheit keinen Platz mehr ließ, sondern die Presse für die Kriegführung und Propaganda instrumentalisierte.[7] Im KPQ liefen die Fäden der Information zusammen, die Kriegsberichterstatter, die dort akkreditiert waren, waren reine Informations- und Befehlsempfänger, die die vorgefilterten Nachrichten höchstens noch literarisch auszuschmücken hatten. Daraus erklärt sich die Uniformität der Kriegsberichterstattung – auch in den Tiroler Zeitungen.[8] Außerdem war das KPQ immer weitab vom unmittelbaren Frontverlauf angesiedelt, die österreichisch-ungarische wurde mit der deutschen Pressepropaganda koordiniert.

Die Jahre 1915 und 1916 können schließlich als Hochblüte der Zensur dieser Zeit bewertet werden. Im Hinterland besorgten die jeweiligen Justiz- und Verwaltungsbehörden die Vorzensur; Pflichtexemplare (meist Bürstenabzüge) mußten vor Drucklegung zur Zensur vorgelegt werden, nicht selten gingen die Zeitungen mit den schon erwähnten weißen Flekken – auch im nichtmilitärischen Teil (Wirtschaft, Lokales...) – in Druck.[9] In Tirol waren die Zensoren oft noch päpstlicher als der Papst, indem sie z.B. von den Zentralstellen schon genehmigte (und oft in Wien schon abgedruckte) Artikel konfiszierten.

Mit der Wiedereinsetzung des Reichsrates konnte auch die Presse ab 1917 wieder freier – u.a. für eine baldige Beendigung des Krieges – schreiben und kommentieren, konnten auch zensurkritische Artikel erscheinen.

Mitte 1918 bäumte sich das AOK (und mit ihm die Zensurstellen) noch einmal gegen den Autoritätsverfall auf, ehe die Zensur im Oktober 1918 fallen gelassen und die Pressefreiheit wiederhergestellt werden sollte. Am 27. Oktober sprachen sich Ministerratspräsi-

---

[4] Vgl. dazu TOMEK, Lydia: Die Geschichte der österreichischen Pressegesetzgebung. – Wien: Phil. Diss. 1950.
[5] Ebd., S. 154.
[6] SPANN, Gustav: Zensur in Österreich während des Ersten Weltkrieges 1914–1918. – Wien: Phil. Diss. 1972, S. 10 ff.
[7] Vgl. ebd. und FELIX, Josef: Staatliche Pressestellen in Österreich von 1848 bis 1938 unter besonderer Berücksichtigung der Zeit von 1918 bis 1938. – Wien: Phil. Diss. 1980.
[8] Vgl. MAYER, Klaus: Die Organisation des Kriegspressequartiers beim K.u.K. AOK im Ersten Weltkrieg 1914–1918. – Wien: Phil. Diss. 1963, S. 16 ff.
[9] Vgl. SPANN a.a.O., S. 88 f.

dium und Außenministerium für die Aufhebung der Präventivzensur aus, am Tag darauf wurde sie endgültig per Erlaß aufgehoben.[10]

Durch „Beschluß" der Verfassung vom 30. Oktober 1918 (StGBl. Nr. 3) wurde schließlich endgültig bestimmt: „Jede Zensur ist, als dem Grundrecht der Staatsbürger widersprechend, als rechtsungültig aufgehoben. Die Einstellung von Druckschriften und die Erlassung eines Postverbots gegen solche findet nicht mehr statt. Die bisher verfügten Einstellungen und Postverbote sind aufgehoben, die volle Freiheit der Presse ist hergestellt."[11] 1919 fand eine Presseenquete statt, die Prinzipien für ein neues Pressegesetz erarbeitete. In der Bundesverfassung von 1929 wurden die Beschlüsse der provisorischen Nationalversammlung von 1918 als Verfassungsgesetze erklärt.

Ein markantes Gesetzeswerk war schließlich das neue Pressegesetz vom 7. April 1922 (BGBl. Nr. 218), womit ältere Bestimmungen außer Kraft gesetzt und einige ergänzt wurden. Dieses Gesetz hatte, nach einigen Novellen, größtenteils bis zum Mediengesetz 1981 Gültigkeit.[12] § 1 lautete: „Die Freiheit der Presse ist gewährleistet. Sie unterliegt nur den Beschränkungen, die durch dieses Gesetz bestimmt sind." Tatsache war jedoch, daß eine Reihe von bundes- und landesgesetzlichen Vorschriften einschränkende Bestimmungen zur Meinungsfreiheit enthielten.[13] Mit diesem Gesetz wurde unter anderem die Kolportage endgültig freigegeben, die Beschlagnahmebestimmungen wesentlich entschärft, gewerberechtliche Dinge geregelt, Formvorschriften (wie z. B. die Impressuminhalte) definitiv festgelegt, die Ablieferung von Pflichtstücken bestimmt, das Strafverfahren in Prozeßsachen und der Berichtigungszwang überarbeitet, die Verantwortlichkeit bei Pressedelikten definiert, die Immunität wahrheitsgetreuer Parlamentsberichte festgeschrieben und das objektive Verfahren für unzulässig erklärt in Fällen, in denen die subjektive Verfolgung möglich war.[14]

Da die Journalisten durch verschärfte Strafdrohung im Strafgesetz und eine Menge anderer Bestimmungen anderer Gesetze bedroht waren, war es von Bedeutung, daß sie mit dem seit 11. Februar 1920 (StGBl. Nr. 88) in Kraft befindlichen Journalistengesetz in ihrer sozialen Absicherung geschützt waren (verbesserter Kündigungsschutz, Schutz für den Fall der Veräußerung einer Zeitung oder der Änderung der politischen Richtung etc.).[15]

Das Pressegesetz trat am 1. Oktober 1922 in Kraft und stellte einen Markstein in der österreichischen Pressegesetzgebung dar. Es wurde mit dem Bundesgesetz vom 20. Dezember 1929 (BGBl. Nr. 440) novelliert, indem etliche Bestimmungen des Strafgesetzes, des Pressegesetzes selbst und des Einführungsgesetzes zur Strafprozeßordnung geändert wurden (im Rahmen der Verfassungsreform), wobei in den strafrechtlichen Normen (z. B. Ehrenbeleidigung), in den Paragraphen zum Schutz der Jugend (z. B. Pornographie) oder für Pressebestechung eine Verschärfung eintrat.[16]

---

[10] Vgl. ebd., S. 380 f.
[11] Zit. nach KELSEN a.a.O., S. 23 f.
[12] Vgl. TOMEK a.a.O., S. 154 f. und WANIVENHAUS, Helga: Die Pressefreiheit in Österreich. Geschichte ihrer Verwirklichung und ihrer gedruckten Normen. – Wien: Staatswiss. Diss. 1971, S. 101 f.
[13] Vgl. FABRIS, Hans Heinz: Das österreichische Mediensystem. In: FISCHER a.a.O., S. 508.
[14] Vgl. dazu den gesetzlichen Wortlaut in KADECKA, Norbert: Das österreichische Presserecht.– Berlin: Verlag von Georg Stilke 1931, S. 9 ff.
[15] Vgl. ebd., S. 123 f. und FAJKMAJER a.a.O., S. 130.
[16] Vgl. dazu TOMEK a.a.O., S. 185 ff. und SWOBODA, Ernst: Kommentar zum Pressegesetz und zur Strafgesetznovelle 1929 samt den übrigen einschlägigen Vorschriften. – Graz: Moser 1930, S. 35 ff.

Mit der Ausschaltung des Parlaments und dem Beginn des autoritären Regierungskurses wurde von März 1933 bis zur Maiverfassung 1934 die Gesetzgebung durch Verordnungen der Dollfuß-Regierung auf Grund des „Kriegswirtschaftlichen Ermächtigungsgesetzes" geregelt. Schon die ersten Verordnungen betrafen die Einschränkung des geltenden Pressegesetzes und der Pressefreiheit.

Die Regierung schuf sich damit die Möglichkeit, sogenannte „staats- und volksschädliche Mißbräuche" der Pressefreiheit und Verstöße gegen die öffentliche Sicherheit zu unterbinden und schärfer zu ahnden. Mit der Bestimmung der Ablieferung von Pflichtstücken vor der Verbreitung schuf sie sich auch die prinzipielle Möglichkeit der erneuten Zensurausübung.[17] Diese und folgende restriktive Maßnahmen richteten sich nicht nur gegen die inländische (oppositionelle) sondern auch gegen die deutsche NS-Presse (vor allem nach dem Verbot der österr. NSDAP). Am 16. März 1933 wurde wiederum ein striktes Kolportageverbot erlassen. Ein wahrer Regen an restriktiven Verordnungen brach über das Pressewesen herein.

Mit dem Gummiparagraphen bezüglich der „Verletzung des vaterländischen, religiösen oder sittlichen Empfindens" schuf die Regierung ein derart dehnbares Regelwerk, daß es ihr leichtfiel, die Vorzensur gegen mißliebige Zeitungen zu verlängern (erste Opfer waren die 'AZ' und die 'Rote Fahne'). Am 10. April wurden die bisherigen Bestimmungen weiter verschärft. Am 7. Juli wurde eine Verordnung erlassen, die nicht mehr die Zeitungen direkt betraf, sondern die Druckereien und Verlage mit Konzessionsentzug bedrohte, wenn diese kommunistische oder NS-Zeitungen weiterhin herausgaben.

Sogar Schlagzeilen, Schriftart und -größe wurden einer genauen Reglementierung unterzogen, bei Mißbrauch der „Pressefreiheit" konnten betroffene Zeitungen bis zu drei Monate verboten werden. Im Juni wurde der Vertrieb des 'Völkischen Beobachters' auf ein Jahr verboten. Amtliche Nachrichten mußten ohne Weglassungen oder Zusätze unentgeltlich veröffentlicht werden.[18]

Noch vor dem totalen Verbot der sozialdemokratischen Presse vom Februar 1934 war die Presse also mit einem diffizilen Verordnungsdschungel so reglementiert und in ihrer Freiheit beschnitten, daß man schon hier mit einer „Gleichschaltung", teilweise Ausschaltung der öffentlichen Meinung konfrontiert war. Die verbliebenen Zeitungen waren auf totalen Regierungskurs eingeschworen worden. Die Uniformität der Presse erreichte erst nach 1938 eine nochmalige Steigerung.

Im März 1934 wurden deutsche Tageszeitungen vorerst für drei Monate, nach dem Juli-Putsch dann bis zum Juli-Abkommen des Jahres 1936 verboten. Mit der Mai-Verfassung 1934 wurden die Grundrechte – damit auch die Meinungs- und Pressefreiheit – weiter beschnitten.[19] Per Bundesgesetz vom Oktober wurde die Herausgabe von Zeitungen von einer polizeilichen Bewilligung abhängig gemacht. Das „Bundesgesetz zur Bekämpfung staatsfeindlicher Druckwerke" (1935) und das „Bundesgesetz zum Schutz des Ansehens Österreichs" (1935) waren weitere Stationen zur leichteren Ermöglichung der Ausschaltung mißliebiger Zeitungen.

---

[17] Vgl. DÖHNE, Wilhelm: Presse- und Nachrichtenpolitik in Österreich von der Ersten bis zur Zweiten Republik (1918–1946). – Wien: Phil. Diss. 1947, S. 58.
[18] Vgl. ebd., S. 64 und KLEIN, Johann Wolfgang: Die „Salzburger Wacht", das Organ der Salzburger Sozialdemokratie von der Gründung 1899 bis zum Verbot am 12. Februar 1934.– Salzburg: Phil. Diss. 1983, S. 175 ff.
[19] WANIVENHAUS a. a .O., S. 139 f.

Mit dem Juli-Abkommen 1936 wurde ein Modus vivendi über die gegenseitige Zulassung von je fünf Tageszeitungen (Deutsches Reich und Österreich) geschaffen (u. a. konnte die radikale nationalsozialistische Essener 'Nationalzeitung' wieder verkauft werden), der die bisherigen Gesetze und Verordnungen gleichermaßen paralysierte – zumindest, was die NS-Zeitungen betraf, die nun wieder ziemlich unverhohlen Propaganda betreiben konnten.

Um auch die Presse in den ständischen Neuaufbau einzubinden, wurde am 15. Juli 1936 die Österreichische Pressekammer geschaffen, in der Zeitungsunternehmer und Journalisten organisiert wurden.[20]

Letztendlich war aber allen Bemühungen doch kein voller Erfolg beschieden. Die illegale Presse, die vor allem seit 1933 und 1934 zumeist unregelmäßig erschien (darauf wurde nicht genauer eingegangen, da diese Presse keinen Tageszeitungscharakter aufwies, Anm. d. Verf.), konnte immer wieder die Maßnahmen umgehen und fand weite Verbreitung, nicht zuletzt deshalb, da sich in der offiziösen Presse eine starke Monotonie breitmachte, sie unglaubwürdig wurde, und die Zeitungen sich in ihrer Schwerpunktsetzung vom innenpolitischen Teil ab- und dem außenpolitischen, der weniger reglementiert war, zuwandten.

Mit der weitgehenden Gleich- und Ausschaltung der demokratischen Presse waren auch die Mittel im Abwehrkampf gegen den Nationalsozialismus wesentlich beschränkt, während die Propagandamaßnahmen des Hitlerregimes immer offener wirken konnten.

Nach dem deutschen Einmarsch betrafen die ersten totalitären Maßnahmen vor allem den Mediensektor. Die Presse- und Nachrichtenpolitik wurde unverzüglich und vollständig gleichgeschaltet und auf NS-Linie gebracht. Das NS-Regime begnügte sich nicht mit einer völligen Unterdrückung anderer Meinungen, sondern sicherte sich auch den wirtschaftlichen Einfluß über Verlage und Druckereien. Ein Großteil der Zeitungen wurden eingestellt, etliche bestehende in NS-Gauzeitungen umgewandelt und als Sprachrohr für die NS-Propaganda mißbraucht. Die österreichische, auch die Wiener Großstadtpresse, wurde zur deutschen Provinzpresse degradiert.

Durch die „Verordnung des Reichskommissärs Josef Bürckel für die Wiedervereinigung Österreichs mit dem Deutschen Reich zur Anpassung von presserechtlichen Vorschriften an das Reichsrecht" traten sämtliche Presseverordnungen und Gesetze, die in der Zeit vom 7. März 1933 bis 11. März 1938 erlassen wurden, außer Kraft, das Presserecht von 1922 wurde abgeändert. Am 14. Juni trat das deutsche Schriftleitergesetz in Kraft.[21]

Im März wurden in Wien, im Juli in den Bundesländern die Reichspropagandaämter errichtet, die die Lenkung der Presse und die Organisation der Propaganda vor Ort zu bewerkstelligen und zu kontrollieren hatten. Mit dem Reichskulturkammergesetz vom 11. Juni 1938 wurden in Österreich auch die Bestimmungen bezüglich der Organisierung der Pressemitarbeiter in der Reichspressekammer in Kraft gesetzt.

„Die einheitliche Ausrichtung der Publizistik des ganzen Landes gab dem Hitler-Regime die Möglichkeit, mit seiner Beeinflussung größte Wirkung zu erzielen, seine propagierten politischen Zielsetzungen zum allgemeinen Gedankengut des ganzen Volkes zu ma-

---

[20] Vgl. dazu DÖRFLER, Stefan: Die feierliche Eröffnung der Österreichischen Pressekammer. – Wien 1936 und DERS: Wesen und Werden der Österreichischen Pressekammer. – Wien 1936 sowie LUDWIG, Eduard: Der ständische Aufbau der österreichischen Presse. – Wien: Sonderdruck aus der Wiener Wirtschaftswoche 1937.

[21] Vgl. WANIVENHAUS a. a. O., S. 145.

chen und den Eindruck der spontanen Akklamation durch das Volk zu erwecken, der das Bestehen einer zentralen Regie verdecken sollte."[22]

Die Umgestaltung der Presse ging, wie schon ab 1933 im Deutschen Reich, radikal, aber nicht verborgen vor der Öffentlichkeit vor sich. Der Presse wurde eine wesentliche Rolle in der Volksbeeinflussung zugewiesen.

Der demokratische Staat und die demokratische Presse waren schon vor der Annexion tot gewesen, nun lebte aber der totale Staat, der die totale Presse brauchte. Mit dem Schriftleitergesetz und anderen Bestimmungen war es möglich geworden, die freie Meinungsäußerung zu unterdrücken und das Journalistentum von „widerspenstigen Elementen" (auch hier zählten Juden zu den ersten Opfern) zu „säubern".[23] Der einzelne Journalist war nicht mehr nur seinem Schriftleiter oder Herausgeber verantwortlich, sondern der Partei und dem Staat, hier vor allem dem Reichspropagandaminister Josef Goebbels. „Die im Hauptberuf (…) ausgeübte Mitwirkung an der Gestaltung des geistigen Inhalts der im Reichsgebiet herausgegebenen Zeitungen und politischen Zeitschriften durch Wort, Nachricht oder Bild ist eine in ihren beruflichen Pflichten und Rechten vom Staat durch dieses Gesetz geregelte öffentliche Aufgabe (…)."[24]

Treffende Fremdwörter wie „Redakteur" wurden konsequent (erneut) eingedeutscht; in diesem Fall hieß es nun wieder „Schriftleiter" (wie schon im alten Österreich und Deutschland der Jahrhundertwende gebräuchlich). Bis ins Detail wurde reglementiert, uniformiert, ausgemerzt. Der Journalist wurde zu einem bloßen Vollzugsbeamten der Parteiräson. Aus der totalitären Publizistik wurde schließlich die totale Propaganda, die aber nicht nur durch Gesetze reglementiert und gelenkt wurde, sondern auch durch Mittel wie Weisungen, Pressekonferenzen, bei denen genau diktiert wurde, wie was zu veröffentlichen sei und was verschwiegen werden mußte (was demnach direkte journalistische Beeinflussung war, Anm.), und den sogenannten Amann-Anordnungen, die der umfassenden Strukturumgestaltung der Presse dienten.[25] Zeitungen samt Verlagshäusern wurden, quasi-legal mit dem nötigen Druck, aufgekauft oder enteignet und zu einem Gutteil dem Zentralverlag der NSDAP, dem Eher-Konzern, eingegliedert oder in Gesellschaften wie der Standarte-GmbH (v. a. in Österreich) zusammengefaßt (anders als etwa bei der SPD- und KPD-Presse der Jahre 1933/34, Anm.).

1939 war, im „Altreich" wie auch in der nunmehrigen „Ostmark", die NS-Verlagspolitik im wesentlichen vollendet. In jedem Gau existierte in der Regel ein Gauverlag. Diese Verlage und die von diesen herausgegebenen Zeitungen waren der Standarte-GmbH ange-

---

[22] KÖRNER, Ralf Richard: So haben wir es damals gemacht. Die Propagandavorbereitungen zum Österreichanschluß durch das Hitler Regime 1933–1938. – Wien 1958, S. 4. Zu den Auswirkungen auf die einzelnen Tiroler Zeitungen siehe die jeweiligen Kapitel des II. Hauptteils.
[23] SCHOOF, Karl: Das Schriftleitergesetz vom 4. Oktober 1933. Ein Beitrag zur Erforschung des NS-Pressewesens. – Wien: Phil. Diss. 1968, S. 57.
[24] Ebd., S. 146 (Anhang – Gesetzestexte).
[25] Zur Meinungsführung siehe vor allem ABEL, Karl-Dietrich: Presselenkung im NS-Staat. – Berlin: Colloquium Verlag 1968, HALE, Oron: Presse in der Zwangsjacke 1933–1945. – Düsseldorf: Droste 1965, HAGEMANN, Jürgen: Die Presselenkung im 3. Reich. – Bonn: Bouvier 1970, HAGEMANN, Walter: Publizistik im Dritten Reich. – Hamburg: Hanseatischer Gilden-Verlag 1948, SÄNGER, Fritz: Politik der Täuschungen. Mißbrauch der Presse im Dritten Reich. Weisungen, Informationen, Notizen 1933–1939. – Wien: Europaverlag 1975, STOREK, Henning: Dirigierte Öffentlichkeit. Die Zeitung als Herrschaftsmittel in den Anfangsjahren der nationalsozialistischen Regierung. – Opladen: Westdeutscher Verlag 1972.

schlossen und somit in geldlichen, personellen und verlegerischen Angelegenheiten vor allem Max Amann und Rolf Rienhardt unterstellt (vgl. Graphik 1).[26]

Mit dem Kriegsausbruch kam zur bestehenden politischen Pressekontrolle noch die rigorose Militärzensur hinzu; diese fand im Vorfeld der journalistischen Arbeit statt: Nicht die Zeitungen selbst wurden damit zensuriert, vielmehr erhielten sie bereits vorgefilterte Nachrichten. Mit Fortdauer des Krieges wurden die restriktiven Maßnahmen immer ärger, es kam zu drei Wellen von Zeitungsstillegungen.

Die Methoden der NS-Meinungsführung (hier ohne die gesetzlichen Normen) faßt Jürgen Hagemann wie folgt zusammen:

Keine Polemik – Lautlosigkeit (Verschweigen, Verharmlosen, „alles, was nicht widerlegt werden kann, z.B. außenpolitische Tatsachen, wird unterdrückt"); Themenkonzentration vor allem auf Feindbilder des Bolschewismus, des Judentums und der Plutokratie; Zwietracht zwischen den verbündeten feindlichen Staaten säen; einen Keil zwischen Volk und Regierung der Feindstaaten treiben, die Regierung durch Beschimpfung, Haßpropaganda lächerlich machen; Glaubwürdigkeit beim eigenen Volk erzeugen; der Uniformität der gleichgeschalteten Presse durch Nuancierungen entgegenwirken; Wiederholen von Schlagworten, Parolen, Lügen; Rechtfertigung der eigenen Handlungsweise; Stützung der eigenen Propaganda durch ausländische Pressestimmen (v.a. neutraler Staaten), um Objektivität vorzutäuschen; Okkupierung von Begriffen, Symbolen etc. für die Partei; Vorgänge und Personen des Auslandes, die für das Reich nützlich sein konnten, wurden weitgehend totgeschwiegen, da man sich bewußt war, daß jede Erwähnung oder Hervorhebung diesen nur schaden konnte; Unterstützung für politische Aktionen; Stimmungsführung.[27]

Diese und andere Methoden mußten von der Presse getragen werden und verdeutlichen die Zwänge, denen die Presse nur in totalitären Systemen unterworfen werden kann. Die Pressekonferenzen der Regierung und des Propagandaministeriums mit ihren Anordnungen und „Tagesparolen" sowie „Vertraulichen Informationen" waren weitere Fixpunkte der Lenkung der veröffentlichten Meinung.

Für Hitler blieb die Presse lediglich ein sekundäres Mittel zur Beeinflussung der breiten Volksmassen. Bis zum Ende des Dritten Reiches mußten sich Goebbels und die anderen Funktionäre des Presselenkungssystems damit abfinden, in einem Chaos von Kompetenzen, Gesetzen, Führerweisungen und dergleichen zu arbeiten.[28] Hitler hatte dieses Chaos und Kompetenzenwirrwarr offensichtlich einkalkuliert und vermied bis zuletzt eine Klärung.

„Die Technik der Presselenkung im NS-Staat hat nicht nur auf dem ökonomisch-organisatorischen Gebiet, sondern auch in der menschlich-schöpferischen Sphäre des Zeitungswesens zum Ergebnis eines völligen Niveauverfalls geführt."[29]

Nach dem Zusammenbruch des Dritten Reichs und dem Ende des Krieges in Österreich herrschte vorerst ein Vakuum auf dem Gebiet der Presse. Alle NS-Blätter waren verschwunden, der Presse- und Nachrichtenlenkungsapparat war zerschlagen, „zurück blieb die Verkrampfung einer über sieben Jahre betriebenen Disziplinierung der öffentlichen Meinung."[30]

---

[26] Vgl. HALE a.a.O., S.266 und ABEL a.a.O., S.109.
[27] HAGEMANN, Jürgen a.a.O., S.175–217.
[28] ABEL a.a.O., S.67f.
[29] Zit. ebd., S.72.
[30] DÖHNE a.a.O., S.96f.

Graphik 1: Organisation des Eher-Verlages 1944

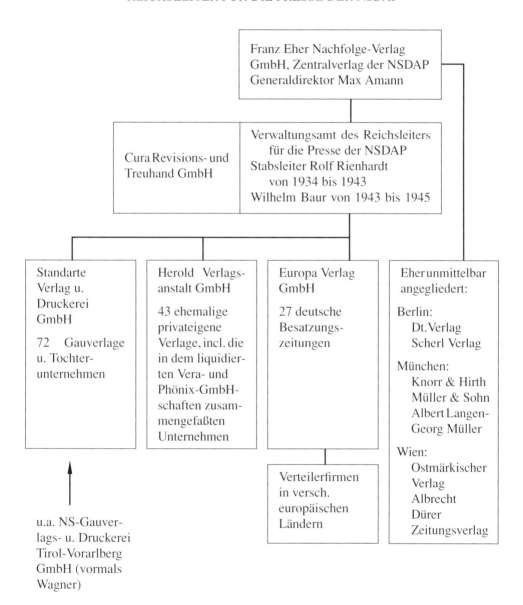

(Aus: HALE a. a. O., S. 340.)

Eine der ersten legislativen Maßnahmen war die Aufhebung des Reichskulturkammergesetzes und des deutschen Schriftleitergesetzes am 27. April 1945. Mit dem Verfassungsüberleitungsgesetz vom 1. Mai wurde die Verfassung von 1929 wieder in Kraft gesetzt, und somit wurden alle von 1933 bis 1945 erlassenen verfassungsrechtlichen Normen aufgehoben (dies geschah, während in Tirol noch gekämpft wurde und das NS-Gaublatt noch erschien). Endgültig in Kraft trat die 1929er Verfassung wieder im Dezember 1945. Das Pressewesen des neuen Staates erhielt sein Statut am 1. Oktober mit einem Beschluß des Alliierten Rates, der die Pressefreiheit mit einigen Einschränkungen garantierte: Die Presse habe sich nach den demokratischen Grundsätzen zu richten und den Kampf gegen die NS-Ideologie zu führen, sie dürfe keine den Besatzungstruppen schadende Artikel veröffentlichen oder sich gegen die alliierten Truppen richten, die öffentliche Ordnung dürfe nicht gefährdet werden. Die Zensur wurde grundsätzlich aufgehoben. Auch die Kontrolle der Papierproduktion und -zuteilung blieb vorerst in alliierter Hand. Neben diesen Bestimmungen bildete jedoch wieder das Pressegesetz von 1922 die eigentliche Rechtsgrundlage.[31] Es handelte sich also um die Einräumung einer bedingten Pressefreiheit. Bis Mitte 1946 wurde dann auch des öfteren mit Verboten gegen österreichische Zeitungen vorgegangen (siehe auch 'Tiroler Nachrichten').

Trotzdem kann attestiert werden, daß z.B. die Gummi-Bestimmungen der Gefährdung der „militärischen Sicherheit" nicht engherzig ausgelegt wurden und eine relativ scharfe Kritik durchaus im Bereich des Möglichen lag.

Die vorerst den jeweiligen Besatzungstruppen obliegende Lizenzvergabe für die Herausgabe von Zeitungen durch Österreicher (vom Juli 1945) wurde Anfang 1947 der österreichischen Regierung übertragen. Damit waren praktisch alle Möglichkeiten der Kontrolle und des Einflusses auf den Mediensektor von den Alliierten abgegeben worden.[32]

---

[31] Vgl. WANIVENHAUS a.a.O., S. 147f.
[32] Vgl. SCHÖNBERG, Michael: Die amerikanische Medien- und Informationspolitik 1945–1950. – Wien: Phil. Diss. 1975, S. 28.

4. Die Forschungsaufgabe

4.1 Allgemeines

„Führt die einzelne Zeitung Tagebuch über Aktuelles – aktuell Erfahrenes, Gedachtes und Gefühltes – in der Gesellschaft, so stellen die publizistischen Dokumente insgesamt in Geschichte und Gegenwart die Annalen der Menschheit dar."[1] In jedem Kulturkreis könne, schreibt Henk Prakke, die Rolle der Publizistik verfolgt werden, daß (geschriebenes) Wort und Tat unablässig einander begleiten und bestimmen. Die Tat ruft das Wort (auch das Zeitungswort) hervor, und Worte bewirken Taten.[2]

Die Publizistikwissenschaft kommt, wie alle anderen Sozialwissenschaften, ohne die historische Erhellung des von ihr zu erforschenden sozialen Feldes nicht aus. Damit ist dem Vorwurf, die Publizistikwissenschaft betreibe nur oder zuviel Medien- und Pressegeschichte, leicht zu entgegnen. Michael Schmolke geht soweit, ganz im Gegenteil von zuwenig Presseforschung zu sprechen.[3] Daß dabei die – immer wieder bestätigte – Gefahr des Sich-Verlierens in Biographien und Spezialgeschichten, des „manchmal schon arg parzellierten Historisierens entstand", mag zu einem Überdruß an der auf einzelne (Zeitungs-)Titel, Personen und teilweise auf kürzeste Zeitabschnitte bezogenen Geschichtsthematisierung geführt haben.[4]

Folgerichtig geht es heute um den Weg von der Presse- zur Kommunikationsgeschichte und deren Einbindung in das größere Ganze einer Sozialgeschichte der öffentlichen Kommunikation.

Mit meinem Thema hoffe ich, nicht allzu sehr dem Vorwurf des zu „arg parzellierten Historismus" ausgesetzt zu werden.

Es wurden 23 Nord- und Osttiroler Zeitungen im Zeitraum 1914 bis 1947 (34 Jahre) sowie sieben Zeitungen Südtirols im Zeitraum 1914 bis 1918 untersucht, wobei nach einem groben quantitativen inhaltsanalytischen Schema vorgegangen wurde. Die Kategorienbildung erfolgte anhand einschlägiger publizistikwissenschaftlicher Schemata und Publikationen zu ähnlich gelagerten Themenstellungen, wobei einige Kategorien genau bezeichnet werden konnten (Format, Satzspiegel, Titel, Preise etc.), anderen eine feinere Beschreibung vorenthalten werden mußte (politische Richtung etc.), sind diese Kriterien doch nicht in Zentimetern, Schillingen u. a. zu messen.

Auf Grund der Fülle des Materials war es auch nicht möglich, eine den Anforderungen genügende „Aussagenanalyse" vorzunehmen, es mußte daher bei einer überblicksartigen

---

[1] PRAKKE, Henk: Vom Sinn der Publizistik. – Assen: Van Gorcum 1965, S. 5.
[2] Ebd., S. 15 f.
[3] SCHMOLKE, Michael: Alte Zeitungen als neuer Anstoß. In: Festschrift: 350 Jahre Amtliche Linzer Zeitung, a. a. O., S. 9–14, hier S. 10.
[4] Ebd.

„Dokumentenanalyse" bleiben.[5] Die äußere Erscheinungsform stand gegenüber dem „Inhalt" im Vordergrund. Trotzdem wurde versucht, in der allgemeinen Chronik der einzelnen Zeitungen durch Textpassagen, Zitate etc. das Wesen der Zeitung aus ihren Inhalten zumindest teilweise sichtbar zu machen.

Im Vordergrund stand demnach die Medienforschung (hier die Zeitung), gefolgt von der Kommunikatorforschung (Journalisten, Verleger, Herausgeber, Drucker...), gefolgt von der – hier allerdings eingeschränkten – Aussageforschung. Nicht oder fast nicht in die Untersuchung einfließen konnten Rezipienten- und Wirkungsforschung. Verkürzt würde hier die Formel also heißen: Who says what in which channel, wobei also die Betonung auf „channel" liegt. Als Ergänzung der Untersuchung der primären Quellen – der Zeitungen selbst – wurden die das Pressewesen tangierenden Präsidialakten des Tiroler Landesarchivs durchgesehen, die teilweise aufschlußreiches Material enthielten, teilweise aber auch nur lückenhaft vorhanden waren. Diese konnten auf Grund der 50jährigen Archivsperre vorerst bis 1940 eingesehen werden.[6]

Es wurden auch jene Druckereien, Verlage, (Nachfolge-)Parteien etc. angeschrieben, die schon im Untersuchungszeitraum bestanden und Zeitungen gedruckt, verlegt oder herausgegeben hatten. Die Ergebnisse dabei waren eher ernüchternd. Drei Adressaten (Jenny Buchdruckerei, Lippott KG, Schlüsselverlag J. S. Moser) antworteten überhaupt nicht, die meisten anderen konnten kein Material mehr aus dieser Zeit anbieten oder verwiesen auf andere Personen oder Institutionen, wobei letztlich nur noch einige Daten zur 'Volks-Zeitung' und zur 'Tiroler Bauernzeitung' zutage traten. Ansonsten wurden lediglich einzelne Zeitungsexemplare zur Durchsicht angeboten, die ich jedoch schon im Landesmuseum oder in anderen Archiven durchgearbeitet hatte.

Ein weiteres Problem stellte die partielle Unvollständigkeit der archivierten Zeitungsbände dar, weshalb auch Angaben zu Umfang, Format etc. einzelner Zeitungen nicht in die Untersuchung einfließen konnten (v. a. zu den Tyrolia-Regionalblättern). Auch die Südtiroler Zeitungen konnten nicht alle vollständig aufgefunden werden (v. a. Der Tiroler, Bozner Nachrichten, Südtiroler Volksblatt).

Ergänzt wurden diese Erhebungen mit Sekundärquellen, meist historischen Werken zur Geschichte Tirols, die des öfteren kurze Angaben zum Pressewesen enthielten, und den schon in Kap. 2.2 (S. 21–23) angeführten Werken zur Tiroler Pressegeschichte.

Im folgenden Kapitel 4.2 soll ein allgemeiner Überblick über die Grundlagen und die Entwicklung des Tiroler Pressewesens und seiner regionalen Besonderheiten gegeben werden. Besonderheiten, die das österreichische vom übergreifenden deutschsprachigen Pressewesen einerseits, das tirolerische wiederum vom österreichischen andererseits abheben, wie die Ausprägung der katholischen Preßvereine, die Entwicklung der Parteipresse, die lokalen Wochenzeitungen, die öfters zum zwei- bis dreimaligen wöchentlichen Erscheinen mutierten, oder der Konzentrationsprozeß.[7]

Die Geschichte der großen Verlage wurde in den II. Hauptteil verlegt – der Wagner'sche Univ.-Verlag wird ausführlich bei den 'Innsbrucker Nachrichten', der Tyrolia-Verlag beim

---

[5] Vgl. WERSIG, Gernot: Inhaltsanalyse. Einführung in ihre Systematik und Literatur. 3. Auflage. – Berlin: Spieß 1974, S. 11.
[6] Die Auflistung der Präsidialakten erfolgt im Quellen- und Literaturverzeichnis, S. 414.
[7] Dazu ist jedoch anzumerken, daß gerade diese Zeitungen nicht den Schwerpunkt der Untersuchung ausmachten, die hier auftretenden Ungenauigkeiten und die Unvollständigkeit der Angaben also leichter zu verschmerzen sein werden.

'Tiroler Anzeiger' beschrieben. In der Folge werden beide Verlage bei anderen von ihnen herausgegebenen, verlegten oder gedruckten Zeitungen nur noch gestreift.

Ausführlich werden die „wirklichen" Tageszeitungen (per definitionem) behandelt; zwei- bis dreimal wöchentlich erscheinende Zeitungen fließen ebenfalls in die Untersuchung ein. Die Zeiten, in denen diese lediglich als Wochenzeitungen erschienen, wurden – der Vollständigkeit halber – nur gestreift. Wochenzeitungen wurden nur insofern behandelt, als sie auch Zeiten aufwiesen, in denen sie häufiger als einmal wöchentlich erschienen.[8]

Die Wochenzeitung 'Der Arbeiter' wurde nicht berücksichtigt, da diese lediglich im Nationalratswahlkampf 1919 eine Woche lang täglich herausgegeben wurde, ansonsten ihren Charakter als reine Wochenzeitung nie geändert hat.

Insgesamt stellt sich der I. Teil als Hintergrund dar, in den die Pressegeschichte Tirols im gewählten Untersuchungszeitraum eingebettet ist. Der an das Überkapitel 4.2 anschließende II. Teil der Arbeit (S. 71 ff.) kann als Handbuch der Tiroler Tagespresse von 1914 bis 1947 angesehen werden, das die Zeitungen in Einzeldarstellungen festhält.

Eine Zusammenfassung der erhobenen Daten und Fakten und ein kurzer Ausblick auf die weitere Entwicklung der Tagespresse Tirols bis zur Gegenwart sollen das fließende Anknüpfen für weitere Arbeiten zum Thema, sei es die quantitativ-inhaltsanalytische Fortschreibung der Tiroler Pressegeschichte von 1947 bis zur Gegenwart, seien es qualitativ-inhaltsanalytische Arbeiten zu einzelnen Zeitungen, ermöglichen bzw. erleichtern.

4.2 Die Entwicklung der Tiroler Presse 1914 bis 1947. Ein Überblick

4.2.1 Die Zeit bis zum Ende des Ersten Weltkrieges

Seit der Revolution des Jahres 1848 und der in den folgenden Jahrzehnten festgeschriebenen Pressefreiheit – die zwar noch eine relative war, was dem Aufstieg der Presse zur „Hüterin der Bürgerfreiheit" jedoch keinen Abbruch tat – entwickelte sich das Pressewesen der Monarchie und insbesondere jenes Tirols in enormem Tempo. Was die Zahl der Blattgründungen in Tirol anbelangt, stellte sie Peter Heinrich Wolf an die Spitze der journalistischen Produktion der Monarchie in den letzten Dezennien des 19. Jahrhunderts.[9]

Schon zwischen 1833 und 1860 gab es in Tirol (alle Landesteile) 19 deutsch- und 7 italienischsprachige Zeitungen und Zeitschriften, wovon die Mehrheit (elf) in Innsbruck hergestellt wurde. Zentren der Zeitungsproduktion waren von Beginn an Innsbruck und in der Folge Bozen, Brixen und Meran sowie etwas zögernder kleinere Provinzstädte wie Bruneck, Kufstein, Lienz, Kitzbühel, Wörgl, Schwaz oder Reutte. Tirol war damit auch in der Zahl deutschsprachiger Blätter nach der Metropole Wien führend vor allen anderen österreichischen Provinzen.[10]

Von den von mir untersuchten Zeitungen erschienen Anfang 1914 – zu Beginn des Untersuchungszeitraumes – als reine Tageszeitungen oder als häufiger als einmal wöchentlich

---

[8] Vgl. SCHMOLKE a.a.O., S. 11.
[9] WOLF, Peter Heinrich: Die Zeitungen von Tirol und Vorarlberg 1814–1860. – Innsbruck: Phil. Diss. 1957, S. 2.
[10] Ebd., S. 261. Vgl. dazu auch Kap. 2.3, S. 23 ff.

erscheinende Blätter im südlichen (deutschsprachigen) Landesteil: 'Bozner Zeitung', 'Tiroler Volksblatt', 'Der Tiroler', 'Bozner Nachrichten', 'Brixener Chronik', 'Meraner Zeitung', 'Der Burggräfler'; in Osttirol (nach heutigem Sprachgebrauch): 'Lienzer Zeitung' und 'Lienzer Nachrichten'; im nördlichen Landesteil: 'Innsbrucker Nachrichten', 'Allgemeiner Tiroler Anzeiger', 'Volks-Zeitung', 'Neue Tiroler Stimmen' als Tageszeitungen, 'Der Bote von Tirol', der 'Tiroler Grenzbote' und die 'Nordtiroler Zeitung' erschienen zweimal wöchentlich. Die ebenfalls untersuchten Zeitungen: 'Innsbrucker Neueste', 'Oberländer Wochenpost', 'Außferner Zeitung', 'Tiroler Land-Zeitung', 'Tiroler Bauern-Zeitung' sowie die drei Zeitungen des Vereines Unterinntaler Lokalpresse erschienen zu diesem Zeitpunkt noch als reine Wochenblätter und wurden erst in Folge des gestiegenen Aktualitätsanspruchs und Informationsbedürfnisses im Ersten Weltkrieg größtenteils in Halbwochenzeitungen bzw. die 'Innsbrucker Neueste' in eine Tageszeitung umgewandelt.[11]

Die vier – per definitionem – reinen Tageszeitungen Innsbrucks erreichten im ersten Quartal des Jahres 1914 zusammen eine Druckauflage von 30.200 Exemplaren, wovon die größte, die 'Innsbrucker Nachrichten', mit 16.000 Stück mehr als die Hälfte abdeckte.[12]

'Der Bote von Tirol' als Amtsblatt, der zwar zwei-, drei-, oder viermal wöchentlich erschien, aber nicht als wirkliche Tageszeitung angesehen werden kann (fehlende Publizität), erschien mit einer durchschnittlichen Auflage von 120–150 Stück, die 'Innsbrucker Neueste' (1914 noch als Wochenzeitung) mit 8.000, ebenso die 'Tiroler Bauern-Zeitung', während die regionalen ein- oder zweimal pro Woche erscheinenden Blätter meist über eine Auflage von 500 bis höchstens 2.500 nicht hinauskamen.

Die Südtiroler Blätter erreichten 1914 Höchstauflagen von 2.900 Stück ('Der Burggräfler'), die sich jedoch insbesondere während des Krieges beträchtlich steigern sollten. Besonders 'Der Tiroler' als christlich-soziales Organ vermochte seine Verbreitung enorm auszudehnen.[13]

1914 wurde dem Präsidium der k.k. Statthalterei in Innsbruck von Herman Prechtl (Chefredakteur der Innsbrucker Neuesten) und der Druckerei Jenny angezeigt, daß man eine Tageszeitung unter dem Titel 'Tiroler Kronenzeitung' herauszugeben beabsichtige. Aus diesem – wohl vom Erfolg der Wiener 'Illustrierten Kronenzeitung' inspirierten – Zeitungsprojekt wurde jedoch in der Folge nichts – der Krieg machte dem einen Strich durch die Rechnung.[14]

Nach dem Alter aller – auch der noch nicht erwähnten – Zeitungen ergibt sich die aus Tabelle 1 ersichtliche Chronologie:

---

[11] Vgl. Präsidialakten (i.d.F. „Präs." abgekürzt) 1914/XII 78c4/1.734. Diese und folgende Auflagenzahlen sind den Quartalsausweisen der Präsidialakten der jew. Jahrgänge entnommen und bergen gewisse Ungenauigkeiten in sich, sind jedoch die einzige relativ zuverlässige Quelle dazu. Die erste Zahl steht für das Jahr, die zweite für die Signatur des Faszikels, die dritte für die Zahl des Aktenstücks.
[12] Ebd.
[13] Ebd. und die Quartalsausweise der folgenden Jahre sowie die Einzelkapitel des II. Teils.
[14] Präs. 1914/XII 78c1/572.

Tabelle 1: Die Zeitungen in chronologischer Reihung nach ihrem Gründungsjahr

1813	Der Bote von Tirol	1908	Allgemeiner Tiroler Anzeiger
1854	Innsbrucker Nachrichten	1909	Schwazer Lokal-Anzeiger
1856	Bozner Zeitung (resp. 1842)		Wörgler Anzeiger
1861	Tiroler Stimmen		Kitzbühler Anzeiger
1867	Meraner Zeitung		Nordtiroler Zeitung
1871	Tiroler Grenzbote	1911	Lienzer Nachrichten
1883	Der Burggräfler	1913	Innsbrucker Neueste
1886	Lienzer Zeitung		Außferner Zeitung
1888	Brixener Chronik	1915	Tiroler Soldaten-Zeitung
1892	Volks-Zeitung	1920	Alpenland
	Tiroler Land-Zeitung	1922	Außferner Bote
1896	Bozner Nachrichten	1933	Innsbrucker Zeitung
1898	Tiroler Volksblatt	1945	Tiroler Tageszeitung
1899	Die Post		Tiroler Nachrichten
	Der Tiroler		Tiroler Neue Zeitung
1902	Tiroler Bauern-Zeitung		Volks-Zeitung (wiederbegründet)

15 Zeitungen – also die Hälfte – wurden demnach noch im 19. Jahrhundert gegründet, weitere neun bis 1914. In den Jahren 1922 bis 1945 gab es schließlich außer dem 'TA'-Abendblatt 'IZ' keine Neugründungen von häufiger als einmal wöchentlich erscheinenden Zeitungen. Lediglich regionale Wochenzeitungen entstanden, denen jedoch meist nur eine kurze Lebensdauer beschieden war.

Von den 31 untersuchten Zeitungen können sechs als Amts- oder Kriegsblätter (z.B. 'Bote für Tirol', 'Tiroler Soldaten-Zeitung'), als unpolitisch oder unabhängig bezeichnet werden, acht als liberal bzw. deutschfreisinnig oder großdeutsch, vier als katholisch-konservativ, elf als christlich-sozial sowie je eine als sozialdemokratisch und kommunistisch. Davon wurden 1938 sieben zu NS-Amts- oder Gaublättern, eine – der 'Tiroler Grenzbote' – unterwarf sich freiwillig dem NS-Diktat.[15]

Nach Pressetypen (nach Art der geistig-wirtschaftlichen Grundelemente) findet man im Tirol der Jahre 1914 bis 1947 sowohl die Ausbildung der Gruppenpresse (auch Gesinnungs- und Meinungspresse) wie v.a. das 'Alpenland', welche nicht nur Berichterstattung, sondern insbesondere Nachrichtenpolitik betrieb; hierzu sind auch die besonders in Österreich und auch in Tirol ausgeprägten Parteiblätter sowie die vor allem in Tirol häufige Parteirichtungspresse (u.a. die christlich-soziale Tyrolia- und die liberale bzw. deutschnationale Wagner-Presse) zu zählen.[16]

Die Massen-, Geschäfts- oder Nachrichtenpresse läßt die geistigen hinter die wirtschaftlichen Komponenten des Zeitungswesens weit zurücktreten, Ziel ist die Massenauflage. Meinung wird also als einer Massenauflage hinderlich bewertet. Diese Definition kann in Tirol nur sehr bedingt auf die 'Innsbrucker Nachrichten' angewendet werden, da sie zwar stets um hohe Verkaufszahlen bemüht war, trotzdem aber keinen Hehl aus ihrer vorerst liberalen, später deutschnationalen Einstellung machte.

---

[15] Siehe dazu Einzelkapitel des II. Teils (polit. Richtung, Richtungswechsel, Gründungsdaten etc.) S. 71 ff. sowie Kap. 1.7 (Amtsblätter) S. 185 ff.
[16] Diese und folgende Klassifizierungen der Pressetypen aus AUER, Rudolf: Die moderne Presse als Geschichtsquelle. – Wien: Phil. Diss. 1943, S. 50 ff.

Die Ausformung der Staatspresse (so fragwürdig dieser Begriff auch sein mag, Anm.) schließlich trat erst mit dem autoritären System ab 1933/34 hervor, als v. a. die christlich-sozialen Zeitungen auf Staats- und vaterländischen Kurs eingeschworen wurden, und ab 1938, als auch die Tiroler Zeitungen ganz dem Staat und der Partei unterworfen wurden.

Weiters kann nach Wirkungsabsicht und geographischer Verbreitung unterschieden werden. Typisch für Tirol war die Form der Heimatpresse, die Klein- oder Mittelstädten entsprang und meist nur begrenzt Verbreitung in der nächsten Umgebung besaß (wie z. B. die Regionalblätter der Bezirke Lienz, Kitzbühel, Kufstein, Reutte oder Schwaz), jedoch hier eine intensive Leserbindung durch die ausführliche Lokalberichterstattung aufbauen konnte.

Für den Zeitungstyp der Großstadtpresse kann in Ermangelung einer wirklichen Großstadt wieder nur bedingt v. a. auf die 'Innsbrucker Nachrichten' verwiesen werden, mit großen Abstrichen auf den 'Tiroler Anzeiger', im Süden v. a. auf 'Der Tiroler', bei denen das Verbreitungsgebiet zwar hauptsächlich „die Stadt" war, die aber auch im ganzen (Bundes-)Land gelesen wurden. Zeitungen mit einer Verbreitung über das gesamte Staatsgebiet erschienen in Tirol keine.

Nach Vertriebsart herrschte in Tirol das Abonnementblatt vor. Die Zeitungen wurden durch die Post, per Boten oder von Verschleißstellen (Trafiken) vertrieben. Die Kolportage setzte sich in Tirol nicht durch. Lediglich im Ersten Weltkrieg wurden Extra- oder Sonderausgaben auch im Straßenverkehr abgesetzt – die Kolportage für die Regelnummern war verboten. Ein Einzelfall blieb auch die 'Innsbrucker Zeitung' (Abendblatt des 'Tiroler Anzeigers') von 1933 bis 1937. Dieser – christlich-soziale – Versuch der Etablierung eines Boulevard-Kolportageblattes scheiterte nach wenigen Jahren.[17]

In den Jahrzehnten vor und nach der Jahrhundertwende war das Tiroler Pressewesen einerseits vom gegenseitigen publizistischen Kampf der christlich-sozialen mit der katholisch-konservativen Seite geprägt, andererseits von den Auseinandersetzungen der beiden oben genannten mit der liberalen, deutschfreisinnigen und -nationalen Presse.

Im südlichen Landesteil bekämpften sich innerhalb des bürgerlich/kirchlichen Lagers v. a. 'Der Burggräfler' und das 'Tiroler Volksblatt' (konservativ) mit den christlich-sozialen Blättern 'Brixener Chronik' und 'Der Tiroler', wobei die zwei letztgenannten dem Tyrolia-Verlag angehörten. Diese zusammen lieferten sich Pressefehden mit deutschfreisinnigen Blättern wie der 'Lienzer Zeitung', der 'Bozner Zeitung' und der 'Meraner Zeitung'.

In Nordtirol spielte sich derselbe Konflikt (bis zur Parteieneinigung 1919) im bürgerlichen Segment zwischen den 'Neuen Tiroler Stimmen' einerseits und dem 'Tiroler Anzeiger' sowie der Tyrolia-Lokalpresse andererseits ab; zusammen wiederum bekämpften diese die sozialdemokratische 'Volks-Zeitung' und die liberalen bzw. deutschnationalen Blätter 'Innsbrucker Nachrichten', 'Innsbrucker Neueste', 'Lienzer Zeitung', 'Nordtiroler Zeitung', 'Tiroler Grenzbote' sowie ab 1920 das 'Alpenland'. Zwischen die bürgerlichen Pressemühlen geriet des öfteren die 'Tiroler Bauern-Zeitung', die die Interessen der ländlich-bäuerlichen Bevölkerung vertrat. Alle Genannten zusammen schossen sich schließlich wieder auf die sozialdemokratische 'Volks-Zeitung' ein. Diese gegenseitigen Angriffe erreichten oftmals eine Intensität und ein Ausmaß an Verbalradikalismus, wie es heute nur noch schwer vorstellbar ist.

---

[17] Die 'Innsbrucker Zeitung' war ein neuerlicher Versuch der Tyrolia, der christlichen Presse auf dem Tageszeitungssektor eine größere Verbreitung – mit den Mitteln des Boulevards und der Kolportage – zu verschaffen, was wiederum mißlingen sollte.

4.2 Die Entwicklung der Tiroler Presse 1914 bis 1947. Ein Überblick

Mit dem Beginn des Ersten Weltkrieges endeten diese Parteien- und publizistischen Auseinandersetzungen vorerst weitgehend. Praktisch alle Blätter, gleich welcher ideologischen Richtung sie mehr oder minder zuzurechnen waren, schworen sich auf eine patriotisch-nationalistische Kriegsbegeisterung und -unterstützung ein. Die Tiroler Presse machte dabei innerhalb der österreichischen keine Ausnahme.

Auf die einzelnen Verlage, Druckereien und Zeitungen wirkte der Krieg durchaus ambivalent. Einerseits wuchsen die Probleme wie beginnender Papier-, Rohstoff- und Personalmangel und die Zensur den kleineren Unternehmen über den Kopf, andererseits verzeichneten die größeren Verlage einen Aufschwung: Tageszeitungen gingen zum zweimal täglichen Erscheinen über, Wochenzeitungen wurden zu Halbwochenblättern, die Auflagen erhöht, Sonder- und Extraausgaben erlebten auf Grund der gesteigerten Informationsbedürfnisse eine Inflation.

Die weißen (Zensur-)Flecken in den Zeitungen wurden zum alltäglichen Bild, das sich den Tiroler Lesern bot.[18] Obwohl die Presse – jedenfalls zu Beginn des Krieges – quasi-linientreu war, fielen v. a. militärische Nachrichten dem Zensurstift zum Opfer, obwohl diese bereits gefiltert aus dem Kriegspressequartier in die Redaktionen gelangten. Die Tiroler Zensurstellen wirkten dabei teilweise päpstlicher als der Papst. Auch Nachrichten wirtschaftlicher und finanzieller Natur wurden unterdrückt, falls sie laut Kriegsüberwachungsamt geeignet waren, in der Öffentlichkeit ernste Beunruhigung hervorzurufen.[19] Tirol stand daher teilweise an der Spitze der Zahl der Konfiskationen. Das lag u. a. an der Tatsache, daß besonders Tiroler Zeitungen im Feld vielfach von Truppen gelesen wurden und somit ein strengerer (Zensur-)Maßstab angelegt wurde.[20]

Artikel über die Zensur und ihre Handhabung waren in den ersten Kriegsjahren verpönt, ab 1917 und v. a. 1918 erschienen auch in der Tiroler Presse immer wieder scharfe Angriffe gegen diese Maßnahmen, wie in einem Artikel der 'Innsbrucker Nachrichten', in dem alle Negativa der Zensur offen zu Papier gebracht wurden und der mit den Sätzen schloß: „Die Folge (der Zensur, Anm.) ist, daß der Leser sich selber den Refrain auf die offiziellen Verlautbarungen macht und für alles die Last der Verantwortung der Regierung zuschiebt. Das ist die Wirkung der Zensur. Ob sie gut und nützlich ist, werden die Machthaber schon noch erfahren."[21]

Es konnte auch vorkommen, daß die Poststellen von der Statthalterei angewiesen wurden, Zeitungen nicht weiterzuleiten, wie z. B. am 5. Oktober 1916, als die in Innsbruck erschienenen Abendblätter durch eine derartige Weisung nicht zur Verbreitung kamen.[22]

Die anfängliche Kriegseuphorie der Tiroler Presse schlug ab ca. 1917 in Kriegsmüdigkeit um, pazifistische Töne wurden angeschlagen, das Ende der Kämpfe gefordert.

Besonders hart hatte der Krieg Deutsch-Südtirol getroffen, das mit dem Kriegseintritt Italiens ab 1915 teilweise zum Kriegsgebiet geworden war, was v. a. das wirtschaftliche Leben, somit auch die Verlagswirtschaft, in Mitleidenschaft zog. Kleinere Zeitungen wie die 'Lienzer Zeitung' gingen ein, Druckaufträge wurden weniger, der Zeitungsumfang verringerte sich, Inseratenaufträge blieben aus. Andererseits mutierten 'Der Tiroler' und die 'Me-

---

[18] Vgl. EIGENTLER, Ernst: Tirol im Inneren während des Ersten Weltkrieges 1914–1918. – Innsbruck: Phil. Diss. 1954, S. 484.
[19] Ebd.
[20] Ebd., S. 488.
[21] Zit. 'Innsbrucker Nachrichten' (IN), 1918, Nr. nicht mehr feststellbar.
[22] Vgl. Präs. 1916/XII 78c2/5.618.

raner Zeitung' zu Tagesblättern, bestehende Tageszeitungen wurden zweimal täglich herausgegeben ('Bozner Zeitung').[23]

Die Tyrolia GmbH wurde mit dem Ersten Weltkrieg zur größten Verlagsanstalt Tirols, bekam andererseits aber auch die Folgen des Krieges zu spüren und mußte Produktionen öfters nach Innsbruck, das nicht Kriegsgebiet war, verlagern; nach dem Krieg mußte schließlich im Zuge der Landesteilung auch die Verlagsteilung in eine südliche und nördliche Verlagshälfte durchgeführt werden. Die völlige Trennung in zwei Gesellschaften wurde erst 1925 realisiert.

Die Auflage der sieben häufiger als einmal wöchentlich erscheinenden Zeitungen Merans, Brixens und Bozens kletterte von 14.400 (1914) auf 16.900 (1918), während jene der vier Tageszeitungen Nordtirols von 30.200 im selben Zeitraum auf ca. 40.000 anstieg; rechnet man noch die Auflage der zur Tageszeitung gewordenen 'Innsbrucker Neuesten' von 9.000 Stück hinzu, kommt man auf knapp 50.000 Druckauflage.[24]

Die Sonderform der 'Tiroler Soldaten-Zeitung', die für die Truppen der Südwestfront hergestellt wurde und zwei- bis dreimal wöchentlich erschien, erreichte eine Auflage von 23.000 Stück. Herausgegeben wurde sie von der Presseabteilung Felspostamt 239, gedruckt von der Tyrolia in Bozen.[25]

Ab 1916 verschärfte sich die Krisensituation im südlichen Landesteil; die Tyrolia, finanzstark, mit gutem Draht nach Wien und mit aggressiven Werbekampagnen, expandierte auf Kosten der Kleinverlage, die meist Familienbetriebe waren (Ferrari, Ellmenreich, Mahl, Jandl). Es begann eine „Oligopolisierung", deren (vorerst) einziger Nutznießer die christsoziale Presse rund um die Tyrolia war.[26]

Auch in Nord- und Osttirol hatte sich der Tyrolia-Verlag während des Krieges – neben der Universitätsdruckerei Wagner, die 1916 im Salzburger Kiesel-Verlag aufging, ihre Selbständigkeit aber wahrte – behaupten können und den Zeitungsverlag stark erweitert. Als Drucker, Herausgeber und Verleger fungierte die Tyrolia für den bekannten und weitverbreiteten 'Tiroler Volksboten', die Tageszeitung 'Allgemeiner Tiroler Anzeiger', die 'Außferner-Zeitung', die 'Oberländer Wochenpost' und die 'Tiroler Land-Zeitung', weiters druckte sie die 'Tiroler Bauern-Zeitung', die vom Bauernbund herausgegeben wurde, die Wochenzeitung 'Der Arbeiter', und schließlich war sie als Drucker und Verleger für die 'Lienzer Nachrichten' (Herausgeber Osttiroler Pressekonsortium), den 'Kitzbühler Anzeiger', 'Wörgler Anzeiger' und den 'Schwazer Lokal-Anzeiger' (Herausgeber Verein Unterinntaler Lokalpresse) tätig.

Alle diese Lokalzeitungen von Reutte über Schwaz bis Lienz wurden vor oder im Laufe des Krieges von der Tyrolia gegründet oder von Kleinverlegern übernommen und in das Redaktionssystem des 'Volksboten' eingegliedert, dessen Kopfblätter diese Lokalzeitungen wurden. Für sie war jeweils der Verantwortliche Redakteur des 'Volksboten' zuständig.[27] Im

---

[23] VOLGGER a. a. O., S. 75 f. und Präs. 1914/XII 78c/3.161.
[24] Alle Zahlen aus dem 1. Quartalsausweis 1914 bzw. 1918, Präs. XII 78c4. Die Zahlen beziehen sich auf die Hauptausgaben.
[25] Vgl. Präs. 1916/XII 78c4/6.192.
[26] BRUNNER a. a. O., S. 8. Die Entwicklung der deutschsprachigen Presse Südtirols nach der Landesteilung wird im Exkurs des Teils II S. 338 ff. dargestellt.
[27] Vgl. Präs. 1918/XII 78c4/5.843. Im November hatte der „Ausschuß des Tiroler Nationalrates" die Bitte an den Abschnitt 78 der Gruppe 78 (Pressewesen) gerichtet, alle periodischen Druckschriften Deutsch-Südtirols, deren Anschriften etc. bekanntzugeben.

Jahr 1919 wurden außer den 'Lienzer Nachrichten' alle diese Blätter zugunsten des 'Volksboten' eingestellt, nachdem sie mit immer niedrigeren Auflagen bereits im Krieg wieder zum nur einmal wöchentlichen Erscheinen übergegangen waren.

Wagner/Kiesel druckte den 'Boten von Tirol' (Herausgeber Statthalterei), war Drucker, Herausgeber und Verleger der 'Innsbrucker Nachrichten' mit dem 'Abendblatt' und der 'Neuesten Morgenzeitung', die mit Auflagen von nunmehr 22.000 bzw. 9.000 die größten, weitestverbreiteten Tageszeitungen Tirols waren. Weitere Verlage und Drucker waren die Marianische Buchdruckerei ('Neue Tiroler Stimmen'), Flöckinger & Co. ('Volks-Zeitung'), Lippott ('Tiroler Grenzbote') und Rudolf Zech ('Nordtiroler Zeitung').

Mit den Auflagensteigerungen der Tageszeitungen ging während der Kriegsjahre die Umfangsreduktion derselben einher. Erschienen die Innsbrucker Tageszeitungen Mitte 1914 wochentags noch mit 8–16 Seiten, an Samstagen mit 12, 16 und 32 Seiten, ging der Seitenumfang bis November 1918 auf wochentags 2–4, Samstags 2–8 Seiten zurück.[28]

Die letzten Kriegsmonate brachten die totale Abkehr von der kriegsbegeisterten Darstellung der Zeitungen, antimonarchistische Töne wurden angeschlagen, die Umformung des Staates in eine Republik gefordert. Nun tauchten auch erste Anschlußforderungen auf, die sich nach Kriegsende und v. a. nach St. Germain immer weiter steigerten. Sozialdemokraten in der 'Volks-Zeitung' waren sich mit Großdeutschen in den 'Innsbrucker Nachrichten' oder im 'Tiroler Grenzboten' in ihrem Anschlußwillen einig.

Gegen den Kaiser gerichtete Artikel und Forderungen nach einer Republik konnten sich vorerst lediglich in den christlich-sozialen Zeitungen nicht in höherem Ausmaß artikulieren, obwohl das absolut kaisertreue Element mit der Verschmelzung der bürgerlichen Parteien und dem Aufgehen der katholisch-konservativen 'Neuen Tiroler Stimmen' im christlich-sozialen 'Allgemeinen Tiroler Anzeiger' nunmehr (1919) weitgehend verschwunden war.

4.2.2 November 1918 bis zum Anschluß 1938

Mit dem Auflassen der regionalen Kopfblätter – Neben- bzw. redaktionelle Ausgaben – ('Oberländer Wochenpost', 'Tiroler Land-Zeitung', 'Außferner Zeitung' und den drei Blättern des Vereins Unterinntaler Lokalpresse) ging die Tyrolia den Weg der Konzentration ihrer Presse hin zur großen, weitverbreiteten Wochenzeitung, dem 'Volksboten'. Den regionalen Abonnenten wurde nunmehr statt ihrem bisher gewohnten Bezirksblatt der 'Volksbote' angeboten, womit zwar fünf Zeitungstitel verschwanden, an der Vielfalt sich jedoch nur wenig änderte, hatten doch diese Titel schon zuvor den Mantel des 'Volksboten' getragen und lediglich einen eigenen Lokal- und Inseratenteil enthalten. Im Zuge dieser Zusammenlegung wurden die Aufgaben des von der Tyrolia gegründeten Vereins Unterinntaler Lokalpresse (Förderung der katholischen Presse) weitgehend obsolet, der Verein später aufgelöst.[29]

Von den lokalen Wochenzeitungen konnten sich nur die 'Lienzer Nachrichten' (bis 1945) und der 'Tiroler Grenzbote' halten, weiters blieben die vier Innsbrucker Tageszeitungen und die 'Tiroler Bauern-Zeitung' (von jenen, die in diese Untersuchung eingebunden wurden) bestehen, die 'Nordtiroler Zeitung' mußte ihr Erscheinen ebenfalls 1919 einstellen.

---

[28] STOISAVLJEVIC a. a. O., S. 561 f. nach POKORNY, Dagobert: Die Wiener Tagespresse und ihre Einflußfaktoren im Ersten Weltkrieg 1914–1918. – Wien: Phil. Diss. 1950.
[29] STOISAVLJEVIC a. a. O., S. 366 f.

Obwohl die großen Verlage nie wirkliche Existenzsorgen haben mußten, hatten sie trotz Kriegsende weiter mit wirtschaftlichen Problemen zu kämpfen. Auch der Nordtiroler Presse waren durch die Landesteilung traditionelle Absatzgebiete verloren gegangen. War man früher vorwiegend dem südlichen Landesteil zugeneigt, so wurden nun italienfeindliche Töne angeschlagen und man wandte sich mit Akribie dem nördlichen Nachbarn Deutschland zu, was durch eine Art Tiroler Separatismus gegenüber Wien noch – auch in der Presse – gefördert wurde. Und die deutsche Seite richtete ihr Augenmerk auf Österreich und dessen regionale Anschlußbewegungen v.a. in Tirol, Salzburg und der Steiermark. Insbesondere das Berliner Auswärtige Amt, deutsche Finanzkreise und die Schwerindustrie machten zunehmend Anstalten, die Anschlußbewegungen auch finanziell zu stützen und zu fördern. Markantester Ansatz im Westen des nunmehrigen Kleinstaates war die Gründung der v.a. auf die Anschlußpropaganda ausgerichteten Zeitung 'Alpenland', die im März 1920 mit einer Startauflage von täglich 18.000 Stück erstmals herausgegeben wurde.

Der Sonderbeauftragte der deutschen Regierung (in geheimer Mission) Dr. Otto Berger und Gelder aus dem Geheimfonds des deutschen Außenministeriums und aus Industriekreisen, v.a. vom Stinnes-Konzern, sicherten der deutschen Propaganda reichlich Einfluß in Tirol.[30] Die 99-%ige Zustimmung zum Anschluß bei der Volksbefragung im April 1921 war ein deutliches Indiz dafür.

So wenig die Wirkung des Propagandaorgans 'Alpenland' in den Jahren 1920/21 unterschätzt werden darf, so schnell ging jedoch dessen Abstieg von der – auflagenstarken – Tageszeitung zur Wochenzeitung 1922 und die Auflagenreduktion (1925 nur noch 1.500 Stück, 1934 eingestellt) nach der ersten Anschlußeuphorie vonstatten.

Weiters taten sich v.a. die großdeutschen Blätter und die 'Tiroler Bauern-Zeitung' in der Propagierung des Anschlußdenkens hervor. In der Woche vor der Abstimmung im April 1921 erschien die 'Bauernzeitung' täglich, um ihre bäuerliche Leserschaft umfassend von den Vorteilen des Anschlusses zu informieren bzw. beeinflussen zu können.

Wie schon erwähnt ließ die wirtschaftliche Misere der Nachkriegsjahre die Verlagswirtschaft nicht zur Ruhe kommen. Wie in anderen ökonomischen Sparten bekamen auch die Zeitungen die galoppierende Inflation nach dem Krieg bis ins Jahr 1925 voll zu spüren.

Die Zeitungspreise (und auch die Inseratentarife) hatten sich in diesen wenigen Jahren verfünfzehntausendfacht. Ein Monatsabonnement der 'Innsbrucker Nachrichten' beispielsweise kostete im Jänner 1918 noch drei Kronen, im September 1924 bereits 32.000 Kronen, im Juli 1925 4,20 Schilling (Äquivalent zu 42.000 Kronen). Erst mit der Währungsreform 1924/25 sollte die Inflation allmählich gestoppt und damit auch den Zeitungen Zeit zum Durchatmen gegeben werden, ehe bereits 1927 wiederum eine Radikalisierung nunmehr der Politik und damit der Publizistik einsetzen sollte.

Trotz Wirtschaftskrise konnte sich die Tiroler Presse jedoch in den zwanziger Jahren konsolidieren, die journalistische Qualität erreichte auch in Tirol ein recht hohes Niveau, was nicht zuletzt auf die Weiterentwicklung der Produktionstechnik sowie die Ausgestaltung inhaltlicher Faktoren wie Leitartikel und Feuilleton sowie der Ressorts zurückzuführen war. Die ideologischen Kämpfe in den Zeitungsspalten wurden vorerst nicht mehr mit jener Schärfe ausgetragen, wie dies noch vor und unmittelbar nach dem Krieg der Fall gewesen war.

Wichtige Druck- und Verlagsunternehmungen am Beginn der zwanziger Jahre waren die Deutsche Buchdruckerei GmbH mit 20–30 Arbeitern, die das 'Alpenland' druckte, die

---

[30] Vgl. KEREKES a.a.O., S. 118 ff.

Buchdruckerei C. Lampe mit 43 Arbeitern, die Verlagsanstalt Tyrolia GmbH mit ca. 400 Beschäftigten, die den 'Tiroler Anzeiger' herstellte, die Buchdruckerei Felician Rauch (20–25 Arbeiter), die Wagner'sche Univ.-Buchdruckerei (150 Arbeiter), die die zwei großdeutschen Tageszeitungen herausgab, sowie die Vereinsbuchhandlung und -buchdruckerei Innsbruck, die mit 25 Arbeitern u. a. die 'Volks-Zeitung' herstellte. Die Kleinverlage in den Bezirken erlangten jeweils regionale Bedeutung.

1922 existierten in Tirol in neun Orten 51 graphische Betriebe mit 723 Beschäftigten, die sechs Rotationsmaschinen, 40 Schnellpressen, 13 Spezialmaschinen, 30 Tiegeldruckpressen, 19 Linotype-, 6 Typograph- und zwei Monotype-Setzmaschinen bedienten.[31]

Der Beschäftigungsstand im graphischen Gewerbe war gegenüber der Vorkriegszeit eher schwach, erst Mitte 1923 besserte sich der Geschäftsgang, womit auch die Arbeitslosigkeit abnahm. Bis 1928 stieg der Beschäftigungsstand auf 1.124, die Zahl der Betriebe nahm auf 72 zu.[32]

1922 wurde auch erstmals der 'Außferner Bote', der zugleich als Amtsblatt des politischen Bezirkes Reutte fungierte, in der Außferner Druckerei GmbH, vorerst einmal, ab 1927 zweimal wöchentlich hergestellt. Von 1936 bis 1938 trug die Zeitung den Titel 'Neuer Außferner Bote'.

Abgesehen von diesen Neugründungen waren diese Jahre als eher ruhige Zeit im Pressesektor zu bewerten, was auch am geringen Aktenumfang im Landesregierungsarchiv (Pressefaszikel) abzulesen ist. Die Anzahl der häufiger als einmal wöchentlich erschienenen Zeitungen hatte sich nun weitgehend stabilisiert.

Im Jahr 1925 gab Hans Pfister, ehemaliger Redakteur des 'Alpenlands', der 'Innsbrukker Nachrichten' und der 'Neuesten Zeitung', die Eröffnung der „Tiroler Pressekorrespondenz" bekannt, die zu einer Art Tiroler Nachrichtenagentur werden sollte. Die Aktenlage läßt jedoch keinen Schluß zu, ob dieses Vorhaben tatsächlich in die Tat umgesetzt wurde.[33]

Am 8. Jänner 1927 zeigte Richard Spin an, daß er eine Tageszeitung mit dem Titel 'Nordtiroler General-Anzeiger' in Innsbruck herauszugeben beabsichtigte. Spin hätte die Herausgabe, den Verlag und den Verantwortlichen Redakteur in einer Person übernommen, den Druckauftrag hätte die Tyrolia erhalten. Geplant war ein Anzeigenblatt (Reklame- und Inseratenzeitung) mit einer Auflage von 23.000 (Innsbruck 20.000). Am 3. Februar zog Spin diese Anmeldung jedoch zurück. Aus den Akten geht hervor, daß keine Genehmigung für sein Vorhaben erteilt wurde. Vom Präsidium wurde Spin bescheinigt, ein „bekannter Schieber, der zum Betrug neigt", zu sein.[34]

1928 wurde in einem Schreiben des „Informations- und Auslands-Presse-Nachrichtendienstes" an die Landesregierung berichtet, daß sich unter dem Namen „Syndikat der Tiroler Presse" eine Vereinigung Innsbrucker Journalisten (Schriftleiter der bürgerlichen Presse, der 'Innsbrucker Nachrichten', des 'Tiroler Anzeigers', des 'Alpenlands' und Vorstände der Amtlichen Nachrichtenstelle und des Radiodienstes) gebildet hatte, um die Berufsinteressen der lokalen Journalisten zu wahren.[35]

In den 20er Jahren zeichnete sich eine zunehmende Vertrustung der Bundesländerpresse ab, bei der der Wagner/Kiesel-Verlag von Innsbruck und Salzburg aus die Fäden zog.

---

[31] Vgl. KÖNIGSHOFER a. a. O., S. 166 ff.
[32] Vgl. ebd., S. 163 ff.
[33] Vgl. Präs. 1925/X 41/2.398/1.
[34] Präs. 1926/XII 60/163/1–3.
[35] Vgl. Präs. 1928/XII 60/666.

Dieser kaufte nach und nach finanzschwache deutschnationale Tageszeitungen auf, bis 1929 die 'Bergland-Presse' – benannt nach der von Wagner herausgegebenen Monatszeitschrift, die in einer Auflage von 50.000 Stück diesen Tageszeitungen gratis (für Abonnenten) beigelegt wurde – sechs Tageszeitungen umfaßte: 'Innsbrucker Nachrichten' und 'Neueste Zeitung' in Innsbruck, 'Salzburger Volksblatt', 'Oberösterreichisches Morgenblatt' (bzw. 'Oberösterreichische Tageszeitung'), 'Grazer Tagblatt' und 'Der Freie Burgenländer'.[36] In einem Antwortschreiben an die Bundespolizeidirektion sprach die Landesregierung 1929 von einer „gewissen Vertrustung der Länderpresse", die Richtung der Zeitungen sei großdeutsch und stark kommerziell orientiert; finanzielle Unterstützung für diese Zeitungen aus Berlin sei unwahrscheinlich, es solle aber amerikanisches Kapital geflossen sein.[37]

Eine dieser Zeitungen, die 'Neueste Zeitung', zuvor Schwesterblatt der 'Innsbrucker Nachrichten', wurde 1929 endgültig zur reinen Abendausgabe der „großen Schwester", behielt jedoch ihren Titel und eine gewisse Eigenständigkeit. Redaktionell hatte man schon vor diesem Schritt eng zusammengearbeitet. Ein Markstein der Verlagsgeschichte war auch die endgültige Trennung der Tyrolia in zwei eigenständige Unternehmen, die rechtlich notwendig geworden war. Der Nordtiroler Verlagsteil wurde nunmehr als Aktiengesellschaft konstituiert, mit einem Anfangskapital von 200.000,- Schilling ausgestattet, das bis 1927 eine Höhe von 600.000. – erreichte.[38]

Das Unternehmen entwickelte sich kontinuierlich gut, lediglich die chronischen Verluste des 'Tiroler Anzeigers' mußten mit Gewinnen des 'Volksboten' abgedeckt werden.

Die sozialdemokratische 'Volks-Zeitung' erreichte 1924 eine wesentliche Verbesserung in Qualität und Umfang (Druck modernisiert, Leitartikel der 'Arbeiter-Zeitung' übernommen etc.), außerdem wurden in den zwanziger Jahren teilweise die Schwesterorgane 'Vorarlberger Wacht', die schließlich in der 'Volks-Zeitung' aufging, sowie die 'Salzburger Wacht' in der „Innsbrucker Druckerei- und Verlagsanstalt Hubert Schneider & Co." im Verein mit dem Tiroler SP-Blatt hergestellt.

Die 'Volks-Zeitung', die nach dem Krieg ebenfalls vehement für den Anschluß Österreichs an Deutschland votiert hatte, rückte von diesem Dogma allmählich ab, als mit dem Aufstieg der Nazis deutlich wurde, daß die sozialdemokratischen und auch republikanischen Ideen beim nördlichen Nachbarn nicht reüssieren würden.

War die Auflage im Krieg von 3.800 auf 2.500 Stück abgesackt – parallel übrigens zum österreichweiten sozialdemokratischen Pressewesen, das von einer Gesamtauflage von 353.000 Exemplaren (1915) auf 222.000 im Jahr 1917 reduziert wurde – so erreichte sie Ende der 20er Jahre mit 6.200 Stück einen Höchststand in der Ersten Republik.[39]

Bereits ab 1930 hatte die 'Volks-Zeitung' auf Grund ihrer kritischen Berichterstattung zur Staats- und Landesführung mit wiederholten presserechtlichen Verurteilungen ihrer verantwortlichen Redakteure zu kämpfen. Sie war dann auch die erste Tiroler Zeitung, über die im April 1933 die Vorzensur verhängt wurde.[40]

---

[36] Vgl. STOISAVLJEVIC a. a. O., S. 471 ff.
[37] Präs. 1929/XII 60/765/1.
[38] Vgl. HALL, Murray: Österreichische Verlagsgeschichte 1918–1938 (Band 2). – Wien: Böhlau 1985, S. 443.
[39] Vgl. Präs. 1914/XII 78c4, 1917/XII 78c4, 1930/XII 60/46 und PELINKA, Peter; SCHEUCH, Manfred: 100 Jahre AZ. Die Geschichte der Arbeiter-Zeitung. – Wien/Zürich: Europaverlag 1989, S. 63.
[40] Vgl. Präs. 1930/XII 60/703/1 ff., 1933/XII 60/111.

Bereits seit Mitte der zwanziger Jahre hatten sich die Zeitungen, auch die Tiroler, mit dem Aufkommen und der Konkurrenz des Hörfunks auseinanderzusetzen und damit gewandelt. Einerseits fanden Radioprogramm und ganze Programmbeilagen (den 'Innsbrucker Nachrichten' wurde die „Tiroler Radiowoche" wöchentlich beigelegt) Eingang in die Zeitungsspalten, andererseits reagierte man mit verstärkter Hintergrundberichterstattung und Kommentierung. Berichte über das „neue Medium", seine Technik und Stars komplettierten das Angebot. Man versuchte damit, die Zeitung für den Radiohörer unentbehrlich zu machen.[41] Vermehrte Kommentierung und Analysen waren jedoch nicht nur mit Blickrichtung auf das Konkurrenzmedium ausgebaut worden, „sondern auch Konsequenz der sich zuspitzenden gesellschaftlichen und parteipolitischen Gegensätze, politische Reaktion auf ein konfliktgeladenes innenpolitisches, soziales Klima".[42]

Die Erste Republik kann somit auch für Tirol als eine Zeit der Hochblüte der politischen Publizistik bewertet werden. Die vier Tageszeitungen erreichten auch einen Höchststand der Auflage von zusammen 48.000 Stück.[43]

Das Jahr 1933 und in der Folge 1934 sollten für das Tiroler Pressewesen wesentliche Veränderungen bringen. Mit der Ausnahmegesetzgebung und dem autoritären Kurs schwollen ab 1933 in den Präsidialakten der Landesregierung die Faszikel zu den Pressekonfiskationen und Strafsachen in Pressedelikten enorm an.

Zunächst waren es meist Wiener Blätter, die in Tirol der Beschlagnahme anheimfielen ('Neue Freie Presse', 'Arbeiter-Zeitung', 'Rote Fahne', 'Der Abend' etc.), bald waren es aber auch Tiroler Zeitungen wie v. a. die 'Volks-Zeitung' und die 'Neueste Zeitung'. Grundsätzlich betroffen davon waren jene Blätter, die entweder zu regierungsfeindlich, zu deutschfreundlich oder beides waren. Für bereits einmal beschlagnahmte Zeitungen konnte die Vorlagepflicht angeordnet werden, was in der Praxis der Ausübung der Vorzensur gleichkam (v. a. die 'Volks-Zeitung' war davon betroffen).

Die verschärfte Vorlagepflicht für die 'Volks-Zeitung' wurde von Sicherheitsdirektor Mörl jedoch nicht bewilligt.[44]

Nach der Auflösung der sozialdemokratischen Partei 1934 wurde die Zeitung zunächst eingestellt. Für die Landesregierung stellte sich (in einem Brief an den Bundeskanzler und den Sozialminister) damit die Frage, wie man den bisherigen Leserkreis „bearbeiten" könne, da sich die Nationalsozialisten schon in diesem (Wähler-) Segment zu schaffen machten.[45]

Man beschloß daher, die Zeitung im alten Kleid und mit den bisherigen Redakteuren – jedoch mit einem Vertrauensmann in der Redaktion, der laut Mörl einen „personifizierten Rotstift" abgab – und mit neuem Untertitel als Interessensorgan der Tiroler Arbeiterkammer als Provisorium weiterzuführen. Provisorisch deshalb, da das Blatt schon bisher eine sehr

---

[41] HAAS, Hannes: Zwischen Komplementarität und Konkurrenz. Zur Veränderung des Kommunikationssystems durch die Einführung „neuer Medien" am Beispiel der Ersten Republik. In: DUCHKOWITSCH: Mediengeschichte, a. a. O., S. 127–142, hier S. 135 ff. Der Sender Aldrans wurde am 2. Februar 1927 eröffnet.
[42] Ebd., S. 135.
[43] Vgl. Präs. 1931/XII 60/88.
[44] Vgl. Präs. 1933/XII 60/111. Mit BGBl. 120 (Verordnung vom 10. 04. 1933) wurde die Bestimmung über die Vorzensur verschärft: Es wurde verunmöglicht, daß Zeitungen die Vorzensur dadurch zu umgehen trachteten, daß sie, wenn sie ihr Erscheinen einstellen mußten, unter einem anderen Namen weiter erscheinen. Vgl. dazu WANIVENHAUS a. a. O., S. 135.
[45] Präs. 1934/XII 60/719/1.

schwierige materielle Situation zu meistern hatte und man noch nach einer endgültigen Lösung suchen wollte.

Der Regierungszensor Pfister beschwerte sich schon bald, daß Chefredakteur Otmar Popp an regierungsfreundlicher Einstellung zu wünschen übrig lasse.

Im März 1934 wies die Zeitung eine Überschuldung von 264.000.– Schilling auf, trotzdem wurde das Blatt als ständisches Arbeiterkammer- und Gewerkschaftsorgan bis zum Anschluß weitergeführt. Die 'Neueste Zeitung' wurde auf Grund ihrer großdeutschen und nazifreundlichen Schreibweise im Juli 1933 unter verschärfte Vorlagepflicht gestellt.[46] Die 'Innsbrucker Nachrichten' blieben von Konfiskationen weitgehend verschont, da sie sich – zwar in der Tendenz wie die 'Neueste Zeitung' großdeutsch – eines relativ moderaten Tones gegenüber der Ständeregierung befleißigten. Der Schwenk von der großdeutschen zur nationalsozialistischen Einstellung wurde bereits deutlich erkennbar. Die 'Innsbrucker Nachrichten' wurden jedoch nicht wie ihr Abendblatt unter Vorzensur gestellt.

Doch auf Grund der beständig im Raum stehenden Drohung der verschärften Vorlagepflicht mußte auch die größte Tageszeitung den Begebenheiten Tribut zollen und ihre Schreibweise auf vaterländisch und in der Tendenz auf heimwehrfreundlich ändern. Wenn man sich auch dagegen sträubte, es trat jedenfalls eine merkbare „Versachlichung" im Sinne der Machthaber ein. Bewerkstelligt wurde dies auch durch das erzwungene Austauschen von Schriftleitern, um auch personell dem Heimwehrkurs und der vaterländischen Verständigung in der Redaktion eine Bresche zu schlagen. Somit erschienen des öfteren auch gegen die Nazis gerichtet Artikel. 1934 wurde die 'Neueste Zeitung' von August über vier Monate bis 20. Dezember verboten, da sie sich erneut einer vaterlandsfeindlichen und nazifreundlichen Schreibweise bedient hatte.

Der christlich-soziale 'Tiroler Anzeiger' wurde zum Standesblatt der Vaterländischen Front umfunktioniert. Dies bedurfte naturgemäß keiner großen Anstrengung, mußte die Front von der christlich-sozialen Partei doch als deren besserer Ersatz akzeptiert werden. Die Übernahme des 'Tiroler Anzeigers' in die Front-Presse war logische Folge des Aufgehens der Christlich-sozialen in der Front, obwohl es gerade in Tirol – auch unter den Spitzenpolitikern der Volkspartei – relativ starke Widerstände gegen diese Eingliederung gegeben hatte.

Das Amtsblatt 'Bote von Tirol' mußte nicht eigens umgewandelt werden, war es doch schon von der jeweiligen Landesregierung herausgegeben worden – nun eben von einer vaterländischen Regierung. Den christlich-sozialen 'Lienzer Nachrichten' (die nur noch als Wochenzeitung erschienen) erging es nicht anders, hatten diese auch bereits das 'Amtsblatt des politischen Bezirks Lienz' mitgedruckt und beigelegt. Der 'Außferner Bote', der zugleich als 'Amtsblatt des Bezirks Reutte' fungierte, wurde ebenfalls zum amtlichen Verlautbarungsorgan der vaterländischen Bezirkshauptmannschaft in Reutte. Die 'Tiroler Bauern-Zeitung', deren Bezug den Mitgliedern des Bauerbundes bereits 1927 zur Pflicht gemacht worden war, erfuhr keine wesentliche Änderung. Das bäuerliche eigenständige Ständedenken war schon vorhanden.

Das großdeutsche, zunehmend nationalsozialistisch sich gebärdende 'Alpenland', das längst nur noch als Wochenzeitung ein trauriges (Zeitungs-)Leben fristete (Auflage ca. 700 Stück), wurde im April 1933 unter Vorzensur gestellt, am 8. Juni 1934 schließlich endgültig

---

[46] Vgl. Präs. 1933/XII 60/BK-Entscheid vom 11. Juli 1933.

verboten. Von der 'Innsbrucker Zeitung' war ihm konzediert worden, ein „gutgetarntes Organ der Nationalsozialisten gegen die österreichische Regierung" gewesen zu sein.[47]

Der zweimal wöchentlich erscheinende 'Tiroler Grenzbote' (Auflage 2.400–2.800 Stück), schon immer großdeutsch gesinnt, bekam ebenfalls ab 1933 zunehmende Probleme mit den Behörden. Die Schreibweise hatte sich von großdeutsch zu verdeckt nationalsozialistisch geändert. Der Kritik an der vaterländischen Politik folgten Beschlagnahmen, der Druck der Regierung auf die Zeitung wurde verstärkt, worauf diese auf einen unpolitischeren Ton umschaltete. In der Folge bewirkte die Drohung der Zensur, der Beschlagnahmung oder eines Verbotes, daß die Zeitung in zunehmendem Maß Dollfuß-freundliche Artikel abdruckte.

Diese Schreibweise, der sich, wie erwähnt, auch die 'Innsbrucker Nachrichten' und nach Aufhebung des Verbotes ihr Abendblatt bedienten, sollte bis zum Juli-Abkommen 1936 andauern. Dieses wurde schließlich überschwenglich begrüßt – endlich könne wieder das alte Lied „Österreich ist ein deutsches Land" angestimmt werden, wie es der 'Tiroler Grenzbote' ausdrückte.[48]

1936 erschienen in Wien 18, in den Bundesländern 21 Tageszeitungen, vier davon in Innsbruck, vier in Linz, drei in Graz, Bregenz und Klagenfurt, zwei in Salzburg und je eine in Dornbirn und Gmunden.[49] In Tirol erschienen zusätzlich 59 Wochen- und Halbwochenblätter sowie Zeitschriften. Bei 61.000 Einwohnern im Jahr 1936 erreichte Innsbruck eine relativ hohe Tageszeitungsdichte pro Einwohner, nur Klagenfurt, Bregenz, Dornbirn und Gmunden erreichten eine größere Dichte.

Die Zeitungen waren immer mehr zu langweiligen, offizielle Mitteilungen abdruckenden Verlautbarungsorganen geworden. Trotzdem erreichte die autoritäre Führung ihr Ziel auch in Tirol nicht, nach dem Vorbild der NS-Organisation die Presse völlig zu disziplinieren und eine einheitliche Sprachregelung zustande zu bringen.[50] 'Der Bote von Tirol' und der 'Außferner Bote' (als Amtsblätter direkter Zugriff), 'Tiroler Anzeiger', 'Tiroler Bauern-Zeitung', 'Lienzer Nachrichten' (indirekter Zugriff) und 'Volks-Zeitung' (Zugriff über die staatlich organisierte Arbeiterkammer und die Gewerkschaft) waren die Organe, mit denen man das Land publizistisch steuern wollte. Die deutschnationalen bzw. verdeckt und ab 1936 verstärkt nationalsozialistischen größten Zeitungen blieben trotz gesetzlicher Beschränkungen immer ein Gegengewicht zur staatlichen Autorität, obwohl oder gerade weil ihnen der Kurs der Vaterländischen Front aufgezwungen worden war.

Dies mag auch mit der Tatsache zusammenhängen, daß die Pressekontrolle keine totale war, vielmehr defensiven Charakter hatte, so wie der Umfang der Kritik nicht überall gleich war. „In Wien neigte man zu rigorosen Maßnahmen, die proportional mit der Entfernung zum Ballhausplatz milder wurden."[51] Dies mag auch für die Situation in Tirol gelten, hatte man doch hier auch im Ständestaat ein durchaus ambivalentes Verhältnis zur Staatsführung in Wien. So mögen in Tirol mildere Maßstäbe angelegt worden sein, was jedoch nichts an der Tatsache änderte, daß auch hier durch diese „mittlere Linie" der Presselenkung (Junker) eine weitgehende Nivellierung und Uniformität der Presse eingetreten war. Außerdem hatte die christlich-soziale, nunmehr vaterländische Parteipresse nie den Rückhalt in der Bevöl-

---

[47] 'Innsbrucker Zeitung' ('IZ'), Nr. 134, 15.6.1934, S. 2.
[48] 'Tiroler Grenzbote' ('TG'), Juli 1936 (Nr. nicht mehr feststellbar).
[49] Vgl. ÖSTERREICHISCHES JAHRBUCH. Hrsg. vom Bundespressedienst. – Wien: Folge 16 (1936), S. 61.
[50] JAGSCHITZ a.a.O., S. 55 f.
[51] Zit. JUNKER a.a.O., S. 267.

kerung, den sich die Behörden gewünscht hätten. Symptomatisch ist ein Bericht der BH Kufstein über die Bildung eines „Vaterländischen Pressekomitees" zur Förderung der vaterländischen Presse angesichts der Rückgänge der Abonnementzahlen des 'Tiroler Anzeigers'.[52]

Daneben machte der Kampf gegen die illegale Untergrundpresse der linken Parteien sowie der Nationalsozialisten den Behörden zunehmend zu schaffen. Außerdem übernahmen v. a. Schweizer Zeitungen immer mehr die Funktionen eines österreichischen Nachrichtendienstes, was ebenfalls zu Auflagenrückgängen der inländischen und Importsteigerungen der ausländischen Presse führte.

Für Tirol ist als illegales Organ in erster Linie 'Der rote Adler' zu erwähnen, der 1934 als „Kampfblatt der NSDAP für Tirol und Vorarlberg" in München gedruckt, illegal eingeschleust und vom späteren Tiroler Gaupresseamtsleiter Franz Pisecky geleitet wurde.[53]

Die Kommunisten gaben 'Die rote Volkszeitung' (1935) heraus, die jedoch wenig Verbreitung fand. Es sei festgehalten, daß es sich dabei nie um Tageszeitungen oder tageszeitungsähnliche Publikationen handelte. Außerdem stellte – nach der Erscheinungsgeographie – Wien ein Zentrum der Verbreitung illegaler Schriften dar, während Tirol und Vorarlberg nahezu völlig vernachlässigt wurden.

Nach dem 1936er Juli-Abkommen, als NS-Zeitungen wieder importiert werden konnten und auch die inländische, betont deutschnational ausgerichtete Presse wieder rüdere Töne anschlagen konnte, war die Herausgabe illegaler NS-Blätter praktisch obsolet geworden; trotzdem erschienen in Österreich auch weiterhin NS-Blätter, wie z. B. der 'Österreichische Beobachter' (illegal bis 1938) oder die Kärntner 'Alpenländische Rundschau' (1936).[54]

Auch die 'Innsbrucker Nachrichten' und ihr Abendblatt, die 'Neueste Zeitung', begrüßten das Abkommen. Der aufgezwungene vaterländische Schreibkurs blieb zwar erhalten, die NS-Sympathien schimmerten jedoch unverkennbar durch. 1937 erschien ein erster Leitartikel von Arthur Seyß-Inquart in den 'Innsbrucker Nachrichten'[55], weitere sollten folgen. Ihr Abendblatt, das schon 1933 und 1934 diszipliniert worden war und seitdem einen harmlosen Stil bevorzugt hatte, konnte sich wieder in deutschem Sinne hervortun.

Gegen dieses erneute Erstarken der „deutschen" Stimme in Tirol versuchte sich im Tageszeitungsbereich v. a. der 'Tiroler Anzeiger' zu stemmen, der nunmehr zum reinen (Tiroler) Blatt der Staatspartei und des Ständegedankens geworden war. Zudem hatte sich dieser mit der 'Innsbrucker Zeitung' als Abendblatt eine weitere Stimme geschaffen, die jedoch bereits 1937 wieder von der Bildfläche verschwunden war. Das Projekt einer christlich-sozialen bzw. vaterländischen Boulevardzeitung in Tirol war ebenso schnell gescheitert, wie es initiiert worden war.

Die auf Arbeiterkammer- und staatliche Gewerkschaftslinie gebrachte 'Volks-Zeitung', die sich bis zur Ablöse des aufmüpfigen Chefredakteurs Popp einer relativ ungeschminkten Schreibweise bedient hatte, war schließlich zur Räson gebracht worden und fristete als berufsständisches „Interessensorgan" ein tristes Dasein in den restlichen Jahren des Austrofaschismus – das einstige Kampf- verkam zum Klatschblatt.

---

[52] Vgl. Präs. 1937/XII 60/1.138.
[53] Vgl. HÜBENER a. a. O., S. 94.
[54] Vgl. ebd., S. 249 und 57 und SCHOPPER a. a. O., S. 49 und 303.
[55] Vgl. 'IN', Nr. 301, 31.12.1937, S. 1.

Damit waren die Eckpunkte eines nicht mehr zu gewinnenden Kampfes gegen die immer stärker aufkommenden Nationalsozialisten abgesteckt; die Tiroler Presse hatte dem nicht mehr viel entgegenzusetzen: Die großdeutschen Blätter, nur mühselig diszipliniert, konnten bis zu einem gewissen Grad offen die Propagandatätigkeit des Deutschen Reiches publizistisch unterstützen und hatten weiterhin die höchsten Auflagen; die 'Volks-Zeitung', die ehemalige Arbeiterzeitung der Tiroler Sozialdemokratie, war zu einem von oben reglementierten „Arbeiter-Vertretungsorgan" (wobei sie diese Bezeichnung nicht mehr verdiente) verkommen; die christliche bzw. vaterländische Tageszeitung war zu schwach, zu wenig verbreitet und nicht mehr glaubwürdig genug, eine effektive Überzeugungsarbeit gegen den Nationalsozialismus leisten zu können; die Regionalblätter waren einerseits diszipliniert worden und hatten daraufhin Leser verloren, andere schrieben zwischen den Zeilen den Nazis nach dem Mund.

Tirol lag 1938 auch publizistisch auf dem Präsentierteller, die Nazis brauchten nach der Annexion nur noch zuzugreifen und in den Redaktionen – sofern nötig – tabula rasa zu machen.

4.2.3 März 1938 bis 1947

Obgleich auch in Tirol keine demokratische Presse mehr existiert hatte, waren die Veränderungen in diesem Bereich nach der NS-Machtergreifung enorm.

Wie auch nach Wien wurden nach Innsbruck deutsche Journalisten in Marsch gesetzt, die gemeinsam mit ehemals illegalen österreichischen Nazis jene Redaktionen übernahmen, welche dazu bestimmt waren, weitergeführt zu werden. Bereits Stunden vor dem Einmarsch der Truppen waren die Redaktionsstuben in der Nacht zum 12. März übernommen und gleichgeschaltet worden und konnten am 12. März bereits ausführlich über den Einmarsch aus nationalsozialistischer Sicht der Dinge berichten.[56]

Da das Bild des österreichischen bzw. tirolerischen Zeitungswesens bis zur April-Volksabstimmung möglichst unverändert bleiben sollte[57], blieb der Großteil der Zeitungen vorerst bestehen.

Die 'Innsbrucker Nachrichten' und die 'Neueste Zeitung', die die Rolle der NS-Gaublätter übernehmen sollten, blieben somit optisch nahezu unverändert, die 'Volks-Zeitung' erschien bereits ab 14. März als 'Deutsche Volks-Zeitung. Tagblatt des schaffenden Volkes', womit die Nazis eine Scheinkontinuität der alten, ehemals sozialdemokratischen Zeitung, wie es schon die Austrofaschisten praktiziert hatten, aufrecht erhielten.[58]

Die Tyrolia-Blätter 'Tiroler Anzeiger' und 'Volksbote' wurden sofort eingestellt, den bisherigen 'Volksbote'-Abonnenten wurde ab sofort ungefragt die 'Tiroler Bauern-Zeitung' ins Haus geschickt, die von den Nazis als bäuerliches NS-Interessensorgan in Beschlag genommen und weitergeführt wurde.

---

[56] ALBRICH, Thomas: „Gebt dem Führer Euer Ja!" Die NS-Propaganda in Tirol für die Volksabstimmung am 10. April 1938. In: ALBRICH/EISTERER/STEININGER: Tirol und der Anschluß, a. a. O., S. 505–538, hier S. 507.
[57] HAUSJELL, Fritz: Die gleichgeschaltete österreichische Presse als nationalsozialistisches Führungsmittel (1938–1945). In: TALOS/HANISCH/NEUGEBAUER: NS-Herrschaft in Österreich, a. a. O., S. 319–330, hier S. 320.
[58] Vgl. ALBRICH a. a. O., S. 507 f.

'Der Bote von Tirol' wurde unverändert als Amtsblatt – nunmehr als Blatt der NS-Regierungsstellen – weitergeführt. Der 'Tiroler Grenzbote', der unmittelbar nach der Annexion in einen NS-Freudentaumel verfiel, mußte erst gar nicht besetzt und auf Linie gebracht werden – er vollzog die Gleichschaltung freiwillig. Der 'Außferner Bote' mutierte zum NS-Amtsblatt des Bezirkes Reutte, die 'Lienzer Nachrichten' konnten – ebenfalls gleichgeschaltet – weiter existieren.

Jene Redaktionen, die weiterbestanden, wurden sofort von „mißliebigen Elementen" gesäubert. Sowohl politisch motivierte als auch rassisch begründete Entlassungen wurden vorgenommen. In vielen Fällen war es jedoch so, daß bisherige Redakteure verpflichtet wurden oder sich in die Pflicht nehmen ließen und weiterhin in den gleichgeschalteten Zeitungen mitarbeiteten.[59]

In vielen Fällen wurden Schriftleiter- und Ressortleiterstellen von ehemaligen Illegalen übernommen; darunter waren auch solche, die in der Ersten Republik journalistisch bereits tätig gewesen waren, im Ständestaat jedoch ihrerseits aus den Redaktionen entfernt worden waren (siehe dazu auch Teil II, Kap. 2 S. 370 ff.).

Im Bereich des Verlagswesens war zunächst die Besetzung der Tyrolia-Gebäude festzuhalten, während der das bewegliche und unbewegliche Vermögen des Verlages beschlagnahmt, der Verlag später größtenteils liquidiert und zwangsverkauft wurde (siehe dazu auch Teil II, Kap. 1.5.3.1 S. 161 ff.). In diesen Räumen führte der „Deutsche Alpenverlag" seine NS-Verlagsgeschäfte weiter. Das christlich-soziale und katholische Zeitungswesen des Tyrolia-Verlages gehörte damit seit dem 12. März der Vergangenheit an. Der „Deutsche Alpenverlag" war vom kommissarischen Verwalter zur Weiterführung der Unternehmungen der Tyrolia als GmbH am 26. November 1938 gegründet worden, der Mitarbeiterstand wurde von 420 auf 66 im Mai 1945 abgebaut (Mitarbeiter wurden entlassen oder im schlimmsten Fall ins KZ verschleppt, wie etwa der Chefredakteur des 'Tiroler Anzeigers' Dr. Anton Klotz).[60]

Auch der Verlag Wagner wurde nicht sofort umbenannt, war jedoch in seiner Wirkungsweise von Beginn an als Gauverlag vorgesehen; die völlige Umgestaltung der Presse sollte erst nach der Aprilabstimmung im Juli erfolgen. Die Propaganda, die der Verlag mit seinen gleichgeschalteten Zeitungen seit dem 12. März betrieb, suggerierte den Aufbruch zu besseren Zeiten; die vorgegebene Linie des Propagandaministeriums war völlig auf die spezifischen Erfordernisse Tirols abgestimmt. Trotz noch nicht erfolgter völliger Umgestaltung und Neuorganisation der Zeitungen und Verlage erfüllten diese ihre Aufgaben vor allem in diesen ersten Monaten zur Zufriedenheit der neuen Machthaber.

Am 1. Juli 1938 wurde der alte Universitätsverlag Wagner zum „NS-Gauverlag und Druckerei Tirol GmbH", die 'Innsbrucker Nachrichten' zum „Parteiamtlichen Organ der NSDAP Gau Tirol" gemacht, womit auch die 'Neueste Zeitung' als „Gau-Abendblatt" zu funktionieren hatte (siehe dazu auch Teil II, Kap. 1.1.2.1 S. 79 ff.).

Auch das Impressum des 'Boten von Tirol' wurde den Verhältnissen angepaßt und wies ab 6. Juli 1938 den „NS-Gauverlag" als Verleger und Drucker aus. Der 'Bote' als Amtsorgan der NS-Stellen sollte schließlich 1940 aufgelöst werden, 1945 ebenso die 'Lienzer Nachrichten', die ebenfalls nur noch ein unbedeutendes NS-Vollzugsorgan waren; im Juli 1941 mußte dann auch der 'Außferner Bote' sein Erscheinen einstellen – offiziell wegen der

---

[59] HAUSJELL a.a.O., S. 320.
[60] Vgl. HALL a.a.O., S. 445 und LENART a.a.O., S. 157 ff.

kriegswirtschaftlichen Verhältnisse, die diesen Schritt nötig machten. Die Außferner Verlagsanstalt wurde vom Innsbrucker NS-Gauverlag übernommen.

Die 'Tiroler Bauern-Zeitung', die ab März vorerst als „Blatt des nationalsozialistischen Tiroler Bauernbundes und der Tiroler Bauernkammer" erschienen war und deren Bezug für Bauernbundmitglieder Pflicht war, wurde nun teilweise zweimal wöchentlich ediert und am 9. Juli im Zuge der Presse-Umorganisation in den 'Tiroler Landboten' umbenannt (Untertitel: Wochenzeitung für Tirol und Vorarlberg mit dem Wochenblatt der Landesbauernschaft Alpenland. Mitteilungen des Amtes für Agrarpolitik der NSDAP-Gau Tirol). Der 'Tiroler Landbote' erschien vorerst einmal, ab Juli 1939 zweimal, später dreimal wöchentlich bis zu seinem Ende im Mai 1945 im NS-Gauverlag mit einer Auflage von anfänglich 22.000, im Jahr 1944 mit 38.000 Stück.

Die Auflage des Gaublattes 'Innsbrucker Nachrichten' wurde in den folgenden Jahren wieder auf über 22.000 (Eigenangabe im Impressum) gesteigert (1939 hatten die 'Innsbrukker Nachrichten' und ihre Abendausgabe 'Neueste Zeitung' zusammen eine Auflage von 43.000 Stück), was vor allem eine Folge der verringerten Zahl an Zeitungstiteln war, aber auch auf aggressive Werbemaßnahmen zurückgeführt werden kann. So wurde, laut Schreiben des österreichischen Innenministers vom 10. Jänner 1939 an den Landeshauptmann, eine „Werbeaktion für die gesamte ostmärkische Presse" als Vermittlerin der nationalsozialistischen Anschauungen für die Monate Jänner und Februar angekündigt. Die Behörden wurden dabei zur Unterstützung aufgerufen, da alle, auch im entferntesten Eck, von den Medien, insbesondere der Tagespresse, erreicht werden müßten. Ergänzt wurde diese Aktion durch Plakate, Rundfunk und Film sowie durch Verlagseinzelwerbung.[61]

Die Organisation der Presselenkung im allgemeinen (die ja in Tirol nicht anders als in anderen Teilen des Reiches gehandhabt wurde) wurde bereits dargestellt. Hier nur ein Beispiel als Ergänzung, wie auf Gauebene die Presse rigide in ein Korsett gepreßt wurde. In einem Schreiben des Reichsstatthalters in Österreich an die Behörden wird auf den „Abdruck amtlicher Bekanntmachungen und Hinweise in Tageszeitungen" und den Erlaß über „Grundsätze für die Zusammenarbeit mit der deutschen Tagespresse" verwiesen: Demnach mußten Tageszeitungen belehrend und unterrichtend im Sinne der politischen und wirtschaftlichen Ziele des Nationalsozialismus wirken, was die Zusammenarbeit der Dienststellen mit den Redaktionen erfordere; für amtliche Bekanntmachungen war – gegen Bezahlung, jedoch zu ermäßigten Grundpreisen – der Anzeigenteil da; im redaktionellen Teil sollten „selbstverständlich" eigene redaktionelle Hinweise und Stellungnahmen zu diesen Bekanntmachungen erscheinen. Ergänzend wurde vermerkt, daß Presseverlautbarungen „nur über das Gaupresseamt" an die Redaktionen zu leiten seien. Bei Änderungen von Schlagzeilen oder Artikeln mußte das Einvernehmen mit dem Gaupresseamt hergestellt werden.

1939 und 1940 wurden diese und ähnliche Erlässe weiter ergänzt und konkretisiert, womit ein genaues Schema vorgegeben wurde, was wie und wo zu veröffentlichen sei, aus dem man nicht ausscheren konnte.[62]

Im Oktober 1939 schrieb der „Reichsverband der deutschen Zeitungsverleger" an die Landesregierung von Tirol, daß der Krieg Einnahmenminderungen für die Presse in bedenklichem Ausmaß gebracht hätte; das Anzeigengeschäft sei „katastrophal" zurückgegangen, der Vertrieb sei schwieriger geworden, Wehrmachtseinberufungen hätten bei der Herstel-

---

[61] Präs. 1939/XII 60/182.
[62] Präs. 1939/XII 60/708.

lung zu Personalengpässen geführt. Dies zwinge nun den Reichsverband, „alle an der Erhaltung der Presse als hervorragendstes Führungsmittel von Staat und Partei Beteiligten zur völligen Unterstützung aufzurufen".[63] Die Zeitungen sollten stärker für amtliche Bekanntmachungen herangezogen werden, man sollte auf die Herausgabe von Amtsblättern oder zumindest auf Wirtschaftswerbung in Amtsblättern verzichten. Das nationalsozialistische Tirol befolgte diese Aufforderung und stellte im März 1940 den 'Boten von Tirol' als Amtsblatt ein, damit Inseratenaufträge und Bekanntmachungen zum Gaublatt umgeleitet werden konnten.

1941 mußte, wie erwähnt, auch der 'Außferner Bote' nicht nur den kriegswirtschaftlichen Verhältnissen, sondern wohl auch diesem Verzichtsaufruf Tribut zollen und sein Erscheinen einstellen.

Die 'Deutsche Volks-Zeitung' war bereits am 25. April 1939 eingestellt worden – auf Grund der mangelnden und völlig unzureichenden technischen Ausrüstung und da der Betrieb (Verlag und Druckerei) finanziell in völlig zerrüttetem Zustand sei und die Fortführung und Verbesserung dieser Umstände einen Aufwand verursacht hätte, der in keinem Verhältnis zum Nutzen gestanden wäre (die Auflage war von 1932 [6.200] bis 1939 auf 3.200 Stück geschrumpft). Den Lesern wurden die 'Innsbrucker Nachrichten' zum weiteren Bezug empfohlen. Laut Gauakten wurde fast die gesamte Belegschaft vom Gauverlag übernommen.[64]

Ende 1941 erschienen in Tirol somit nur noch die 'Innsbrucker Nachrichten' mit ihrem Abendblatt 'Neueste Zeitung' als täglich erscheinende Blätter, der ebenfalls im Gauverlag hergestellte 'Tiroler Landbote' (zweimal wöchentlich) sowie im Verlag Lippott in Kufstein der 'Tiroler Grenzbote', der seit Ende März 1938 dreimal wöchentlich erschien und dem zudem die Aufgabe eines Amts- und Verlautbarungsorgans übertragen worden war. Im März 1939 war dessen Titel in 'Tiroler Volksblatt' umgewandelt worden, da der Name 'Grenzbote' laut Selbsteinschätzung nicht mehr zeitgerecht war.[65] Daneben bestanden noch die 'Lienzer Nachrichten' als Wochenzeitung.

Nachdem sich die Tiroler Presse 1938/39 relativ reibungslos ins NS-Presseschema eingefügt hatte, konnte neben dem organisatorischen und wirtschaftlichen dem inhaltlichen Aspekt der verbliebenen Zeitungen breitere Aufmerksamkeit geschenkt werden.

Reportagen über den ausgezeichneten Stand der deutschen Rüstung und der Wirtschaft und die Segnungen des NS-Systems für die Landwirtschaft sowie endlose Führer-Huldigungen waren nun die Hauptinhalte, je Zeitung abgestimmt auf die jeweilige Leserschaft. Nach Kriegsbeginn war man bemüht, den erfolgreichen Verlauf des Polen- und der folgenden Feldzüge herauszustreichen und die Heldentaten der deutschen und ostmärkischen Soldaten in den leuchtendsten Farben zu schildern. Die Pressepropaganda war v. a. auch darauf bedacht, die Schuld an der Entfesselung des Krieges den Gegnern in die Schuhe zu schieben.[66] Die Einseitigkeit der „Information" erfuhr somit eine immer weitere Perfektion.

Die sogenannte Information, die nichts weiter war als Propaganda, Beeinflussung, Tatsachenverdrehung und Lüge, wurde in diesem Sinne zwar perfektioniert, die Wirkung der Zeitungen und deren Inhalte ließ jedoch auf Grund einer wachsenden inneren Unzufriedenheit im Land bald merklich nach. Die Begeisterung wich der Ernüchterung.

---

[63] Präs. 1939/XII 60/3.607.
[64] Vgl. 'Deutsche Volks-Zeitung' ('DVZ'), Nr. 95, 25. 4. 1939, S. 1.
[65] 'TG' bzw. 'Tiroler Volksblatt' ('TV'), Nr. 30, 10. 3. 1939, S. 1.
[66] Vgl. RIEDMANN: Geschichte des Landes Tirol, a. a. O., S. 1.034 f.

Qualifizierte Mitarbeiter (wie der Hauptschriftleiter der 'Innsbrucker Nachrichten', Alfred Strobel) wurden teils ins 'Altreich' versetzt, die Zeitungen personell – jedenfalls was das tirolische Element anbelangt – ausgezehrt, so daß die persönliche Leserbindung weiter verlorenging und die Zeitungen zu bloßen Nachrichtenblättern herabsanken.[67] Dem neuen, reichsdeutsch ausgerichteten Hauptschriftleiter der 'Innsbrucker Nachrichten' etwa, Ernst Kainrath, fehlten die Kenntnis und das Verständnis für die Bedürfnisse des Landes und seiner Bevölkerung.

Bald klaffte zwischen dem von Gauleiter Franz Hofer im Juli 1938 vorgebrachten Wunsch, daß die 'Innsbrucker Nachrichten' „Mittlerin der Gemeinschaft und Werkzeug im Dienste unseres einzigen Führers" sein sollten, und der sich entwickelnden medienpolitischen Realität eine beträchtliche Lücke.[68] Die journalistische – tirolische – Eigenproduktion ließ merklich nach, da sich der Mitarbeiterstab in den Redaktionen infolge des „Ausscheidens" politisch unzuverlässiger Journalisten stark verringert hatte. So boten die 'Innsbrucker Nachrichten', die mit ihrem Abendblatt als einzige Tageszeitung wichtigstes Propagandaorgan war, auf Grund eines vernachlässigten lokalen Nachrichtendienstes, der mangelnden Erfassung gauspezifischer Probleme und der fehlenden „Heranführung der Bevölkerung an das nationalsozialistische Schrifttum" ein „einförmiges, wenig abwechslungsreiches Bild".[69]

Dasselbe Bild bot die größte Wochen- bzw. nunmehr Halbwochen-Zeitung 'Tiroler Landbote', die Artikel des Gaublattes und der zentralen Instanz für den Agrarbereich übernahm und somit den spezifischen Ansprüchen der ländlichen Bevölkerung Tirols nicht gerecht werden konnte. Trotzdem wurde die Auflage nach 1938/39 auf zunächst 26.000, bis 1944 auf 35.000 gesteigert, was auf neue Abonnements nationalsozialistisch gesinnter Bauern sowie die Übernahme der Abonnementkartei der Vorgängerin 'Tiroler Bauern-Zeitung' und den Pflichtbezug der Zeitung zurückzuführen war.

Auf dem Tageszeitungssektor hatte der SA-Standartenführer und Direktor des Gauverlages Kurt Schönwitz den Konkurrenzkampf mit der 'Deutschen Volks-Zeitung' forciert, um diese auszuschalten. Mit der Erreichung dieses Ziels 1939 verblieb den Lesern die Einseitigkeit des Gaublattes. Von den 1939 zuletzt verbliebenen 2.000 Abnehmern der 'Volks-Zeitung' wurden nur ca. 500 vom Gaublatt übernommen, obwohl der Verlag versucht hatte, diesem Lesersegment besondere Aufmerksamkeit zu schenken. Diese Rechnung – die Übernahme aller 'Volks-Zeitung'-Leser als Gaublattabnehmer – ging nur zum Teil auf, was, so der Sicherheitsdienst der SS (SD), auf die Tatsache zurückzuführen gewesen sei, daß die Schreibweise des Gaublattes, besonders im Kulturteil, „eher noch schlechter geworden" sei.[70] Durch die Ereignisse des Sommers und Herbstes 1939 und den Kriegsausbruch war die Bedeutung der Zeitung als Informationsträger zwar erhöht worden, was aber nichts an der medienpolitisch für die Nazis unbefriedigenden Situation des Gaues Tirol-Vorarberg ändern sollte.[71]

---

[67] GEHLER, Michael: Viel Sand im Getriebe. Medien und Propaganda im Gau Tirol-Vorarlberg nach dem Anschluß. In: RATHKOLB/DUSEK/HAUSJELL: Die veruntreute Wahrheit, a.a.O., S. 423–437, hier S. 427.
[68] Vgl. ebd., S. 428 und zit. nach 'IN', Nr. 151, 2.7.1938, S. 1.
[69] Ebd., S. 429.
[70] Ebd., S. 432.
[71] Vgl. ebd., S. 433.

Graphik 2: Presse- und Propagandaorganisation des Gaues Tirol-Vorarlberg im NS-Staat

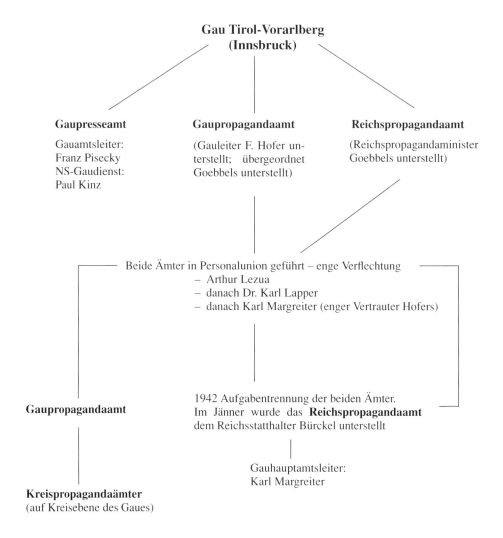

(Vgl. dazu GEHLER in RATHKOLB/DUSEK/HAUSJELL a. a. O., S. 435 f.)

Dazu kam eine teilweise undurchsichtige Kompetenzaufteilung zwischen Gaupropaganda- und Gaupresseamt sowie dem Reichspropagandaamt, das direkt Reichspropagandaminister Goebbels unterstellt war (zum Leidwesen des Gauleiters Hofer. Vgl. dazu Graphik 2). Auf Kreisebene bestanden zudem die Kreispropagandaämter, die ebenfalls Einflußmöglichkeiten auf v.a. regionale Medien hatten. Das Gau- und Reichspropagandaamt wurde großteils in Personalunion geführt, zuerst von Arthur Lezua, der bald von Dr. Karl Lapper (dem ehemaligen Sonderbeauftragten für die Presse und Propaganda im Wahlgau Tirol für die Volksabstimmung) abgelöst wurde. Diesem folgte Karl Margreiter, der zwar kein Propagandafachmann, dafür Vertrauter Gauleiter Hofers war.

1942 wurden per Führererlaß die Aufgaben dieser Dienststellen getrennt, das Reichspropagandaamt nunmehr dem Reichsstatthalter unterstellt; Margreiter wurde Propagandaleiter, Pisecky war Presseamtsleiter.[72]

Im Oktober 1944 bestanden im Gau Tirol-Vorarlberg noch drei Standarte-Zeitungen mit einer Auflage von 92.900 ('Innsbrucker Nachrichten' 38.160 und 'Tiroler Landbote' 35.000) sowie eine Privatzeitung, das 'Tiroler Volksblatt' in Kufstein, mit einer Auflage von 3.700 Stück. Der Prozentanteil des NS-Pressetrusts in Tirol-Vorarlberg betrug demnach 96,1%, was eine der höchsten Konzentrationen im Reich darstellte.[73] Der 'Tiroler Landbote' sowie dessen regionale Mutation 'Vorarlberger Landbote' waren am 1. September 1944 zum Blatt 'Der Landbote' vereinigt worden, woraus sich die Auflagensteigerung (von ca. 22.000 auf 35.000 im Jahr 1944) erklären läßt.

Die Auflagen waren also – künstlich – beträchtlich gesteigert worden, die Qualität sowie der Umfang der einzelnen Exemplare nahm jedoch infolge der Kriegsereignisse und der Verknappung der Rohstoffe kontinuierlich ab. Die Sparmaßnahmen gaben den Zeitungen ein verändertes Gesicht, ein- bis zweiblättrige, unansehnliche Bleiwüsten waren die Folge.

Das Abendblatt 'Neueste Zeitung' hatte bereits Ende 1943 teilweise nur noch zwei Seiten anzubieten, die Samstag-Ausgaben wurden zumeist eingespart. Am 31. August 1944 erschien schließlich die letzte Ausgabe. Die 'Neueste Zeitung' war eine von vielen Zeitungen im Deutschen Reich und damit in Österreich, die der dritten großen Schließungswelle zum Opfer fiel.

Dem 'Tiroler Volksblatt', das 1943 parallel zu den NS-Zeitungen in der Berichterstattung den Wandel vom grenzenlosen Siegestaumel zu den nicht enden wollenden Durchhalteparolen und zum Propagieren des „Totalen Krieges" vollzogen hatte, waren die Sparmaßnahmen ebenfalls bald anzusehen. Die Spalten wurden immer enger, die Zeilen immer kleiner gesetzt, um, angesichts der Papierknappheit, Platz zu sparen. Der Umfang schmolz bis Februar 1945 auf zwei Seiten zusammen. Auch diese Zeitung glich somit eher einem dicht bedruckten Flugblatt denn einer Zeitung.

---

[72] Vgl. ebd., S. 435.
[73] Vgl. Presse in Fesseln a.a.O., S. 117 ff. Die „Standarte-Verlags- und Druckerei GmbH" herrschte über 303 parteiamtliche Blätter mit einer Auflage von 15,89 Millionen, das waren 63,3% der Reichsauflage. Als Dach fungierte die Franz-Eher Nachf.-Verlag GmbH (Zentralverlag der NSDAP, Leiter Max Amann), dem neben Europa- und Herold- auch der Standarte-Verlag unterstellt war. Dieser herrschte wiederum über 72 Gauverlage und Tochterunternehmen, so auch den Tiroler Gauverlag. Vgl. dazu HALE a.a.O., S. 340 und GOLOWITSCH a.a.O., S. 405–407. Die Auflagenzahlen, die Golowitsch nennt, stammen aus „Die deutschen Tages- und Wochenzeitungen und Zeitschriften", Berlin 1944, S. 109.

Nichtsdestotrotz führte das Blatt einen zähen publizistischen Abwehrkampf gegen den drohenden Tod, obwohl die Resignation zwischen den Zeilen durchklang. So erschien das 'Tiroler Volksblatt' noch immer dreimal wöchentlich als Quasi-NS-Amtsblatt in Kufstein, während Mitte April 1945 in Wien bereits eine provisorische Regierung im Amt war. Am 23. April schließlich wurde die letzte Nummer ausgegeben, ohne daß aus dem Inhalt erkennbar gewesen wäre, daß die Zeitung ihr Erscheinen einstellen mußte.[74] 1952 sollte dieses Blatt unter seinem alten Titel 'Tiroler Grenzbote' wiedererscheinen – mit altbekannten Personen aus der NS-Zeit an seiner Spitze.

'Der Landbote', der neben seiner Aufgabe einer „Bauernzeitung" jene eines „Kreis-Amtsblattes" (für alle Kreise des Gaues) übernommen hatte, büßte ebenfalls an Umfang und Qualität (im Sinne der technischen und Layout-Qualität) merklich ein.

Am 27. April 1945 erschien die letzte Ausgabe, aus der die Gründe für die Einstellung nicht ersichtlich waren.

Am 3. Jänner 1946 sollte mit der 'Tiroler Bauern-Zeitung' das alte Organ des Bauernbundes als Wochenzeitung wiedererstehen. Heute, 2000, steht die Zeitung im 94. Jahrgang.

Seit der Einstellung ihres Abendblattes 'Neueste Zeitung' erschienen die 'Innsbrucker Nachrichten' nur noch als Mittagsblatt mit am bereits stark reduziertem Umfang von vier bis sechs, am Sonntag mit acht bis zehn Seiten. Auch der Anzeigenteil wurde auf ein Maß der „unumgänglichen Notwendigkeit für die Allgemeinheit" eingeschränkt; die Samstag-Ausgabe entfiel bereits im Oktober 1944. Dem immer schärfer formulierten NS-Jargon des Abwehrkampfes tat dies keinen Abbruch. Bis Februar 1945 reduzierte sich der Umfang auf zwei Seiten, der Anzeigenteil war praktisch nicht mehr existent. Noch im April, als in Wien schon die provisorische Regierung bestand, fanden Naziparolen vom Endsieg, vom Durchhalten bis zuletzt, das Nicht-wahrhaben-Wollen der unmittelbar bevorstehenden Niederlage ihre Fortsetzung in den Spalten der Gauzeitung.

In der Nr. 102 vom 2. Mai wurde auf Seite eins die Schlagzeile „Unser Führer in Berlin gefallen (…)" gebracht. Diese Meldung, die den Selbstmord Hitlers als Heldentod verklärt, sollte eine der letzten Lügen der Tiroler NS-Publizistik sein. Denn die nächste Nummer vom 3. Mai war die letzte. Damit war das unrühmliche Kapitel in der 92jährigen Geschichte der 'Innsbrucker Nachrichten' abgeschlossen. In der letzten Ausgabe wurde noch eine Rundfunkrede des Gauleiters Hofer zum Abdruck gebracht, in der er zum Ausharren, zu Haltung und Disziplin aufrief und sich „zutiefst erschüttert" vom Tod des Führers zeigte.[75] Mit dieser Ausgabe des NS-Gaublattes ging die „Ära" der nationalsozialistisch gleichgeschalteten Publizistik und des NS-Pressetrusts auch in Tirol zu Ende.

Bereits am nächsten Tag, dem 4. Mai, erschien die erste freie Zeitung Innsbrucks, die Nr. 1 der 'Tiroler Nachrichten', herausgegeben vom „Exekutivausschuß des österreichischen Widerstandes in Tirol", die die Befreiung der Heimat Tirol meldete. Es blieb jedoch bei der einen Nummer, eine weitere konnte nicht mehr erscheinen – sie wurde von der PWD (Psychological Warfare Division) verboten. Dabei richteten sich die Amerikaner nach den für Deutschland gültigen US-Besatzungsvorschriften, nach denen bis auf weiteres keine Zeitungen erscheinen durften.[76]

---

[74] Vgl. 'TV', Nr. 47, 23. 4. 1945.
[75] 'IN', Nr. 103, 3. 5. 1945, S. 1.
[76] Vgl. TSCHOEGL a. a. O., S. 98.

Bis 20. Juni sollte Tirol somit eine (tages-)zeitungslose Zeit erleben, bis am 21. Juni die erste Ausgabe der 'Tiroler Tageszeitung', herausgegeben von der 12. US-Heeresgruppe für die Tiroler Bevölkerung, wie es im Untertitel hieß, erschien.

Doch zuvor mußte der NS-Gauverlag wieder in seinen ursprünglichen Namen und seine Bestimmung sowie vorerst in eine kommissarische Verwaltung überführt werden. Die Rückgabe in die Hände der Fam. Buchroithner sollte erst Jahre später endgültig vollzogen werden. Vorerst wurde der „NS-Gauverlag und Druckerei Tirol-Vorarlberg GmbH" kommissarisch verwaltet – als Kommissar und Treuhänder war Joseph Stephan Moser tätig – für wen, wurde nie ganz geklärt, schreibt Peter Muzik. Tatsächlich war Moser laut gesetzlicher Regelung „Öffentlicher Verwalter", eingesetzt von der provisorischen Landesregierung (die Wagner'sche war von den Nazis unter Zwang enteignet worden und als Gauverlag deutsches Eigentum gewesen, Anm.).

Moser sollte es schließlich auch schaffen, 25 %-Teilhaber an der wiedererstandenen „Wagner'schen Universitäts-Buchdruckerei" zu werden, außerdem gelang es ihm 1946, die 'Tiroler Tageszeitung', als sie von den Franzosen endgültig in die Unabhängigkeit entlassen wurde, in den 1946 gegründeten „Schlüsselverlag" überzuführen.

Zuvor hatten Dr. Anton Klotz (erster Chefredakteur) 60 %, Handelskammerpräsident Fritz Mitterer 15 %, der Sekretär der Arbeiterkammer Ernst Müller 10 % und Dr. Arnold Herdlitzka 15 % Anteile an der Tageszeitung gehalten (als Vertrauensmänner der französischen Besatzungsmacht). Hinter den Kulissen hatte aber von Beginn an Moser die Finger im Spiel; er brachte es folglich auch fertig, die Konkurrenten auszubooten und die Zügel in der 'Tiroler Tageszeitung' und im „Schlüsselverlag" zu übernehmen.[77] Gedruckt wurde die erste Tiroler Tageszeitung zuerst von der Tyrolia, dann in der Wagner'schen Druckerei (bis 1981).

Die Tyrolia AG, bei der trotz dahingehender Bemühungen nie ein Auflösungsbeschluß durch die Generalversammlung während der Nazizeit erzwungen werden konnte, war jedoch vom Kommissar (R. Röhrl) „aus eigener Machtvollkommenheit" für aufgelöst erklärt und im November 1938 in die neugegründete „Deutsche Alpenverlag GmbH" einverleibt worden (zumindest große Teile des Vermögens, während andere Teile veräußert wurden). Tatsächlich war die Tyrolia jedoch nie liquidiert worden.[78] Bereits am 4. Mai 1945 wurde der frühere Generaldirektor Albert Schiemer von der provisorischen Landesregierung Tirols zum kommissarischen Leiter des Verlages bestellt. Alle Handlungen der Nationalsozialisten an der Tyrolia wurden als widerrechtlich erklärt. Am 10. Oktober, anläßlich einer außerordentlichen Generalversammlung, beschlossen die Aktionäre (die rechtmäßigen Eigentümer), die Unternehmung für Rechnung der Verlagsanstalt Tyrolia weiterzuführen und forderten die Rückstellung aller widerrechtlich entzogenen Vermögenswerte und Wiedergutmachung der angerichteten Schäden.[79]

Bei der ersten ordentlichen Generalversammlung am 18. Dezember 1946 wurde erneut Wiedergutmachung eingemahnt. Dazu kam es jedoch erst nach langwierigen Prozessen im Mai 1955, als die Tyrolia, die in diesem Jahr von einer AG wieder in eine GmbH rückge-

---

[77] MUZIK a. a. O., S. 114.
[78] LENART, Birgit: Österreichs Pressevereine und was aus ihnen geworden ist. – Salzburg: Phil. Diss. 1982, S. 157f.
[79] Vgl. Tyrolia-Athesia. 100 Jahre erlebt, erlitten, gestaltet. Ein Tiroler Verlagshaus im Dienste des Wortes. Redaktion Hanns Humer. – Innsbruck/Bozen: Tyrolia/Athesia 1989, S. 94.

wandelt wurde, ihren Besitzstand von 1938 wiedererlangte. Die Rückstellung von Häusern, Betriebsteilen und Verlagsrechten wurde erst 1957 abgeschlossen.[80]

Der Druckereibetrieb konnte von der Tyrolia aber schon 1945 wieder reaktiviert werden und stand zu Beginn des folgenden Jahres wieder in voller Tätigkeit. So stellte sie vorerst im Lohndruck die 'Tiroler Tageszeitung' her, ab November 1945 den Satz des ÖVP-Organs 'Tiroler Nachrichten' (deren Druck Wagner besorgte). Ab März 1946 wurden diese Tätigkeiten nach einer Verfügung des Pressereferenten der französischen Militärregierung getauscht – Satz, Druck und Verwaltung der 'Tiroler Tageszeitung' gingen vollständig auf Wagner über, während der Druckauftrag (bisher nur Satzherstellung) für die 'Tiroler Nachrichten' der Tyrolia zugewiesen wurde. Dieser Druckauftrag war für die Tyrolia wesentlich weniger einträglich, konnte doch das Parteiblatt gegenüber der bereits mächtigen unabhängigen Konkurrenz der 'Tiroler Tageszeitung' nie zur Geltung kommen.

Bei Wagner wurde ab November 1945 außerdem das Organ der Tiroler Kommunistischen Partei, die 'Tiroler Neue Zeitung', gedruckt, ebenso die wiedererstandene 'Volks-Zeitung' der Sozialisten, deren Satz in der Druckerei Frohnweiler hergestellt wurde. 1947 wurde die Firma des Innsbrucker SP-Vizebürgermeisters Hans Flöckinger Drucker, Verleger und Herausgeber des SP-Blattes.

Nach diesem Vorgriff noch einmal zurück zum Ende des Krieges in Tirol:

„Von der Gunst und Mißgunst der historischen Umstände hing es ab, daß der Wiederaufbau und die Entfaltung einer freien, demokratischen Information (…) nach dem 2. Weltkrieg nicht mit dem Schwerpunkt in Wien, sondern in den westlichen und südlichen Bundesländern beginnen konnte."[81] Obwohl die ersten Zeitungen bereits am 21. und 23. April in Wien erschienen (sowjetische sowie die Drei-Parteien-Zeitung), waren es die Besatzungszeitungen im Süden und Westen Österreichs, die bald in die (bedingte) Unabhängigkeit entlassen wurden, wie die am 7. Juni gegründeten 'Salzburger Nachrichten', am 11. Juni die 'Oberösterreichischen Nachrichten' und am 21. Juni die 'Tiroler Tageszeitung', die den Aufstieg der unabhängigen Bundesländerpresse vollzogen (Lizenzierung jeweils erst später, danach erst Entlassung in Unabhängigkeit, Anm.).

Ein wesentliches Unterscheidungsmerkmal war, daß in der sowjetischen Besatzungszone Genehmigungen für die Herausgabe von Tageszeitungen an die politischen Parteien vergeben wurden, während in den westlichen Zonen Lizenzen an Einzelpersonen oder überparteiliche Personengruppen zur Vergabe gelangten.

In Tirol war die 'Tiroler Tageszeitung' zwar vorerst noch eine „Besatzungs-" bzw. „Heeresgruppen-Zeitung", in der jedoch von Beginn an der spätere Chefredakteur Dr. Klotz und andere Personen des Vertrauens der Befreier redaktionell mitarbeiten konnten, was den Weg in die Unabhängigkeit von vornherein positiv beeinflussen und ebnen sollte.

Damit konnten sich die Bundesländerzeitungen zu Organen aufschwingen, deren Neigung zur eigenständig ausgeprägten Meinung bis heute mehr oder minder erhalten geblieben ist und die in ihrem Verbreitungsgebiet fast Monopolstellung erreichten.[82]

Die redaktionelle Führung der 'Tiroler Tageszeitung' oblag zuerst der ISB (Information

---

[80] Vgl. ebd., S. 94 f. und HALL a. a. O., S. 445.
[81] DALMA, Alfons: Der Wiederaufbau der Bundesländerpresse. In: PÜRER/DUCHKOWITSCH/LANG: Die österreichische Tagespresse, a. a. O., S. 103–109, hier S. 104.
[82] ZOLLER, Griet: Die Parteizeitung und ihre Probleme. Nachgezeichnet am Beispiel der Tiroler Nachrichten, Neue Tiroler Zeitung. – Salzburg: Phil. Diss. 1987, S. 39.

Service Branch)[83] der US-Truppen, ehe die Zeitung am 9. Juli den französischen Truppen überantwortet wurde.

Die Alliierten in Tirol sahen es zwar zu Beginn als vorrangig an, möglichst schnell das Nachrichtenwesen zu übernehmen und zu kontrollieren, bestehende Medien zu verbieten und nationalsozialistische Elemente auszuschalten, in der Folge jedoch eine möglichst rasche Überleitung in ein durch Österreicher geleitetes Informationswesen zu ermöglichen und nur ein gewisses Maß an Kontrolle sich selbst vorzubehalten, da in Bezug auf Österreich – anders als für Deutschland – die Absicht der Befreiung im Mittelpunkt der Bestrebungen stand.[84]

Die erste Phase, das Verbot aller Medien, war in Tirol am 4. Mai bereits abgeschlossen. Die 'Tiroler Tageszeitung' als erstes Blatt wurde dann zwar von den Amerikanern bzw. Franzosen herausgegeben und die Redaktion kontrolliert, jedoch schon von einem österreichischen bzw. tirolischen Redaktionsstab unter Dr. Klotz geschrieben.

Am 1. Oktober 1945 schließlich wurde des „Dekret über die Pressefreiheit" durch den Alliierten Rat erlassen und in allen Zeitungen veröffentlicht. Damit war die Zeit der rigorosen Kontrolle der Medien praktisch vorbei. Diese aufoktroyierte Pressefreiheit wurde nahezu kritiklos hingenommen, obwohl sie den Alliierten die Möglichkeit einräumte, die Medien in ihrer Kritik gegen die alliierte Österreichpolitik maßgeblich einzuschränken. Die Kontrolle der Redaktionen wurde zwar aufgehoben, eine gewisse Kontrolle und Sanktionsmechanismen gegen mißliebige Berichterstattung blieben jedoch aufrecht.

In Tirol hatten sich die französischen Streitkräfte symbolisch bereits am 5. September 1945 „aus dem Untertitel" der 'Tiroler Tageszeitung' zurückgezogen.

Am 27. Oktober 1945 verfügte der französische Hochkommissar General Emile Marie Béthouart, daß mit 1. November ein Beschluß des Alliierten Rates bezüglich der Neugestaltung der demokratischen Presse der französischen Besatzungszone Österreichs durchzuführen sei:[85]

1. Auf Grund der Probleme bei der Papierzuteilung (u. a. wegen des Fehlens einer Papierfabrik in der französischen Zone) können in Hinkunft nur die drei bereits genehmigten Tagesblätter der Parteien ÖVP, SPÖ und KPÖ entweder für Tirol und Vorarlberg gemeinsam oder, nach freiem Ermessen, auch getrennt erscheinen.

2. Eine wöchentliche Gesamtzuteilung von drei Tonnen Papier war möglich (wobei diese Papiermenge der 'Tiroler Tageszeitung' und den 'Vorarlberger Nachrichten' und bestehenden Reserven entnommen werden sollten).

3. Die Namen der Mitarbeiter und die Herkunft der Geldmittel waren bekanntzugeben, um Mitarbeit oder Einfluß von Nationalsozialisten in den Zeitungen zu verhindern (zwar wurden die Herausgeber und Journalisten auf ihre Nazivergangenheit auch in Tirol überprüft, und es hätte rechtliche und bürokratische Möglichkeiten für eine strikte Entnazifizierung gegeben – allein, es fehlte an der politischen Bereitschaft, sie durchzuführen. So konnten sich auch bald wieder ehemalige Nationalsozialisten in den Redaktionen tummeln oder zumindest als freie Mitarbeiter ihre Artikel an den Mann bringen. Anm. d. Verf.).

---

[83] Zum IBS siehe SCHÖNBERG, Michael: Die amerikanische Medien- und Informationspolitik 1945–1950. – Wien: Phil. Diss. 1975, S. 24 ff.
[84] Ebd., S. 31.
[85] Veröffentlicht am 31.10.1945 in der 'Tiroler Tageszeitung' ('TT'), Nr. 112, S. 1. Vgl. auch die folgenden Bestimmungen ebd.

4. In den Besatzungszeitungen 'Tiroler Tageszeitung' und 'Vorarlberger Nachrichten' mußte den Belangen der Parteien und politischen Bewegungen mindestens eine halbe Seite pro Ausgabe zur Verfügung gestellt werden. (Mit dem Erscheinen der Parteiblätter wurde diese Bestimmung obsolet, Anm. d. Verf.)

Weiters wurde vermerkt, daß es die Aufgabe der freien demokratischen Presse sei, die demokratischen Grundsätze zu wahren und den entschlossenen Kampf gegen nationalsozialistische, alldeutsche und militaristische Ideologien zu führen. Die Kritikzulässigkeit gegenüber den Alliierten blieb weiterhin eingeschränkt.

Somit konnten zwei Wochen vor den Nationalrats- und Landtagswahlen auch in Tirol Parteizeitungen erscheinen, nachdem die 'Arbeiter-Zeitung', 'Das kleine Volksblatt' und die 'Österreichische Volksstimme' schon seit 5. August herausgegeben wurden. In Linz erschienen Parteiblätter bereits über einen Monat früher (8. Oktober) als in Tirol, in Salzburg seit dem 20. Oktober, in Graz am 26. und in Klagenfurt am 28. Oktober; in Vorarlberg wurden wie in Tirol am 15. und 16. November die ersten Parteizeitungen ediert.

Der 15. November 1945 war die Geburtsstunde der 'Tiroler Nachrichten' (ÖVP) und der (wiedererstandenen) sozialistischen 'Volks-Zeitung', am 16. November erschien die 'Tiroler Neue Zeitung' (KPÖ) erstmalig.

Die Gründungen von Parteizeitungen waren auch in Tirol neben der von Anfang an markt- und meinungsbeherrschenden und unabhängigen 'Tiroler Tageszeitung' eher Prestige- und Willkürakte der politisch Verantwortlichen denn erfolgversprechende Medienprojekte. Diese Organe waren von Beginn an zu einem Schattendasein und einem ständig gefährdeten Dasein verurteilt.[86]

Die 'Tiroler Tageszeitung', die bisher mit 70.000 Exemplaren erschienen war, mußte mit dem Erscheinen der Parteiblätter auf Grund der nunmehr verringerten Papierzuteilung die Auflage verringern, wurde aber gleichzeitig endgültig in die Unabhängigkeit entlassen; die Franzosen zogen sich zurück, eine übergeordnete Kontrolle blieb jedoch (für alle Zeitungen) erhalten. Erst 1946 schlugen sich diese Veränderungen im Impressum und im Untertitel nieder, so gab es nun den „Verlag Tiroler Tageszeitung", im Zeitungskopf hieß es „Unabhängiges österreichisches Volksblatt". Im April 1947 schließlich wurde die „Schlüsselverlag GmbH" Eigentümerin und Herausgeberin der Zeitung.

Angesichts der bereits zementierten Vormachtstellung der 'Tiroler Tageszeitung' gelang es, wie erwähnt, keiner der Parteizeitungen, relevante Auflagenzahlen zu erreichen.[87] Zudem bereitete die anfängliche allgemeine wirtschaftliche Notsituation den relativ kleinen Blättern von Beginn an mehr Probleme als der bereits etablierten unabhängigen Zeitung. Außerdem genoß die 'Tiroler Tageszeitung' wesentlich mehr Vertrauen der Alliierten als die Parteiblätter, was als erste die 'Tiroler Nachrichten' zu spüren bekamen, die, auf Verlangen der sowjetischen Besatzungsmacht, vom 15. bis 30. Juni 1946 verboten wurden, nachdem sie in einem Artikel Nationalsozialisten mit Widerstandskämpfern verglichen hatten.

Auch die 'Tiroler Neue Zeitung' konnte wegen des Nachdrucks eines 'Wahrheit'-Artikels 1947 drei Tage lang nicht erscheinen. Daran änderte auch nichts, daß die Verbote rechtlich umstritten waren.

Ausschlaggebend für die Tatsache, daß sich die ÖVP-Zeitung relativ am besten halten konnte, war einerseits die wirtschaftliche Stütze durch den Katholischen Presseverein, das

---

[86] ZOLLER a. a. O., S. 39 f. und MUZIK a. a. O., S. 115, 118 f., 120 f.
[87] Vgl. TSCHOEGL a. a. O., S. 151.

4.2 Die Entwicklung der Tiroler Presse 1914 bis 1947. Ein Überblick

Vorhandensein journalistisch routinierter Mitarbeiter (die sich aus der Ersten Republik, vorwiegend aber aus dem Ständestaat rekrutierten) und andererseits die allgemeine Stärke der Partei in Tirol. Im Gegensatz dazu hatte vor allem die KPÖ-Tirol und ihre 'Tiroler Neue Zeitung' Probleme im Personalbereich, es fehlten Berufsjournalisten, aber auch das Fehlen einer eigenen Druckerei lastete schwer auf Partei und Zeitung.

Auch die 'Volks-Zeitung' der Tiroler Sozialisten hatte auf Grund ihrer schlechten politischen Verankerung im katholischen Tirol von Beginn an einen schweren Stand und konnte nie ausreichend Inseratenaufträge und Abonnentenzahlen erreichen, um schwarze Zahlen zu schreiben.

Ein Problem, das alle Zeitungen gleichermaßen betraf, war die völlig unzureichende Papierversorgung (vor allem im Westen), so daß in einzelnen Bundesländern die Tageszeitungen einige Male nicht erscheinen konnten oder sich auf zweiseitige Ausgaben beschränken mußten, wovon auch Tirol nicht verschont blieb.

Am 30. April 1947 ergab sich schließlich ein Bild der Tiroler Presse nach der Erscheinungsweise: drei 6 x wöchentlich erscheinende Blätter ('Tiroler Tageszeitung', 'Tiroler Nachrichten', 'Volks-Zeitung'), eine 5 x wöchentlich erscheinende Zeitung ('Tiroler Neue Zeitung'), zehn Wochenzeitungen, eine 14tägig erscheinende, zehn Monatszeitschriften, drei vierteljährliche Publikationen, drei unregelmäßig erscheinende Organe und drei mit nicht feststellbarer Erscheinungsweise – somit 33 Publikationen.[88]

Hatte der Rotationspapierverbrauch Tirols des Jahres 1937 600 Tonnen (2,20% des Österreichverbrauchs) betragen, so erhöhte sich dieser bis 1946 auf 1.029 Tonnen oder 4,25%, wobei sich der österreichische Verbrauch von knapp 27.000 auf 24.000 Tonnen verringert hatte.

Ende 1946 betrug die Druckauflage der österreichischen Tagespresse 2,6 Mio. Exemplare, wovon 116.000 auf Innsbruck entfielen.[89]

Angesichts oben erwähnter Probleme war es folglich nicht verwunderlich, daß das KP-Blatt 'Tiroler Neue Zeitung', das ab 1950 unter dem Titel 'Neue Tageszeitung' in Zusammenarbeit mit der 'Vorarlberger Tageszeitung' in Bregenz gedruckt und herausgegeben wurde, am 29.12.1956 sein Erscheinen einstellte, wobei die letzten Jahre nur noch eine Teilredaktion in Innsbruck bestanden hatte. Mit der Bitte, das Wohlwollen, das der Zeitung entgegengebracht wurde, auf die 'Österreichische Volksstimme' zu übertragen, verabschiedete sich die Tiroler KP-Zeitung von ihren – wenigen – Lesern.[90]

Nicht viel besser erging es der sozialistischen 'Volks-Zeitung', die am 28.12.1957 ihr eigenständiges Erscheinen aus wirtschaftlichen Gründen einstellen mußte[91], jedoch am nächsten Tag unter dem Namen 'Arbeiter-Zeitung – Ausgabe für Tirol' (wieder-)erschien. Von einer eigenständigen Tirolausgabe konnte jedoch nicht mehr gesprochen werden, wurde doch lediglich eine Rubrik im Inneren der 'Arbeiter-Zeitung' als Lokalteil mit dem Titel 'AZ-Tirol' weitergeführt, der von einer verkleinerten Innsbrucker Redaktion gestaltet wurde. 1962 wurde der Titel 'Tiroler-AZ' eingeführt, wobei in den folgenden Jahren der Name „Tirol" im Zeitungskopf immer weiter zurückgedrängt wurde, bis schließlich am 1. Jänner 1969 – „80 Jahre nach Hainfeld Ende der sozialistischen Lokalpresse in Tirol"[92]

---

[88] Vgl. Österreichisches Jahrbuch a.a.O., Folge 18 (1947), S. 194 f.
[89] Vgl. ebd., S. 198–200.
[90] Vgl. 'Neue Tageszeitung'/Redaktion Tirol, 29.12.1956, S. 1.
[91] Vgl. 'Volks-Zeitung', Nr. 50, 28.12.1957, S. 4.
[92] Vgl. und zit. 'Arbeiter-Zeitung', Nr. 1, 1.1.1969, S. 1.

lautete die Schlagzeile – dieses Kapitel der Tiroler Zeitungsgeschichte seinen Abschluß fand.

Die 'Tiroler Nachrichten', das christliche Organ der Tiroler Volkspartei, wurde wie ein Klotz am Bein der Partei und der Tyrolia bis 25. Mai 1973 mitgeschleppt, ehe die neugegründete „Tiroler Pressegesellschaft" als Herausgeber und Eigentümer als Nachfolgeorgan die 'Neue Tiroler Zeitung' ins Leben rief, deren Verlag der „Österreichische Verlag", Zweigstelle Klagenfurt, und deren Druck die Carinthia übernahm. Diese wiederum erschien, mehr schlecht als recht, bis 31. Jänner 1990, als auch sie das Schicksal einer Parteizeitung erlitt und endgültig eingestellt wurde.

Schon vor dem Tod der Parteiblätter hatte sich die 'Tiroler Tageszeitung' ein Monopol auf dem Tiroler Tageszeitungsmarkt schaffen können, das im Bundesländervergleich seinesgleichen sucht.

Es wird weiteren Forschungsarbeiten zur jüngsten Pressegeschichte Tirols vorbehalten bleiben, dieses Lokalmonopol soweit auszuleuchten, um die Frage beantworten zu können, ob ein solches zu Mißbrauch und Gefährdung der Presse- und Meinungsfreiheit führt, ob diese Konzentrationstendenz im lokalen Bereich als unvermeidbar, teils sogar positiv zu bewerten ist oder gar das Vorhandensein eines solchen Lokalmonopols keine Gefahr negativer Auswirkungen in sich birgt[93], da nur lokale Monopole in den Bundesländern den österreichischen Medienriesen trotzen und eine österreichweite Medienvielfalt aufrechterhalten können.

---

[93] Vgl. zur Beurteilung von Zeitungs-Lokalmonopolen KNOCHE, Manfred; SCHULZ, Winfried: Folgen des Lokalmonopols von Tageszeitungen. In: Publizistik, 1969 (Jg. 14), Heft 3, S. 298–310, hier S. 298 ff.

TEIL II

1. Die einzelnen Tageszeitungen von 1914 bis 1947

1.1 Innsbrucker Nachrichten (mit Abend- und Sonntagsblatt)

1.1.1 Daten zur äußeren Struktur

Titel: Innsbrucker Nachrichten[1] (gleichbleibend als Früh- bzw. Mittagsausgabe)

Untertitel:

bis	16.02.1917:	kein Untertitel
ab	17.02.1917:	Unabhängiges Tagblatt für Tirol und Vorarlberg
ab	09.11.1918:	Demokratische Tageszeitung
ab	01.07.1919:	Demokratische Tageszeitung mit der illustrierten Monatszeitschrift „Hochland"
ab	19.04.1920:	Unabhängige Tageszeitung mit der illustrierten Monatszeitschrift „Hochland"
ab	01.09.1921:	Unabhängige Tageszeitung mit Wochenbeilage und der illustrierten Zeitschrift „Hochland"
ab	01.12.1921:	Unabhängige Tageszeitung mit Wochenbeilage und der illustrierten Zeitschrift „Bergland"
ab	14.01.1929:	Mit dem Abendblatt 'Neueste Zeitung' und der illustrierten Monatszeitschrift „Bergland"
ab	17.08.1934:	Mit der reichbebilderten Monatszeitschrift „Bergland"
ab	28.09.1935:	Mit dem Abendblatt 'Neueste Zeitung' und der illustrierten Monatszeitschrift „Bergland"
ab	16.03.1938:	Mit dem Abendblatt 'Neueste Zeitung' und der bebilderten Monatsschrift „Bergland"
ab	01.07.1938:	Parteiamtliches Organ der NSDAP. Gau Tirol
ab	13.01.1939:	zusätzliche Unterzeile: Mit amtlichen Mitteilungen der staatlichen und kommunalen Behörden des Gaues Tirol-Vorarlberg

Ab der Nr. 171, 28.07.1914, erschienen die 'IN' mit einer Mittags- und Abendausgabe, ab August zusätzlich mit Sonn- und Feiertagsausgaben. Am 18.10.1916 bekommt die Abendausgabe einen eigenen Titel – 'Innsbrucker Abendblatt' (Untertitel: Abendblatt der 'Innsbrucker Nachrichten', ab 17.02.1917: Unabhängiges Tagblatt, ab 05.09.1917: Unabhängige Tageszeitung für die Landeshauptstadt Innsbruck), ab 05.09.1917 'Abendblatt'. Ab 1917 wurden 'IN' und 'Abendblatt' fortlaufend durchnumeriert. Mit der Fusionierung mit der 'Neuesten Morgenzeitung' erschien das 'Abendblatt' letztmalig am 30.11.1920.
Auch die Sonntagsausgabe wurde ab Februar 1917 mit einem eigenen Titel – 'Innsbrucker Sonntagsblatt' (Untertitel: Wochenschrift für Tirol und Vorarlberg mit „Zur Unterhaltung"-Beilage, ab

---

[1] In der Folge mit 'IN' abgekürzt.

09.11.1918: Sonntagsausgabe der 'Innsbrucker Nachrichten').Das 'Sonntagsblatt' wurde trotz der Bezeichnung als Wochenschrift mit den 'IN' fortlaufend durchnumeriert. Am 05.01.1919 erschien das letzte 'Sonntagsblatt'.[2]

Erscheinungsort: Innsbruck

Erscheinungsdauer: 25.01.1854 bis 03.05.1945 (1914: 61.Jg.)

Erscheinungsweise:

	1914:	6× wöchentlich (außer Sonn- und Feiertagen)
ab	28.07.1914:	12× wöchentlich (mittags und abends)
ab	August 1914:	13× wöchentlich (mit Sonntagsausgabe)
ab	05.01.1919:	12× wöchentlich (ohne Sonntagsausgabe)
ab	01.12.1920:	6× wöchentlich (mittags)
ab	14.01.1929:	12× wöchentlich (mit Abendblatt 'Neueste Zeitung')
ab	01.09.1934:	6× wöchentlich (mittags)
ab	20.12.1934:	12× wöchentlich
ab	01.09.1944:	6× wöchentlich (mittags)

Die 'IN' erschienen meist mittags, im Ersten Weltkrieg zwischen 9.30 und 10.00 Uhr, ab 05.12.1938 als Frühblatt um 8.00 Uhr. Die Sonntagsausgabe wurde im Ersten Weltkrieg, als die Abendausgabe an Samstagen nicht erschien, schon am Samstag um 22.00 Uhr ausgegeben, ansonsten am Sonntag 10.00 Uhr vormittags. Die Abendausgabe erschien zwischen 17.00 und 18.00 Uhr.[3]

Format: bis 1896 Folio- bzw. Quartformat (heute etwa DIN A4, Anm.)
1914 bis 31.10.1941: 41 × 28 cm (Kanzleiformat)
ab 01.11.1941: 42 × 31 cm[4]

Satzspiegel: 1914 bis 30.10.1941: 37,3 × 23,3 cm
ab 01.11.1941: 38 × 28,4 cm

Umbruch: 1914 bis 31.10.1941: 3 Spalten à 7,7 cm, Spaltentrennlinien
ab 01.11.1941: 4 Spalten à 6,8 cm, fallweise ohne Spaltentrennlinien

Schriftart (Brotschrift): Fraktur
ab 06.10.1944 teilweise Antiqua, ab 18.12.1944 außer kleineren Einschüben vollständig in Antiqua, ab Weihnachten wieder großteils Fraktur.[5]

---

[2] '(Innsbrucker) Abendblatt' und 'Innsbrucker Sonntagsblatt' wurden zusammen mit den 'IN' untersucht und beschrieben, da beide praktisch keine Eigenständigkeit besaßen (und auch fortlaufend mit der 'IN'-Stammausgabe numeriert waren) – anders als es beim Wagner-Schwesterblatt (und der späteren Abendausgabe) der 'IN', der 'Neuesten Zeitung' war, die sich eine gewisse Eigenständigkeit erhalten konnte.

[3] Jeweils lt. Eigenangaben der Zeitungen sowie Präs. 1915/XII 78c1/3.025, Präs. 1916/XII 78c1/735, Präs. 1917/XII 78c1/735/1.

[4] Das Format schwankte bei einzelnen Ausgaben geringfügig (meist im Millimeter-Bereich), jedoch nicht gravierend. Dies war wohl auf technische Probleme zurückzuführen. Zu den Formaten: Das Folioformat (folio = ital. Bogen) entsprach vor der Format-Reform von 1922 etwa dem heutigen DIN A4, das Kanzleiformat etwa dem doppelten Folio (DIN A3), das Berliner Format entspricht dem heutigen Großformat (49 × 33 cm und größer, v.a. bei Qualitätszeitungen). Das Quartformat war noch kleiner als das Folioformat.

[5] Fraktur war im weitesten Sinn jede gebrochene Schrift gotischen Stils, die – im heutigen Sinn – nach 1500 aus der Urkundenschrift der kaiserlichen Kanzlei entstanden war. Bekannteste und gebräuchlichste Formen waren die schmale weiß-gotische, die breite Schwabacher und – seit Mitte des 18. Jahrhunderts – die Unger-Fraktur. Die NS-Regierung schaffte die Fraktur aus Zweckmäßigkeitsgründen ab, nachdem bereits um 1900 Ansätze zum Übergang zur Antiqua gemacht worden waren. Diese entstand als Schriftart der italienischen Renaissance um 1460 (Vorbild war das Alphabet der

Zeitungskopf: Höhe 1914: 10,5 cm
ab 28.07.1914: 12,5 cm (fallweise 11,5 bzw. 13 cm)
ab 13.03.1938: 12,8 cm
ab 29.08.1942: 10 cm
ab 21.11.1944: 8 bzw. 7 cm

Bis in die dreißiger Jahre waren im Kopf außer Titel und Untertitel Preise/Bezugsbedingungen, Datum, Numerierung, Wochenkalender, fallweise Impressum, im Ersten Weltkrieg jeweils Hinweise auf Abend- bzw. Sonntagsausgaben sowie in wechselnder graphischer Gestaltung der Tiroler Adler enthalten. Nach der Annexion 1938 wurde fallweise das Hakenkreuz in die Mitte des Kopfes, anschließend statt des Tiroler Adlers der NS-Reichsadler gesetzt. Im Zuge der Kriegssparmaßnahmen wurde der Kopf immer schmäler, der Titel immer kleiner gesetzt. Ab dem 02.03.1945 wurde der Titel nur noch dreispaltig nach links versetzt, während rechts ein Kommentar neben den Kopf aufrückte.

Das 'Abendblatt' und 'Sonntagsblatt' im Ersten Weltkrieg waren graphisch mit den 'IN' ident, es wurde nur der Titel ausgetauscht.

Umfang: (in Seiten)

Zeit	Normalausgabe wochentags (Durchschnitt)	Abendausgabe
1914	16	
1914/15	12–16	4
1915/16	8–10	4
1917	6–8	4
Anf. 1918	6	2–4
Ende 1918	8	4
1919	14–16	4–6
Ende 1919	20	4–8
1920	4–10	2–4
1924	8–10	
1925	10–14	
1933 [b]	8–10	
1934	14–16	
1935	10–12	
1938	10–12	
1939/40	6–10	
1941/42	4–6	
1944	4–6	
1944/45	4	
1945	2–4	
Mai 1945	2	

Die Samstagausgaben wiesen jeweils knapp die doppelte Stärke des Wochendurchschnitts auf. Am umfangreichsten war die Zeitung zur Weihnachts- und Osterzeit, 40seitige Ausgaben waren keine Seltenheit (die dickste Ausgabe erreichte 64 Seiten). Ausschlaggebend für besonders umfangreiche Ausgaben war vor allem ein gesteigertes Anzeigenaufkommen. Ab Mitte der zwanziger Jahre waren die Samstagsausgaben nur noch jeweils um 50–80% dicker als die Normalausgabe. Die Geschäfts- und Kleinen Anzeigen nahmen durchschnittlich die Hälfte der Druckfläche ein, in Kriegs- bzw. Krisenzeiten reduzierte sich der Inseratenanteil jeweils auf ca. 30%, im Zweiten Weltkrieg auf nur noch 10–20% der Druckfläche.[a]

[a] Siehe dazu auch Unterkapitel 1.1.2 'Chronik' (mit Verlagsgeschichte) S. 79 ff.
[b] Die Abendausgabe der 'IN', die 'Neueste Zeitung', scheint hier nicht auf, siehe Kap. 1.2 S. 100 ff.

antiken Inschriften, für die Kleinbuchstaben die karolingische Minuskel). Bekannteste Arten waren und sind Bodoni, Palatino und Garamond (Vgl. Der Neue Brockhaus. In 5 Bänden. 5. völlig neubearbeitete Auflage. – Wiesbaden: Brockhaus 1975, hier Band 4, Nev-Sid, S. 603–605). Wie sich schon bei den 'IN' zeigte, scheinen die Nazis in Tirol technische Probleme gehabt zu haben, von Fraktur auf Antiqua umzustellen.

Gesinnung/Politische Richtung: liberal bzw. deutschfreisinnig, zunehmend (groß-)deutschnational, ab 12.03.1938 nationalsozialistisch gleichgeschaltet, ab 01.07.1938 offizielles NS-Gaublatt

Impressum:

1914:	Verleger, Drucker und Heraugsgeber: Wagner'sche k. k. Universitätsbuchdruckerei, Erlerstraße 5–7, Chefredakteur: Alfred Piech
ab 01.09.1914:	Chefredakteur: J. E. Langhans[6]
1915:	Nr. 345–373, Chefredakteur: Georg Dietrich
ab 06.10.1916:	Drucker, Verleger, Heraugsgeber: R. Kiesel OHG Salzburg und Innsbruck.[7]
ab 21.01.1918	'Abendblatt': Verantwortlicher Redakteur: L. Neuner
ab 01.10.1919:	Verantwortlicher Redakteur: Dr. A. A. Wieser
ab 1918:	Herausgegeben und gedruckt von der Wagner'schen Universitätsbuchdruckerei R. Kiesel in Innsbruck.
ab 01.02.1922:	Eigentümer, Verleger und Drucker: Wagner'sche Universitätsbuchdruckerei in Innsbruck.
ab 08.05.1931:	Verantwortlicher Schriftleiter: Karl Paulin
ab 04.07.1933:	Verantwortlicher Schriftleiter: Dr. Josef Seidl
ab 01.01.1934:	Für den Inseratenteil verantwortlich: Hubert Rück

Nach der Gleichschaltung blieben die namentlich genannten Seidl und Rück in der Redaktion, tatsächlicher Schriftleiter war jedoch Alfred Strobel.

ab 15.04.1938:	Kommissarischer Hauptschriftleiter: Ernst Kainrath
ab 22.06.1938:	Das Impressum wurde vom Zeitungskopf ins Blattinnere versetzt. Druck und Verlag: Wagner'sche Universitätsbuchdruckerei, Erlerstr. 5–7, Hauptschriftleiter: Ernst Kainrath, Stellvertr. Hauptschriftleiter und Chef vom Dienst: Dr. Kurt Wagner, Verantwortl. für Politik: E. Kainrath, für Stadt- und Landnachrichten: Rainer von Hardt-Stremayr (i. V. Erwin Spielmann), für Feuilleton, „Lebendiges Tirol" und Bilder: Karl Paulin, für Theater, Kunst und Beilagen: Dr. Josef Seidl, für Wirtschaft: Dr. Kurt Wagner, für Sport: Erwin Spielmann, Verantw. Anzeigenleiter: Hubert Rück, alle Innsbruck
ab 01.07.1938:	Druck und Verlag: NS-Gauverlag und Druckerei Tirol GmbH Innsbruck, Erlerstr. 5–7, Geschäftsführer: Direktor Kurt Schönwitz, (Ressortleiter gleichbleibend), Verantwortlicher Anzeigenleiter: Fritz Richter, Berliner Schriftleitung: Graf Reischack, Berlin SW 68, Charlottenstr. 82
ab April 1939:	Ergänzung: ständiger Berliner Mitarbeiter: Dr. Joh. von Leers, verantwortlich für Gauhauptstadt und Bewegung: Willy Schaub
ab 01.07.1939:	Verantw. für Bewegung und Gauhauptstadt, i. V.: Fritz Olbert
ab 1940:	Verantwortlich für Theater und Kunst: Dr. Kurt Pichler
ab 15.04.1940:	Impressum wird immer weiter eingeschränkt, nach und nach werden die Ressortleiter nicht mehr angeführt. Druck und Verlag: NS-Gauverlag…(s. o.), Geschäftsführer: Kurt Schönwitz, Hauptschriftleiter: Ernst Kainrath, für den Anzeigenteil verantwortlich: Karl Engel
ab Oktober 1944:	Hauptschriftleiter i. V.: Franz von Caucig (Kainrath zur Wehrmacht)

---

[6] Bereits am 30.04.1914 wurde von Wagner der Statthalterei mitgeteilt, daß Piech vier Wochen Waffenübungen in Wien abzuleisten hätte und Langhans sein Stellvertreter sein würde (Vgl. Präs. 1914/XII 78c/1.598/1). Dies war nicht abzuklären, da das Impressum unverändert blieb.

[7] Vgl. Präs. 1916/XII 78c4/6.192/2. Die Impressen der Abend- und Sonntagsausgabe lauteten gleich wie jenes der Stammausgabe.

Ressorts/Inhalt:
1914–1918: Innenpolitik, Feuilleton, Tagesgeschehen, In- und Ausland, Personalnachrichten, Aus Stadt und Land, Volkswirtschaft, Theater und Musik, Gerichtszeitung, Allgemeines (Gesellschaft, Veranstaltungen, Buchbesprechungen), Vereinsnachrichten, Sport, Drahtnachrichten, Aus der Welt, Kirchliche Nachrichten, Kleinanzeigen, Inserate bzw. Geschäftsanzeigen, Fortsetzungsromane.

Während des Krieges wurden relativ viele ein- bis zweiseitige Sonderausgaben kolportiert. Die „zivilen" Ressorts und Rubriken wurden zugunsten der Kriegsberichterstattung bezüglich Plazierung und Umfang zurückgedrängt. Die Kriegsberichte unterteilten sich zum Großteil nach wichtigsten Meldungen bzw. nach geographischen Kriterien (Der Krieg mit Serbien, Der Krieg im Osten, Im Krieg mit Italien etc.).

1918: Innen- und Außenpolitik, Aus Stadt und Land, Theater und Musik, Volkswirtschaft, Deutsch-Österreich, Vereinsnachrichten, Anzeigen.
Abendblatt: Politik, Tagesneuigkeiten, Ortsnachrichten, Gerichtszeitung, Sport, Volkswirtschaft, Vereinsnachrichten, Fortsetzungsroman.
Zusätzlich bzw. ergänzende Rubriken ab 1919:
Tagesneuigkeiten, Verkehr, Handel und Industrie, Devisen, Wertpapier- und Börseninformation.

1920: Wissenschaft (tlw. im Feuilleton), Antworten der Schriftführung, Letzte Drahtnachrichten, Kurse und Börse, Turnen/Sport/Spiel.

1922: Tiroler Schulzeitung (geleitet von Simon Treichel), Verkehr- und Hotelzeitung (geleitet von Heinrich Rohu), Glossen zur Tagesgeschichte (Pressestimmen, Kommentare).

1923: Hochschulnachrichten (geleitet von Harald Eberl, einmal wö.), Tirol und Nachbarländer (Vorarlberg, Salzburg, Südtirol), 1923 und 1928 jew. mehre Seiten „Faschingsausgabe".
Bei Kleinanzeigen: Kauf/Verkauf, Stellengesuche/ -angebote, Wohnungssuche/ -angebote, Verlustanzeigen, Unterricht, Tausch, Allgemeines.

1926: Theater/Musik/Kunst, Landwirtschaft, Leserkontakt.

1931: Wintersportnachrichten, „Bemerkungen" (Kurzkommentare).

Ab 1933: Amtliche und halbamtliche Verlautbarungen und Nachrichten.

1934: Buchtips, Für unsere Frauen.

1935: Allgemeine Nachrichten, Neue Bücher und Zeitschriften.

1936: „Vaterländische Front".

Nach dem Anschluß war man vorerst um Kontinuität im Layout bemüht. Die Ressorts waren zunächst nicht genau (mit Titel) unterteilt, Roman und Beilagen wurden fortgesetzt. Erst allmählich tauchten die Ressorttitel wieder auf.

Ab März 1938: Parteiamtliche Nachrichten der NSDAP, Gau Tirol.
Ab April: Was bringt der Rundfunk?
Ab Juni: Bunte Seite (Unterhaltung, Skurriles, Allerlei, Wissenschaft, Illustration), Kurz und bündig (Politik, Wirtschaft, Gesellschaft), Neues Schrifttum, Meinung zum Tage.
Ab 1. Juli 1938: Neugeformte Parteipresse: Politik, Aus Stadt und Land bzw. Tirol und Vorarlberg, Fortsetzungsroman, Neues Schrifttum, Theater/Musik/Kunst, Volkswirtschaft, Sozialpolitik, Gerichtszeitung, Parteiamtliche Mitteilungen der NSDAP, Sport, Vereinsnachrichten, Bunte Seite, Eingesendet – Leserbriefe, Verkehrsnachrichten, Arbeit und Recht, Aus den Nachbargauen, Aus Südtirol (bald eingestellt), Für unsere deutsche Frau, Lebendiges Tirol (Paulin und Stolz).
Ab 11. Juli: Die Montag-Sportbeilage wurde in ein eigenes Ressort umgewandelt und erhielt pro Tag eine Seite, weiters wurden Kultur und Geographie/Landeskunde ausgebaut (samstags jeweils Ortsbeilagen).

April 1939: Aus den Ostmarkgauen, Sie fragen – wir antworten, Aus der Welt des Films, Aus der Bewegung, Gauhauptstadt Innsbruck, Haus und Scholle.

Wie im Ersten wurden auch im Zweiten Weltkrieg die zivilen Ereignisse hinter die Kriegsberichte zurückgedrängt, der Ressortumfang nahm kontinuierlich ab, Ressorts wurden nicht mehr als solche gekennzeichnet, Rubriken wie „Unsere Soldaten schreiben" (Feldpostbriefe) und die zentral gelenkte Kriegsberichterstattung und Propaganda rückten in den Mittelpunkt. Weitere Ressorts mit wechselnden Bezeichnungen blieben: Kleiner Ausländerspiegel, Kulturspiegel, Berichte aus dem Gau, Kultur und Bildung, Sport und Leibeserziehung, Blick in die Nachbargaue.

1944/45 waren neben den Kriegsberichten und Propagandaartikeln lediglich Politik, Gau und Nachbargaue, Sport, Kultur, Volkswirtschaft und ein Fortsetzungsroman als kleine Rubriken übrig, fallweise erschien ein Kommentar zum Tag, Gelesen und notiert sowie Land im Gebirge, Politik in Kürze und – obligatorisch – Der Wehrmachtsbericht.

Bezugspreise: 'Innsbrucker Nachrichten'

ab Datum	Einzelpreise werktags		sonntags		Monatsabonnementpreise loco/abholen		Zust. Bote		Zust. Post	
1914	H	10			K	1,–				
Dez. 1916	"	10			"	2,60				
01.01.18	"	20			"	3,–				
01.10.18	"	20			"	3,70	K	4,30	K	4,80
01.05.19	"	30			"	4,50	"	5,10	"	5,60
01.09.19	"	30			"	6,–	"	6,80	"	7,–
01.12.19	"	40			"	7,50	"	8,50	"	8,70
01.01.20	"	50[a]			"	9,50	"	10,50	"	10,70
01.01.20	"	60[b]			"	11,–	"	12,–	"	13,–
01.03.20	"	70			"	14,–	"	15,50	"	16,50
01.08.20	"	80			"	22,–	"	24,–	"	25,–
01.01.21	K	1,50			"	32,–	"	32,–	"	37,–
01.05.21	"	3,–			"	50,–	"	55,–	"	58,–
01.08.21	"	4,–			"	70,–	"	80,–	"	85,–
01.10.21	"	5,–			"	92,–	"	107,–	"	110,–
01.11.21	"	8,–			"	150,–	"	165,–	"	170,–
01.12.21	"	15,–			"	300,–	"	330,–	"	340,–
01.01.22	"	30,–			"	700,–	"	750,–	"	750,–
01.04.22	"	40,–			"	900,–	"	980,–	"	980,–
01.06.22	"	60,–	K	80,–	"	1.100,–	"	1.200,–	"	1.250,–
01.07.22	"	100,–	"	120,–	"	1.800,–	"	2000,–	"	2000,–
01.08.22	"	200,–			"	3.000,–	"	3.400,–	"	3.500,–
15.08.22	"	300,–			"	4.500,–	"	5.000,–	"	5.000,–
01.09.22	"	600,–			"	10.500,–	"	11.500,–	"	11.500,–
18.09.22	"	1.000,–			"	21.000,–	"	23.000,–	"	23.000,–
01.07.23	"	1.000,–			"	23.000,–	"	25.000,–	"	25.000,–
01.01.24	"	1.000,–			"	25.000,–	"	27.000,–	"	27.000,–
01.04.24	"	1.500,–			"	28.000,–	"	30.000,–	"	30.000,–
01.09.24	"	1.500,–	"	2.000,–	"	32.000,–	"	35.000,–	"	35.000,–
01.01.25	G	15	G	20	S	3,20	S	3,50	S	3,50[c]
01.03.25	"	15	"	20	"	3,50	"	3,80	"	3,80
01.07.25	"	20	"	30	"	4,20	"	4,60	"	4,60
03.09.28	"	30	"	40	"	4,80	"	5,20	"	5,20
14.01.29	"	30	"	40	"	5,80	"	6,50	"	6,50[d]
01.09.34	"	25	"	30	"	4,70	"	5,10	"	5,10[e]

ab Datum	Einzelpreise werktags		Einzelpreise sonntags		Monatsabonnementpreise loco/abholen		Monatsabonnementpreise Zust. Bote		Monatsabonnementpreise Zust. Post	
01.01.35	G	30	G	40	S	5,80	S	6,50	S	6,50[f]
					"	4,70	"	5,10	"	5,10[g]
30.03.38	RPf.	17	RPf.	20	RM	3,87	RM	4,33	RM	4,33[h]
					"	3,13	"	3,40	"	3,40[i]
01.10.38	"	15	"	20	"	3,20	"	3,65	"	3,65
					"	2,50	"	2,80	"	2,80

Bezugspreise: '(Innsbrucker) Abendblatt'

1914	H	10			K	–,8	K	1,80	K	1,80
01.01.18	"	10			"	1,60				
01.10.18	"	14			"	1,50	"	2,–	"	2,–
01.05.19	"	14			"	2,–	"	2,50	"	2,60
01.09.19	"	20			"	2,50	"	3,–	"	3,–
01.12.19	"	30			"	3,–	"	3,60	"	4,–
01.01.20	"	30			"	3,50	"	4,10	"	4,50
01.03.20	"	30			"	4,-	"	5,–	"	5,–
01.08.20	"	40			"	6,–	"	7,50	"	8,–[j]

Anmerkungen zu den Preisen:
[a] laut Ankündigung vom 30.12.1919
[b] tatsächliche Preiserhöhung
[c] Preisumstellung nach der Währungsreform
[d] nach der Eingliederung der 'Neuesten Zeitung' als Abendblatt, nunmehr zweimal tägliche Zustellung.
[e] nach dem Verbot der 'Neuesten Zeitung' (Verbot bis Dezember)
[f] wahlweise mit Abendblatt 'Neueste Zeitung'
[g] wahlweise ohne Abendblatt 'Neueste Zeitung'
[h] nach dem Anschluß Preise in Reichsmark, bis 17.05.1938 wurden in Klammer auch die Schillingpreise angegeben; Preise mit Abendblatt.
[i] ohne Abendblatt
[j] Am 01.12.1920 wurden 'Abendblatt' und 'Neueste Morgenzeitung' zusammengelegt zur 'Neuesten Zeitung' – Preise siehe dort.

Zeitungstyp nach Vertriebsart: vorwiegend Abonnement-Blatt

Auflagen: 1914: 16.000 Stück[8]; 1915: 18.000; 1916: 20.000 (mit Abendblatt 24.000); 1917 und 1918: 22.000; 1919 und 1920: 20.000; 1921: 18.000; 1922: 15.000; 1923: 14.200; 1924: 18.600; 1925: 18.000; 1926: 18.000; 1927: 18.500; 1928: 19.500; 1929: 19.000; 1930: 17.000; 1931 und 1932: 18.000; 1938: 18.500–19.000; 1939 bis 1940: 20.000–22.000 (mit Abendblatt 'Neueste Zeitung' 43.286)[9]; 1944: 38.160 (ohne Abendblatt)[10]

---

[8] Diese und folgende Auflagenzahlen aus den Quartalsausweisen der Präs. 1914–1924/XII 78c4, Präs. 1925/X 41, Präs. 1926ff./XII 60 (jeweils erstes Quartal).
[9] GOLOWITSCH a.a.O., S.405. Zit. aus Handbuch der deutschen Tagespresse. 7. Auflage. – Leipzig 1944, S.252.
[10] Ebd., zit. aus Die deutschen Tages- und Wochenzeitungen und Zeitschriften. – Berlin 1944, S.109.

Beilagen: 1914 *„Romanbeilage"* – tägliche Beilage mit fortlaufender Seriennumerierung. In der Folge wechselt die Gestaltung des Romans und wird teilweise als *„Beilage"* bezeichnet, teilweise im Feuilleton („unter dem Strich") abgedruckt.

Am 13.06.1919 wird den 'IN' erstmals die illustrierte Monatsschrift „Hochland" (ab März 1920 *„Tiroler Hochland"*, ab 1921 *„Bergland"*, Titeländerung wahrscheinlich auf Reklamation der Münchner Zeitschrift 'Hochland' zurückzuführen, Anm.) beigelegt (für Abonnenten gratis, auch im Einzelverschleiß erhältlich).

Das „Hochland" bzw. „Bergland" war ursprünglich als Entschädigung für die Leser für den Ausfall des 'Sonntagsblatts' gedacht[11], entwickelte sich aber zur größten Monatszeitschrift Österreichs (Auflage 52.000–55.000), die den Abonnenten der Blätter 'IN', 'Neueste Zeitung', 'Salzburger Volksblatt', 'Grazer Tagblatt', 'Oberösterreichische Tageszeitung' und 'Der freie Burgenländer' gratis beigelegt wurde (siehe dazu Verlagsgeschichte, Stichwort „Berglandpresse"), aber auch als eigenständige Zeitschrift verlegt wurde und im Einzelverschleiß oder im Abonnement bezogen werden konnte. Das „Bergland" war im weitesten Sinn eine Kunst- und Literaturzeitschrift, abgestimmt jedoch auf Volkskultur und den tirolischen und alpenländischen Interessensbereich. Zeit- und Kulturgeschichte, über das Tagesgeschehen hinausgehend, wurde den Lesern mittels aufwendigem Farbkunstdruck nähergebracht.

Ab 01.08.1921 erschien erstmals (in der Folge jeweils am Samstag oder am Sonntag) die *„Wochenbeilage der 'IN'"* (Untertitel: Kunst, Wissenschaft, Natur und Geistesleben) im Halbformat. Sie enthielt Erzählungen, historische Schlagwörter, österreichische Anekdoten, Naturschilderungen, Tips fürs Haus, Rätselecken und Humoristisches. Ab September 1928 wurde diese Beilage als *„Unterhaltungsbeilage"* bezeichnet und erschien nun im selben Format wie die 'IN' (vorher Halbformat).

Ab 1922 erschien – meist am Dienstag, fallweise jedoch unregelmäßig – als einseitige Beilage die *„Tiroler Schulzeitung"*, ab 19.03.1927 die *„Tiroler Radiowoche"* als „Offizielles Organ des 'Radio-Klubs-Tirol' – Wochenbeilage der 'IN'", womit man die Leser „von der Reichhaltigkeit und hohen Qualität des Sendeprogramms von Radio Wien überzeugen"[12] wollte. Im November wurde diese Beilage in eine „Radiobeilage" (jeden Freitag) umgewandelt, welche bis 11.07.1938 erschien.

Vom 30.11.1929 bis 10.08.1930 wurde den Abonnenten der „Berglandpresse" die Wochenschrift *„Das neue Österreich"* (Kulturpolitische Rundschau der Berglandpresse bzw. Wochenschrift der Berglandpresse für Kultur, Politik und Wirtschaft) beigelegt. Als Eigentümer, Verleger und Drucker fungierte die WUB, Zweigstelle Wien, Elisabethstraße 9, als Chefredakteur J.E. Langhans. Die Auflage betrug wie beim „Bergland" 55.000 Stück.[13]

Ab 27.03.1933 wurde montags die *„Neueste-Sport-Zeitung"* als eigene illustrierte Sportbeilage (Untertitel: Wochensportbericht der 'IN'), zwei- bis vierseitig, der Zeitung beigefügt. Mit der Umgestaltung der Presse im Juli 1938 wurde diese Beilage wieder aufgelöst.

Vierzehntägig erschien ab 19.10.1938 *„Horch auf, Kamerad"*, „Hitler-Jugend-Beilage der 'IN' für das Gebiet Tirol" (zwei Seiten), für den Inhalt zeichnete Eduard Wehner, Obergefolgschaftsführer Innsbruck, verantwortlich.

Jeweils samstags erschien ab Juni 1939 *„Mit Seil und Pickel"* als Bergsteigerbeilage mit dem Untertitel „Beilage der 'IN' – herausgegeben in Zusammenarbeit mit dem Deutschen Alpenverein", meist zweiseitig.

Ebenfalls am Samstag erschien ab August 1939 *„Wehrhaftes Volk"*, eine Beilage zur wehrpolitischen Erziehung der deutschen Mannschaft, herausgegeben von der SA-Gruppe „Alpenland Linz", welche bereits auf den kommenden Krieg hindeutete.

Die Hitler-Jugend-Beilage verschwand mit Kriegsbeginn wieder, die anderen Beilagen erschienen bald nur noch unregelmäßig und wurden mit Fortdauer des Krieges nach und nach weggelassen.

Jubiläumsausgaben: 28.07.1923, Nr.170, Seiten 9–17, „70 Jahre 'Innsbrucker Nachrichten' 1853–1923".

---

[11] Vgl. 'IN', Nr.133, 12.6.1919, S.3.
[12] BLUMTHALER a.a.O., S.96f.
[13] Auflagenzahlen lt. Eigenangaben (eigene Werbeeinschaltungen zur Bergland-Presse).

28.04.1928, Nr. 99, 80seitige Jubiläumsbeilage „75 Jahre Innsbrucker Nachrichten 1854–1928".

Erstgenannte Beilage ist aus zeitungshistorischer Sicht relativ unergiebig, die Jubiläumsausgabe vom April 1928 stellt jedoch ein wertvolles Dokument der Tiroler Pressegeschichte dar. Eingehüllt in einen Farbkarton-Druck von Egger-Lienz („Der Mäher"), wurden auf 80 Seiten, davon 50 Seiten Inserate, Kunst, Wirtschaft, Geschichte, Wissenschaft, Kultur und Illustrationen sehr aufwendig aufgemacht. Die Geschichte der Entwicklung des Lokalblättchens zur großen Tageszeitung wird dargestellt, Innsbrucker und Tiroler Geschichte aufbereitet, Tiroler Schrifttum und Personalien mit Abbildungen ergänzt, Geschichten aus der Redaktion erzählt. Der Leitartikel stammte von J.E. Langhans, Artikel zu den Redaktionsnöten im Krieg, zur Entwicklung der „Berglandpresse", zum Deutschen Alpenverein, zur Reklame und Feuilletonistisches rundeten diese umfangreiche Jubiläumsausgabe ab.

1.1.2 Allgemeine Chronik (mit Verlagsgeschichte)

1.1.2.1 Der Verlag Wagner

Der Universitätsverlag Wagner gilt als der älteste wissenschaftliche Verlag des deutschen Sprachraumes (vgl. Graphik 3).
Ins Jahr 1554 reicht seine Geschichte zurück, als die Landesregierung am 15. Juni Rupert Höller in ihrer sechs Jahre zuvor errichteten Druckerei anstellte. Damit begann der Weg von der Innsbrucker Amtsdruckerei hin zum modernen Druck-, Buch- und Verlagsgewerbe.[14] Höllers Bestallungsbrief lautete auf „Hofbuchdrucker".
Ihm folgte Gallus Dingenauer, 1577 Hans Paur, dem wiederum sein Sohn Daniel folgte. In Konkurrenz dazu stand ab 1607 ein zweiter Drucker, Wolfgang Schumpp, dem Hans Gäch nachfolgte.
Gächs Witwe heiratete 1639 den Drucker Michael Wagner, welcher 1650 ein eigenes Wappen ausgestellt bekam. 1667 konnte Wagner – auf den der spätere Firmenname zurückgeht – das Konkurrenzunternehmen Paur käuflich erwerben, 1668 erhielt er den Titel eines Hofbuchdruckers.[15]

Bereits 1649 hatte er die Erlaubnis zum Druck des „ordinären" Tiroler Wochenblatts erhalten. Auch die durch Fusion mehrerer Unternehmen entstandene zweite ständige Druckerei, Buchhandlung und Verlagsanstalt Felician Rauch konnte den unablässigen Aufstieg Wagners nicht bremsen. Buchhandlung und Druckerei fanden in der Innsbrucker Pfarrgasse 4 bis 1875 bzw. 1888 ein ständiges Heim.
Seit 1716 zeichnete der Enkel Michael Wagners, Michael Anton, verantwortlich, welchem 1723 der Titel eines Universitätsbuchdruckers (k.k. Hof- und Universitätsbuchdrucker und -händler) verliehen wurde.[16]
Michael Alois Wagner schließlich war der letzte dieser Familie in Innsbruck, der 1801 seinen Schwager Casimir Schumacher als Gesellschafter aufnahm. Nach dem Tod Wagners wurde Schumacher alleiniger Besitzer des Betriebes. Sein Nachfolger wurde 1828 der Sohn Johann Nepomuk, der den Verlag großzügig ausbaute, die erste österreichische Schnellpresse aufstellte und im Jahr 1850 Filialen in Brixen und Feldkirch errichtete. Seit ca. Mitte des 18. Jahrhunderts bemühte sich der Verlag auch um die Festigung des Tiroler Pressewesens. Unter anderem druckte man seit 1813 den amtlichen 'Bothen von Tirol und Vorarlberg'.[17]

Schumachers Sohn Anton übernahm 1859 die Geschäfte, nachdem 1854 die 'IN' gegründet worden waren (siehe unten). 1862 erhielt sein Unternehmen den Titel der „k.k. Universitätsbuchhandlung". 1898 wurde Anton Schumacher geadelt. Im selben Jahr übergab er die Firma seinem Sohn Eckart (von)

---

[14] DÖRRER, Anton: 400 Jahre Wagner in Innsbruck. In: Gutenberg-Jahrbuch 1955. – Mainz: Verlag der Gutenberg-Gesellschaft 1955, S. 154–161, hier S. 154.
[15] Ebd., S. 155 und HIMMELREICH a.a.O., S. 31.
[16] Vgl. HITTMAIR, Rudolf: 300 Jahre Wagner'sche Universitätsbuchhandlung. – Innsbruck 1939, S. 5.
[17] DÖRRER a.a.O., S. 159.

Graphik 3: Wagner: Buchhandlung, Verlag und Druckerei 1545–1955

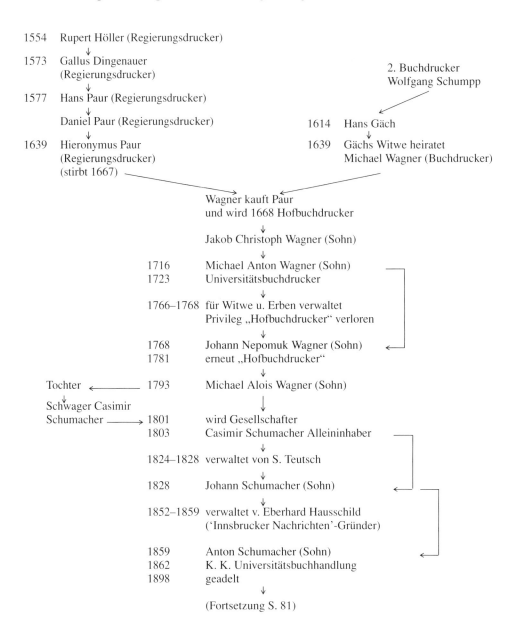

(Fortsetzung Graphik 3:)

↓

    1898   Eckart v. Schumacher (Sohn)   Reinhold + Maria Kiesel
                          ↓   †1897   †1927
    1916   Verkauf Verlag + Druckerei an
                  Verlag R. Kiesel OHG Salzburg[a]   ↓
                                                              4 Töchter
1916 Eckart v. Schumacher   4 Schwiegersöhne
      Buchhandlung und Leihbibliothek   3 davon erwerben
      ↓
1918 verwaltet v. Eduard Rieck   1916   Verlag + Druckerei:
      Inh. Margarete, verehel. Hittmair   – Engelbert Buchroithner
      ↓   – Josef Rutzinger
      Wagner'sche Univ. Buchhandlung   – Hans Glaser

        1921[b]   1921
      Verlag verkauft   Univ. Buchdruckerei
      ↓   ↓
    – Dr. Wieser   1931 Rutzinger stirbt, Glaser scheidet aus
    – Dr. F. F. v. Grebmer zu Wolfsthurn   E. Buchroithner Alleininhaber
    – G. v. Grothe   ↓
    Musikverlag J. Gross S.-A. Reiss   1936 Helmut + Engelbert jun. Buchroithner
    Brennerverlag eingegliedert   (Söhne)
      ↓   ↓
 1935 an Kinderfreund-Anstalt im Innrain 1938 in Eher-Verlag eingegliedert und in
      übergeben – diese u. Verlag in Tiroler NS-Gauverlag + Druckerei Tirol-
      Graphik GmbH umgewandelt   Vorarlberg GmbH umgewandelt.
      ↓   ↓
    Universitätsverlag Wagner GmbH   1945 Kommissarische Verwaltung, zurück
                                              benannt in Wagner'sche Univ. Buch-
                                            druckerei GmbH
                                              ↓
                                            1955 an Fam. Buchroithner zurückgeführt

---

[a] Keine Verbindung mehr zwischen Buchhandlung einerseits und Verlag und Druckerei andererseits

[b] Keine Verbindung mehr zwischen Verlag und Buchdruckerei

Schumacher. Die 1888 in die Erlerstraße übersiedelte Druckerei wurde durch die Einführung des Farben- und Steindrucks großzügig ausgebaut.[18]
Bis Oktober 1916 führte Eckart den Betrieb, ehe er sich aus gesundheitlichen Gründen entschloß, Verlag und Druckerei zu verkaufen und nur noch den Buchhandel und die Leihbibliothek weiterzuführen.

Verlag und Druckerei wurden vom Verlagshaus Reinhold Kiesel (bzw. dessen Witwe Maria und deren Schwiegersöhnen Engelbert Buchroithner, Josef Rutzinger und Hans Glaser) erworben.[19]
Die 1919 bereits unter Buchroithner und Rutzinger erschienene Monatsschrift „Tiroler Hochland", die 1921 den Namen „Bergland" erhielt und in Innsbruck gedruckt und verlegt wurde, entwickelte sich zur führenden und größten Kulturzeitschrift Österreichs und sollte zum Bindeglied der nach ihr benannten „Berglandpresse", die ihren Ursprung in Innsbruck nahm, werden.
Vorerst standen jedoch technische Neuerungen im Vordergrund – Errichtung einer fotografischen Anstalt 1919, Offsetmaschine 1920, Kupfertiefdruckmaschine 1923, Zweiganstalt in Linz 1923.

Bereits 1921 hatte die Kiesel OHG die Wagner'sche Universitätsverlags GmbH an die Herren Dr. Wieser, Dr. v. Grebmer zu Wolfsthurn (Inhaber des Bayerlandverlages München) und Günther v. Grothe weiterverkauft; dem Wagner-Verlag wurde dann u. a. auch der „Brennerverlag" Ludwig v. Fickers angeschlossen.
Somit bestanden 1921 die Wagner'sche Universitätsbuchhandlung Eckart v. Schumachers, die Wagner'sche Universitätsbuchdruckerei (Buchroithner, Rutzinger, Glaser) sowie der Universitätsverlag Wagner GmbH der vorgenannten Herren, zwischen denen nunmehr keine gesellschaftsrechtlichen Verbindungen mehr bestanden.
E. Buchroithner schien als Besitzer der Druckerei, Herausgeber der 'IN', der 'Neuesten Zeitung' und von „Bergland" auf, Rutzinger fungierte als Gesellschafter und als Mitherausgeber der „Berglandpresse" und war in den Redaktionen der Innsbrucker Zeitungen tätig, Glaser blieb in Salzburg bei Kiesel, war jedoch Gesellschafter in Innsbruck.
Mit dem Tod Rutzingers 1931 schied auch Glaser aus, Buchroithner wurde alleiniger Inhaber der Wagner'schen Universitätsbuchdruckerei und somit Alleinherausgeber der 'IN' und der 'Neuesten Zeitung'. Nach dessen Ableben übernahmen die Söhne Engelbert (jun.) und Helmut den Betrieb.[20]
Wegen der Übernahme Wagners durch Kiesel bzw. durch die Schwiegersöhne der Kieselwitwe und das nunmehr quasi-familiär-betriebliche Band zwischen den Salzburger und Innsbrucker Unternehmen sowie der Herausgabe der 'Oberösterreichischen Tageszeitung' durch Kiesel und den Kauf der „Deutschen Vereinsdruckerei AG" in Graz (mit 'Grazer Tagblatt' und Abendausgabe 'Neueste Nachrichten' sowie 'Der freie Burgenländer', der auch in Graz hergestellt wurde) war in den Bundesländern der Ring der großdeutsch orientierten „Berglandpresse" entstanden, der bis ca. 1937 hielt und in der Art einer Konzernholding von Kiesel/Wagner (und ab 1929 vom Generaldirektor Kiesels, Kurt Walter) dominiert wurde.[21] Man konnte von einer gewissen (groß-)deutsch-nationalen Vertrustung der Bundesländerpresse sprechen.
Dazu kam Walters Vorliebe für den Buchverlag „Das Bergland-Buch" (dessen Name aus der Zeitschrift abgeleitet war) zwecks Leserblattbindung für die Berglandpresse bei gleichzeitiger Propagierung der Bücher in eben dieser Presse.
1937 wurde – nach erheblichen Verlusten – die „Deutsche Vereinsdruckerei AG" Graz verkauft, die Verbindungen der Berglandpresse zerbrachen zum Großteil im Ständestaat.

Nach der Annexion wurde die Wagner'sche Druckerei (und deren Zeitungen) unter dem damals üblichen Druck und Handhabungen an den Eher-Konzern (München) zwangsverkauft und am 1. Juli 1938 zum „NS-Gauverlag und Druckerei Tirol-Vorarlberg GmbH" erklärt: „Das Unternehmen wurde in die

---

[18] Ebd.
[19] Vgl. STOISAVLJEVIC a. a. O., S. 362 und HIMMELREICH a. a. O., S. 33.
[20] STOISAVLJEVIC a. a. O., S. 363 f.
[21] Vgl. NEUREITER, Gerlinde: Die Geschichte des 'Salzburger Volksblattes' von 1870 bis 1942. – Salzburg: Phil. Diss. 1985, S. 182.

Firma NS-Gauverlag und Druckerei Tirol-Vorarlberg GmbH überführt." Betriebsleiter wurde SA-Standartenführer Kurt Schönwitz.[22]

Im Krieg hatte die Druckerei große Bombenschäden zu verzeichnen und wurde nahezu lahmgelegt. Enge Zusammenarbeit bestand mit dem „Deutschen Alpenverlag" (früher „Tyrolia" – siehe Kap. 1.5.3, S. 161 ff.) gewährleistet durch einen Pachtvertrag, mit dem dem Gauverlag dessen Maschinenwerk zur Verfügung gestellt wurde.

Im Sommer 1945 wurde die inzwischen wieder „Wagner'sche Universitätsbuchdruckerei GmbH" benannte Firma erneut in Betrieb genommen. Die Besitzrechte wurden vorerst jedoch nicht geregelt, der Betrieb wurde kommissarisch geführt (siehe Teil I, Kap. 4.2, S. 65)[23], und arbeitete mit dem (neuen) Schlüsselverlag zusammen, der im selben Haus die 'Tiroler Tageszeitung' – nach deren Unabhängigkeit – erscheinen ließ.

Erst 1955 konnte die Familie Buchroithner ihre Besitzansprüche an der traditionsreichen Druckerei endgültig durchsetzen.

1.1.2.2 Die 'IN' 1854–1918

In diesem Verlag bzw. in dieser Druckerei war am 25. Jänner 1854 die Nr. 1 der 'IN' von Eberhard Hausschild herausgegeben worden, nachdem bereits als Werbemaßnahme sechs Probenummern erschienen waren; Hausschild leitete den Betrieb als Verwalter bis zur Übernahme der Geschäfte durch Anton Schumacher, Sohn des 1852 verstorbenen Johann Schumacher.[24]

Dem unscheinbaren, im Oktavformat gedruckten, vier Seiten „starken", vom ersten Redakteur Vinzenz Wassermann (gleichzeitig Redakteur des 'Boten von Tirol') geleiteten Blättchen war von der Polizeidirektion – respektive der Statthalterei und der Wiener Polizeibehörde – die Bewilligung als politische Tageszeitung erteilt worden. 6.800 Gulden mußten als Kaution bei der Landeshauptkasse hinterlegt werden.[25]

1855 betrug die Auflage 300 Stück (1859: 950), die von einem Setzer und einem Lehrling auf einer Schnellpresse hergestellt wurden – unter den Argusaugen eines scharfen, absolutistischen Systems.[26] Dem wirtschaftlichen Aufstieg des Verlages und der Druckerei vermochten die 'IN' bald publizistisch zu folgen. Mit den aufkommenden Kräften des Liberalismus sollten die 'IN' zwar nie offizielles Parteiblatt, aber doch publizistisches Kampfmittel in der politischen Auseinandersetzung werden – aus den unmittelbaren Parteikämpfen (Liberale gegen Klerikale) hielten sie sich jedoch heraus, anders als etwa die 'Tiroler Stimmen' oder das (liberale) 'Tiroler Tagblatt'. Die Zeitung spiegelte jedoch die politischen Begebenheiten wider; allzu große Einseitigkeit wurde durch eine gewisse Vielschichtigkeit der Schattierungen der Redakteure und durch den spiritus rector, Blattinhaber Anton Schumacher, vermieden[27], weshalb fast ein halbes Jahrhundert auch keine Konfiskationen zu beklagen waren.

Die 'IN' blieben über 40 Jahre reines Lokalblatt, sodaß sie zum Stammblatt der Innsbrucker avancieren konnten; auch weil sie den Preis beständig niedrig halten konnten (trotz Ausbau von Umfang und Beilagen) – dies nicht zuletzt auf Grund des selbst propagierten und schließlich erfolgreichen Inseratenwesens. Anders als in der Folge die reinen Parteizeitungen sicherte sich das Blatt von vornherein ein Standbein, um einer finanziellen Abhängigkeit, etwa von einer Partei, zuvorzukommen, indem es den kommerziellen Gesichtspunkt also im Zweifelsfall vor den ideologischen stellte.

---

[22] Vgl. DÖRRER a.a.O., S. 159 und ALBRICH/EISTERER/STEININGER, Tirol und der Anschluß, a.a.O., S. 508.
[23] STOISAVLJEVIC a.a.O., S. 364.
[24] Zur Gründung und Vorgeschichte vgl. BREIT a.a.O., S. 117 f., WOLF a.a.O., S. 262 und OLBERT a.a.O., S. 141.
[25] WOLF a.a.O., S. 262.
[26] 75 Jahre Innsbrucker Nachrichten 1854–1928. Jubiläumsausgabe. Beilage zu 'IN' Nr. 99, 28.4.1928, S. 6.
[27] Ebd., S. 6 f.

Als Rückhalt diente dabei auch die finanziell gut dastehende und technisch besteingerichtete Druckerei Tirols als Herausgeberin und Verlegerin.[28]

Eine klar definierte Linie gab sich das Blatt vorerst nicht. Erst in der Jubiläumsausgabe des Jahres 1928 formulierte man: „Ihr Programm ist das der Freiheit, Wahrheit und Selbständigkeit. Deutschtum und Heimatliebe, Treue zur Republik, Anschluß an das deutsche Vaterland, soziale Reformen auf dem Boden der Vernunft, des Rechts und der Pflicht auf Arbeit, kirchliche Duldung, Förderung von Kunst und Wissenschaft und des Volkswohls sind die von den 'Innsbrucker Nachrichten' verfochtenen Kernpunkte."[29]

Bis ca. zur Jahrhundertwende pflegten die 'IN' einen gemäßigten Liberalismus und wurden daher auch in bürgerlichen Kreisen akzeptiert.[30]

Um die Jahrhundertwende erfolgte mit dem neuen Besitzer Eckart v. Schumacher eine Wende in der Zeitung von der liberalen zur großdeutschen Einstellung. Änderungen brachten politischen Ereignisse (Zerfall der liberalen Partei) und die technische Ausgestaltung des Betriebes.[31] Die Auflage betrug bereits 10.000 Stück, hergestellt auf einer Rotationsmaschine mit Stereotypformen. Es gab Bezieher in den USA, auf Teneriffa, Sumatra oder in Deutsch-Südafrika. Die Inserateneinschaltung (Zahl der Inserate) erreichte ca. 20.000 Nummern pro Jahr.[32] Damit wurden die 'IN' zur Großstadtzeitung, die in ihrer äußeren Erscheinung bereits keinen Unterschied mehr zu den Residenzblättern in Wien oder München aufwies.

Eine Aufwertung brachte auch die Einbindung von Schriftstellern in die Spalten der Zeitung, die sich lange abseits gehalten hatten (außer Ignaz v. Zingerle und Adolf Pichler). Damit erfuhren auch die Kunst-, Theater- und Musikberichterstattung und das Feuilleton eine wesentliche Ausgestaltung.[33]

„Zeitung und Zeitungsleute teilen das vergängliche Schicksal aller flüchtigen Tageserscheinungen (…), und doch gräbt sich ihres Wirkens Spur oft unmerkbar tief ins Ackerland geistigen und kulturellen Lebens."[34] So auch bei der Behandlung von Literatur und Volksschriften. Die 'IN' boten jungen Dichtern ihre erste Bühne, gaben Anstoß und Förderung und trugen damit zur Entwicklung des tirolischen Geisteslebens bei. So veröffentlichten unter anderem Karl Schönherr (1888), Arthur v. Wallpach (1888), Balthasar Hunold (1859), Christian Schneller (1860), Josef Erler (1873), Franz Jordan (1874), Rudolf Jenny (1866), Franz Kranewitter (1893) oder Karl Dallago (1906) ihre ersten Elaborate in den 'IN', wobei vorerst die Prosa (Erzählungen, Novellen, Romane) – nicht zuletzt, um vermehrt Leserinnen anzusprechen – den größten Raum einnahm.

Das klassische Feuilleton, das Plaudern „unterm Strich" als eigentlicher Träger des belletristischen und unterhaltenden Teils der Tageszeitung wurde relativ spät (erstmals 8.1.1900) eingeführt, wurde dann aber über lange Zeit zur ständigen Einrichtung auf Seite eins.

Die dramatische Dichtung fand sich vorwiegend in den Theaterkritiken wieder, wobei besonders die Werke Kranewitters, der vom 'IN'-Theaterredakteur sozusagen entdeckt wurde, breite Resonanz fanden.[35]

Auch dem Alpinismus wurde breiter Raum zugestanden. 1862 war der Österreichische, 1869 der Deutsche Alpenverein gegründet worden.

„Der Leitgedanke des Alpinismus hatte im tirolischen Schrifttum schon frühzeitig verständnisvolle Pflege gefunden. Die Zeitschrift des Ferdinandeums und der 'Bote für Tirol' hatten höchst wertvolle Beiträge zur bergsteigerischen Erforschung der Tiroler Alpen gebracht, und der Deutsche Alpenverein

---

[28] Vgl. ebd., S. 7 und OLBERT a. a. O., S. 143.
[29] Ebd.
[30] Breit a. a. O., S. 131.
[31] 75 Jahre, a. a. O., S. 7.
[32] BREIT a. a. O., S. 139, Auflage lt. Inventarangaben der Druckerei. Annoncen: Die Zahl von 20.000 wurde von Breit durch Zahlung der Annoncen eines Vierteljahres ermittelt.
[33] 75 Jahre, a. a. O., S. 7.
[34] Ebd., S. 16.
[35] Vgl. ebd., S. 16 u. 22.

fand daher einen wohlvorbereiteten Boden…in der Tagespresse, besonders in den 'IN'."[36] Dies führte schließlich auch zur Förderung des Fremdenverkehrs in der Zeitung. Gründer des Innsbrucker Alpenvereins war übrigens der damalige 'IN'-Herausgeber Anton Schumacher.
Die Zeitung trug (ab etwa 1885) wesentlich zum Aufstieg des Alpenvereins zum größten und mitgliederstärksten Verein (außerhalb der politischen Verbände) bei. Auch dabei klang die zunehmend großdeutsche Gesinnung durch: „Seine (des Alpenvereins, Anm.) bedeutsamste Rolle aber war die eines Vermittlers zwischen der reichsdeutschen und der bodenständigen heimischen Kultur, des geistigen Anschlusses Tirols an das große deutsche Vaterland."[37]

Zu Beginn des eigentlichen Untersuchungszeitraumes, 1914, erschienen die 'IN' am 2. Jänner mit der Nr. 1 im 61. Jahrgang, sechsmal wöchentlich (außer Sonn- und Feiertagen), in ruhigem Layout, mit wenigen Schlagzeilen, noch weitgehend ohne Illustrationen. Ca. die Hälfte des Umfanges nahmen bereits die Inserate ein.[38] Die Schwerpunkte der Berichterstattung lagen in den Bereichen Innen- und Außenpolitik, allgemeinen Tagesthemen, Lokalem, Kultur und Wirtschaft.
Diese seriöse, unspektakuläre Aufmachung und die Inhalte sollten sich erst mit der eskalierenden Krise am Balkan und dem Ausbruch des Ersten Weltkrieges ändern. Am 26. Juni wurde in großer Aufmachung über die „Ermordung des Thronfolgerpaares" über fünfeinhalb Seiten berichtet und analysiert.[39]

Die erste Extra-Ausgabe wurde am 25. Juli anläßlich des österreichischen Ultimatums an Serbien herausgegeben, weitere, meist ein- bis zweiseitige Sondernummern zu den aktuellsten Tagesereignissen sollten folgen.
Am 28. Juli wurde den Lesern auf Seite eins mitgeteilt, daß die 'IN' ab sofort zweimal täglich (12.00 und 18.00 Uhr) erscheinen würden.
Am 30. Juli wurde die Kriegserklärung an Serbien auf die Titelseite gedruckt, die Kriegsberichterstattung hatte damit ihren Anfang genommen.[40] Als Kriegsberichterstatter beim KPQ schrieb Eugen Lemhoff, der auch die 'Neue Freie Presse', den 'Berner Bund' oder das 'Prager Tagblatt' betreute, für die 'IN'.[41]

Laut 'IN' durften ab 31. Juli keine Abendzeitungen mehr erscheinen bzw. die politischen Zeitungen nur noch einmal täglich herausgegeben werden, die Zeitung erschien jedoch entgegen ihrer eigenen Ankündigung weiterhin in zwei täglichen Ausgaben[42], allerdings bereits mit ersten weißen Zensurflecken. Trotz uneingeschränktem Jubelpatriotismus, dem auch die 'IN' in den ersten Kriegsjahren anheimfielen, und zunehmender patriotischer Aufrufe an die Bevölkerung zur allgemeinen Mobilmachung blieb die Zeitung nicht vor Zensur und Behördenwillkür verschont. Obzwar sie Verständnis für die Zensur aufbrachte, kritisierte sie doch deren Handhabung, vor allem in Innsbruck, wo es dazu kam, daß die Zensurstellen teilweise „noch päpstlicher als der Papst" waren.[43]

Hunderte weiße Flecken und abnehmende Qualität und geringerer Umfang (v. a. der Inserate) waren die Zeugen der Redaktionsnöte im Krieg, verursacht durch reduzierten Personalstand in Redaktion und Druckerei, erschwerte Nachrichtenmaterialbeschaffung und fehlende Rohmaterialien (besonders Papier). So wurde die Zeitung zu einer Ansammlung von gedruckten Amtsdepeschen, zensurierten Berichten der eigenen Korrespondenten und behördlichen Beschwichtigungsartikeln, Wehrmachtsberichten, amtlichen und halbamtlichen Spendenaufrufen, der Propagierung der Kriegsanleihen, von Todesanzeigen und Danksagungen.
Bevor die Zeitung in Druck ging, mußte der Zensur ein Probedruck jeder Seite vorgelegt werden;

---

[36] Ebd., S. 30.
[37] Ebd., S. 32.
[38] Vgl. 'IN', Nr. 1, 2. 1. 1914.
[39] Vgl. 'IN', Nr. 145, 29. 6. 1914, S. 1–6.
[40] Vgl. 'IN', Nr. 173, 30. 7. 1914, S. 1 ff.
[41] PAUPIE a. a. O., Band 2, S. 171.
[42] Vgl. 'IN', Nr. 174, 31. 7. 1914, S. 3.
[43] 75 Jahre, a. a. O., S. 32.

wurde eine Meldung als „staatsgefährdend" eingestuft, mußte sie entfernt werden, ansonsten wurde die Ausgabe konfisziert.

War schon die „normale" Zeitungsproduktion ein „nervenaufreibendes Geschäft", so waren die Kriegsjahre die schwerste und nervöseste Zeit, die die 'IN' bis dahin erlebt hatte. Mit dem Mobilisierungstag begann die Konfusion in Ämtern, Kompetenzprobleme, verschiedenartige Interpretationen und Verordnungen; besonders Fragen des Pressewesens waren verwirrend – v. a. die militärischen Behörden glaubten, kurzen Prozeß machen und alle Zeitungen einstellen zu können. Mit diesen Bedrohungen lebten auch die 'IN'.[44]

Am 6. Juli 1915 zeigten die 'IN' der Statthalterei an, daß ihre Sonntag-Ausgabe künftig bereits am Vorabend um 22.00 Uhr (bisher 10.00 Uhr vormittags) ausgegeben werde, was eine Reaktion auf das Konkurrenzblatt 'Allgemeiner Tiroler Anzeiger' war, das seinerseits die Sonntag-Ausgabe seit kurzem schon am Vorabend auslieferte.[45]

1916 wurde die Hauptausgabe auf Grund verbesserter Bahn- und Postverbindungen bereits um 9.30 herausgegeben.[46] Ab Februar 1917 erschienen die 'IN' an Samstagen bzw. Vorabenden von Feiertagen nicht mehr.[47]

Von den Problemen bei der Entstehung von Extraausgaben berichtete der Redakteur Alfred Strobel in der Jubiläumsausgabe von 1928: Am 22. 11. 1916 war das Morgenblatt bereits um Mitternacht fertiggestellt worden, als man um 1.30 Uhr mittels Telegramm vom Tod Kaiser Franz Josefs erfuhr. Man produzierte sofort eine Extra-Ausgabe, die um 6.00 Uhr früh fertig war und um 7.30 Uhr der Staatsanwaltschaft zur Zensur vorgelegt wurde, welche entschied, es gebe keine Extra-Ausgabe mehr. Erst nachdem man das Blatt einer höheren Stelle vorgelegt hatte, konnte es – mit Verspätung – doch noch erscheinen.[48]

Die nationale Einstellung der Zeitung änderte sich auch nach Verkauf von Verlag und Druckerei an das Salzburger Verlagshaus Kiesel nicht, die neuen Besitzer folgten dem eingeschlagenen Weg ohne gröbere Veränderungen. Auffallend war jedoch die zunehmende Italienfeindlichkeit in den 'IN', was ihr u. a. im August 1918 eine Beschwerde der BH Trient einbringen sollte[49], die jedoch nicht Folge des Besitzerwechsels, sondern des Kriegseintritts Italiens war.

Die Stammausgabe der 'IN' blieb gegenüber ihrem 'Abendblatt' immer dominant, das 'Sonntagsblatt' kann als Sonderausgabe der 'IN' unter anderem Titel bezeichnet werden. Beide waren graphisch gleich gestaltet wie das Stammblatt und fortlaufend durchnumeriert.

Das Jahr 1918 brachte schließlich die bisher größten Schwierigkeiten bei der Herstellung und mit den Behörden. Laut Präsidialakten wurde die Zeitung 27mal konfisziert – jeweils waren aber nur einige Exemplare oder Bürstenabzüge davon betroffen.[50]

Andererseits bereitete die Papierzuteilung Probleme: die k. k. Statthalterei suchte für die 'IN' beim Ministerratspräsidium um Rotationspapier an (14. 5. 1918), und beklagte, daß Tirol als Verwaltungsgebiet u. a. auch bei der Papierzuteilung für die heimische Presse benachteiligt werde, die Wiener Blätter aber in fast gleichem Umfang erscheinen könnten. Man müsse sich also über die scharfe Sprache in der Tiroler Presse nicht wundern. Die Statthalterei bat daher um Papier, damit man (als Behörde) mehr Einfluß auf die 'IN' nehmen und somit beruhigend auf das Blatt einwirken könne.[51]

Am 27. 5. antwortete das Presse-Departement, daß die Papierzuteilung bereits von 36 auf 38 Waggons jährlich erhöht worden sei[52], womit jedoch, wie die 'IN' in der Folge beklagten, das Auslangen nicht

---

[44] Ebd.
[45] Vgl. Präs. 1915/XII 78c1/3.025.
[46] Vgl. Präs. 1916/XII 78c1/735.
[47] Vgl. Präs. 1917/XII 78c1/735/1.
[48] 75 Jahre, a. a. O., S. 34, 38, 40.
[49] Vgl. Präs. 1918/XII 78c2/4.678.
[50] Vgl. Präs. 1918/XII 78c2/20/1 ff.
[51] Präs. 1918/XII 78c4/2.915/1.
[52] Präs. 1918/XII 78c4/2.915/2.

gefunden werden konnte. Man könne den Umfang der „größten Tageszeitung Tirols" nicht aufrechterhalten. Zur Zeit betrage der durchschnittliche Umfang 64 Seiten pro Woche, früher seien es 156 gewesen. Eigentlich wolle und müsse man mit 80 Seiten wöchentlich erscheinen, es fehlten also 16 Seiten wöchentlich; bei einer Auflage von 25.000 Stück seien dies 4.500 kg (25.000 Auflage 'IN', 12.500 'Abendblatt', lt. Eigenangabe – diese Zahlen weichen von jenen der Quartalsausweise wesentlich ab. Man hatte wohl selber höher gegriffen, um mehr Papier zugeteilt zu bekommen). Man bat daher die Quote an Rotationspapier auf 46,7 Waggons zu erhöhen.[53] Dem weiteren Umfang der Zeitung zufolge wurde diesem Wunsch während des Krieges nicht mehr entsprochen (was aus den Akten jedoch nicht hervorgeht).

Trotz Papiermangels wurden jedoch weiterhin Sonderausgaben gedruckt, etwa am 14. September zur „Friedensbotschaft der Monarchie an alle Mächte" oder am 3. November zum Waffenstillstand mit Italien.

Auch daraus und aus der Tendenz der Inhalte zeigte sich ab 1917/18 die Wandlung der Zeitung von einer Anhängerin des Krieges zu maßvolleren und friedensfordernden Tönen.

1.1.2.3 1918–1938

Am 9. November vollzogen die 'IN' im Untertitel formell den Schwenk weg von der Monarchie zur „Demokratischen Tageszeitung" in der Republik.
Neben den wiedererstarkten herkömmlichen Zeitungsressorts wurde eine eigene Rubrik „Deutsch-Österreich" eingerichtet. Der Leitartikel wurde immer mehr zur dauerhaften Einrichtung, bisher war er nur fallweise gepflegt worden. Das Inseratenwesen erholte sich langsam wieder, die Einschaltungen wurden größer und auffälliger gestaltet, während der redaktionelle Teil weiterhin als „Bleiwüste" bezeichnet werden mußte.

Die 'IN' und ihr Verlag konnten somit ab ca. 1919 wieder einen Aufschwung und eine Ausgestaltung des geschäftlichen und technischen Bereiches verzeichnen, ein Haus in der Erlerstraße wurde erworben, neue Techniken adaptiert, wodurch u.a. die Beilagen erweitert wurden – die Monatsschrift „Hochland" bzw. „Bergland" ersetzte das 'Sonntagsblatt' (das am 5.1.1919 letztmalig erschien), womit den Beziehern der 'IN' „eine für die Heimat- und Landeskunde, für künstlerische, literarische und kulturelle Bestrebungen wertvolle Quelle" erschlossen wurde.[54]

Damit war der Grundstein für die spätere „Berglandpresse", die im ganzen Staatsgebiet (außer Niederösterreich) verbreitet war, gelegt. Sie stand „in politischer Hinsicht über den Parteien und hat als Ziel den Weiterbestand der politischen Freiheit, den Fortschritt auf allen Gebieten des öffentlichen Lebens und ein großes geschlossenes Deutsches Reich vor Augen, dem Österreich als Bundesstaat … zugesellt werden soll".[55] 1928 sollte dieser Zeitungsring (Innsbruck, Salzburg, Linz, Graz) mit seinen Verlagsanstalten über 26 moderne Linotype-Maschinen, sechs 32seitige Rotationsmaschinen und 650 Angestellte in Technik und Redaktion verfügen.[56]

Die deutschnationale Gesinnung der 'IN' kam anläßlich der ersten freien Nationalratswahlen 1919 bei der Wahlwerbung für die Großdeutschen wieder deutlich zum Ausdruck, wobei teilweise nicht unterschieden werden konnte, ob es sich jeweils um Inserate der Partei oder um redaktionelle Aufmachung handelte.[57]
Die anderen Parteien wurden relativ scharf angegriffen. In einem vierseitigen Flugblatt als Beilage zu den 'IN' wurden die Wähler Nordtirols vor der Wahl der Volkspartei und der Bauernliste gewarnt, da

---

[53] Präs. 1918/XII 78c4/2.915/3.
[54] Zit. u. vgl. 75 Jahre, a.a.O., S. 8. Das Sonntagsblatt wurde v.a. wegen wachsendem Papiermangel und behördlichen Einschränkungen der gesetzlich zulässigen Arbeitszeit im Buchdruckgewerbe eingestellt.
[55] Zit. ebd., S. 38.
[56] Ebd.
[57] Vgl. 'IN' ab Februar 1919.

diese deutschfeindlich und zu klerikal sei und Landesinteressen verrate. Außerdem sollten die Sozialdemokraten wegen ihres jüdischen Einflusses nicht gewählt werden.[58]
Nach den Wahlen zeigte man sich in breiten Wahlberichten und -analysen zufrieden mit dem Ergebnis.

Auffallend im Verhältnis der Zeitung zum neuen Staat war, daß dieser rubrikmäßig wie das Ausland behandelt wurde – für die 'IN' war noch das neue Verhältnis zu „Rest"-Österreich zu definieren, trat man doch vehement für den Anschluß an Deutschland ein und nicht für den Verbleib bei Deutsch-Österreich. Außerdem suchte man den Süden des Landes für Tirol zu retten. Als schließlich das italienische Memorandum an die Pariser Friedenskonferenz bekannt wurde, folgten in den 'IN' Aufrufe zur Massenkundgebung in Innsbruck für die Einheit Tirols.[59]
In der Folge wurde Versailles als Gewaltfrieden für Deutschland bezeichnet, Wilson in Karikaturen verspottet, ein Pro-Anschluß-Gastkommentar von Rittmeister Gilbert In der Maur erschien[60], welcher schließlich ab 1920 das Anschlußorgan 'Alpenland' leiten sollte.

Die Friedensbedingungen für Österreich wurden als „Vernichtungsfrieden" kritisiert und die bange Frage gestellt: „Dürfen wir nicht einmal unseren Namen selbst bestimmen?".[61] Die Annahme des Vertragswerks durch die Nationalversammlung im September wurde als „Deutsch-Österreichs schwärzester Tag" kommentiert.[62]

1919 setzte bereits die Inflation ein, die auch die Bezugspreise der 'IN' in die Höhe trieb. Man wandte sich jeweils an die Leser mit der Bitte um Verständnis; als Begründung führte man meist die Erhöhung von Preisen für Papier, Rohstoffe, Löhne und Gehälter ins Treffen.
Im März[63] wandte man sich in großer Aufmachung an die Tiroler, um eine Volksabstimmung zum Selbstbestimmungsrecht für das deutsche Tirol, den Anschluß an das Deutsche Reich und die Wiedererlangung Deutsch-Südtirols zu erreichen. Ein Kupon zum Ausschneiden war beigefügt, auf dem man sich für freiwillige Vorarbeiten zur Abwicklung der Abstimmung bereit erklären konnte. Der Aufruf wurde in den folgenden Nummern wiederholt und vehement beworben. Bis 16. März waren, lt. 'IN', bereits 60.000 Unterstützungserklärungen in der Redaktion eingetroffen, am 22. März 100.000, am 27. März 118.000 (ein Drittel der Bevölkerung).

Die Zeitung war – viel deutlicher als heute – wie ein Fortsetzungsroman geschrieben, Stammausgabe und Abendblatt ergänzten sich und zitierten voneinander, setzten genau dort fort, wo die eine geendet hatte. Schlagzeilen wurden teilweise un- oder nur leicht abgeändert übernommen.
In der Inflationszeit war man wiederum zu Umfangreduktionen gezwungen, das Inseraten-Aufkommen ließ stark nach.

Am 1.12.1920 wurden das 'Abendblatt' und die 'Neueste Morgenzeitung' (Schwesterblatt der 'IN' bei Wagner) zur 'Neuesten Zeitung' fusioniert. Als offizielle Begründung wurden die Bahnverhältnisse angegeben, also um die Zeitung jeweils rechtzeitig zu den Zügen bringen zu können. Eher mag vermutet werden, daß die wirtschaftlichen Verhältnisse zu diesem Schritt zwangen, um Synergieeffekte zu erzielen.
1921 ging die Propagierung des Anschlusses weiter und steigerte sich bis April, als u.a. verstärkt in Gastkommentaren deutschnationaler Stadt- und Landespolitiker ein klares „Ja" zum Anschluß gefordert wurde.
Die 99%ige Zustimmung wurde dann auch als „wunderbarer völkischer Erfolg", als „Freudentag in Nordtirol" bezeichnet, aber auch als „Trauertag in Südtirol", wo ein Demonstrant von Faschisten ermordet worden war.[64]

---

[58] Flugblatt Nr. 9, Beilage zu 'IN', Nr. 38, 15.2.1919.
[59] Vgl. 'IN', Nr. 62 u. 63, 14. u. 15.3.1919.
[60] 'IN'-Abendblatt, Nr. 100, 28.5.1919.
[61] 'IN'-Abendblatt, Nr. 103, 3.6.1919, S. 1.
[62] 'IN', Nr. 206, 9.9.1919.
[63] Vgl. 'IN', Nr. 54, 6.3.1920, S. 1.
[64] 'IN', Nr. 93, 25.4.1921.

Die fortlaufenden Bezugspreiserhöhungen wurden nun bereits dramatisch mit der Sicherung des Bestandes der Tageszeitung begründet.

Ab 1922 legte die Staatsregierung einheitliche Abonnementpreise für das Staatsgebiet fest, an deren Einhaltung der Bezug begünstigten Druckpapiers geknüpft wurde. Beim Textumfang der 'IN' wurde der monatliche Preis auf 700 Kronen festgelegt (im Vergleich: 1 Liter Vollmilch kostete 90 Kronen)[65] und sollte dann fast Monat für Monat weiter erhöht werden.

Anläßlich der Machtübernahme in Italien wurden die Faschisten auf Grund ihres brutalen Kurses in den 'IN' scharf verurteilt (1925 verschärfte sich der Ton gegenüber Mussolini angesichts der Unterdrückung Südtirols noch weiter, u. a. erschienen Artikel von NR-Präsident Dinghofer und Abg. Straffner über Südtirol, 31.12.1925, Nr. 298, S. 1)

Am 28. Juli 1923 wurde das 70jährige Bestehen der Zeitung mit neun Sonderseiten im Blattinneren begangen.

Der Umfang der Zeitung stabilisierte sich in diesen Jahren allmählich, mit der Währungsreform konnten auch die 'IN' wieder eine ruhigere Entwicklung aufwärts nehmen und erreichten eine beachtliche journalistische Qualität (sieht man von der inhaltlichen Komponente der Deutschtümelei einmal ab). Die anschlußfreundliche Berichterstattung und Kommentierung wurde jedoch nicht mehr so offen, sondern subtiler verpackt betrieben. Die „Lebensunfähigkeit" des Kleinstaates diente noch immer als Argument.

Betrachtet man die schwankende Umfangstärke im Herbst/Winter gegenüber den Sommermonaten, so scheint es in den 20er Jahren bereits das Phänomen des politischen „Sommerlochs" – wie man es heute bezeichnen würde – gegeben zu haben.

Am 8.12.1926 brachten die 'IN' ihre Zufriedenheit über den Rücktritt des sozialdemokratischen Landeshauptmannstellvertreters Dr. Gruener zum Ausdruck, hatten sich ihre Angriffe doch zumeist auf die Sozialdemokraten konzentriert.

Anläßlich der Schattendorfer Ereignisse und des Justizpalastbrandes kam auch eine gewisse Sympathie für die Heimwehr- und Frontkämpferbewegung zum Vorschein, war diese doch von starken nationalen Elementen durchsetzt.[66] Der Freispruch der Schattendorfer Mörder wurde dementsprechend gutgeheißen, in Sonderausgaben wurden die Juliereignisse als „Revolution und Bürgerkrieg in Wien" bezeichnet (16. Juli), die Sozialdemokraten für das Unglück verantwortlich gemacht und scharf kritisiert. Von Landeshauptmann Stumpf kam prompt der Dank an die bürgerliche Presse für die Mitarbeit in den unruhigen Tagen. In Stumpfs Brief hieß es: „In der durch die Unruhen ... hervorgetretenen gespannten Lage hat ihre Zeitung durch entsprechenden Nachrichtendienst an den von der Landesregierung zur Aufrechterhaltung der öffentlichen Ordnung getroffenen Maßnahmen tatkräftig mitgewirkt."[67]

Unter dem Titel „Aus der Zeitungswelt" wurde im Februar 1928 in den 'IN' mitgeteilt, daß die Grazer „Deutsche Vereinsdruckerei AG", in deren Verlag das 'Grazer Tagblatt' erschien, mit 1. Februar durch freundschaftliches Übereinkommen der bisherigen Geschäftsführung mit den vereinigten Firmen Wagner und Kiesel an diese angeschlossen worden war. In enger Zusammenarbeit mit den führenden nationalen Zeitungen anderer Landeshauptstädte werde „eine geistige Verbindung und eine einheitliche wirtschaftliche Auffassung angestrebt, die dem Ringen der Bundesländer um ihre Geltung zugute kommen wird".[68]

Seinen Sinn für Humor bewies das Blatt mit der Faschingsnummer vom 18. Februar 1928, deren Untertitel lautete: „Unabänderliche Jahreszeitung mit Tagesbeilage und der perlustrierten Monatsschrift 'Tiefland', feine Nummer, lahmer Jahrgang."

An der Jubiläumsausgabe vom 28. April 1928 (80 Seiten) arbeiteten u. a. Konrad Fischnaler, Karl Paulin, Franz Tafatscher, Johannes Emmer, Hubert Stifter, Alfred Strobel, Leo Dolleneck, Dr. Otto Stolz,

---

[65] Vgl. 'IN', Nr. 1, 1.1.1922.
[66] Vgl. STOISAVLJEVIC a. a. O., S. 272.
[67] 'IN', Nr. 162, 21.7.1927, S. 1.
[68] Vgl. u. zit. 'IN', 4.2.1928, S. 1. Diese Kooperation war vorwiegend gegen die Metropole Wien gerichtet.

Dr. Heinrich Hammer und Hans Hörtnagl mit. In Gratulationsschreiben von Politikern wurde Dank für die gute journalistische Arbeit ausgesprochen.

Mit der Adaptierung der 'Neuesten Zeitung' als Abendausgabe der 'IN' 1929 wurde den Lesern empfohlen, von nun an auch zusätzlich zur Mittagsausgabe die 'Neueste Zeitung' zu beziehen, da wichtige Meldungen, die bereits am Abend erschienen waren, mittags nicht mehr berücksichtigt würden;[69] Anzeigenschluß für die Abendausgabe war 15.00 Uhr, die 'IN'-Beilage „Tiroler Radiowoche" wurde nun dieser beigelegt.

Trotz gelegentlicher Kritik an den Großdeutschen (z.B. anläßlich der Preßgesetz-Novelle mit verschärften strafrechtlich relevanten Passagen) blieb das Blatt in deren Lager und zudem auf Seiten Schobers, für den 1930 Wahlempfehlungen abgegeben wurden: „Der Name Schobers ist ein Garant für die Reinheit der öffentlichen Verwaltung, eine Gewähr für den Bürgerfrieden, eine Voraussetzung für den Aufschwung der Wirtschaft und dem Ausland gegenüber ist der Name Schober ein blankes Firmenschild. (…) Für Österreich mit Schober! ist die Parole…"[70]
Nach den Wahlen wurde die Regierungsbildung Ender/Schober begrüßt, der dritte NR-Präsident Straffner blieb weiterhin als Autor für die 'IN' tätig.
Im Zeichen sinkenden Kleininserate-Aufkommens wurde im Oktober 1931 eine Werbeaktion gestartet, als 15% Nachlaß auf alle zwischen 3. und 10. Oktober in den 'IN' erscheinenden und an den Schaltern bezahlten Kleinanzeigen gewährt wurden.[71]

„In eigener Sache" wurde im Oktober über Veränderungen nach dem Tode des Mitherausgebers Josef Rutzinger berichtet und seine Person gewürdigt: Rutzinger war 1898 in die Redaktion des 'Salzburger Volksblatts' eingetreten, war verheiratet mit Frieda, der Tochter der Verlegerin Marie Kiesel; im Krieg (in Tirol) hatte er Eckart von Schumacher kennengelernt und 1916 mit seinen Schwägern Glaser und Buchroithner von diesem die Wagner'sche Buchdruckerei übernommen, zu Beginn hatte er auch die Chefredaktion der 'IN' inne. Als Publizist war er jedoch wenig in Erscheinung getreten, er zog vielmehr die Fäden im Hintergrund. Er verfolgte u.a. mit der Gründung der „Berglandpresse" immer den Zweck der Förderung der nationalen alpenländischen Publizistik, der es, laut Rutzinger, immer an Durchschlagskraft gegenüber der Wiener Presse und den gut organisierten Parteiblättern gemangelt hatte.
Rutzinger war öffentlicher Gesellschafter bei Wagner und Kiesel, Geschäftsführer und Mitherausgeber der „Berglandpresse" sowie Verwaltungsrat der „Deutschen Vereinsdruckerei AG" in Graz. An der unabhängigen Linie und Haltung der 'IN' werde sich nach seinem Tod auch in Zukunft nichts ändern.[72]

Im April und Mai 1932 forderten die 'IN' Neuwahlen, da augenscheinlich die Kräfteverteilung im Parlament nicht mehr der Realität entspreche, was insbesondere die vorhergegangenen Gemeinderatswahlen in mehreren Bundesländern gezeigt hätten, als die bürgerlichen Parteien zugunsten der Nationalsozialisten schwere Stimmenverluste hinnehmen hatten müssen. Dies kann als erstes Zeichen der verstärkten Hinwendung des Blattes zur nationalsozialistischen Ideologie bewertet werden. Daß die Auflösung des Parlaments dann jedoch anders kam als gefordert, konnten und wollten die 'IN' nicht voraussehen.
Außerdem bekam die Deutschland-Berichterstattung allgemein mit dem einsetzenden Siegeszug der Nazis mehr Gewicht. Die 'IN' verfielen wohl dem Glauben, daß auch in Österreich die Nazis die großdeutsche Linie mit „tauglicheren" Mitteln fortsetzen würden.

Am 5. März 1933 berichteten die 'IN' über die „Sprengung des Nationalrates" und über „Dicke Luft über Österreich", am 8.3. über die „Notstandsverordnungen" und von den „Einschränkungen der politischen Rechte" und „Einschränkung der Pressefreiheit". Die Lage wurde anfangs sehr zurückhaltend und nüchtern kommentiert, sogar gutgeheißen sowie – in Verkennung der Lage – Neuwahlen gefordert. „Eines steht fest: so wie in den letzten Monaten darf in Österreich nicht mehr 'weitergewurstelt' wer-

---

[69] 'IN', Nr. 10, 12.1.1929, S. 5.
[70] 'IN', Nr. 258, 8.11.1930, S. 1.
[71] Vgl. 'IN', Nr. 225, 1.10.1931, S. 2.
[72] 'IN', Nr. 240, 19.10.1931 bis Nr. 243, 22.10.1931, jeweils S. 1.

den. (…) Neuwahlen in Österreich, die eine Änderung der untauglichen, der Volksstimmung nicht mehr entsprechenden Parteiengruppierungen im Parlament bringen werden, sind eine dringende Notwendigkeit."[73]
Damit standen die 'IN' weiterhin auf dem Boden der Demokratie, obwohl sie es guthießen, daß die Regierung eine starke Hand zeigte. Die Gefahr der heraufdrängenden Diktatur hatte man in der Redaktion in diesen Tagen noch nicht erkannt; Konfiskationen gegenüber den 'IN' waren noch nicht vorgenommen worden, man druckte brav die neuen restriktiven Verordnungen und schien zufrieden zu sein, daß die ersten Maßnahmen gegen die Presse des linken Politspektrums gerichtet waren.

Vorerst konnte man fortgesetzt eine gewisse Deutschtümelei in der Zeitung pflegen, die Berichterstattung gar noch ausbauen (Bilderdienst, Neueste Sport-Zeitung). Nicht die prekäre innenpolitische Lage, sondern die Entwicklung in Hitler-Deutschland stand im Vordergrund der Politberichterstattung. Nach Zusammenstößen zwischen Heimwehr und Nazis in Innsbruck las man in den 'IN' von „unglücklichem Bruderkrieg in Tirol".[74]
Vor den Innsbrucker Gemeinderatswahlen im April 1933 gab man nicht mehr großdeutsche, sondern nationalsozialistische Wahlempfehlungen aus: „National und sozial gesinnte Männer, die den Vorsatz haben, mit eisernem Besen Ordnung zu machen", wurden angesprochen und Wahlzettel der NSDAP beigelegt.[75] Nach der Wahl kam die Freude deutlich zu Ausdruck. Die 'IN' hatten somit den Wandel vom früher liberalen über ein großdeutsches zum nationalsozialistischen Gesinnungsblatt vollzogen.

Bezeichnend waren auch Ereignisse, die nicht in die Berichterstattung einflossen, wie etwa das großdeutsch-nationalsozialistische Kampfbündnis vom 15. Mai 1933 oder die Gründung der „Vaterländischen Front".
Die 1000-Mark-Sperre schließlich wurde mit dem Terror gegen die Nazis in Österreich und Tirol begründet und mit dem Satz zu entschuldigen versucht, „es mußte ja so kommen".

Anläßlich der neuen, verschärften Preßverordnung wurde den Lesern erklärt, man müsse „der neuen Sachlage Rechnung tragen. Manches was gesagt und berichtet werden mußte, muß jetzt zurückgestellt werden."[76]

Über das Verbot der österreichischen NSDAP konnte noch relativ unverhüllt berichtet werden: Das Verbot sei zu bedauern, da rund ein Drittel der Österreicher national gesinnt sei, die Gesinnung von 1,5 Mio. Menschen werde damit unterdrückt. Die nationalen Österreicher würden jedoch auch diese Zeit überdauern, und es werde sich zeigen, daß Gesinnungen stärker sind als Verbote aller Art.[77]
Am folgenden Tag wurde „in eigener Sache" von „schmutzigen" Vorwürfen der katholischen und vaterländischen Presse gegenüber den 'IN' und der 'Neuesten Zeitung' berichtet, die auf den Neid des 'Tiroler Anzeigers' zurückzuführen wären, der nie ein ähnlich großes Interesse wie die 'IN' gefunden hätte und in Innsbruck nur eine Auflage von 800 Stück erreiche.[78] Der Ton dabei war relativ scharf: „Dem Volk wird vorgetäuscht, es geht um die 'vaterländische' Idee, wo es sich in Wirklichkeit doch nur um das Geschäft eines Druckereiverlages und um einen Kampf für eine höhere Zeitungsauflage handelt. (…) In welch erbärmlicher Zeit leben wir doch!"[79]

Weiters machte die „Politische Korrespondenz" der „Berglandpresse" den Vorwurf des Landesverrats und der Schuld an der 1000-Mark-Sperre. Dies wurde von den 'IN' scharf zurückgewiesen; das Blatt werde jeden vor Gericht zerren, der persönlich zu solchen Anwürfen stünde.[80]
Ab 18. Juli 1933 erschien die Zeitung „unter verschärfter Vorlagepflicht", womit die Schärfe der Spra-

---

[73] 'IN', Nr. 56, 8. 3. 1933, S. 3.
[74] 'IN', Nr. 78, 3. 4. 1933, S. 1.
[75] Vgl. u. zit. 'IN', 22. 4. 1933, S. 1.
[76] 'IN', Nr. 134, 12. 6. 1933, S. 3.
[77] 'IN', Nr. 140, 20. 6. 1933, S. 1.
[78] 'IN', Nr. 141, 21. 6. 1933, S. 1.
[79] Ebd.
[80] 'IN', Nr. 146, 27. 6. 1933, S. 1.

che in der Zeitung merklich zurückgenommen werden mußte; amtliche und halbamtliche Nachrichten mußten aufgenommen, die Kommentierung zugunsten einer neutralen Sprache zurückgestellt werden. Wieder „in eigener Sache" wurden, indem man das zur „Berglandpresse" gehörende 'Süddeutsche Tagblatt' (München) zitierte, die „ungerechten" Angriffe gegen „diese unsere Presse" beklagt und gefragt, was man denn eigentlich verbrochen hätte. Zugegeben, man sei deutschfreundlich, das sei jedoch gut und sollte den Ausgleich zwischen zwei deutschen Staaten fördern und die Zwietracht mildern. In einem deutschen Land sei jede andere als eine deutschfreundliche Politik unnatürlich. Diesen Ausführungen des 'Süddeutschen Tagblatts' habe man nichts hinzuzufügen.[81]

Da man gegen die staatliche Richtung nicht mehr in dem Maße schreiben konnte, verlegte man sich zumindest auf die positive Kommentierung des Verbots des Schutzbundes, später der Sozialdemokratie.

Bei den Berichten zur Maiverfassung 1934 schlug man – gezwungenermaßen – regierungsfreundliche Töne an, der Anschluß mußte (zumindest indirekt) abgelehnt werden, die Eigenständigkeit des deutschen Staats Österreich wurde wiederholt betont – die 'IN' waren nahezu vollständig auf vaterländischen Kurs eingeschworen worden. „Die neue österreichische Bundesverfassung, die am 1. Mai veröffentlicht werden soll, ist für unseren Staat…von einer Bedeutung, die nicht hoch genug eingeschätzt werden kann. (…) Der österreichische Heimatschutz hat den Kampf gegen die Parteien, vor allem gegen den Marxismus, mit Erfolg geführt. Der marxistische Sozialismus ist niedergerungen und nun gilt es nur mehr die letzten Reste des Parteigeistes aus der politischen und wirtschaftlichen Öffentlichkeit zu bannen, um die Bahn für eine einheitliche politische Willensbildung freizumachen."[82]

Auch anläßlich der Ermordung Dollfuß', für den man ehrenvolle Worte fand – die Tat der Nazis wurde als „Schweres Unglück für Österreich" bewertet –, standen die 'IN' unter der scharfen Presserepression und Kontrolle auf dem Boden des vaterländischen Staates.[83] Mit dem Verbot der 'Neuesten Zeitung' (über Weisung des Bundeskanzleramtes) kündigten die 'IN' an, die Leser selbstverständlich dafür schadlos zu halten und erschienen ab 1. September auch mit erweitertem Umfang und reduziertem Preis. Als am 19. Dezember die Abendausgabe wieder erscheinen konnte, wurde sie den 'IN'-Abonnenten bis Jahresende gratis zugestellt. In der Folge wurde es den Abnehmern freigestellt, die Zeitung mit oder ohne Abendausgabe zu beziehen.

Der Jahrgang 1935 verlief äußerst ruhig und kontinuierlich in der – eingeschränkten – Berichterstattung; 1936 wurde eine Rubrik „Vaterländische Front" eingerichtet, die praktisch als amtlicher Teil fungierte.

Im Juni wurde anläßlich des Todes des Herausgebers Engelbert Buchroithner dessen Leben und Werk gewürdigt. Er hatte wesentlich zum Aufstieg der Druckerei und des Zeitungswesens beigetragen. Druckerei und Maschinenpark hatte er umsichtig seit 1917 modernisiert – ein neuer Rotationsmaschinensaal, Prägepresse, Linotype, eine Hausgießerei und eine moderne Großbuchbinderei, Offsetdruck, Kupfertiefdruck und Photochemiegraphie waren die wichtigsten Neuerungen, die er initiiert hatte.[84]

Das Juliabkommen wurde in einem Leitartikel als „Frohe Botschaft" verkündet: „Der Grundsatz der Nichteinmischung wird in erster Linie auf jene Dinge anzuwenden sein, die der politischen Propaganda dienen, auf das Nachrichtenwesen, die Presse (…)." Das Abkommen werde „freudige Aufnahme erfahren" und eine „wahrhaft frohe Botschaft", eine Normalisierung der Beziehungen Österreichs zum Deutschen Reich werde damit angestrebt: „Nun erhellt sich endlich der Blick in die Zukunft und neue Hoffnung wird alle (…) wieder aufrichten und anspornen zur eifrigen Mitarbeit am segensreichen Friedenswerk (…). Es lebe das freie deutsche Österreich, es lebe das ganze deutsche Volk."[85]

Dem deutschnationalen Gedanken konnten nun zwar wieder freiere Worte gewidmet werden, man mußte aber gezwungenermaßen auf einem gewissen vaterländischen Kurs bleiben. 1937, anläßlich der

---

[81] 'IN', Nr. 16, 20.1.1934, S. 1.
[82] Vgl. u. zit. 'IN', Nr. 92, 21.4.1934, S. 1.
[83] 'IN', Nr. 169, 26.7.1934, S. 1.
[84] Vgl. 'IN', Nr. 141, 22.6.1936, S. 1.
[85] 'IN', Nr. 158, 13.7.1936, S. 1.

Erneuerung des Abkommens, wurde konstatiert, daß es sich bewährt habe, über das jeweils andere Land nicht anstößig zu berichten.[86]

In der letzten Ausgabe des Jahres 1937 erschien ein Leitartikel Seyß-Inquarts, der sich gegen Liberalismus und Pazifismus wandte und für nationale Anliegen eintrat: „Je reiner und je stärker das Blut der Nation an der Grenze pocht, desto besser wird es jenen ewigen Lebenskampf bestehen, der in diesem Falle niemals Vernichtung fremden Volkstums, sondern nur Steigerung der eigenen Kräfte bedeutet.(…)"[87]

1938 wurde weiterhin – von oben dirigiert – die Unabhängigkeit Österreichs beschworen, wobei das Treffen Hitler – Schuschnigg im Februar als Bestärkung dieses Gedankens bezeichnet und bewertet wurde. Laut 'IN' werde die Regierungsumbildung im Sinne Hitlers den „innenpolitischen Kurs unverändert" belassen. Vorkommnisse wie die nunmehr quasi-legale Betätigung der Nazis wurden kommentarlos als Fakten berichtet, ohne in Jubel darüber auszubrechen. Die Zeitung traute dem „Frieden" nicht.[88]

Allmählich gingen die 'IN' zur Auffassung Seyß-Inquarts über, welcher zwar die Unabhängigkeit Österreichs unterstrich, jedoch Pro-Hitler eingestellt war und selbst dem Trugschluß unterlag, ein unabhängiges Österreich unter Naziflagge erhalten bzw. errichten zu können.[89]

Die Ankündigung Schuschniggs über die Volksabstimmung und die Ausgabe der Pro-Österreich-Parolen wurden in den 'IN' relativ unscheinbar und kühl aufgemacht, anders als im 'Tiroler Anzeiger' und in der 'Volks-Zeitung'.
Auf Seite 4 mußte jedoch das Bekenntnis zu Österreich abgelegt werden. Im Sinne des Juliabkommens sei es ein „sinnvoller Abschluß, nach den Ereignissen im Jahresfünft von 1933–1938, wenn das österreichische Volk am Sonntag, dem 13. März, zur Urne schreitet und vor der ganzen Welt das Bekenntnis ablegt zu Österreich".[90]

Das war die vorletzte Nummer, die die Tiroler des österreichischen Ständestaats zu lesen bekamen und die noch vom vaterländisch faschistischen System (teilweise) gelenkt war, zwei Tage später erschien die Zeitung schon unter der Fuchtel der Nationalsozialisten. Die letzte Nummer vor der Gleichschaltung (Nr. 58, 11.03.1938) berichtete noch über die verfassungsrechtliche Grundlage der Volksbefragung und veröffentlichte Aufrufe verschiedener Seiten zum Ja-Stimmen.

1.1.2.4 1938–1945

Die Nr. 59 vom Samstag, dem 12. März titelte dann schon auf Seite eins: „Der Nationalsozialismus übernimmt die Macht im Staate!" und „Ein vollständiger Sieg nach fünfjährigem, hartem Kampf." In diesem Leitartikel hieß es weiter: „Die ungeheure Dynamik der Nationalsozialistischen Bewegung in Österreich, die trotz fünfjähriger brutaler Unterdrückung nicht nur nicht vernichtet werden konnte, sondern … immer weiter wuchs, hat in hinreißendem Schwung einen so unerhörten Proteststurm in allen Ländern Österreichs erweckt, daß die jetzt erfolgte Lösung kommen mußte. (…) Befreit atmet das ganze Volk auf. (…) Das schönste aber ist, daß … der Sieg ohne jedes Blutvergießen und ohne jede unerhörte Härte erzwungen werden konnte." (sic!) Die Zeit der großen und systematischen Lügen hatte mit dem ersten Tag der Annexion begonnen. Weiter hieß es: „Nun ist der Sieg errungen. (…) Und nun beginnt der Aufbau unseres glücklichen und schönen Vaterlandes, denn es wehen die Hakenkreuzfahnen siegreich in der Heimat des Führers Adolf Hitler."[91]
Seyß als Bundeskanzler, Gauleiter Christoph als Landeshauptmann, Denz als Innsbrucker Bürgermeister wurden vorgestellt, „Innsbrucks größter Tag" beschrieben, Jubelmeldungen rundeten das neue Bild der Zeitung ab. Der Sonntag wurde mit einer Sonderausgabe zelebriert.

---

[86] 'IN', Nr. 157, 13.7.1937, S. 1.
[87] 'IN', Nr. 301, 31.12.1937, S. 1.
[88] 'IN', Nr. 36, 14.2.1938 und Nr. 38, 16.2.1938, jeweils S. 1.
[89] Vgl. u. a. 'IN', Nr. 54, 7.3.1938, S. 1 f.
[90] 'IN', Nr. 57, 10.3.1938, S. 1.
[91] 'IN', Nr. 59, 12.3.1938, S. 1.

Die Berichterstattung widmete sich sofort den Grundzügen des „Neuaufbaues Deutschösterreichs", die üblichen Ressorts wurden vorerst zurückgedrängt. Die Zeitung war praktisch über Nacht perfekt gleichgeschaltet worden, wozu es allerdings nicht allzu großer Mühe bedurft hatte.
Aus der Redaktion der 'IN' wurde nur ein Journalist „aus politischen Gründen fristlos entlassen".[92] Alfred Strobel, bis 1934 Redakteur der 'IN', der im Ständestaat mehrfach inhaftiert und dann mit „Beschäftigungsverbot" belegt worden war und 1935 nach Deutschland übersiedelt war (zum Deutschen Nachrichtenbüro Berlin), kam 1938 als kommissarischer Leiter der 'IN' zurück.
Er stieg später zum Hauptschriftleiter der vom DNB herausgegebenen Sonderdienste auf.[93]

Der bisherige Schriftleiter Seidl und Anzeigenleiter Rück blieben vorerst in ihrer Position, ehe am 15. April Ernst Kainrath zum Hauptschriftleiter ernannt wurde und Seidl ins Glied zurücktrat (Theater, Kunst, Beilagen).
Die Zeitung wurde vorerst in unveränderter äußerer Aufmachung ediert. Trotzdem war sie im Inneren schon ganz auf die „neue Aufgabe" ein- bzw. umgestellt worden.[94]

Bereits am 17. März wurde mit der Propaganda für die Aprilvolksabstimmung begonnen, als Anrede wählte man: „An alle Österreicher! Deutsche Männer und Frauen!" In weiterer Folge erschienen diverse Artikel zur Rechtsangleichung, zur Einführung des Vierjahresplans in Österreich, als Rubrik wurden die „Parteiamtlichen Nachrichten der NSDAP, Gau Tirol" eingerichtet. In perfekter Inszenierung und Regie wurde Hitler in den Mittelpunkt der Propaganda und der Jubelmeldungen gestellt. Schon in diesem Abschnitt sticht die beginnende Judenhetze ins Auge.
Die 'IN' war bereits zum quasi-öffentlichen Parteiorgan geworden, obwohl z. B. im Impressum und in der Druckerei-Besitzstruktur die Umwandlung noch nicht vollzogen war, im Inhalt sehr wohl.

Nachdem die Preise der Zeitung auf Reichsmark umgestellt worden waren, wurde verstärkt zum Bezug der Zeitung eingeladen: „Der Anschluß hat uns allen den Weg in eine bessere und schönere Zukunft erschlossen! (…) Mit erhöhter Aufmerksamkeit verfolgen wir daher die Ereignisse unserer engeren und nunmehr auch unserer großen deutschen Heimat. Wer an diesem Geschehen Anteil nehmen will, wird die Zeitung nicht entbehren können. Die 'IN' bieten heute in Wort und Bild einen vollendeten Spiegel allen Zeitungsgeschehens."[95]
Anläßlich des Führerbesuchs wurde Innsbruck als „glanzvoller Stein in der Krone des Reiches" bezeichnet[96], „Gebt dem Führer euer Ja!" war wohl die meistgedruckte Parole in den 'IN' bis zum 10. April 1938. Die Beeinflussung breiter Bevölkerungskreise im Sinne der Nazis war dann auch nicht zuletzt den 'IN' zuzuschreiben, die die ihnen gestellte Aufgabe zur Zufriedenheit der neuen Machthaber erfüllten.[97]

Das 99,75-prozentige Pro-Anschluß-Votum wurde dann pathetisch kommentiert: „Mit einer unsagbaren tiefen inneren Bewegung steht in dieser Stunde Tirol und mit ihm ganz Österreich vor dem Führer und meldet ihm die einzigartige Größe des Bekenntnisses, das gestern abgelegt wurde und das beispiellos in der Geschichte der Welt dasteht. (…) Dies ist unser Bekenntnis zum Neuen Reich!"[98]
Nach der Abstimmung normalisierte sich das Bild der Zeitung, die Aufmachung ging weg von den großgedruckten Parolen und wurde ruhiger und gleichmäßiger. Die Berichterstattung wandte sich vorwiegend außenpolitischen sowie belehrenden Belangen (im Sinne des Nationalsozialismus) zu.

Mit dem Hauptschriftleiter Ernst Kainrath wurde der Ton zunehmend martialisch, vor allem Kainraths Leitartikel stellten die Beweihräucherung des Führers in den Mittelpunkt. Kainraths reichsdeutsche Ausrichtung wurde vom SD jedoch als Manko empfunden; es mangle an einer Schriftleitung, welche

---

[92] Vgl. HAUSJELL in RATHKOLB/DUCHKOWITSCH/HAUSJELL a. a. O., S. 188.
[93] Vgl. ebd. S. 191.
[94] GEHLER in RATHKOLB/DUSEK/HAUSJELL a. a. O., S. 425.
[95] 'IN', Nr. 74, 30. 3. 1938, S. 12.
[96] 'IN', Nr. 80, 6. 4. 1938, S. 2.
[97] GEHLER in RATHKOLB/DUSEK/HAUSJELL a. a. O., S. 427.
[98] 'IN', Nr. 84, 11. 4. 1938, S. 1.

die Bedürfnisse des Landes kenne und richtig (im NS-Sinn) zu beeinflussen verstünde.[99] Allmählich normalisierte sich auch die Gestaltung und Anordnung der einzelnen Ressorts wieder. Leitartikel von Helmut Sündermann, dem Stabsleiter bei Reichspressechef Otto Dietrich, wurden ab Juni ins Blatt gerückt.

Ab 2. Juli 1938 wurden die 'IN' und ihr Abendblatt offiziell parteiamtliche Organe der NSDAP des Gaues Tirol-Vorarlberg. Dies geschah gleichzeitig mit der Übernahme der Wagner'schen Buchdruckerei und des Verlages in die „Front der Parteipresse" durch Zwangsverkauf (siehe hierzu auch Unterkapitel 1.1.2.1 S. 79 ff.), die Gauleiter Hofer heftig begrüßte, sei doch damit ein langgehegter Wunsch aller Nationalsozialisten in Erfüllung gegangen.[100]

In der ersten Ausgabe der 'IN' als Gaublatt wurden große Berichte zur Umgestaltung der Presse gebracht. Gauleiter Hofer schrieb: „Die Herausgabe einer parteieigenen Tageszeitung bedeutet eine unbedingte Notwendigkeit. (…) Wie oft haben wir Nationalsozialisten in den Jahren vor dem Parteiverbot, als uns noch nicht einmal ein bescheidenes Zeitungsinstrument zur Verfügung stand, ingrimmig der täglichen Knebelung zusehen müssen, die von der Presse der damals allmächtigen Parteien…gepflogen wurde."[101] Damals hätte die Rotationsmaschine, so Hofer weiter, Unrat und Lüge über das Deutsche Reich und den Führer verbreitet. „Nun, nach der Befreiung der Ostmark, war es…eine unumgängliche Notwendigkeit, auch im Gau Tirol eine Parteipresse aufzubauen", was auch in kürzester Zeit gelungen sei. „Zu jeder Stunde werden nun Volksgenossen diese Zeitung zu Rate ziehen, werden sich aus ihr nicht nur über die Tagesereignisse unterrichten können, sondern werden darüber hinaus stets die Stellungnahme kennen, die die Führung der NSDAP zu den einzelnen…Fragen einnimmt. (…) An alle Nazis und alle Volksgenossen meines Gaues richte ich…die dringende Aufforderung, das Gaublatt als i h r Blatt in jeder Beziehung zu betrachten. Die 'IN' sind nunmehr u n s e r e Zeitung." Die Zeitung werde zur „Mittlerin der Gemeinschaft, Werkzeug im Dienste unseres einzigen Führers"[102] werden.

Weiters blickte A. Strobel auf seine nunmehr 20jährige journalistische Tätigkeit in Tirol zurück. Es sei nichts anderes als ein Mitmarschieren in der breiten Front jener gewesen, „die…aus innerer Überzeugung heraus auf jenes Ziel zustrebten, das am 13. März 1938 erreicht wurde".[103] Die 'IN' seien zwar nie Parteiblatt, jedoch immer im Dienste der deutschen Sendung gewesen; dabei gedachte Strobel jener Redakteure, die immer für ihr deutsches Bekenntnis eingetreten seien: Dr. Johann Angerer, Pavaloni (völkischer Kämpfer), Rudolf Christian Jenny (Antiklerikaler) und Alfred Piech (Sudetendeutscher). Die Kämpfe seien nun überwunden, das Ziel erreicht – „Aus einer oft düsteren Vergangenheit treten die 'IN' als Gaublatt den klaren und eindeutigen Weg in eine lichtere Zukunft an."[104]

Reichsleiter Max Amann schrieb über die „Parteipresse in den Ostmarkgauen": „Mit dem heutigen Tage sind in der Ostmark drei große parteiamtliche Verlage und Tageszeitungen der NSDAP … geschaffen." In Innsbruck die 'IN', in Linz die 'Volksstimme' (Fortführung des 'Arbeitersturms'), in Graz ging die 'Grazer Tagespost' in Parteibesitz über. „Damit gehören diese Blätter der in ihrer Geschlossenheit und Größe einzigartigen Gemeinschaft der nationalsozialistischen Parteipresse an…"[105]

Auf der nächsten Seite stellte Hauptschriftleiter Kainrath die Frage: „Warum Parteipresse?" Eine Haßtirade gegen Marxisten und Demokraten leitete seinen Artikel ein. Diese hätten die NS-Presse unterdrückt, Schriftleiter ins Gefängnis geworfen und versucht, sie mit Geldstrafen wirtschaftlich zu vernichten. Dann ging er auf die Entwicklung der NS-Presse ein. Der Typ des „nationalsozialistischen Pressemannes" sei in der Illegalität geboren. „Der Schriftleiter ist politischer Soldat des Führers, er

---

[99] GEHLER in RATHKOLB/DUSEK/HAUSJELL a. a. O., S. 428.
[100] Ebd.
[101] 'IN', Nr. 151, 2. 7. 1938, S. 1 (Artikel Hofer).
[102] Ebd. (Hofer).
[103] Ebd., S. 2 (Artikel Strobel).
[104] Ebd. (Strobel).
[105] Ebd. (Artikel Amann).

sitzt nicht am Schreibtisch, sondern mitten im Volk (…)."[106] Im Mittelpunkt der Zeitung stehe nicht mehr das Geschäft, sondern politische Aufklärungsaufgaben, sie sei nicht nur Chronist, sondern Mitgestalter der Zeit. In der „Systemzeit" sei der Journalismus nur Handwerk, die politische Einstellung durch die augenblicklich herrschende Farbe bestimmt gewesen. Nun, mit Einführung des Schriftleitergesetzes in der Ostmark, sei der Wandel von der Geschäfts- zur Gesinnungspresse vollzogen.[107]

Schließlich ging noch Gaupresseamtsleiter Pisecky auf den „Werdegang unserer Gaupresse" ein. Am Anfang der Bewegung sei das (gesprochene) Wort gestanden, dann sei der Flugzettel gefolgt. Im Spätherbst 1932 erschien erstmals 'Der Rote Adler' im Gau Tirol, welchen man, so Pisecky, „zu Tode zu prozessieren" versuchte. Nach dem Parteiverbot sei das Wochenblatt bis Juli 1934 regelmäßig in 40.000 Exemplaren ins Land geschmuggelt worden. Dann sei man wieder zur Vervielfältigung von Flugblättern übergegangen. Nun sei endlich das Ziel, eine eigene Tageszeitung, erreicht.[108]
Verlagsleiter wurde der bisherige Verlagsleiter des 'Hakenkreuzbanners' in Mannheim, SA-Standartenführer Kurt Schönwitz.

Am 4. Juli wurde ein Führer-Telegramm abgedruckt: „Der Führer und Reichskanzler hat mich beauftragt, der Gefolgschaft des NS-Gauverlages Tirol seinen Dank für die ihm telegraphisch ausgesprochenen Grüße zu übermitteln. Gez. Staatsminister Dr. Meißner."[109]

Die Zeitung mit einer Auflage von 16.500 Stück – die bald erhöht wurde – war vorwiegend in der städtischen Intelligenz und bei Handels- und Gewerbetreibenden verbreitet. Durch ihren Bezugspreis, der dem Mittelstand angemessen war, erfaßte das Gaublatt kaum Arbeiterkreise. Auch die reine Wiedergabe politischer Vorgänge und ihr Aufbau als reine Propagandazeitung mit viel zu wenig Nachrichten aus einfachen Bevölkerungsschichten waren nicht dazu angetan, neue Leserschichten zu gewinnen.[110]
Im Oktober 1938 wurden die Bezugspreise gesenkt. In einem Eigeninserat sprach man von steigenden Leserzahlen; um die Zeitung jedoch wirklich allen nahe zu bringen, habe man eine Werbeaktion begonnen, deren erste Tat die Verbilligung der Zeitung sei – dies trotz Leistungssteigerungen, Ausbau der Berichterstatterstäbe in aller Welt und im ganzen Gaugebiet.[111] Die Werbeaktion (bis 10. Dezember) versprach beispielsweise für das Werben von fünf neuen Abonnenten Hitlers „Mein Kampf" als Prämie.

Die HJ-Beilage „Horch auf, Kamerad" (ab 19. Oktober) sollte der Jugend mehr Anreiz zur Lektüre der Gauzeitung bieten. „Wir wollen bald für dich, Pimpf, bald für dich, Jungmädel, schreiben."[112]
Im Bestreben, die 'IN' immer unentbehrlicher zu machen, startete man als weitere Aktion „Die 'IN' am Frühstückstisch". Die Zeitung wurde nun in Nachtarbeit produziert und bereits vor 8.00 Uhr morgens zugestellt.[113]
All diese Bemühungen lassen erahnen, welche Bedeutung die Nazis der Presse als Führungsmittel beimaßen. Wenn man Eigenangaben der Zeitungen Glauben schenken kann, ist die Auflage bis Dezember immerhin auf 19.000 Stück gestiegen.

Zum Jahreswechsel gab man für 1939 die Parole „Dienst am Leser" aus und brachte einen Rück- und Ausblick: Die Presse habe nach dem Umbruch ungeheure Leistungen vollbracht, aus einer verantwortungslos geschriebenen sei eine im nationalsozialistischen Kampfgeist geschriebene Presse entstanden. Gestaltung und Ausbau der 'IN' stünden am Anfang (Nachrichtendienst ausgebaut, Funkanlage angeschafft, Korrespondentennetz vervollständigt, Umfang erhöht, Preise herabgesetzt, Bilderdienst und Unterhaltungsteil ausgebaut), viele Aufgaben harrten noch der Erledigung.[114]

---

[106] Ebd., S. 3 (Artikel Kainrath).
[107] Ebd. (Kainrath).
[108] Ebd., S. 4 (Artikel Pisecky).
[109] 'IN', Nr. 152, 4. 7. 1938, S. 1.
[110] GEHLER in RATHKOLB/DUSEK/HAUSJELL a. a. O., S. 429.
[111] 'IN', Nr. 212, 13. 9. 1938, S. 7.
[112] Beilage „Horch auf Kamerad!" der 'IN', Nr. 243, 19. 10. 1938, S. 1.
[113] Vgl. Ankündigung in 'IN', Nr. 281, 3. 12. 1938.
[114] 'IN', Nr. 301, 31. 12. 1938, S. 21.

Zum Jahrestag der Annexion brachte man eine 64seitige „Jubiläumsausgabe" mit Jubelartikeln zur „Befreiung Tirols und Innsbrucks", zum täglichen (technischen) Werdegang der Zeitung, zu deren grundsätzlichem Wesen und Inhalt. Gauleiter Hofer schrieb: „Der Nationalsozialismus ist in seiner Art etwas Allumfassendes. (…) Es ist…selbstverständlich, daß die Bewegung…nicht Halt machen konnte vor der Presse. Der NS-Presse obliegt die Aufgabe, das Gedankengut und die Weltanschauung der nationalsozialistischen Bewegung in alle Kreise des Volkes zu tragen (…) und alle Probleme unseres Lebens im Geiste des Nationalsozialismus zu beleuchten und in einheitlicher Deutung dem deutschen Mensch zum Bewußtsein zu bringen."[115] Auch diese pathetischen Worte Hofers konnten nicht über die Tatsache hinwegtäuschen, daß die 'IN' in der Realität weit entfernt davon waren, eine „gute" (nationalsozialistische) Zeitung zu sein. Lediglich mit dem Mitarbeiter Willy Schaub hatten die 'IN' laut SD gewonnen, da dessen Berichte zur „Bewegung" ihre Funktion als Verkünder der neuen Ideologie erfüllten. Nach dem Tod der 'Deutschen Volks-Zeitung' und der damit erlangten Monopolstellung der 'IN' am Tageszeitungsmarkt sei insgesamt jedoch die Qualität weiter gesunken, u.a. im Kulturteil, der von Karl Paulin geleitet wurde, einem Redakteur, der laut SD „leider schon zu alt" war, um allen Bedürfnissen dieses Ressorts zu entsprechen.[116]

Außerdem war die immer einseitigere Ausrichtung des Blattes nach Norden auffallend: Statt des Radioprogrammes des Reichssenders Wien wurde ab Juni 1939 jenes des Senders München – der ja nun statt des Wiener Senders nach Tirol strahlte – abgedruckt, die Rubrik „aus den Ostmarkgauen" erhielt den Namen „aus den Nachbargauen" (v.a. aus Schwaben und Bayern), sollte doch der unliebsame Begriff „Ostmark" wieder aus dem Sprachgebrauch verschwinden; die „Nachrichten aus Südtirol" waren bereits 1938 eingestellt worden.[117] In der außenpolitischen Berichterstattung, z.B. über Böhmen und Mähren, druckte man lediglich Artikel des 'Völkischen Beobachters' nach.

In der neuen Wehrbeilage „Wehrhaftes Volk" (ab August 1939) erschienen Berichte über Polen und die „Aggressionen" und den „Terror", was einer publizistischen Vorbereitung und Prä-Legitimation des Polenfeldzuges gleichkam. Am 31. August wurde schließlich die „Generalmobilisierung in Polen" gemeldet. Kainrath meinte im Leitartikel dazu, mit der Generalmobilmachung hätten die Polen die letzte Möglichkeit für eine friedliche Lösung verspielt und die deutsche Offensive herausgefordert. Sonderausgaben unter dem Titel „Kampf um Ehre und Lebensrecht" und „Danzig ins Reich heimgekehrt" am 1. September leiteten zu der am darauffolgenden Tag beginnenden Kriegsberichterstattung über.

Die „zivilen" Ressorts und allmählich alle Beilagen wurden zurückgedrängt, Polemik und Propaganda bestimmten wieder das Bild der Zeitung. Die Bedeutung der Presse als Informationsquelle im Krieg stieg zwar, die journalistische und medienpolitische Situation in Tirol besserte sich damit jedoch nicht mehr.

Die Verächtlichmachung anderer und die Polemik gegenüber anderen Staaten oder Staatsmännern (v.a. England) und das Lob für die eigene Politik und die eigenen Truppen wurden zum Credo der 'IN'. Heldentaten aus „Feldpostbriefen" wurden zum beliebten Propagandaakt.

Mit Fortdauer des Krieges wurde den „zivilen" Ressorts und Rubriken wieder mehr Aufmerksamkeit geschenkt und Bedeutung zugemessen (auch als Ablenkung von beginnenden Niederlagen).

Im Februar 1940 wurde eine Rede des Reichspressechefs Otto Dietrich (vor deutschen Schriftleitern) abgedruckt, deren These lautete, „die Aufgabe der Presse ist die Rüstung der Seele". Es seien Propagandakompanien gegründet worden, was eine völlig neue Art der Kriegsberichterstattung erlaube, da die Presse Kriegsaufgaben zu erfüllen hätte. Geschlossenheit und Wille zum Sieg seien die Säulen, die die deutsche Presse zu stärken hätten, die Waffe des Willens sei zum Einsatz zu bringen; die Presse habe als geistige Wehrmacht der Nation zu wirken. Somit sei der deutsche Leser der am besten informierte (sic!) Leser der Welt. Die deutsche Presse habe dem „Weltkampf der Lüge" die „Offensive der Wahrheit" entgegengesetzt.[118]

---

[115] 'IN', Nr. 59, 11.3.1939, S. 30.
[116] GEHLER in RATHKOLB/DUSEK/HAUSJELL a.a.O., S. 431f.
[117] Vgl. RIEDMANN: Geschichte des Landes Tirol, a.a.O., S. 1.012.
[118] 'IN', Nr. 51, 29.2.1940, S. 1f.

Das Jahr 1940 war bestimmt von einer eher unspektakulären Aufmachung des Blattes – von Siegesmeldungen und Berichten über „Greuel-Verbrechen" der Feindmächte abgesehen. Die 'IN' schienen sich ein seriöses Kleid angepaßt zu haben, um die Glaubwürdigkeit zu wahren bzw. zu heben. Der Umfang war weiter reduziert worden Die Leitartikel befaßten sich fast ausnahmslos mit Kriegsereignissen und Auslandspolitik. Der Mitarbeiterstab hatte sich auf Grund der Abkommandierung von Redakteuren zur Wehrmacht (lt. Impressum) bald wieder reduziert.
Der Schwerpunkt der Kriegsberichte lag jeweils dort, wo gerade der intensivste und „erfolgreichste" Kriegseinsatz zu verzeichnen war, Verlustmeldungen wurden tunlichst verschwiegen.

Um dem einsetzenden Papiermangel ab 1941 entgegenzuwirken, wurden vorerst Text und Inserate enger und in kleinerem Schriftgrad gesetzt, ab 1. November 1941 das Layout verändert: Man ging zum vierspaltigen Umbruch über. Zum neuen Gesicht der Zeitung wurde ausgeführt: Die Aufgaben der Zeitung seien durch den Krieg größer geworden, mehr Meldungen seien nicht nur chronologisch zu drukken, sondern auch zu erläutern. Der Umfang sei reduziert worden, da man sich der Planwirtschaft einfügen müsse und da manche Ereignisse aus militärischen Gründen nicht gedruckt werden könnten. Die Zeitung suche daher nach neuen Wegen, weshalb einige Ressorts geschrumpft seien und auf weniger Raum gleich viele Themen, nun in verknappter Form, gebracht würden.
Mit dem vierspaltigen Umbruch spare man wertvollen Raum, reihe sich damit in die Mehrzahl der deutschen Zeitungen – auch jene der Alpen- und Donaugaue – ein und schaffe technische Erleichterungen.[119]

1942 begann man von den Siegesmeldungen (in Ermangelung derselben) zu Zuversichtsparolen („Absolute Zuversicht für den Endsieg", 2.2.1942) und Durchhalteparolen („Unsere Parole: Sieg um jeden Preis", 25.3.1942) sowie Meldungen über Erfolge der Verbündeten (wie Japan) überzugehen – nicht mehr der Vormarsch sondern die Verteidigung und der Abwehrkampf bestimmten den Inhalt der Zeitung.

1943 wurde diese Strategie weiter verfeinert. Im „publizistischen Abwehrkampf" häuften sich Meldungen, die nicht mehr von erfolgreichen Angriffen der Deutschen, sondern von erfolglosen verlustreichen Angriffen des Feindes sowie vom heldenhaften Abwehrkampf berichteten. Das Motto des totalen Endsieges wurde jedoch weiterhin auch in den 'IN' beibehalten.

Je schlechter die Lage der Deutschen wurde, umso schärfer wurde auch der Ton in der Zeitung; Schlagworte wie „Verräterclique", „Plutokraten", „Terrorbande", „Judenpack" u.a., mit denen man den Gegner bedachte, zählten zur täglichen Zeitungskost der Tiroler.

Seit 1943 wurde wieder, was seit dem Anschluß verpönt gewesen war, eine Spalte „Aus der Provinz Bozen" eingeführt, Reportagen über die Heldentaten von Südtiroler Soldaten in der Deutschen Wehrmacht gebracht und das 'Bozner Tagblatt', die neue deutsche Tageszeitung in Südtirol, beworben. Die Zusammenarbeit des neuen Bozner Verlags (vormals Athesia) mit dem Innsbrucker Gauverlag gestaltete sich dabei besonders eng.[120] Dieser Schwenk erfolgte nach dem Machtwechsel in Italien, als dieses damit zum Feind der Deutschen wurde (Mussolini war am 25. Juli 1943 abgesetzt worden).
Im Jahr 1944 waren neben der Kriegs- und Politikberichterstattung lediglich noch der Regional-, Sport- und Kulturteil sowie teilweise Volkswirtschaftliches vorhanden. Mit der zunehmenden Erfolglosigkeit im Krieg gewannen jedoch diese Sparten wieder an Wichtigkeit.
Auch am Fortsetzungsroman (als Ablenkung und Unterhaltung) wurde fast bis zuletzt festgehalten.

Im Hinterland lieferten die 'IN' eine Abwehrschlacht und ein Rückzugsgefecht mittels Leugnen von Tatsachen und der Vorspiegelung von Erfolgen, um den Wehrwillen aufrecht zu erhalten.
Ende August wurde bekanntgegeben, daß infolge der Sparmaßnahmen, die der totale Krieg auch auf dem Gebiet der Presse notwendig mache, die Abendausgabe 'Neueste Zeitung' (siehe dort) ihr Erscheinen für die Dauer des Krieges einstellen werde. Man wisse, daß die Bevölkerung dafür Verständnis aufbringen werde. Die 'IN' würden weiterhin, in beschränktem Umfang, mit sechs Ausgaben pro Woche erscheinen.[121]

---

[119] 'IN', Nr. 258, 1.11.1941, S. 5.
[120] Vgl. RIEDMANN a.a.O., S. 1.078.
[121] 'IN', Nr. 205, 31.8.1944, S. 3.

Im Oktober richtete man sich wieder „An unsere Leser!": Im Rahmen der totalen Kriegsführung seien weitere einschneidende Maßnahmen der Konzentration durchzuführen; bei vier Seiten Umfang sei man auch im Anzeigenteil zu Einschränkungen gezwungen, die Inserate mußten Größeneinschränkungen hinnehmen bzw. zurückgestellt werden, nur noch „wirklich für die Allgemeinheit unumgängliche" würden in Hinkunft abgedruckt.[122]
Nach dem Chefredakteurswechsel von Kainrath (Wehrmacht) zu Franz von Caucig wurde die Sprache im Gaublatt noch radikaler, „Menschenfresser" oder „Brunnenvergifter" waren noch die harmlosesten Ausdrücke, die v. Caucig für die Kriegsfeinde übrighatte.

Die Druckqualität der Zeitung wurde von Tag zu Tag schlechter, Schwierigkeiten in der Zustellung stellten sich ein. Die Leser wurden für den Fall von Unregelmäßigkeiten bei der Auslieferung aufgefordert, sich an die Vertriebsstelle Erlerstraße 5–7 zu wenden.

Die Nr. 1 des Jahres 1945 titelte: „Deutschland kapituliert niemals." Die Phrasen vom Führungsanspruch, Durchhalteparolen und die Verhöhnung der Gegner fielen immer lustloser, unmotivierter aus. Auf meist lediglich noch zwei Seiten wurden unkommentierte „Wehrmachtsberichte" abgedruckt, das Blatt, das – zuvor relativ reich bebildert – nur noch als Bleiwüste bezeichnet werden konnte, erinnerte nur noch entfernt an eine Tageszeitung.

Anläßlich des 25. Jahrestages der Verkündigung des Parteiprogrammes der NSDAP bäumten sich die 'IN' aus ihrer Lethargie auf: „Keine Macht wird uns im Herzen schwach machen." Es gebe nur ein Gebot: „...mit äußerstem Fanatismus und verbissener Standhaftigkeit auch die letzte Kraft einzusetzen."[123]
In den letzten Monaten war zwischen den Zeilen die Resignation, wehleidiges Selbstmitleid und Schuldzuweisungen an den Zuständen an die Kriegsgegner zu lesen. Zwar versuchte man diese Resignation abzuwenden, man gab jedoch zu, daß „das deutsche Volk um sein Leben kämpft" und man wußte, daß in den kommenden Wochen die Entscheidung fallen würde.[124]

Eine der letzten Lügen in den 'IN' – in der vorletzten Ausgabe vom 2. Mai 1945 – lautete (als Schlagzeile): „Unser Führer in Berlin gefallen. Aus dem Führerhauptquartier. 1. Mai. Unser Führer Adolf Hitler ist heute nachmittags in seinem Befehlsstand in der Reichskanzlei, bis zum letzten Atemzuge gegen den Bolschewismus kämpfend, für Deutschland gefallen."[125] Als Nachfolger wurde den Lesern Admiral Dönitz präsentiert, der Durchhalteappelle und die Aufforderung zum Endkampf ausgab.

Die letzte Ausgabe vermeldete das Vordringen der Gegner praktisch an allen Fronten und druckte eine RF-Ansprache Gauleiter Hofers ab, in der dieser zu „Ausharren, Haltung und Disziplin" aufgerufen hatte und sich zutiefst erschüttert zeigte, daß der Führer gefallen sei. Er hoffe, Dönitz könne die bolschewistische Gefahr abwenden und sah als einzigen Sinn des weiteren Kampfes, den Gegner an den Grenzen aufzuhalten, „damit unserer Heimat das Letzte erspart bleibt und wir, unangetastet in unserer Ehre, den Frauen und Kindern den Weg in eine bessere Zukunft und in ein glückliches Europa ebnen können".[126]
Kurzmeldungen, ein pathetischer Nachruf auf Hitler, der Wehrmachtsbericht, „Politik in Kürze" und die Rubrik „Land im Gebirge" sowie einige wenige Anzeigen rundeten das Bild der letzten Ausgabe des NS-Gaublattes ab.
Damit endete am 3. Mai 1945 die Geschichte der NS-Presse und des NS-Gauverlages in Innsbruck.

Bereits am nächsten Tag sollte eine Nummer der 'Tiroler Nachrichten', herausgegeben von der Tiroler Widerstandsbewegung, erscheinen (vgl. dazu Kap. 1.22, S. 355 ff.).

---

[122] 'IN', Nr. 236, 6. 10. 1944, S. 3.
[123] 'IN', Nr. 48, 26. 2. 1945, S. 1.
[124] 'IN', Nr. 98, 27. 4. 1945, S. 1.
[125] 'IN', Nr. 102, 2. 5. 1945, S. 1.
[126] Vgl. u. zit. 'IN', Nr. 103, 3. 5. 1945, S. 1.

1.2 Innsbrucker Neueste / Neueste Morgenzeitung / Neueste Zeitung

1.2.1 Daten zur äußeren Struktur

Titel:
28.09.1913 bis 14.02.1914:	Innsbrucker Neueste Nachrichten
ab 15.02.1914:	Innsbrucker Neueste
ab 31.10.1917:	Neueste Morgenzeitung
ab 01.12.1920:	Neueste Zeitung[1]

Untertitel:
28.09.1913 bis 28.07.1914:	Unparteiisches unabhängiges Neuigkeitsblatt
ab 29.07.1914:	Tagblatt
ab 13.08.1914:	Unparteiisches unabhängiges Morgenblatt
ab 31.10.1917:	kein Untertitel
ab 15.01.1929:	Abendausgabe der Innsbrucker Nachrichten
ab 25.02.1933:	Wochenendausgabe – Illustrierte Abendausgabe der Innsbrucker Nachrichten
ab 20.12.1934:	Bebildertes alpenländisches Tagblatt
ab 29.09.1935:	Bebildertes Abendblatt der Innsbrucker Nachrichten
ab 25.05.1938:	Abendblatt der Innsbrucker Nachrichten
ab 02.07.1938:	Das Innsbrucker Abendblatt

Erscheinungsort: Innsbruck

Erscheinungsdauer: 28.09.1913 bis 30.08.1944 (16.08.1934 bis 20.12.1934 wegen Verbots nicht erschienen).

Erscheinungsweise:
bis 28.07.1914:	1× wöchentlich (Sonn- und Feiertagsblatt/Morgenblatt)
ab 29.07.1914:	6× wöchentlich (außer Sonn- und Feiertagen, 8.00–9.00 Uhr früh)
ab 25.08.1914:	13× wöchentlich (Erstes und zweites Morgenblatt und Sonntagsausgabe)
ab 01.09.1914:	7× wöchentlich (Morgenblatt)
ab 13.01.1919:	6× wöchentlich (ohne Montagsausgabe)
ab 1944:	5× wöchentlich

Gegründet als Wochenzeitung, wurde die 'Neueste Zeitung' mit Beginn des Ersten Weltkrieges in eine Tageszeitung umgewandelt. Sie erschien als Morgenblatt meist ab 8.00 Uhr früh.[2] 1919 wurde sie mit dem Wagner'schen Abendblatt zusammengelegt und erschien bis 1929 als Schwesterblatt der 'IN' bei Wagner. Ab Jänner 1929 erschien die 'NZ' als Abendausgabe der Innsbrucker Nachrichten bis zu ihrem Ende im Jahr 1944.

---

[1] In der Folge mit 'NZ' abgekürzt.
[2] Vgl. Präs. 1914/XII 78c/2.421. Anzeige Prechtls an die k.k. Statthalterei vom 28.7.1914.

Umfang: (in Seiten)

Zeit	Normalausgabe	Abendausgabe
1913	8	
1914–18	2–4	4–6
1919–22	4–6	6–8
1923	6–10	8–12
1927	6–8	12–16
1928–30er Jahre	8	14–16
1938	6–8	12–14
1939	4	4–6
1943/44	2–4	
1944	2–4	

Als Wochenzeitung hatte die 'NZ' einen durchschnittlichen Umfang von acht Seiten, wovon drei bis vier Seiten mit Inseraten und Kleinanzeigen gefüllt waren. Mit Kriegsbeginn und der Umwandlung in ein Tagblatt verringerte sich der Umfang auf ca. vier Seiten mit ca. einer Seite für Inserate.

Nach dem Krieg konnte die Zeitung wieder mit sechs bis acht Seiten, später bis zu zehn Seiten, die Wochenendausgaben (Samstag oder Sonntag) sogar mit bis zu 16 Seiten erscheinen. Erst mit dem Einmarsch der Nazis und dem beginnenden Zweiten Weltkrieg wurde der Umfang wieder stark reduziert, wobei insbesondere auch der Inseratenanteil am Gesamtumfang stark zurückging. Kurz vor ihrer Einstellung erschien die 'NZ' teilweise noch mit vier, meist jedoch nur noch mit zwei Seiten Umfang.

Format: 49×33 cm (Groß- bzw. Berliner Format)
             Teilweise kleinere, jedoch nicht erwähnenswerte Formatänderungen

Satzspiegel: 44×31 cm

Umbruch: 1913 bis 09.09.1914:   4 Spalten à 7,3 cm / Spaltentrennlinien
            ab 10.09.1914:   3 Spalten à 9 cm
            ab 03.11.1941:   4 Spalten à 6,8 cm[3]

Schriftart (Brotschrift): Fraktur
            Im Ersten Weltkrieg wurden Schlagzeilen, Zwischentitel teilweise in Antiqua gesetzt. Die Umstellung auf Antiqua wie bei den 'IN' (ab Oktober 1944) erlebte die 'NZ' nicht mehr.

Zeitungskopf: Höhe 1913:   12,5 cm
                 ab 15.02.1914:   9,2 cm (tlw. 8 cm)
                 ab 01.12.1920:   12 cm
                 ab 01.03.1922:   10 cm
                 ab 15.01.1928:   12,5 cm
                 ab 26.02.1933:   10 cm

Der Kopf der 'NZ' war im Vergleich zu anderen Zeitungen immer relativ einfach und schmucklos gehalten worden. Das graphische Erscheinungsbild wurde zwar – meist infolge der Titeländerungen – öfter geändert, jedoch immer nur in Facetten. Als man 1914 das Wort „Nachrichten" aus dem Titel wegließ, wurden die Wörter „Innsbrucker" im Kopf oben, „NEUESTE" in Versalien darunter gesetzt, links im Kopf ein Block mit Eigenwerbung, rechts einer mit Abo-Preisen gesetzt. Ab 1917 wurde das Impressum in den Kopf (links) gerückt, ab 1920 schien der Tiroler Adler links im Kopf auf, in der Unterzeile fanden Bezugspreise und Impressum Platz. Ab 1922 wurde der Adler zentriert unter den Titel ge-

---

[3] Damit wurde der Umbruch der 'NZ' jenem der 'IN' angepaßt, welche das neue Layout schon zwei Tage zuvor eingeführt hatten.

setzt, ab 1933 schien das Impressum nicht mehr im Kopf auf. Mit der Machtübernahme der Nazis schien erstmals am 15.03.1938 das Hakenkreuz im Kopf auf, ab 2. Juli erhielt der Titelschriftzug eine streng-zackige Form, der Tiroler Adler blieb jedoch erhalten.

Gesinnung/Politische Richtung:

anfangs neutral bzw. liberal, unabhängig bzw. überparteilich, jedoch mit großdeutschem Einschlag, der sich mit der Übernahme durch Wagner verstärkte, in den dreißiger Jahren verstärkt NS-freundlich und vaterländischfeindlich, ab 12.03.1938 NS-Abendblatt der nationalsozialistischen gleichgeschalteten 'IN'.

Impressum:
1913:	Herausgeber und Chefredakteur: Hermann Prechtl, Druck: R. & M. Jenny, Leopoldstr. 12, Innsbruck
ab 30.07.1915:	Druck der eigenen Anstalt, Innsbruck (Inh. H. Prechtl)
ab 16.04.1916:	Druck von R. & M. Jenny (Inh. Hermann Prechtl)
ab 01.07.1917:	Herausgeber und verantwortlicher Schriftleiter: Chefredakteur Hermann Prechtl, Druck und Verlag von Wagner, Erlerstraße 7
ab 14.08.1917:	Herausgegeben und gedruckt von der Wagner'schen k. k. Univ.- Buchdruckerei R. Kiesel, Innsbruck, verantw. und Chefredakteur H. Prechtl
ab 31.10.1917:	Verleger: R. Kiesel, Druck Wagner
ab 22.01.1919:	Verantw. Schriftleiter: Franz Turba
ab 01.07.1920:	Verantw. Schriftleiter: Alfred Strobel
ab 02.10.1920:	Verantw. Schriftleiter: Alfred Piech
ab 01.12.1920:	Verantw. Schriftleiter: Dr. Albert Wieser
ab 13.06.1922:	Druck und Verlag der Wagner'schen Univ.-Buchdruckerei, Verantw. Schriftleiter: Alfred Strobel
ab 01.01.1925:	Verantw. Schriftleiter: Hans Pfister
ab 06.11.1925:	Verantw. Schriftleiter: Alfred Strobel
ab 15.09.1926:	Verantw. Schriftleiter: Dr. Josef Seidl
ab 15.01.1929:	Verantw. für den politischen Teil: Alfred Strobel, Verantw. für den übr. Teil: Dr. Josef Seidl, Inseratenteil: R. Wagner
ab 31.03.1932:	Verantw. Schriftleiter: Alfred Strobel
ab 04.07.1933:	Dr. Josef Seidl (s. o.) wieder erwähnt
ab 1934:	Impressum und Änderungen parallel mit 'IN'
ab 15.03.1938:	Alfred Strobel Schriftleiter von 'IN' und 'NZ'
ab 14.04.1938:	Ernst Kainrath kommissarischer Hauptschriftleiter
ab 20.06.1938:	Impressum gleichlautend wie in 'IN' (siehe dort, Kap. 1.1, S. 74)

Ressorts/Inhalt:
1913:	tlw. Leitartikel, Feuilleton (S. 1 unterm Strich), vermischte Meldungen, Inland, Ausland, Aus Stadt und Land, Natur, Theater und Musik, Gerichtssaal, Volkswirtschaft, Bürgerberichte, Sport, Innsbrucker Tratschwinkel (Humoriges und „Reibeisl"), Illustrationen, Kleinanzeigen, Inserate.
Ab 1914:	auf S. 1 „Das Neueste" (Orig. Telegramme der 'Neuesten').

Ab 26. Juli große Aufmachung der Kriegsberichte mit gleichzeitiger Zurückdrängung der anderen Ressorts. Beginn der Edition unzähliger Extra-Ausgaben.
Ab 1915 große Kommentare auf der Titelseite sowie Einteilung der Kriegsberichte in geographische Rubriken wie „Der Weltkrieg" oder „Der Krieg mit Italien", ab September 1915 „Die Ereignisse am Balkan", „Unser Krieg gegen Ost und West" oder „Die Orientereignisse".
Die Sonntagsausgaben brachten die „Wochenschau", einen Rückblick auf die wichtigsten Ereignisse der abgelaufenen Woche.
Ab 02.10.1916 erschien die Rubrik „Frauenblatt – Offizielles Organ der Ortsgruppe Innsbruck der Reichsorganisation der Hausfrauen Österreichs" (red. von Auguste v. Manhardt). Neben der Kriegsberichterstattung etablierten sich auch die Fortsetzungsromane und konnten sich als „zivile" Ressorts v. a.

Heimatliches, Volkswirtschaft, Theater, Verkehr, Kunst, Gerichtszeitung, Politische Rundschau, Literatur und Musik halten. „Die Friedensfrage" tauchte auf, Tageschronik und letzte Drahtnachrichten sowie die Wissenschaft wurden ins Blatt gerückt.
Mit Kriegsende trat eine Normalisierung ein, der Sport wurde wieder gepflegt, „Aus dem deutschen Reich", Feuilleton, internationale Politik, Kurse und Börsen, Tagesneuigkeiten und Ortsnachrichten lösten die Kriegsmeldungen ab.

1921:	Tirol und Nachbarn (statt Ortsnachrichten)
	Bis zum Ende der zwanziger Jahre folgte eine relativ konstante Entwicklung, Inhalte, Rubrikbezeichnungen und deren Aufmachung blieben größtenteils konstant.
1929:	Tirol und Vorarlberg, Landwirtschaft, Aus aller Welt – nun bereits sehr dem Stammblatt 'IN' angeglichen.
1933:	Für unsere Frauen, Mode, Rätselecke, Humor, „Vorarlberger Anzeiger" (eigene Rubrik für Inserate Vorarlberger Anbieter), Nachrichten aus Südtirol, Wetterdienst
1934:	mehr Sportberichte, Film, Kultur, Brauchtum.
1936:	Rubrik „Vaterländische Front"
1938:	Aus der Welt des Films
Ab 14.03.1938:	Beginn der NS-Parteiberichterstattung und Propaganda.
Ab 23.03.1938:	Parteiamtliche Mitteilungen der NSDAP, Gau Tirol.
	Die Ressorts blieben zwar großteils erhalten, wurden jedoch von der Parteiberichterstattung an den Rand gedrängt.
Ab April:	Frauenseite „Für unsere deutschen Frauen".
Ab Juli:	Nachrichten aus Tirol und Vorarlberg, Meinung zum Tage.
Ab November:	Es wurden vermehrt Karikaturen (Juden, Engländer…) ins Bild gerückt.
September 1939:	Beginn der Kriegsberichte und Kriegspropaganda, Inseratenseiten weitgehend verschwunden.

Während der Kriegszeit existierten fallweise die Ressorts (neben Krieg und Politik): Kleiner Auslandsspiegel, Tagesneuigkeiten, Wirtschaft, Theater, Musik und Kunst, Meinung zum Tage, Kulturspiegel, Turnen, Sport und Spiel, Unsere Soldaten schreiben, Fortsetzungsroman.
Ab 1940 wurde die Lokalberichterstattung zugunsten der Auslands-, Kriegs-, Kultur- und Sportberichte weitgehend eingespart. Neue Ressorts waren ab Dezember „Neues aus aller Welt" und „Neues vom Tage".
Bis zu ihrem Ende 1944 fristete die 'NZ' ihr – auch inhaltliches – Dasein im Schatten ihres Stammblattes 'IN'.

Bezugspreise: 'Neueste Zeitung'

ab Datum	Einzelpreise werktags	sonntags	Monatsabonnementpreise loco/abholen	Zust. Bote	Zust. Post
1913		H 6	1/4 j. H 80		1/4 j. K 1,–
29.06.14	H 10				1/4 j. K 2,–
15.09.14	" 10		K 2,30	K 2,50	K 2,50
Sonn- und Feiertagsausgabe monatlich 1/4 j. K 1,50, Monatsausgabe mit Frauenzeitung 1/4 j. K 1,50					
01.11.16	" 12				
ab 1918	" 12		K 2,70	K 3,–	K 3,–
03.05.19	" 20				
01.09.19	" 30		" 3,–	" 3,60	" 3,60
01.01.20	" 30		" 3,50	" 4,10	" 4,20
27.02.20	" 30		" 4,–	" 5,–	" 5,–
15.06.20	" 50		" 6,50	" 8.–	" 9,–
01.12.20	" 50		" 7,–	" 9,–	" 10,–[a]
24.03.21	" 1,–		" 15,–	" 20.–	" 25,–

ab Datum	Einzelpreise werktags		Einzelpreise sonntags		Monatsabonnementpreise loco/abholen		Zust. Bote		Zust. Post	
20.07.21	K	2,–			K	25,–	K	38,–	K	40,–
03.09.21	"	2,50			"	40,–	"	50,–	"	55,–
01.11.21	"	4,–			"	60,–	"	75,–	"	80,–
01.12.21	"	6,–			"	80,–	"	100,–	"	100,–
01.01.22	"	15,–			"	250,–	"	300,–	"	300,–
30.03.22	"	20,–								
01.06.22	"	30,–			"	350,–	"	420,–	"	420,–
01.07.22	"	50,–			"	700,–	"	850,–	"	850,–
01.08.22	"	100,–			"	1.500,–	"	1.800,–	"	1.800,–
10.08.22	"	200,–								
01.09.22	"	400,–			"	6.000,–	"	6.800,–	"	6.800,–
19.09.22	"	600,–			"	10.000,–	"	11.500,–	"	11.500,–
01.01.24	"	700,–	K	2.000,–	"	12.000,–	"	14.000,–	"	14.000,–
01.03.24	"	1.000,–	"	2.000,–	"	14.000,–	"	16.000,–	"	16.000,–
06.07.24			"	1.500,–						
01.09.24	"	1.000,–	"	1.500,–	"	16.000,–	"	18.000,–	"	18.000,–
01.01.25	G	10	G	15	S	1,60	S	1,80	S	1,80[b]
26.02.25	"	10	"	15	"	1,80	"	2,–	"	2,–
01.07.25	"	15	"	20	"	2,20	"	2,50	"	2,50
01.09.27	"	20	"	30	"	2,70	"	3,–	"	3,–
01.12.34	"	10	"	20	"	5,70	"	6,50	"	6,50[c]
16.05.38	RPf.	14								
01.10.38	"	10								

Anmerkungen zu den Preisen:
[a] Preise nach Zusammenlegung von 'NZ' und 'Abendblatt'
[b] Preisumstellung nach der Währungsreform
[c] Nachdem die 'NZ' von September bis 20. Dezember 1934 verboten gewesen war, konnte sie nunmehr als Einzelnummer nur noch im Verschleiß erworben werden oder im Abonnement nur noch zusammen mit den 'IN', woraus sich der Preissprung erklärt. Preise im Abonnement zusammen mit dem Stammblatt siehe 'IN', Kap. 1.1, S. 77.

Zeitungstyp nach Vertriebsart:
vorwiegend Abonnement-Blatt – im Ersten Weltkrieg allerdings mußte die Botenzustellung fallweise unterbrochen werden, weshalb die Zeitung nur bei der Druckerei und den Verschleißstellen bezogen werden konnte bzw. auf dem Postweg zugestellt wurde. Ab Jänner 1916 gab es einen eigenen Austrägerdienst für die Sonn- und Feiertagsausgaben.
Ab Dezember 1934 war die 'NZ' im Abonnement nur noch zusammen mit den 'IN' beziehbar (sowie die Einzelnummern in den Verschleißstellen).

Auflagen: 1913: 10.000 Stück[4]; 1914: 8.000[5]; 1915: 4.000; 1916: 4.000–5.000; 1917: 5.000; 1918: 9.000; 1919: 3.000; 1920: 5.000; 1921: 6.000; 1922: 4.000; 1923: 6.000; 1924: 6.000; 1925–1928: 6.000; 1929: 18.000[6]; 1930: 17.000; 1931: 18.000; 1932: 17.500; 1939: 16.000–17.000[7]; 1944: 35.000[8]

---

[4] Lt. Eigenangabe, 'NZ', 7. 12. 1913.
[5] Diese und folgende Auflagenzahlen aus den Quartalsausweisen der Präs. 1914–1924/XII 78c4, Präs. 1928–1932/XII 60.
[6] Als Abendblatt der 'IN'.
[7] Lt. Eigenangabe.
[8] Auflage 1944 lt. Die deutschen Tages- und Wochenzeitungen und Zeitschriften. – Berlin 1944, S. 109.

Beilagen: Ab 27.01.1924 erschien die Wochenbeilage „*Illustriertes Sportblatt*", das jedoch am 6. Juli desselben Jahres wieder eingestellt wurde.
Ab 19.12.1926 erschien als Samstagbeilage die „*Tiroler Radiowoche*" (vierseitig, ein- bis zwei Seiten Inserate) als offizielles Organ des Radioclubs Tirol, die jedoch bald (1927) an das – vorerst Schwester-, dann Stammblatt - 'IN' abgegeben wurde.[9]
Ab 28.02.1930 wurde der 'NZ', wie seit 1929 auch den 'IN', jeweils einmal monatlich (Samstag) die kulturpolitische Zeitschrift „*Das neue Österreich*" beigelegt.[10]
Seit 17.12.1933 erschien die zweiseitige „*Unterhaltungsbeilage*", die Romane, buntes Allerlei, Humoristisches und eine Rätselecke enthielt.
Mit 14.08.1937 erschien in der 'NZ' erstmals die Beilage „*Lebendiges Tirol*", die Kultur, Landesgeschichte, Kunst, Musik, Literatur, Theater und vor allem die Brauchtumspflege des „deutschen" Tirols zum Inhalt hatte, von Karl Paulin geleitet wurde und ab August 1938 als Ressort in die 'IN' eingegliedert wurde.
Ab 1939 erschien die 'NZ' ohne Beilagen.

Jubiläumsausgabe: keine

1.2.2 Allgemeine Chronik

Am 28. September 1913 erschien die Nr. 1 des unparteiischen, unabhängigen Neuigkeitsblattes 'Innsbrucker (illustrierte) Neueste Nachrichten', vorerst als Wochenzeitung an Sonn- und Feiertagen um 8.00 bis 9.00 Uhr früh.
Herausgegeben und redigiert wurde das Blatt vom ehemaligen 'IN'-Chefredakteur Hermann Prechtl, gedruckt in der Druckerei R. & M. Jenny in der Leopoldstraße 12, welche sich auch in Besitz Prechtls befand. Druckerei und Verlag Jenny waren vom Schriftsteller und „scharf pointierten" Journalisten, Herausgeber und Chefredakteur Rudolf Jenny geprägt worden. Er hatte sich immer in scharfem Ton gegen den Alltag einer Kleinstadt, gegen den Katholizismus und die Kirche und gegen die Gegner des „deutschen Tirol" gewandt.[11]

Prechtl setzte diesen Weg in etwas gemäßigter Form fort. Er war zu Beginn moderater, weniger kämpferisch im Ton und wollte die 'NZ' eher als überparteiliches Blatt präsentieren: Im Leitartikel der ersten Ausgabe garantierte er „unabhängige Überparteilichkeit nach allen Seiten". Er wolle „für alle Stände eintreten ohne Rücksicht auf Einzelinteressen" und „tendenzfreie Berichterstattung aus aller Welt, Stadt und Land an Sonn- und Feiertagen" bieten.[12]
In einem beigelegten Sonderblatt wurde die Zeitung vorgestellt und gleichzeitig für Inserate geworben sowie die Inseratformate und -preise vorgestellt (z. B. 1/2 Seite = 72 Petitzeilen, 7spaltig = 504 Petitzeilen à 15 H = 75,60 K bis zur kleinsten Anzeige, 7 Petitzeilen, 1spaltig = 1,05 K).[13]
Die ersten Nummern präsentierten sich schließlich auffällig reich illustriert, auch Fotografien waren teilweise schon enthalten.
Einerseits zeigten die Seiten ein relativ lockeres Layout, andere glichen Bleiwüsten.

Aufgelockert wurde die Berichterstattung vom „Innsbrucker Tratschwinkel", in dem anhand eines Wirtshausstammtisches Humoriges in Dialektform dargeboten und die Begebenheiten des täglichen Lebens ironisch kommentiert wurden. Diese Rubrik erschien ab 1914 teilweise als Feuilleton auf der Titelseite.
Ab Mitte Februar 1914 wurde das Wort „Nachrichten" aus dem Zeitungstitel weggelassen und der Kopf verändert, um den Verwechslungen mit den 'IN' ein Ende zu setzen.[14]

---

[9] Vgl. dazu 'IN', Kap. 1.1.
[10] Vgl. ebd.
[11] STOISAVLJEVIC a. a. O., S. 369b f.
[12] 'NZ', Nr. 1, 28.9.1913, S. 1.
[13] Sonderblatt der 'NZ', Nr. 1, ebd.
[14] Vgl. 'NZ', Nr. 9, 15.2.1914, S. 1.

Mit Beginn des Ersten Weltkriegs wurde die Wochenzeitung am 29. Juli 1914 in ein Tagblatt umgewandelt, um dem gesteigerten Informationsbedürfnis Rechnung tragen zu können. Am Tag zuvor hatte Prechtl der k. k. Statthalterei angezeigt, daß die 'NZ' bis auf weiteres täglich als Morgenblatt erscheinen werde.[15]

Mit dem täglichen Erscheinen (zwischen 8.00 und 9.00 Uhr früh) wurde der Umfang vorerst auf zwei Seiten reduziert, später wieder auf vier ausgedehnt.

Die ersten „weißen Flecken" waren am 7. August zu beklagen, die Zeitung wurde in der Folge (v. a. bis 1916) mehrmals konfisziert.[16]

Ab 25. 8. wurde das Blatt zweimal täglich sowie an Sonntagen ediert (Erstes und Zweites Morgenblatt), am 1. 9. mußte jedoch bereits bekanntgegeben werden, daß man sich „auf Grund eines in Gegenwart der Preßkommission der k. k. Statthalterei mit den anderen Innsbrucker Tagesblättern getroffenen Übereinkommens" gezwungen sehe, „in Zukunft von der Herausgabe eines zweiten Morgenblattes" abzusehen.[17]

Wie die anderen Blätter machte auch die 'NZ' keine Ausnahme in der hurra-patriotischen Jubelberichterstattung über den Kriegshergang, getragen von einem ausgeprägten deutsch-österreichischen Nationalismus. Dabei wurde die zunehmende großdeutsche Orientierung des Blattes auffällig sichtbar.

Probleme ergaben sich für die 'NZ' während des Krieges bei der Zustellung, so wurde teilweise die Zustellung durch Botendienste eingestellt. Am 1. 10. 1914 wurde die Zustellung der Buchhandlung Kaltschmied in der Erlerstraße 2 übergeben und den Lesern geraten, die Zeitung bei dieser direkt zu abonnieren.

Ende des Jahres entwickelte sich eine vehemente Pressefehde zwischen der 'NZ' und der 'Volks-Zeitung'. Am 30. Dezember[18] zitierte die 'NZ' das sozialdemokratische Blatt, das sich darüber mokiert hatte, daß die 'NZ' so viele Extra-Ausgaben ediere, dies in großer, fetter Aufmachung zwar, jedoch ohne große, wichtige Inhalte, welche man einen Tag später ohnehin billiger zu lesen bekäme. Die 'Volks-Zeitung' bezichtigte die 'NZ' damit der Gewinnsucht und der Kriegsgewinnlerei. Die 'NZ' erwiderte, daß dies von „schäbigem Brotneid" der 'VZ' gegenüber der 'NZ' und deren Herausgebern zeuge.

Sie begründete die Herausgabe von Extra-Ausgaben mit der Einigung der Tagblätter, wenn sie keine Abendblätter edierten, Sonderausgabe zu „epochalen Ereignissen" produzieren zu können.

Am Neujahrstag 1915 wurde noch einmal in einer Replik betont, daß die Extra-Ausgaben nicht nur für Sammler und Liebhaber gedacht seien, wie der Vorwurf auch lautete. Dies sei eine fadenscheinige Ausrede.[19]

Außerdem wurden in dieser Ausgabe die 'IN' – späteres Schwesterblatt und ideologisch verwandt – als „gute (Klatsch-)Tante aus der Erlerstraße" verspottet.

1915 wurde auch der Meinung entgegengetreten, daß die 'NZ' nicht als vollwertiges Tagblatt anzusehen sei. Die Zeitung werde vielmehr auch nach dem Krieg vollwertiges Tagblatt bleiben. Außerdem rangiere sie unter den fünf in Innsbruck erscheinenden Tagesblättern der Auflage nach an dritter Stelle.[20]

Auch mit dem 'Allgemeinen Tiroler Anzeiger' trug man in Sachen Extra-Ausgabe publizistische Geplänkel aus. Auch dieser hatte sich indirekt über die Flut an Sondernummern der 'NZ' beklagt, indem er seine eigene Zurückhaltung hinsichtlich dieser Praxis hervorkehrte und die 'NZ' des Wortbruchs be-

---

[15] Vgl. Präs. 1914/XII 78c/2.421.
[16] Z. B. Nr. 38, Präs. 1914/XII 78c/2.543, Nr. 22, Präs. 1915/XII 78c2/535, 9. 11. 1916, Präs. 1916/XII 78c2/2.366.
[17] 'NZ' 1. 9. 1914, S. 1.
[18] Vgl. u. zit. 'NZ', Nr. 189, 30. 12. 1914, S. 3.
[19] 'NZ', Nr. 1, 1. 1. 1915, S. 7.
[20] 'NZ', Nr. 28, 28. 1. 1915, S. 1.

zichtigte, da sie sich (bezüglich der Einschränkung der Edition von Extra-Ausgaben) nicht an die Abmachung zwischen Statthalterei und Tagesblättern halte.[21]

Wie auch andere Blätter mußte die 'NZ' teilweise mit bis zu einem Drittel oder bis zur Hälfte weißen Seiten erscheinen, ganze Artikel, Artikelteile und Schlagzeilen wurden zensuriert, lediglich Jubelmeldungen und unverfängliche Allerweltsartikel blieben vom Rotstift verschont, um die Moral aufrechtzuerhalten, die Bevölkerung nicht zu entmutigen und einem Defätismus vorzubeugen. Außerdem mußte der Propagierung der Kriegsanleihen ab April 1915 breiter Raum zur Verfügung gestellt werden.

Im September 1915 wurde in einem Artikel einerseits die Praxis der Zensur beklagt, andererseits gerechtfertigt: Man konstatierte, daß vorwiegend Hiobsbotschaften von den Frontlinien der Zensur zum Opfer fielen; obwohl man nunmehr zwar eingesehen habe, daß dies dem Kriegsverlauf nicht viel nütze, bliebe die Zensur dennoch aufrecht. Warum, fragte die 'NZ'. Wenn man z.B. der Aggression des südlichen Nachbarn (Italien, Anm.) publizistisch entgegengetreten sei, sei man zensuriert worden, da der Staat auf Grund der undurchsichtigen Stellung des südlichen Verbündeten diesen nicht habe vergrämen (vor der italienischen Kriegserklärung vom Mai 1915, Anm.) und ihm einen Anlaß geben wollen, einen Streit vom Zaun zu brechen.

Nachdem jedoch Italien Österreich-Ungarn den Krieg erklärt hatte, wurden auch die Zensurflecken rarer, da nun keine Rücksicht mehr auf den Ex-Bundesgenossen genommen werden mußte. Die Zensur sei andererseits auch auf Grund einer gewissen Rücksichtnahme auf die monarchische Volksgemeinschaft angewendet worden – Rücksicht auf die verschiedenen Völker sollte auch von der Presse genommen werden, die Zensur sollte also auch helfen, den monarchistischen Burgfrieden nicht zu stören. Außerdem sollten die Feinde keine Tatsachen kennen, die den wirtschaftlichen und militärischen Interessen der Monarchie Schaden hätten zufügen können.[22]

1916 wurde auf Grund einer wiedereingeführten Verordnung (Sonntagsruhe, Verschleißstellen geschlossen) angekündigt, daß für Sonn- und Feiertage ein eigener Austrägerdienst eingerichtet werde.[23]

Auch die 'NZ' blieb während des Krieges von Preiserhöhungen nicht verschont. 1916 wurde eine Anhebung mit der „unglaublichen Steigerung der Papier- und Farbpreise" begründet.[24]

Im Oktober wurde damit geworben, daß die 'NZ' nach der Einstellung der 'IN'-Sonntagsausgabe und nachdem der 'Tiroler Anzeiger' bereits vor Monaten seine Sonntagsausgabe aufgelassen habe und nur die Samstagausgabe fälschlich als Sonntagsausgabe bezeichne, das einzig wirkliche Sonntagblatt in Innsbruck sei.[25]

Im Dezember beklagte Herausgeber Prechtl in einem Schreiben an die Bezirkshauptmannschaft, daß die 'IN' ab 1. Dezember als Frühmorgenblatt erschienen und dies gegen die ursprüngliche Vereinbarung vom August 1914 verstoße. In dieser habe er, Prechtl, sich verpflichtet, die vormittägliche Ausgabe der 'NZ' einzustellen. Das nunmehrige Erscheinen der 'IN' frühmorgens sei ein Bruch dieser Vereinbarung und gefährde die 'NZ' in ihrer Existenz. Prechtl bat daher um Schutz: Die 'IN' sollten die frühmorgentliche Ausgabe unterlassen oder ihm, Prechtl, das Recht (wieder)einräumen, eine zweite tägliche Ausgabe herausbringen zu dürfen.[26] Dem Wunsch wurde offensichtlich nicht Rechnung getragen. Außerdem sollte sich dieses Problem mit der Übernahme in den Wagner-Verlag von selbst lösen.

In ihrer Eigenwerbung wies die 'NZ' im April 1917 erneut auf die Einzigartigkeit ihrer (echten) Sonntagsausgabe hin, die im Gegensatz zu den anderen sogenannten Sonntagsblättern, „die schon am Samstag durch die Presse gehen", tatsächlich erst am Sonntag gedruckt wurde und damit „wirklich das Neueste" bringe.

---

[21] 'NZ', Nr. 50, 19.2.1915, S. 3.
[22] 'NZ', 16.9.1915, S. 1–2.
[23] 'NZ', 25.1.1916, S. 3.
[24] 'NZ', 13.9.1916.
[25] 'NZ', 8.10.1916.
[26] Vgl. Präs. 1916/XII 78c1/5.617.

Bezüglich der Inserate verwies man auf die Tatsache, daß man keinen „Inseratenwust" biete und somit jede einzelne Einschaltung auffalle und die Zeitung unter allen Ständen und beim „geldkräftigen" Publikum weit verbreitet sei.[27]

Am 23. Juni wurde der Statthalterei angezeigt, daß die 'NZ' nicht mehr von H. Prechtl herausgegeben und von Jenny gedruckt werde, sondern in den Verlag Wagner eingegliedert werde. Prechtl bleibe jedoch Verantwortlicher Redakteur. Gleichzeitig wurde die Vorarlberger Ausgabe der 'NZ' bis auf weiteres „sistiert". Weiters wurde der Titel aus stilistischen Gründen in „Neueste Morgenzeitung" umbenannt.[28]

Am 29. Juni wurde die Übersiedlung der Zeitung zu Wagner auch im Blatt angekündigt, am 1. Juli schien die Änderung schließlich auch im Impressum auf.

Die optische und inhaltliche Gestaltung erfuhr nur geringfügige Veränderungen, die Rubrikeinteilung blieb erhalten; Schlagzeilen, die zuvor teilweise in Antiqua gesetzt worden waren, erschienen nun wieder in Fraktur. Die Illustrationen entfielen nun fast gänzlich, ebenso wie die – bisher üblichen – zeitweisen Sticheleien gegen die 'IN', die nun als größeres Schwesterblatt das Sagen innerhalb des Verlages hatten.

Die Qualität von Gestaltung, Druck und Papier nahm immer mehr ab, großteils blieb nur noch eine Aneinanderreihung von Artikeln ohne erkennbares Ressortkonzept. Dies war allerdings nicht die Folge des Verlagswechsels, sondern auf die kriegsbedingte Mangelsituation zurückzuführen.

Auch in der 'NZ' häuften sich Artikel zur „Friedensfrage" und wurde vermehrt der Friedensgedanke offen propagiert, das Schlagwort „Krieg" mit Zunahme der Verlustmeldungen vom Wort „Frieden" auch in den Zeitungsspalten verdrängt.

Zu Mitte des Jahres 1918 häuften sich auch noch einmal die weißen Zensurflecken in der Zeitung.

Zu Kriegsende war die 'NZ' auf regelmäßig nur noch einen Bogen (zwei Seiten) geschrumpft. Mit Ende des Krieges änderte sich auch das Gesicht der Zeitung, die Kriegsrubriken verschwanden, die zivile Neuorientierung in den Ressorts (z. B. Republik Deutsch-Österreich/Innenpolitik) hatte begonnen, die Berichterstattung normalisierte sich, der Umfang konnte auf bescheidene zwei Bögen, ab Mai 1919 auf teilweise drei bis vier Bögen ausgedehnt werden.

Die Friedenskonferenz und die Anschlußfrage wurden zu zentralen Themen der Berichterstattung.

Das Blatt erschien ab Juni 1919 nur noch sechsmal wöchentlich (außer Montag). Die ersten Nachkriegsjahre waren auch geprägt von einem regen Wechsel in der Chefredaktion, in der nunmehr schon teilweise Alfred Strobel aufschien, ein vehementer Anhänger des Anschlußgedankens, später (illegaler) Nationalsozialist, der nach dem Anschluß die 'IN' und die 'NZ' im nationalsozialistischen Sinne führen sollte.

Mit Dezember 1920 sollte das Blatt seinen endgültigen Namen 'Neueste Zeitung' erhalten. Dies war einhergegangen mit der Fusionierung der Zeitung mit dem 'Abendblatt' der 'IN'.

Bemerkenswert im Jahr 1921 war die Tatsache, daß die – großdeutsche und anschlußfreundliche – 'NZ' anläßlich der Volksbefragung über den Anschluß Tirols an Deutschland keine allzu auffälligen Berichte oder vehemente Ja-Aufforderungen brachte, sondern im Gegensatz zu anderen Blättern eher unscheinbar und gar nicht kämpferisch über die Anschlußbewegung berichtete. Die Zeitung war zwar deklarierte Befürworterin des Anschlusses, fand sich jedoch – erstaunlicherweise – nicht in vorderster Front der Abstimmungspropagandisten.[29]

Die Ereignisse in Bozen (Demonstrant von Faschisten ermordet) nahmen dagegen breiteren Raum ein.

Die Inflationsjahre machten auch der 'NZ' zu schaffen, die schlimmsten Folgen wurden jedoch vom (potenten) Verlag abgefedert, weshalb die Zeit bis Mitte der zwanziger Jahre relativ ruhig, auch was die optische und inhaltliche Kontinuität des Blattes anbelangte, verlief, sieht man von beständigen Wechseln in der Schriftleitung einmal ab.

1926/27 konnte schließlich auch der Umfang der Zeitung deutlich ausgeweitet werden.

---

[27] 'NZ', Nr. 101, 15.4.1917, S.1 und Nr.105, 19.4.1917, S.4.

[28] Präs. 1917/XII 78c1/2.373/3 und 2.373/4. Die Titeländerung erfolgte definitiv jedoch erst mit 31.10.1917.

[29] Vgl. 'NZ'-Ausgaben vom März und April 1921. Das Schwesterblatt 'IN' war dagegen vergleichsweise stark engagiert, vgl. Kap. 1.1, S. 88.

Die eher fragile Eigenständigkeit als Tageszeitung – gegenüber den größeren 'IN' – wurde mit Mitte Jänner 1929 endgültig sistiert, als die 'NZ' vollkommen mit dem großen Schwesterblatt 'IN' zusammengelegt wurde und nunmehr als Abendausgabe der 'IN' zu funktionieren hatte. Eine gewisse Abgrenzung zum Stammblatt blieb zwar weiterhin bestehen, z.B. was die zunehmende Radikalisierung im Ton und die offenen Hinwendung zum Nationalsozialismus anbelangte. Tatsache war jedoch, daß die vormals eigenständige Tageszeitung zur zweiten Ausgabe der 'IN' degradiert wurde.
Aufmachung, Umbruch und Ressortverteilung wurden auf das Stammblatt abgestimmt, die Artikel in den beiden Zeitungen ergänzten sich je nach Aktualität teilweise wie ein Fortsetzungsroman.

In einem Leitartikel über die „Zeitung und ihre Aufgabe" wurde 1930 die verschärfte, schwierige Lage der Zeitungen nach der Presserechtsnovelle beklagt. Aufgabe sei es, zu berichten, nicht zu richten. Die Presse solle eine Waffenschmiede sein, „aus der das Rüstzeug für den Kampf um das politische und wirtschaftliche Leben geliefert wird".[30] Die Wahrheit müsse festgelegt werden ohne den Kopf in den Sand zu stecken. Mit hehren Worten wurde ausgedrückt, daß man als Zeitung aber auch einer lichten Idee dienen solle, wenn diese imstande sei, das österreichische Volk „zu lichten Höhen in die Walhalla eines großen geeinten Vaterlandes zu führen".[31] Der Anschlußgedanke in der 'NZ' war also nach wie vor präsent.

Innenpolitisch war das Blatt in Übereinstimmung mit den 'IN' auf Schober-Kurs gegangen. Man wollte einen Kurs der Mitte als publizistischen Ausgleich zwischen den Polen in der österreichischen Politik steuern und Puffer sein zwischen links und rechts und deren militanten Flügeln. Ob die Zeitung mit diesem Kurs bereits jenen des Nationalsozialismus gehen wollte, bleibt dahingestellt.
Tatsache war, daß den Erfolgen der Nazis in Deutschland und den Mißerfolgen der Großdeutschen bei Wahlen zunehmend mehr Platz eingeräumt und die Inhalte der Nazi-Ideologie verstärkt verbreitet wurden, was zumindest als offene Sympathiekundgebung zu werten ist.
Diese Tendenz in der Berichterstattung verstärkte sich 1933 und besonders 1934 (vor allem anläßlich von Hitlers Durchbruch 1933 sowie bei den Märzwahlen 1933).
Dem Parteigenossen und Schriftleiter Strobel sollte es auch gelingen, die politische Linie seines Blattes 'NZ' im Einvernehmen mit der illegalen Gauleitung festzulegen. Zusammen mit einem weiteren Wagner-Schriftleiter, Major a. D. Hodny, wurde er schließlich im August 1933 verhaftet, konnte jedoch bereits im Dezember – nach zwei Monaten Haft – wieder die Leitung des Abendblattes übernehmen.[32]

Vorerst (Frühjahr 1933) war es jedoch noch die Großdeutsche Partei, die der 'NZ' publizistische Unterstützung zukommen ließ (z.B. Abg. Straffner). Die Abkehr von der großdeutschen Parteinahme hin zur nationalsozialistischen Propaganda war jedoch schon unübersehbar – und in der ersten Zeit nach dem Dollfuß-Staatsstreich auch geduldet. Dies gipfelte zunächst in Wahlaufrufen und publizistischer Unterstützung von Gauleiter Hofer zur Gemeinderatswahl (vom 23.4.1933) und einem Jubelartikel vom 25. April anläßlich des NS-Wahlerfolgs: „Der herrliche Sieg vom 23. April, der den Beweis erbrachte, daß Innsbruck deutsch ist und sein will, soll uns nur Ansporn zu weiterem Kampfe sein, zu weiteren Opfern bis zum Endsiege (sic!) sein. Gez. F. Hofer e.h."[33]
Nach dem Naziattentat auf Dr. Steidle kamen der 'NZ' jedoch noch einmal Zweifel, spekulierte sie (12. Juni) doch mit der Möglichkeit, daß die NSDAP in Tirol vor der Auflösung stehe. Am 21. und 22. Juni wurden zudem die Verbote der NS-Zeitungen in Wien und Vorarlberg gemeldet und die Maßnahmen gegenüber der 'DÖTZ' und dem 'Völkischen Beobachter' beschrieben.

Mit der schärferen Gangart der Regierung gegenüber der Presse konnte die 'NZ' zwar noch für den nationalen Weg eintreten, jedoch in merklich entschärfter Tonart. Diese „Versachlichung" ging einher mit jener im Stammblatt 'IN' und der Tatsache, daß die 'NZ' ab 18. Juli „unter verschärfter Vorlagepflicht" erschien.[34]
Von Seiten der Regierungsanhänger (u.a. 'Tiroler Anzeiger') wurde wiederholt das Verbot der 'NZ' gefordert.

---

[30] 'NZ', Nr. 22, 28.1.1930, S. 1.
[31] Ebd.
[32] Vgl. Schopper a.a.O., S. 113f.
[33] 'NZ', 25.4.1933, S. 1.
[34] Vgl. 'NZ', Nr. 161, 18.7.1933.

Im Inhalt wurde die Zeitung durch autoritären Druck auf Dollfuß-Kurs gebracht, den Anliegen der Regierung, der angekündigten Verfassungsreform im ständischen Sinn und Regierungsverlautbarungen, mußte Platz in den Zeitungsspalten eingeräumt werden.

Weitere Höhepunkte der Maßnahmen gegen die 'NZ' folgten, zunächst die neuerliche Verhaftung Strobels im Juni 1934 (ohne Angabe von Gründen). Durch einen „Irrtum" eines ihm wohlgesonnen Beamten sei er wieder freigekommen, jedoch 14 Tage später erneut für sieben Wochen arretiert worden (auf direkte Weisung Schuschniggs).[35] Schließlich erschien am 15. August 1934 die vorerst letzte Ausgabe der 'NZ', da das Blatt vom Tiroler Sicherheitsdirektor Mörl (über Weisung des Bundeskanzleramtes) bis auf weiteres verboten wurde. Anlaß war ein Artikel des ehemaligen Wiener Polizeipräsidenten Brandl gewesen.
Strobel wurde in der 'IN'-Schriftleitung weiterbeschäftigt. Als das bekannt wurde, verfügte Minister Eduard Ludwig die sofortige Entlassung des NSDAP-Parteigängers (nach 18jähriger Dienstzeit).[36]

Die Zeitung selbst konnte erst am 20. Dezember 1934 als eher harmloses Depeschenblatt ohne ausgeprägtes politisches Profil im Verein mit den 'IN' wiedererscheinen.
Man widmete sich verstärkt unpolitischen Themen wie Sport, Kultur, Feuilleton und Brauchtum, sowie der weniger verfänglichen Außenpolitik. Auch auf vermehrte Illustrationen legte man mehr Wert, was die Wandlung vom politischen zum unterhaltenden Charakter der Zeitung unterstrich.
Auf Grund dieser Tatsache verliefen die Jahre 1935 und 1936 für die 'NZ' relativ ruhig.

Mit dem Juliabkommen konnte das nationale bzw. nationalsozialistische Element, das trotz aller Unterdrückungsmaßnahmen in der Zeitung schlummerte, wieder an die Oberfläche kommen. Das Abkommen wurde freudig begrüßt, jedoch – wohl aus Vorsicht – mit noch weniger euphorischen Worten als in den 'IN'. Soweit es im Rahmen des Möglichen lag, schrieb man deutschfreundlich, schlug sich in der Berichterstattung über den Abessinienfeldzug Mussolinis und den spanischen Bürgerkrieg auf die „rechte" Seite.
Mit der Einführung der Beilage „Lebendiges Tirol" 1937 (geleitet von Karl Paulin, ein den Nazis wohlgesonnener Schriftleiter) wurde die Kultur- und Brauchtumspflege des „deutschen Tirols" gefördert.

Die Jahreswende zum Schicksalsjahr 1938 gestaltete sich ähnlich ruhig und unauffällig wie beim Stammblatt. Das Treffen Hitler-Schuschnigg wurde vorsichtig positiv als „denkwürdige Zusammenkunft" kommentiert.

Die folgende Regierungsumbildung im Sinne Hitlers bezeichnete die 'NZ' als „eine Regierung der Konzentration und des Friedens". Das „deutsch-österreichische Befriedungswerk" wurde mit Genugtuung aufgenommen, ein positives Porträt Seyß-Inquarts veröffentlicht.[37]
Das – zwangsweise – Bekenntnis zur Unabhängigkeit Österreichs durfte aber auch nicht fehlen.

Den Berichten über die Schuschnigg-Rede zur Volksabstimmung (10. März) folgten bereits am 11. März Reportagen über die nationalsozialistische Begeisterung über die „große nationalsozialistische Kundgebung in Innsbruck", wobei unbehelligt über Anti-Schuschnigg-Parolen sowie vom Anstimmen des „Deutschlandliedes" und des „Horst-Wessel-Liedes" berichtet werden konnte.[38]

Die Sonntagsausgabe (vom Samstag, 12. 3.) erschien bereits mit der Schlagzeile „Der Führer hilft Deutschösterreich" und Artikeln über den Truppeneinmarsch, einem Bild des Führers sowie dem Nachdruck einer Proklamation Goebbels aus einer Rundfunkansprache, die mit den Worten schloß: „Die Welt soll sich überzeugen, daß das deutsche Volk in Österreich in diesen Stunden seligste Freude und Ergriffenheit erlebt. Es sieht in den zur Hilfe gekommenen Brüdern die Retter aus tiefster Not. (…) Es lebe das nationalsozialistische Österreich!"[39]

---

[35] SCHOPPER a. a. O., S. 114.
[36] Ebd.
[37] 'NZ', Nr. 41, 19. 2. 1938, S. 1.
[38] 'NZ', Nr. 58, 11. 3. 1938, S. 1.
[39] 'NZ', Nr. 59, 12. 3. 1938, S. 2.

Der 14. März kann als Beginn der eigentlichen organisierten und vehementen Parteiberichterstattung und -propagnda angesehen werden.

Formelle Veränderungen – außer einigen Hakenkreuzen in den Text- und Inseratspalten sowie ab 15. 3. im Zeitungskopf – ließen sich vorerst nicht feststellen.

Hervorgehoben wurden jene neuen Personen, die nun „etwas zu sagen haben", wie Christoph, Denz etc. In einer Lesermitteilung vom 15. 3. wurde angekündigt, daß „unser früheres langjähriges Schriftleitungsmitglied Pg. Alfred Strobel…heute einstweilig die politische Schriftleitung der 'IN' und der 'NZ' übernommen" habe.[40]

Die Beilage „Lebendiges Tirol" wurde sofort für die NS-Ideologie mißbraucht. So hieß es am 18. 3.: „Sturmgebraus der Freiheit über deutschem Bergland", dem ein Essay über den Nazijubel in Innsbruck und das Treuebekenntnis, am 10. April für das Deutsche Reich zu votieren, folgten.[41]

Ab der Nr. 69 erschienen Leitartikel Ernst Kainraths, der später Strobel als Hauptschriftleiter der NS-Organe ablösen sollte.

Der Umfang wurde auf durchschnittlich acht Seiten ausgedehnt, langsam, aber stetig wurden Umbruch und Layout verändert, parteiamtliche Meldungen wurden zum fixen Bestandteil der Zeitung, die Ressorts zugunsten der Parteiberichte und der Abstimmungspropaganda gekürzt.

Der Abstimmungserfolg wurde schließlich als „das heilige Bekenntnis" (Österreichs und Tirols zum Deutschen Reich, Anm.) bejubelt und verlautet, die Welt stehe „im Banne unseres Sieges".[42]

Das Blatt wurde immer stärker den 'IN' angeglichen, auch das Impressum und somit der Mitarbeiterstab waren ab 20. Juni schließlich identisch.

Die Umgestaltung der Presse Tirols vom Juli 1938 wurde in der 'NZ' im Gegensatz zu den 'IN', die diesen Vorgängen breiten Raum widmeten, nicht ausführlich behandelt.

Die Berichterstattung konzentrierte sich zunehmend auf das „Altreich", wodurch das tirolische Element kraß vernachlässigt wurde. Nichtsdestotrotz wurde Tirol als „schönster deutscher Gau" bezeichnet.[43] Mit Judenhetze wurde auch in den 'NZ'-Spalten nicht gespart, besonders rund um die „Reichskristallnacht" kulminierte die sprachliche Gewalt, wenn Kainrath über „Judas Hetzfratze" leitartikelte, vom „degenerierten Mordbuben Grünspan" und „jüdischem Gesindel" schrieb und „hinaus mit den Juden" forderte, um hier nur wenige Schlagworte anzuführen, die zum gebräuchlichen Repertoire der NS-Journalisten gehörten.[44]

Der Gauverlag vermochte zwar die Auflage der 'NZ' auf bis zu 17.000 Stück (Juni 1939) zu steigern, das Anzeigenaufkommen blieb jedoch zurück, weshalb 'IN' und 'NZ' laufend Eigenwerbung betreiben mußten. Teilweise erschien das Abendblatt nur noch mit fünf bis sechs Kleinanzeigen. Diese offensichtliche Unattraktivität der Zeitung für Anzeigenkunden veranlaßte den Verlag wohl auch, das Blatt zu vernachlässigen; die Gestaltung wurde zusehends unansehnlich, die Beilagen verschwanden bzw. wurden zum Stammblatt umgeleitet (z. B. „Lebendiges Tirol"). Lediglich mehrere große Serien und das Feuilleton wurden gepflegt, so erschienen beispielsweise Geschichten von Willi Rosner, Max Reisch oder Franz Kranewitter.

Die publizistische Kriegsvorbereitung mündete im Sommer 1939 in aggressiven Berichten über „Bombenwerfer in England" oder „Polens Weg durch Terror, Blut und Barrikaden".[45]

Am 1. September leitartikelte Kainrath schließlich unter dem Titel „Führer, wir folgen dir!": „Die Entscheidung ist gefallen. Seit heute morgen kämpfen Deutschlands Soldaten im Osten gegen einen Feind, der in wahnsinniger Verblendung und in verbrecherischem Größenwahn eine friedliche Lösung unmöglich gemacht hat."[46]

---

[40] 'NZ', Nr. 62, 15. 3. 1938, S. 7.
[41] Beilage „Lebendiges Tirol" zur 'NZ', Nr. 64, 18. 3. 1938, S. 1.
[42] 'NZ', Nr. 82, 11. 4. 1938, S. 1.
[43] Vgl. 'NZ', Nr. 205, 10. 9. 1938, S. 1.
[44] 'NZ', Nr. 256, 10. 11. 1938, S. 1.
[45] 'NZ', Nr. 189, 21. 8. 1939, S. 3.
[46] 'NZ', Nr. 199, 1. 9. 1939, S. 1.

Diese Ausgabe beschäftigte sich auf allen sechs Seiten (bis auf wenige Kurzmeldungen) ausschließlich mit dem Polenfeldzug. Die folgenden Nummern enthielten zwar wieder andere Rubriken, die Kriegsberichte nahmen aber die prominentesten Plätze ein.
Die Berichte des Abendblatts glichen zwar vielfach jenen der 'IN', wurden jedoch jeweils mit den aktuellsten Ereignissen ergänzt.

Die Propaganda nach außen („Deutschland ist unbesiegbar", „Englands Krieg ist Judas' Krieg") wurde 1940 über mehrere Wochen hindurch mit vermehrter Propaganda nach innen ergänzt, vor allem in Form von historischen Zitaten, die die Zustimmung der Bevölkerung fördern bzw. den Gegner entblößen sollten. Eine Tirolberichterstattung kam so gut wie nicht mehr vor.
Schon 1940 zeichneten sich die erste Sparmaßnahmen ab – der Satz wurde enger, Platz wurde gespart, der Umfang schrumpfte kontinuierlich auf zwei bis vier Seiten zusammen.

1941 konnte das Anzeigenaufkommen noch einmal kurzfristig gesteigert werden, was jedoch nur ein Tropfen auf den heißen Stein war. Die Sparmaßnahmen drückten sich schließlich – wie in den 'IN' – in einer Veränderung des Umbruchs (nun vierspaltig) aus.
Auch inhaltlich schlug sich der Kriegsverlauf in den Spalten nieder: Konnten keine eigenen „Erfolge" mehr vermeldet werden, so verkaufte man die „Blutopfer" des Feindes oder Siege eines Verbündeten als Schlagzeilen.

Im Oktober 1942 wurden die Aufgaben der Journalisten im Krieg dargestellt: Der eine kämpfe mit der Waffe, der eine mit der Feder, jeder auf seinem Platze; viele Schriftleiter seien schon im Feld gestanden, weshalb sie auch soldatisch denken und schreiben und angriffslustig arbeiten würden: „Wir packen den Feind an, wo immer wir ihn in der publizistischen Kampfarena treffen."[47] Dies sei auch die Hauptaufgabe – die Zeitung sei ein scharfes Kriegsinstrument. Daher würden sich deutsche Zeitungen auch nie zum „objektiven" Sprachrohr feindlicher „Propaganda-Elaborate" machen lassen. Und: „Niemand kann heute schon diesen großen Kriegsbeitrag unserer Zeitungen ermessen und richtig abschätzen, aber wenn einmal die Geschichte urteilt (auch die Mediengeschichte, Anm.), dann wird sie mit der deutschen Presse zufrieden sein (…)."[48]
Damit wurde mit entwaffnender Offenheit ausgesprochen, daß nicht Objektivität, sondern die Kriegsunterstützung um jeden Preis Aufgabe der NS-Presse zu sein hatte.

1943 wurde die „Hohe Berufung und Vielgestalt" der Kulturpressearbeit hervorgehoben. Obwohl der Umfang der Zeitung geschmolzen sei, „ist die Bedeutung und Auswirkung der Kulturpresse, soweit sie in der Tagespresse (…) erscheint, nach ihrer, der Volksgemeinschaft dienenden, Neuorientierung im Verlaufe des Krieges eine vielleicht noch intensivere geworden. Durch den Roman, durch die künstlerische Novelle, durch die Kunstgeschichte (…) – Gebiete, die in der nationalsozialistischen Presse im Verlauf friedlicher Jahre mit besonderer Hingebung gepflegt wurden, wird der im Kriege ungemein starke Lesehunger des Zeitungsfreundes weitgehend gestillt."[49] Dabei wollte man volksbildend, unterrichtend, kraftspendend, unterhaltend, geschmackbildend, gemeinschaftsfördernd und erzieherisch wirken.[50] Dies gelte nicht nur für die 'NZ', sondern für alle NS-Publikationen.
Von diesem Anspruch der Kulturarbeit blieb in der Folge angesichts der rapide abnehmenden „Qualität" der Zeitung nicht viel übrig. Einige Nachrichten, ein Fortsetzungsroman, einige wenige Anzeigen waren das dürftige Bild, das das Blatt 1943/44 noch bot, meist nur zwei- bis vierseitig und nur noch fünfmal wöchentlich.

Im August 1944 deutete nichts auf die unmittelbar bevorstehende Einstellung der Zeitung aus kriegswirtschaftlich bedingten Einsparmaßnahmen hin.
Mit der gleichlautenden Meldung wie im Stammblatt 'IN' verabschiedete sich die 'NZ' unspektakulär „für die Dauer des Krieges" am 31. August 1944 von der publizistischen Bühne Tirols.

---

[47] 'NZ', Nr. 202, 25. 10. 1942, S. 1.
[48] Ebd., S. 2. Die Historie urteilt allerdings anders, als der Leitartikler geglaubt oder gehofft hatte.
[49] 'NZ', Nr. 20, 29. 1. 1944, S. 3.
[50] Ebd.

1.3 Volks-Zeitung / Deutsche Volks-Zeitung

1.3.1 Daten zur äußeren Struktur

Titel:
- 10.12.1892 bis 13.03.1938: Volks-Zeitung[1]
- ab 14.03.1938: Deutsche Volks-Zeitung
- ab Wiedererscheinen 15.11.1945: Volks-Zeitung

Untertitel:
Organ für die Interessen des arbeitenden Volkes in Tirol und Vorarlberg
- ab 18.05.1915: Sozialdemokratisches Tagblatt
- ab 1919: Sozialdemokratisches Tagblatt für Tirol
- ab 01.10.1921: Sozialdemokratisches Tagblatt für Tirol und Vorarlberg
- ab 18.04.1925: UT ohne Zusatz Vorarlberg
- ab 19.02.1934: Unabhängiges Organ für die Interessen der Arbeiter und Angestellten Tirols
- ab 28.05.1934: zweiter UT: Mitteilungsblatt der Innsbrucker Kammer für Arbeiter und Angestellte und des Tiroler Gewerkschaftsbundes
- ab 02.09.1935: Unabhängiges Tagblatt für die Interessen der Arbeiter und Angestellten (ohne zweiten UT)
- ab 14.03.1938: Tagblatt des schaffenden Volkes
- ab 06.08.1938: Das Tiroler Tagblatt des schaffenden Volkes
- ab 01.10.1938: kein Untertitel
- ab 15.11.1945: Sozialdemokratisches Tagblatt für Tirol

Erscheinungsort:
- 1892: Innsbruck/Wilten
- 1893 (Mai) bis 1894 bzw. 1905: Dornbirn (bzw. Mitte bis Ende 1895 in der Schweiz)[2]
- Im Jahr 1901 erschien die Zeitung in Linz als Kopfblatt der 'Wahrheit'.
- 1894 bzw. 1905 bis 1939 bzw. 1945 bis 1957: Innsbruck

Erscheinungsdauer:
10.12.1892 bis 25.04.1939 (1914: 22. Jg.)
15.11.1945 bis 28.02.1957 (21.–23.09.1919 nicht erschienen, für drei Tage eingestellt, 01.09.–14.09.1922 nicht erschienen, 13.02.–18.02.1934 nicht erschienen).[3]

Erscheinungsweise:
- 1892–1894: 14tägig
- 1895–1905: wöchentlich
- 1906–1907: 2× wöchentlich
- 1908–1910: 3× wöchentlich
- ab 01.05.1911: Tageszeitung
- 1914: 5× wöchentlich (5.00 Uhr früh)
- ab 05.08.1914: 6× wöchentlich (außer Sonn- und Feiertagen, 5.00 Uhr abends mit Datum des nächsten Tages)

---

[1] In der Folge mit 'VZ' abgekürzt.
[2] Hier widersprechen sich die Angaben von MAIR, Nothburga a.a.O., S. 183, die davon, spricht, daß nach nur ca. 30 Ausgaben die 'VZ' schon 1894 auf Grund staatsanwaltschaftlicher Probleme wieder nach Innsbruck zurückkehrte. Landesparteisekretär (nach 1945) Ferdinand Kaiser legte den Dornbirner Zeitraum gar bis 1905 fest, ehe die Zeitung wieder in Innsbruck erschienen sei. BREIT, Gerda a.a.O., legte sich auf 1895 als Rückkehrjahr fest. Die Jubiläumsausgabe der 'VZ' vom 29.10.1932 datiert die Rückkehr ins Jahr 1896.
[3] Siehe dazu das Unterkapitel 1.3.2 „Allgemeine Chronik", S. 120.

ab	14.11.1918:	6× wöchentlich (9.00 Uhr früh)
ab	September 1919:	6× wöchentlich (5.00 Uhr abends)
ab	1921:	6× wöchentlich (4.00 Uhr nachmittags)
ab	September 1922:	6× wöchentlich (mittags)
ab	09.04.1935:	6× wöchentlich (morgens)
ab	15.11.1945:	6× wöchentlich (morgens)

Die 'VZ' wechselte relativ oft ihre (tägliche) Erscheinungsweise: Die Bandbreite reichte von 5.00 Uhr früh bis 5.00 Uhr abends.
Im Gegensatz zu den anderen Innsbrucker Tageszeitungen verzichtete die 'VZ' – wohl aus finanziellen Gründen – auf die Herausgabe einer Abendausgabe (insbesondere im Ersten Weltkrieg). Sie erschien somit vorerst fünfmal, seit dem Krieg regelmäßig sechsmal wöchentlich, wobei die Samstagausgabe (mit Datum vom Sonntag) als Wochenendausgabe fungierte.

Umfang: (in Seiten)

Zeit	Normalausgabe wochentags (Durchschnitt)	Samstagausgabe
1913/14	8	8
1914/15	4–8	4–8
ab 1918	4	Mittw., Samstag u. Vortag v. Feiertag 8 12–16
ab 1919	8	16
1925	8	12
1933	8	8–10
1934	8	16
1935	8	16
März 1938	10–12	20–28
Juli 1938	8	24
1939	8–12	6–8
1945	4	6
1945/46	2–4	10–12
teilw.	6–8	4
Ende 1946	2–4	6–8
1947	4–6	

Die 'VZ' wies über die gesamte Untersuchungsperiode einen relativ konstanten Umfang von 8 Seiten wochentags auf, die Samstagausgaben waren meist um 1/3 stärker bis doppelt so stark.
Weihnachts- und Osterausgaben erreichten den größten Umfang (gesteigertes Inseratenaufkommen und Festtagsbeilagen).
Der Inseraten- und Kleinanzeigenanteil am Gesamtumfang war jeweils gering. Bei achtseitigen Nummern schwankte der Inseratenanteil – je nach historischer Periode zwischen 1/3 Seite und zwei Seiten.
1935 fanden sich beispielsweise fast keine Einschaltungen mehr; sie konnten in der Folge wieder gesteigert werden, um ab 1938/39 wieder kontinuierlich abzunehmen. Folge war der fortlaufende Kampf um die Existenz der Zeitung.

Format:	Kanzleiformat	
	1914:	41,2 × 28,5 cm
	ab 01.01.1919:	39,2 × 27 cm
	ab 18.04.1925:	45 × 31,3 cm
	ab 1936:	43,5 × 33 cm
	ab 23.03.1936:	43,5 × 31 cm
	ab 28.03.1938:	43,5 × 33 cm
	ab 15.11.1945:	45,5 × 31 cm
Satzspiegel:	1914:	38 × 25 cm
	ab 01.01.1919:	37,2 × 25 cm
	ab 1936:	42 × 27,5 (blieb trotz Formatänderung gleich)
	ab 15.11.1945:	41,5 × 27,5 cm

Umbruch:	1914 bis 17.04.1925:	3 Spalten à 8 cm / Spaltentrennlinien
	ab 18.04.1925:	3 Spalten à 8,8 cm / Spaltentrennlinien
	ab 23.03.1936:	3 Spalten à 8 cm / Spaltentrennlinien
	ab 15.11.1945:	4 Spalten à 6,5 cm / Spaltentrennlinien

Schriftart (Brotschrift): Fraktur
　　　　　　1930 wurden die Beilagen (Unterhaltung, Für unsere Frauen und Radioprogramm) in Antiqua gesetzt.
　　　　　　1945–1947: Antiqua
　　　　　　ab 1948 wieder Fraktur (bis Juli 1950 – aus drucktechnischen Gründen)

Zeitungskopf:	Höhe 1914:	11 cm
	ab 18.05.1915:	9,7 cm
	ab 01.01.1919:	8,5 cm
	ab 01.03.1919:	8 cm
	ab 18.04.1925:	9 cm (bzw. teilw. 8,5 und 7,5 cm)
	ab 28.05.1934:	11 cm
	ab 14.03.1938:	10 cm
	ab 05.04.1938:	8,3 cm
	ab 06.08.1938:	9,5 cm
	ab 15.11.1945:	10,5 cm

Der Kopf der 'VZ' war, trotz einiger kleinerer Veränderungen, von einer kontinuierlich einfachen Gestaltung geprägt. Illustrationen fanden sich im Untersuchungszeitraum keine.
Links und rechts des Titels befanden sich – mit kleineren Veränderungen über die Jahre – Bezugspreise und -bedingungen, Anzeigenpreise und Impressum. 1919 wurden der Titelschriftzug und der Untertitel verkleinert, 1929 der Schriftzug verändert (unwesentlich) und das Impressum in eine Unterzeile gesetzt. Ab dem 16.3.1938 erschien kurzfristig (bis 23.3.) das Hakenkreuz in der Mitte des Kopfes. Eine kleinere Veränderung erfuhr der Kopf noch am 2. Mai 1938.
Genauso unauffällig präsentierte sich der Titel 1945, der Schriftzug war annähernd beibehalten worden, Adresse und Preise befanden sich in einer Unterzeile.

Gesinnung/politische Richtung:　　sozialdemokratisch
　　　　　　　　　　　　　　　　ab 19.02.1934 vaterländisch gleichgeschaltet, ab dem 28.05.1934 Organ der staatlich kontrollierten Arbeiterkammer und der Gewerkschaft Tirols
　　　　　　　　　　　　　　　　ab 12.03.1938 nationalsozialistisch gleichgeschaltet
　　　　　　　　　　　　　　　　ab 1945 sozialistisch/Tiroler SPÖ-Organ

Impressum:

1914:	Verantw. Redakteur: Martin Rapoldi, Herausgeber: Simon Abram, Druck und Verlag der Innsbrucker Buchdruckerei und Verlagsanstalt H. Flöckinger & Co.
ab Sommer 1921:	Chefred. i. V.: August Wagner
ab 09.10.1922:	Eigentümer: Sozialdemokratische Partei Tirols, Herausg.: Simon Abram, Verantw. Redakteur i. V.: A. Wagner, Druck und Verlag der Innsbrucker Buchdruckerei und Verlagsanstalt
ab 15.03.1923:	Eigent., Herausg., Druck und Verlag: Innsbrucker Buchdruckerei und Verlagsanstalt in Innsbruck, Verantw. Redakteur: August Wagner
ab 01.02.1928:	Verantw. Redakteur: Alois Aricochi
ab Sept. 1928:	Verantw. Redakteur i. V.: Karl Gvatter
ab 15.12.1930:	Verantw. Redakteur: Karl Gvatter
ab 22.06.1931:	Verantw. Red.: Josef Menzel
ab 01.01.1932:	Redaktion, Verwaltung und Inseratenannahme: Mentlgasse 12, Eigentümer etc.: s. o.
ab 27.01.1932:	Für die Redaktion verantwortlich: Alfons Kauer
ab 01.07.1932:	Für die Redaktion verantwortlich: Rolf Hauser

ab 10.08.1932:	Für die Redaktion verantwortlich: Rudolf Hauzwicka
ab 19.01.1933:	Für die Redaktion verantwortlich: Adolf Populorum
ab 03.04.1933:	Für die Redaktion verantwortlich: Karl Spielman
ab 21.04.1933:	Für die Redaktion verantwortlich: Michael Viertler
ab 18.05.1933:	Für die Redaktion verantwortlich: Jakob Fingerl
ab Mitte 1933:	Eigent., Hg., Druck und Verlag: Innsbrucker Buchdruckerei und Verlagsanstalt Hubert Schneider & Co., Mentlgasse 12
ab 24.08.1933:	Für die Redaktion verantwortlich : Ferdinand Friedl
ab 14.09.1933:	Für die Redaktion verantwortlich: Johann Burtscher
ab 05.10.1933:	Für die Redaktion verantwortlich: Karl Kleindl
ab 03.11.1933:	Für die Redaktion verantwortlich: Maria Rapoldi
ab 27.01.1934:	Für die Redaktion verantwortlich: Anton Cerny
ab 19.02.1934:	Für den Inhalt verantwortlich : Othmar Popp
ab 14.05.1934:	Für den Inhalt verantwortlich: Josef Winkler
ab 21.09.1934:	Innsbrucker Buchdruckerei und Verlagsanstalt Josef Winkler & Co.
ab 11.10.1937:	Für den Inh. verantw.: Hans Ebenberger
März 1938:	vorerst keine Änderung
ab 29.03.1938:	Für den Inh. verantw.: Fritz Olbert
ab 23.06.1938:	Hauptschriftleitung – Verantwortlicher: A. Schachenmann, Chef vom Dienst und Politik: Fritz Olbert, Partei und Lokales: Josef Bender, Wirtschaft und Sozialpolitik: Dr. H. Kröll, Sport: Josef Roncay, Verantwortl. für Anzeigenteil: M. Angerer, Eigent., Druck u. Verlag: Innsbrucker Buchdruckerei und Verlagsanstalt – Verantw.: A. Schachenmann, Verantw. für Vorarlberger Schriftleitung: F. Neurauter
ab 15.11.1945:	Herausg.: Franz Hüttenberger, Chefredakteur: Ludwig Klein, Verantw. Redakteur: Hans Flöckinger, Druckerei Frohnweiler, alle Innsbruck. Eigentümer: Sozialistische Partei Österreichs, Landesorganisation Tirol
ab 1946:	Satz v. Frohnweiler, Druck v. Wagner
ab 13.09.1946:	Verantw. Red.: Wendelin Schöpf
ab 10.05.1947:	Verantw. Red.: Karl Faßl
ab 28.08.1947:	Verantw. Red.: Oswald Mayer

Ressorts/Inhalt:

1914:	Leitartikel, Feuilleton, Vom Tage, Kleine politische Nachrichten, Aus der Partei und dem Gewerkschaftsleben, Aus aller Welt, Aus Tirol, Theater, Soziale Rundschau, Innsbruck und Umgebung, Verschiedenes, Fortsetzungsroman.
Seit Kriegsbeginn:	Kriegsberichterstattung meist nach geographischen Gesichtspunkten unterteilt, z.B. „Der Krieg mit Frankreich" (England, Rußland, Serbien etc.) – Kriegsberichte stehen im Vordergrund. Weiters: Letzte Nachrichten, Tagesneuigkeiten, Theater, kleines Feuilleton, Roman, Soziale Rundschau.
1916:	Letzte Nachrichten, Verschiedene Nachrichten, Aus Stadt und Land, Vom Tage, Aus der Partei, Inserate (wenig), Kleinanzeigen, außer Landkarten (mit Frontlinien) keine Illustrationen.
Ab August:	Soziales, Volkswirtschaftliche Rundschau, Heutiger Österreichischer Generalstabsbericht (dieser mußte gedruckt werden).
1919:	Außenpolitik (nach Ländern gliedert), Innsbrucker Gemeinderat, Aus Stadt und Land, Versammlungsanzeigen, Verschiedene Nachrichten, Innenpolitik (nach Regional- und Parteipolitik gegliedert), Wahlberichte (Werbung und Propaganda), Berichte von den Friedensverhandlungen im Vordergrund, Roman, Politische Tagesschau, Stadttheater (Programm und Berichte), vermehrt Berichte über die Anschlußdebatte, vermehrt Nachrichten aus Deutschland und Südtirol, Tiroler Landtag.
1921:	Literatur, Feuilleton, Aus der Gemeindestube, Volkswirtschaft, Versammlungskalender, Theater/Konzerte/Kunst, Sport, Gerichtssaal, Sozialpolitik,

	Aus der Partei, Nachrichten aus Vorarlberg (seit Schwesterblatt 'Vorarlberger Wacht' eingestellt wurde)
1923:	Für unsere Frauen, für unsere Kinder, Karikaturen
Ab 18.04.1925:	Politik, Politische Rundschau, Innsbrucker Gemeinderat, Feuilleton, Aus Stadt und Land, Versammlungskalender, Drahtnachrichten, Volkswirtschaft, Theater/Konzerte/Kunst, Aus aller Welt, Aus der Partei, Sport, Verkehrsnachrichten, Aus dem Gerichtssaal, Aus der Gemeindestube, Natur/Wissenschaft/Technik, tlw. Für unsere Frauen und Mädchen
Ab 1926:	teilweise Illustrationen
Ab 1928:	Was bringt das Radio? (Wochenprogramm).
1932:	Südtiroler Nachrichten, Gewerkschaftsbewegung, Kino. Im Herbst 1932 wurde die Samstagsausgabe umgestaltet und nahm den Charakter einer Wochenzeitung an, die auch als eine solche abonniert werden konnte: Wirtschaft und Genossenschaft, Kommunalpolitik, Gewerkschaft und Sozialpolitik, Frau und Erziehung, Politische Wochenschau, Partei und Wissen und Technik.
1934:	Die Tribüne (Lesermeinungen auf Seite 1)
Ab 19.02.1934:	Mit der vaterländischen Gleichschaltung verschwanden einige zu sozialistisch anmutende Ressorts (Sozialpolitik, Gewerkschaft, Aus der Partei, Frauen- und Kinderseite), ansonsten blieben die Rubriken erhalten. Ab Juni: Gewerkschaftsnachrichten (aus den staatlichen Gewerkschaften), Streiflichter (Montag), Alltagsgeschichten (gez. mit „Spectator") 1934 wurde die Innen- zugunsten der Außenpolitik wesentlich zurückgedrängt.
1935:	Ab März „Wirtschaftsrubrik der Volks-Zeitung" – meist einmal monatlich in großer Aufmachung, um die Zeitung auch in Unternehmerkreisen attraktiver zu machen.
Ab 1936:	Konzentration der Rubriken auf einige wenige Schwerpunkte: (wenig) Innenpolitik, Außenpolitik, Kommunales (Tirol und Vorarlberg), Sport, Gericht, Kultur, Allerlei. Juni: Stimmen des Tages (Presseschau) sowie Kleintierzucht und Kleingarten, Philatelie, Humor, Bücherschau, Für Küche, Heim und Familie
1937:	Im Spiegel der Presse (statt Stimmen des Tages), VF-Mitteilungen der Pressestelle
1938:	Vor dem Anschluß: Politik, Pro-Österreich-Berichte, Roman, Aus aller Welt, Aus Tirol, Aus Vorarlberg, Vaterländische Front, Südtirolnachrichten, Gerichtssaal, Theater/Konzert/Kunst, Film, Vereinsnachrichten.
Ab 14.03.1938:	NS-Berichterstattung (Partei, Bewegung, Propaganda), Rubrik „Tirol", restliche Ressorts nicht gekennzeichnet.
Ab 16.03.1938:	Aus der Partei, Vor Gericht, Sport, Aus der NSBO, Sonderseiten über Führer, Partei, „Mein Kampf", Bildberichte.
Ab Ende März	Rubrik „Vorarlberg".
Ab Mai:	Freizeit/Unterhaltung/Wissen, Sport und Spiel, Deutsche Wirtschaft, Wirtschaft und Sozialpolitik, Blick in die Welt, Frau und Heim, Aus der Welt des Films, Alles für die Hausfrau, Letzte Meldungen.
1945:	Leitartikel, Innenpolitik, internationale Politik und Kurzmeldungen, Feuilleton, Aus Stadt und Land, Sport und Touristik, Diverse Meldungen, In Kürze, Für unsere Frauen, Kunst und Kultur, Radio-, Theater- und Kinoprogramm, Amtliche Nachrichten.
1946:	zusätzlich: Aus der Republik, Theater, Aus aller Welt, Aus der Partei, Sport/Spiel/Alpinismus, Aus dem Gerichtssaal; Samstagausgabe: Erzählung und Feuilleton, Belehrendes und Wissenswertes, Gesundheit, Soziales, Gewerkschaftliches und Historisches, ab Mai tlw.

Zeitgeschichte im Bild, ab Juli Sport am Wochenende, Gewerkschaft und Sozialpolitik, Letzte Nachrichten, Für unsere Frauen (zusätzliche Samstagrubriken im Herbst wegen Papiermangels teilweise ausgesetzt, ab April 1947 wieder enthalten).

Zeitungstyp nach Vertriebsart:
vorwiegend Abonnement-Blatt.
Beim Wiedererstehen der Zeitung im Jahr 1945 konnten vorerst keine Abonnements angeboten werden (was auf technische Probleme zurückzuführen war), somit stand nur der Verkauf in Verschleißstellen und durch Kolporteure zur Verfügung.

Auflagen: 1899 bis 1908 siehe Anmerkung[4]
1914: 3.800[5]; 1915: 2.600; 1916: 3.400; 1918:3.000; 1919:7.000; 1920: 7.000; 1921: 6.050[6]; 1922: 8.000; 1923: 5.000; 1924: 5.300; 1925: 5.000; 1926: 6.000; 1927: 6.200; 1928–1930: 6.200; 1931: 6.000; 1932: 5.900[7] 1937: 3.800; 1938: 3.200[8]; 1945/46: 11.000–15.000[9]

Bezugspreise: 'Volks-Zeitung'

ab Datum	Einzelpreise werktags	samstags	Monatsabonnementpreise loco/abholen	Zust. Bote	Zust. Post
1914	H 10	H 10	K 1,50	K 1,70	K 1,80
01.04.14	" 10		" 1,70	" 1,70	" 1,80
01.01.16	" 10[a]		" 1,50	" 1,70	" 2,–
01.08.16	" 10		" 1,80	" 2,–	" 2,30
01.01.17	" 10		" 1,80	" 2,–	" 2,60
01.07.18	" 14		" 2,40	" 2,60	" 2,60
01.01.19	" 20		" 2,40	" 2,60	" 2,60
01.06.19	" 30		" 3,40	" 3,80	" 4,10
01.01.20	" 40		" 5,50	" 6,50	" 7,…
Samstagsausgabe als Wochenzeitung 1/4jährlich K 4,50					
01.03.20	H 70		K 9,50	" 10,50	" 11,–
01.06.20	" 80		" 15,–	" 16,–	" 17,–
01.08.20	" 80		" 20,–	" 22,–	" 23,–
01.09.20	K 1,–		" 20,–	" 22,–	" 23,–
01.01.21	" 1,50		" 30,–	" 34,–	" 35,–
01.05.21	" 3,–		" 45,–	" 50,–	" 55,–
01.08.21	" 4,–		" 62,–	" 70,–	" 73,–
01.10.21	" 5,–		" 85,–	" 100,–	" 100,–
01.12.21	" 15,–		" 250,–	" 280,–	" 280,–
01.01.22	" 30,–		" 500,–	" 560,–	" 560,–
01.02.22	" 30,–		" 600,–	" 660,–	" 660,–

---

[4] 1899: 2.000 (davon 800 in Innsbruck), lt. MAIR, Nothburga a.a.O., S.186 sowie Kopienmaterial KAISER. 1905: 2.800, lt. Präs. 1905/13/57. 1908: 4.500, lt. Präs. 1908/13/2.070.
[5] Diese und folgende Auflagenzahlen – sofern nicht anders angegeben – aus den Quartalsausweisen der Präsidialakten 1914–1924/XII 78c4, Präs. 1925/X 41, Präs. 1926ff./XII 60 (jew. 1. Quartal).
[6] Lt. Eigenangabe (Geschäftsbericht, 'VZ', 3.12.1921).
[7] Vgl. ALA-Zeitungskatalog. Hrsg. von Haasenstein & Vogler. – Berlin 1932. Hier lautete die Auflagenzahl auf 6.200 Stück.
[8] Vgl. GOLOWITSCH a.a.O., S.404 (aus „Zeitungskatalog 1938", S.583).
[9] Diese Auflagenzahlen, die lt. Papierzuweisung der SPÖ zugestanden wurde, konnten jedoch nicht lange gehalten werden.

ab Datum	Einzelpreise			Monatsabonnementpreise					
	werktags		samstags		loco/abholen		Zust. Bote		Zust. Post
01.04.22	K	40,–		K	900,–	K	980,–	K	980,–
01.06.22	"	60,–		"	1.100,–	"	1.200,–	"	1.200,–
01.07.22	"	100,–		"	1.800,–	"	1.900,–	"	1.900,–
01.08.22	"	200,–		"	2.900,–	"	3.200,–	"	3.200,–
15.08.22	"	300,–		"	4.500,–	"	4.800,–	"	4.800,–
01.09.22	"	600,–		"	10.000,–	"	11.000,–	"	11.000,–
01.10.22	"	1.000,–		"	18.000,–	"	20.000,–	"	20.000,–
01.11.22	"	1.000,–		"	17.000,–	"	18.000,–	"	18.000,–[b]
02.06.24	"	1.500,–		"	22.000,–	"	24.000,–	"	24.000,–
01.09.24	"	2.000,–		"	25.000,–	"	28.000,–	"	28.000,–
01.02.25	"	2.000,–		"	27.000,–	"	30.000,–	"	30.000,–
02.03.25	G	20		S	2,70	S	3,–	S	3,–[c]
22.07.25	"	25		"	3,–	"	3,40	"	3,40
01.08.29	"	30		"	3,60	"	4,–	"	4,–
Samstagsausgabe als Wochenzeitung monatlich S 3,–									
01.10.34	G	20		S	3,60	"	4,–	"	4,–
02.05.38	RPf.	15		RM	2,40	RM	2,60	RM	2,50
01.10.38	"	13	RPf.15	"	2,–	"	2,50	"	2,50
15.11.45	"	15		"	3,60	"	3,80	"	3,80[d]
01.07.47	G	20		S	4,–	S	4,40	S	4,40
01.09.47	"	35		"	6,50	"	6,80	"	6,80

Anmerkungen zu den Preisen:
[a] In der Folge samstags gleicher Preis wie werktags
[b] Verbilligung lt. Ankündigung
[c] Preisumstellung nach Währungsreform
[d] Zu Beginn wurden die Preise noch in Reichsmark, bald darauf jedoch auch in Schilling angegeben (gleiche Beträge)

Beilagen: 1914: „*Unterhaltungsbeilage*" – einmal wöchentlich am Samstag, Halbformat, 8 Seiten. Besteht vor allem aus Roman, buntem Allerlei und Witzblättern. Diese Beilage erschien außer 1915 bis 1917 (nur fallweise) regelmäßig und mutierte am 12.10.1919 zum „*Unterhaltungsblatt*" (UT: Wochenbeilage der 'VZ'), ebenfalls Halbformat, 4 Seiten, einmal wöchentlich am Samstag. Inhalte waren vor allem Historisches und Feuilleton, Kinderseite, Roman, Erzählungen.
Einmal im Jahr erschien ein ein- bis zweiseitiger „*Tätigkeitsbericht*" der Partei (sowie der Zeitung und Druckerei).
Ab Juni 1934 wurde samstags eine Bilderbeilage „*Bilder der Woche*" gebracht, die wichtige Ereignisse der abgelaufenen Woche dokumentierte. Das „Unterhaltungsblatt" erschien im Sommer 1934 nicht, erst ab September wieder, jedoch unregelmäßig.
Ab 25.09.1935 wurde „*Arbeitsrecht und Arbeiterschutz*" beigelegt, (für den Inh. verantw.: Ernst Müller), das Leserfragen und Tips für die Arbeitswelt enthielt (einmal wöchentlich am Samstag).
Ab Juli 1938 „*Wochenbeilage der DVZ*" (Kurzberichte, Allgemeines, Erzählungen, Nützliches für Heim, Haus und Garten, Rätsel, Kochrezepte, Anekdoten, Radioprogramm). Ab November erschien „*Wir Jungen*", Jugendbeilage der DVZ, 14tägig.
Ab Mai 1946 erschien „*Der Jungsozialist*" als Beilage der sozialistischen Jugend zur VZ, 2 Seiten, einmal wöchentlich am Samstag, für den Inh. verantw.: Chefred. Ludwig Klein.

Jubiläumsausgabe: 29.10.1932 „40 Jahre Arbeiterpresse in Tirol".
32seitige Jubiläumsbeilage. Die Titelseite zierte ein Farbdruck (stilisierter Arbeiter, rote Fahne), Druck in 4spaltiger Helvetica, illustriert, 11 Seiten Inserate. Auf den Seiten 2–7 blickte Redakteur Aricochi auf die VZ-Zeitungsgeschichte zurück, beschrieb die Anfänge der sozialdemokratischen Presse unter dem Pionier Ignaz Saska in Wilten, schrieb über die

Finanzierungsprobleme (Preßfonds), den Übergang der Zeitung in Parteibesitz (1895), die Abtrennung der 'Vorarlberger Wacht' als nun eigenständiges Blatt, die Gründung der eigenen Druckerei in der Mentlgasse und die Ausgestaltung zur Tageszeitung.
Weiters enthielt sie Artikel von Karl Kautsky (über 40 Jahre 'VZ'), von Karl Renner über seine Tage 1907/08 als Redakteur der 'VZ', sowie von K. Seitz und Karl Gvatter (über den täglichen Redaktions- und Produktionsablauf).

1.3.2 Allgemeine Chronik

1.3.2.1 Die 'VZ' 1892–1918

Mitten in die Jahre und die Länder der „schwärzesten Reaktion in Österreich"[10] hinein und den sozialdemokratischen Kampf dagegen, wie es Alois Aricochi in der 'VZ' formulierte, entstand in Innsbruck/Wilten unter der Patronanz des sozialdemokratischen Schriftsetzers Ignaz Saska das Halbmonatsblatt 'VZ'.
Bis dahin bestanden in Österreich an sozialdemokratischen (Tages-)Blättern die 'Arbeiterzeitung', die 'Arbeiterstimme' und der 'Volksfreund' in Brünn und der 'Arbeiterwille' in Graz.

Zum Zweck einer eigenen Zeitungsgründung wurde im August 1891 eine Sitzung einberufen, bei der der einstimmige Beschluß gefällt wurde, auch in Innsbruck ein sozialdemokratisches Blatt zu gründen, was jedoch vorerst – aus Geldmangel – verschoben werden mußte (nachdem bereits 1887 eine Zeitungsgründung gescheitert war).
Ohne restlose Abklärung der Finanzierung und praktisch im Alleingang brachte Saska schließlich am 10. Dezember 1892 die erste Ausgabe der 'VZ' als „Organ für die Interessen des arbeitenden Volkes in Tirol und Vorarlberg"[11] heraus.
Vier- bis achtseitig erschien die Zeitung vorerst 14tägig in Wilten, Adamgasse 7 (Wohnort Saskas), gedruckt in der Druckerei Edlinger, wo Saska Schriftsetzer war.
Ein Preßfonds wurde gegründet, um eine finanzielle Basis für die Zeitung zu schaffen.

Das Blatt entstand also faktisch außerhalb der Partei, die in jenen Jahren in Tirol noch keine nennenswerte politische Kraft war. Erst 1893 (1895) ging die 'VZ' in den Besitz der Tiroler Sozialdemokratischen Partei über.[12]

In der Nummer eins leitartikelte Saska über das Hainfelder Programm und darüber, daß die Zeitung dazu beitragen solle, das Proletariat in Tirol und Vorarlberg politisch zu organisieren.[13]
Das Erscheinen der Zeitung wurde, z.B. von der 'Brixner Chronik', mit besorgter Aufmerksamkeit verfolgt.[14] Fritz Olbert charakterisierte die Inhalte der 'VZ' gar als „wütende Angriffe auf alles 'Bürgerliche'" und bezeichnete sie als „randalierende Skandalpresse" sowie als „getreues Spiegelbild ihrer Wiener Vorbilder".[15]

Auf Grund technischer Probleme und inhaltlicher Differenzen mit der Druckerei wurde das Blatt ab Juli 1893 in Dornbirn bei F.A. Feuerstein hergestellt (um den „Chicanen" der Druckerei in Innsbruck auszuweichen) und festgestellt: „Es wird die Schreibweise nicht mehr von der Gefälligkeit des Druckers abhängen und die Artikel nicht zweimal zensuriert werden."[16] Im zweiten Halbjahr 1895 wurde die 'VZ' in der Schweiz gedruckt, ehe sie 1896 wieder zu Edlinger nach Innsbruck zurückkehrte (vgl. dazu auch Anm. 2).

---

[10] 'VZ', Jubiläumsausgabe, 29.10.1932, S. 2.
[11] Vgl. ebd. Der Pionier Saska verstarb 38jährig im Jahr 1896. Saska war erster Obmann des am 04.5.1893 gegründeten „Politischen Volksvereins für Tirol". Vgl. dazu auch BREIT a.a.O., S. 178 ff.
[12] Auch hier widersprachen sich die Angaben von MAIR, VOLGGER, KAISER und STOISAVLJEVIC.
[13] 'VZ', Nr. 1, 10.12.1892, S. 1.
[14] Vgl. MAIR a.a.O., S. 182.
[15] OLBERT a.a.O., S. 189.
[16] Zit. nach MAIR a.a.O., S. 183 aus 'VZ', 27.5.1893.

1.3 Volks-Zeitung / Deutsche Volks-Zeitung

Die Redaktion in Dornbirn hatte Genosse Coufal besorgt, in Innsbruck übernahm dann wieder Saska die Leitung des Blattes. 1893 wurde es zum offiziellen Parteiorgan ernannt, blieb jedoch bis 1895 in Privatbesitz (Saska und Schreiner in Innsbruck, Schramm in Dornbirn).

Die Schreibweise der Zeitung wurde schließlich von Wiener Delegierten zum Landesparteitag als zu wenig scharf bezeichnet – ganz im Gegensatz zum Urteil aus christlichen und liberalen Kreisen.
1895 wurde eine Pressekommission gegründet, die die Zeitung verwaltete und über die Geld gesammelt wurde (für den Preßfonds).
1897 konnte Parteiführer Holzhammer schließlich verlautbaren, daß das Blatt „finanziell gesichert" sei.[17]

Bevor die Zeitung am 1. Mai 1911 zum Tagblatt wurde, erschien sie ab 1895 wöchentlich, ab 1906 zweimal wöchentlich, ab 1908 dreimal. Im Jahr 1901 war sie in Linz als Kopfblatt der 'Wahrheit' gedruckt worden.
1905 wurde sie wieder in Innsbruck herausgebracht, wo sie vorerst bei R. Zech gedruckt und von Hermann Flöckinger verlegt und redigiert wurde.
1906 erhielt Martin Rapoldi eine fixe Anstellung als Redakteur, was er bis zu seinem Tod bleiben sollte.

Die Hauptaufgabe der regionalen bzw. örtlichen Parteipresse lag im „Eingehen auf die spezifischen Probleme und Gegebenheiten einer kleinen geographisch-politischen Einheit (…) durch ortsansässige oder zumindest ortsverbundene Redakteure."[18]
Gerhard Oberkofler bescheinigt dem regionalen Organ seine Notwendigkeit: „Die Gründung eines sozialistischen Presseorgans in Tirol (…) bedeutete einen einschneidenden Schritt. Das Zentralorgan (…) gab der Arbeiterbewegung in Tirol und Vorarlberg großen Aufschwung und stärkte ihren Zusammenhalt. Es bedeutete das Baugerüst der Tiroler Sozialdemokratie. Die Arbeiterführer hatten eine Waffe, die Organisationen in den Bezirken und Orten aktiv aufzubauen, zu leiten und auf wichtige politische Aufgaben zu orientieren."[19]

Nachdem auf Antrag Rapoldis die Zeitung seit 1908 dreimal wöchentlich erschienen war, wurde auf der 21. Landeskonferenz der Partei beschlossen, sie ab 1. April 1911 täglich erscheinen zu lassen, was als eine der wichtigsten Entscheidungen der Tiroler Arbeiterpartei bewertet worden ist.[20] Die Finanzen dafür wurden aus dem Tagblattfonds aufgebracht, der durch den Verkauf von Gründerkarten gespeist wurde. Bereits 1910 war, nach der organisatorischen Trennung von den Vorarlberger Genossen, auch die publizistische vollzogen. Es entstand als eigenes Organ die 'Vorarlberger Wacht' (Wochenzeitung).

Unstimmigkeiten mit der bürgerlichen Druckerei Edlinger waren schließlich der Hauptbeweggrund, eine eigene Druckerei zu gründen. Das Anwesen Mentlgasse 12 wurde erworben, wo 1910 Druck, Betrieb und eigener Verlag untergebracht wurden und wo am 17.10.1910 die erste Ausgabe der 'VZ' im eigenen Betrieb hergestellt wurde.
„Der starke Rückhalt der Parteipresse bei den Parteigenossen, die Opferbereitschaft und die treue Gefolgschaft der sozialdemokratischen Anhängerschaft verschafften den Parteiblättern die kämpferische Note, ein Wesenszug, der v. a. bei der 'VZ' augenscheinlich wird: Unbarmherzig wurde auf wirtschaftliche und soziale Mißstände hingewiesen, mit einer bissigen, satirischen Schreibweise werden mißliebige Persönlichkeiten und Verordnungen gebrandmarkt."[21]
Der Buchdruckerstreik 1913/14 brachte der sozialistischen Druckerei, die nicht bestreikt wurde, einen beachtlichen wirtschaftlichen Aufschwung durch neue Druckaufträge und trug wesentlich zum Gedeihen des Betriebes und seiner Presse bei.

---

[17] Der Bestand war wohl „gesichert", das Blatt jedoch nicht von den finanziellen Problemen erlöst.
[18] Zit. BREIDENBACH, Heinrich: Die Presse der deutschsprachigen sozialdemokratischen Bewegung in Österreich zwischen Hainfeld und Erstem Weltkrieg. – Salzburg: Phil. Diss. 1980, S. 108.
[19] Zit. nach OBERKOFLER, Gerhard: Die Tiroler Arbeiterbewegung, a.a.O. in BREIDENBACH a.a.O., S. 110.
[20] Vgl. OBERKOFLER a.a.O., S. 142. Tatsächlich erschien die Zeitung täglich erst ab 26.4.1911, also knapp einen Monat später als geplant.
[21] VOLGGER a.a.O., S. 168.

Feuilleton und Literatur konnte breiterer Raum gewidmet werden, so kamen z. B. Heinrich Heine und Georg Herzweg zu Wort und erhielten Stücke von Karl Schönherr, Ludwig Anzengruber und Ludwig Thoma ihre publizistische Bühne.[22]

Am 29.7.1913 wurde der Abgeordnete Simon Abram Herausgeber, die Interessen des Parteiführers Holzhammer und des Tiroler Parteivorstandes wurden in der Redaktion von Chefredakteur Rapoldi vertreten, der die Zeitung in ihrer scharfen antiklerikalen Haltung, ihrem Einsatz um die Einheit der Partei und in ihrem Eintreten für den Sozialreformismus entscheidend mitprägte.[23]

Noch zu Beginn des Untersuchungszeitraumes war die Zeitung von den publizistischen Auseinandersetzungen mit dem Klerus, den konservativen Parteien und den Großdeutschen geprägt, kleinere persönliche Gehässigkeiten gegen Landespolitiker der gegnerischen Parteien waren beliebte publizistische Gepflogenheiten. Man merkte jedoch, daß die Tiroler Sozialdemokratie und damit auch die 'VZ' in der Defensive war; es war kaum ein Hauch „von der klassenkämpferischen Weltweite der Wiener Marxisten" zu spüren.[24]

Zum Jahreswechsel 1913/14 wurde ein Abonnementaufruf veröffentlicht: „Eure Zeitung, denn nur die Arbeiterpresse vertritt die wirtschaftlichen, politischen, sozialen und kulturellen Interessen des Proletariates."[25] Die 'VZ' sah sich als Wahlrechtsstreiterin, Klassenkämpferin, schimpfte auf die kapitalistischen Sumpfblüten und Streikbrechervereine, sie trat für den Weltfrieden ein – wenn alle sozialdemokratische Blätter lesen würden, hätten Kriegshetzer keine Chance.[26]

Auf Grund ihrer Schreibweise wurde die 'VZ' nicht erst mit Beginn des Krieges, sondern auch schon vor dem Krieg (im Jahr 1914) relativ oft konfisziert, so z. B. die Nummern 1, 6, 11, 35, 37, 78, 98, im Krieg sollten sich die Beschlagnahmen und weißen Flecken noch häufen.[27]

Die Angriffe auf die gegnerische Presse, vor allem die 'IN' und den 'Allgemeinen Tiroler Anzeiger', nahmen an Intensität zu. So wurde der 'IN'-Herausgeber von Schumacher bekämpft, sein Blatt als schäbig und charakterlos bewertet.[28]

Der 'Allgemeine Tiroler Anzeiger' wurde anläßlich eines Artikels desselben über den Buchdruckerstreik und die 'VZ', in dem die 'VZ' scharf kritisiert worden war, heftig angegriffen und lächerlich gemacht: Der Anzeiger sei so miserabel gemacht, daß die Zeitung fast unleserlich sei. „Da wir unsere Augen nicht ruinieren wollen, verzichten wir auf eine Erwiderung."[29]

Im Inseratenteil wurden wöchentlich eine Liste der in der 'VZ' inserierenden „Empfehlenswerten Firmen" angeführt – quasi als Dank für die Inserierung noch eine zusätzliche freiwillige Werbung für die Firmen, wobei die Leser ersucht wurden, bei den angeführten Unternehmen zu kaufen.

In einem Artikel zur Innsbrucker „Konfiskationspraxis" wurden die Knebelung der Pressefreiheit und die Behinderung der freien Meinungsäußerung „in geradezu unerhörter Weise" durch den Presse-Staatsanwalt angeprangert.[30]

Eine Preiserhöhung im April wurde breit zu erklären und zu rechtfertigen versucht: Der Verwaltung blieben beim Verkauf pro Blatt nur sechs Heller; den bürgerlichen Blättern bliebe beim Verkauf pro Blatt zwar noch weniger, was diese jedoch – als Geschäfts- und Inseratenblätter – über höhere Anzeigeneinnahmen leicht kompensieren könnten. Diese Einnahmen hätte die 'VZ' nicht, da sie ein Blatt

---

[22] Vgl. OBERKOFLER a. a. O., S. 144 f.
[23] Vgl. ebd., S. 175. Rapoldi war außerdem Gemeinde- und Stadtrat sowie Vizebürgermeister von Innsbruck. Er starb 46jährig am 18.10.1926.
[24] Vgl. u. zit. STOISAVLJEVIC a. a. O., S. 268.
[25] 'VZ', 29.12.1913, S. 4.
[26] Ebd. Hier ist vom Patriotismus und von der Propagierung des Krieges, in die die 'VZ' auch einstimmen sollte, noch nichts zu spüren.
[27] Vgl. Präs. 1914/XII 78c/108 ff.
[28] 'VZ', 31.12.1913.
[29] 'VZ', Nr. 13, 17.1.1914, S. 3.
[30] 'VZ', Nr. 15, 20.1.1914, S. 1.

des Volkes sei und nicht eines, das niedrige Sensationslust befriedige oder dem Volk „mit ödem Quatsch das Gehirn verschleiert".[31] Die 'VZ' sei außerdem das einzige Tiroler Blatt, das in allen Belangen „mutig die Fahne des sozialen und politischen Fortschritts hochhält", weshalb sie kein Inseratenblatt sein könne, da sie nicht jene Verpflichtungen eingehen könne, wie es die bürgerliche Presse täte – „dann zu schweigen, wenn ein Blatt schreiben soll".[32] Somit stütze sie sich hauptsächlich auf die Abonnementeinnahmen, um das Blatt unabhängig und unbestechlich zu erhalten.

Die Sarajevo-Ereignisse wurden nicht sehr groß aufgemacht – die wachsende Kriegsgefahr schlug sich weniger als bei anderen Zeitungen in den Spalten nieder. Man wälzte vielmehr Pläne über den Ausbau des Samstagausgabe (Einzelvertrieb auch als Wochenzeitung, Ressortausbau, Mehrauflage um 1.000 Exemplare, 400 zusätzliche Abonnements erwartet), wozu es durch den Kriegsausbruch jedoch nicht mehr kommen sollte.[33]

Im Gegensatz dazu mußte gemeldet werden, daß durch eine Ministerialverordnung eine Reihe von Bestimmungen des Staatsgrundgesetzes (wie die Pressefreiheit) suspendiert worden seien und man genötigt sei, einlaufende Meldungen unkommentiert wiederzugeben und den politischen Teil des Blattes zu kürzen. Mit Kriegsbeginn wurde der Umfang dadurch eingeschränkt, die weißen Flecken wurden Alltag, die Qualität und die wirtschaftliche Situation von Blatt und Druckerei waren von Beginn der Ausnahmesituation an stark beeinträchtigt.

Als Kriegsberichterstatter fungierten Hugo Schulz von der 'Arbeiter-Zeitung' und Karl Leuthner, der beim Kriegspressequartier akkreditiert war und auch für die anderen sozialdemokratischen Blätter Österreichs schrieb.[34]

Die Aufmachung blieb weiterhin kontinuierlich ruhig, die Leitartikel befaßten sich vor allem mit den wichtigsten Kriegsereignissen. Der Inseratenteil, der schon zuvor nicht sehr umfangreich war, verschwand fast vollständig.

Ab 16. Mai 1915 wurde die 'Salzburger Wacht' bei den Genossen in Innsbruck als Kopfblatt der 'VZ' gedruckt und genoß damit „Gastrecht". Auch Verwaltung und Redaktion wurden in Innsbruck von Rapoldi betreut, ehe die Zeitung ab Jänner 1919 wieder in Salzburg erscheinen konnte und die 'VZ' wieder alleiniges sozialdemokratisches Blatt in Innsbruck wurde.[35]

Ebenfalls im Mai (18. 5.) wurde der Kopf der Zeitung modernisiert und der Untertitel in „Sozialdemokratisches Tagblatt" umgewandelt – als Ausdruck gestiegenen Selbstbewußtseins der Partei.

Im Juli wurde in einem Artikel zu „Krieg und Presse" die Sensationspresse beklagt, welche vor keinem Mittel der Stimmungsmache Halt mache und ein ruhiges Urteil damit untergrabe. Fehlende Ereignisse würden durch übermäßige Aufmachung wettgemacht, weshalb die Auflagen der Boulevardpresse im Krieg gestiegen seien. Das Parteiblatt hingegen mit wahren Berichten und ohne Sensationsmache werde sogar von den eigenen Genossen „links" liegen gelassen.[36]

In einem Beitrag zur Zensurpraxis wurde bemängelt, daß gerade dort, wo die Zeitung schreiben sollte, sie schweigen müsse. Für den Redakteur sei es unerträglich schwer geworden, einen Artikel zu schreiben, dem lange Denkarbeit vorausgehe und der mit einem Strich des Zensors zunichtegemacht würde. Man wolle sich „nicht zum Reporter des offiziellen Wollens degradieren lassen".[37]

Zum Jahresende wurden die Probleme der Arbeiterpresse im Krieg aufgelistet: Leser seien (zur Armee) eingerückt, Preise gestiegen, die Sensationspresse sei expandiert, seriöse Berichterstattung sei nicht erwünscht – die Arbeiterpresse sei daher in ein Aschenbrödeldasein gedrängt worden. Als jedoch die er-

---

[31] 'VZ', Nr. 64, 20. 3. 1914, S. 1.
[32] Ebd.
[33] Diese Pläne konnten erst 1932 verwirklicht werden – siehe auch Unterkapitel 1.3.1, Abschnitt „Ressorts", S. 116 ff.
[34] Vgl. PAUPIE, Handbuch, a. a. O. (2. Band), S. 170.
[35] Vgl. 'VZ', Jubiläumsausgabe, 29. 10. 1932, S. 5 und Präs. 1915/XII 78c1/1.980.
[36] 'VZ', Nr. 145, 2. 7. 1915, S. 1.
[37] 'VZ', Nr. 290, 23. 12. 1915, S. 1.

sten Sensationsgelüste gedeckt gewesen seien, sei die sozialdemokratische Presse wiederentdeckt und deren Wichtigkeit wiedererkannt worden, was auch wichtig für die Nachkriegszeit sei. Dieser Artikel schloß mit dem Aufruf an die Einrückenden, ihren Frauen den Weiterbezug der Zeitung zu sichern, denn „der furchtbare Ernst der Zeit macht es notwendig, der sozialdemokratischen Presse die größte Verbreitung zu sichern".[38]

Im personellen Bereich gab es etliche Veränderungen: Als Mitarbeiter schied Orszag aus, der die Arbeiterbäckerei übernahm, Prachensky wechselte von der Redaktion in die Verwaltung, Maria Rapoldi führte Buch und Kasse, Gleinsler übernahm die Inseratenabteilung.[39]

Das Jahr 1916 wurde mit dem Leitartikel „Treue um Treue" eingeleitet: „Der Krieg (…), der bei uns hellste Ausstrahlung in der Knebelung der Presse fand, hat eine gewisse Uniformität der Presse erzeugt. (…) Jenen Zeitungen, die in Friedenszeiten dem Klatsch frönen…war die Knebelung der Presse nur angenehm. Wir aber fühlen sie schmerzlich. Mit Schmerz haben wir oft über eine untergeordnete Frage einen Artikel geschrieben, wissend, daß wir anstatt dessen zu einer für die breiten Volksschichten brennend gewordenen Tagesfrage Stellung nehmen sollten, aber darüber nicht schreiben können, weil am vorigen Tag die Zensur unserem Tatversuch rücksichtslos mit dem Rotstift begegnet ist (…)."[40]
Trotzdem könne man jedoch ruhigen Gewissens sagen, daß man – soweit möglich – das aktuelle Tagesgeschehen aufmerksam verfolgt habe.
Zahlreicher als die Artikel seien aber die Konfiszierungen. „Wir stellen dies fest, um die Schwierigkeiten aufzuzeigen, welchen ein Blatt unterworfen ist, das die Volksinteressen ernst nimmt."[41] Die „Volksinteressen" wurden zu einem viel strapazierten Schlagwort in der 'VZ'.

Trotz Zensur erschienen immer wieder scharfe Artikel eben zur Zensurpraxis: „Die Zensur ist mächtig, aber sie trifft nur das Wort und nicht die geistige Disposition zu demselben. Die Ohnmacht des Wortes steigert die Macht der Gedanken. Der Gedanke ist unsterblich. Die Zensur macht ihn nur scheintot… Der weiße Fleck ist der Fleck auf der Ehre des Gedankens… Die Zensur hat mit der Gerechtigkeit nur Blindheit gemeinsam… Das Walten der Zensur ist eine Vergewaltigung des Gedankens, den sie mit dem Rotstift notzüchtet. Der restliche Teil dieser Bemerkung über die Zensur ist in der 'Arbeiter-Zeitung' von letztem Sonntag gestrichen."[42] Es bleibt aber verwunderlich, daß der Artikel (der von der 'AZ' übernommen wurde) bis hierher gedruckt werden konnte.
Immer häufiger wurden mit Fortdauer des Krieges und dem Informations- und Mitarbeitermangel 'AZ'-Artikel übernommen.

Nicht nur die negative Seite des Krieges wurde beklagt, sondern auch die Hoffnung darin gesetzt, daß es Veränderungen – gegen die Reaktion – geben würde. Der Krieg sei nicht nur Zerstörer, „sondern in der Zeit fortgeschrittener Wissenschaftlichkeit und Demokratie auch ein Neuerer und Erzieher…", wobei man auf den Niedergang des Kapitalismus und den Sieg des Sozialismus als Folge des Krieges hoffte.[43]

Im Mai 1916 wurde der Verkauf der 'IN' an Kiesel gemeldet, welche eine Gesellschaft sei, die bereits mehrere Blätter besaß und weitere aufkaufen werde und damit „einen Großbetrieb zur kapitalistischen Ausbeutung der Neugierde und Sensationslust der Bevölkerung gründe".[44] Hier wurden wieder die Nadelstiche gegen die großdeutsche Presse gepflegt.
Im August mußten die Vertriebspreise auf Grund der „unerhörten" Verteuerung von Zeitungspapier, Farbe, Blei und anderen Materialien wieder angehoben werden.

---

[38] Vgl. u. zit. 'VZ', Nr. 295, 29.12.1915, S. 1.
[39] STOISAVLJEVIC a.a.O., S. 403.
[40] 'VZ', Nr. 1, 1.1.1916, S. 1.
[41] Ebd.
[42] 'VZ', Nr. 31, 9.2.1916, S. 1.
[43] 'VZ', Nr. 95, 26.4.1916, S. 1.
[44] 'VZ', Nr. 104, 6.5.1916, S. 3.

Die Kriegsziele wurden 1916 bereits merklich weniger kriegerisch im Ton unterstützt, auf die patriotische Unterstützung der Truppen wurde jedoch nicht vergessen. Regelmäßig mußte auch der „Generalstabsbericht" abgedruckt werden, ebenso wie nun laufend die Wiedereinsetzung des Parlaments gefordert wurde, was auch mit dem Aufruf an die Genossen verknüpft wurde, Geld zu sammeln, um die Parteistruktur neu aufbauen zu können (in Hinsicht auf das demokratische Spiel nach Kriegsende).

1917 wurden die Friedensforderungen immer vehementer, ebenso wie die Aufrufe zum Kampf gegen Kriegswucher und -gewinnler sowie für soziale und gewerkschaftliche Anliegen. Außerdem wurde der Krieg der Amerikaner gegen Deutschland angeprangert: „Zehn Staaten (die bisherigen Kriegsgegner, Anm.) sind von dem Irrwahn ergriffen, das mitteleuropäische Kulturzentrum müsse vernichtet werden, ein elfter großer Staat über dem Meere ist bereit, sich diesem Wahnsinn anzuschließen, nachdem sich Europa seit mehr als zweieinhalb Jahren zerfleischt hat."[45] Die Zeitung sprach weiter von der „verbrecherischen Furchtbarkeit und Ruchlosigkeit dieser Menschheitsschande", womit sich die 'VZ' nicht nur national, sondern auch europäisch-patriotisch gebärdete.

Von der russischen Revolution und der Beseitigung des Zarentums erhoffte man das Ende des Krieges. Es sei von Beginn an klar gewesen, „daß das russische Proletariat nicht eine Revolution gemacht haben kann, um den Krieg für annexionistische Träumereien weiterzuführen, sondern daß es seine Peiniger nur deshalb vertrieb, um den Weg für eine friedliche Entwicklung freizumachen."[46]

Die Bluttat Friedrich Adlers wurde breit kommentiert und zu relativieren und rechtfertigen gesucht. „Das Wiener Ausnahmegericht hat gegen den Genossen Friedrich Adler das Todesurteil gefällt. Unser Strafgesetz, das neben der wankenden politischen Ordnung des Staates, der praktisch aufgehobenen Verfassung und der Gesetze über die Rechte des Staatsbürgers als einziges Gesetz Bollwerk geblieben ist, kennt auf die Tat Friedrich Adlers keine andere Strafe als die Auslöschung des Lebens."[47] Mit psychologischen Argumenten und einfühlsamem Wortlaut versuchte die 'VZ' in der Folge die Beweggründe Adlers herauszuarbeiten und zu legitimieren. Man beschönigte die Tat nicht, verurteilte sie sogar als unbrauchbar, zeigte jedoch Verständnis dafür, da die Schuld beim System und bei Stürgkh selbst gelegen sei.[48]

Auch 1917 wurde das Blatt öfters konfisziert, nicht jedoch in dem Ausmaß der Jahre zuvor und des folgenden Jahres. Auch die in Innsbruck gedruckte 'Salzburger Wacht' fand des öfteren keine Gnade vor dem Zensor.[49]

Ende Mai konnte das Blatt die Wiedereröffnung des Parlaments begrüßen[50], die innenpolitische Berichterstattung gewann gegenüber den Kriegsereignissen immer mehr Raum, nachdem die Zensur gelockert wurde. Beklagt wurde aber die Zensurstelle im Parlament, die die Parlamentsberichterstattung erheblich behinderte.
Neben dem verstärkten publizistischen Friedensengagement stach vor allem die haßerfüllte Berichterstattung über das Feindbild Italien heraus, die schon als Hetzpropaganda bezeichnet werden mußte.

Gegen Ende des Jahres wurde wiederum ein Blick auf die Zensur geworfen: Die Zensur habe zwar den gewaltigen Unterschied zwischen Arbeiter- und Sensationspresse nicht total verwischen, aber doch verdunkeln können. Die Massen seien in die Arme der Kriegs- und Sensationspresse getrieben worden, habe man doch kein verständliches Wort – außer offiziellen Nachrichten – über wichtige Dinge bringen dürfen. Nun sei es anders geworden: Die Massen würden sich wieder von den Sensationen abwenden,

---

[45] 'VZ', Nr. 34, 13. 2. 1917, S. 1.
[46] 'VZ', Nr. 86, 17. 4. 1917, S. 1.
[47] 'VZ', Nr. 115, 22. 5. 1917, S. 1.
[48] Ebd.
[49] So z. B. Nr. 28, 151, 285, 297, 298. Vgl. Präs. 1917/XII 78c2/3.613/1 ff. Zur 'Salzburger Wacht': Präs. 1918/XII 78c2/931/1 f.
[50] Vgl. 'VZ', Nr. 121, 30. 5. 1917, S. 1.

das Volk habe – durch das Parlament – wieder ein Mitspracherecht, die Zensur sei zwar noch aufrecht, werde aber milder gehandhabt. Damit habe jedoch auch wieder die Zeitungshetze gegen die Sozialdemokratie und ihre Presse begonnen.[51]

Zu Beginn des Jahres 1918 mußte auf Grund unzureichender und ungesicherter Papierlieferungen eine Umfangreduktion vorgenommen werden, weshalb die Zeitung an vier Tagen pro Woche bis auf weiteres nur noch vierseitig erscheinen konnte.
Wiederholt wurde um neue Abonnenten geworben – die Arbeiterpresse sei die „geistige Volksbewaffnung", sie zu abonnieren sei ein „Gebot der primitivsten Selbsterhaltung".[52]

Die Parteiberichterstattung, der Tirol- und Österreichteil der Zeitung wurden wieder ausgebaut, im Laufe des Jahres wurde aber auch die Zensur wieder stärker tätig, sodaß die 'VZ' 1918 laut Präsidialakten 24 mal beschlagnahmt wurde.[53]
Der verschärfte Regierungs- und damit Zensurkurs war Hauptgrund für die 'VZ'-Forderung „Seidler soll gehen!", also nach dem Rücktritt des Ministerpräsidenten, was einen Monat später (am 25. Juli) auch mit Genugtuung gemeldet wurde, jedoch in den darauffolgenden Tagen verbittert zurückgenommen werden mußte. Erst einen weiteren Monat später konnte der Rücktritt endgültig gemeldet werden; man zeigte sich jedoch auch mit dem Nachfolger von Hussarek nicht zufrieden.

Im Herbst klang die Zuversicht über einen baldigen Frieden verstärkt auch in der 'VZ' durch; man bekannte sich zum Deutschtum und wandte sich gegen Separationsbestrebungen von Polen und Tschechen.
Das Oktober-Manifest des Kaisers mit den Vorschlägen für den Umbau des Staates in einen Nationenbund wurde positiv aufgenommen und der Zerfall des „alten" Österreich begrüßt – man trat für eine unabhängige Republik „Deutsch-Österreich" ein.[54]

1.3.2.2 Die 'VZ' 1918–1938

Der Übergang von der Monarchie zur geforderten Republik wurde publizistisch zwar mit Freude, jedoch nicht überschwenglich und ohne Sensationsaufmachung begangen. Das Heraufziehen des „Problems Tirol" wurde bereits klar erkannt; die Kaiser-Abdankung und der Tod Viktor Adlers waren weitere zentrale Themen in diesen Herbsttagen.
In diese Zeit fiel auch die redaktionelle Entlastung Rapoldis, der mit nunmehr öffentlichen Ämtern überlastet war. In die Redaktion traten Alois Aricochi (am 2.11.1918) und Ernst Müller, der im Jänner 1919 folgte, ein; August Wagner, Landesleiter des republikanischen Schutzbundes, stieß im August zur Zeitung. 1921 folgte noch Karl Gvatter als weitere Verstärkung.[55]

Am 14. November wurde freudig die „junge Republik Deutsch-Österreich und ihr Anschluß an den deutschen Freistaat als freies demokratisches Gemeinwesen" begrüßt und von der „denkwürdigen" Sitzung der Nationalversammlung, bei der diese Beschlüsse gefaßt wurden, berichtet.[56]

In der Folge (18.11.) wandte sich die 'VZ' gegen eine Separation Tirols von Österreich als eigenständige deutsch-alpenländische Republik „Deutsch-Tirol" und verurteilte diese Bestrebungen als das Wichtigmachen sogenannter „Staatsgründer" mit ihrer Kleinstaaterei. Sie hoffte auf eine demokrati-

---

[51] 'VZ', Nr. 289, 19.12.1917.
[52] 'VZ', Nr. 1, 1.1.1918, S. 1 und Nr. 4, 5.1.1918, S. 1.
[53] Vgl. Präs. 1918/XII 78c2/24/1 ff., Nr. 1, 3, 7, 22, 24, 25, 29, 58, 116, 121, 124, 137, 159, 162, 168, 170, 173, 200, 204, 209, 217, 219, 242, 250.
[54] Vgl. 'VZ', Nr. 251, 31.10.1918, S. 1.
[55] STOISAVLJEVIC a.a.O., S. 404 und 'VZ', Jubiläumsausgabe, 29.10.1932, S. 6. August Wagner, der von 1923 bis 1928 verantwortlicher Redakteur war, starb 1932 eines ungeklärten Todes. Er wurde tot im Sillkanal aufgefunden. Vgl. KAISER-Kopienmaterial.
[56] 'VZ', Nr. 262, 14.11.1918, S. 1.

sche Entwicklung und glaubte nicht an einen „Machtfrieden", sondern an die Gleichberechtigung Österreichs und Deutschlands bei den Friedensverhandlungen[57], was sich als Irrtum nicht nur der 'VZ' herausstellen sollte.

Die Zeitung war – aus existentiellen Gründen – gegen eine eigene alpenländische Republik und gegen den klerikalen Kampf gegen Wien, im Bewußtsein, daß die Sozialdemokratie in Wien ihre Bastion hatte und sie in Tirol – allein gelassen – unterzugehen drohte. Sie klagte über die bürgerliche „Sumserpresse" und den hochkommenden Antisemitismus und warnte vor reaktionären Tendenzen.[58]

Als Karl M. Danzer in die Chefredaktion des 'Tiroler Anzeigers' einzog, wurde er von der 'VZ' als „Häuptling der Kriegshetze" bezeichnet. Danzer, vormaliger Herausgeber der 'Danzer-Armee-Zeitung', sei mitschuldig am Leid, das der Krieg gebracht habe, habe er doch jene Politik mitgetragen, die zu Sarajevo geführt habe. Zum Beleg dieser Behauptungen zitierte man ausführlich aus Danzers Artikeln.[59] Gerichtet waren diese persönlichen Angriffe indirekt gegen den christlichsozialen 'Anzeiger'.

Gegen Ende des Jahres erholte sich auch das 'VZ'-Anzeigenwesen ein wenig, der Umfang konnte allmählich wieder ausgeweitet werden.
Der Artikel „Schärft die Waffen" leitete das Jahr 1919 ein: Die Waffen für den politischen Kampf und die Organisation der Presse seien einzusetzen, da sonst alle Erfolge sinnlos blieben, würden die republikanischen Gedanken nicht fest in allen Herzen verankert. Dies sei erreichbar, „wenn die wahre demokratische, die sozialistische Presse in die Volksmassen Eingang findet (…)".[60] Die scheindemokratische, die Presse des Geldsacks und der Reaktion gehöre hinaus aus den Wohnungen, hieß es weiter. Die Druckqualität blieb vorerst schlecht, der Inhalt jedoch konsolidierte sich, die Polit-Berichterstattung wurde weiter ausgebaut. Im Mittelpunkt standen nun die Friedensverhandlungen sowie die Wahlpropaganda zur Nationalratswahl. Am 17. Februar erschien eine „Separatausgabe" mit ersten Wahlergebnissen, die einen kräftigen Ruck der Partei nach vorwärts konstatierte.

Am Tag darauf feierte man den „Großen Wahlsieg der Sozialdemokratie in Wien" sowie das Innsbrucker Ergebnis, wo die Sozialdemokratie zur stärksten Partei aufstieg.[61]
Die Agitation gegen Separationsbestrebungen Tirols schlug zunehmend in die Propagierung des Anschlußgedankens Tirols an Deutschland um – die Parolen der 'VZ' dazu lauteten unter anderem „Einig Tirol in einigem Deutschland" sowie bezüglich der Südtirolpolitik (scharfe Verurteilung der Trennung) „Mit Deutschsüdtirol zu Deutschland".[62]

Die Hoffnung der Zeitung auf die Erhaltung der Landeseinheit wurde nicht erfüllt: Ende April nahm man mit „tiefer Verbitterung" die Preisgabe Südtirols durch Wilson zur Kenntnis und verlieh der Hoffnung Ausdruck, daß eine Revolution in Italien das Land noch retten könnte. Was man in der 'VZ' nicht für möglich gehalten hatte, wurde nun als „Gewaltfrieden" für Tirol und Deutsch-Österreich beschrieben.[63]

Innenpolitisch gab es das ganze Jahr über Pressefehden, vor allem mit dem christlichsozialen Parteiblatt, das immer wieder Abram und Landeshauptmannstellvertreter Gruener angriff.
Die endgültigen Friedensbestimmungen von St. Germain wurden als „Vernichtungs- und Schreckensfrieden" charakterisiert.
In einer Sonderausgabe vom 20. September wurde gemeldet, daß die Tiroler Landesregierung mit Dekret vom 19. September, Zl. 3.178/1, „über Aufforderung des Kommandos der königlichen italieni-

---

[57] 'VZ', Nr. 263, 18.11.1918, S. 1.
[58] 'VZ', Nr. 269, 21.11.1918, S. 2.
[59] Vgl. 'VZ', Nr. 281, 6.12.1918, S. 1.
[60] Vgl. u. zit. 'VZ', Nr. 1, 1.1.1919, S. 1.
[61] Vgl. 'VZ', Nr. 40, 18.2.1919, S. 1.
[62] Vgl. v. a. 'VZ'-Ausgaben vom März und April 1919.
[63] Vgl. v. a. 'VZ'-Ausgaben vom Mai, Juni und Juli 1919.

schen 6. Division in Innsbruck, die 'VZ' ab heute auf die Dauer von drei Tagen eingestellt" hat.[64] Ohne Bezugnahme auf das vorausgegangene Verbot oder Erklärung der Umstände, die dazu geführt hatten, erschien die Zeitung am 24. September wieder.

Diese Monate standen für die 'VZ' ganz im Zeichen ihrer Propagierung des Anschlußgedankens, der als einzige Rettung vor dem Zusammenbruch dargestellt wurde. Ausschlaggebend dafür war die Hoffnung der Tiroler Arbeiterpartei, im großen sozialdemokratischen Bundesgenossen in Deutschland Anschluß zu finden, traute man diesem doch eine Machtübernahme zu.
Aber auch die sozialen und wirtschaftlichen Probleme der Arbeiterschaft kamen in der Berichterstattung nicht zu kurz.
Mit der Gründung des deutschnationalen Blattes 'Alpenland' im Frühjahr 1920 erwuchs ein neues Feindbild – einerseits ein ideologisches, andererseits ein weiterer Konkurrent bei der Anschluß-Propagierung – man fürchtete um die „führende" Stellung in der Anschlußfrage.

Von Beginn an beklagte man die Billigkeit des neuen Blattes (billiger als die 'VZ', alle anderen Zeitungen hingegen teurer) und versuchte dies zu erklären: Auf der einen Seite stünde die 'VZ', die sich vorwiegend aus Abo-Erlösen finanziere und wirklich nur den Preis verlange, der die Erhaltung des Blattes sichere. Das Geheimnis der Billigkeit des Blattes 'Alpenland' andererseits liege woanders: Es habe eine ergiebige Geldquelle, die seine natürlichen Defizite abdecke; diese Hintermänner seien „Herren der deutschen Schwerindustrie", das Geld diene politischen Zwecken und man hoffe, durch Billigkeit Eingang in Haushalte zu finden und Einfluß auf die Massen zu gewinnen. Die Zeitungsgründung diene nur der deutschen Industrie und „dem Kampf gegen das arbeitende Volk (…) und gegen den sozialen Aufstieg". Der Geldfluß werde jedoch nur solange fließen, als das Blatt Einfluß habe und werde versiegen, wenn die Leser ausblieben.[65] Abschließend bat man die Leser, diese Zeitung nicht zu kaufen bzw. zu lesen.
Ende Mai wurden das 'Alpenland' und sein Herausgeber In der Maur erneut angegriffen und das tägliche Defizit der Zeitung auf 25.000,– Kronen geschätzt. Das 'Alpenland' brauche sich angesichts der deutschen Millionen aber darum offensichtlich nicht zu kümmern.[66]

Auf Grund der laufenden Preiserhöhungen durch die Inflation wurden die Leser wiederholt gebeten, der 'VZ' trotzdem die Treue zu halten. In diesem Zusammenhang wurde auch die Regierung für die verzweifelte ökonomische Situation verantwortlich gemacht und ihr Unfähigkeit bescheinigt (1921, nach dem Koalitionsbruch).

1921 intensivierte man die Berichterstattung zur Anschluß-Volksbefragung, alle möglichen und unmöglichen Pro-Argumente wurden angeführt. „Die Abstimmung in Tirol ist der erste lebendige und offene Protest gegen die Gewalt, die uns Deutschen angetan wurde, ist der erste Aufschrei, der für uns Deutsche das selbstverständliche Recht reklamiert, einen einheitlichen Staat bilden zu dürfen. (…) Es ist Ehrpflicht jedes Sozialdemokraten, morgen sein JA in die Urne zu legen."[67] Das 99%-Ergebnis wurde auch als „voller Sieg" bejubelt.
Am 29. September wurde den Lesern mitgeteilt, daß die 'VZ' ab morgen auch Organ der Vorarlberger Genossen sein werde. Die 'Vorarlberger Wacht' war wegen ihrer unhaltbaren wirtschaftlichen Situation in der 'VZ' aufgegangen, weshalb man nun mit reichhaltigerem Vorarlberg-Teil und bei Bedarf mit größerem Umfang erscheinen werde.[68]
Die 'VZ' war schließlich bis April 1923 auch für Vorarlberg zuständig, ehe die 'Vorarlberger Wacht' wieder als Wochenzeitung erscheinen konnte.
Am 1. Oktober erschien zusätzlich eine Beilage zu Vorarlberg und zur Pressevereinigung: Das Blatt gebe nun ein Vielfaches des bisherigen her, gleichzeitig wurde auf die „Unverzichtbarkeit" der „geisti-

---

[64] 'VZ', Sonderausgabe, Nr. 215, 20.9.1919, S. 1.
[65] Vgl. u. zit. 'VZ', Nr. 74, 1.4.1920, S. 1. Mit ihrer Einschätzung der Lage sollte die Zeitung schließlich auch weitgehend Recht behalten. Vgl. dazu das Kap. 1.8 'Alpenland', S. 206 ff.
[66] 'VZ', Nr. 119, 28.5.1920, S. 2.
[67] 'VZ', Nr. 92, 23.4.1921, S. 1.
[68] 'VZ', Nr. 222, 29.9.1921, S. 1 und HÄMMERLE a.a.O., S. 7.

gen Nahrung" Presse hingewiesen. „Der Arbeiter, der die sozialdemokratische Zeitung nicht liest, der sie nicht abonniert, sündigt an sich selbst, versündigt sich an seiner ganzen Klasse."[69]

Ungeachtet der 254fachen Erhöhung der Druckkosten seit 1914 konnte eine leicht optimistische Bilanz im Tätigkeitsbericht der Partei bezüglich der Presse gezogen werden: Trotz der Landesteilung sei ein erfreulicher Aufschwung zu beobachten; man habe zwar auf Grund der Inflation 500 Abonnenten verloren, 6.050 Abnehmer seien aber immerhin das Doppelte der Vorkriegszeit (davon 1.750 in Vorarlberg). Dies sei allerdings trotzdem nicht zufriedenstellend, da dies nur 15% der Wähler seien.[70]

Als im September 1922 während des Druckerstreikes die 'VZ' nicht erscheinen konnte, wurde vom verantwortlichen 'VZ'-Redakteur Ernst Müller ab 4. September ein 'Mitteilungs-Blatt' des graphischen Kartells in Innsbruck herausgegeben, das neben allgemeinen Nachrichten vor allem über den Streik und die Beweggründe berichtete. Hervorgehoben wurde, daß dieses Blatt keiner Partei, wohl aber dem sozialdemokratischen und gewerkschaftlichen Gedanken diene.
Auf Grund der ähnlichen Aufmachung kann das Blatt als Ersatz der 'VZ' bewertet werden.
Ab 14. September konnte die Zeitung schließlich wieder erscheinen: Die 'VZ' sei deshalb nicht erschienen, da sie sich mit den graphischen Arbeitern solidarisiert habe und nicht etwa, weil sich SP-Unternehmen den Forderungen widersetzt hätten, wie es die „Zeitungsbarone" getan hätten. Im Gegenteil hätten die Parteibetriebe (Druckerei, Verlag) den berechtigten Lohnforderungen bereits zugestimmt, weshalb die Streikleitung keinen Grund mehr sehe, den Parteibetrieb weiter zu sperren. Daher sei das Personal seit heute früh wieder bei der Arbeit.[71]

Der Tätigkeitsbericht 1922 hielt fest, daß die 'VZ' wirtschaftlich „keine so große Last mehr" für die Partei und Druckerei sei, man habe die Wirtschaftskrise bisher – mit Narben – überlebt. Wichtig sei die Umstellung auf das mittägliche Erscheinen, da dadurch alle Phasen der Zeitungsproduktion besser ineinandergriffen.[72]
In diesem und im folgenden Jahr wurde die Politik Seipels in Hinblick auf das Genfer Sanierungswerk scharf angegriffen.
Erstmals tauchte in der 'VZ' auch das Schlagwort von den „Hakenkreuzlern" auf, man sah wieder die „Reaktion lauern", womit man Monarchisten, Heimwehren, Christsoziale, Nationalsozialisten und Großdeutsche gleichermaßen meinte. Außerdem wurde der italienische Faschismus zum außenpolitischen Hauptfeind der Zeitung.

1925 erfolgte eine Formatvergrößerung, womit für die 'VZ' ein angepeiltes Ziel erreicht war: Endlich sei sie auch in Format, Umfang und technischer Ausgestaltung den anderen Blättern ebenbürtig. Möglich sei dies durch die im Dezember 1924 angeschaffte neue Rotationsmaschine geworden, die nunmehr in Betrieb gegangen sei.[73] Von einem vormals „kleinen, unansehnlichen Blatt" sei man nun zu einer Zeitung geworden, die im inhaltlichen, drucktechnischen und auch im Bereich der Aktualität Verbesserungen anbiete.

Einige Monate später mußte man aber bereits wieder die finanziellen Nöte der Zeitung und Druckerei beklagen, die vor allem auf die „zunehmende Vertrustung des Inseratenwesens" zurückzuführen sei, woraus sich Einnahmeminderungen ergeben hätten, sowie auf den Umstand, daß ein Arbeiterblatt gegen Mißstände bei Geschäftsunternehmungen im Interesse der Arbeiter mit Kritik einsetze, was wieder zur Verringerung der Inseratenaufträge führe. Außerdem würden die von den Sozialdemokraten unterstützten Genossenschaften im Inseratenwesen versagen.[74]
Insgesamt stand die Berichterstattung der Parteiblätter, auch die der 'VZ', im Zeichen der sich zuspitzenden Polarisierung zwischen den politischen, weltanschaulichen Lagern. Die Christlichsozialen attackierten die Opposition, diese die Regierung. Dabei fungierten die Parteizeitungen noch als ideolo-

---

[69] 'VZ', Nr. 224, 1.10.1921, S. V (Beilage).
[70] 'VZ', Nr. 276, 3.12.1921, S. 9 (Beilage zum Tätigkeitsbericht der Tiroler Partei).
[71] 'VZ', Nr. 201, 14.9.1922, S. 2f.
[72] 'VZ', 9.12.1922, S. 5 (Tätigkeitsbericht).
[73] 'VZ', Nr. 87, 18.4.1925, S. 1.
[74] Vgl. u. zit. 'VZ', Nr. 237, 19.10.1925, S. 1.

gische Kampfblätter im besten Sinn des Wortes, nicht vergleichbar mit den wenigen verbliebenen Verlautbarungsorganen der Gegenwart.

Am 18. Oktober 1926 mußte Nachricht vom Tode Martin Rapoldis gegeben werden, dem ersten fix angestellten Redakteur der Zeitung, der diese über 20 Jahre hindurch maßgeblich mitgeprägt hatte.[75]

1927 radikalisierte sich die Sprache der 'VZ' weiter; am 2. Februar, nach Schattendorf, appellierte sie an die Arbeiter, an der für den 4. Februar festgesetzten Demonstration teilzunehmen. „Der Haß von Desperados, von blut- und kriegsdürstigen Strauchschützen schoß statt aus den Augen, Mienen und Gebärden diesmal aus scharfgeladenen Gewehren auf Arbeiterherzen."[76]
Die Aufforderung zur Teilnahme an der Innsbrucker Demonstration verwandelte die Stadt in ein Heerlager der Heimwehren, was in einen Kompromiß – „legale Demonstration" – d. h. in eine Niederlage der Sozialdemokratie in Tirol mündete. Diese Ereignisse bildeten allerdings auch in Tirol das (auch publizistische) Vorspiel zu den blutigen Juli-Ereignissen.

Dazwischen herrschte noch einmal die „Wahlkampf-Normalität" der zwanziger Jahre, wobei der Wahlsieg bei den April-Wahlen zum Nationalrat in der Zeitung wieder groß aufgemacht wurde.

Nach den Ereignissen rund um den Justizpalastbrand schrieb man vom „Freitag des Todes in Wien" und vom brennenden „Klassen-Justizgebäude", womit die 'VZ' in einem Wort aussprach, was sie von der österreichischen Rechtsprechung hielt.[77]
In einer Sonderausgabe wurde der Eisenbahnerstreik propagiert, am 18. Juli empörte man sich wieder über den „Blutfreitag" und berichtete vom Streik in Tirol, der praktisch nicht stattfand: „Mit 4.000 Mann, Kanonen und Maschinengewehren gegen einen Feind, der nicht da ist." Seipel wurde als „Blutprälat" bezeichnet, als man über neuerliche Zusammenstöße in Wien berichtete.[78]

Nach diesen Ereignissen kehrte wieder mehr publizistische Ruhe ein. Im Tätigkeitsbericht vom April 1928 berichtete Verlagsleiter Winkler von „einigen Mißständen", die man beizulegen versuche, und von der Tatsache, daß die 'VZ' seit Juli 1927 wieder intensiver gerichtlich verfolgt würde. Dies sei aber auch ein „Symptom, daß sich unsere Partei als Oppositionspartei einer besonderen Aufmerksamkeit unserer Gegner erfreut".[79]
Man wolle durch gerichtliche Verfolgung eine gezielte wirtschaftliche Schädigung der 'VZ' herbeiführen. Politische Verfolgung werde somit durch wirtschaftliche Schädigung ergänzt.[80]
Auch das Jahr 1929 verlief relativ ruhig, von den üblichen politischen Sticheleien in den Zeitungen abgesehen. Im jährlichen Bericht beklagte Winkler die gestiegenen Herstellungskosten und die negativen Rückwirkungen der Arbeitslosigkeit auf die Verbreitung des Blattes.[81]
Ignaz Seipel blieb weiterhin Feindbild nicht nur Otto Bauers und der 'AZ', auch der 'VZ': „Seipel, der kranke und krankhafte Ehrgeizling, macht Katastrophenpolitik", war nur eine der Negativschlagzeilen.[82] Aber auch sein Vorgänger und Nachfolger Schober kam nicht besser davon, besonders seit 1927 (Polizeipräsident).
Die gerichtlichen Verfolgungen und Verurteilungen setzten sich ab 1930 intensiviert fort. So erteilte beispielsweise am 10. Februar die Präsidialabteilung der Landesregierung der Staatsanwaltschaft die Zustimmung zur Strafverfolgung des verantwortlichen Redakteurs, der in der 'VZ' vom 29. Jänner dem Landeshauptmann unterstellt hatte, „auf Gesetze zu pfeifen" und damit gegen § 488 Strafgesetz verstoßen habe.[83]

---

[75] Vgl. 'VZ', Nr. 240, 18. 10. 1926, S. 1.
[76] 'VZ', Nr. 26, 2. 2. 1927, S. 1 und vgl. OBERKOFLER, Gerhard: Februar 1934. Die historische Entwicklung am Beispiel Tirols. – Innsbruck: SPÖ-Tirol 1974, S. 51 f.
[77] 'VZ', Nr. 161, 16. 7. 1927, S. 1.
[78] 'VZ', Nr. 163, 18. 7. 1927, S. 1.
[79] 'VZ', Nr. 88, 16. 4. 1928, S. 1 ff. (Tätigkeitsbericht).
[80] Ebd.
[81] Vgl. 'VZ', Nr. 70, 25. 3. 1929, S. 1.
[82] 'VZ', Nr. 208, 9. 9. 1929, S. 1.
[83] Vgl. Präs. 1930/XII 60/703/1.

Im April wurde dann auch das 1929 verschärfte Preßgesetz, aber auch die ungünstige Entwicklung der Krise und deren Auswirkungen auf die Presse sowie die schlechte Qualität des Drucks der Zeitung wegen der veralteten Maschinen beklagt.[84]

Der Ton gegen Regierung, den aufkommenden Ständegedanken, gegen Heimwehr und Faschismus wurden trotzdem aggressiver. Im November war ein weiteres Ansuchen der Staatsanwaltschaft an die Landesregierung um Strafverfolgung gegen den verantwortlichen Redakteur wegen Herabwürdigung von Landeshauptmann Stumpf die Folge, dem stattgegeben wurde.[85] Auf Seite eins der 'VZ' vom 23.12. mußte dann „Im Namen der Republik" das Urteil gegen A. Aricochi verkündet werden. Er wurde wegen Verstoßes gegen die Sicherheit der Ehre nach §30 Preßgesetz zu S 1.300,– Strafe verurteilt.[86]

1931 erschienen Grundsatzartikel Otto Bauers und Friedrich Austerlitz' auch in der 'VZ', die sich auf Grund der sich häufenden Preßgesetzverurteilungen immer schärfer gegen dieses Gesetz wandten. Im Juni wurde dann auch Redakteur Karl Gvatter wegen Ehrenbeleidigung verurteilt; ihm folgte Josef Menzel nach. Der Redakteurswechsel ging in immer kürzeren Abständen vor sich.

Diese Fluktuation in der Redaktion (jeweils nach Verurteilungen der Verantwortlichen Redakteure) setzte sich 1932 und 1933 verstärkt fort.

Mit dem Aufstieg der Nazis in Deutschland und deren Erstarken auch in Österreich (und der schwindenden Chance einer sozialdemokratischen Regierung in Deutschland) verringerte sich auch der – noch immer vorhandene – Anschlußwille in der 'VZ' deutlich.

Man griff die „Seipel-Euphorie" der gegnerischen, der „seipelbesessenen" Presse an. Kritik wurde auch an der Heimwehrpresse (gemeint waren 'Reichspost' und 'Tiroler Anzeiger') geübt, und man konstatierte, daß sich die ehemalige „Schober-Presse" (v. a. 'IN') nun durch und durch zum „Heimwehrorgan" gewandelt hätte. Bis vor kurzem sei „Großdeutsch mit einem Schuß Hakenkreuzlertum" die Losung gewesen, man richte demnach das „Mäntelchen stets nach dem Winde".[87]

Die Gemeinderats- und Landtagswahlen in Niederösterreich, Wien, Kärnten, der Steiermark und in Salzburg kommentierte die 'VZ' mit einem lachenden und einem weinenden Auge, hatten doch die bürgerlichen Parteien verloren, die Nazis jedoch stark zugelegt – die braune Flut sei von Deutschland, das in der Hitler-Psychose versinke, auch auf Österreich übergeschwappt.[88]

Im Tätigkeitsbericht über das Jahr 1931 verlautete, daß man 400 Abonnenten infolge der Wirtschaftskrise verloren habe, andere Zeitungen jedoch Tausende eingebüßt hätten; das Inseratenwesen habe im ersten Halbjahr stark nachgelassen, konnte im Herbst durch verstärkte Werbung jedoch wieder gesteigert werden. Der Einnahmenverlust sei durch Sparmaßnahmen zu decken versucht worden. „Sich 40 Jahre gehalten zu haben, soviel Widerwärtigkeiten, Verfolgungen und Schwierigkeiten zum Trotz (...) – Grund genug zum Feiern!" Damit wurde eine Jubiläumsnummer für den Herbst angekündigt.[89]

Anläßlich der Höttinger Saalschlacht wurden in der 'VZ' die Tatsachen sehr im sozialdemokratischen Sinne zurechtgerückt, wenn man die historisch durchforschte Lage mit den Berichten vergleicht.[90] Die „Hakenkreuzbestien" wurden nun meist verächtlich als „Hakinger" bezeichnet.

Mit Antritt der Regierung Dollfuß wurde auch diese Ziel heftiger publizistischer Attacken der 'VZ'. Auch die Lausanner Anleihe, die zur Knechtschaft führe, wurde verurteilt, die Regierung gehöre auf die Anklagebank und solle „zur Hölle gehen".[91] Gegen die Anleihe war man auch wegen der Erneuerung des Anschlußverbotes. Noch hatte man also dem Anschlußgedanken nicht völlig abgeschworen, unter anderem auf Grund der Tatsache, daß Hitler nach der Reichratswahl nicht Kanzler geworden war.

---

[84] 'VZ', Nr. 80, 7.4.1930, S. 1.
[85] Vgl. Präs. 1930/XII 60/2.966 u. 2.966/1.
[86] Vgl. 'VZ', Nr. 294, 23.12.1930, S. 1.
[87] 'VZ', Nr. 18, 23.1.1932, S. 1.
[88] 'VZ', Nr. 95, 25.4.1932 und Nr. 97, 27.4.1932, jew. S. 1.
[89] 'VZ', Nr. 100, 30.4.1932, S. 11–14.
[90] Vgl. 'VZ', Nr. 121, 28.5.1932, S. 1 und ff. Nummern.
[91] 'VZ', Nr. 188, 17.8.1932, S. 1.

Wiederholt wurde den 'IN' ihre Hinwendung zum Nationalsozialismus angekreidet. Außerdem wurde die These aufgestellt, daß die Nazis den Großdeutschen das 'Alpenland' zu entreißen versuchten, um dieses wieder zur Tageszeitung auszubauen und damit den 'IN' den Todesstoß zu versetzen. Die 'VZ' übte sich dabei in einem gewissen Maß an Schadenfreude, da die Nazis zum Boykott aller bürgerlichen Zeitungen aufrufen, was zeigte, daß sie den 'IN' auch lediglich eine „Steigbügelfunktion" zugemessen hatten.[92]

Diese in die Nähe der Nazisympathie tendierenden Aussagen in der 'VZ' wurden von vielen Lesern und Inserenten nicht goutiert – daher stammten auch die Bemühungen dieser von der 'VZ' enttäuschten Seite, eine eigene Tageszeitung zu gründen („eine nicht die Naziwurstiaden vertretende bürgerliche Tageszeitung"), um „die nicht von der Hakingerpsychose befallenen bürgerlichen Leser und Inserenten unabhängig von den Nazi-'Nachrichten' ('IN', Anm.) zu machen."[93]

In der Jubiläumsnummer[94] zum 40jährigen Bestehen der 'VZ' erschienen unter anderem Artikel von Karl Kautsky, der die Entwicklung von Partei und Presse in drei Phasen teilte: in den Kampf um Duldung, den Kampf um Gleichberechtigung des Proletariates mit den anderen Klassen (bis 1918) und seitdem den Kampf um die Macht – diese müsse erst wieder erreicht werden, um die „kapitalistische Ausbeutung" abzuwürgen.[95] Karl Renner resümierte über „etliche Tage Redakteur in der Volkszeitung". Er war, als er 1907/08 auf Erholung in Innsbruck weilte, einige Wochen als Redakteur der 'VZ' tätig, wozu er von Abram angeregt worden war. Es folgten Artikel von Karl Seitz und von Redakteur Karl Gvatter, der den Redaktionsalltag beschrieb.[96]

Die Jahre 1933 und 1934 wurden Schicksalsjahre der Zeitung. Vorerst kam mit Hitlers Triumph die endgültige Abkehr vom Anschlußgedanken. „Hitler Reichskanzler. Die neue Phase der deutschen Hintertreppengeschichte" titelte man am 31. Jänner. Man glaubte jedoch noch an eine Wende in Deutschland; nun, da Hitler an der Macht sei, werde er abwirtschaften, war der Tenor in den 'VZ'-Spalten.[97]

Mit der innenpolitischen Zuspitzung und zunehmenden Restriktionen wandte man die Aufmerksamkeit der deutschen Entwicklung und den Attacken gegen den Nationalsozialismus zu. Innenpolitisch verwies man wiederholt auf die wackelige Mehrheit der Regierung Dollfuß, noch nicht ahnend, daß dies auch – indirekt – zum Fall der Demokratie führen sollte.

Seit sich die Situation dramatisch (bis 5. März) zugespitzt hatte, häufte sich ein beachtliches Aktenkonvolut bezüglich der Konfiskationen der 'VZ' in der Präsidiale der Landesregierung an.[98]
Schon am 2. März war das Blatt wegen eines Artikels zum Eisenbahnstreik beschlagnahmt worden,[99] worüber am 4. März berichtet wurde. In derselben Ausgabe ahnte man die nahende Diktatur voraus – man zitierte die 'Reichspost': „Österreich soll autoritär regiert werden."[100]

Am 6. März wurde zwar über die Parlamentskrise berichtet, am Tag darauf über die deutschen Wahlen, die autoritäre Regierungsübernahme jedoch erst am 8. März erwähnt – „Diktatur in Österreich?".

Am nächsten Tag berichtete man über das Kriegswirtschaftliche Ermächtigungsgesetz, das scharf kritisiert wurde – die Genossen wurden aufgefordert, „wachsam und bereit" zu sein – worauf die Zeitung prompt wieder konfisziert wurde.

Am 13. März wurde der Tätigkeitsbericht der Partei publiziert, in dem von den wirtschaftlichen Problemen und einschneidenden Sparmaßnahmen die Rede war, sowie von der weiteren Verringerung der Abonnentenzahlen. Der Inseratenumsatz sei jedoch um 6.000 Schilling gesteigert worden. Die Abon-

---

[92] 'VZ', Nr. 282, 7.10.1932, S. 5.
[93] Zit. ebd.
[94] Vgl. Abschnitt „Jubiläumsausgabe" in Kap. 1.3.1, S. 119.
[95] 'VZ', Jubiläumsausgabe, 29.10.1932, S. 9.
[96] Vgl. ebd., S. 9–12.
[97] 'VZ', Nr. 25, 31.1.1933, S. 1.
[98] Vgl. Präs. 1933/XII 60/111 ff. U. a. wurden Nr. 51, 57, 86, 111, 126, 200, 211, 274 konfisziert.
[99] Vgl. OBERKOFLER, Die Tiroler Arbeiterbewegung, a.a.O. und 'VZ', Nr. 51, 2.2.1933.
[100] 'VZ', Nr. 73, 4.3.1933, S. 1.

nenten wurden nach Berufen aufgelistet: 0,25% Fabrikanten, 2% Handelsfirmen, 0,25% Landwirte, 6% Gaststätten, 5% Gewerbebetriebe, 3% freie Berufe, 5% öffentliche Angestellte, 27% Verkehrsangestellte, 9% kfm. und Privatangestellte, 42% Arbeiter.[101]

Am 15. März wurde die Redaktion von Militär und Gendarmen besetzt und das Haus durchsucht. Ein Bericht wurde erstellt, der als Aktenvermerk in die Präsidialakten einging, wo er am 8. April aufschien: Es seien lediglich Schriftstücke über Personen gefunden worden, die mit der 'VZ' als Mitarbeiter und Korrespondenten in Verbindung standen.[102]

Unter der drohenden Verhängung der Vorzensur mußte das Blatt seinen Ton merklich verharmlosen. Schroffe Töne wurden noch einmal anläßlich der Innsbrucker Gemeinderatswahlen angeschlagen, deren Resultat ein „ekliges Farbengemisch" sei, womit braune, schwarze und gelbe (antimarxistische) Parteien gemeint waren.

Am 12. April schließlich beantragte das Bundespolizeikommissariat beim Bundeskanzleramt, die 'VZ' unter Vorzensur zu stellen. Dem wurde am 21. April stattgegeben, womit ab 25. April die 'VZ' der Vorzensur unterworfen wurde: Zwei Stunden vor Verbreitungsbeginn mußte man Pflichtstücke bei der Staatsanwaltschaft abliefern. Diese Maßnahme wurde vorerst auf zwei Wochen befristet.[103]

Als jedoch die Nr. 111 beschlagnahmt und die Vollmacht zur Erteilung der Strafverfolgung des Verantwortlichen Redakteurs gegeben wurde, wurde ab Nr. 120 die Vorzensur und damit die Ablieferung von Pflichtstücken „auf unbestimmte Zeit" verlängert.[104]

Im Artikel vom 25. April, in dem die Vorzensur den Lesern angezeigt wurde, waren ganze Sätze und Absätze zensuriert (weiße Flecken), wie z. B.: „Wir sind unter Vorzensur gestellt worden, weil wir dagegen aufgetreten sind, (Absatz weiß). Die 'VZ' wird auch unter den geänderten Umständen ihn (weiß). Sie wird auch weiterhin einen energischen Kampf gegen (weiß) im Staate und Lande führen (weiß)" etc.[105] Kritik war also praktisch unmöglich geworden. Im April wurde unter anderem die Strafverfolgung gegen den Verantwortlichen Redakteur wegen Beleidigung des deutschen Reichspräsidenten Hindenburg eingeleitet.

Im Mai schrieb man unter dem Titel „Presse-'Freiheit' in Tirol", daß in Tirol verboten sei zu schreiben, was in Wien erlaubt sei, was eine verblüffende Affinität zur Zeit des Ersten Weltkrieges erahnen läßt.

Im Juni wurde anläßlich weiter verschärfter Presseverordnungen an die Leser appelliert: „In diesen ernsten Stunden bitten wir unsere Leser, ... die proletarische Presse zu verstehen und zu bedenken, unter welchen Verhältnissen sie hergestellt wird. In solchen Zeiten werden auch an die Kunst des Zeitungslesens hohe Anforderungen gestellt. Bleibt eurer Zeitung treu. Versteht eure Zeitung."[106] Dies war ein Appell, zwischen den Zeilen zu lesen.

Mit der Unmöglichkeit der offenen Kritik an der Regierung, den verschärften Pressebestimmungen und dem Verbot der NSDAP richtete sich nun die Kritik fast ausschließlich gegen die Nazis. Mit diesem – auch erzwungenen – Feindbildwechsel erfolgte auch das endgültige Abrücken vom Anschlußgedanken.

Von August 1933 bis Februar 1934 arbeitete Dr. Höger unter dem Pseudonym „Dr. Ritter" in der 'VZ'-Redaktion. Höger war später bayrischer stellvertretender Ministerpräsident und befand sich zu besagter Zeit in Emigration in Innsbruck.[107]

---

[101] 'VZ', 13.3.1933, S. 2.
[102] Präs. 1933/XII 60/1.340.
[103] Präs. 1933/XII 60/111/1 ff. und 'VZ', Nr. 96, 25.4.1933, S. 1.
[104] Ebd.
[105] 'VZ', Nr. 96, 25.4.1933, S. 1.
[106] Zit. 'VZ', Nr. 134, 12.6.1933, S. 2.
[107] STOISAVLJEVIC a.a.O., S. 404.

Am 13. September wurde die 'VZ' wieder beschlagnahmt, worauf am 15. September die „verschärfte Vorlagepflicht" für die Zeitung urgiert wurde; ein entsprechender Bescheid von Sicherheitsdirektor Mörl wurde jedoch vorerst nicht zugestellt, da auf Grund von kritischen Artikeln zwar wieder eine zweimalige Beschlagnahme erfolgt sei, dies jedoch auf Grund legitimer Kritik geschehen sei.[108]
Durch die Konfiskationen und Strafverfolgungen der Redakteure kam es 1933 und in der Folge 1934 zum regsten Schriftleiterwechsel in der 'VZ'-Redaktion (siehe Kap. 1.3.1, Abschnitt „Impressum", S. 115 ff).

Ansonsten verliefen diese Monate relativ ruhig, war die 'VZ' doch zu sehr von den Pressefesseln gebändigt. Ehe der Tod der Sozialdemokratie gekommen war, war deren Zeitung als Interessens- und Kampforgan bereits geknebelt worden.
Zu Beginn des Februar 1934 konnten noch einmal Seitenhiebe auf den 'Tiroler Anzeiger', der sich laut 'VZ' zum Heimwehrblatt gewandelt hatte, und auf die 'IN' verteilt werden.[109] Es folgten Aufrufe an die Genossen, zwar zum Kampf bereit zu sein, jedoch Ruhe zu bewahren, bis die Partei rufe, sowie ein Bericht zur Waffensuche in sozialdemokratischen Parteihäusern.[110]
Noch am 12. Februar folgten ruhig gehaltene Berichte und die Aussage „Es gibt nur legale Lösungen" – trotzdem war es die letzte Ausgabe des „Sozialdemokratischen Tagblattes".

Sechs Tage lang erschien die Zeitung nicht mehr, ehe am 19. Februar die 'VZ' gleichgeschaltet als „unabhängiges Organ für die Interessen der Arbeiter und Angestellten Tirols" unter Chefredakteur Othmar Popp „wiedererschien".[111]
Im Leitartikel hieß es: „Ein furchtbares Geschehen liegt hinter uns, eine Woche, in der ein entsetzlicher Krieg tobte. (...) Arbeiter schossen auf Soldaten, Polizeibeamte und Gendarmen. Exekutivorgane schossen auf Arbeiter. (...) Regierung und Arbeiterschaft lieferten ein trauriges, blutiges Treffen."[112] Man berichtete vom Verbot der Sozialdemokratie und der Gewerkschaften; man könne zwar Organisationen verbieten, aber die Arbeiterschaft und deren Ideen nicht ausrotten, hieß es weiter. Die 'VZ' werde deshalb als Arbeiterblatt weitergeführt. Man fuhr fort: Das Parteiverbot könne die Arbeiterschaft und ihre Stellung im Staate ändern. Die Arbeiterschaft dürfe nicht führerlos bleiben, um nicht den Nazis in die Hände zu fallen. Das erste Produkt dieser Erkenntnis sei „das Wiedererscheinen *unseres* Blattes", das nach wie vor ein Blatt der Werktätigen sein werde. Die Arbeiter bräuchten ein Organ zur Interessensvertretung – in dieser Zeit mehr denn je.[113]
Auch in Aufmachung, Format etc. versuchte man Kontinuität zu vermitteln bzw. vorzuspiegeln, allerdings wurden „sozialistische" Rubriken aus dem Blatt verbannt.

Bemerkenswert war auch das Verbleiben Popps als Chefredakteur. Er war seit 1932 im Redaktionsverband der 'VZ' führend tätig gewesen und war auch Mitglied des Parteivorstandes. Man machte demnach den Versuch, nicht nur in altem Gewande, sondern auch mit dem alten Redaktionsstab die frühere sozialdemokratische Leserschaft zu erreichen. Jedoch mußte ein Vertrauensmann für die politische Führung und Kontrolle sorgen. Dabei ergaben sich bald Unstimmigkeiten zwischen politischer Führung und dem mit der Regierungszensur beauftragten Leiter des Tiroler Pressedienstes, Hans Pfister, da dieser keine Angriffe der 'VZ' auf den Nazismus dulden wollte.[114] Pfister zielte damit vor allem auf Chefredakteur Popp ab.

Im Faszikel der Präsidialakten, in dem die Unstimmigkeiten zwischen 'VZ' und Pfister zutage treten, wurde auch die prekäre wirtschaftliche Situation der 'VZ' dargelegt: Das Blatt beschäftige vier Redak-

---

[108] Präs. 1933/XII 60/ vom 15. 9. 1933.
[109] Vgl. 'VZ', Nr. 27, 2. 2. 1934, S. 1.
[110] Vgl. 'VZ', Nr. 29, 4. 2. 1933, Nr. 30, 5. 2. 1933 und Nr. 33, 9. 2. 1933.
[111] Vgl. 'VZ', Nr. 35, 12. 2. 1934 und Nr. 36, 19. 2. 1934. Am 20. 2. wurde auch die am 13. 2. eingestellte 'Vorarlberger Wacht' wieder als Kopfblatt der 'VZ' herausgebracht.
[112] 'VZ', Nr. 36, 19. 2. 1934, S. 1.
[113] Ebd.
[114] OBERKOFLER a. a. O., S. 254 und Präs. 1934/XII 60/719/1 (Bericht der Präsidiale an den Bundeskanzler und den Sozialminister).

teure, habe 3.200 Voll- und 700 Minderzahler (und zusätzlich den freien Verkauf), woraus sich 1933 Einnahmen von S. 132.700,– ergeben hätten. Aus Inseraten seien S 83.000,– erlöst worden. Die genauen Ausgaben konnten nicht eruiert werden. Der Schuldenstand hatte S 85.000,– betragen. In der Bilanz vom März 1934 wurde schließlich eine Überschuldung von S 264.000,– konstatiert.[115]

Am 27. Februar wurde im Leitartikel betont, daß in Tirol die einzigartige Situation herrsche, daß sich „die beseitigte Arbeiterschaft ihre Zeitung retten konnte (…)". Die 'VZ' wolle – nach dem Bürgerkrieg – nun dem „inneren Frieden das Wort reden" und keine Rache fordern. Sollte es gelingen, im Land den Bürgerfrieden wiederherzustellen, habe auch die 'VZ' ihren Anteil daran.[116] Weiters wurde für die Mitarbeit der Arbeiter an der Neugestaltung des Staates geworben, woraus auch erkennbar wurde, daß unter dem (roten) Arbeitermäntelchen der Ständestaat im Hintergrund der Redaktion werkte.
Es war tatsächlich ein eigener Weg, den das Regime in Tirol ging – nicht Aus- sondern Gleichschaltung der Arbeiterpresse war die Losung, um die Arbeiter weiterhin – nun im ständischen Sinn – publizistisch bearbeiten zu können.
Durch die Zwistigkeiten zwischen Pfister und Popp fanden sich teilweise auch wieder – trotz Gleichschaltung – weiße Zensurflecken im Blatt – was kurioserweise der „Glaubwürdigkeit" der Zeitung beim Leser sogar zum Vorteil gereichte.
Helmut Junker stellte fest, daß die Inhalte doch beträchtlich von der üblichen Regierungspresse abwichen. In Wien wäre demnach eine Schreibweise wie jene der 'VZ' nicht möglich gewesen. Es konnten sogar Spendenaufrufe für Februar-Opfer gedruckt sowie publizistisch gegen die Februar-Justiz aufgetreten werden.[117]
Auffallend war auch die Beziehung zur „Aktion Winter". Durch die beständige positive Berichterstattung darüber wurde die 'VZ' zum verlängerten Arm Winters in die westlichen Bundesländer; fast alle Leitartikel Winters aus dem 'Arbeitersonntag' wurden nachgedruckt.[118]

Daneben, oder besser im Vordergrund, stand das positive Bekenntnis zum „neuen Staat", zur neuen Verfassung, die ohne Murren verkündet und wohlwollend kommentiert wurde – sie sei auf Grund ihres Österreich-Bekenntnisses ein Bollwerk gegen den deutschen Faschismus.[119]
Diese Ausgabe wurde wiederum konfisziert, hatte sich Pfister doch wieder über den Angriff auf den Nazismus mokiert.

Am 28. Mai wurde das Blatt erneut umgestaltet; es mutierte zum offiziellen Organ (Mitteilungsblatt) der Innsbrucker Kammer für Arbeiter und Angestellte und des Tiroler Gewerkschaftsbundes (beide staatlich kontrolliert).[120]
Ohne den offiziellen Rückhalt dieser Organisationen hätte die 'VZ' wohl nicht lange weiter erscheinen können, so blieb sie trotz allem eine, wenn auch kontrollierte und gelenkte, Verfechterin des Arbeiter„standes".
Im Leitartikel der Ausgabe vom 28. Mai („Ein neuer Abschnitt") wurde Rückschau auf das Verbot der Sozialdemokratie und ihrer Presse gehalten und die Einsicht der Behörden hervorgehoben, daß die Arbeiter ein Sprachrohr brauchten, weshalb die 'VZ' wiedererschienen sei – nunmehr als Kammer- und Gewerkschaftsorgan. Arbeiter und Angestellte müßten auf die Einigung ihres Standes bedacht sein, weshalb es auch wieder eine Gewerkschaft gebe.[121]

Die 'VZ' war also zum „Einheits-Gewerkschaftsorgan" und zum staatlich geknebelten Organ des Arbeiterstandes herabgesunken. Hauptgebiete der Berichterstattung waren die Außenpolitik, vor allem dem „Nazi-Terror" wurde viel Platz gewidmet, unpolitische Inhalte und Unterhaltung.

---

[115] Präs. 1934/XII 60/719.
[116] 'VZ', Nr. 43, 27. 2. 1934, S. 1.
[117] Vgl. JUNKER a. a. O., S. 103 f.
[118] Ebd., S. 104.
[119] 'VZ', Nr. 96, 2. 5. 1934, S. 1.
[120] Vgl. 'VZ', Nr. 116, 28. 5. 1934, S. 1.
[121] Ebd.

Nach seinem Tod wurde Dollfuß in der Zeitung gewürdigt – jener Dollfuß, den man früher so vehement bekämpft hatte.
Im September erfolgte die Ablöse Chefredakteur Popps, der eine Kontroverse mit Bundeskanzler Schuschnigg vorausgegangen war.[122]

1935 wurde die Auslandsberichterstattung weiter ausgebaut, außerdem wurde die Wirtschaftsseite erweitert, vor allem über ausländische Unternehmen wurde berichtet, um den heimischen Exporteur mit Informationen zu versorgen. So konnte ein Exporteur, der ein 'VZ'-Abonnement hatte, seine Wissens-Wünsche an das Blatt herantragen, welches diese an seine Korrespondenten weiterleitete, die gezielte Recherchen anstellten. Diese Informationen wurden über die 'VZ' an den Anfrager zurückgegeben. Ab März wurde auch eine monatliche „Wirtschaftsrubrik der VZ" eingerichtet. „Wir fordern unsere Leser auf, unserer 'Wirtschaftsrubrik' besondere Aufmerksamkeit zuzuwenden, sie zu sammeln und sich daraus ein Archiv zu schaffen, das eine Orientierung in wirtschaftlichen Dingen ermöglicht."[123] Dieser Informationsdienst, meist gegliedert nach Ländern und Branchen, stand vor allem für Importeure zur Verfügung.

1935 trat der spätere (NS-)Chefredakteur Fritz Olbert in die Redaktion ein.
1936 gab es vorerst kleinere Änderungen in Format und Ressortgestaltung. Die Inhalte wurden auf wenige Bereiche konzentriert. Die Vielfalt der bisherigen Rubrikbezeichnungen verschwand.

Dem Juli-Abkommen wurden zahlreiche Berichte gewidmet, es hatte jedoch keine großen Auswirkungen auf die Schreibweise der 'VZ', die schon zuvor zurückhaltend, nicht zuletzt durch Zensor Pfister, im Ton gegenüber Deutschland und die Nazis geworden war, obwohl ihr nach Erhebungen des SD attestiert wurde, daß sie auch nach dem Abkommen „eine unverhüllte, oft geradezu unverschämte Volksfrontpolitik betrieb".[124] Das war die Sicht der Nazis.

Realistisch betrachtet war die Tonart gegenüber dem Nationalsozialismus jedoch relativ moderat geworden, wenn auch unter dem Druck des Zensors; das mag auch ein Grund dafür gewesen sein, daß die Nazis nach dem Einmarsch 1938 die Zeitung nicht einstellten, sondern dieselbe Vorgangsweise (Gleichschaltung) wählten wie 1934 schon die Austrofaschisten, nämlich eine Zeitung für die Arbeiter beizubehalten, natürlich auf die Linie der NS-Ideologie gebracht.
Mit der weiter zunehmenden Unfreiheit der politischen Berichterstattung verlegte sich die Zeitung verstärkt auf unverfänglichere Dinge wie „Philatelie", „Kleintierzucht und Kleingarten" und ähnliche unterhaltende und belehrende Rubriken. Die 'VZ' war vom Kampf- zum Mitteilungs- und Klatschblatt geworden.

In der Nummer eins des Jahres 1937 schrieb Bundeswirtschaftsrat Hans Kostenzer über die Wichtigkeit der Zusammenarbeit zwischen Arbeiter und Presse. Damit könnten die Wünsche der Bevölkerung an die Kammer herangetragen werden; ihre Arbeit sei nicht Klassenkampf, wohl aber Einsatz zur Verteidigung der Arbeiterrechte im berufsständischen Sinn.[125]

1937 wurde allmählich auch der „Pressefrieden" mit Deutschland wieder durchbrochen. So war man in der 'VZ' über die Zurechtweisung Österreichs wegen angeblich unwahrer Berichte sowohl in der offiziellen deutschen Presse als auch in der österreichischen Boulevardpresse brüskiert. „Das österreichische Presseregime ist nach wie vor auf die Herstellung eines wahren Pressefriedens bedacht. (…) Es ist jedoch nicht geneigt, die betont unfreundliche Haltung der reichsdeutschen Presse, (…), widerspruchslos zur Kenntnis zu nehmen, Einschüchterungsversuchen nachzugehen und einseitige Zugeständnisse zu machen."[126]
Die 'VZ' wurde nun verstärkt von der Vaterländischen Front beansprucht; so wurden anläßlich des

---

[122] Vgl. JUNKER a. a. O., S. 104.
[123] 'VZ', ab März 1935.
[124] Vgl. u. zit. nach GEHLER in RATHKOLB/DUSEK/HAUSJELL a. a. O., S. 424.
[125] 'VZ', Nr. 1, 2. 1. 1937, S. 2.
[126] 'VZ', Nr. 65, 20. 3. 1937, S. 1.

1. Mai die Front und ihr Österreichbekenntnis hervorgehoben und sie zunehmend als Arbeiterorganisation propagiert und dargestellt sowie die „VF – Mitteilungen der Pressestelle" ins Blatt gerückt.

In einem August-Leitartikel wurden unter dem Titel „Aus Arbeiterkreisen schreibt man uns" die Aufgaben der 'VZ' (als Arbeiterpresse) angerissen: Man beklagte die Einschränkung der Pressefreiheit und fehlende Auseinandersetzungen, wodurch die Tagespresse langweilig werde und darunter leide. Dies könne zum Tod der heimischen Zeitungen führen, da immer mehr ausländische, die frei berichten könnten, gekauft würden. Es sei zwar der Schutz vor Pressemißbrauch nötig, die dauerhafte Einschränkung der freien Meinungsäußerung jedoch sei gefährlich für den Bestand der Presse und damit der Arbeitsplätze in diesem Bereich. Die Gedanken ließen sich nicht unterdrücken und wanderten in die Illegalität, was wiederum kontraproduktiv sei. Mit freiem Wort könnte zudem der ausländischen Agitation wirksam und glaubwürdig entgegengetreten werden.[127]

Im November wurde über einen Vortrag des Redakteurs Leo Dolleneck berichtet, der über die österreichische und tirolische Presse referiert und ausgeführt hatte, daß zwar für Zeitungsunternehmungen der Konzessionszwang bestehe und es eine Beschränkung auf vaterländisch gesinnte Personen gäbe. Im Gegensatz zu faschistischen Staaten bestehe jedoch Pressefreiheit, wenn auch die Kritikmöglichkeit eingeschränkt sei.[128]

1938 wurden die Töne gegenüber den Nationalsozialisten wieder schärfer, die Ablehnung offener sichtbar. „Es war einmal", hieß ein Leitartikel, womit der vergangene Anschlußwille aller Lager gemeint war, den man heute überwunden habe. Österreich sei frei, worüber man froh sei, denn aus der „großen deutschen Republik" sei ein Totalitätsstaat geworden, der Anschluß wäre ein Anschluß an eine Diktatur.[129]
Die patriotische Schreibweise trat immer deutlicher zu Tag: Die Zeitung wurde mehr und mehr zum Organ des publizistischen Abwehrkampfs gegen den Druck des Deutschen Reiches.
Anläßlich des Treffens Schuschniggs mit Hitler sah man jedoch noch keinen Grund zur Beunruhigung.[130]

Nach der Regierungsumbildung, der man sich neutral gegenüberstellte, übte man sich noch in Optimismus, da auch ein ehemaliger Sozialdemokrat, der Minister für Arbeitsbeschaffung, Rott, in die Regierung berufen worden sei, der die Arbeiterinteressen stärker vertreten werde und so einen Ausgleich zum nationalen Element schaffen könne. Die 'VZ' wurde so zur tirolischen Stimme des Ministers, aber auch zur Stimme des Österreichkurses Schuschniggs. So fand man sich mit dem ehemaligen Feindbild Schuschnigg auf einer Linie – zumindest gegenüber dem Nationalsozialismus. Und so hatte sich die 'VZ' von der einstigen vehementen Anschlußverfechterin zur strikten Gegnerin gewandelt.
Diese Haltung stand auch in den letzten Tagen vor der Annexion an oberster Stelle der Berichterstattung. Man propagierte die Pro-Österreich-Abstimmung, man trete vor die Urne, um zu entscheiden – um Sein oder Nichtsein. Es sei nicht wichtig, welcher Mann, welche Partei gerade regiere, sondern es handle sich darum, ob dieses Land, das man liebe „mit der letzten Faser unseres Herzens", untergehen solle für ewig:
„Alte Kämpfer! Es sind alte Schlachtrufe, denen wir in alter Treue…bis zum letzten Mann folgen werden: am Sonntag ein kräftiges Arbeiter-Ja für Österreich!"[131]
Dies war die letzte Ausgabe der 'VZ', bevor sie am 12. März von den den Truppen vorauseilenden Nazifunktionären gleichgeschaltet wurde.

1.3.2.3 1938–1939

Die Nr. 59 verkündete auf Seite eins die Übernahme der Staatsmacht und auch der 'VZ' durch die NSDAP. Ein Aufruf an die „schaffenden Volksgenossen" lautete, nicht den deutschen Arbeitern gelte

---

[127] 'VZ', Nr. 199, 31. 8. 1937, S. 2.
[128] 'VZ', Nr. 263, 15. 11. 1937, S. 7.
[129] 'VZ', Nr. 5, 8. 1. 1938, S. 1.
[130] Vgl. 'VZ', Nr. 36, 14. 2. 1938, S. 1.
[131] 'VZ', Nr. 58, 11. 3. 1938, S. 1.

der Kampf, sondern „nur seinen judenhörigen Führern".[132] In gemeinsamer Aufbauarbeit wolle man sie einer besseren Zukunft entgegenführen.
Grenzenlose Freude und tiefste Dankbarkeit wurde Seyß-Inquart, der SA und dem Führer für die Befreiung und Machtübernahme ausgesprochen, sowie die neuen Machthaber in Wien und Innsbruck vorgestellt.[133] Die Gleichschaltung ging von einem auf den anderen Tag perfekt – im Sinne des Nationalsozialismus – über die Bühne.

Bereits mit der nächste Ausgabe vom 14. März wurde das Blatt in 'Deutsche Volks-Zeitung', Untertitel 'Tagblatt des schaffenden Volkes' umbenannt – damit wurde die Scheinkontinuität des vormaligen Organs der Tiroler Sozialisten wie schon im Ständestaat auch nach dem Anschluß gewahrt. Das Blatt wurde vordergründig mit dem Auftrag betraut, „die Arbeiter in das nationalsozialistische Denken einzuführen", wobei es sich schließlich auch besonders antisemitisch gebärden sollte.[134]

Jubelberichte über die „Wiedervereinigung", die Eingliederung des Heeres in die deutsche Wehrmacht, die staatliche Umorganisierung, der Einmarsch und der Triumphzug des Führers durch Österreich standen im Mittelpunkt. Ein Aufruf „Verbreitet eure Presse, die Zeitung der Deutschen Volksfront!" folgte.[135]

Am 17. März begann bereits die Propaganda für die Volksabstimmung vom 10. April auch in der 'DVZ'. Am 19. März wurde dazu eine Sonderausgabe über die Ansprache Hitlers an das deutsche Volk zur Wiedervereinigung ediert.

Die Aufrechterhaltung der 'DVZ' als Arbeiterorgan war auch darauf zurückzuführen, daß das Gaublatt 'IN', bedingt durch die (hohen) Bezugspreise, kaum Abnehmer in der Arbeiterschaft fand. Laut SD leistete schließlich die 'DVZ' sehr gute Arbeit nach der Machtergreifung vor allem in Arbeiterkreisen.[136] Um dem gerecht zu werden, wurden zwei (mißliebige) Redakteure entlassen, wie der kommissarische Leiter dem RPD (Reichspressedienst) bekanntgab.[137]

Immer wieder wurden Sonderseiten zu Führer, Partei und Ideologie sowie vermehrt Bildberichte ins Blatt gerückt, der Umfang ausgedehnt sowie eine eigene Rubrik „Vorarlberg" wieder eingerichtet.

Am 29. März wurde Fritz Olbert zum Schriftleiter ernannt, welcher laufend die „positiven Aspekte" des Nationalsozialismus hervorhob. Mit aufwendigem Farbdruck (ganzseitiges Hitlerporträt) wurde der Besuch Hitlers in Innsbruck begangen, der als „Tirols großer Tag" gefeiert wurde.[138]

Nach der Anschluß-Abstimmung, anläßlich welcher die 'DVZ' angesichts des Ergebnisses in einen Freudentaumel verfiel, kehrte eine gewisse Normalität in Aufmachung und Inhalt ein. Partei und Führer standen weiterhin im Vordergrund, die Umgestaltung des Staates mit betont positiver Tendenz für die Arbeiterschaft wurde erklärt sowie das außenpolitische Ressort ausgedehnt. Die Artikel hatten meist belehrenden Ton, um die Ideologie dem Leser näherzubringen.

Im Mai wurde auch über die völlige Neugestaltung und Angliederung des Pressewesens an die Verhältnisse im Altreich berichtet: Presse in Österreich sei bisher eine gewerblichen, kommerziellen und parteimäßigen Sonderinteressen dienenden Tätigkeit gewesen, nunmehr sei die Mitwirkung der Presse an kulturell-politischer Betätigung gefordert, das nationale Wohl sei oberste Pflicht, und sie habe ausschließlich der Volksgemeinschaft zu dienen.[139]

Im Juni übernahm A. Schachenmann die Hauptschriftleitung, Fritz Olbert wurde Chef vom Dienst und Verantwortlicher für das Politikressort. Mit der im Juli abgeschlossenen Neugestaltung der Tiroler Presse und dem Antritt von Kurt Schönwitz als neuem Direktor des NS-Gauverlages sah sich die

---

[132] Vgl. u. zit. 'VZ', Nr. 59, 12.3.1938, S. 1.
[133] Vgl. ebd., S. 2.
[134] Vgl. u. zit. 'Deutsche VZ' ('DVZ'), Nr. 60, 14.3.1938, S. 1 und GEHLER in RATHKOLB/DUSEK/HAUSJELL a.a.O., S. 425.
[135] Vgl. 'DVZ', Nr. 60, 14.3.1938, S. 1–6.
[136] GEHLER in RATHKOLB/DUSEK/HAUSJELL a.a.O., S. 429.
[137] Vgl. HAUSJELL in RATHKOLB/DUSEK/HAUSJELL a.a.O., S. 188.
[138] Vgl. 'DVZ', Nr. 79, 5.4.1938, S. 1 f.
[139] 'DVZ', Nr. 103, 4.5.1938, S. 7.

'DVZ' einer verschärften Konkurrenzierung durch das Gaublatt 'IN' gegenüber, da Schönwitz eine monopolitische Medienpolitik verfolgte. Dies wiederum erschien dem SD gefährlich, da man dem Gaublatt selbst ein niedriges Niveau attestierte.[140]
Im September wurde die Zeitung verbilligt. Der Konkurrenz der 'IN' begegnete man mit Worten. Als Motto gab man „Verbundensein ist wahre Volksgemeinschaft" aus. „Die 'DVZ' hat sich das Vertrauen breitester Volksschichten erworben (…) durch den aktuellen Nachrichtendienst, durch ihre sachliche und das örtliche Geschehen berücksichtigende Berichterstattung (…)." Um jedem „Volksgenossen" den Bezug der Zeitung zu ermöglichen, werde die Zeitung ab 1. Oktober eine Verbilligung der Bezugspreise durchführen.[141]

Die damit verbundene Werbeaktion wurde bis Jahresende ausgedehnt. So gab es etwa für fünf neugeworbene Abonnenten ein Exemplar von „Mein Kampf" als Anerkennung.
Besonders intensiv betrieb die Zeitung auch die antijüdische Hetze.

1939 erreichte die 'DVZ' ihre endgültige inhaltliche Ausgestaltung; mit Beilagen und den verschiedenen Rubriken erfaßte sie nahezu alle Lebensbereiche. Die Auflage konnte jedoch, trotz Werbeaktion, nicht gesteigert werden. Nichts deutete in Inhalt und Gestaltung des Blattes in den ersten Monaten des Jahres 1939 auf das bevorstehende Ende hin. Hinter den Kulissen rumorte es jedoch bereits. Gauleiter Hofer, nach dem Anschluß noch Verfechter der Weiterführung der 'DVZ', erklärte sich im März 1939 nicht mehr am Weiterbestand interessiert, was die Stimmung im Verlag der Zeitung auf einen Tiefpunkt sinken ließ. Die Mitarbeiter fühlten sich vom Gauleiter hintergangen. Die Einstellung des Blattes wurde schließlich von der Kanzlei des Gauleiters am 25. April 1939 endgültig verfügt.
Die letzte Nummer vom 25. April titelte „Die 'DVZ' stellt ihr Erscheinen ein": „Mit heutiger Folge erscheint die 'DVZ' zum letzten Male (…)."[142] Dazu merkte das Gaupresseamt der NSDAP an: Die 'DVZ', die am 12.3.1938 aus der früheren 'VZ' hervorgegangen sei, hätte sich in den Dienst der Partei und des Staates gestellt und anerkennenswerte Arbeit geleistet trotz denkbar ungünstiger wirtschaftlicher und technischer Voraussetzungen. Der eingesetzte Verlagsleiter Schachenmann habe im März 1938 einen technisch völlig zerrütteten Betrieb vorgefunden. Es sei ihm aber gelungen, das Blatt über Wasser zu halten. Die mangelnde und völlig unzureichende technische Ausrüstung und wirtschaftliche Grundlage sei Ursache für die nunmehrige Auflösung, da die Verbesserung dieser Mängel einen Aufwand verursachen würde, der in keinem Verhältnis zum Nutzen stünde. Dem Leser wurden die 'IN' zum weiteren Bezug empfohlen.[143]

Endlich folgte noch ein Dank an die Leser: „Die wechselvolle, durch die politischen Strömungen der Systemjahre beeinflußte Geschichte unseres Blattes findet heute ihren Abschluß." Man sehe die Aufgabe, dem Leser Wegweiser zu sein in die Zukunft des nationalsozialistischen Staates, nunmehr als erfüllt an.[144]

Als soziale Gegenleistung an die enttäuschten Mitarbeiter wurde die gesamte 'DVZ'-Belegschaft in den Gauverlag übernommen.

1.3.2.4 1945–1957

Mit 15. November 1945, als die französische Besatzungsmacht die Bewilligung zur Herausgabe einer Parteizeitung erteilt hatte, wurde die sozialdemokratische 'VZ' wiederbegründet.

Als Eigentümer schien die SPÖ-Landesorganisation Tirol auf, als Herausgeber zeichnete Vorsitzender Franz Hüttenberger, als Chefredakteur Ludwig Klein (ein früherer Gemeindebeamter in Wien), als Verantwortlicher Redakteur Hans Flöckinger.
Gedruckt wurde die alte neue Parteizeitung bei Wagner, der Satz wurde bei Frohnweiler hergestellt, da

---

[140] Vgl. GEHLER in RATHKOLB/DUSEK/HAUSJELL a.a.O., S. 431.
[141] 'DVZ', Nr. 222, 24.9.1938, S. 9.
[142] Vgl. 'DVZ', Nr. 95, 25.4.1939, S. 1.
[143] Ebd.
[144] Vgl. u. zit. ebd. (diese Zeilen stammten von F. Olbert).

der Zeitung die eigene Druckerei, die drei Jahre später wieder in der Mentlgasse eingerichtet wurde, noch nicht zur Verfügung stand.

Hüttenberger schrieb in der ersten Ausgabe: „In all den vielen Kämpfen der vergangenen 60 Jahre, in denen die arbeitenden Menschen, geführt und geleitet von der Sozialdemokratischen Partei, sich ihren Weg zum sozialen und politischen Aufstieg freimachten, stand die ‚VZ' in vorderster Linie."[145] Diese Entwicklung sei am 12. 2. 1934 brutal unterbrochen worden, die Waffen des Faschismus hätten gesiegt. Sie hätten zwar die geistigen Waffen der Sozialdemokratie, vor allem die Presse, vernichtet, die sozialistische Idee jedoch nicht.

Nach zwölf mit Blut und Tränen getränkten Jahren seien nun die Fesseln gelöst, und die Partei sei wieder da. Nachdem bereits die Partei, Kultur-, Jugend- und Sportorganisationen wiedererrichtet worden seien, sei nun auch die ‚VZ' wiedererstanden, nachdem sie fast ein Dutzend Jahre zum Schweigen verurteilt gewesen sei. Beim Neuaufbau stehe klar die Entscheidung im Raum: „Kapitalismus bedeutet Krieg, Arbeitslosigkeit, Not, Elend und schließlich Krieg." Der Sozialismus hingegen kämpfe für Frieden, Planung, Kultur, Aufstieg und Wohlstand, dafür werde nun die ‚VZ' Sprachrohr sein.[146]

Auch in einer eigenen Aussendung (Mitteilung der SPÖ, Landesorganisation Tirol) wurden die Genossen auf das Wiedererscheinen des Parteiblattes aufmerksam gemacht.[147] Dies geschah in ähnlich kämpferischen Worten wie im Leitartikel der ersten Ausgabe. Die ‚VZ' sei nun zum Nutzen der gesamten Arbeiter, Angestellten und Kleinbauern aufzubauen. Deshalb wende man sich auf diesem Wege an alle Vertrauenspersonen in Partei und Betrieben.

Der Herausgabe der ‚VZ' wurde eine enorme Wichtigkeit zugemessen – alle Kraft sei daher für die Abonnentenwerbung einzusetzen.[148]

Neben Klein und Flöckinger, beides keine gelernten Journalisten, arbeitete noch Reinhold Zimmer in der Redaktion, ab 1947 Günther Fritz, der bis dahin Gerichtssaalreporter beim „Tiroler Nachrichtendienst" war. Zimmer und später Fritz waren demnach die einzigen Redakteure, die bereits journalistische Erfahrungen aufwiesen. Als freier Mitarbeiter (Musikkritiker) war unter anderem Emil Berlanda tätig, der bereits 1944 beim NS-Blatt ‚IN' tätig gewesen und somit belastet war.[149]

Technische Probleme (Satz und Druck) verhinderten zu Beginn eine Abonnementzustellung, weshalb die Zeitung nur durch Kolporteure und über die Verschleißstellen vertrieben werden konnte.[150]

Zur durch alliierten Ratsbeschluß mit 1. Oktober proklamierten Pressefreiheit bemerkte man, daß damit eine die Demokratie tragende Säule wieder aufgerichtet worden sei. Dieser Freiheit seien zur Zeit nur wenige Fesseln auferlegt – unter anderem gegenüber der Nazi-Ideologie und gegenüber den Besatzungsmächten. Zur Geschichte der Pressefreiheit schrieb die ‚VZ': „Solange das Spiel der politischen Kräfte frei war, erfüllte die Presse auch ihre Aufgabe; (…) Erst als eine Minderheit das Staatssteuer an sich riß (…), war die natürliche Funktion der freien Presse ein Hindernis für die Absichten der Regierenden", und so „wurde die Bevölkerung in eine Passivität gezwungen, politisch entnervt und widerstandsunfähig", sodaß sie „wenige Jahre später zur Beute der aufs Ganze gehenden Nazis wurde".[151]

Von Beginn an wurde die Zeitung auch in den Dienst der Wahlpropaganda gestellt. Die Rubriken entwickelten sich allmählich, die Zeitung bekam ein regelmäßiges Gesicht. Zahlreiche Berichte zur Entnazifizierung erschienen, alte Namen wie jene des früheren Redakteurs Karl Gvatter tauchten wieder auf.

Auf Grund der allgemeinen Papierknappheit konnte die Zeitung teilweise nur zweiseitig erscheinen. Im Dezember wandte man sich an die Leser: Man bemühe sich, die Zeitung auszugestalten, was zur Zeit jedoch sehr schwierig sei; auch die Abonnementzustellung bereite noch Probleme. Es sei also

---

[145] ‚VZ', Nr. 1, 15. 11. 1945, S. 1.
[146] Vgl. ebd.
[147] Vgl. Kopienmaterial KAISER.
[148] Vgl. ebd.
[149] Vgl. HAUSJELL, Österreichs Tageszeitungsjournalisten, a. a. O., S. 236 ff.
[150] Vgl. ‚VZ', Nr. 1, 15. 11. 1945, S. 1.
[151] Ebd.

noch Geduld nötig. Die finanziellen Probleme könnten nur durch einen umfangreichen Abonnentenstock gelöst werden, da auch das Inseratenaufkommen noch sehr bescheiden ausfalle.

Zu Beginn des Jahres 1946 wurde das Blatt im Aussehen geringfügig verändert, die Ressorts ausgedehnt und besser leserlich gestaltet. Trotz der ungelösten Situation bei Satz und Druck hatte die Zeitung die ersten, gröbsten Anlaufschwierigkeiten überwunden.
Die Partei-, Gewerkschafts- und Sozialberichterstattung wurde forciert, 'AZ'-Artikel übernommen, bekannte Parteiführer konnten als Leitartikler präsentiert werden, unter anderem Karl Renner, Bruno Pittermann, Julius Deutsch oder Adolf Schärf.

Ab Mai erschien als wöchentliche Jugendbeilage „Der Jungsozialist". „,Endlich', werdet besonders ihr Junggenossen Tirols sagen, ,hat sich auch unsere Jugendleitung dazu aufgerafft, allwöchentlich eine Jugendseite in unserer Tageszeitung einzuschalten'."[152] In der Beilage solle die Jugend zur Jugend, die Jugend „zum Alter" und die „Alten" zur Jugend sprechen, nicht zuletzt, um das Verständnis zwischen alt und jung zu fördern.[153]

Die für die Erste Republik typischen Pressefehden fanden nunmehr nur noch vereinzelt statt. Unter der – politischen – Last der Besatzung standen die nötige Zusammenarbeit der politischen Lager, der gemeinsame wirtschaftliche Aufbau und die Wiedererrichtung der Demokratie im Vordergrund. Auch das ist ein Beispiel dafür, wie sehr sich die politisch-wirtschaftliche Situation jeweils auch auf die Situation der Presse auswirkt(e).

Die Papierknappheit war auch 1946 weiterhin deutlich zu spüren. Im September sah man sich „leider genötigt, unseren Lesern heute und in den nächsten Tagen eine Zeitung in die Hand zu geben, die diese Bezeichnung nicht mehr verdient. Fliegende Blätter sind es, die wir Ihnen vorzulegen gezwungen sind."[154] Dies sei nicht die eigene Schuld, sondern die jener Instanzen, die über Erzeugung und Verteilung von Rotationspapier bestimmten. Die Zustände in der Papierindustrie seien so arg, daß sogar die ÖVP die Verstaatlichung derselben fordere. Die Herausgabe einer Zeitung sei im Moment nahezu unmöglich – man hoffe daher, daß alles getan würde, um diese Mißstände abzustellen[155], womit die Entkartellierung und Verstaatlichung der Papierindustrie gemeint war.

Zum Jahrestag am 15.11.1946 wurde auf ein Jahr 'VZ' zurückgeblickt. Das Resümee fiel teils positiv, teils negativ aus: Man habe von Anfang an am Wiederaufbau mitzuwirken versucht, man sei sachlich in der Kritik gewesen und habe mit den Gegnern manchen „journalistischen Strauß" ausgefochten; die Gegner seien dieselben geblieben, nur die Namen seien andere. Man gestand ein, daß man sich die Ausgestaltung des Blattes anders vorgestellt hätte, man hoffe aber, daß man bald ein umfangreicheres Blatt verlegen könne. Die Papierversorgung sei weiterhin katastrophal, da die Papierindustrie zuviel exportiere und die heimischen Zeitungen „verdorren" lasse; auf ewig könnten die „Trustherren" die Entwicklung jedoch nicht stoppen.

Auch 1947 konnte man nur mit eingeschränktem Umfang (meist vier Seiten) erscheinen, weshalb der Satz verkleinert wurde, um mehr Inhalte transportieren zu können.
Außenpolitisch dominierten Berichte und Kommentare zu den Londoner Staatsvertragsverhandlungen, wobei relativ pessimistisch in die Zukunft geblickt wurde. Chefredakteur Klein sah jedoch einen „Silberstreifen am Horizont" durch das Erstarken des demokratischen Sozialismus; auch 1948 werde es den Aufstieg geben. An den Genossen liege es, das Tempo des Aufstiegs mitzubestimmen.[156] Die Probleme erfuhren jedoch eher einen kontinuierlichen Fortgang als der Aufstieg der Presse. Schon in den Anfangsjahren tauchten die Probleme auf, die für die Parteipresse symptomatisch werden sollten.

---

[152] 'VZ', Nr. 117, 22.5.1946, S. 3.
[153] Ebd.
[154] 'VZ', Nr. 215, 19.9.1946, S. 1.
[155] Ebd.
[156] 'VZ', Nr. 296, 31.12.1947, S. 1.

Am 18. Februar 1948 wurde unter dem Titel „Im neuen Kleid für alte Ziele" die fehlende Wiedergutmachung für seinerzeitige Beschlagnahmen beklagt, weshalb vor allem die Parteipresse noch heute an den Folgen leide.[157] In Tirol und Vorarlberg müßten die Zeitungen der zweitgrößten Partei unter unwürdigen Verhältnissen leben – für zwei Länder habe man nur zwei Setzmaschinen (das Vorarlberger Blatt mußte sechs Stunden vor der 'VZ' herauskommen), wodurch die zeitlichen Voraussetzungen sehr ungünstig seien, sodaß es oft an ein Wunder grenze, wenn man überhaupt erscheinen könne. Die Satz- und Druckqualität litten darunter, dazu komme die Papierknappheit – für reichlich Stoff finde man zuwenig Platz und Zeit vor.[158]

Anläßlich der bevorstehenden Wiedererrichtung des sozialistischen Verlages und der Druckerei (Vorstand: Franz Hüttenberger, Alois Heinz) wandte sich die Landesparteileitung in einem „Statement" an die Parteimitglieder. Dabei wurde die Bedeutung der Arbeiterpresse als Tribüne hervorgehoben; immer sei sie geknebelt und verfolgt worden, da kein anderes Propagandamittel eine ähnliche Tiefenwirkung erziele.[159]

Die 'VZ' sei gezwungenermaßen Oppositionsblatt gewesen. Nun kämen jedoch neue Aufgaben auf die sozialistische Presse zu: Mit ihrem gestärkten Einfluß im Staate müsse sie zu sachlicher und aufbauender Kritik übergehen, ohne deswegen alles gutheißen zu müssen. Werbung und Aufklärung im Sinne des Sozialismus seien natürlich weiterhin selbstverständlich, ohne daß man als Zeitung jedoch selber die Politik mache.[160]

Auch die Leserschaft habe sich gewandelt. Waren es früher fast ausschließlich manuelle Arbeiter, so seien heute auch Angestellte, Beamte, Bauern, Freiberufler und Gewerbetreibende in der Leserschaft. Daher dürfe man nicht eine dieser Schichten vor den Kopf stoßen, sondern müsse mit entsprechender Berichterstattung um sie werben.

Als neuer Feind und politischer Konkurrent wurde die erstarkte KPÖ bewertet, die es auch publizistisch zu bekämpfen gelte.

Zu den Problemen der 'VZ' bemerkte man, daß sie es schwerer als Zeitungen in anderen Bundesländern habe, da die industrielle Bevölkerung zu schwach vertreten sei und man müsse unter großen technischen Problemen leide, mußten Satz und Druck doch in fremden Betrieben erstellt werden. Auch in der geplanten eigenen Druckerei werde die Ausrüstung zu Beginn nicht den Notwendigkeiten entsprechen. Damit kam man zur Bitte an die Genossen um Anteilnahme und Mitarbeit an der Zeitung. „Jeder klassenbewußte Arbeiter, jeder denkende Angestellte, jeder fortschrittliche Gewerbetreibende und Arbeiterbauer muß daher die sozialistische Presse, in Tirol die 'VZ', als *seine* Zeitung betrachten."[161]

Probleme blieben weiterhin bestehen, ab Juli 1950 konnte man jedoch die ständige Erweiterung der technischen Ausrüstung und ein Wiedererstarken des Druckereibetriebs trotz aller Hemmnisse vermelden und zu einem modernen Satz übergehen.[162]

1951 wurde wieder der Untertitel 'Tagblatt des schaffenden Volkes in Stadt und Land' gewählt.

Am 28. Februar 1957 erschien schließlich die letzte Ausgabe der 'VZ' als eigenständige Tiroler sozialdemokratische Zeitung.

An die Leser gewandt schrieb man: „Durch eine unerbittliche Entwicklung, die Zeitungen mit etwas kleinerer Auflage, also Zeitungen mit mehr lokalem Charakter, spinnefeind ist, sind wir gezwungen, eine Umgestaltung in der Herstellung unserer Zeitung vorzunehmen." Durch Kollektivvertragsvereinbarungen sei es auch nicht möglich, den Namen 'VZ' weiterzuführen, sodaß die 'VZ' mit 28. Februar das Erscheinen einstelle und ab 1. März in neuem Kleid als 'AZ', Ausgabe für Tirol, mit täglichem Tirol-Teil erscheine, welcher in Zukunft auch erheblich ausgebaut werde. Die Lokalredaktion verblieb in

---

[157] Anläßlich der Wiedererrichtung der Parteidruckerei in der Mentlgasse 12.
[158] 'VZ', Nr. 40, 18. 2. 1948.
[159] Kopienmaterial KAISER – Statement der Landesparteileitung.
[160] Ebd., S. 2–4.
[161] Ebd., S. 11.
[162] Vgl. 'VZ', Nr. 168, 22. 7. 1950, S. 3.

Innsbruck. Man bat die Leser der 'VZ', im „Bezug unserer Zeitung keine Unterbrechung eintreten zu lassen".[163]

Die finanziellen Probleme, ausgelöst durch Abonnentenmangel und „das nicht gelungene" Annoncengeschäft waren die Gründe für die Einstellung.[164]

Somit wurde ab 1. März 1957 die 'AZ' mit einer Tiroler Lokalseite angeboten. Statt der versprochenen Ausgestaltung der Lokalseite erschien ganz im Gegenteil bald fallweise gar keine Tirol-Seite mehr, lediglich im Inseratenteil gab es die Rubriken „Tiroler und Vorarlberger Anzeiger".

Ab 1. Februar 1962 wurde der Lokalableger als 'Tiroler AZ' bezeichnet, im Impressum hieß es 'Tiroler Ausgabe der Arbeiterzeitung'.

Im Laufe der Jahre wurden Kopf und Aufmachung mehrmals verändert, der Tirolanteil wurde zusehends kleiner. 1968 fand sich das Wort „Tirol" nur noch versteckt und klein im Kopf, ehe dieses letzte Relikt am 1.1.1969 auch aus dem 'AZ'-Titel verschwunden war.

80 Jahre nach Hainfeld kann dieses Datum als endgültiges Ende der sozialistischen Lokalpresse in Tirol bezeichnet werden.

Das wahre Ende der täglichen Arbeiterpresse für Tirol muß jedoch mit dem Hinscheiden der tirolischen 'Volks-Zeitung' vom 28. Februar 1957 datiert werden.

---

[163] 'VZ', Nr. 50, 28.2.1957, S. 4.
[164] Kopienmaterial KAISER.

1.4 (Neue) Tiroler Stimmen

1.4.1 Daten zur äußeren Struktur

Titel:
27.03.1861 bis 09.05.1868:   Tiroler Stimmen
ab 11.05.1868:   Neue Tiroler Stimmen[1]

Untertitel:
Für Gott, Kaiser und Vaterland (kein Untertitel, sondern ein Motto, Anm.)
ab 11.11.1918: kein Untertitel

Erscheinungsort: Innsbruck

Erscheinungsdauer:
27.03.1861 bis 15.11.1919 (1914: 54. Jg.)
27. – 30.09.1918 nicht erschienen (Buchdruckerstreik)

Erscheinungsweise:
bis   Nr. 9, 15.04.1861:   3× wöchentlich, danach 6× wöchentlich
ab   06.08.1914:   12× wöchentlich (11.00 mittags und 17.30 abends)
ab   11.01.1919:   11× wöchentlich (keine Samstag-Abendausgabe)
ab   01.03.1919:   6× wöchentlich (außer Sonntagen) – keine Abendausgabe mehr

Die „Neuen Tiroler Stimmen", die nur neun Nummern lang dreimal wöchentlich (Mo, Mi, Fr) erschienen, stellten Mitte April 1861 schon auf tägliche Erscheinungsweise um. Im Ersten Weltkrieg erschienen sie mit zwei Ausgaben zu Mittag und abends, um dem gestiegenen Informationsbedarf gerecht zu werden und die Aktualität zu steigern. 1919 stellte man wieder auf sechsmal wöchentliches Erscheinen um.

Umfang: (in Seiten)

Zeit	Normalausgabe wochentags (Durchschnitt)	Abendausgabe	Sonntagausgabe
1914	4–6	–	6–12
ab Kriegsbeginn	2–4	2–4	4
1917/18	4	2	6–8
1919	6–8	–	6–8

Der Umfang der Zeitung bewegte sich relativ konstant bei 4–8 Seiten, wovon 1–2 Seiten Inserate und Kleinanzeigen ausmachten.
Im Ersten Weltkrieg reduzierte sich der Umfang der Mittagsausgabe auf meist vier Seiten, die Abendausgabe hatte meist nur zwei Seiten, wodurch insgesamt der Umfang in etwa stabil blieb. Samstagsausgaben und Ausgaben zu Festen wie Ostern waren jeweils umfangreicher als die Normalausgabe, wobei vor allem Literatur und Inserate den Umfang wachsen ließen.

Format: Großformat 46,5 x 31,3 cm (zwischen Kanzlei- und Großformat)

Satzspiegel: 41,9 × 26,6 cm

Umbruch: 3 Spalten à 8,6 cm / Spaltentrennlinien

Schriftart (Brotschrift): Fraktur

---

[1] In der Folge mit 'NTS' abgekürzt.

Zeitungskopf: Höhe 1914: 9,5 cm
ab 06.08.1914: 11,5 cm
ab 1915: 11 cm
ab Oktober 1918: 9–10 cm
ab 1919: 10 cm

Der Kopf der 'NTS' war relativ schmucklos, links vom Frakturtitel war das Impressum, rechts davon die Bezugspreise und -bedingungen gesetzt, unter dem Untertitel befand sich die Datumszeile. In den Kopf war jeweils „Abendausgabe" bzw. „Mittagsblatt" über den Titel gerückt.

Gesinnung/politische Richtung: Katholisch-konservativ, klerikal, monarchistisch

Impressum:
1914: Herausgeber und Verantwortlicher Redakteur: Josef Gufler. Druck: Vereinsdruckerei Innsbruck. Redaktion, Administration und Druckerei: Innsbruck, Maria-Theresienstraße 40
ab 21.10.1915: Für die Redaktion verantwortlich: Josef Gufler, Druck der Vereinsbuchdruckerei in Innsbruck, Herausgegeben von der Vereinsbuchhandlung

Ressorts/Inhalt:
1914: Leitartikel, Vermischtes (Politik und Personalien), Feuilleton (unterm Strich), Ausland, Korrespondenzen (kleine regionale Meldungen), Kleine Chronik, Inland, Wintersport, Vereinsnachrichten, Literatur, Kirchliche Nachrichten, Land- und Volkswirtschaftliches, Handel und Gewerbe, Militärisches, Verkehrswesen, Drahtnachrichten, Innsbrucker Stadttheater, Tiroler Landtag, Sport, tlw. amtliche Nachrichten aus dem 'Boten für Tirol' übernommen, keine Illustrationen, wenig Inserate.
ab Kriegsbeginn: diverse Kriegsressorts (z.B. Vom nördlichen Kriegsschauplatz, Verschiedene Meldungen zum Krieg – diese wechselten je nach Kriegslage)
ab 1915: Leitartikel „Zur Kriegslage"
1915/16: fast ausschließlich Kriegsberichterstattung, übrige Rubriken fast nicht mehr vorhanden, tlw. Illustrationen (Landkarten)
1916: Kriegsereignisse, Feuilleton, deutscher und österreichischer Tagesbericht der Heeresleitung, Der europäische Krieg, Vom Krieg zur See, Letzte Nachrichten, Kleine Chronik, Stadttheater, Kirchliche Nachrichten, Kriegshilfe.
ab 1917: Der Inseratenteil bestand fast zur Gänze aus Traueranzeigen, amtlichen Nachrichten, Kriegsanleihe-Werbung und Eigenwerbung der Vereinsdruckerei.
ab Nov. 1918: Es verschwanden Kriegsressorts, Friedensfragen wurden erörtert, zivile Rubriken sind wieder erstarkt: Vom Tiroler Nationalrat, Verschiedene Meldungen, Deutsch-Österreich, Bayern, Aus Südtirol.
1919: vor allem Wahlpropaganda, Wahlberichte, Berichte von der Friedenskonferenz zusätzlich zu obigen Rubriken.

Bezugspreise: 'Neue Tiroler Stimmen'

ab Datum	Einzelpreise mittags	Einzelpreise abends	Monatsabonnementpreise loco/abholen	Zust. Bote	Zust. Post
1914	H 10		K 1,50	K 1,70	K 2,–
01.07.15	Abendausgabe im Alleinbezug möglich, Zustellung monatlich H 80				
		H 10			
01.01.16	H 10	" 10	K 2,–	K 2,20	" 2,50
01.01.17	" 12	" 10	" 2,50	" 3,–	" 3,–
	Abendausgabe im Alleinbezug, loco K 1,25, Zustellung 1,75				

ab Datum	Einzelpreise		Monatsabonnementpreise		
	mittags	abends	loco/abholen	Zust. Bote	Zust. Post
01.01.18	H 12	H 10	K 2,90	K 3,20	K 3,40
01.04.18	" 14	" 10	" 3,70	" 4,–	" 4,40
	Abendausgabe im Alleinbezug, loco K 1,80, Zustellung 2,50				
24.09.18	H 20	H 14	K 4,30	K 4,90	" 5,20
	Abendausgabe im Alleinbezug, loco K 2,10, Zustellung 2,50				
01.01.19	H 20	H 14	K 4,90	K 5,20	" 5,50*
25.08.19	" 30		" 5,50	" 6,30 ff.	" 6,50

Anmerkung zu den Preisen:
* Erhöhung laut Ankündigung, jedoch nicht in Kraft getreten, weiterhin lt. Bezugspreisliste alte Preise.

Zeitungstyp nach Vertriebsart: vorwiegend Abonnement-Blatt

Auflagen: Vor 1914 siehe Anmerkungen[2]
                          1914–1919: 2.400[3]

Beilagen: 1914–1919: keine

Jubiläumsausgabe: Eine Jubiläumsnummer im Jahr 1911 anläßlich des 50jährigen Bestehens des Blattes.[4]

1.4.2 Allgemeine Chronik (mit Verlagsgeschichte)

Ermutigt durch die gewährte Pressefreiheit richtete der Buchdruckergehilfe Andreas Witting am 18.9.1848 an das Landesgubernium das Gesuch um Verleihung des Rechts, in Innsbruck eine Druckerei errichten zu dürfen. Trotz der ablehnenden Haltung der bestehenden Druckereien Rauch und Wagner (Stellungnahme) erteilte der Stadtmagistrat mit Erlaß vom 18.12.1848 die Bewilligung.
Ins Leben trat die Druckerei schließlich am 28.7.1849 (vgl. Graphik 4), am 2.1.1850 brachte sie in ihrem Verlag das (unpolitische) 'Innsbrucker Tagblatt' heraus.[5]

Bereits 1856 drohte Witting jedoch der Konkurs. Das führte den Universitätsprofessor Ernst Freiherr von Moy de Sons und den Dekan Bartholomäus Kometer auf die Idee, die Druckerei in eine noch zu gründende Anstalt, die der Verbreitung „guter" Schriften gewidmet sein sollte, zu übernehmen. Sie legten ihren Plan der „Marianischen Gesellschaft" vor und fanden deren Zustimmung. Der Schriftsetzer Johann Aufschlager wurde mit einem Gutachten betraut, das schließlich dem Vorhaben grünes Licht gab. Auf Grundlage des Gutachtens schloß die „Marianische Gesellschaft" mit Witting einen Vertrag (21.2.1856), durch den die Verlagsartikel an die Gesellschaft übergingen.[6]
Die freigewordene Konzession ging an Aufschlager über. Zur Kapitalbeschaffung entwarf man ein „Programm einer Aktiengesellschaft zum Betrieb einer Druckerei".[7]
Im November wurden die Statuten des „Marianischen Vereins zur Verbreitung guter Schriften" genehmigt.

---

[2] 1861: 1.000, vgl. BREIT a.a.O., S. 43; 1905: 1.150, vgl. VOLGGER a.a.O. und Präs. 1913/XII 78c4.
[3] Vgl. Präs. 1914–1918/XII 78c4. Nach dem Zusammenschluß der beiden Blätter hatte der 'Anzeiger' eine Auflage von 11.000 Stück, die in der weiteren Folge sinken sollte, vgl. ebenfalls Präs. 1919ff./XII 78c4.
[4] Vgl. dazu BREIT a.a.O., S. 40ff.
[5] KLAAR, Karl: Gründung und Fortschritt der Fa. Marianischen Vereinsbuchhandlung und Buchdruckerei A.G. Innsbruck 1856–1936. Erschienen im eigenen Betrieb 1936, S. 4ff.
[6] Ebd., S. 9ff. und BREIT a.a.O., S. 42.
[7] KLAAR a.a.O., S. 13f.

Graphik 4: Marianische Vereinsbuchhandlung und Buchdruckerei A. G. und 'Neuen Tiroler Stimmen'

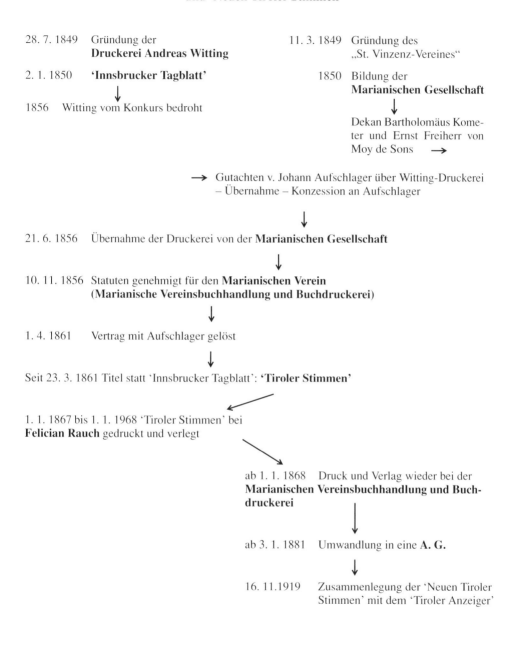

Mit der 1856 erfolgten Umwandlung des 'Innsbrucker Tagblattes' wurde dem Klerus ein Organ geschaffen, um der katholischen Kirche die Macht der Presse im Land zu sichern (nachdem die Geschäftsverbindung mit Johann Aufschlager gelöst worden war).[8]

Ab 1.4.1861 nannte sich die Druckerei „Vereinsdruckerei".

Bereits zuvor, am 27.3., war anstatt des 'Innsbrucker Tagblattes' die neue politische Zeitung 'Tiroler Stimmen', vorerst dreimal wöchentlich, ab der Nr. 9 (15.4.) bereits täglich, erschienen.

Das Leitmotiv der Zeitung sollte sein: „In Freud und Leid zu Österreich und Tirol zu stehen, aber auch die Eigenart und Eigenberechtigung Tirols nicht aufzugeben."[9] Die Zeitung gab als Devise aus: „Wir gehören zu keiner Partei, unsere Partei ist die Wahrheit, die Pflicht, das Gewissen. Für Gott, Kaiser und Vaterland."[10] Sie wurde jedoch bald zur Verfechterin des klerikal-konservativen Gedankenguts und damit der Konservativen Partei sowie das Aushängeschild der „Vereinsdruckerei" als einzige streng katholische Tageszeitung in (Nord-)Tirol.

Das Sinken der Abonnementzahlen des Buchvereins sowie die jährlich notwendige Zuwendung an die 'Stimmen' (500–600 Gulden) führten zu Geldverlegenheiten, weshalb das Blatt nur noch dreimal wöchentlich erscheinen sollte. Fürstbischof Gasser versprach jedoch eine jährliche Beihilfe.

Im Jahr 1867 bis zum 1.1.1868 erschien die Zeitung schließlich vorübergehend bei F. Rauch.

Zu Beginn der achtziger Jahre übernahm die Aktiengesellschaft auf eigene Rechnung die Herausgabe der inzwischen in 'Neue Tiroler Stimmen' umgetauften Zeitung.

Abgesehen von der Last der Zeitung, die 1882 kurz vor der Einstellung stand, entwickelte sich das Unternehmen günstig; so konnte ein ansehnlicher jährlicher Reingewinn eingefahren werden.[11] Für die „Vereinsbuchhandlung und Buchdruckerei AG" begann eine Periode des relativen Wohlstandes.

Der Tag des Erscheinens der 'Tiroler Stimmen' sollte ein Schicksalstag der Druckerei gewesen sein. Durch über ein halbes Jahrhundert sollte das Blatt das Wahrzeichen des Unternehmens bilden, sodaß „dieses mit der Zeit in der Aufrechterhaltung und Förderung der 'Tiroler Stimmen' als der einzigen katholischen Tageszeitung in Tirol den hauptsächlichen Grund seines Bestehens erblickte".[12]

Als erster zeichnete J.G. Vonbank für die Redaktion verantwortlich, zeitweilig waren in der Folge auch Geistliche für das Blatt zuständig. Einer der bekanntesten Redakteure war Theodor Freiherr von Kathrein, der spätere Landeshauptmann von Tirol.

Die liberale, antiklerikale Führung des Staates in Wien gab den 'Stimmen' ausreichend Gelegenheit, den konservativen Standpunkt als Gegenstück zum Liberalismus darzulegen, was ein Unterfangen war, das zu unzähligen Konfiskationen und zur Einleitung mehrerer Preßprozesse führte. So wurde das Blatt im Mai 1868 dreimal hintereinander beschlagnahmt, weshalb es sein Erscheinen einstellen mußte. Zwei Tage später, am 11. Mai, konnte die Zeitung unter „neuem" Titel als 'Neue Tiroler Stimmen' bereits wieder unter der alten Devise „Für Gott, Kaiser und Vaterland" erscheinen, was auch verdeutlichte, wie leicht die gesetzlichen Hürden in diesem Fall genommen werden konnten.[13]

Die Zeitung nahm in den siebziger Jahren, vor allem unter der markanten Persönlichkeit des Redakteurs Georg Jehly, einen kontinuierlichen Aufschwung.

Dann ging die Zahl der Abnehmer wieder zurück, so daß sich die „Vereinsdruckerei" im Oktober 1882 gezwungen sah, dem konservativen Landtagsklub mitzuteilen, daß sie die Zeitung auflassen müsse, sollte der Klub die Kosten der 'NTS' nicht tragen wollen. Schließlich konnte die Angelegenheit jedoch bereinigt werden.[14]

Mit der Rückkehr Jehlys 1889 in die Redaktion folgte wieder ein Aufschwung – das Format wurde ver-

---

[8] Vgl. ebd., S. 25.
[9] Zit. nach ebd., S. 35.
[10] 'NTS', Nr. 1, 27.3.1861, S. 1 (nach BREIT).
[11] Vgl. KLAAR a.a.O., S. 46 f.
[12] Ebd., S. 36.
[13] Ebd., S. 44 f. und BREIT a.a.O., S. 50 und OLBERT a.a.O, S. 160.
[14] KLAAR a.a.O., S. 46.

größert, die 'NTS' wurden vom kleinen Blatt zur großen Tageszeitung, was den Aufstieg ebenfalls verdeutlichte. Auch die Rubriken und Beilagen wurden ausgedehnt.

Mit Jehlys Tod 1906 übernahm Josef Gufler die Leitung des Blattes; er erweiterte den täglichen Umfang auf durchschnittlich acht Seiten.[15]
1911 erschien anläßlich des 50jährigen Bestehens eine typographisch großzügig gestaltete und mit historischen Beiträgen gespickte Festnummer.[16]

Ihre größten Gegner orteten die in der „farblosen" und liberalen Presse, die sie wiederholt scharf attackierte.

Trotz der weitgehend konservativ orientierten Tiroler Bevölkerung war es dem Blatt nie gelungen, das Organ der Tiroler zu werden.
Die 'NTS' blieben und waren auch 1914 noch – jedoch nicht mehr so ausgeprägt wie unter Jehly – das Kampforgan des jeweiligen Redakteurs und damit verbunden der katholisch-konservativen Partei.[17]

Im Jahre 1912, im 54. Jahrgang, erschien die Zeitung weiterhin in betont konservativer Aufmachung vor allem mit politischen, kulturellen, religiösen und historischen Inhalten und einem regelmäßigen Feuilleton. Schlagzeilen waren – bis zum Krieg – die Ausnahme. Aus dem Regierungsblatt 'Bote für Tirol' wurden regelmäßig amtliche Mitteilungen übernommen. Sonderausgaben oder Ausgaben wie zu Pfingsten 1914[18] erschienen auf eigenem Glanzpapier, reich bebildert und mit relativ großem Umfang (bis zu 20 Seiten).

Wie in anderen Zeitungen wurde wiederholt um Abonnenten geworben; jene, die bisher die Zeitung nur gelesen hatten, sollten sie auch abonnieren: „Die politische Information ist exakt und wahrheitsgetreu, der Nachrichtenteil ist mit allem Notwendigen und Interessanten ausgestattet, ohne zum skandalösen und obszönen Futter zu greifen. Auf den schöngeistigen Teil wird großes Gewicht gelegt, wie nicht minder auf eine energische Vertretung der wirtschaftlichen Volksinteressen."[19]

Die Ermordung des Thronfolgers wurde am 29. und 30. Juni aufwendig publizistisch begleitet. Im Juli nahm die Entwicklung des Serbien-Konflikts breitesten Raum ein, Berichte über die Kriegserklärung wurden groß aufgemacht; die Kriegsberichte nahmen fortan ein eigenes Großressort und damit den Hauptteil der Zeitung ein.
Zensurflecken fand man seit Kriegsausbruch erstmals in den Nummern 171 und 172, die konfisziert worden waren. Meist wurde in die weißen Stellen das Wort „Konfisziert" eingedruckt.[20]

Um dem gestiegenen Informationsbedürfnis und den sich überstürzenden Ereignissen durch Aktualität Rechnung tragen zu können, wurde ab 6. August erstmals zusätzlich zur Mittagsausgabe ein Abendblatt herausgegeben. Der Statthalterei wurde angezeigt, daß die Zeitung 'NTS' „wegen geänderter Postverhältnisse um 11.00 Uhr und um 1/2 6.00 Uhr ausgegeben wird."[21]
Das Abendblatt erschien in derselben Aufmachung, jedoch bald mit geringerem Umfang als das Hauptblatt und ohne eigene Numerierung.
Die Kriegsberichte verdrängten die anderen Ressorts fast gänzlich; die Schwerpunkte verlagerten sich je nach geographischer Lage und nach Intensität der Kämpfe an den Frontabschnitten.
Zu Jahresende 1914 wiesen die 'NTS' darauf hin, daß, wenn man heute die Soldaten würdige, nicht vergessen werden dürfe, daß vor 54 Jahren die 'NTS' gegründet worden seien, um mit den „Waffen des Geistes für Gott, Kaiser und Vaterland zu kämpfen".[22] Dieser Devise sei man bis heute treu geblieben

---

[15] Ebd., S. 52 und BREIT a.a.O., S. 58 ff.
[16] Vgl. ebd., S. 52.
[17] BREIT a.a.O., S. 61 f. und S. 66.
[18] Vgl. 'NTS', Nr. 122, 30.5.1914.
[19] 'NTS', Nr. 138, 20.6.1914, S. 1.
[20] Vgl. 'NTS', Nr. 171 und 172, 31.7.1914 und Präs. 1914/XII 78c/2.542.
[21] Präs. 1914/XII 78c/2.563.
[22] 'NTS', Nr. 296, 29.12.1914, S. 1.

und habe damit der Monarchie einen unschätzbaren Dienst erwiesen. Gleichzeitig dankte man allen Lesern und Förderern mit der Bitte, das Blatt auch weiterhin zu unterstützen, damit die 'NTS' „auch im kommenden Jahr für die religiös-patriotischen sowie volkswirtschaftlichen Interessen ihres Leserkreises" und das Vaterland einzutreten in der Lage seien.[23]

Die enge Verbindung zwischen Blatt und Druckerei ließ sich auch am unverhältnismäßig hohen Anteil an Eigenwerbung der Druckerei ablesen, die öfter 1/4- bis 1/3-seitige Inserate schaltete.[24]

Auch 1915 wurde die Kriegslage relativ übersichtlich dargestellt und teilweise mit dem Abdruck von Kriegskarten und Reliefskizzen unterlegt. Außerdem wurde die Zeichnung von Kriegsanleihen redaktionell vehement unterstützt. Ab Juli wurde der Separatbezug der Abendausgabe möglich gemacht.

Zum Jahreswechsel und der damit einhergehenden Bezugspreiserhöhung legte man klar, daß es im kommenden Jahr wichtig sein werde, die wirklich guten Blätter zu lesen. Der Verlag hoffe, da er auch viel Lob bekomme und die 'Stimmen' ihrer Aufgabe voll gewachsen seien, daß trotz Preiserhöhung der Bezug nicht beeinträchtigt werde.[25]

1916 wurde unter anderem eine eigene Trauernummer zum Tode des Landeshauptmannes Theodor Freiherr von Kathrein herausgegeben, der von 1867 bis 1871 Redakteur der 'NTS' gewesen und auch danach der Zeitung verbunden geblieben war.[26]

Ebenfalls sehr ausführlich wurde der Tod des Kaisers ab dem 22. November kommentiert. Neben der Kriegsberichterstattung blieb nur noch wenig Platz für die Lokalberichterstattung; Zeitungsroman, Gerichtsberichte und der Sportteil fehlten nun völlig. Neben den Kriegsrubriken wurde hauptsächlich die damit verbundene Außenpolitik gepflegt, im Lokalteil wurden vor allem Personalien und Regierungsberichte berücksichtigt.[27]

Als Absatzgebiete der 'NTS' wurden Tirol und die Alpenländer angegeben, die Leserzahl mit 2.400 quantifiziert.[28]

Am Jahresende beklagten sich die 'Stimmen' indirekt über die Zensurbestimmungen: Erst nach dem Fallen der Zensurschranken werde man die Problematik des Krieges besprechen können. Man sei kriegsmüde, die Friedensfrage sei ernsthaft zu stellen, wobei die (ernste) Presse mehr Bedeutung gewinnen werde, weshalb die katholisch-konservativen Grundsätze mit Nachdruck zu vertreten seien.[29]

Im Folgenden schrieb man im Leitartikel mit Dankesworten und der Aufforderung zu weiterer Treue an Mitarbeiter und Leser. Man werde das Beste geben, den Grundsätzen des Glaubens sowie der katholisch-konservativen Partei zu entsprechen und der Wahrheit, dem Recht, Kaiser und Reich zu dienen in unerschütterlicher Treue.[30]

In die noch regelmäßige Kriegsberichterstattung flossen seit 1917 zunehmend Friedenstöne ein. Der Inseratenteil bestand zum Großteil aus Traueranzeigen, Eigenwerbung und der Propaganda für die Kriegsanleihen. Preiserhöhungen wurden im Verein mit den anderen Innsbrucker Tageszeitungen vorgenommen.

Auch 1918 verlief wie das Vorjahr, jedoch wurden die 'NTS' wieder öfter konfisziert – eine Parallele zu anderen Zeitungen.[31]

Im Februar wurde die Landesregierung von der Staatskanzlei darauf aufmerksam gemacht, daß es die 'NTS' unterließen, Pflichtexemplare vorzulegen. Die Landesregierung wurde daher ersucht, sicherzustellen, daß das Blatt seiner Pflicht ordnungsgemäß nachkomme.[32]

---

[23] Ebd.
[24] Vgl. 'NTS', ab Juli 1915 und STOISAVLJEVIC a.a.O., S. 389.
[25] 'NTS', Nr. 289, 17.12.1915, S. 2.
[26] Vgl. 'NTS', 2.10.1916.
[27] Vgl. 'NTS' von 1916 und STOISAVLJEVIC a.a.O., S. 390.
[28] Vgl. Präs. 1916/XII 78c4/6.192.
[29] 'NTS', Nr. 288, 16.12.1916, S. 3.
[30] 'NTS', Nr. 298, 30.12.1916, S. 1.
[31] Z. B. am 28.5., 14.6., 31.7., 2.8., Nr. 104 und 216, vgl. Präs. 1918/XII 78c2/3.280.
[32] Präs. 1918/XII 78c1/757 (3. Februar).

Infolge des Buchdruckerstreiks im September 1918 konnte das Blatt drei Tage lang nicht erscheinen, da die Forderungen der „Gehilfsschaft" der Innsbrucker Buchdrucker (Teuerungszulage) nicht erfüllt worden waren. Begründet wurde die Nichterfüllung der Forderungen auch von der „Vereinsdruckerei" mit der Preissteigerung für Materialien, Steuern etc. Als der Streik beigelegt werden konnte, erschienen auch die 'NTS' am 30. September wieder.
Die Kriegsberichte wurden nun zunehmend von Artikeln zur Friedensfrage und zur Errichtung des neuen Staates abgelöst. Im November waren die Rubriken den beginnenden zivilen Verhältnissen bereits weitgehend angepaßt, „Deutsch-Österreich" oder „Vom Tiroler Landtag" zeugten vom Übergang von der Kriegs- zur Friedensordnung.

Ab dem 11. November wurde schließlich auch das obsolet gewordene Motto „Für Gott, Kaiser und Vaterland" weggelassen – dies geschah gleichzeitig mit der Meldung vom Verzicht des Kaisers auf jeden Anteil an den Staatsgeschäften.[33]
Außerdem wurde von der Vorlage Staatskanzler Renners über die Ausrufung der Republik und der Erklärung Deutsch-Österreichs als Teil der deutschen Republik berichtet, die am nächsten Tag in die Nationalversammlung eingebracht wurde. An diesem folgenden Tag meldete man die Einstimmigkeit bei der Abstimmung über die republikanische Staatsform und den Aufruf des Tiroler Nationalrates über die neue Staatsform und ihre Funktionen.
Nachdem im Krieg größere, mehrspaltige Schlagzeilen das Gesicht der Zeitung geprägt hatten, wurde die Aufmachung nun wieder ruhiger.

Im Jänner 1919 wurde bekanntgegeben, daß infolge der für die Buchdruckereien verfügten Arbeitsruhe an Samstagnachmittagen das Erscheinen der Samstagausgabe nicht mehr möglich sei.[34]
Nun nahmen bereits die Wahlpropaganda (für Volksvereins- und Bauernliste) sowie die Berichterstattung zu den beginnenden Friedensverhandlungen (ab März) einen Großteil des Platzes ein.

Mit Ende Februar wurde letztmalig die Abendausgabe herausgegeben, von März an erschien die 'NTS' wieder ausschließlich mittags, sechsmal wöchentlich. „Wir bitten zur Kenntnis zu nehmen, daß die Abendausgabe unseres Blattes ab heute aufgelassen wird. Die Verwaltung."[35], lautete die lapidare Mitteilung.
Nun rückte auch wieder der Parteienhader, vor allem mit den Sozialdemokraten und der 'VZ', in den Vordergrund.
Im August konnte auch der Versand der 'Stimmen' nach Südtirol wieder aufgenommen werden, nachdem der südliche Landesteil bis dahin zehn Monate lang vom Bezug der Nordtiroler Blätter ausgeschlossen war.[36]
Auch die „Stimmen dürften unter Mitarbeitermangel gelitten haben, veröffentlichte man doch wiederholt Aufrufe wie „Freunde unseres Blattes werden ersucht, dasselbe durch Berichte zu unterstützen!"[37]
Mit 15. November 1919 mußten die 'NTS' ihr Erscheinen schließlich einstellen. Nachdem schon 1918 die Parteienvereinigung zwischen Konservativen und Christlichsozialen vollzogen worden war, stand seither auch die Zusammenlegung der beiden Parteiblätter 'NTS' und 'Allgemeiner Tiroler Anzeiger' im Raum. Nun war es soweit, daß die 'NTS' im größeren 'Anzeiger' aufgingen, welcher bei Tyrolia gedruckt wurde und zu dieser Zeit eine Auflage von 11.000 Stück aufwies.[38]
In der letzten Ausgabe ging man auf die Zeitungsvereinigung ein: „Im weiteren Vollzug der im Vorjahr erfolgten Vereinigung der beiden katholischen Parteien des Landes ist nun auch eine Vereinigung der beiden Tagesblätter (…) durchgeführt worden. Das gemeinsame Tagblatt wird den Titel 'Allgemeiner Tiroler Anzeiger' beibehalten, die Veränderung vollzieht sich bereits mit dem heutigen Tage, sodaß die

---

[33] Vgl. 'NTS', Nr. 256, 11.11.1918, S. 1 (Abendausgabe).
[34] 'NTS', Nr. 8, 11.1.1919, S. 1.
[35] Vgl. u. zit. 'NTS', Nr. 51, 3.3.1919, S. 3.
[36] Ab Nr. 192, 23.8.1919.
[37] 'NTS', Nr. 246, 27.10.1919, S. 1.
[38] Die Auflage sollte trotz Zusammenlegung nicht wachsen, sondern in den folgenden Jahren noch sinken, siehe Kap. 1.5 '(Allgemeiner) Tiroler Anzeiger', S. 153 ff.

bisherigen Abonnenten der 'Neuen Tiroler Stimmen' ab Montag, dem 17. November, den 'Allgemeinen Tiroler Anzeiger' zugestellt erhalten. Gezeichnet Marianische Vereinsbuchhandlung und -druckerei/Verlagsanstalt Tyrolia."[39]

Zum Abschied schrieb Franz Schumacher über die 'NTS': „(...) Sie scheiden mit dem Bewußtsein, ihrer Pflicht als katholisches konservatives Tiroler Organ jederzeit nach besten Kräften und mit anerkennenswerter Konsequenz nachgekommen zu sein. (...) Die Geschichte wird darüber urteilen, welche Bedeutung das Blatt für das politische Leben des Landes hatte und welche Verdienste es sich um die katholische Sache um das Vaterland erwarb."[40]

Die Idee des Blattes werde im Neuen weiterleben, nicht zuletzt durch den Umstand, daß Redakteur Gufler die Leitung des 'Anzeigers' übernehmen werde. Also sei es kein Untergang der 'Stimmen', sondern es handle sich lediglich um die Vereinigung mit dem größeren Parteiorgan – ganz so wie es beim Zusammenschluß der beiden Parteien vor sich gegangen war.[41]

Schließlich wandte sich die Redaktion noch mit Dankesworten an die Freunde und Mitarbeiter, die die Arbeit der Redaktion nicht nur erlebt, sondern erst ermöglicht hätten. Die 'Stimmen' seien nie ein Geschäftsunternehmen gewesen, ohne Rücksicht auf den eigenen Vorteil seien sie stets bestrebt gewesen, den Grundsätzen ihrer Partei Geltung zu verschaffen, ohne sich um Beifall oder Widerspruch zu kümmern. „Der Redaktion ist in diesem Augenblick gar nicht wie zum Sterben zumute, sondern im erhebenden und stolzen Bewußtsein ihre Pflicht nach bestem Können erfüllt zu haben, legt sie die Feder zur Seite und setzt den Schlußpunkt hinter die letzte Nummer der 'Tiroler Stimmen'."[42]

Dieser Dank war gleichzeitig eine Bitte an alle, ihre Freundschaft und Mitarbeit nunmehr dem 'Allgemeinen Tiroler Anzeiger' zuwenden zu wollen. Damit war ein nicht unwesentliches Kapitel konservativer Presse Tirols abgeschlossen worden.

[39] 'NTS', Nr. 201, 15. 11. 1919, S. 1.
[40] Ebd.
[41] Ebd.
[42] Ebd.

1.5 (Allgemeiner) Tiroler Anzeiger mit IZ – Innsbrucker Zeitung

1.5.1 Daten zur äußeren Struktur

Titel:
    1907 bis 1922:   Allgemeiner Tiroler Anzeiger[1]
    ab 02.01.1923:   Tiroler Anzeiger

Untertitel:
    Erscheint täglich
    Abendausgabe-UT: Abendausgabe zum 'Allgemeinen Tiroler Anzeiger'
    ab   17.11.1919:   Zugleich neue Folge der 'Neuen Tiroler Stimmen'
    ab   11.04.1921:   Kein Untertitel (Überzeile: Erscheint jeden Werktag)
    ab   01.10.1924:   Mit der Beilage „Die Deutsche Familie" Halbmonatsschrift mit Bildern.
    ab   02.10.1929:   Mit der illustrierten Beilage „Der Weltguck" und „Unser Blatt".
    ab   1931:   Mit der illustrierten Wochen-Beilage „Weltguck".
    ab   25.03.1933:   Mit der Abendausgabe: IZ – Innsbrucker Zeitung und der illustrierten Wochen-Beilage „Weltguck".
    ab   01.09.1936:   Tagblatt mit der Abendausgabe IZ – Innsbrucker Zeitung und der illustrierten Wochen-Beilage „Weltguck".
    ab   01.04.1937:   Tagblatt mit der illustrierten Wochen-Beilage „Weltguck".

Erscheinungsort: Innsbruck

Erscheinungsdauer:
    01.01.1908–11.03.1938 (1914: 7.Jg.)
    (1907 erschienen 10 Probenummern)
    27. und 28.09.1918 nicht erschienen (Buchdruckerstreik)
    01. – 14.09.1922 nicht erschienen (Buchdruckerstreik)[2]

Erscheinungsweise:
    1908:   6× wöchentlich (mittags)
    ab 28.07.1914:   12× wöchentlich (Mittagsausgabe 12.00 Uhr, Abendausgabe 15.30 Uhr)
    ab Ende Mai 1915:   13× wöchentlich (zusätzliche Sonntagsausgabe)
    ab 12.01.1919:   12× wöchentlich (ohne Sonntagsausgabe)
    ab 01.11.1920:   6× wöchentlich (mittags)
    25.03.1933–31.03.1937:   mit Abendausgabe 'IZ – Innsbrucker Zeitung' (siehe dort)

Der 'ATA' erschien bis zum Ersten Weltkrieg regelmäßig sechsmal wöchentlich (außer Sonn- und Feiertagen), dann wurde zusätzlich zur Mittagsausgabe ein Abendblatt eingerichtet, von Mai bis Anfang 1919 erschien zusätzlich eine Sonntagsausgabe.
Im November 1920 ging man wieder zu sechsmal wöchentlichem Erscheinen über.
Im März 1933 wurde der Versuch eines Kolportage-Abendblattes 'IZ' gestartet; dieses wurde jedoch bereits 1937 mangels Erfolgs wieder eingestellt.

---

[1] In der Folge mit 'ATA' bzw. ab 1923 mit 'TA' abgekürzt. Das Abendblatt des 'TA' von 1933 bis 1937, die 'IZ – Innsbrucker Zeitung', wird im Anschluß an dieses Kapitel behandelt (Kap. 1.5.2), da es zwar ein reines Abendblatt der Stammausgabe und von dieser auch redaktionell abhängig war, durch Titelgebung, Layout und Vertrieb aber doch eine Eigenständigkeit aufwies. Bei der allgemeinen Chronik wird die 'IZ' jedoch gemeinsam mit dem 'TA' beschrieben.
[2] Siehe dazu Unterkapitel 1.5.3 „Allgemeine Chronik", S. 161 ff.

Umfang: (in Seiten)

Zeit	Normalausgabe wochentags (Durchschnitt)	Abendausgabe	Samstagausgabe
1914	8–12	–	16–20
Feb. 1914	12–16	–	20–24
Aug. 1914	8	4	16
1915–1917	6–8	2–4	12–16
1918	4	2	8
1919	2–4	2	10–12
Sept. 1919	6	2	16
1921	8–12	–	16
1923	8–10	–	16
1926	12	–	16–20
1927	12–16	–	20–32
1930	12	–	20
1936	8–10	(siehe 'IZ')	12
1938	8–10	–	12

Der Umfang schwankte meist zwischen acht und zwölf, teilweise bis zu 16 Seiten an Werktagen, erhöhte sich an Samstagen (Wochenendausgabe) auf durchschnittlich 16 Seiten, wobei in den zwanziger Jahren auch 30–40seitige Ausgaben keine Seltenheit waren (vor allem zu christlichen Feiertagen wie Ostern), wobei der Inseratenanteil nahezu die Hälfte des Umfangs ausmachte.
Ansonsten war der Inseratenteil eher bescheiden. 1914 betrug dieser bei achtseitigen Ausgaben ca. zwei bis drei Seiten. An Wochenenden stieg das Anzeigenvolumen auf ca. acht Seiten an. Werktags sank der Anteil auf lediglich ein bis zwei Seiten, aber auch zwanzigseitige Samstagausgaben mußten sich mit vier bis sechs Seiten Anzeigen begnügen (zwanziger und dreißiger Jahre).
Kurz vor dem Ende betrug der Inseratenanteil zwischen 1/5 und 1/4 des Gesamtumfanges.
Die Abendausgaben 1914 bis 1920 kamen über zwei bis vier Seiten Umfang nicht hinaus und hatten nahezu keinen Anzeigenteil.

Format: Großformat: 41,7 × 28 cm (Kanzleiformat)
  ab 01.02.1915: 54,7 × 36,3 cm (Berliner Format)
  ab 11.04.1921: 42,4 × 30 cm
  ab 01.09.1936: 47 × 31 cm

Satzspiegel: 37,2 × 24 cm
  ab 01.02.1915: 49,4 × 31,4 cm
  ab 11.04.1921: 38 × 26,3 cm
  ab 01.09.1936: 40,5 × 28 cm

Umbruch: 3 Spalten à 7,6 cm / Spaltentrennlinien
  ab 01.02.1915: 4 Spalten à 7,5 cm / Spaltentrennlinien
  ab 11.04.1921: 3 Spalten à 8,4 cm / Spaltentrennlinien
  ab 01.09.1936: 4 Spalten à 6,7 cm / Spaltentrennlinien
  ab 01.04.1937: 3 Spalten à 9,0 cm / Spaltentrennlinien

Schriftart (Brotschrift): Fraktur
  Ab Sommer 1933 wurden Ressorttitel und Schlagzeilen vorwiegend in Antiqua gesetzt.

Zeitungskopf: Höhe: 1914: 12,5 cm
  ab 01.02.1915: 13,5 cm (Abend- und Sonntagsausgaben 10 cm, ab Oktober 8,3 cm)
  ab 14.08.1917: 9,5 bzw. 8 cm (variierte)
  ab 11.04.1921: 7,3 cm
  ab 02.01.1923: 9 cm
  ab 01.09.1936: 9,8 cm

Der Kopf des 'ATA' war relativ schmucklos, lediglich die Versalien (T, A) waren verziert. In der Überzeile stand das Wort „Allgemeiner" klein gedruckt, in der Hauptzeile 'Tiroler Anzeiger' groß gedruckt, links davon waren die Bezugspreise, rechts die Bezugs- und Inseratskonditionen gesetzt.
Die Unterzeile enthielt Numerierung, Datum und Jahrgangsangabe.
Mit Einführung der Abend- bzw. auch der Sonntagsausgabe (1914 bzw. 1915 bis 1920 bzw. 1919) waren die Einschübe „Mittags-", „Abend-", „Sonntags"- oder „Sonderausgabe" im Titel enthalten.
Ab Oktober 1915 wurde der ganze Titel nebeneinander gesetzt (bei Abend- und Sonntagsausgaben).
Ab 14.08.1917 befanden sich Adresse und Insertionsbedingungen links vom Titel, die Preise rechts.
Mit der Titeländerung zu Beginn des Jahres 1923 („Allgemeiner" weggelassen) wurde der Titel über die ganze Breite gesetzt, Preise, Adresse, Bezugs- und Insertionsbedingungen wurden in eine Unterzeile gesetzt.
Die Schriftart wurde mehrmals verändert bzw. modernisiert.

Gesinnung/politische Richtung: christlichsozial (Parteiblatt)
ab 1933 vaterländisch/heimwehrfreundlich,
ab 1934 offizielles Organ der Vaterländischen Front in Tirol

Impressum:

1914:	Herausgegeben von der Verlagsanstalt Tyrolia GesmbH, Verlag und Druck der Buchdruckerei Tyrolia in Innsbruck, Andreas-Hofer-Str. 4. Für den redaktionellen Teil verantwortlich: Leopold Bauernfeind. Für den Inseratenteil verantwortlich: Ferdinand Schilling.
ab 03.04.1914:	Für den red. Teil verantw.: Dr. Ferdinand Reiter
ab 08.06.1914:	Für das Blatt verantw.: Dr. Ferdinand Reiter
ab 04.05.1916:	Für das Blatt verantw.: Leopold Bauernfeind
ab 01.08.1918:	Für das Blatt verantw.: i. V. Dr. Hans Völker
ab 19.08.1918:	wieder Leopold Bauernfeind
ab 23.11.1918:	Chefredakteur: Carl Maria Danzer
ab 16.12.1918:	Verantwortl. Redakteur: Leopold Bauernfeind
ab 05.01.1919:	Verantw. Red.: Carl Maria Danzer
ab Juli 1919:	Verantw. Red.: i. V. Leopold Bauernfeind
ab 02.09.1919:	Verantw. Red.: i. V. Hans Völker[3]
ab 16.09.1919:	Verantw. Red.: Leopold Bauernfeind
ab 16.12.1919:	Verantw. Red.: Josef Gufler
ab 01.06.1921:	Verantw. Red.: Dr. Hans Völker
ab Okt. 1922:	Verantw. Schriftleiter: Dr. Hans Völker
ab 01.02.1926:	Für den Inseratenteil verantwortlich: Sigmund Berchtold
ab 15.08.1926:	Verantwortlicher Schriftleiter: Franz Baldauf
ab 21.09.1926:	Verantwortlicher Schriftleiter: Dr. Hans Völker
ab 17.01.1928:	Verantwortlicher Schriftleiter: Franz Baldauf
ab 21.03.1931:	Verantwortlicher Schriftleiter: Rudolf Spirek
ab 01.09.1936:	Hauptschriftleiter: Dr. Erich Mair, Verantwortlich im Sinn des Preßgesetzes: Rudolf Spirek, für den Anzeigenteil verantwortlich: Sigmund Berchtold
ab 02.03.1937:	Hauptschriftleiter: Franz Baldauf
ab 03.01.1938:	Herausgeber und Eigentümer: Tiroler Preßverein. Verlag und Druck: Verlagsanstalt Tyrolia

---

[3] Ab 1.9.1919 war Dr. Anton Klotz Chefredakteur (vier Monate lang), ehe er nach Südtirol zur 'Brixener Chronik' bzw. danach zum 'Tiroler' wechselte. 1921 mußte er als Ausländer Südtirol wieder verlassen und wurde mit 1.1.1922 erneut Chefredakteur des 'TA', was er bis 31.8.1936 blieb. Im Impressum der Zeitung schien er jedoch nicht auf. Vgl. dazu auch Tyrolia-Athesia. 100 Jahre erlebt, erlitten, gestaltet. Ein Tiroler Verlagshaus im Dienste des Wortes. Redaktion Hanns Humer. – Innsbruck/Bozen: Tyrolia/Athesia 1989, S.44.

Ressorts/Inhalt:

1914:	Leitartikel, Feuilleton, Politik, Aus Stadt und Land (Ortsnachrichten), Sport, Rundschau (polit. u. wirtsch. Nachrichten), Kirchliche Nachrichten, Vereinsnachrichten, Theater, Telegramm, Gemeindeangelegenheiten, Land- und Volkswirtschaft, Gerichtssaal, Piusverein, Bücher und Zeitschriften, Eingesandt, Schießstandnachrichten, keine Illustrationen – Bleiwüste;
ab Feb. 1914:	Volkswirtschaftlicher Anzeiger, Zentral- und Wohnungsanzeiger (im Inseratenteil), Aus dem Amtsblatte, Musik und Unterhaltung, Gewerbe, Fortsetzungsroman;
ab Aug. 1914:	Kriegsressorts (u. a. Die Kriegslage, Der Seekrieg, Vom Luftkrieg, Am Balkan, Letzte Meldungen, Verlustliste – ändern sich je nach Kriegsschauplätzen);
ab Feb. 1915:	Ressorts Krieg und Politik weiter ausgedehnt (verschiedene Kriegsschauplätze), Österreich, Deutschland, Tirol und Italien, „zivile" Ressorts blieben eingeschränkt erhalten;
ab 1916:	Österreichischer und deutscher Generalstabsbericht
ab Nov. 1918:	Tiroler Nationalrat, Zurückdrängung der Kriegsberichterstattung zugunsten der herkömmlichen Ressorts: Politik, Feuilleton, Kleine Nachrichten vom Tage, Aus Stadt und Land, Kirchl. Nachrichten, Vereinsnachrichten, Volkswirtschaftlicher Anzeiger (halb redaktionell, halb Anzeigen), Theater und Kunst, Gerichtssaal, Kundmachung, Drahtnachrichten.
1919:	Wahlpropaganda und Friedenskonferenz im Vordergrund, Sport, Letzte Meldungen, Aus aller Welt, Literatur und Wissenschaft.
ab April 1919:	Politische Rundschau, Tagesneuigkeiten, Volkswirtschaftlicher Teil, Theater und Musik, Zuschriften aus dem Leserkreis, Verkehr, Allerlei, Personalnachrichten;
ab 1922:	Ressort „Schulzeitung", geleitet von Hans Gamper;
ab 1923:	Anzeigenteil samstags gegliedert: Neu eingetroffen, Kleiner Anzeiger, Sport- und Ausflugsanzeiger.

In den zwanziger Jahren gab es immer wieder kleinere Veränderungen in den Ressortbezeichnungen, einige Rubriken erschienen regelmäßig, einige nur fallweise, Tendenz und Gewichtung blieben jedoch relativ konstant.

ab 1927:	kleinere Änderungen: Politik allgemein und Tagesneuigkeiten, Aus Welt und Kirche, Theater/Musik/Kunst, Sport-Anzeiger, Volkswirtschaftlicher Teil unterteilt in Börse und Märkte, Land- und Forstwirtschaft, Handel/Industrie/Gewerbe. Das Radioprogramm wurde ausgebaut (zwei Seiten incl. Technik und Inseraten), jeweils Samstag.
ab 1933:	dreiseitige „Radio-Woche", schließlich als „Rundfunk-Programm" ausgestaltet (auch für das Ausland) – ging am 25.03.1933 auf die 'IZ' über.
ab Juli 1933:	Neuestes vom Tage, Amtliche Mitteilungen, Mitteilungen der Vaterländischen Front.
1935:	Außenpolitische Umschau
1936:	Im Spiegel der Presse (Abdruck oder Auszüge von Artikeln österreichischer Zeitungen), Interessantes aus aller Welt, Kalender zum Tag (Veranstaltungen), Tirol-Innsbruck-Vorarlberg (div. Meldungen, statt „Aus Stadt und Land"), Das Wetter, Österreich, Im Blitzlicht (Glossen, meist gegen Nazis gerichtet, bis zum Juliabkommen, danach allgemein-politische Glossen). Die Ressorts wurden umfangreicher und moderner aufgemacht.
ab 01.09.1936:	Nachrichtendienst ausgebaut, Feuilleton aufgewertet, Politik, Rundschau, Tagesneuigkeiten, Pressespiegel, Wetter, Roman, Innsbruck-Tirol-Vorarlberg, Sport-Zeitung, Theater und Musik, Kirchliches, Gerichtssaal, Volkswirtschaft, „Montags-Sport-Zeitung" (große Wochenend-Berichte).

01.04.1937: Rundfunk-Programm geht von 'IZ' wieder auf 'TA' über (jeweils Freitag).
1938: Bunte Seite (Gesellschaft, Klatschspalte, jeweils Mittwoch).
Inhalt der letzten Ausgabe: Tagesneuigkeiten, Innsbruck-Tirol-Vorarlberg, Roman, Wetter, Politik und Volksbefragungs-Propaganda, Film/Theater/Musik/Kunst, Spiel- und Sportanzeiger, Volkswirtschaft, Kirchliches, Rundfunk-Programm.

Bezugspreise: Abendausgabe des 'ATA'

ab Datum	Einzelpreise werktags		Monatsabonnementpreise loco/abholen		Zust. Bote		Zust. Post	
28.07.14	H	10	H	80			K	1,80
01.01.15	"	10	"	80			"	1,20
01.01.16	"	10	"	80			"	1,50
01.10.18	"	14	K	1,30			"	2,–
01.05.19	"	20	"	1,80			"	2,50
01.09.19	"	20	"	2,20			"	2,80
01.12.19	"	20	"	2,70			"	3,40
01.01.20	"	20	"	3,20			"	3,90
01.03.20	"	30	"	3,70			"	4,80
01.08.20	"	40	"	6,–	K	7,50	"	8,–

Zeitungstyp nach Vertriebsart: vorwiegend Abonnement-Blatt.

Auflagen: 1914: 8.000[4]; 1915: 13.200[5]; 1916: 12.400[6]; 1917: 13.500; 1918: 12.000 (mittags); 3.000 (abends); 1919: 11.000; 1920: 9.900; 1921: 9.600[7]; 1922: 8.500; 1923: 7.000; 1924: 7.100; 1925–1928: 7.000; 1929–1932: 8.000; 1937: 6.000[8])

Bezugspreise: '(Allgemeiner) Tiroler Anzeiger'

ab Datum	Einzelpreise werktags		samstags	Monatsabonnementpreise loco/abholen		Zust. Bote		Zust. Post	
1914	H	10		K	1,–	K	1,20	K	1,50
28.07.14	"	10		"	1,–	"	1,20	"	1,80[a]
01.01.15	"	10		"	1,–	"	1,20	"	1,70
01.01.16	"	10		"	1,20	"	1,40	"	2,–
01.05.16	"	10		"	1,60	"	1,80	"	2,40
25.10.16	"	12		"	1,80	"	2,–	"	2,60
01.01.18	"	12		"	2,60	"	2,80	"	3,–
01.10.18	"	20		"	3,20	"	3,80	"	4,40
01.05.19	"	30		"	4,–	"	4,60	"	5,20
01.09.19	"	30		"	5,50	"	6,30	"	6,50
01.12.19	"	30		"	7,–	"	8,–	"	8,20
01.01.20	"	50		"	10,–	"	11,–	"	12,–

---

[4] Diese und folgende Auflagenzahlen – sofern nicht anders angegeben – aus den Quartalsausweisen der Präsidialakten 1914–1924/XII 78c4, 1925/X 41, 1926ff./XII 60 (jew. erstes Quartal).
[5] Incl. Auflage der Abendausgabe.
[6] 15.000 lt. Präs. 1916/XII 78c4/6.192. Die Zahlen dieses Faszikels weichen von jenen des Quartalsausweises ab; dies kann jedoch auf Schwankungen während des Jahres zurückzuführen sein.
[7] Auflage ohne Abendausgabe.
[8] Vgl. GOLOWITSCH a.a.O., S. 404.

ab Datum	Einzelpreise werktags		samstags		Monatsabonnementpreise loco/abholen		Zust. Bote		Zust. Post	
01.03.20	H	70			K	13,–	K	14,50	K	15,50
01.08.20	K	1,–			"	20,–	"	22,–	"	23,–
01.02.21	"	1,50			"	30,–	"	34,–	"	35,–
01.05.21	"	3,–			"	47,–	"	52,–	"	55,–
01.08.21	"	4,–			"	62,–	"	70,–	"	75,–
01.10.21	"	5,–			"	92,–	"	105,–	"	110,–
01.11.21	"	8,–			"	140,–	"	155,–	"	160,–
01.12.21	"	15,–			"	260,–	"	280,–	"	300,–
01.01.22	"	30,–			"	500,–	"	560,–	"	560,–
01.02.22	"	30,–			"	600,–	"	660,–	"	660,–
01.04.22	"	40,–			"	900,–	"	980,–	"	980,–
01.06.22	"	60,–			"	1.100,–	"	1.200,–	"	1.200,–
01.07.22	"	100,–			"	1.800,–	"	1.900,–	"	1.900,–
01.08.22	"	200,–			"	2.900,–	"	3.000,–	"	3.200,–
15.08.22	"	300,–			"	4.400,–	"	4.700,–	"	4.700,–
01.09.22	"	600,–			"	10.000,–	"	11.000,–	"	11.000,–
18.09.22	"	1.000,–			"	10.000,–	"	11.000,–	"	11.000,–
02.10.22	"	1.000,–			"	18.000,–	"	20.000,–	"	20.000,–
01.06.24	"	1.500,–			"	22.000,–	"	24.000,–	"	24.000,–
01.10.24	"	1.500,–			"	30.000,–	"	32.000,–	"	32.000,–
02.01.25	G	15			S	3,–	S	3,20	S	3,20[b]
25.03.25	"	15			"	3,20	"	3,50	"	3,50
01.08.25	"	20			"	3,60	"	4,–	"	4,–
22.09.27	"	30			"	4,–	"	4,50	"	4,50
02.10.29	"	30	G	40	"	4,50	"	5,–	"	5,–
01.04.33	"	30	"	40	"	5,50	"	6,20	"	6,20
01.01.37 'TA' mit 'IZ' und „Weltguck"	"	30	"	40	"	5,50	"	6,20	"	6,20
'TA' mit 'IZ' ohne „Weltguck"	"	30	"	40	"	5,–	"	5,50	"	5,50
'TA' ohne 'IZ' mit „Weltguck"	"	30	"	40	"	4,60	"	5,–	"	5,–
'TA' Alleinbez.	"	25	"	30	"	4,10	"	4,50	"	4,50
01.04.37	Preise gleich: 'TA' Alleinbezug oder mit Weltguck, siehe oben. 'IZ' eingestellt.									

Anmerkungen zu den Preisen:
[a] Preise der Abendausgabe im Separatbezug einzeln ausgewiesen, siehe 1. Tabelle
[b] Nach der Währungsreform

Beilagen: Ab Februar 1914 wurde die „Tiroler Frauenzeitung" einmal wöchentlich (Samstag) beigelegt (vier Seiten im Halbformat). Diese wurde im August zugunsten der Kriegsberichte wieder aufgegeben.

Ab 5. Mai 1918 erschien in der jeweiligen Sonntagsausgabe das „Tiroler Sonntagsblatt" im Halbformat, vier Seiten; es enthielt vor allem Romane, Unterhaltung und kirchliche Themen.

Ab 1921 wurde wieder ein „Frauenblatt", vier Seiten, Halbformat, beigegeben, das von Maria Domanig geleitet wurde und vor allem Romane, Erzählungen, Feuilleton und Kultur beinhaltete (jeweils samstags).

Ab 11. April erschien es im selben Format wie die 'TA', zweiseitig, ab Juni wieder im Halbformat jeweils freitags, teilweise jedoch nur noch jede zweite Woche.
Ab Juni 1921 wurde samstags (als Sonntagsbeilage) *„Der Bergfried"* beigegeben, der auf vierseitigem Halbformat Erzählungen, Gedichte und Alpines enthielt.
Im August 1924 wurde erstmals wöchentlich die *„Schützen-Zeitung"* beigelegt (freitags, Halbformat, vier Seiten), die als wöchentliche Beilage zum 'TA' vom Unterinntaler Schützenbund bezeichnet und von Ludwig Fasser geleitet wurde (bis Juli 1925).
Ab Oktober 1924 erschien zweimal monatlich die Zeitschrift *„Die deutsche Familie"* als Gratisbeilage zur 'TA'.
„Der Sammler", monatliche, vierseitige Beilage im Halbformat mit Literatur, Buchbesprechungen, Belehrendem erschien ca. ein Jahr lang von Dezember 1925 bis Ende 1926.
„Der Weltguck", eine reich illustrierte Zeitschrift des Tyrolia-Verlags, der zuvor dem 'Tiroler Volksboten' beigelegt worden war, erschien ab 02.10.1929 auch als Beilage zum 'TA', vorerst 14tägig und achtseitig, ab 1931 wöchentlich am Mittwoch, ab November 1932 16seitig. Die bunte Zeitschrift hatte das selbe Format wie der 'TA', enthielt vor allem Unterhaltendes, Romane, Humor, Rätsel und Bildberichte. Das Blatt kann als Tyrolia-Gegenstück der Zeitschrift *„Bergland"* des Wagner-Verlages angesehen werden.[9]
Der Druck wurde bis Ende 1931 von der Kinderfreundeanstalt Innsbruck besorgt, dann von Tyrolia selbst (auf neuen Maschinen; die Redaktion übersiedelte 1933 nach Wien, der Druck verblieb in Innsbruck. Hauptschriftleiter war P. A. Schmitz, dem im April 1934 Georg Plohovich nachfolgte.[10]
Mit 05.09.1936 wurde an Samstagen die vierseitige Beilage *„Die stille Stunde"* (selbes Format) beigelegt, welche besinnlichen, unterhaltenden und anregenden Lesestoff für den Feierabend enthielt.
Ein Teil der Beilage hieß *„Die Frau und ihre Welt"* und *„Insel des Kindes"*, welcher im April 1937 zu einer eigenen Beilage mutieren sollte (Frauenthemen, Erziehung etc.).
Zuvor, ab 11. September 1936, wurde noch die kulturpolitische Beilage *„Stimme der Jungen"* jeden zweiten Freitag beigegeben, in der Jugendliche Stellung zu kulturellen Belangen in Heimat und Welt bezogen und die von Dr. Robert Skorpil redigiert wurde.

Jubiläumsausgabe: keine
Es wurden jedoch Fest- und Sondernummern ediert, unter anderem die Nr. 200 vom 01./02.09.1934, in der das 125jährige Gedenken an die Freiheitskämpfe (1809–1909–1934) begangen wurde.

1.5.2 IZ – Innsbrucker Zeitung – Daten zur äußeren Struktur

Titel: IZ – Innsbrucker Zeitung
Untertitel: keiner
Erscheinungsort: Innsbruck
Erscheinungsdauer: 25.03.1933–31.03.1937
Erscheinungsweise: 6× wöchentlich, 15.30 Uhr (außer Sonntagen), ab 01.09.1936 um 15.00 Uhr
Umfang: (in Seiten)

Zeit	Normalausgabe wochentags (Durchschnitt)	Samstagausgabe
1933	6–10	10–16
1936	6–8	12–16

---
[9] Vgl. dazu Kap. 1.1.1, „Beilagen" S. 78 und 1.1.2, Abschnitt „Allgemeine Chronik" S. 79 ff.
[10] Vgl. STOISAVLJEVIC a. a. O., S. 522 f.

Großteils erschien die 'IZ', die Abendausgabe des 'TA', mit einem durchschnittlichen Umfang von sechs Seiten werktags, teilweise mit acht oder zehn Seiten, die Samstagsausgabe war meist doppelt so stark, relativ oft wies sie 16 Seiten auf.
Der Inseratenumfang belief sich zu Beginn auf ca. drei Seiten, reduzierte sich jedoch konstant auf 1/2 bis 1,5 Seiten.
Wochenendausgaben wiesen 1935 gar nur noch eine Seite Inserate auf, 1936 reduzierte sich der Anzeigenteil auf 1/3 bis 1/2 Seite (bei sechs- bis achtseitigen Ausgaben).

Format: 1933:   42,4 × 30 cm (wie 'TA', Kanzleiformat)
               ab 01.09.1936:   47 × 31 cm (Berliner Format)

Satzspiegel: 1933:   36,5 × 26,2 cm
               ab 01.09.1936:   40,5 × 28 cm (wie 'TA')

Umbruch: 1933:   3 Spalten à 8,5 cm
               ab 01.09.1936:   4 Spalten à 6,8 cm

Schriftart (Brotschrift): Fraktur
               Titel/Schlagzeilen teilweise in Antiqua und teilweise in Rotschrift bzw. rot unterstrichen.

Zeitungskopf: Höhe 1933:   10, 5 cm
               ab 01.09.1936:   11 cm

Relativ auffällige Kopfgestaltung im Gegensatz zu den meist spartanischen Titeln der anderen Tageszeitungen.
In der Mitte des Kopfes war in großen Lettern 'IZ' gesetzt, darunter der Titel 'Innsbrucker Zeitung' ausgeschrieben. Auch der Kopf wies also schon die Merkmale einer Straßenverkaufszeitung auf.

Gesinnung/politische Richtung: christlichsoziales bzw. vaterländisches Boulevardblatt

Impressum:
     25.03.1933:   Herausgeber, Eigentümer, Drucker und Verleger: Tyrolia AG. – Verantwortliche Schriftleitung: Rudolf Spirek, Anzeigenteil: Sigmund Berchtold

                     Änderungen in der Folge siehe 'TA'.

Ressorts/Inhalt:
     1933/34:   Leitartikel, Politik, Inland und Ausland, div. Tagesmeldungen, Wirtschaft und Börse, Vom Tage, Tirol und Nachbarn, Rundfunkprogramm, Sport (relativ viel Platz gewidmet), Filmkritik, Zeitschriften, Theater/Musik/Kunst, Vor dem Richter, Anzeigenteil, viele Illustrationen.
     Ab 1936:   Politik, Diverses, Feuilleton, Interessantes aus aller Welt, Neuestes vom Tage, Tirol und Nachbarn, Roman, Kurse, Film, Theater und Musik, Wetter, Sport-Zeitung, Bilder aus der Heimat, Gerichtssaal, Kirchliches.

Bezugspreise: IZ – Innsbrucker Zeitung

ab Datum	Einzelpreise wochentags	samstags	Im Abonnement nur zusammen mit dem 'TA' zu beziehen – siehe dort.		
1933	G 20	G 25			
12.11.35	" 20	" 20	donnerstags mit „Weltguck"	G	30
14.02.36	" 10	" 10	"	"	30

Zeitungstyp nach Vertriebsart:
               Kolportageblatt – Boulevardblatt, das vorerst nur im Einzelvertrieb erhältlich war, erst ab 01.09.1936 war auch der Abonnementbezug möglich, allerdings nur zusammen mit dem Stammblatt 'TA'.

Auflagen: keine Angaben

Beilagen: „*Rundfunk-Programm*" vom 'TA' übernommen – siehe dort.
Ab November 1935 war der „*Weltguck*" auch zusammen mit der 'IZ' beziehbar (jeweils Donnerstag) – siehe ebenfalls 'TA'.

Jubiläumsausgaben: keine

1.5.3 Allgemeine Chronik – 'ATA' und 'IZ'

1.5.3.1 Der Verlag

Die Verlagsanstalt Tyrolia[11] zählte in der Zwischenkriegszeit zu den größten katholischen Verlagsanstalten Österreichs. Ihre Wurzeln reichen in das Jahr 1888 zurück (vgl. Graphik 5), in dem der Prälat und Pressepionier, Obmann des „Katholisch-politischen Kasinos für Brixen", Prof. Dr. Aemilian Schöpfer, die Wochenzeitung 'Brixener Chronik' aus der Taufe hob (28.4.1888). Das erwähnte sogenannte „Kasino" konnte die finanzielle Basis für die Zeitung jedoch nicht sicherstellen, weshalb man an die Gründung einer eigenen Druckerei ging.[12] So kam es im Herbst 1889 zur Gründung des „Katholischen Preßvereines Brixen" nach dem Vorbild des Pressevereins von St. Pölten (wo sich Schöpfer Rat geholt hatte), worauf die Zeitung erstmals am 4.6.1890 gedruckt werden konnte.

Als zweite Zeitung wurde ab Dezember 1892 der 'Tiroler Volksbote' herausgegeben.

Schöpfer blieb leitende Persönlichkeit des Preßvereins. 1898 trat er aus der Katholischen Volkspartei aus und konstituierte im April in Innsbruck den christlichsozialen Verein in Tirol – als Ausdruck der Spaltung und der Gegensätze der politischen Strömungen im Katholizismus.
Damit wurden die 'Brixener Chronik' und der Preßverein zum Sprachrohr und zur Presseorganisation der neuen politischen Kraft.[13]

In Bozen wurde 1899 die Ferrari-Druckerei erworben und der „Preßverein Tyrolia" gegründet, welcher ab 1900 dreimal wöchentlich die Zeitung 'Der Tiroler' herausgeben sollte.
Durch dieselben Richtlinien und Zielsetzungen bot sich daher die Vereinigung der beiden Preßvereine in Brixen und Bozen an, Schöpfer fehlte lediglich noch die richtige Gesellschaftsform.
Außerdem kristallisierte sich bei Schöpfer der Gedanke einer Zeitungsgründung in Innsbruck heraus.

Als 1906 in Österreich die Gesellschaft mit beschränkter Haftung nach deutschem Vorbild gesetzlich eingeführt wurde, war dies Anlaß für Schöpfer, an die Vereinigung der Preßvereine heranzugehen.[14]
Der überwältigende Sieg der Christlichsozialen bei den Reichsratswahlen 1907 beschleunigte das Vorhaben zusätzlich.
Am 15.10.1907 schließlich hoben 71 Gesellschafter der beiden Vereine die „Verlagsanstalt Tyrolia GesmbH" mit Sitz in Brixen aus der Taufe. Dabei wurde auch beschlossen, in Innsbruck eine Druckerei sowie ein christlichsoziales Tagblatt für Nordtirol zu gründen.[15]

---

[11] Bei den folgenden Zeitungskapiteln, bei denen ebenfalls die Tyrolia als Verleger, Drucker etc. auftritt, entfällt die detaillierte Beschreibung des Verlages. Nur jene Fakten, die auch für die jeweilige Zeitung relevant sind, wurden berücksichtigt.
[12] LENART, Birgit: Österreichs Preßvereine und was aus ihnen geworden ist. – Salzburg: Phil. Diss. 1982, S. 147.
[13] VOLGGER a.a.O., S. 111. Zur Person Schöpfers vgl. auch KLOTZ, Anton: Dr. Aemilian Schöpfer. Priester und Volksmann. – Innsbruck/Wien/München: Tyrolia 1936, FLEISCHMANN a.a.O., DÖRRER, Anton: Brixner Bruchdrucker. In: Gutenberg-Jahrbuch 1937. – Mainz: Verlag der Gutenberg-Gesellschaft 1937, S. 144–167 und WEINGARTNER, Karl: Die Verlagsanstalt Tyrolia. Geschichte/Profil/Auftrag. In: Der Volksbote, Nr. 6, 8.2.1969, Festbeilage, S. III-IV.
[14] Vgl. LENART a.a.O., S. 148 ff.
[15] Vgl. Tyrolia-Athesia a.a.O., S. 19 f.

Graphik 5: Die Entwicklung der Verlagsanstalt Tyrolia

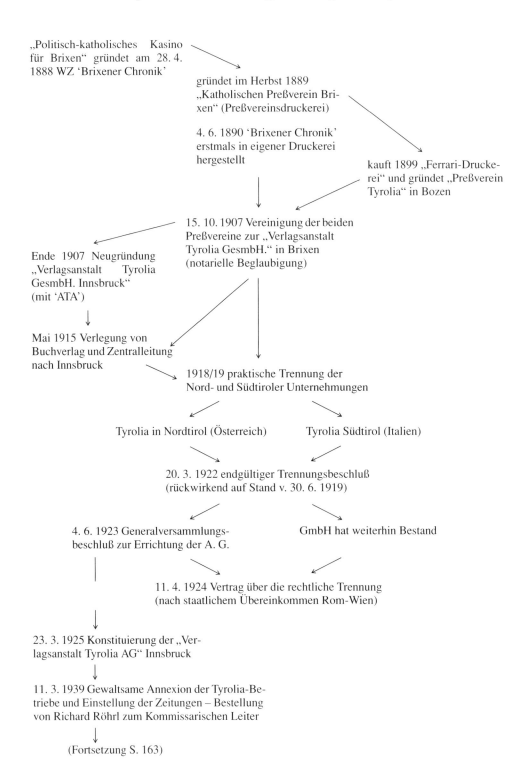

(Fortsetzung von Graphik 5:)

↓

31. 10. 1938 a. o. Generalversammlung verweigert Zustimmung zur Liquidation

– Röhrl liquidiert die Firma eigenhändig ⟶ und gründet Auffanggesellschaft

↓ ↓

Tyrolia besteht weiter, da kein definitiver Auflösungsbeschluß

26. 11. 1938 Gründung „Deutsche Alpenverlags GesmbH." – Annexion großer Betriebs- und Vermögensteile

↓

1. 1. 1940 Verkauf der restlichen Verlagsbestände u. Rechte an

↓

F. H. Kerle-Buchhandlung (Wilhelm Rühling) Heidelberg

↓

4. 5. 1945 A. Schiemer zum Kommissarischen Leiter des „Deutschen Alpenverlages" bestellt

14. 5. 1945 A. Schiemer zum Treuhänder der noch vorhandenen (nicht veräußerten) Betriebe der Tyrolia bestellt

↓

1. 10. 1945 Betriebe und Vermögensschaften unter Firma „Tyrolia" weitergeführt

Vermögensteile des „Deutschen Alpenverlages" seit 1945 faktisch –

seit 1951 rechtlich an Tyrolia

↓

1955 Bestand von 1938 erreicht

1957 Wiedererrichtung und Vermögensrückstellungen abgeschlossen und Rückwandlung zur „Verlagsanstalt Tyrolia GesmbH" Innsbruck

Das Stammkapital der Gesellschaft wurde mit 220.000 Kronen festgelegt, Ziele sollten vor allem der Fortbetrieb und der Ausbau der Druckereien sein sowie die Gründung einer dritten Niederlassung in Innsbruck (s. o.).
Zuvor hatte Schöpfer schon der notleidenden christlichsozialen 'Post' in Innsbruck unter die Arme gegriffen, die er in 'Tiroler Post' umwandelte, welche wiederum Ende 1907 im 'Allgemeinen Tiroler Anzeiger', der Neugründung Schöpfers, aufgehen sollte.[16]

Um auch wirtschaftlich reüssieren zu können, nahm Schöpfer einen Schwenk von rein parteipolitischen Aufgaben des Verlages und seiner Presse hin zu katholischen (weltanschaulichen) Grundsätzen in kirchlicher, staatlicher und sozialer Hinsicht vor.
So ließ er auch den 'ATA', der zwar Organ der Christlichsozialen Tirols war, nicht zu einem reinen politischen Kampfblatt herabsinken, sondern machte ihn zur führenden katholischen Tageszeitung Nordtirols von beachtlichem Niveau.[17]

Aus den zwei katholischen Preßvereinen war ein Wirtschaftsunternehmen geworden, hatte man doch in katholischen Kreisen eingesehen, daß Zeitungmachen nicht nur eine Sache der Ideologie, sondern vor allem auch ein Geschäft war, und daß katholische Unternehmen ebenso wie andere trachten sollten, auch geschäftlich, technisch und kaufmännisch auf die Höhe zu kommen.
Den beginnenden wirtschaftlichen Aufschwung verdankte die Tyrolia auch dem 1909 aus Baden gekommenen Zentralbuchhalter und späteren Generaldirektor Albert Schiemer, der das Unternehmen konsolidierte und expandieren ließ.[18]
Er schrieb später: „An der Wiege der Tyrolia stand…kein kommerzieller Gründungsentschluß, sondern die Erkenntnis einer geistig-kulturellen Aufgabe, die bestimmend bleiben sollte für die weitere Entwicklung und Entfaltung des Unternehmens und die der Tyrolia das Gepräge gegeben hat."[19]
Trotz dieser von ihm festgehaltenen geistig-kulturellen Aufgabe hatte er sich doch vornehmlich um die wirtschaftliche Seite des Verlages zu kümmern, im ideologischen Bereich hatte weiterhin Schöpfer das Wort.

1912 erschienen im eigenen Verlag zehn periodische Druckschriften mit zusammen etwa 70.000 Abonnenten, womit die Verlagsanstalt bis 1914 zur größten Tirols avancierte.[20]
1910 waren ca. 100 kaufmännische und technische Angestellte beschäftigt, einige Jahre später bereits 400, die Umsätze der Buchhandlungen und Druckereien betrugen 1910 600.000 Kronen (Zeitungen und Zeitschriften 360.000), welche bis 1918 auf eine runde Million Kronen anstiegen.[21]
Der Ausbruch des Weltkrieges brachte nicht nur erhebliche Probleme (Mitarbeiter eingezogen, Teuerungen…) mit sich, sondern auch einen weiteren gewaltigen Aufschwung für Verlag und Zeitungen.
Als im Mai 1915 Südtirol engeres Kriegsgebiet wurde, mußten die Zentralleitung und der Buchverlag von Brixen nach Innsbruck verlegt werden. Dies sollte sich nicht zuletzt für den Bestand der Tyrolia im heutigen Österreich als ganz entscheidend erweisen.[22]
Neben dem Buchverlag wurde, vor allem seit der Gründung des 'ATA', immer mehr Gewicht auf die Entwicklung des Zeitungswesens gelegt, was dem Unternehmen einen starken tagespolitischen Einschlag gegeben hatte, der jedoch mit Kriegsausbruch wieder zurückgedrängt worden war.[23]
Wichtige Niederlassungen in Wien und München wurden noch während des Krieges gegründet, was den Aufstieg des Unternehmens noch weiter verdeutlichte.

---

[16] KLOTZ a.a.O., S. 168. Dazu wurde auch das Haus Andreas-Hofer-Straße 4 erworben.
[17] FLEISCHMANN a.a.O., S. 15.
[18] Vgl. VOLGGER a.a.O., S. 117 und LENART a.a.O., S. 150.
[19] SCHIEMER, Georg: Unser Betriebsneubau – Werden und Vollendung. In: Der Volksbote, Nr. 6, 8. 2. 1969, Festbeilage, S. V-VI, hier S. V.
[20] Vgl. VOLGGER a.a.O., S. 119.
[21] Vgl. FLEISCHMANN a.a.O., S. 17. Auf die Entwicklung und den Ausbau von Buchhandlungen und Zweigniederlassungen, sofern sie nicht das Zeitungsverlagsgeschäft tangierten, wurde hier nicht eingegangen.
[22] Vgl. LENART a.a.O., S. 151.
[23] Tyrolia-Athesia a.a.O., S. 24.

Durch den Waffenstillstand vom November 1918 und die Besetzung Südtirols wurde die Fühlungnahme der Süd- und Nordtiroler Zweige immer schwieriger. Es kam praktisch zu einer Trennung des Unternehmens in eine Süd- und eine Nordtiroler Hälfte.
Mit der Unterzeichnung des Friedensvertrages von St. Germain am 10.9.1919 (der am 16.7.1920 in Kraft trat) wurde klar, daß auch die Tyrolia ihre unternehmerische Einheit nicht aufrecht erhalten würde können. Zudem kam es 1919 schon zu ersten Ausweisungen österreichischer Redakteure aus Südtirol: Dr. Anton Klotz, Dr. Hans Kness und Michael Weiskopf (alle 'Der Tiroler') mußten gehen.[24]

Die Landestrennung brachte eine Existenzgefährdung für den österreichischen Teil des Unternehmens, war die juristische Situation doch einigermaßen paradox: Die Innsbrucker Tyrolia war wegen ihres Firmensitzes in Brixen für österreichische Behörden ein ausländisches Rechtsobjekt. Anderseits wurde die Tyrolia, trotz Sitzes in Brixen, von den Italienern dem Geiste nach als österreichisches Unternehmen qualifiziert.[25]

Daher wurde schon 1919 für die Südtiroler Unternehmung eine eigene Geschäftsleitung eingerichtet, jedoch unter Aufrechterhaltung der gemeinsamen Generaldirektion, deren Präsident 1921 Kanonikus Michael Gamper wurde.

Immer deutlicher löste sich nun der Südtiroler Zweig von Innsbruck ab. Die juristische Einheit bestand zwar bis 1925, doch hatten sich bereits 1920 südlich und nördlich des Brenners handlungsfähige Vorstandsschaften gebildet.[26]
Der Beschluß über die definitive Trennung erfolgte am 20.3.1922 in Bozen bei der IX. Generalversammlung, die endgültige Zustimmung zur Trennung in eine „Verlagsanstalt Tyrolia GesmbH" in Brixen und eine (zu errichtende) Aktiengesellschaft in Innsbruck erfolgte auf der X. Generalversammlung am 4.6.1923. Schöpfer blieb der Nordtiroler Unternehmung als Vorstandsmitglied erhalten.[27]
Den Weg zur rechtlichen Durchführung der Trennung ebnete eine staatliche Übereinkunft zwischen Rom und Wien aus dem Jahre 1923: Der entsprechende Vertrag zwischen den zwei Unternehmen wurde am 11.6.1924 unterzeichnet. Am 23.3.1925 wurde schließlich, ein Markstein der Verlagsgeschichte, die „Verlagsanstalt Tyrolia A.G." in Innsbruck (Aktienkapital 200.000 S, bis 1927 auf 600.000 aufgestockt) konstituiert.
Am 11.3.1925 war die Bewilligung zur Errichtung der Aktiengesellschaft vom Bundeskanzleramt erteilt worden.[28]
Damit war die endgültige Trennung vollzogen, womit auch die Beschreibung der Südtiroler Entwicklung hier beendet wird und nur noch der österreichische Teil der Tyrolia weiterverfolgt wird.

Zur weiteren Entwicklung und zum Leidensweg der Südtiroler Unternehmung sei hier nur erwähnt, daß der Name Tirol in jeder Form von den Faschisten nicht mehr geduldet wurde, sich daher die Verlagsanstalt im Juli 1925 in „Vogelweider GesmbH" umbenannte, um 1936 völlig italianisiert zu werden („Athesia").
Die Unterdrückung der Zeitungen und auch des Verlages in Südtirol wird in einem Exkurs S. 338 ff. noch eingehender dargestellt.

Der österreichische Teil der Verlagsanstalt nahm weiter einen kontinuierlichen Aufschwung. Schon 1923 war die Druckerei erweitert und modernisiert worden, in den folgenden Jahren wurden neue Zeitschriften (wie z.B. 'Der Weltguck') gegründet. Alle Zielsetzungen des ursprünglich katholischen Preßvereins wurden auch als AG weiter beibehalten, so daß das Unternehmen als „Preßvereinsunternehmen ohne die Existenz eines Preßvereines" bezeichnet werden konnte.[29]

---

[24] Vgl. MORODER, Alexandra: Michael Gamper als Publizist. – Salzburg: Phil. Diss. 1983, S. 88.
[25] Tyrolia-Athesia a. a. O., S. 30.
[26] Vgl. MORODER a. a. O., S. 89.
[27] Vgl. Tyrolia-Athesia a. a. O., S. 32.
[28] Vgl. dazu HALL, Murray G.: Österreichische Verlagsgeschichte 1918–1938. – Wien: Böhlau 1985 (2 Bände), S. 443, DÖRRER a. a. O., S. 166 und HIMMELREICH a. a. O., S. 38.
[29] Vgl. u. zit. LENART a. a. O., S. 155.

Ab den dreißiger Jahren nahmen auch die Tyrolia und ihre Zeitungen am Kampf gegen den aufkommenden Nationalsozialismus teil und wurden zur tirolischen publizistischen Waffe des Ständestaates. 1935 stand die Tyrolia schließlich auf dem Höhepunkt ihrer räumlichen und geschäftlichen Entfaltung: acht Häuser in Tirol, Wien und München, Zeitungen und Zeitschriften sowie neue technische Ausrüstungen (z. B. ab 1935 zweite Rotationsmaschine in der Andreas-Hofer-Straße) waren ein stolzer Besitz.[30]

Gleichzeitig begann jedoch auch eine Zeit der Bedrängnis und der Gefährdung durch den Nazismus, so traf die 1.000-Mark-Sperre auch die Tyrolia empfindlich: Deutsche Kunden der Buchhandlungen und Aufträge der Hotellerie für die Druckereien blieben aus, der Absatz nach Deutschland wurde erschwert.

Das Beharren der Tyrolia-Presse auf der österreichischen Unabhängigkeit führte sogar zu einem Sprengstoffanschlag auf das Innsbrucker Druckereigebäude am 28.6.1934, mit dem die Nazis die technische Herstellung der Zeitungen unterbinden wollten; durch die Geistesgegenwart von Wachtposten konnte größerer Schaden allerdings verhindert werden.[31]

Diese Probleme und die Verschlechterung der allgemeinen wirtschaftlichen Lage fügten den Tyrolia-Betrieben großen Schaden zu, zugrunde richten konnten sie sie jedoch nicht. Einschneidende Sparmaßnahmen (Einschränkungen der bestehenden Blätter, Einstellung der 'IZ', Kürzung sozialer Leistungen u. a.) waren die Folge.

Als menschlicher Verlust traf die Tyrolia zudem das Ableben ihres Gründers und Präsidenten und steten Spiritus rector Dr. Aemilian Schöpfer im März 1936.

So ging die Tyrolia wirtschaftlich und politisch geschwächt (auch durch Boykottmaßnahmen) in das Schicksalsjahr 1938.

In der Nacht des 11. März 1938 wurden sämtliche Betriebe der Tyrolia durch die SA gewaltsam besetzt, die Zeitungen – auch der 'TA' – sofort verboten und eingestellt.[32]

Ein Großteil der Belegschaft war treu zum Unternehmen gestanden, nur etwa zehn (von 420) Mitarbeiter hatten im Verborgenen den nationalsozialistischen Umbruch in der Tyrolia betrieben.

Der Chemiegraphengehilfe Richard Röhrl, ein illegaler Nazi, war der Anführer gewesen. Als Dank für seine Vorarbeiten für den Umbruch wurde er zum kommissarischen Verwalter des Unternehmens bestellt.[33] Er zielte nun darauf ab, die Tyrolia ihrer österreichisch-vaterländischen Haltung wegen zum Verschwinden zu bringen und sie – soweit rentabel – unter neuer Firma weiterzuführen.

Bald wurde der Buchverlag samt seinen Rechten veräußert, Maschinen sowie der gesamte Liegenschaftsbesitz gingen im Verkaufswege verloren. Der übrige Druckereibetrieb in Innsbruck wurde auf einen Bruchteil der Kapazität beschränkt. Die Abonnentenlisten des 'TA' und der anderen Publikationen wurden der Gauzeitung 'IN' übergeben. Röhrl berief sich dabei selbst in einem Schreiben an Gauleiter Hofer darauf, einen Großteil des Ruins der Tyrolia verursacht zu haben.[34]

Am 31.10.1938 berief Röhrl eine außerordentliche Generalversammlung ein, in der mit Hilfe von Pressionen der Versuch gemacht wurde, einen Beschluß zur Auflösung der Gesellschaft zustande zu bringen.

Die Gesellschafter jedoch verweigerten ihre Zustimmung. „Aus eigener Machtvollkommenheit" setzte sich Röhrl über diesen Willen hinweg und erklärte die Verlagsanstalt für aufgelöst und in Liquidation getreten.

Um den Betrieb der ausgeschalteten AG weiterführen zu können, gründete Röhrl am 26.11.1938 eine

---

[30] Tyrolia-Athesia a. a. O., S. 39.
[31] Ebd., S. 43.
[32] Vgl. HALL a. a. O., S. 444.
[33] LENART a. a. O., S. 157.
[34] DÖRRER, Anton: Die Verlagsanstalt Tyrolia in Innsbruck und Athesia in Bozen (1888–1900–1950). In: Gutenberg-Jahrbuch 1950. – Mainz: Verlag der Gutenberg-Gesellschaft 1950, S. 274–279, hier S. 279 und Tyrolia-Athesia a. a. O., S. 48 f.

neue Firma, die „Deutsche Alpenverlag GmbH", deren einziger Gesellschafter und damit Alleineigentümer er selbst war.[35]

„Der Versuch, auf solche Weise sich einen Betrieb mit ehemals einigen hundert Angestellten und mit einem Stammkapital von 600.000 Schilling in die Hand zu spielen, ohne eigene Mittel einzusetzen, ist allerdings gescheitert."[36]

Trotz Liquidation eines Großteils des Vermögens ist die Auflösung der Verlagsanstalt Tyrolia auch in den sieben Jahren bis zum Zusammenbruch des NS-Regimes nie zum Abschluß gebracht worden. Die Weigerung der außerordentlichen Generalversammlung im Herbst 1938, der Liquidation zuzustimmen, sollte 1945 die Wiedererrichtung auch wesentlich erleichtern.[37]

In der Zeit des Nationalsozialismus gerieten führende Mitarbeiter in schwere Verfolgung, der Präsident Monsignore Dr. Karl Lampert wurde 1944 hingerichtet.
Unter anderem wurden beim Anschluß Generaldirektor Schiemer und mehrere Redakteure und Mitarbeiter der Tyrolia verhaftet, Dr. Klotz wurde mehrere Jahre im KZ Buchenwald interniert.
Viele wurden entlassen, von 420 Arbeitern und Angestellten des Jahres 1938 konnten 1945 bei der Wiederübernahme nur noch 66 angetroffen werden.[38]

Die von Röhrl 1938 gegründete Auffangfirma „Deutsche Alpenverlag GmbH" hatte im Dezember desselben Jahres sämtliche Tyrolia-Betriebe in ganz Tirol übernommen und sich schließlich das gesamte Umlaufvermögen einverleibt. Der Gegenwert sollte der Tyrolia vom Alpenverlag nie ersetzt werden.
Im engeren Tyrolia-Kreis setzten daher (ab 1939/40) Bemühungen ein, für den nicht vom Alpenverlag übernommenen Teil der Tyrolia einen würdigen Käufer zu finden.[39]
Als Käufer fand sich, nach mehreren gescheiterten Bemühungen unter anderem mit dem Herder-Verlag, der Großantiquar Wilhelm Rühling aus Heidelberg. Mit 1.1.1940 gingen die gesamten Verlagsbestände des Tyrolia- und Marianischen Verlages mit allen Rechten um 102.000 Reichsmark an Rühlings F. H. Kerle-Buchhandlung über. Kerle übernahm zu dieser Zeit auch andere wichtige österreichische katholische Verlage wie Styria, A. Pustet und F. Rauch auf dem selben Weg.[40]

Am 14. Mai 1945 kamen die noch vorhandenen Betriebe der Tyrolia „dadurch wieder in die Hände der rechtmäßigen Eigentümer, daß durch Verfügung des Regierungskomitees zur Weiterführung der Unternehmungen Generaldirektor Albert Schiemer als Treuhänder eingesetzt wurde".[41] Schiemer war schon zuvor, am 4. Mai, auch zum kommissarischen Leiter des „Deutschen Alpenverlags" eingesetzt worden.
Damit wurde die Ausgangslage geschaffen, die es ermöglichte, die gesamten noch nicht verkauften Betriebszweige so weiterzuführen, als ob sie bereits wieder im Eigentum der Tyrolia gewesen wären.
Mit der faktischen und rechnerischen Rücknahme der vom Alpenverlag annektierten Betriebe war jedoch die finanzielle und rechtliche Seite noch nicht erledigt.[42]

In Verhandlungen im Sinne des 3. Rückstellungsgesetzes wurde erreicht, daß die annektierten Vermögensteile als Vermögensentziehung angesehen und für null und nichtig erklärt wurden.
Somit konnte die Tyrolia ab 1.10.1945 ihre ehemaligen Betriebe und Vermögenschaften wieder unter eigenem Firmennamen weiterführen.
Der im „Deutschen Alpenverlag" integrierte Vermögensteil fiel 1945 faktisch und 1951 rechtlich wieder der Tyrolia zu.[43]

---

[35] Vgl. HALL a.a.O., S. 445, LENART a.a.O., S. 157 und Tyrolia-Athesia a.a.O., S. 47.
[36] Tyrolia-Athesia a.a.O., S. 47 f.
[37] WEINGARTNER a.a.O., S. III.
[38] HALL a.a.O., S. 445 und Tyrolia-Athesia a.a.O., S. 49 f.
[39] Vgl. Tyrolia-Athesia a.a.O., S. 50 f.
[40] Vgl. ebd., S. 51 f.
[41] Ebd., S. 94.
[42] Vgl. ebd., S. 96 f.
[43] Ebd., S. 98 f.

Am 10.10.1945 kam es zu einer außerordentlichen Generalversammlung, in der festgestellt wurde, daß alle Handlungen der Nationalsozialisten an der Tyrolia widerrechtlich waren.

Der Druckereibetrieb stand Anfang 1946 wieder in voller Tätigkeit, vorerst wurde jedoch keine eigene Zeitung ediert, die Tyrolia erhielt jedoch den Druckauftrag für die 'Tiroler Tageszeitung' und stellte den Satz für das ÖVP-Organ 'Tiroler Nachrichten' her.[44]

Die erste ordentliche Generalversammlung fand am 18.12.1946 statt. Sie beschloß die Anpassung der Gesellschaftssatzungen an das neue Aktiengesetz, wählte den Aufsichtsrat und erwartete sich, im Zuge der Wiedergutmachung, mindestens einen Teil der entzogenen Vermögenschaften zurückzuerhalten.
So einfach, wie man sich das vorstellte, war es jedoch in Wirklichkeit nicht. Ein beträchtlicher Teil des veräußerten Vermögens war nicht mehr vorhanden bzw. vernichtet worden; so fielen ehemalige Tyrolia-Bestände in Händen der Firma Kerle Bombenangriffen auf München zum Opfer (die Kerle-Niederlassung wurde völlig zerstört). Schuldige wie Röhrl oder unrechtmäßige Besitzer ehemaliger Tyrolia-Bestände waren zu einer Wiedergutmachung gar nicht mehr in der Lage.
Erst nach langwierigen Prozessen und Verhandlungen konnte 1955 der Besitzstand von 1938 wieder erreicht werden (v.a. im Immobilien-, nicht jedoch im Verlagsbereich), 1957 war dieser Prozeß abgeschlossen.
Im selben Jahr wurde die AG wieder in eine GesmbH umgewandelt, welche heute noch – erfolgreich – besteht.[45]

„Unter der Führung Albert Schiemers ist der Wiederaufbau des Unternehmens, die Rückerstattung der Häuser und Betriebsstellen sowie teilweise auch der Verlagsrechte, zum Teil allerdings in langwierigen Prozessen, erreicht, im Jahr 1957 beendet worden."[46]

1.5.3.2 Der 'ATA' 1908–1918

Wie schon bei der Schilderung der Verlagsgeschichte erwähnt, wurde kurz nach der Vereinigung der Südtiroler Preßvereine und der Gründung der Innsbrucker Tyrolia-Niederlassung der 'Allgemeine Tiroler Anzeiger' als tägliches christlichsoziales Organ für Nordtirol ins Leben gerufen.
Er erschien ab Mitte Dezember 1907 vorerst mit zehn Probenummern, ehe mit Jahreswechsel (Nr. 1, 31.12.1907) das reguläre Erscheinen begann, obwohl die Umbauarbeiten des neuerworbenen Hauses Andreas-Hofer-Straße 4 („Stöcklgebäude") noch nicht abgeschlossen waren.

Das Blatt diente von Beginn an den Interessen und dem Programm der christlichsozialen Partei, Rechte auf die Redaktionsführung wurden der Partei jedoch nicht eingeräumt. Die Redakteure waren von der Tyrolia eingestellt, ebenso waren Verwaltung und wirtschaftliche Gebarung ausschließlich Sache des Verlagsunternehmens.[47]
Das Blatt wurde jedoch nicht nur zum politischen Organ, sondern diente auch den religiös-weltanschaulichen Aufgaben und setzte sich somit für die Verbreitung des christlich-katholischen Gedankengutes ein; es erreichte damit erstaunliches Niveau und Ansehen.[48]
Als Redakteure fungierten in den Anfangsjahren Franz Pech, Karl Ongania, Leopold Bauernfeind sowie Richard Schmitz, der spätere Unterrichtsminister unter Seipel, jeweils geleitet vom Geist Dr. Schöpfers, dem Gründer des Blattes.[49]

In der regulären Nr. 1 des Blattes verwies man auf die zehn Probenummern und daß man sich noch kein fertiges Bild von der Zeitung machen könne, sei doch die Herstellung der ersten Ausgabe noch mit erheblichen technischen Schwierigkeiten verbunden gewesen – man könne lediglich zufrieden sein, daß der 'ATA' überhaupt erscheinen könne. Die Zeit werde die Kinderkrankheiten jedoch ausmerzen, wozu

---

[44] Vgl. LENART a.a.O., S.158.
[45] Vgl. Tyrolia-Athesia a.a.O., S.52f. und 94 und HALL a.a.O., S.445.
[46] WEINGARTNER a.a.O., S.III.
[47] Tyrolia-Athesia a.a.O., S.20.
[48] Ebd., S.21 und BREIT a.a.O., S.85ff.
[49] Vgl. KOHLBACH, Rochus, Kreuz und Feder. – Graz: Styria 1933, S.248.

es der Mithilfe der Abonnenten bedürfe, was mit der Bitte um raschen Bezug und Werben im Bekanntenkreis verbunden wurde.[50]
Die Nr. 2 war bereits wieder eine Gratisausgabe für Innsbruck und Umgebung sowie für Bayern.

Bereits am 4. Jänner wurde beklagt, daß schon die Probenummern „einer schweren Verfolgungszeit" ausgesetzt waren: „Es wurde denselben von manchen Seiten in leidenschaftlicher Weise nachgestellt, ja eine förmliche Vertilgungsjagd wurde gegen dieselben betrieben."[51]
Ganze Papierpacken seien verbrannt, die Zustellung verhindert worden. Es war also mit erheblichen Schwierigkeiten verbunden, eine neue Zeitung einführen zu wollen, obwohl die Darstellung wohl etwas übertrieben sein mochte; die Konkurrenz scheint jedoch tatsächlich einiges unternommen zu haben, um die Etablierung des neuen Blattes zu erschweren, sprach man doch davon, daß die Zustellung teilweise sogar mit strafbaren Mitteln verhindert werden sollte.[52]
In der übernächsten Ausgabe bewertete man die Lage schon wieder positiver, wurde doch von ersten Erfolgen – vielen eingelangten Bestellungen und Anregungen – berichtet, denen man kaum nachkommen könne[53], laufend wurden auch neu hinzugekommene Verschleißstellen, die den 'ATA' vertrieben, bekanntgegeben.

Am 3. März wurde das Blatt schließlich erstmals konfisziert (auf Grund eines Artikels über militärische Maßnahmen in Südtirol).[54]
Kleinere gestalterische Veränderungen und der Ausbau von Ressorts und Umfang sowie ab April 1909 die Einführung der Beilage „Tiroler Frauenzeitung" kennzeichneten den weiteren Werdegang des Blattes bis zu Beginn meines eigentlichen Untersuchungszeitraumes.

Zum Jahreswechsel 1913/14 schrieb man „An unsere Leser und Freunde!": Immer schärfer gestalte sich der Kampf zwischen der katholischen und der farblosen Presse. „Die höchsten Ideale, das Recht, unsere religiöse Überzeugung zu verteidigen, für des Volkes Wohlfahrt zu wirken, des Feindes offene und versteckte Angriffe auf ein gut katholisches Volk von Tirol zurückzuweisen und aufzudecken, ist unserer Blätter (der Tyrolia, Anm.) vornehmste Aufgabe."[55]
Dazu bedürfe es der Unterstützung der Leser, der Käufer, weshalb wiederum zum Bezug der Zeitung, zur Gewinnung von neuen Abonnenten, der Mitarbeit und der Werbung neuer Mitarbeiter aufgefordert wurde.

Am 5. 1. wurde über den anhaltenden Buchdruckerstreik berichtet, wobei die Druckunternehmer unter Schutz genommen wurden – Schuld seien vor allem die Arbeiter selbst und die Sozialdemokratie, respektive die sozialdemokratischen Führer der Gehilfenorganisation. Laut 'ATA' ging es nur vordergründig um Lohnforderungen, außerdem jedoch auch um Stellenvermittlung oder Arbeitszeitverkürzung (um 1 $^{1}/_{2}$ Stunden pro Woche).
Das Blatt zielte mit seiner Kritik in erster Linie auf die „rote Presse", die, so der 'ATA', wohl dringend mehr Abonnenten nötig habe.[56]
Zum Ende des Streiks wandte sich Dr. Schöpfer an die Leser mit dem Dank für die Treue, die man der Tyrolia-Presse entgegengebracht habe und mit dem Versprechen, durch die Ausgestaltung und eine Umfangerweiterung der Zeitungen die Leser zu entschädigen[57], was auch realisiert wurde.
Bis Kriegsbeginn wurde der Umfang des Blattes stetig erweitert, so erreichten Samstagausgaben bis zu 40 Seiten.

Zum Tod des Thronfolgerpaares wurde eine Extrabeilage gedruckt, auch die weiteren Ausgaben standen ganz im Zeichen der Bluttat.[58] In der Nr. 145 wurde die Einführung einer Abendausgabe angekün-

---

[50] 'ATA', Nr. 1, 31. 12. 1907, S. 1.
[51] 'ATA', Nr. 4, 4. 1. 1908, S. 7.
[52] Ebd.
[53] Vgl. 'ATA', Nr. 6, 8. 1. 1908, S. 2.
[54] Vgl. 'ATA', Nr. 53, 3. 3. 1908, zweite Auflage nach Konfiskation.
[55] 'ATA', Nr. 308, 30. 12. 1913, S. 1.
[56] 'ATA', Nr. 3, 5. 1. 1914, S. 1.
[57] 'ATA', Nr. 40, 19. 2. 1914, S. 1.
[58] Vgl. 'ATA', Nr. 144–146 des Jahres 1914.

digt, um über alle Vorgänge nach der Mordtat raschest berichten zu können.⁵⁹ Die nächste Ausgabe befaßte sich intensiv mit Thronfolger Karl, der Rückfuhr und Beisetzung der Ermordeten und der Zuspitzung der Lage in Serbien, wobei von einem zu erwartenden Krieg noch keine Rede war.
Bald beklagte man sich über die verhängte Nachrichtensperre, die die Zeitungen nur noch Vermutungen über die aktuelle politische Lage anstellen lasse und dazu zwinge, auf Gerüchte und Halbwahrheiten zu hören.⁶⁰
Noch am selben Tag wurde eine Extraausgabe zum „Krieg zwischen Österreich und Serbien" ediert.

Mit 28. Juli wurde nun endgültig die Abendausgabe eingeführt, nachdem sie bereits einen Monat zuvor angekündigt worden war.
Ein Spezialkorrespondent sei bereits nach Osten aufgebrochen, wie es das Blatt formulierte – laut Paupié war dies der Kriegsberichterstatter beim KPQ Theodor Kirchlehner, der neben dem 'ATA' unter anderem auch die 'Reichspost', den 'Berliner Lokalanzeiger', die 'Allgemeine Zeitung' in Chemnitz, die 'Weser Zeitung', den 'Pester Lloyd' und das 'Grazer Tagblatt' bediente.⁶¹

Am 30. Juli verfiel der 'ATA' erstmals der Konfiskation durch die rigoros gehandhabte Kriegszensur: Sofort wurde eine zweite Auflage hergestellt und noch am Nachmittag ausgeliefert – mit den obligatorischen weißen Flecken. Fallweise konnte auch die Abendausgabe nicht erscheinen.⁶²
Der August war schließlich der erste Monat mit ausgeprägter Kriegsberichterstattung (euphorische Berichte über erste Erfolge der österreichischen Truppen), womit die zivilen Ressorts und die parteipolitischen Berichte stark zurückgedrängt wurden.
Der Umfang verminderte sich merklich auf durchschnittlich acht Seiten (mittags).

Zum Jahreswechsel rühmte man sich des gewaltigen Aufschwungs, den das Blatt seit Kriegsbeginn genommen habe – man sei das schnellste und bedeutendste Nachrichtenblatt Tirols geworden, weshalb ein Druckereiausbau und die Anschaffung einer neuen, leistungsfähigeren Rotationsmaschine erforderlich wären, um die Schnelligkeit und damit die Aktualität zu steigern, sowie eine Formatvergrößerung⁶³, was am 1. Februar 1915 auch geschehen sollte.
Man rühmte sich nun, das größte und einflußreichste Organ des Landes zu sein, was mit Stolz und innerer Befriedigung erfülle. Nun sei es möglich geworden, an die kostspielige Ausgestaltung zu gehen (Formatvergrößerung), wobei man in Österreich eine Vorreiterrolle spiele.

Nachdem der erste Schock des Krieges vorbei sei, wolle man wieder auch anderen Dingen mehr Aufmerksamkeit schenken, obwohl die Kriegsberichte im Vordergrund bleiben würden.
Außerdem wurde die neue „Zwillingsrotationsmaschine", ihr Leistungsvermögen und ihre Zuverlässigkeit vorgestellt.⁶⁴
Das Tagblatt nahm somit am Aufschwung der Tyrolia und ihrer Presse wesentlichen Anteil.

Im April machte man auf die Bedeutung des Inserates im Krieg aufmerksam – wohl um das Senken des Anzeigenaufkommens zu stoppen bzw. durch den Krieg nicht noch mehr Kunden zu verlieren.
Vier Teile des Anzeigenteils des 'ATA' (amtliche Bekanntmachungen, Anzeigen familiärer Natur, Geschäftsanzeigen, Personalmarkt) spiegelten das öffentliche Leben und dessen Entwicklung wider. Der Krieg wirkte sich in verschiedener Weise auf die „Wareninserate" aus: Zu Kriegsbeginn seien viele Inseratenaufträge zurückgezogen oder nicht erneuert worden, was eine Umfangreduzierung bei den Tageszeitungen zur Folge hatte. Bald sei jedoch ein Umschwung eingetreten, als sich die Kriegsartikelindustrie mittels Inseraten neue Absatzwege erschließen mußte, eine Werbeform, die jedoch bald wieder stagnierte, was von der Anpassung und dem Hineinwachsen der Industrie in ihre neue Rolle zeugte.⁶⁵

---

⁵⁹ Vgl. 'ATA', Nr. 145, 28. 6. 1914, S. 9.
⁶⁰ 'ATA', Nr. 169, 27. 7. 1914, S. 1.
⁶¹ PAUPIÉ a. a. O., 2. Band, S. 170.
⁶² Vgl. 'ATA', Nr. 176, 31. 7. 1914, S. 12 und Präs. 1914/XII 78c2/540.
⁶³ 'ATA', Weihnachtsausgabe, 24. 12. 1914, S. 1.
⁶⁴ 'ATA', Nr. 48, 1. 2. 1915, S. 1 bzw. S. 3.
⁶⁵ 'ATA', Nr. 166, 15. 4. 1915, S. 1.

Am 22. Mai zeigte die Tyrolia an, daß zum 'ATA' nun noch ein 'Sonntags-Morgenblatt' herausgegeben würde, das um 22.00 Uhr erscheinen werde.[66]

Ab 1916 wurde vermehrt über die ungeheuren Kostensteigerungen geklagt und über nötige Mehrausgaben auf Grund der Erhöhung der Telegraphengebühren, das Telegraphieren sei nötig, um mehr Aktualität zu erreichen – damit wurden Preissteigerungen zu begründen versucht.[67]

Als Absatzgebiete wurden im Jahr 1916 Tirol, Vorarlberg, die Heeresfronten, Österreich und Deutschland angegeben.[68]

1917 setzte sich die Kriegsberichterstattung unverändert fort. Die Auflage sei – so die Eigenangabe – seit Kriegsbeginn verdreifacht worden, womit man zur größten Tageszeitung in Tirol und Vorarlberg geworden wäre.[69]

Wiederholt wurden die Leser darauf hingewiesen, das es gerade in Zeiten des Krieges unabkömmlich sei, sich eine Tageszeitung zu halten und zu lesen, um über lebenswichtige Dinge sofort informiert zu werden, weshalb daran erinnert wurde, beizeiten die Bezugsgebühren zu erneuern.[70]

Auch 1918 kam es vorerst zu keinen wesentlichen Änderungen.
Die Schreibweise war immer noch vom Patriotismus getragen, obwohl die Kriegsberichte nicht mehr die Kriegseuphorie des Jahres 1914 aufwiesen. Parallel zu anderen Zeitungen schien allmählich die Kriegsmüdigkeit zwischen den Zeilen durch.

Zudem war die Zensurpraxis wieder verschärft worden (wovon ein dicker Akt der Präsidialakten über Konfiskationen des 'ATA' zeugt)[71], was die Abneigung gegen die Fortdauer des Krieges auch im 'ATA' verstärkte.

Die Abendausgabe wurde nunmehr als „Vorabendausgabe" bezeichnet, da sie – schon seit ihrer Einführung – jeweils erst mit der Mittagsausgabe des nächsten Tages zugestellt wurde.

Durch die wirtschaftlichen Mängel wurde die Qualität immer weiter eingeschränkt, das Blatt, nunmehr eine Bleiwüste mit engem und kleinem Satz, wurde immer unansehnlicher, der Umfang weiter verringert. Im September mußte das Erscheinen kurz unterbrochen werden (ab 26.9.), ehe das Blatt am 29.9. wieder regelmäßig und in gewohnter Form zugestellt werden konnte.

Im Herbst nahmen Artikel über die diversen Friedensbemühungen zu, die Kriegsereignisse traten in den Zeitungsspalten den Rückzug an.

Am 29.10. konnte das Ende der Vorzensur bekanntgegeben werden. Der Kommentar dazu verurteilte weniger die Notwendigkeit der Zensur denn ihre „planlose Handhabung". Unter anderem stieß die ungleiche Behandlung der Zeitungen in Wien und in Tirol auf vehemente Kritik des 'ATA'.[72]

1.5.3.3 1918–1938

Anläßlich des Übergangs zur Republik wurde der alte Staat verabschiedet und der neue herzlich begrüßt („Deutschösterreich, wir grüßen dich") sowie eine Sonderausgabe zum Waffenstillstand mit Italien ediert.

Neue Schwerpunkte in der Berichterstattung wurden der Kampf um Tirol und die publizistische Agitation gegen die italienische Besatzung.[73]

---

[66] Vgl. Präs. 1915/XII 78c1/2.288.
[67] Z. B. bei Nr. 495, 25.10.1916, S. 3.
[68] Vgl. Präs. 1916/XII 78c4/6.192.
[69] Angesichts der Zahlen aus den Präsidialakten kann diese Eigenangabe nur als maßlos übertrieben bezeichnet werden (Auflage 1914: 8.000, 1917: 13.500).
[70] Vgl. jeweils die Ausgaben zum Quartalswechsel, in denen diese Hinweise regelmäßig erschienen.
[71] Konfisziert wurden lt. Präs. 1918/XII 78c2/25/1 ff. die Nummern 26, 36, 51, 96, 106, 124, 131, 136, 137, 140, 143, 158, 165, 168, 175, 199, 231, 234, 239, 241, 270 sowie die Sonntagsausgaben Nr. 17 und 18.
[72] 'ATA', Nr. 248, 29.10.1918, S. 1.
[73] Vgl. 'ATA'-Ausgaben vom November.

Am 23.11. wurde der neue Chefredakteur Carl Maria Danzer den Lesern vorgestellt (welcher von anderen Zeitungen, vor allem der 'VZ', heftig kritisiert wurde).
Er war Leiter der ungarischen 'Armeezeitung', wo er zum Rücktritt gezwungen worden war – laut 'ATA' galt er als politischer Reformer, Föderalist und Bekämpfer des Dualismus, laut 'Grazer Volksblatt' war er ein hervorragender österreichischer politischer Schriftsteller gewesen, selbst von der 'AZ' habe es, laut 'ATA', lobende Worte für Danzer gegeben.[74]

Die Parteiberichterstattung und publizistische Unterstützung der Christlichsozialen setzte – im Hinblick auf die bevorstehenden Wahlen – nun wieder verstärkt ein.
Der Umfang des Blattes konnte vorerst nicht wesentlich erweitert werden.

Im Jänner 1919 mußte auf Grund der gesetzlich verfügten Samstagnachmittag-Ruhe für die Buchdruckereien die Ausgabe des Sonntagsblattes eingestellt werden.[75]

Jänner und Februar waren auch im 'ATA' gekennzeichnet von Wahlaufrufen für die Tiroler Volkspartei. Man forderte ein freies, unabhängiges Tirol, das „Los von Wien" und seinem Zentralismus, den Kampf dem Geist des Judentums und des Bolschewismus und die Eigenbestimmung des Tiroler Nationalrates über die staatliche Selbständigkeit.
Eine einseitige Klassengesellschaft sozialistischer, feudaler und kapitalistischer Kreise lehnte man ab, die Einigkeit Nord- und Südtirols wurde beschworen.
Auch die Deutschnationalen unter Sepp Straffner wurden mit Schmähungen überzogen: Straffner wurde gleichgesetzt mit einem Knecht der 'Neuen freien Presse', des jüdischen 'Prager Tagblattes' und der 'IN'.
Im Falle eines großdeutschen oder sozialistischen Wahlsieges wurden vom 'ATA' Bolschewismus, Zionismus, Anti-Katholizismus und ungebremster Liberalismus in Tirol an die Wand gemalt.[76]

Nach den für die Tiroler Volkspartei in Tirol beruhigend verlaufenden Wahlen wurde der rüde Ton wieder weitgehend abgelegt, und man wandte sich wieder den herkömmlichen Aufgaben der Berichterstattung zu. Dem 'ATA' blieb jedoch ein ausgeprägter Föderalismus und die Opposition gegen das „rote" Wien immanent.[77] Außerdem widmete man sich wieder verstärkt der Südtirolproblematik.
Der Umfang konnte nun wieder – auch wegen des gestiegenen Inseratenaufkommens – ausgedehnt werden.

Etwa mit April 1919 setzten auch für den 'ATA' die Probleme mit der sich immer schneller drehenden Inflationsspirale ein.
Die Verträge von St. Germain mit der endgültigen Abtrennung Südtirols wurden vom 'ATA' als „Gewaltfriede" und „Verrat am deutschen Volk" bewertet.
Im Zusammenhang mit der Erneuerung des Abonnements schrieb man im September 1919, daß es „höchste Zeit" sei, daß alle Kräfte, die tätig sein wollten „im Sinne christlicher Weltanschauung am Wiederaufbau unserer staatlichen und volkswirtschaftlichen Verhältnisse", sich zusammenschließen zu gemeinsamer Arbeit – angesprochen wurden alle deutsch-bürgerlichen Kreise.[78]

Am 15.11. wurde die Vereinigung der beiden katholischen Tageszeitungen Innsbrucks gemeldet: im weiteren Verlauf der Parteieinigung vom Vorjahr seien nun die Tagesblätter 'ATA' und 'NTS' zusammengeführt worden.
Der Name 'ATA' wurde beibehalten, die bisherigen 'Stimmen'-Abonnenten erhielten ab 17.11. den 'ATA' zugestellt, was den Wünschen weiter Kreise des katholischen Volkes entsprochen habe. „Den hohen Zielen angesichts der gewaltigen Angriffe auf die religiösen, politischen und wirtschaftlichen

---

[74] 'ATA', Nr. 269, 23.11.1918, S. 1.
[75] Vgl. 'ATA', Nr. 9, 11.1.1919, S. 5.
[76] Vgl. v. a. 'ATA'-Ausgaben vom Februar.
[77] STOISAVLJEVIC a.a.O., S. 266.
[78] 'ATA', Nr. 224, 30.9.1919, S. 5.

Grundlagen unseres katholischen Volkes strebend, ist der Weg gefunden worden, die Vereinigung der beiden katholischen Tagesblätter durchzuführen."[79]
Es folgte ein lobender „Nachruf" auf die prägenden Männer der 'Stimmen', welche durch sechs Dezennien das Blatt mitgeprägt hätten. Die 'NTS' seien aber nicht „eingegangen", sondern es sei ein Kraftakt gewesen, der der katholischen Publizistik neuen Schwung verliehen habe.
Der langjährige 'Stimmen'-Chefredakteur Josef Gufler übernahm Mitte Dezember die Leitung des 'ATA'[80]
Aufmachung, Umfang und Preis änderten sich trotz Zusammenlegung nicht.

Wiederholt wurde über den Krone-Kurssturz lamentiert, die Steigerung der Rohstoffpreise mußte immer wieder als Grund für die laufenden Bezugspreiserhöhungen herhalten.
Außerdem wurde für die laufenden Bezugspreiserhöhungen beim Postversand die vom Kabinettsrat trotz Gegenvorschlages des Zeitungsbeirates beschlossene Umstellung auf adress- und schleifenlosen Versand verantwortlich gemacht, was als „geradezu ungeheuerlich" bezeichnet wurde.[81]

Anläßlich eines Berichtes des Nordtiroler Katholikentages wurde der Inhalt eines Referates von Redakteur Gufler wiedergegeben, das auf die verheerende Situation der katholischen Presse und deren materielle Not einging. Die Gründe dafür seien, so wurde Gufler zitiert, die strenge katholische Haltung, die besten Einnahmequellen (Pikantes, „schlechte" Inserate etc.) abzulehnen, das Fehlen eines kapitalkräftigen Rückhalts zur Defizitabdeckung sowie die ungeheure Verteuerung der Produktion.
Als Beispiel wurde die Verteuerung für ein Kilo Rotationspapier von 25 Heller (1914) auf 18,50 Kronen (1920) angeführt, weshalb die Gesamteinnahmen nicht einmal mehr den Papierpreis deckten. Die Tyrolia müsse daher durch ihre anderweitigen Einnahmen die Defizite der Landespresse abdecken.
Gleichzeitig wurden die Leser vor dem Bezug und dem Lesen der „schlechten" und farblosen und freiheitlichen Presse gewarnt.[82]

Zur Einstellung der Abendausgabe bemerkte man, daß damit „sozusagen wieder eine Art Kriegseinrichtung abgebaut" worden sei, „die ihren Zweck längst erfüllt hat". Im Krieg sei diese Institution auf Grund der Fülle der Nachrichten nötig gewesen, um die Aktualität wahren zu können, nunmehr jedoch nehme man Abschied von den Lesern des Vorabendblattes nach sechs schweren Jahren, „in der Hoffnung, zugleich alle als geneigte Leserinnen und Leser des Hauptblattes begrüßen zu können".[83]

Die Anfangsmonate 1921 waren gekennzeichnet von der Agitation zugunsten des Anschlusses an Deutschland, dem man zuvor – aus Rücksicht auf die Südtirolfrage – eher ferngestanden war. Nun jedoch reihte sich der 'ATA' nahtlos in die Reihe der Anschlußbefürworter ein, nachdem man zur Kenntnis hatte nehmen müssen, daß die Bemühungen um die Landeseinheit nichts gefruchtet hatten – und nachdem angesichts der tristen wirtschaftlichen Lage das Schlagwort von der Nicht-Lebensfähigkeit des Landes auch vom 'ATA' aufgegriffen wurde, weshalb nur ein Weg zur Rettung führe: „Der Anschluß an das deutsche Wirtschaftsgebiet, der Zusammenschluß mit den übrigen im Deutschen Reich vereinten Stämme und Länder."[84]
Kurz vor der Anschluß-Volksbefragung meldete sich auch Landeshauptmann Stumpf im 'ATA' mit einem Appell für den Anschluß zu Wort, da man allein nicht existenzfähig sei. Somit schicke sich der österreichische Staat an, in einer großen Mission heimzukehren ins Vaterhaus, wo das Reich die Stütze bilde und das Blut rufe.[85]

Nach der Abstimmung wurde im Blatt jedoch die Anschlußpolitik kritisiert: Es wies auf die Schönheitsfehler dieser Politik hin, auf die verschiedenen Tendenzen der großdeutschen Anschlußpolitik, die nach Berlin wiesen und daher im Widerspruch stünden zum katholischen Tiroler Volk, und daß sich so-

---

[79] 'ATA', Nr. 262, 15.11.1919, S. 1.
[80] Ebd.
[81] 'ATA', Nr. 81A, 1.5.1920, S. 1.
[82] 'ATA', Nr. 120, 29.6.1920, S. 1.
[83] 'ATA', Nr. 207A, 30.10.1920, S. 1.
[84] Vgl. u. zit. nach BAUMGÄRTNER a. a. O., S. 124.
[85] Ebd. (Leitartikel 'ATA', 22.4.1921).

mit das katholische Volk für den von den Großdeutschen propagierten großdeutschen Führungsgedanken nicht mehr erwärmen könne.
Das Blatt kam daher zu dem Schluß, daß in nächster Zeit nicht an den Anschluß zu denken sei, da außerdem noch die Entente kommandiere und von dort kein Anzeichen der Zustimmung zu einem Anschluß gekommen sei.[86] Nach der vehementen Anschlußagitation vor der Volksbefragung schätzte man die Lage nun realistischer ein.

War man sich publizistisch im Anschlußwillen einig gewesen, so wurden nunmehr die Pressescharmützel, vor allem mit der 'VZ', wieder aufgenommen – wie auch die 'VZ' war insbesondere der 'ATA' ein Kampf- und Agitationsblatt dem politischen Gegner gegenüber gewesen bzw. wieder geworden. Mit der Gründung des 'Alpenland' war dem Blatt ein neuer publizistischer Gegner erwachsen. Unter anderem kam es anläßlich der „Westungarn"-Frage mit 'Alpenland'-Herausgeber Gilbert in der Maur zu einer Auseinandersetzung, was jedoch eher als Vorwand diente, diesen bezüglich der Finanzierung und Gesinnung des Blattes der Lüge bezichtigen und attackieren zu können.[87]

Im November erfolgte ein Aufruf zur Rettung der katholischen Presse anhand von Auszügen aus Reden anläßlich der Presseversammlung der Tiroler Volksvereinsgruppe Pradl: 92% der Bevölkerung seien katholisch, aber 93% der Bevölkerung stünden unter dem Einfluß des jüdisch-freimaurerischen Großkapitals – die Katholiken würden diesem über Abonnements und Inserate ca. 400 Mio. Kronen zukommen lassen.
Es wurde weiters die Behauptung aufgestellt, daß die Unternehmer diesen Zeitungen Schmiergelder zahlen müßten, um in Artikeln (positive) Erwähnungen zu erhalten – wie sollten solche – oft kleine – Blätter auch sonst ihre Defizite abdecken, wurde zweifelnd gefragt (als Beispiel wurde ein „freisinniges Innsbrucker Blatt" angeführt, dem man schon vor einem Jahr einen täglichen Verlust von 24.000 Kronen vorgerechnet hatte – Anm.: gemeint war damit das 'Alpenland'). Dem gegenüber stünde die katholische Presse, die, laut 'ATA', vor dem Zusammenbruch stand, da sie sich nicht zur „Dienerin des goldenen Kalbes" herabwürdigen habe lassen, weshalb man mehr denn je auf die Unterstützung der lesenden Katholiken angewiesen sei.[88]
Zwei Tage später warnte man wiederum eindringlich vor der „Verjudung" der Presse – daher müsse jeder sein letztes für den großen „Geisterkampf" für die (katholische) Presse opfern.[89]

Im Herbst 1922 war auch der 'ATA' wieder von einem Buchdruckerausstand betroffen, weshalb er vom 8. bis zum 14. September nicht erscheinen konnte, lediglich maschinengeschriebene „Depeschen des ATA" mit den wichtigsten Meldungen in aller Kürze (meist von Korrespondenzbüros) wurden versandt. Nach Beendigung des Streiks wurde die nächste Preiserhöhung auf die nunmehr mit 100%-Lohnkostensteigerung belasteten Produktionskosten abgewälzt.[90]

In den Jahren 1921/22 führte der Piusverein zur finanziellen Unterstützung der katholischen Landespresse mehrere Hilfsaktionen, unter anderem eine Bücherlotterie, durch. Die Ziele zur Unterstützung wurden im Oktober 1922 formuliert: „Abonnieren, inserieren und Empfehlung der katholischen Zeitungen bei Bekannten zur Übergabe von Inseratenaufträgen, Mitarbeit durch Einsendung kurzer, wahrer Berichte, Verlangen der katholischen Zeitung bei den Zeitungsverschleißstellen und in den öffentlichen Lokalen, Agitation für die katholischen Zeitungen in den katholischen Vereinen, Werbung neuer und ständiger Abnehmer", vor allem aber auch das Sich-Bewußtmachen der schrecklichen Not, in der sich die katholische Presse befinde.[91]
Ohne den finanziellen Rückhalt des Verlages wäre der Bestand des 'ATA' wahrscheinlich nicht zu halten gewesen.

Mit Beginn des Jahres 1923 verkürzte das Blatt seinen Titel auf 'Tiroler Anzeiger'.

---

[86] Ebd. (Leitartikel 'ATA', 13.6.1921).
[87] Vgl. v.a. 'ATA'-Ausgaben September/Oktober 1921.
[88] Vgl. u. zit. 'ATA', Nr. 258, 13.11.1921, S. 2 und Nr. 259, 14.11.1921, S. 3.
[89] 'ATA', Nr. 261, 16.11.1921, S. 3.
[90] Vgl. 'ATA', Nr. 212, 18.9.1922, S. 1.
[91] 'ATA', Nr. 241, 21.10.1922, S. 2.

Mit einer leichten Besserung der wirtschaftlichen Lage schien sich in diesem Jahr auch eine Erholung der katholischen Presse und damit des 'TA' abzuzeichnen, hörten nunmehr doch die – zur Regelmäßigkeit gewordenen – Klagen von der Krise und vom bevorstehenden Ende des 'TA' auf, auch wurde nicht mehr unablässig der Piusverein um finanzielle Hilfe in der Not angerufen; außerdem war das Inseratenaufkommen wieder leicht gestiegen.

Ende Juni beleuchtete man erneut – wieder anläßlich des Katholikentages – mit dem Abdruck eines Referates Dr. Klotz' die Lage der katholischen Presse: Klotz blickte auf die Pressegründungen und die Mobilisierung des katholischen Opferwillens zurück – die Presse sei ein „mit Liebe gehegtes Sorgenkind" der Katholiken. Er beleuchtete die Probleme der Nachkriegszeit, die letztjährige Oktober-Hilfsaktion des Piusvereins, die im 300.000 Einwohner zählenden Tirol innerhalb weniger Wochen rund 130 Mio. Kronen eingebracht hätte. Er beklagte die Konkurrenz des Boulevards und kam zu dem Schluß: „Um es kurz zu sagen, was uns noch fehlt: Die zeitgerechte Einstellung auf die Massenpsyche und die fleißige, individuelle Empfehlung. Und (…) es fehlt uns an Stolz auf unsere Presse." Die Katholiken brächten ihre Presse selbst in Verruf, es gäbe eine ungerechte Lieblosigkeit der eigenen Presse gegenüber. Trotzdem sei die Lage nun positiver als die Jahre zuvor zu bewerten.[92]

1924 mußte man die erste Preiserhöhung seit 1 1/2 Jahren vornehmen, da insbesondere die Preise für Papier, Material, Beheizung sowie soziale Ausgaben wie Krankenkassenbeiträge und Pensionsversicherungsprämien und die Löhne derart gestiegen seien, daß die Herstellungskosten das eineinhalbfache des Herbst 1922 betragen würden. Trotz Preiserhöhung sei der 'TA' aber immer noch eines der billigsten Tagesblätter Österreichs.[93]

Trotz anhaltender wirtschaftlicher Probleme hatte sich der 'TA' einen festen Platz in der Tiroler Presselandschaft erkämpft und brachte es vor allem in den zwanziger Jahren zu beachtlichem Niveau.

Auch in der Eigenwerbung zeigte man sich selbstbewußter – die Zeitung sei „wertvoller" geworden[94], in der Werbung der Tyrolia wurde der 'TA' als führendes politisches Tagblatt Tirols bezeichnet. Das Blatt sei als „einzige katholische Tageszeitung am meisten verbreitet und als außerordentlich wirksames Insertionsorgan anerkannt".[95]

Mit Zunahme der Unterdrückung in Südtirol wurde auch die Kritik des 'TA' an Mussolini und am italienischen Faschismus immer schärfer. Diese Aversion sollte später zwar abgeschwächt (Römische Protokolle, Schutz von Mussolini gegen den Nationalsozialismus und Unterstützung der Heimwehren), nie jedoch völlig beseitigt werden.[96]

Anläßlich der kritischen Italienberichte der Tiroler Zeitungen wurde Anfang Jänner 1926 „Die Antwort der Innsbrucker Zeitungen" (unterzeichnet von 'VZ', 'IN', 'Alpenland' und 'TA') veröffentlicht, in der zur Aufforderung des Landeshauptmannes vom 29.12.1925 bezüglich der von ihm geforderten Änderung der Einstellung der Tiroler Zeitungen gegenüber der italienischen Regierung und deren Politik gegenüber den Südtirolern Stellung bezogen wurde: Die Zeitungen verwahrten sich gegen die Behauptungen des italienischen Generalkonsuls in Innsbruck, daß der Ton der Innsbrucker Blätter die Südtiroler gegen Italien aufbringe und dies der Grund sei, daß Italien Repressalien an den Südtirolern verüben müsse.

Nordtiroler Zeitungen wie etwa die 'IN' seien bekanntlich aus Südtirol ausgesperrt, andere würden oft beschlagnahmt, weshalb sie so gut wie ausgeschaltet seien. Man benütze auch keine unflätige Sprache – die würden lediglich die faschistischen Blätter praktizieren.[97] „Die Innsbrucker Presse hat ihre Berichterstattung gemäß den Interessen der Bevölkerung, deren Sprachrohr sie ist, geregelt."[98]

Wenn die Tatsachen in Südtirol Anlaß zu Kritik gäben, so könnten österreichische Zeitungen – die in

---

[92] 'TA', Nr. 146, 30.6.1923, S. 1 f.
[93] 'TA', Nr. 122, 28.5.1924, S. 9.
[94] 'TA', Nr. 216, 20.9.1924, S. 5.
[95] ALA-Zeitungskatalog 1925 a.a.O., (Inseratenteil).
[96] Vgl. STOISAVLJEVIC a.a.O., S. 266.
[97] 'TA', Nr. 5, 8.1.1926, S. 1.
[98] Ebd.

einer Demokratie erschienen – diese Kritik frei vorbringen. Italien wurde aufgefordert, seine Politik neu zu gestalten (z. B. Schule und Presse nicht zu unterdrücken), dann könne auch die Kritik aus Nordtirol verstummen.[99]

In dieser Sache waren sich die – sich sonst feindlich gegenüberstehenden – Tagblätter ausnahmsweise einig.

Unter Schlagzeilen wie „Aus dem Lande der Knechtschaft" berichtete der 'TA' dieser Erklärung zufolge auch weiterhin über die Unterdrückungsmaßnahmen der Faschisten in Südtirol.

Medienhauptereignis des Jahres 1927 waren für den 'TA' die Juli-Ereignisse, über die ausführlich berichtet wurde (unter anderem mit Sonderausgaben) und die man wiederum zu scharfer Kritik und zur Verurteilung der Sozialdemokratie nutzte.

Alljährlich – so auch 1928 – wurden zum Jahrestag der Zerreißung des Landes (10. Oktober) große Artikel, meist schwarz umrandet, ins Blatt gerückt, in denen jeweils die faschistischen Maßnahmen gegen das Tirolertum im nunmehrigen Alto Adige scharf verurteilt wurden.

Zum Jahresende 1928 schrieb man von einer „Wendung in der katholischen Pressewelt": es wurde über die Gründung eines Wiener katholischen Boulevardblattes berichtet, welches die Sprache der Massen spreche. Auch selber habe man sich bemüht, die katholische Journalistik mit der Massensprache in Übereinstimmung zu bringen.

Im 'TA' wurde jener Pressetyp angestrebt, der katholische Ideen „ohne Aufdringlichkeit, aber darum mit umso größerer Wirkungsmöglichkeit vertritt", die Auflage habe sich daher gehoben.

Man bekannte sich auch zur Streichung der Gleichung, daß ein katholisches Blatt gleich ein katholisches Parteiblatt sein müsse.

Die Gründung des Wiener katholischen Boulevardblattes wurde daher vom 'TA' begrüßt – die katholische Publizistik sei auf dem richtigen, modernen Weg.[100]

Damit wurde die Intention der Gründung eines eigenen katholischen Boulevardblattes in Tirol vorgezeichnet, die man 1933 in die Tat umsetzte.

Bereits 1927/28 wurde die Werbemethode des Freiabonnements (z. B. zwei Wochen kostenlos zum Kennenlernen) eingeführt, um die potentiellen Bezieher von der Reichhaltigkeit und Aktualität der Berichterstattung zu überzeugen.

Zur Hebung der Attraktivität wurde ab Oktober 1929 auch die neugegründete illustrierte Zeitschrift 'Weltguck' dem 'TA' beigelegt.

Diese Wochenschrift in Kupfertiefdruckausführung konnte auch unabhängig bezogen werden und erreichte 1932 österreichweit eine bemerkenswerte Auflage von 60.000 Stück.[101]

Auch 1930 war weiterhin geprägt von Kontinuität in Umfang, Ressortverteilung und Aufmachung, jedoch machte sich die aufkommende Wirtschaftskrise vor allem beim Inseratenaufkommen negativ bemerkbar.

Die Zeitung stand weiterhin treu an der Seite der christlichsozialen Regierungsmannschaft (Tirols), obwohl sie für sich in Anspruch nahm, nicht mehr offizielles Parteiorgan zu sein – in der Berichterstattung über die eigene Partei und in den Angriffen gegen die anderen politischen Strömungen kam jedoch ein anderes Bild an den Tag.

Besonders vor Wahlen ergab sich das klare Bild einer Parteizeitung, war man doch geradezu beschwörend im Ton, als hätte es gegolten, einen Weltuntergang in Form eines „linken" Wahlsieges abzuwehren.

In den Vordergrund rückte ab 1931 auch die Stellungnahme gegen den aufkommenden Nationalsozialismus.

Mit einer gewissen Schadenfreude im Ton wurden die Unstimmigkeiten innerhalb der Hitler- und Schulz-Gruppe („Eiertänzer") kommentiert, der Wiener NS-Gauleiter Frauenfeld als „Dampfplauscher" bezeichnet und spöttisch von „erhebenden Kundgebungen" berichtet. „Arme deutsche Lande, (…) Gott bewahre euch vor euren 'Befreiern'."[102]

---

[99] Ebd.
[100] 'TA', Nr. 297, 28.12.1928, S. 1.
[101] Vgl. ALA-Zeitungskatalog 1932 a. a. O., (Inseratenteil).
[102] Vgl. u. zit. 'TA', Nr. 176, 4.8.1931, S. 1.

1.5 (Allgemeiner) Tiroler Anzeiger mit IZ – Innsbrucker Zeitung

Im Jahr 1932 wurde die Regierungsbildung Dollfuß' begrüßt und als „überparteilich" bewertet. Anläßlich seines Todes wurde die Persönlichkeit des Prälaten Seipel ausführlich gewürdigt.
Im November wurde wieder eine Eigenwerbungsaktion gestartet: In Zeichnungen wurden die Vorteile des 'TA' und seine verschiedenen Funktionen dargestellt, die „gute Zeitung" und die Wirksamkeit der „kleinen Anzeigen" herausgestrichen, ein Preisausschreiben ergänzte die Werbelinie, die bis Jahresende fortgesetzt wurde. Außerdem wurde ein Würfelspiel „Wie der 'TA' entsteht" mitgeliefert, welches Einblick in die Entstehung der Zeitung gab und gleichzeitig Gesellschaftsspiel war.[103]
Die Werbeideen wurden also bereits einfallsreicher, als es das dauernde Wehklagen und das flehentliche Bitten um Abonnierung in den zwanziger Jahren gewesen war.

Zu Beginn des Jahres 1933 zeichnete sich in der Zeitung noch keine Veränderung ab, von einer bevorstehenden autoritären Regierung konnte man aus ihren Spalten noch nichts ersehen.
Vorerst wurde – Anfang März – über die „Diktatur über Deutschland" berichtet und daß dort die Verfassung teilweise außer Kraft gesetzt worden sei – daß in Österreich einige Tage später auch eine „halbfaschistische" Diktatur anbrach, ahnte man noch nicht, obwohl man die sich zuspitzende Regierungskrise (vor allem nach dem Bundesbahnerstreik) beobachtete.
Am 6. März wurde schließlich über die „Krise des Nationalrates" und den Rücktritt seiner drei Präsidenten berichtet, man machte sozialdemokratische Bürgerkriegsvorbereitungen aus und beschrieb Dollfuß' Reaktion auf die Parlamentskrise.[104]
Tags darauf wurde durchaus wohlwollend im Sinne Dollfuß' kommentiert: „Unser Parlamentarismus hat am Samstag Harakiri begangen. Das war eine lobenswerte Tat nach all den Orgien der Verantwortungslosigkeit, welche sich die oppositionellen Gruppen ... geleistet haben. Wir zollen der Regierung unseren vollen Beifall, wenn sie nicht versucht, an dem Selbstmörder Wiederbelebungsversuche anzustellen."[105] Die Lücke (durch die Nationalrats-„Ausschaltung") müsse nun durch stärkere Hervorhebung der Regierungsautorität aufgefüllt werden; gleichzeitig sprach man sich gegen Neuwahlen aus – der 'TA' hatte damit den Boden des Parlamentarismus verlassen und sanktionierte somit die autoritäre undemokratische Regierungsweise.[106]
Die Auflösung des Tiroler Schutzbundes war dem Blatt ebenfalls einen zustimmenden Bericht wert. Am 8. März wurde unter dem Titel „Österreich unter starker Führung" die erste Verordnung zur Zügelung der Presse gutgeheißen, segelte man selbst doch bereits auf Regierungskurs und konnte man hoffen, daß die oppositionelle Presse und damit lästige Konkurrenz geknebelt werden würde.[107]
Zur Stärkung der eigenen (Regierungs-)Presse erschien am 25. März erstmals das Abendblatt 'IZ – Innsbrucker Zeitung', ohne daß dieses zuvor im 'TA' angekündigt worden wäre. Es konnte zu Beginn auch nicht als reines Abendblatt des 'TA' bewertet werden, wurde jedoch von der 'TA'-Mannschaft gemacht und war mit dem Stammblatt abgestimmt.
Das neue Blatt erschien in moderner, reich bebilderter, teilweise rot gedruckter Aufmachung und bemühte sich, eine gängige Straßenzeitung zu werden.[108] Es konnte vorerst nicht im Abonnement bezogen werden, sondern wurde nur über Verschleißstellen und Kolporteure vertrieben. Das Rundfunkprogramm, das bisher als Beilage des 'TA' erschienen war, ging nunmehr auf das Abendblatt über.
Die Schlagzeilen waren dem Boulevardstil entsprechend auffällig aufgemacht, in der Ressortverteilung spiegelte sich ebenfalls das Gesicht des Boulevards – Schwerpunkte lagen bei Politik, Wirtschaft, Lokalem, Gerichtssaal und vor allem beim Sport.

Ideologisch reihte sich das Tyrolia-Blatt nahtlos in die Reihe neben 'Volksbote' und 'TA' ein, aller-

---

[103] 'TA', Nr. 298, 28.12.1932, S. 1.
[104] Vgl. 'TA', Nr. 54, 6.3.1933, S. 3–4.
[105] 'TA', Nr. 55, 7.3.1933, S. 1.
[106] Vgl. ebd.
[107] Vgl. dazu 'TA', Nr. 56, 8.3.1933, S. 1.
[108] Vgl. STOISAVLJEVIC a.a.O., S. 424 und 'IZ', Nr. 1, 25.3.1933.

dings versuchte man durch Aufmachung und Stil neue Leser zu gewinnen, was durchaus den vom 'TA' geforderten Maßnahmen entsprach – eine Zeitung zu machen, die die Massen besser ansprach.
Eine Begründung für die Zeitungsgründung wurde jedoch weder im 'TA' noch in der 'IZ' selbst angegeben.

Im Stammblatt 'TA' wurden bis Mai wieder vermehrt Wahlaufrufe für die Innsbrucker Gemeinderatswahl veröffentlicht, die sich scharf gegen links und rechts wandten, wobei die Abgrenzung gegenüber dem Nationalsozialismus und seine „falsche Ideologie" schärfere Züge und die Hervorhebung der Selbständigkeit Österreichs deutlichere Formen annahm.
Dieser Einsatz (für Österreich) ging auf die Nachkriegszeit zurück, hatte im Anschlußtaumel um 1921 in Anschlußbegeisterung umgeschlagen, jedoch unter der Blattführung von Dr. Klotz wieder zur Anschlußgegnerschaft – angesichts der Aussichtslosigkeit des Vorhabens – geführt, hatte man doch den gänzlichen Zerfall Österreichs als eigenständiger Staat im Falle eines Anschlusses befürchtet.[109]
Diese Tendenz nahm nun, angesichts des nationalsozialistischen Aufstiegs, klarere Züge an.
Der Sieg der Nazis bei den Wahlen war dementsprechend schockierend für den 'TA'.

In der Folge wandte man sich publizistisch mehr den Heimwehren zu, und auch die Gründung der Vaterländischen Front wurde mit der Empfehlung begrüßt, dieser beizutreten und sie zu unterstützen.[110]
Damit war das Blatt endgültig zum Organ des Ständestaates geworden, das christlichsoziale Element wurde weitgehend zurückgedrängt.

1934 wurde ausführlich über die Februarereignisse berichtet und sowohl im 'TA' als auch in der 'IZ' Genugtuung über die Niederwerfung des Aufstandes und die Verhängung des Standrechts geäußert.
Im 'TA' wurde der Tiroler Landtag gemahnt, sich endlich aufzulösen und der Landesregierung freie Hand für den autoritären Kurs zu geben. Der Parlamentarismus sei endgültig überlebt, und es sei ein Strich unter diese unrühmliche Vergangenheit zu ziehen.
Auch das Parteiwesen (auch das christlichsoziale) behindere den freien Weg der Regierung.[111]
Weiters beschrieb man die auch kommunale Umgestaltung des Staates im Sinne des Ständegedankens und propagierte dieses Vorhaben mit Nachdruck.[112]

Die Berichterstattung der 'IZ' stellte am Nachmittag praktisch die Fortsetzung des 'TA' (mit aktuellen Ergänzungen) mit anderen Mitteln (des Boulevards) dar.

Breiten Raum nahm schließlich die Würdigung der Mai-Verfassung ein: Der 'TA' bezeichnete diese als „Meisterwerk der Gesetzgebung", welche eine „hervorragende Stellung in der ganzen Welt" einnehmen werde.[113]
In der nächsten Ausgabe wurden Dollfuß' Radiorede abgedruckt, Berichte zu Feiern zur Verfassung gebracht sowie die endgültige Etablierung der autoritären Regierungsform, die Ausschaltung des Parteigedankens und die Einrichtung der Vaterländischen Front begrüßt.[114]
Ebenso die 'IZ': Sie konstatierte am 1. Mai ein historisches Datum. „Das geschichtliche Ereignis besteht nicht in der Proklamation der Verfassung, sondern in der bewußten Abwendung von den falschen Grundsätzen, zu denen sich das Staatswesen bekannt hatte und in der entschlossenen Hinwendung zu jenem Gedankengut und zu jener Staatstradition, auf dem sich die wahre Größe und das wahre Glück eines Volkes erheben kann."[115]

Die 'IZ' wurde nunmehr auffallend weniger spektakulär im Sinn des Boulevard aufgemacht, die Illustrationen wurden eingeschränkt – diese Tendenz setzte sich auch 1935 fort, sodaß das Blatt seinen Boulevardcharakter weitgehend einbüßte.

---

[109] Tyrolia-Athesia a. a. O., S. 42.
[110] Vgl. 'TA', Nr. 126, 1. 6. 1933, S. 1.
[111] 'TA', Nr. 44, 22. 2. 1934, S. 1.
[112] Vgl. ebd.
[113] 'TA', Nr. 99, 30. 4. 1934, S. 1.
[114] Vgl. 'TA', Nr. 100, 2. 5. 1934, S. 1.
[115] 'IZ', Nr. 99, 1. 5. 1934, S. 1.

1.5 (Allgemeiner) Tiroler Anzeiger mit IZ – Innsbrucker Zeitung

Ende Juni 1934 mußte der 'TA' über den „Dynamitanschlag auf Tyrolia-Druckerei" berichten, in den Tagen danach wurde in Extraausgaben über die NS-Revolution und die „Militärdiktatur unter Hitlers Führung" groß berichtet.[116]
Der Ermordung von Kanzler Dollfuß folgte im 'TA' die vehemente Verurteilung der Bluttat, die Würdigung der Person des Kanzlers sowie ein Treuebekenntnis zu dessen Nachfolger Schuschnigg.[117]

Allmählich beruhigte sich der Ton in der Berichterstattung, welche 1933 und 1934 ganz auf die Propagierung der Ständeidee und der autoritären Regierungsform abgestimmt war, und widmete sich wieder verstärkt den herkömmlichen Aufgaben und Inhalten einer Tageszeitung.

Das Jahr 1935 verlief schließlich sowohl für den 'TA' als auch für die 'IZ' publizistisch in relativ ruhigen Bahnen.
Der 'TA' hatte sich als Organ des Ständestaates in Tirol etabliert, obwohl dies aus Titel, Untertitel oder Impressum nicht erkennbar war, hatte man in Stil und Aussehen doch keine Änderung vorgenommen, die Inhalte jedoch sprachen eine deutliche Sprache.
Die verschärften Presseverordnungen nahm man als gegeben hin – auch als Mittel zur Schwächung der politischen und publizistischen Gegner.

1936 setzte sich diese „autoritäre Normalität" in der Tiroler Ständestaat-Publizistik fort.
In der neuen Rubrik „Im Spiegel der Presse" (ab Februar 1936) wurden Artikel oder Zitate aus diversen österreichischen Zeitungen und Zeitschriften abgedruckt, welche einerseits den eigenen Standpunkt zu verschiedenen Themen untermauern oder andererseits andere Meinungen bloßstellen sollten.

Die Ressortgestaltung und -einteilung erfuhr einige Änderungen, der Anteil des Sports wurde immer umfangreicher, die Aufmachung der 'IZ' immer mehr jener des 'TA' angeglichen.

Die Rubrik „Im Blitzlicht" – meist Zitate von Personen bzw. aus Zeitungen – war vorwiegend als Spitze gegen den Nationalsozialismus erkennbar – Hauptinhalt war die Bloßstellung der Regierungsweise der NS-Diktatur.

Mit Ressortänderung (auch graphisch neu gestaltet) veränderte sich auch das Gesicht der Zeitung hin zu einer moderneren Machart.
Dem 'TA' wurde (teilweise durch neuen Satz) das konservative Element (in der Aufmachung) teilweise genommen, der 'IZ' hingegen das moderne (Boulevard-) Element, womit sich beide Zeitungen in der Gestaltung etwa in der Mitte trafen und nunmehr eine augenscheinlichere Einheit darstellten, als es noch zwei Jahre zuvor der Fall gewesen war.
Auffallend war auch bereits das Sinken des Inseratenumfanges des Abendblattes.

Das Juliabkommen 1936 wurde positiv als „normale und freundschaftliche Gestaltung der Beziehungen zwischen Österreich und Deutschland" kommentiert.
Man erblickte ein „Licht der Hoffnung" und hob die „Leistung" Schuschniggs hervor: „Darüber kann man nur ehrliche Freude empfinden, die sich mit der innigen Dankbarkeit für unseren Bundeskanzler Schuschnigg verbindet, der in dem günstigsten Augenblick, der sich für die Erreichung eines Friedenszustandes bot, tatkräftig gehandelt hat."[118]
Verschwiegen wurde, daß die Regierung damit dem Deutschen Reich wieder freiere Hand für seine Agitation in Österreich – auch auf publizistischem Gebiet – gelassen hatte.

Die Rubrik „Im Blitzlicht", in der wiederholt die Verwerflichkeit des NS-Regimes festgestellt worden war, hatte auf Grund des „Fairneß"-Abkommens zwar nicht ihr Ende gefunden, mußte sich jedoch anderen Inhalten zuwenden. Die vormals scharfe Tonart gegenüber den Nazis ging nun in eine wesentlich gemäßigtere über.

Im September wurde das Gesicht der Zeitung wieder verändert: „Heute kommt der TA in einem verän-

---

[116] Vgl. 'TA', Nr. 146, 28. 6. 1934, S. 1 und Extra-Ausgaben vom 2., 3. u. 4. 7. 1934.
[117] Vgl. 'TA', Nr. 169, 26. 7. 1934, S. 1.
[118] 'TA', Nr. 158, 13. 7. 1936, S. 1.

derten Gewand zu ihnen."[119] Format, Satzspiegel und Umbruch wurden erneuert, der Nachrichtenteil erweitert, die Inhalte neu gegliedert (natürlich unter Beibehaltung der ideologischen Haltung): „Er (der 'TA', Anm.) wird nach wie vor geradlinig und unbeugsam – fußend auf dem sicheren Boden katholischer Weltanschauung – selbstbewußte Heimatgesinnung, edles Tirolertum pflegen ..."[120]
Parallel dazu wurde auch die 'IZ' umgestaltet und nunmehr völlig dem Bild des Hauptblattes angeglichen.

Zum Jahreswechsel wurden die Bezugsbedingungen erleichtert, um auch wirtschaftlich Schlechtergestellten die Möglichkeit des Zeitungsbezugs einzuräumen: Der 'TA' konnte nun entweder zusammen mit der 'IZ' und dem 'Weltguck', ohne 'IZ', jedoch mit 'Weltguck' (bzw. umgekehrt) sowie nur separat bezogen werden.
Wenn man also auf die Wochenbeilage (und/oder das Abendblatt) verzichtete und nur die Stammausgabe bezog, ergab sich eine erhebliche Bezugsverbilligung.

Ende März wurde die Tyrolia-Presse wiederum neu gestaltet: die 'IZ' erschien letztmalig am 31. 3. 1937 und schrieb: „Mit der heutigen Ausgabe stellt die 'IZ' bis auf weiteres ihr Erscheinen ein. Wir verweisen unsere Leser auf die diesbezügliche Mitteilung im morgigen 'TA'."[121]
Der Fortsetzungsroman wurde im 'TA' zu Ende geführt. Die (defizitäre) 'IZ' fiel damit der Vereinheitlichung und den Sparmaßnahmen des Tyrolia-Verlages und von dessen Presse zum Opfer.

Am nächsten Tag wurde im 'TA' die „Neugestaltung unserer Presse" beschrieben: In letzter Zeit seien viele Gerüchte um die katholische Tyrolia-Presse verbreitet worden. Die Devise laute nun: „Vereinheitlichung, Konzentration aller Kräfte, Zusammenballen aller Energie, um aus der Defensive zum entscheidenden Angriff vorzustoßen, das ist nicht nur Regel militärischer Strategie, sondern auch Grundsatz jedes kulturellen Abwehrkampfes."[122] Dieser tragende Gedanke habe die Tyrolia bewogen, eine Umgestaltung ihres Zeitungswesens vorzunehmen.

Schon im äußeren Bild der katholischen Presse sollten Einheit und Entschlossenheit demonstriert werden, weshalb man zum alten Bild (drei Spalten etc.) zurückgekehrt sei und das Abendblatt wieder aufgelassen worden sei. Diese 'IZ' sei in einer politischen Umbruchzeit und einer Zeit der Hochspannung geboren worden und stets wechselnden Verhältnissen unterworfen gewesen. Nun gelte es, die scharfe Herausarbeitung der Grundsätze zu fordern, Nebensächlichkeiten liegenzulassen und gegen die Zweifler die Wahrheit und gegen die Werke des Teufels Gott zu stellen.
Wesentlichste Aufgabe der neugestalteten Presse sei die Sammlung und Einheit der Kräfte, um die katholische Front in Tirol zu stärken.[123]
Das Rundfunkprogramm wurde von der aufgelassenen 'IZ' wieder zum 'TA' zurückgeführt.

Im Juni trat man „In eigener Sache" vor den Leser: Man berichtete, daß in letzter Zeit Unwahrheiten über Interna der Zeitung verbreitet worden seien; man wolle richtigstellen, daß – wie überall – die Wirtschaftslage zu Einsparungen geführt habe, um halbwegs ausgeglichen bilanzieren zu können – gemeint waren damit vor allem die 'IZ'-Einstellung sowie Einsparungen bei Personal- und Sozialausgaben.[124]

Die wirtschaftliche Not und die finanzielle Belastung für die Tyrolia durch den 'TA' führten auch zur Übernahme der Herausgeberschaft und des Eigentums an der Zeitung durch den Mitte Dezember 1937 gegründeten „Tiroler Preßverein" mit Jahreswechsel.
Der Preßverein war zur „Herausgabe von Druckwerken katholischer und vaterländischer Richtung, insbesondere einer katholischen Tageszeitung für Tirol und die Förderung des katholischen und vaterländischen Schrifttums überhaupt" gegründet worden.[125] Der Verein bezeichnete sich als unpolitisch.

---

[119] Vgl. u. zit. 'TA', Nr. 200, 1. 9. 1936, S. 1.
[120] Ebd.
[121] 'IZ', Nr. 72, 31. 3. 1937, S. 3.
[122] 'TA', Nr. 74, 1. 4. 1937, S. 1.
[123] Ebd.
[124] Vgl. 'TA', Nr. 138, 19. 6. 1937, S. 3 (siehe dazu auch die Verlagsgeschichte der Tyrolia, Abschnitt 1.5.3.1 S. 161 ff.).
[125] Vgl. u. zit. 'TA', Nr. 1, 3. 1. 1938, S. 1.

Er übernahm den 'TA' mit 3.1.1938, Druck und Verlag verblieben bei der Tyrolia (das Schicksal des Preßvereines nach dem Anschluß war aus dem vorhandenen Recherchematerial nicht eruierbar, wahrscheinlich ist jedoch, daß der Verein vom NS-Regime liquidiert bzw. verboten wurde, Anm. d. Verf.).

Der 'TA' sollte dadurch zwar keine Wendung in politischer Hinsicht machen, jedoch dem katholischen Gedankengut wieder stärker verpflichtet werden.
Das Blatt trat somit nach 30 Jahren in einen neuen Abschnitt; es brauche sich keinen neuen Mantel umzuhängen, Ergänzungen, Verbesserungen und Änderungen seien aber immer nötig.
Die Zeitung sollte dem Leser noch mehr geöffnet werden, die Gesamtheit des Tiroler katholischen Volkes sollte quasi als Programm hinter der Zeitung stehen.[126]

Anläßlich des Treffens Hitlers und Schuschniggs auf dem Obersalzberg urteilte man: „Kein deutscher Erfolg" und daß es „Kein Canossagang", sondern ein „Friedlicher Ausgleich zwischen Österreich und Deutschem Reich" gewesen sei.[127]
Das neue, nationale, Kabinett wurde als „Regierung der Volksgemeinschaft, der Konzentration" bezeichnet, aber auch der „Sensation". Man befürworte die Vertretung verschiedener Strömungen in der Regierung, denen sich die Vaterländische Front geöffnet habe.

Der Besuch Schuschniggs in Innsbruck am 9. März und dessen Proklamation der Volksabstimmung mit der Ausgabe der Parole, für ein freies deutsches Österreich zu stimmen, wurde vom 'TA' groß publizistisch begleitet.
Man stellte sich voll hinter die von Schuschnigg ausgegebene Pro-Österreich-Parole. Stimmzettel mit dem „JA" wurden beigefügt. „Österreich verlangt ein JA!" und – gegenüber Zweiflern – „Der Volksentscheid ist verfassungsmäßig".[128]

Diese Nr. 58 vom Freitag, dem 11. März 1938, sollte schließlich die letzte Ausgabe des 'TA' sein, am Samstag war die Redaktion schon von der SA besetzt, die Samstagausgabe konnte nicht mehr erscheinen. In seiner vorletzten Ausgabe hatte der 'TA' geschrieben: „Bis zu dieser Stunde aber heißt es: Ohren zu, Augen auf, das Herz am rechten Fleck! Mögen sie mit welchen Gerüchten immer krebsen gehen, mögen sie drohen (…), die Unentwegten, sie können uns nicht schaden. Es geht nicht um irgendeines Mannes Wohl und Wehe (…), es geht um Österreich. Jeder Tiroler wird in dieser Stunde wissen, was er seinem Lande (…) schuldig ist und er wird die Frage des Kanzlers beantworten, wie sie Schuschnigg selbst beantwortet hatte, mit einem freudigen, hoffnungsvollen 'ja'."[129]

Der SD stellte später fest, daß zur Zeit des Ständestaates das Pressewesen bestimmt war durch die Tätigkeit des „über ganz Tirol verbreiteten klerikalen Hetzblattes des 'Tiroler Anzeigers'", welches dauernd „die gemeinsten Angriffe gegen das Deutsche Reich und gegen den Nationalsozialismus" gebracht habe. Der 'TA' sei außerhalb von Innsbruck vor allem am Dorf bezogen worden und „hatte den Hauptteil an der Verhetzung der klerikalen Landbevölkerung".[130]

Liest man diese Einschätzung des 'TA' durch den nationalsozialistischen SD, so verwundert es nicht, daß die Zeitung (und die anderen Tyrolia-Blätter) unmittelbar in der Nacht des Einmarsches besetzt wurde und ab sofort nicht mehr erscheinen durfte.

Neben der 'VZ' war der 'TA' jene Tiroler Tageszeitung gewesen, die sich am deutlichsten, pronciertesten einer „deutsch- und reichsfeindlichen Einstellung" und Sprache bedient hatte.

Nun war am 11. März 1938 ein über 30jähriges Kapitel katholischer Tagespresse in Tirol von den Nazis gewaltsam abgeschlossen worden.

---

[126] Ebd.
[127] 'TA', Nr. 36, 14.2.1938 und Nr. 38, 16.2.1938.
[128] 'TA', Nr. 56, 9.3. bis Nr. 58, 11.3.1938, jew. S. 1.
[129] 'TA', Nr. 57, 10.3.1938, S. 1 (Zit. nach Tyrolia-Athesia a.a.O., S. 46).
[130] Zit. nach GEHLER in RATHKOLB/DUSEK/HAUSJELL a.a.O., S. 424.

1.6 Sonderfall: Tiroler Soldaten-Zeitung

1.6.1 Daten zur äußeren Struktur

Titel: 1915: Tiroler Soldatenzeitung
ab 18.08.1916: Soldatenzeitung[1]

Untertitel: Für Gott, Kaiser und Vaterland (Motto)

Erscheinungsort: Innsbruck bzw. Bozen

Erscheinungsdauer: 01.06.1915 bis 15.04.1917

Erscheinungsweise:
1915: zwei- bis dreimal wöchentlich (meist 8.00 Uhr abends, fallweise mittags), bereits 1915 großteils zweimal wöchentlich als Doppelnummer
1916: nur fallweise zweimal wöchentlich, meist einmal wöchentlich, als Doppel- bzw. Dreifachnummer bezeichnet
ab August 1916: regelmäßig als Wochenzeitung (Sonntag)

Zu Beginn erschien die 'Tiroler Soldatenzeitung' dreimal wöchentlich, ging jedoch bald zum zweimal wöchentlichen Erscheinen über, bis sie schließlich 1916 zur reinen Wochenzeitung mutierte.
Man kann somit nur bedingt von einem regelmäßigen Erscheinen sprechen, außerdem treffen sicherlich nicht alle Kriterien einer Tageszeitung auf die 'TSZ' zu, als Sonderfall wurde sie jedoch trotzdem in die vorliegende Untersuchung aufgenommen.

Umfang: (in Seiten) 1915: 8–10
1916/17: 10–30

Zu Beginn erschien das Blatt mit meist 8–10 Seiten Umfang (ohne Inserate), Feiertagsnummern wie z.B. die Weihnachtsausgabe vom 22.12.1915 erreichten 28, andere bis zu 36 Seiten.
Ab Juni 1916 wurden auch 1–2 Seiten Inserate geschaltet. Ab Herbst 1916 erreichte die Zeitung als Wochenblatt bis zu 30 Seiten (mit 10 Seiten Inseraten).

Format: Kleinformat: 29,8 × 22 cm (Folio)

Satzspiegel: 27,4 × 18,5 cm

Umbruch: 2 Spalten à 9 cm

Schriftart (Brotschrift): Fraktur, ab April 1916 teilweise Antiqua

Zeitungskopf: Höhe: 8 cm

Der Kopf war schmucklos gestaltet; in der Überzeile stand „Für Gott, Kaiser und Vaterland", in der Mitte war der Tiroler Adler gesetzt, darüber „Tiroler", links vom Adler „Soldaten-", rechts davon „Zeitung". Ab 29.09.1915 wurde der Kopf etwas lockerer, moderner gestaltet, jedoch ohne wesentlich vom ursprünglichen Bild abzuweichen.

Gesinnung/politische Richtung: Militärzeitung, österreich-patriotisch; sollte den Tiroler Landesverteidigern die neuesten Nachrichten über die militärische Lage und Gegebenheiten auf den Kriegsschauplätzen vermitteln.

Impressum:
1915: Herausgeber: Presseabteilung des k.u.k. Landesverteidigungskommandos Tirol, Feldpost Nr. 93, Druck: Tyrolia Bozen, Verantw. Schriftleiter: Oberleutnant Dr. Robert Musil.[2]
ab August 1916: Adresse: k.u.k. Feldpost Nr. 239

---
[1] In der Folge mit 'TSZ' bzw. ab 18.8.1916 mit 'SZ' abgekürzt.
[2] Vgl. Präs. 1916/XII c4/6.192.

Ressorts/Inhalt:
    1915:   Amtliche Mitteilungen, Weltpolitik, vorwiegend Kriegsberichte. In der Folge zusätzlich: Letzte Nachrichten, Weltpolitik und Weltwirtschaft, Schlacht-Berichte, Sonstige militärische Nachrichten, Politische Nachrichten, Volkswirtschaftliche Nachrichten.
    ab 1916:   vermehrt Karikaturen und Illustrationen (vorwiegend Landkarten, Frontverläufe).
    ab Juni 1916:   Inseratenteil.

Bezugspreise:
Einzelnummer (mit Beilage) 20 Heller für Zivilisten. Den Kommanden bzw. Truppen wurden Exemplare unentgeltlich zugestellt.
Einzelnummer ab Nr. 58/59, 20.10.1915: 40 Heller, Weihnachtsausgabe vom 22.12.1915: 1 Krone; in der Folge kostete die Ausgabe 40, 60 Heller bzw. 1 Krone, je nachdem, ob es eine sogenannte Doppel-, Dreifach- oder Mehrfachnummer war.
1916 wurden die Preise für Einzelpersonen gestaffelt nach Soldaten, Offizieren und Privatpersonen: Abonnement monatlich 1 Krone, 2 bzw. 3 Kronen.
Preisangabe ab August 1916: Einzelnummer 20 Heller, Abonnement 1/4jährlich 2,50 Kronen.

Zeitungstyp nach Vertriebsart:
für Zivilisten Abonnement-Blatt; für Kommanden und Truppen Gratiszustellung, Einzelabonnements bzw. Erwerb von Einzelnummern für Soldaten/Offiziere möglich.

Auflage: 1916: 23.000[3]

Beilagen: „*Innsbrucker Kriegs-Flugblätter*", meist eine Seite im Format 34 × 21 cm, bebildert, bestand vorwiegend aus Feuilleton, Heldengeschichten, Romanen und Gedichten, welche sich fast durchwegs auf Kriegsereignisse und -geschichte bezogen.

Als Autoren zeichneten unter anderem Oskar Blobel, Heinz v. Wörndle, Hans Mahl und Viktor Dankl (dieser war verantwortlich für die Redaktion).
Gut redigiert und kriegsgeschichtlich wertvoll war die „*Literarische Beilage zur Tiroler Soldatenzeitung*" mit meist vierseitigem Umfang, illustruiert (u. a. zahlreiche Bilder von Defregger und Egger-Lienz), teilweise auf Glanzpapier gedruckt, welche vor allem Feuilletonistisches und Literarisches beinhaltete (Aufsätze, Gedichte, Studien und Ausschnitte aus Dramen oder Volksstücken von Josef Erler, Heinrich v. Schullern, Karl Schönherr, Rudolf Greinz, Hans Mahl, Erzherzog Eugen, Klara Pölt-Nordheim u.a.).[4]

Jubiläumsausgaben: Am 08.06.1916 wurde in der Mehrfachausgabe Nr. 172–175 „Ein Jahr 'Tiroler Soldatenzeitung'" begangen, welche einen Rückblick auf das erste Jahr des Blattes brachte. Die Nr. 10 vom 18.08.1916 wurde anläßlich der Titeländerung als „Festausgabe" bezeichnet, umfaßte 32 Seiten und wies eher Zeitschriften- denn Zeitungscharakter auf.

1.6.2 Allgemeine Chronik

Am 2. Juni 1915 erschien erstmals die 'Tiroler Soldatenzeitung', welche vor allem den Tiroler Soldaten die neuesten Nachrichten über die militärische Lage sowie über einzelne militärische Begebenheiten auf den diversen Kriegsabschnitten, aber auch über andere Dinge, die für die Interessen der Armee von Belang waren, vermitteln sollte.
Sie sollte dreimal wöchentlich am Standort des Landesverteidigungskommandos erscheinen und im Wege der Abfertigung zur weiteren Verbreitung den Kommandanten, Truppen und Anstalten unentgeltlich zugestellt werden.[5]
Als vorwiegendes Absatzgebiet wurde der Bereich der Südwestfront angegeben, also ein Gebiet, in dem viele Tiroler im Kriegseinsatz standen.[6]

---

[3] Vgl. Präs. 1916/XII c4 (Quartalsausweis, 1. Quartal).
[4] STOISAVLJEVIC a.a.O., S. 451.
[5] Ebd.
[6] Vgl. Präs. 1916/XII 78c4/6.192.

Ein Geleitwort vom General der Kavallerie Viktor Dankl eröffnete die erste Ausgabe. Weiters wurde vor allem über die „Unbedingte Schweigepflicht im Kriege", über Italien, von Schlachten und vom hervorragenden Ergebnis der Kriegsanleihe berichtet.[7]
Die zahlreichen Artikel waren kurz und prägnant gehalten und wurden von amtlichen Mitteilungen ergänzt.

Zu Beginn hatte das Blatt bei dreimal wöchentlichem Erscheinen den Charakter einer Kriegs-Tageszeitung, den es aber bis 1916 zugunsten einer Wochenzeitung abgab, wobei es – bei einmal wöchentlichem Erscheinen – vorwiegend als Doppel- oder Dreifachnummer ausgegeben wurde und sich der Umfang der Einzelnummern auf bis zu 30 Seiten steigerte; außerdem wurden ab 1916 auch Kleinanzeigen und Inserate ins Blatt aufgenommen.

Die reich bebilderte und aufwendig gestaltete „Literarische Beilage" erschien ab Mitte August 1915 auf Glanzpapier und teilweise im Farbdruck. Auch Festagsausgaben (z. B. Weihnachten 1915, Neujahr 1916 etc.), die mit entsprechenden Festbeilagen erschienen, wurden teilweise in Farbe gedruckt und aufwendig gestaltet, weshalb das Blatt, ursprünglich als Tageszeitung konzipiert, immer mehr den Charakter einer Wochenzeitschrift annahm.

In der Neujahrsnummer 1916 schrieb man zum Bezug des Blattes: Es „gelangt im Wege der vorgesetzten Kommandanten unentgeltlich in einem solchen Umfang zur Verteilung, daß jede Unterabteilung ein Exemplar erhält". Der Einzelne konnte sie selber im Abonnement beziehen, wobei die Preise nach Soldaten, Offizieren und Zivilisten gestaffelt wurden.

Die Erlöse wurden einem „Hilfsfond zur Unterstützung verwundeter Tiroler Landesverteidiger oder Hinterbliebener" zugeführt.[8]

Ab September 1916 wurde zunehmend Kritik der Zensurbehörde in Bozen bezüglich politisch nicht einwandfreier Artikel der 'TSZ' laut.[9] Im Antwortschreiben der 'TSZ' wurde die Zensurbehörde bezüglich deren Bedenken darauf hingewiesen (und damit beruhigt), daß die Zeitung bald aufgelöst würde.[10]

Zuvor war am 8. Juni 1916 „Ein Jahr 'Tiroler Soldatenzeitung'" begangen worden, wobei resümiert wurde, daß die 'TSZ' als Fortsetzungsorgan der 'Soldatenzeitung der k. u. k. 1. Armee' nunmehr die älteste österreich-ungarische Feldzeitung sei. Zu Beginn sei mehr Wert auf Aktualität gelegt worden, mit Fortdauer des Krieges wurde dies jedoch den Tageszeitungen überlassen, weshalb man sich nun mehr auf übersichtliche Darstellungen, selbständige Beiträge der Soldaten und umfassende Zusammenhänge konzentrieren könne.[11]

Anfang August wurde die definitive Umwandlung in eine Wochenzeitung (Sonntag) abgeschlossen, die Numerierung geändert und der Charakter einer Zeitschrift angenommen, in der Folge der Titel auf 'Soldatenzeitung' verkürzt, als Titelseite meist eine ganzseitige Illustration gesetzt.[12]

Die Zeitung hat heute einen nicht zu unterschätzenden Quellenwert für die österreichische und Tiroler Weltkriegsgeschichte, zahlreiche Namensnennungen (von Offizieren etc.) sowie detaillierte Karten und Bilder aus und von den Frontverläufen und deren Interpretation machen das Blatt zu einer ergiebigen Dokumentensammlung.[13]

Mit 15.4.1917 wurde die Kriegszeitung aus kriegswirtschaftlichen Gründen eingestellt. Es wurde darauf verwiesen, daß Abonnements, die schon im Voraus bezahlt wurden, zurückgezahlt, noch ausständige Abonnement- bzw. Inseratenzahlungen noch eingefordert würden.[14]

Am 25.4. wurde der Statthalterei angezeigt, daß die 'SZ' laut Mitteilung des Heeresgruppenkommandos vom 22.4. ab 16.4.1917 nicht mehr erscheine.[15]

---

[7] Vgl. 'TSZ', Nr. 1, 2.6.1915 und STOISAVLJEVIC a.a.O., S. 451.
[8] 'TSZ', Nr. 94–99, 1.1.1916.
[9] Vgl. Präs. 1916/XII 78c1/1.594, 4.107/16 und 5.000/1 ff.
[10] Vgl. Präs. 1916/XII 78c1/1.594.
[11] 'TSZ', Nr. 172–175, 8.6.1916, S. 3f.
[12] Vgl. 'TSZ'-Ausgaben um den Monatswechsel Juli/August 1916 und Nr. 10, 18.8.1916 (Festausgabe).
[13] STOISAVLJEVIC a.a.O., S. 451.
[14] 'SZ', Nr. 45, 15.4.1917, S. 2.
[15] Vgl. Präs. 1917/XII 78c1/1.594.

1.7 Amtsblätter

1.7.0 Amtliche Publizistik

Vor 1848 und auch danach waren viele Zeitungen des Kontinents amtabhängig, wenn sie existieren wollten. „Aber sie erfüllten damals auch allgemeine Zeitungsfunktionen, die heute von einer unabhängigen oder auch parteiorientierten politischen Presse erfüllt werden. Die Traditionstitel sind (…) von den Landesregierungen bzw. deren Pressestellen in Obhut genommen worden."[1] So auch der 'Bote für Tirol', der im Anschluß behandelt wird.
Üblicherweise ist der Journalist sowohl Informant als auch Kommentator – hier beginnt sich bereits die Rolle des „beamteten" Journalisten und des Amts-Journalismus' von jener der üblichen Zeitungen zu unterscheiden. Meist sind beamtete Journalisten auch pragmatisierte Beamte und damit dem Vorgesetzten gegenüber weisungsgebunden – die Bewegungsfreiheit der Amtspublizistik ist also eingeschränkt. Obwohl sich auch der freie Journalist seinem Dienstgeber anzupassen hat, bestehen doch graduelle Unterschiede.[2]

Der Amtsjournalismus ist eher eine PR-Einrichtung, die dazu da ist, Informationen aus der Behörde, der Regierung etc. entsprechend aufzubereiten und direkt oder über Publikationen wie Amtszeitungen an die freien Blätter weiterzuleiten. Dies geschieht in den diversen amtlichen Publikationen meist in – oft störender – Juristen- und Beamtensprache. Da die entsprechenden Artikel oftmals auch noch zur Approbation vorgelegt werden müssen, geht häufig Zeit und v.a. Substanz verloren[3], was v.a. auch beim zu behandelnden 'Boten für Tirol' zu beobachten war, je mehr er zum reinen Amtsblatt „degradiert" wurde. Der Amtsjournalismus wurde zu einem reinen Mittler zwischen Behörde und den Medien bzw. der Öffentlichkeit.

Traute Franke reiht die diversen Amtsblätter unter das Schlagwort „kommunale Presse" ein, wobei sie den Begriff „kommunal" nicht nur geographisch, sondern v.a. in seiner Bedeutung als „Kommune" (als Verwaltungskörper) verstanden wissen will.

Die zum Durchbruch gelangte Politisierung der Gemeindevertretungen und die Demokratisierung der Magistrate hatten das Informationsverlangen der Öffentlichkeit an kommunalen, behördlichen Belangen gesteigert. Für die Presse ergab sich damit die Aufgabe der kritischen Beurteilung der Verwaltungsmaßnahmen und die Vertretung öffentlicher Interessen der Bürger gegenüber der Verwaltung einerseits, aber auch die Förderung und Vertretung administrativer und legislativer Belange andererseits.[4] Für zweitere hatten die Amtsblätter Sorge zu tragen.

Als Beispiel für Österreich sei die 'Wiener Zeitung' erwähnt, die jedoch erst durch ein Kaiserliches Rundschreiben ab 1805 zum offiziellen Organ der Regierung wurde. Ab 1813 hatte in Tirol der 'Bote für Tirol' jene Aufgaben zu erfüllen, die Metternich 1812 v.a. der 'Wiener Zeitung' zugedacht hatte: Erfassung der Geschichte des In- und Auslandes (nichtamtliche Berichte), Verkündigung aller Gesetze und Verordnungen, Justiz- und politische Nachrichten sowie als Intelligenzblatt zu wirken für alle Nachrichten, welche von Privaten an Private gerichtet waren.
Je nachdem, welche dieser Aufgaben mehr Berücksichtigung in den einzelnen Blättern fand, konnte man von reinen Amtsorganen oder von halbamtlichen Zeitungen sprechen (natürlich wiederum mit punktuellen Unterschieden).

---

[1] SCHMOLKE, Michael: Amtsblätter mit Tradition. In: Festschrift: 350 Jahre Amtliche Linzer Zeitung a.a.O., S. 14.
[2] HECHENBICHLER, Erich: Amtspublizistik. Das Problemfeld des beamteten Journalismus. In: Festschrift: 350 Jahre Amtliche Linzer Zeitung a.a.O., S. 48–49, hier S. 49.
[3] Ebd.
[4] FRANKE, Traute: Elemente und Faktoren der kommunalen Presse Österreichs. – Wien: Phil. Diss. 1956, S. 3.

Die Amtsblätter fungierten damit praktisch als Nachfolger der früheren Intelligenzblätter, womit sie ihren oft räsonnierenden Charakter weitgehend einbüßten (wie später auch der 'Bote').[5]
Nach Erscheinungsformen unterscheidet Franke zwischen von Behörden selbst herausgegebenen Amtsblättern, wobei der 'Bote' zu Beginn zwischen jenen Blättern angesiedelt war, die neben dem amtlichen auch einen politischen und unterhaltenden Teil enthielten, und jenen, die ausschließlich amtliche Inhalte aufwiesen. Daneben gab es noch Privatzeitungen mit amtlichem Charakter[6], wie es z. B. der 'Außferner Bote' darstellt. Aber auch Privatzeitungen (wie die 'IN' u. a.) führten oftmals eine Rubrik „Amtlicher Teil", wobei die Inhalte nicht selten vom jeweiligen Amtsblatt übernommen wurden.

Seit dem 1. Weltkrieg genügte es jedoch nicht mehr, nur amtliche Mitteilungen und Bekanntmachungen abzudrucken; die Bevölkerung drängte auf weitere, erklärende Einzelheiten. Entgegen dieser Strömung nahm der 'Bote für Tirol' noch stärkeren amtlichen Charakter an.
„Um das Interesse und die Mitarbeit an der kommunalen Verwaltung anzuregen, muß ein allgemeines Verständnis für die Tätigkeit der Behörden wachgerufen und errichtet werden."[7] Diesem Anspruch konnten viele Amtsblätter jedoch nicht mehr genügen, besonders auch der 'Bote', der im 19. Jahrhundert noch ein wichtiges, vielgelesenes Organ gewesen war, verlor an Gewicht und Bedeutung.

Die „kommunale" (Amts-)Presse kann man weiters unterteilen: im weitesten Sinn in Zeitungen, die in Bearbeitung und Gestaltung auf einen bestimmten kommunalen Bereich abgestellt sind, in solche, die im Besitz von Kommunalverwaltungen sind, in gemeindeeigene Zeitschriften sowie in die kommunalpolitische Fachpresse.[8]
Nach diesen Kriterien wird der 'Bote für Tirol' in die zweite Gruppe eingereiht, der 'Außferner Bote' der ersten zugezählt.

1.7.1 Der Bote für Tirol

1.7.1.1 Daten zur äußeren Struktur

Titel:
   1914:   'Bote von Tirol und Vorarlberg'[9]
   ab Februar 1919 (Nr. 14):   'Bote für Tirol'[10]
   Wiederbegründung 1946:   'Bote für Tirol'

Untertitel: keine

Erscheinungsort: Innsbruck[11]

Erscheinungsdauer: 02.10.1813 bis 31.03.1940 (1914: 100. Jg.)
                                                    20.03.1946 ff. (besteht noch, Stand 2000)

---

[5] Ebd., S. 13.
[6] Vgl. ebd., S. 14.
[7] Ebd., S. 18.
[8] Vgl. ebd., S. 18 f.
[9] Titel vor 1914: 2.10.1813: Der Bote von Tirol, ab 26.10.1813: Bote von Süd-Tyrol, ab 1. 7. 1814: Bote von Tirol, ab 2. 1. 1817: k. k. privilegierter Bothe von Tirol, ab 1819: k. k. privilegierter Bothe von und für Tirol und Vorarlberg, ab 1848: k. k. privilegierter Bote für Tirol und Vorarlberg; vgl. dazu BREIT a. a. O., S. 94 ff. und STOISAVLEVIC a. a. O., S. 372 ff.
[10] In der Folge mit 'BT' abgekürzt.
[11] Die Erscheinungsorte wechselten jeweils mit dem Wechsel des Regierungssitzes: bis 23.10.1813 Brixen, ab 26.10.1813 Bozen (Druckerei Eberle), ab 1.2.1814 Trient, ab 1.7.1814 Innsbruck.

Erscheinungsweise:
1914:	viermal wöchentlich (Montag, Mittwoch, Freitag, Samstag)[12]
ab 31.10.1917:	dreimal wöchentlich (Montag, Mittwoch, Samstag)
ab 29.01.1919:	zweimal wöchentlich (Mittwoch, Samstag), teilweise jedoch noch dreimal wöchentlich bzw. November/Dezember 1923 nur einmal wöchentlich
ab 1924:	regelmäßig zweimal wöchentlich
ab November 1938:	einmal wöchentlich
Wiederersch. 1946:	einmal wöchentlich

Umfang: (in Seiten)
1914	4 (tlw. 2–3)
1914/15	2
ab 1920	2–4
ab 1930	4
ab 1946	4

Der 'BT' kam über einen Umfang von vier Seiten kaum hinaus, 1914 erschien er teilweise mit drei bedruckten und einer unbedruckten Seite. Inserate (im Sinne von Werbung) wurden erst ab ca. 1915 aufgenommen (Rubrik „Anzeiger"), nahmen jedoch nur wenig Platz ein (ca. 1/4 Seite bei vier Seiten Umfang). Im ersten Weltkrieg erschien die Zeitung meist nur zweiseitig, ehe sie sich wieder auf meist vierseitigen Umfang einpendelte.

Format:
1914:	37,7 × 28,5 cm (Folio- Kanzleiformat)
ab 02.01.1917:	35,9 × 28,3 cm
ab 1918:	37 × 27,5 cm
ab 1919:	36 × 28 cm
ab 1920:	37 × 27 cm
ab 30.03.1946:	38,7 × 28 cm

Satzspiegel:
1914:	32,6 × 24 cm (bleibt trotz der geringfügigen Formatänderungen gleich)
ab 20.03.1946:	33,7 × 24 cm

Umbruch:
1914:	3 Spalten à 7,6 cm / Spaltentrennlinien
ab 20.03.1946:	3 Spalten à 7,7 cm / Spaltentrennlinien

Schriftart(Brotschrift): Fraktur

Zeitungskopf:
Höhe 1914:	8,5 cm
ab 02.01.1917:	7,3 cm
ab 1918:	8,8 cm
ab 1919:	7,4 cm
ab 29.01.1919:	7,7 cm
1946:	8,7 cm

Der Zeitungskopf war relativ schmucklos, in der Mitte war der k.k. Doppeladler abgedruckt, in einer Unterzeile waren die üblichen Informationen (Nummer, Orts- u. Datumsangabe, Jahrgang) abgedruckt, darunter stand „Der Bote erscheint 4× wöchentlich" sowie die Preisangabe.
Mit dem Ende de Monarchie wurde am 16.11.1918 der Adler aus dem Kopf entfernt, der Schriftzug moderner gesetzt; 1919 wurde dieser wiederum geändert (im Zuge des neuen Titels).
Auch mit dem Wiedererscheinen 1946 waren in der Aufmachung des Zeitungskopfes keine wesentlichen Unterschiede feststellbar.

---

[12] Zu Beginn war der 'Bote' einmal, bald zwei- bis viermal wöchentlich ausgegeben worden, im Jahr 1860 wurde er zur Tageszeitung, ehe er ab 1912 wieder auf viermal wöchentliches Erscheinen reduziert wurde.

Gesinnung/politische Richtung: Amtsblatt, jeweils von der politischen Richtung der Regierung beeinflußt – dies vor allem in der liberalen Ära, als der 'Bote' einen merkbaren liberalen Anstrich hatte. Danach jedoch spiegelten sich Änderungen der Regierungen oder des Systems kaum im 'BT' wieder. Die Regierungstreue war Programm.

Impressum:

1914:	Herausgeber die k.k. Statthalterei in Innsbruck, Verantwortlicher Redakteur: Johann Tschugmell, Druck der Wagner'schen Buchdruckerei.
ab 29.07.1914:	Verantw. Red. i.V.: Alois Neuner (nur für zwei Ausgaben)
ab Nr. 135, 1918:	k.k. weggelassen, sonst wie oben
ab Nr. 148, 1918:	zu Wagner wurde ergänzt: (R. Kiesel)
ab Nr. 152, 1918:	Herausg. die Landesregierung in Innsbruck, sonst wie oben
ab 03.11.1920:	Verantw. Red.: B. Kieslich
ab 18.02.1922:	Verantw. Red.: A. Kirchberger
ab 05.11.1930:	Verantw. Red.: R. Kirchebner
ab 13.05.1931:	Impressum ergänzt: Für die Red verantw.: R. Kirchebner, Innsbruck, Goethestraße 7, Druck der Wagner'schen Univ.-Buchdruckerei in Innsbruck
ab 06.07.1938:	Druck: NS-Gauverlag und Druckerei GesmbH, Innsbruck, Erlerstraße 5 und 7, sonst wie oben
ab 17.08.1938:	Verantw. Red.: P. Gröbner, Innsbruck, Haspingerstraße 7
ab 1946:	Herausg.: Der Landeshauptmann von Tirol in Innsbruck, für die Red: verantw.: H.v. Mackowitz, Innsbruck, Altes Landhaus, Zi. 264, Betriebsverwaltung: Wagner'sche Univ.-Buchdruckerei, Innsbruck, Erlerstraße 5–7, Druck: Felician Rauch, Innsbruck
Ab Nr. 4:	auch Verwaltung von F. Rauch, später wieder bei Wagner.

Ressorts/Inhalt:

1914:	1. Amtlicher Teil – kurze amtliche Verlautbarungen (Gesetze etc., Nachrichten, Personalien aus dem Kaiserhaus etc.), 2. Nichtamtlicher Teil, 3. „Amtsblatt": Mitteilungen und Kundmachungen, Ausschreibungen (Bauten, Arbeitsstellen…) Versteigerungsedikte, Konkurse, Erkenntnisse, Versteigerungen, Liegenschaftsangebote – Ausschreibungen tlw. als maschinenschriftliche Beilagen, starke Bewerbung der Kriegsanleihen – der amtliche Teil beinhaltete also v.a. die Kundmachung neuer Gesetze. Verordnungen, Regierungsbeschlüsse, während das „Amtsblatt" eher halbamtliche Dinge beinhaltete.
1914 ff.:	fast keine Kriegsberichterstattung, nur einige Male „Kriegsbericht" (Abdruck des k.k. Telegraphen-Korrespondenzbüros).
Ab ca. 1924:	Inhalt des „Amtsblatts": Kundmachungen, Konkurse, Amortisationen, Firmaprotokollierungen, Feilbietungen (Versteigerungen), Erledigungen (Stellenausschreibungen), Erinnerungen (Einleitung des Verfahrens zur Todeserklärung), Ausgleichsedikte, Konvokationen (Zivilrechtssachen, Klagserhebungen, Exekutionen).
1946:	Die Dreiteilung (s.o.) blieb erhalten, keine wesentlichen Veränderungen.

Bezugspreise: 'Bote für Tirol'

ab Datum	Einzelpreise		Jahresabonnement		1/4-Jahr-Abo.		Monatsabo.
			loco	Zust. Bote	loco	Post	nur loco
1914	H	10			K	3,–	4,50	1,–
15.12.1914	"	20						
01.01.1921	K	1,–	K	24,–	36,–	"	6,–	2,–
01.01.1922	"		"	480,–		"	420,–	40,–[a]
29.03.1922	"	4,–	"	600,–	840,–	"	150,–	210,–	50,–[b]

ab Datum	Einzelpreise		Jahresabonnement		1/4-Jahr-Abo.		Monatsabo.
			loco	Zust. Bote	loco	Post	nur loco
15.07.1922	K	20,–	K 1.800,–	2.400,–	K 450,–	600,–	150,–
30.09.1022	"	120,–	" 10.000,–	12.000,–	" 2.500,–	3.000,–	625,–
01.01.1924	"	500,–	" 14.000,–	16.000,–	" 3.500,–	S 1,–	1.200,–
03.01.1925	G	10	S 3,–	4,–	G 75		
11.05.1938	RPf	7	RM 2,–	2,67			
1946	G	30			S 3,50		
1948	"	40			" 4,–		

Anmerkungen zu den Preisen:
[a] laut Vorankündigung
[b] tatsächliche Preise

Zeitungstyp nach Vertriebsart: Abonnement-Blatt (beschränkter Bezieherkreis)

Auflagen: 1920: 150[13]; 1921: 110–130; 1922–1925: 150; 1929: 500; 1932: 500[14]; 1947: 200–300; 1992: 2.350.

Beilagen: Ab Nr. 51, 1947: „*Kulturberichte aus Tirol*": Mitteilungen der Abteilung Kunst und Kultur der Tiroler Landesregierung. Zweck der Beilage war, regelmäßig amtliche Mitteilungen und wissenswerte Nachrichten aus der Tiroler Kulturverwaltung zu vermitteln. Die Beilage erschien meist monatlich, nach Bedarf auch öfter.

Jubiläumsausgabe: keine

1.7.1.2 Allgemeine Chronik

Am 2.10.1813 erschien der 'Bote von Tirol' erstmalig. Die Gründung des von Beginn an mit amtlichem, offiziösem Charakter ausgestatteten Blattes hatte Anton Leopold von Roschmann-Hörburg, Oberlandeskommissär für Tirol (Chef der Landesregierung und Organisator der Landesverteidigung) in die Wege geleitet, unmittelbar nachdem der illyrische und italienische Teil Tirols von Österreich erobert worden war. Roschmanns rechte Hand, der gebürtige Berliner Adam Heinrich Müller, wurde erster Chefredakteur.[15]

Ort der Herausgabe war jeweils der Sitz der Landesregierung, weshalb das Blatt vorerst in Brixen, Bozen, Trient und ab Juli 1814 in Innsbruck erschien.

Nach dem Schließen des Bündnisses zwischen Österreich und Bayern wurde der Titel auf 'Bote von Süd-Tyrol' geändert, weshalb die Zeitung, die nun als ungefährlich betrachtet wurde, bis weit nach Bayern hinein zur Verbreitung kam.

Roschmanns Intention war es, dem Blatt eine gewisse Monopolstellung einzuräumen, um in den irredentistisch gefährdeten Gebieten Welsch-Tirols das Aufkommen einer österreichfeindlichen (Lokal-)Presse zu verhindern. Außerdem sollten die Erträge des Blattes einem Hilfsfonds für Witwen und Weisen der Landesverteidigung zufließen. Beide Ideen wurden vom österreichischen Kaiserhaus begrüßt, bei den Zeitungsverlegern Tirols stießen sie naturgemäß auf wenig Gegenliebe.[16]

Der 'BT' erreichte tatsächlich eine gewisse Monopolstellung (gab es in den Provinzen doch nur jeweils eine politische Zeitung), die die Landesregierung nutzte, die öffentliche Meinung in Tirol in ihrem Sinne zu beeinflussen – dieses Monopol zu erhalten sollte jedoch gegen den Widerstand der Drucker und Verleger auf Dauer nicht möglich sein.

---

[13] Auflagen lt. Präs. 1920–1924/XII 78c4, 1925/X 41, 1926ff./XII 60, wenn nicht anders angegeben.
[14] Lt. ALA-Zeitungskatalog 1932 a.a.O.
[15] Vgl. LEDERER, Hans: Aus der Werdezeit des Boten von Tirol. In: Innsbrucker Nachrichten, 27.11.1926, Nr. 273, S. 3–4, hier S. 3.
[16] Vgl. ebd. und STOISAVLJEVIC a.a.O., S. 373.

Nach der feierlichen Proklamation der erfolgten Übergabe der gefürsteten Grafschaft Tirol an den österreichischen Kaiser vom 26.6.1814 wurde das Blatt ab 1. Juli 1814 bei Wagner in Innsbruck unter dem Titel 'Bote von Tirol' publiziert. Es trat damit an die Stelle der am 29.6. eingestellten 'Innsbrucker Zeitung'. „Damit war nun jene Zeitung endgültig geschaffen, die auf das Geistesleben Tirols in so außerordentlichem Maße eingewirkt hat und die – heute (1926, Anm.) allerdings nur mehr als reines Amtsblatt – jetzt noch besteht."[17]

Das zu Beginn streng katholische und kaisertreue Organ wandelte sich im 19. Jahrhundert jeweils mit der sich an der Regierung befindlichen Strömung, was sich nach 1861 in der liberalen Regierungsära besonders deutlich äußerte. U. a. war das Blatt zuvor gegen die Pressefreiheit aufgetreten, nun jedoch mußte es die neue Freiheit gegen konservative Tendenzen verteidigen.[18]

Zur Jahrhundertmitte hatte der 'BT' seine Blütezeit erreicht – die amtliche Eigenschaft kam ihm zugute, andere Blätter mußten politische, lokale und andere Meldungen dem 'Boten' entnehmen (da dieser in der Nachrichtenzuteilung bevorzugt wurde), er erreichte die größte Auflage – und hatte damit auch mit keinen wirtschaftlichen Problemen zu kämpfen.

Zu dieser Zeit erschien das Blatt sogar täglich, der Anzeigenteil war sehr reichhaltig und sicherte die wirtschaftliche Grundlage. Zum amtlichen Teil kamen ein nichtamtlicher, eine politische Übersicht, auswärtige Korrespondenzen, Geschäftsanzeigen und ein gut gepflegtes Feuilleton dazu.[19]

1868 trat man Kritikern entgegen, die gefordert hatten, der 'BT' solle der Regierung gegenüber Opposition üben: man werde jedoch weiterhin als Amtsblatt eine exklusive Parteirichtung in der Berichterstattung ausschließen, seinem Namen treu bleiben und ein getreues und nicht einseitiges Bild der Landeszustände zeichnen.

Es sei eine Ehre, das provinzielle und publizistische Organ der Regierung zu sein, deren Intentionen man zu folgen und deren Prinzipien man zu vertreten habe.[20]

Bereits Ende der sechziger Jahre des 19. Jahrhunderts nahm die Zeitung einen zeitschriftenähnlichen Charakter an, das unmittelbare Tagesgeschehen wurde zugunsten der Hintergrundinformation zurückgedrängt.

Die Haltung des 'BT' war also von der Regierung bestimmt. Der wiederholte politische Farbenwechsel war nicht seine Schuld – als Amtsblatt wurde er von der jeweiligen Landesregierung herausgegeben und subventioniert, was seine Abhängigkeit veranschaulicht.[21]

Das Aufkommen und Gedeihen der Partei- sowie der liberalen Großstadtpresse schaffte bezüglich der Vorrangstellung des 'BT' einen gewissen Ausgleich und ermöglichte schließlich zur Jahrhundertwende die Überflügelung des amtlichen Blattes, das im Kampf der politischen Meinungen allmählich in den Hintergrund gedrängt wurde und an Bedeutung verlor. So schien es eine logische Entwicklung zu sein, wenn schließlich der redaktionelle Teil fallengelassen wurde und der 'Bote' nun nur noch als reines Amtsblatt der Landesregierung bestehen blieb.[22]

Die Entwicklung des 'BT' fand somit in jenem seines Vorbilds, der amtlichen 'Wiener Zeitung', eine Parallele, wenn diese auch ihren redaktionellen Teil länger, bis 1938, beibehielt.[23]

Seit den achtziger Jahren (bis 1920) war der 'BT' vom Redakteur Johann Tschugmell geprägt, der die Entwicklung des Blattes vom wichtigsten Organ Tirols bis zur Umwandlung in ein reines Amtsblatt mitgemacht hatte.

---

[17] LEDERER a.a.O., S. 4.
[18] OLBERT a.a.O., S. 165.
[19] Ebd., S. 166 und BREIT a.a.O., S. 99.
[20] BREIT a.a.O., S. 104 ff.
[21] Ebd., S. 108.
[22] Vgl. OLBERT a.a.O., S. 167.
[23] Vgl. ebd.

Auf dem Gebiet des Inseratenwesens war der 'Bote' schon in der Frühzeit fortschrittlich gewesen und beinhaltete vor anderen Zeitungen einen ausgeprägten Anzeigenteil, der sich mit der aufkommenden (privaten) Konkurrenz der freien Presse (und deren Auflagensteigerungen) jedoch kontinuierlich verminderte.
Aus dem damaligen Tagblatt, Intelligenz- und Amtsblatt in einem wurde bis 1914, dem 100. Jahrgang, ein Amtsblatt, das, alt und müde geworden, von den Tagesereignissen nicht mehr Notiz nahm und nicht mehr dem Journalismus, sondern lediglich dem Amtswesen verpflichtet war.[24]

In diesem ersten Jahr des Untersuchungszeitraumes erschien das Blatt viermal wöchentlich. Zum Jahreswechsel erschien es in maschinenschriftlicher Aufmachung (formlose Meldungen, keine Zeitungsaufmachung), was der Setzerstreik notwendig gemacht hatte.[25]
Inhalte waren v. a. amtliche Personalnachrichten vom Kaiserhaus, den Verwaltungsstellen sowie Kundmachungen der Tiroler Statthalterei, die Rubrik „Amtsblatt" enthielt Gerichtsedikte, Konkurse, Ausschreibungen, Firmenprotokollierungen etc. Der Anzeigenteil – v. a. Textanzeigen – beinhaltete meist Kundmachungen, Beschlüsse, Generalversammlungsankündigungen von Unternehmen und Banken etc., die laut Gesetz zu veröffentlichen und gebührenpflichtig waren.

Als Insertionskostenausstand für das Jahr 1912 wurden 1914 16 Kronen 88 Heller ausgewiesen, die das Tiroler Landesbauamt dem 'BT' schuldete. Der Rechnungsüberschuß der beiden Amtsblätter 'BT' und 'La Patria' (Trient) wurde mit 10.000 Kronen (datiert vom 16. 3. 1914) angegeben, beide Zeitungen waren demnach in der Gewinnzone.[26]
Für das erste Halbjahr 1914 wurde ein Gebarungsüberschuß beider Blätter von 5.000 Kronen ausgewiesen, das aktive Vermögen belief sich auf 13.794 Kronen 88 Heller.[27]

In den Akten von 1916 ist eine nachträgliche Mitteilung enthalten, die besagte, daß der 'BT' am 1. 1. 1912 als Tageszeitung aufgelassen worden sei und seither vom k. k. Statthaltereipräsidium Innsbruck viermal wöchentlich als Amtsblatt unter Weglassung des sogenannten „redaktionellen" Teils und der Drahtnachrichten herausgegeben werde. Die Redaktion wurde (unentgeltlich) vom jeweiligen Vorstand des Präsidialbüros besorgt, der auch die Auflagenhöhe bestimmte; Manuskripte waren der Druckerei druckreif zu übergeben, Als Insertionstarife wurden für 1912 angegeben (Beispiel): dreispaltig, Borgislettern – Konkurseröffnung – dreimalige Einschaltung, 24 Kronen; handelsgerichtliche Kundmachungen bis zu zehn Zeilen, 3 Kronen; rein amtliche Kundmachungen der Ämter und Behörden Tirols und Vorarlbergs 50 % Ermäßigung.[28]

Die Inhalte wurden genauer definiert und festgelegt: Amtlicher Teil – Dinge des „Allerhöchsten Hofes" betreffend Kundmachungen von Personalien (Ernennungen…), Kaiserliche Manifeste und Kabinettsschreiben, Gesetze, offizielle Communiques, Reichsgesetze. Nichtamtlicher Teil – Landesverlautbarungen (Tirol und Vorarlberg); Vereinsverlautbarungen, Kundmachungen des Staates und der autonomen Behörden der im Reichsrat vertretenen Königreiche und Länder gegen Gebühren; Amtsblatt: alle Verordnungen, die nicht ausdrücklich im ersten oder zweiten Teil Aufnahme fanden und alle in amtlicher Form ausgefertigten Verlautbarungen (vorgeschriebene Veröffentlichungen gegen Gebühren).[29]

Der Schreibstil des 'BT' sei an folgenden Auszügen dargestellt: „Seine k. u. k Apostolische Majestät haben mit allerhöchster Entschließung vom 6. Juni d. J. dem (…) taxfrei den Titel und Charakter eines Hofrates allergnädigst zu verleihen geruht."[30]

---

[24] Breit a.a.O., S. 112.
[25] Vgl. Präs. 1914/XII 78a, datiert mit 3. 12. 1913.
[26] Präs. 1914/XII 78a/794/i und 916/i.
[27] Präs. 1914/XII 78a/3.222/i. Die Präsidialakten („Offizielle Organe") enthielten v. a. finanzielle Daten wie ausstehende Rechnungen bzw. Insertionsgebühren, Gerichtsurteile und die Abrechnungen mit der Druckerei Wagner.
[28] Präs. 1916/XII 78a/4.283.
[29] Ebd.
[30] 'BT', Nr. 95, 15. 6. 1914, S. 1.

Oder: „Edikt: Vom k. k. Bezirksgericht Hopfgarten wird auf Grund der vom k. k. Landesgericht Innsbruck mit Entscheidung vom 9. Juni 1914 (…) erteilten Genehmigung die über K. P., geb. E. (Name vom Verf. abgekürzt, Anm.) in Kirchberg wegen Schwachsinns verlängerte Kuratel wieder aufgehoben."[31]
Solche und ähnliche Meldungen in schwer lesbarem und unattraktivem Juristen- bzw. Beamtendeutsch bildeten den Hauptinhalt des 'BT'.

Sogar die Todesmeldung des Thronfolgerpaares wurde unspektakulär und in amtlichem Stil gebracht: „Seine k. u. k. Hoheit, der durchlauchtigste Herr Erzherzog Franz Ferdinand wurde Sonntag, den 28. Juni d. J., Vormittag in Sarajevo durch einen Schuß schwer verletzt und verschied kurze Zeit darauf." Dies fand man im amtlichen Teil, im nichtamtlichen wurde schließlich die Person doch in persönlicheren Worten gewürdigt.[32] Schon in der folgenden Ausgabe war dies jedoch kein Thema mehr, erst allmählich ging das Amtsblatt auf die möglichen Folgen des Attentats ein; ohne sichtbare Aufregung kündigte der 'BT' im bekannten Amtsdeutsch die Mobilisierung an: „Seine k. u. k. Apostolische Majestät genehmen allergnädigst den nachstehenden Allerhöchsten Armee- und Flottenbefehl zu erlassen…"[33]

Die Kundmachung der bevorstehenden Mobilmachung klang in der Sprache des 'BT' nicht spektakulärer als etwa die Mitteilung über die Ernennung eines Beamten zum Hofrat.

In einem Extrablatt vom 29. Juli wurde die Kundmachung des Kaisers an den Ministerpräsidenten Stürgkh und an seine Völker bezüglich des Kriegseintritts gegen Serbien veröffentlicht: „Lieber Graf Stürgkh! Ich habe mich bestimmt gefunden, den Minister meines Hauses und des Äußeren zu beauftragen, der königlich serbischen Regierung den Eintritt des Kriegszustandes zu notifizieren."[34] Graphisch und textlich war dies und die Erklärung „An meine Völker!" gleich aufgemacht wie in den auch im Wagner-Verlag erscheinenden 'IN'.

Von Beginn an stellte sich das Blatt auch in den Dienst der Aufklärung und Werbung für die Kriegsanleihen. Anders als die anderen Zeitungen widmete sich der 'BT' nicht in erster Linie der Kriegsberichterstattung, obwohl sich die Kriegslage im Inhalt der Kundmachungen etc. spiegelte (Kriegsgesetze, Notverordnungen etc.).

Der schon zuvor geringe Umfang von ca. vier Seiten wurde während des Krieges auf meist zwei Seiten weiter eingeschränkt – auch darin äußerte sich der Bedeutungsverlust des Blattes.

Von Zensurmaßnahmen blieb der 'Bote' verständlicherweise großteils verschont, wurde doch als amtliches Organ peinlich genau darauf geachtet, jene (Ausnahme-)Gesetze einzuhalten, die man selbst kundzutun hatte.

In einem Brief vom 1. 10. 1916 wurde der Statthalterei von Wagner angezeigt, daß der bisherige Besitzer Eckart von Schumacher die Druckerei an R. Kiesel, Salzburg, verkauft habe und daß Kiesel versichere, den 'BT' zu den bisherigen Bedingungen weiterzudrucken. Daraufhin wurde der Druckvertrag neu abgeschlossen, nachdem die Unbedenklichkeit des neuen Inhabers festgestellt worden war.[35]

Der Rechnungsabschluß 1915/16 hielt einen Abgang bei 'BT' und 'La Patria' von 1.139 Kronen fest, eine Besserung der Finanzen sei nur beim 'BT' zu erwarten.[36]

Im November 1917 wurde auf dreimal wöchentliches Erscheinen umgestellt: „Der 'Bote für Tirol und Vorarlberg' wird von heute ab auf die Dauer der dermaligen außerordentlichen Verhältnisse wöchentlich nur mehr dreimal erscheinen (…). Die Bezugsgebühren bleiben dieselben wie bisher."[37] Dies geschah zwecks Sanierung der finanziellen Gebarung, weshalb auch die Insertionsgebühren – zunächst

---

[31] Ebd., S. 2.
[32] 'BT', Nr. 103, 30. 6. 1914, S. 1.
[33] 'BT', Nr. 107, 6. 7. 1914, S. 1.
[34] 'BT', Nr. 120, 29. 7. 1914 (Extrablatt), S. 1.
[35] Vgl. Präs. 1917/XII 78a/5.331/1 und 5.331/2.
[36] Präs. 1917/XII 78a/329.
[37] 'BT', Nr. 170, 31. 10. 1917, S. 1.

auf die Dauer der außerordentlichen Umstände – erhöht wurden. Außerdem war von Wagner des öfteren um eine zehnprozentige Erhöhung des Zuschusses zum 'Boten'-Druck angesucht worden.[38]
Bei eingeschränktem Umfang und der Reduktion des Erscheinungsintervalls stellte dies eine faktische Preiserhöhung von einem Viertel dar.

Seltener als in anderen Zeitungen erschienen Zahlungsaufforderungen: „Die geehrten Abnehmer des 'Boten für Tirol und Vorarlberg', welche die Bezugsgebühr noch nicht entrichtet haben, werden ersucht, dieselbe sofort einzusenden, widrigenfalls die Zusendung des Blattes eingestellt wird (…)."[39]

Die Druckkosten beliefen sich 1918 z. B. für Jänner auf 1.312 Kronen, Februar 1.105, März 1.289 Kronen.[40] In einem Amtsvermerk wurde konstatiert, daß sich die Gebarung des 'BT' sehr gebessert habe, weshalb sogar ein Vorschuß zur Verlustabdeckung von 333 Kronen an die Statthalterei zurückgezahlt werden mußte.[41]

Ab November 1918 erschienen erstmals „Vollzugsanweisungen des Deutsch-Österreichischen Staatsrates, u.a. vom 11. November bezüglich der Reduzierung der Zuteilung von Rotationsdruckpapier zur Herstellung von Zeitungen auf die Hälfte der Menge der Verordnung vom 29. Oktober. Damit war auch im amtlichen Teil der Wandel von kaiserlichen Kundmachungen zu solchen der Republik vollzogen worden.

Am 16. November wurde in großer Aufmachung vom Thronverzicht Kaiser Karls berichtet und der Zusammentritt der provisorischen Nationalversammlung angekündigt sowie der Beschluß über das „Gesetz über die Staats- und Regierungsform von Deutsch-Österreich" veröffentlicht.[42] Mit der nächsten Ausgabe (Nr. 135) wurde das „k.k." im Impressum gelöscht, ab Nr. 152 nicht mehr die Statthalterei, sondern die Landesregierung als Herausgeber angeführt. Nun hatten die Vollzugsanweisungen und Kundmachungen v. a. des Tiroler Nationalrates und der Regierung die k. k.-Kundmachungen endgültig abgelöst.

Am 29.01.1919 erschien die Mitteilung: „Mit Rücksicht auf die derzeitige Abschließung der Behörden in Deutsch-Südtirol behält sich die Landesregierung vor, bei Stoffmangel die am Montag fällige Nummer nicht erscheinen zu lassen." Dies wurde auch dem Oberlandesgericht avisiert und mit den „außergewöhnlichen Verhältnissen" begründet.[43] Die Abtrennung Südtirols hatte also direkte Rückwirkungen auf die Erscheinungsweise des 'BT'.

In der folgenden Ausgabe wurde die Titelverkürzung angezeigt: „Mit Rücksicht auf die Abtrennung Vorarlbergs vom Dienstbereich der Landesstelle in Innsbruck wurde der Titel des 'Boten für Tirol und Vorarlberg' in 'Bote für Tirol' abgeändert."[44]

Erst 1921 wurden Rechnungen für Druckkosten des 'BT' nachgereicht, die 1918/19/20 nicht zur Erledigung gekommen waren und die in diesem Jahr alle per Scheck beglichen wurden. Gleichzeitig deuteten sich schon die Preiserhöhungen infolge der einsetzenden Inflation an, so lautete die Druckkostenrechnung für Jänner 1919 auf 696,84 Kronen, für April bereits auf 1.471,05 Kronen.[45]

Im November 1920 wurde der über 40 Jahre tätige Redakteur abgelöst: „Da der bisherige verantwortliche Redakteur Herr Johann Tschugmell nach 40jähriger Dienstleistung in den dauernden Ruhestand übernommen wird, wird die Schriftleitung künftig bei der Tiroler Landesregierung besorgt (…)."[46] Weiters berichtete man, daß Tschugmell vom Vorsitzenden des Kabinettsrates für seine Arbeit als Redakteur und Administrator des Blattes die Anerkennung und der Dank der Staatsregierung ausgesprochen wurde.[47]

---

[38] Vgl. Präs. 1917/XII 78a/4.064.
[39] 'BT', Nr. 15, 6.2.1918, S. 1.
[40] Präs. 1918/XII 78a/148.
[41] Vgl. Präs. 1918/XII 78a/3.269/1.
[42] Vgl. 'BT', Nr. 134, 16.11.1918, S. 1.
[43] 'BT', Nr. 13, 29.1.1919, S. 1 und Präs. 1919/XII 78a/340/74.
[44] 'BT', Nr. 14, 1.2.1919, S. 1.
[45] Präs. 1921/XII 78a/807 bzw. 733.
[46] 'BT', Nr. 88, 3.11.1920, S. 1.
[47] Vgl. ebd.

Ab 1.1.1921 schlugen auch beim 'BT' die rasanten Preiserhöhungen voll im Bezugspreis durch. Um die dadurch steigenden finanziellen Belastungen zu mindern, ersuchte die Landesregierung am 7.1.1921 das Bundeskanzleramt um Begleichung der laufenden Auslagen für das Amtsblatt durch einen Betriebsvorschuß von 10.000,- Kronen. Das Bundeskanzleramt antwortete, daß die Landesregierung lediglich ermächtigt werde, die bei 'La Patria' vorgemerkten Aktivenrückstände abzuschreiben und den Kassarest von 1.244 Kronen in den Kassarest des 'BT' zu übernehmen.[48]
Die Herstellungskosten in diesem Zeitraum betrugen für die zweiseitige, zweimal wöchentliche Ausgabe pro Monat 1.070, vierseitig 2.100 Kronen (Auflage 110 Stück).

Um den Insertionstarif und die Bezugspreise erhöhen zu können, mußte sich der 'BT' an die Staatskanzlei wenden, was auch fortlaufend geschah, worauf 1921 die erste wesentliche Preiserhöhung (s.o.) durchgeführt werden konnte.[49] Der Aktenlauf für die Genehmigung der Tariferhöhungen des Blattes konnte jedoch mit der Höhe und der Geschwindigkeit der allgemeinen Teuerung nicht Schritt halten, weshalb die finanzielle Situation des 'Boten' immer schwieriger wurde. Bis die jeweilige Genehmigung der Wiener Staatskanzlei für die Erhöhung der Bezugs- und Insertionstarife einlangte, hatte sich die Inflationsspirale bereits um ein vielfaches weitergedreht. Bereits Ende 1920 (Oktober) schrieb man einen Verlust von 1.150 Kronen (Einnahmen 4.265, Ausgaben 5.422 Kronen), der sich in der Folge weiter erhöhen sollte.[50]
Die Herstellungskosten im November betrugen schon 6.040 (zweiseitig) bzw. 11.690 (vierseitig) Kronen bei einer Auflage von 150 Stück, im Jänner 1922 17.850 bzw. 34.870, im Juli schon 54.500 bzw. 108.400 Kronen.[51]

Erst mit 14.12.1922 wurde durch eine Genehmigung des Justizministers das Tiroler Präsidium ermächtigt, die Tarife eigenständig für die Dauer der außergewöhnlichen Verhältnisse vorzunehmen, wodurch die Landesregierung unmittelbar auf die rasante Preisentwicklung reagieren konnte.[52]

Die Volksbefragung für den Anschluß Tirols an Deutschland wurde im Gegensatz zu den anderen Blättern nicht propagiert, obwohl sich auch die Christlichsozialen als Regierungspartei dafür stark machten. Lediglich eine Ankündigung sowie danach die Ergebnisse wurden veröffentlicht.

Außer den enormen Erhöhungen der Bezugspreise und der aus der Inflation resultierenden wirtschaftlichen Probleme für das Blatt bot es in diesen Jahren ein ruhiges, kontinuierliches Bild ohne besondere Begebenheiten oder gravierende Änderungen in Format, Gestaltung oder Inhalten. Wegen der Beeinträchtigungen durch den Buchdruckerstreik konnte auch der 'BT' vom 7. bis 16.9.1922 nur in hektographierter Form erscheinen.

Da die Landesregierung seit Dezember 1922 die Tarife selbst festsetzen konnte (s.o.), ergab sich 1922 wieder ein Überschuß, was ein überaus günstiges Ergebnis darstellte, das auf nunmehr überhöhte Tarife zurückzuführen war, weshalb das Präsidium im März 1923 auch eine 20%ige Reduzierung der (Insertions-)Tarife anordnete.[53] Die Bezugsgebühren wurden jedoch nicht gesenkt. Die Herstellungskosten laut Rechnungslegung von Wagner betrugen für Juni 1923 975.000 Kronen, für Juli bereits 2.286.750 Kronen.[54]

1923 langte eine Anfrage der oberösterreichischen Landesregierung in Tirol ein, ob man in Innsbruck ein Amtsblatt herausgebe, worauf das Präsidium am 24.10. antwortete, daß die Landesregierung mit dem 'BT' ein zweimal wöchentlich erscheinendes Amtsblatt besitze, das sich aus den Einnahmen

---

[48] Vgl. Präs. 1921/XII 78a/733 bzw. 140.
[49] Vgl. ebd. /123 und 123/105.
[50] Vgl. dazu Akten v.a. ab 1921/XII 78a/1.221/91 und 2.467/101.
[51] Vgl. ebd. /293 – jeweils Rechnungen von Wagner über Herstellungs- und Verstandkosten.
[52] Vgl. ebd.
[53] Vgl. Präs. 1923/XII 78a/332.
[54] Vgl. ebd., Rechnung von Wagner für die Herstellung des 'BT' Juni/Juli 1923.

selbst erhalte und sogar „eine kleine Betriebsreserve" abwerfe. Die redaktionelle und administrative Arbeit erledige eine Kanzleibeamtin.[55]

Der Aufwand für das Amtsblatt für das Jahr 1924 wurde laut Voranschlag mit 34,13 Mio. Kronen beziffert.[56]

1925 wurden die Bezirkshauptmannschaften vom Präsidium ersucht, amtliche Meldungen im Sinn des Gesetzes im dafür vorgesehenen Amtsblatt zu inserieren und nicht in teueren Tageszeitungen, um einerseits die Ausgaben für teure Inserate zu bremsen und andererseits dem 'BT' Einnahmen nicht vorzuenthalten.[57]

Die folgenden Jahre verliefen auch vom finanziellen Gesichtspunkt her ruhiger, zumal die Inflation eingedämmt worden war und der 'Bote' gesicherte Einnahmen hatte. Zwar erschienen fast keine herkömmlichen Geschäftsinserate mehr, jedoch vermehrt Ankündigungen von Generalversammlungen, Abdrucke von Bilanzen und diverse andere Verlautbarungen, die auf Grund bestehender Gesetze im Amtsblatt veröffentlicht werden mußten und gebührenpflichtig waren.

Die herkömmlichen Mitteilungen des amtlichen Teils waren meist in Stehsätze gekleidet, die um die jeweiligen Daten, Namen etc. ergänzt wurden, wie z.B.: „Am ... wurde in der Staatsdruckerei in Wien das ... Stück des Bundesgesetzblattes ausgegeben und versendet. Es enthält unter Nr. ... das Bundesgesetz von ... "
Oder: „Der Bundespräsident hat mit der Entschließung von ... dem/den ... in/am ... zum/ein/die (Bezeichnung, Medaille..) ... ernannt/verliehen."[58] Diese und ähnliche Kundmachungen verblieben im amtlichen Teil, der Großteil der Mitteilungen war jedoch im „Amtsblatt" zusammengefaßt (Konkurse, Versteigerungen, Protokollierungen, Ausschreibungen etc.).[58]

Mit Einsetzen der Weltwirtschaftskrise häuften sich im 'BT' die Ankündigungen von Ausgleichen und Konkursen von Unternehmen, wodurch die Rubrik „Amtsblatt" noch breiteren Raum in Anspruch nahm und der Umfang wieder auf öfters vier Seiten ausgedehnt wurde.

Am 1.3.1933 wurde im 'BT' noch die Kundmachung der Beisitzer laut Wahlordnung für die kommende Landtagswahl veröffentlicht, zu der es auf Grund der Ausschaltung des Parlaments und des autoritären Kurses Dollfuß' nicht mehr kommen sollte. Im 'BT' war in der Folge vom Wechsel des Regierungssystems und der Ausschaltung der Demokratie nichts zu bemerken, außer daß die nunmehr verschärften Gesetze und Verordnungen zum Abdruck gebracht werden mußten, was jedoch einen Systemwechsel wegen des gleichbleibenden neutralen Amtsdeutsch nicht immer erkennbar machte. Ein Stehsatz sei hier als Beispiel angeführt: „Am 12.Juni 1933 wurde ... das 69.Stück des Bundesgesetzblattes ausgegeben... Es enthält unter der Nummer 217 die Verordnung der Bundesregierung vom 20.Juni 1933, betreffend besonderer Maßnahmen gegen den Mißbrauch der Pressefreiheit."[59] Das Faktum der Gesetzesänderung wurde somit zwar veröffentlicht, deren Inhalt und Konsequenzen waren daraus jedoch nicht ersichtlich.

Am 30.4.1934 wurde über die Einberufung des Rumpfparlaments berichtet, natürlich ohne zu erwähnen, daß dies lediglich der Scheinlegalisierung der Notverordnungen und der Maiverfassung diente. Am 1. Mai veröffentlichte das Amtsorgan die Proklamation der Maiverfassung, welche jedoch nicht als ganzes abgedruckt wurde, sondern in Teilaspekte zerlegt wurde, wie z.B. Nr. 238 des BGBL. über die Abänderung der Geschäftsordnung des Nationalrates oder die Nr. 255 über die außerordentlichen Maßnahmen im Bereich der Verfassung.[60]

---

[55] Ebd. /Zahl 332 und 335.
[56] Vgl. ebd. /Zahl 267/7.
[57] Präs. 1925/XII 78a/279.
[58] Vgl. die 'BT'-Ausgaben der Jahre 1927ff.
[59] Vgl. u. zit. 'BT', Nr. 48, 17.6.1933, S. 1.
[60] Vgl. 'BT', 1.5.1934, S. 1f.

Anläßlich der Ermordung von Kanzler Dollfuß mußte das Regierungsblatt Betroffenheit signalisieren: „Ein unerbittliches Geschick hat Bundeskanzler Dr. Engelbert Dollfuß durch Mörderhand von der Stätte seines Wirkens dahingerafft. Das Volk Österreichs wird nie vergessen was Dr. Engelbert Dollfuß seinem Vaterland gegeben (…) hat." Österreich schulde dem verewigten Kanzler „unverlöschlichen Dank".[61]

Am 4. Juli 1936 wurde im 'BT' noch die Verlängerung des Zeitungsverbotes kundgetan, das Tage später (11. Juli) mit dem Juli-Abkommen obsolet werden sollte: „Das Bundeskanzleramt hat das seinerzeit verfügte (…) Verbot der Verbreitung aller im Deutschen Reich erscheinenden Tageszeitungen und gewisser Zeitschriften (…) im gleichen Umfang für einen Zeitraum von weiteren drei Monaten … verlängert."[62]

1938 schlugen sich u. a. ab dem Berchtesgadener Abkommen die politischen Ereignisse in der Berichterstattung des 'BT' nieder. Am 23. 2. wurde von der Amtsenthebung der Minister Pilz und Tauch und der Staatssekretäre Zernatto, Schmidt und Rott berichtet sowie von der Ernennung von L. Adamovic zum Justiz-, J. Raab zum Handels- und A. Seyß-Inquart zum Innenminister. Die Hintergründe dieser Regierungsumbildung blieben im Amtsblatt naturgemäß im Dunklen. Außerdem erschien die Kundmachung über die (erzwungene, Anm.) Entschließung des Bundespräsidenten vom 16. 2. über die Amnestie wegen politischer Delikte (v. a. für Nazis).[63]

Ansonsten verlief die Berichterstattung des 'BT' in der bisherigen Bahn – auch nach dem Anschluß vom 12. März, in der Ausgabe vom 16. 3., war noch nichts von der Machtergreifung der Nazis in den 'Boten'-Spalten zu bemerken bzw. zu lesen. Eher das Gegenteil war der Fall, da naturgemäß die Veröffentlichung neuer Gesetze einer zeitlichen Verzögerung unterworfen war. So wurde am 16. 3. noch über die Verleihung von Medaillen an verdiente Polizeiorgane berichtet, wobei nicht ausgeschlossen ist, daß sich diese Beamte v. a. durch ihre Tätigkeit gegen die illegalen, an diesem Tag natürlich schon wieder legalen, Nazis ausgezeichnet hatten.[64]

Erst in der folgenden Ausgabe vom 23. März erschienen die ersten erlassenen Gesetze im – nunmehr gleichgeschalteten – Amtsblatt. Im amtlichen Teil hieß es: „Am 15. 3. 1938 wurde in der Staatsdruckerei Wien das 1. und 2. Stück des Gesetzblattes für das Land Österreich ausgegeben und versendet. Das 1. Stück enthält unter Nr. 1 die Kundmachung des Bundeskanzleramtes, womit das Bundesverfassungsgesetz über die Wiedervereinigung Österreichs mit dem Deutschen Reich, BGBL. Nr. 75/1938, neuerlich verlautbart wird."[65] Das 2. Stück beinhaltete die Verordnung zur Durchführung der Volksabstimmung am 10. 4. 1938; es folgten Kundmachungen des Reichsstatthalters für Österreich sowie die Bekanntgabe der Einführung der deutschen Reichsgesetze in Österreich.[66]

Ende März wurde die Verordnung über die Einführung der Reichsmarkwährung bekanntgegeben, die Preise im 'BT' jedoch erst am 11. Mai auf die neue Währung umgestellt.

Aufmachung und Stil des Amtsorgans hatten jedoch auch diesen Systemwechsel überlebt, nur die Inhalte der veröffentlichten Gesetze etc. hatten sich wieder geändert. Dabei wurden die unheilvollen Inhalte dieser Gesetze durch das gleichbleibende, trockene Amtsdeutsch übertüncht und in ihren Auswirkungen nicht wirklich erkennbar (wie es auch im Ständestaat schon der Fall gewesen war).

Die Kundmachungen waren nicht mehr vom Bundeskanzler oder von der Landesregierung unterzeichnet, sondern vom NS-Gauleiter oder vom Reichstatthalter sowie anderen NS-Stellen.

Im Juli – nach der Umgestaltung des Pressewesens vom 1. Juli – wurde auch das Impressum den neuen Begebenheiten angepaßt. Statt der Wagner'schen Univ.-Buchdruckerei lautete es nun auf „NS-Gauver-

---

[61] 'BT', 1. 8. 1934, S. 1.
[62] 'BT', 4. 7. 1935, S. 1.
[63] Vgl. 'BT', Nr. 13, 23. 2. 1938, S. 1.
[64] Vgl. 'BT', Nr. 17, 16. 3. 1938 und STOISAVLJEVIC a. a. O., S. 380.
[65] 'BT', Nr. 18, 23. 3. 1938, S. 1.
[66] Vgl. ebd.

lag und Druckerei GesmbH"[67], als Redakteur zeichnete ab August P. Gröbner verantwortlich. In dieser Form erschien der 'BT' weiterhin als nunmehriges Amtsblatt des NS-Regimes. Ab November 1938 (und teilweise schon zuvor) erschien der 'BT' nur mehr als Wochenzeitung, was die schwindende Bedeutung, die ihm die Nazis zumaßen, veranschaulichen mag, verfügte man doch außerdem v. a. über die 'VZ' und die 'IN' mit ihrer Abendausgabe als offizielle Gaublätter.

1939 erschienen überwiegend Kundmachungen von Gauleiter und Landeshauptmann Hofer. Der Kriegsbeginn vom 1.9.1939 fand vorerst keinen Niederschlag in den 'Boten'-Spalten. Lediglich „Durchführungsverordnungen zur Verordnung zur vorläufigen Sicherstellung des lebenswichtigen Bedarfs des deutschen Volkes…", die wiederholt veröffentlicht wurden, oder Berichte über die „Wiedervereinigung Danzigs mit dem Deutschen Reich"[68] deuteten auf die Kriegsereignisse, hier insbesondere auf den Polenfeldzug, hin.
Eine Kriegsberichterstattung im Wortsinn wie jene anderer Zeitungen fehlte jedoch. In wenig aussagefähigem Amtsdeutsch wurden blutige Ereignisse „kundgetan", wie z. B.: „Kundmachung über die Anwendung des Gesetzes über die Besoldung … der Angehörigen der Wehrmacht bei besonderem Einsatz vom 1. September…" So und ähnlich wurde über blutige Kämpfe, Feldzüge und Kriegsverbrechen „hinweggeschrieben".
Die steigende Menge von Gesetzen und Verordnungen während des Krieges äußerte sich in einem stetigen Anwachsen des amtlichen Teils des Blattes.
Die Ausgaben des 'BT' konnten lediglich bis Nr. 59, 23.12.1939 eingesehen werden – bisher wurde auch dieses Datum als Tag der Einstellung des Amtsorgans angesehen. Aus den noch vorhandenen Akten der Landesregierung geht jedoch hervor, daß der Bote länger bestanden hat. Vorerst wurde der 'BT' laut Antwort auf eine Anfrage der Reichsdirektion Augsburg vom 27.11.1939 in der üblichen Weise ediert.[69]
Ein Aktenvermerk vom 23.4.1940 von Dr. Müller hielt fest, daß amtliche Einschaltungen, die „nun" im 'Verordnungs- und Amtsblatt für Tirol und Vorarlberg' erschienen, früher im „ehemaligen Amtsblatt 'Bote für Tirol' gegen Bezahlung erfolgt seien.[70]
Demnach mußte der 'Bote' zwischen 23.12.1939 und 23.4.1940 eingestellt worden sein. Im Jänner hatte das Blatt laut einem entsprechenden Aktenvermerk noch bestanden.[71]
Ab 19.3.1940 erschien ein 'Verordnungsblatt des Landeshauptmannes von Tirol', wobei eine Auflösung des 'BT' nicht erwähnt wurde.[72]
Am 25.4.1940 wurde schließlich in einem Antwortschreiben des Reichsstatthalters an das Oberlandesgericht Innsbruck die Einstellung des 'BT' mit 31.3.1940 datiert. Keine üblichen Akten, sondern lediglich ein Brief gibt demnach Zeugnis von der Einstellung des Amtsblattes.[73]

Es kann angenommen werden, daß die Einstellung erfolgte, weil die Nazis mit dem 'Verordnungsblatt …' (s. o.) sowie mit dem 'Deutschen Reichszeiger', in denen amtliche Kundmachungen nunmehr zu veröffentlichen waren, über andere Publikationsorgane verfügten und ihnen der 'BT' nicht mehr als das geeignete Mittel zur Veröffentlichung ihrer Kundmachungen erschien. Außerdem konnten amtliche Mitteilungen auch im NS-Gaublatt 'IN' (mit einem bei weitem größeren Leserkreis) publiziert werden. Die Einstellung des 'BT' kann somit mit ziemlicher Sicherheit mit 31.3.1940, im 126. Jahrgang stehend, datiert werden.

Mit Datum vom 20.3.1946, fast genau sechs Jahre nach seiner Einstellung durch das NS-Regime, wurde der 'BT' als Amtsblatt der Tiroler Landesregierung wiedergegründet.[74]

---

[67] Vgl. dazu Kapitel 1.1 'IN', S. 74 (Impressum).
[68] Vgl. 'BT'-Ausgaben ab September 1939 ff. und Nr. 45, 30.9.1939, S. 1.
[69] Vgl. Präs. 1939/XII 60/5.593.
[70] Präs. 1940/XII 60/vom 23.4.1940.
[71] Vgl. Präs. 1940/XII 60/4.470/61.
[72] Vgl. Präs. 1940/XII 60/61/1/40.
[73] Präs. 1940/XII 60/5.387.
[74] Vgl. 'BT', Nr. 1, 20.3.1946.

Format, Aufmachung, Umfang etc. unterschieden sich vom „alten" Boten nur unwesentlich. Als Herausgeber schien der Landeshauptmann auf, die Verwaltung übernahm wieder Wagner, den Druck (und bald auch die Verwaltung) F. Rauch.

„Über Beschluß der Tiroler Landesregierung wurde das 'Tiroler Amtsblatt' als amtliches Verkündigungsblatt eingestellt. Zur Verlautbarung der vom Tiroler Landtag beschlossenen Gesetze und der von der Tiroler Landesregierung oder dem Landeshauptmann ... ergehenden Verordnungen, wird ... das 'Landesgesetz- und Verordnungsblatt für Tirol' verwendet werden. Für alle anderen amtlichen Verlautbarungen wird wieder – wie vor dem Jahr 1938 – der 'Bote für Tirol' herausgegeben (…)."[75]

Damit übernahm der 'Bote' wieder seine gewohnte Rolle als amtliches Verkündigungsblatt des Landes. Der 'BT' konnte somit auch in jenen Fällen verwendet werden, in denen laut Rechtsvorschriften eine Bekanntmachungspflicht vorgeschrieben war, auch dann, wenn die Verlautbarung gleichzeitig mit der 'Wiener Zeitung' erfolgte.[76]
Die gewünschten Mitteilungen und Kundmachungen waren im Alten Landhaus, Zimmer 264, einzureichen.

Der Bote erschien zunächst im annähernd selben Format wie vor dem Krieg, ehe er zu Ende des Jahres auf ein kleineres umstellte.
Auch die Inhalte und die Funktion des Blattes hatten sich somit nicht wesentlich geändert. Der Bote blieb weiterhin treuer Diener seines Herrn, der jeweiligen Landesregierung – bis in die Gegenwart. 2000 bestand er als „Amtsblatt der Behörden, Ämter und Gerichte Tirols" als Wochenzeitung, herausgegeben vom Amt der Tiroler Landesregierung.[77] Er kann dort im Abonnement bezogen oder als Einzelstück gekauft werden. Das Abonnement kostet 2000 jährlich öS 232,–. Der Bote wird überwiegend von Gemeinden, Ämtern, Behörden, Rechtsanwälten und Gewerbetreibenden, aber auch von Privaten bezogen.

1.7.2 (Neuer) Außferner Bote

1.7.2.1 Daten zur äußeren Struktur

Titel:
- 1922: Ausferner Bote[78]
- ab 01.01.1925: Außferner Bote
- ab 29.02.1936: Neuer Außferner Bote
- ab 19.03.1938: Außferner Bote

Untertitel:
- 1922: Zugleich Amtsblatt des Bezirks Reutte
- ab 24.11.1928: Organ des Bezirks Reutte
- ab 03.07.1939: Organ für den Kreis Reutte

Erscheinungsort:
Reutte
26.06.1940–02.04.1941 und 02.07.–05.07.1941: Füssen (im Allgäu)

Erscheinungsdauer: 15.05.1922 bis 05.07.1941

Erscheinungsweise:
- 1922: einmal wöchentlich (Samstag)
- ab 17.11.1922: einmal wöchentlich (Donnerstag)
- ab 08.10.1927: zweimal wöchentlich (Mittwoch und Samstag)
- 1939: teilw. Dienstag und Samstag

---
[75] Ebd., S. 1.
[76] Vgl. ebd.
[77] Vgl. MEDIENVERZEICHNIS. Bundesland Tirol, Autonome Provinzen Bozen-Südtirol und Trentino. – Innsbruck: Land Tirol 2000.
[78] In der Folge mit 'AB' abgekürzt.

1.7 Amtsblätter

Der 'AB' wurde als Wochenzeitung ins Leben gerufen und ging im Oktober 1927 zum zweimal wöchentlichen Erscheinen über. Diese Erscheinungsweise wurde bis zur Einstellung beibehalten.

Umfang: (in Seiten)

1922	6–8
1922/23	8–10
1923	10 (teilw. bis zu 16–20)
1925–27	8–12
1929	8
1930 ff.	8–10
1938	bis zu 16
1939 f.	4

Bei anfänglich 6–8 Seiten Umfang waren 1–3 Seiten Inserate. Bei umfangreicheren Ausgaben (Ostern etc.) mit 20 Seiten erreichte der Inseratenumfang bis zu 14 Seiten (z. B. Juli 1923).

In den dreißiger Jahren blieb der redaktionelle als auch der Inseratenumfang stabil, wurde nach dem Anschluß und der Gleichschaltung kurzfristig auf teilweise 16 Seiten ausgedehnt, ehe er ab Mitte 1939 wieder auf meist 4 Seiten (mit nur 1/2 Seite Anzeigen) zusammenschmolz.

Format:	1922:	29,4 × 22,5 cm (Folioformat)
	ab 26.06.1940:	45 × 31 cm (Kanzleiformat)
Satzspiegel:	1922:	25,7 × 19 cm
	ab 26.06.1940:	41,2 × 27,5 cm
Umbruch:	1922:	2 Spalten à 9 cm / Spaltentrennlinie
	ab 26.06.1940:	3 Spalten à 9 cm / Spaltentrennlinie
Schriftart (Brotschrift): Fraktur		
	ab Mai 1933:	amtliche Nachrichten fast durchwegs in Antiqua
	ab 29.01.1936:	feinere, modernere Fraktur
Zeitungskopf:	Höhe 1922:	9,5 cm
	ab 22.09.1922:	8,5 cm
	ab 03.12.1927:	5,5 cm
	ab 1928:	8 cm
	ab 07.03.1931:	8 cm
	ab 26.06.1940:	9,5 cm
	ab 02.04.1941:	8,5 cm

Der Zeitungskopf des 'AB' war jeweils schmucklos und änderte sich im Aussehen nur unwesentlich. Im März 1931 wurde für den Titel eine moderne Schrift gewählt. Vom 19. bis 26.03.1938 war das Hakenkreuz im Kopf (unterhalb des Titels) enthalten. Im April 1941 wurde der Titel nicht mehr in Fraktur gesetzt.

Gesinnung/politische Richtung: Amtsblatt mit konservativ-katholischem Einschlag (jedoch relativ unpolitisch), ab 1933 Organ des Ständestaates, ab März 1938 NS-Bezirksblatt.

Impressum:

1922:	Druck und Verlag Außferner Buchdruckerei Ges.m.b.H., Reutte, Schriftleitung: Schulgasse 113, Für den Inhalt verantw.: Josef Knittel
ab 12.07.1923:	Für den Inh. verantw.: Hildebert Knittel
ab 05.10.1927:	Eigentümer, Verleger, Herausgeber Außferner (s.o.), für die Schriftl. verantw.: Hans Zangerle
ab 21.12.1927:	Verantw. Schriftl.: H. Knittel
ab 01.02.1928:	Verantw. Schriftl. i.V.: Dr. Heinz von Falser, Reutte
ab 02.05.1928:	Verantw. Schriftl. i.V.: Josef Knittel, Reutte
ab 06.06.1928	Für die Schriftl. verantw.: Hans Hilpold

ab 06.10.1928:	Schriftleiter i. V.: Josef Knittel
ab 31.10.1928:	Verantw. Schriftleiter: Dr. Bruno Hilber
ab 02.06.1934:	Verantw. Schriftl.: Hildebert Knittel
ab 29.02.1936:	Eigentümer und Herausgeber: Oscar und Karl Knittel, für d. Schriftl. verantw.: Josef Singer, Druck: Außferner (s.o.)
ab 16.03.1938:	Eigentümer und Herausgeber: Außferner (s.o.), verantw. Schriftleiter: Josef Singer
ab 15.06.1938:	Schriftleiter Karl Heiserer (nur eine Ausgabe)
ab 02.07.1938:	Hauptschriftleiter sowie verantw. für Politik, Wirtschaft, Lokalnachrichten, Unterhaltungsbeilage und Anzeigenteil Josef Singer, Herausg., Eigentümer, Verlag und Druck: Außferner (s.o.)
ab 24.09.1938:	Verlag: Franz Werk, Reutte
ab 19.04.1939:	Verlag: Franz Werk, Reutte, Druck: Außferner (s.o.), Verantw. für den redakt. Teil: Hauptschriftleiter Leo Götzfried, Anzeigenteil: Franz Werk – anschließend Götzfried für Gesamtinhalt verantwortlich.
ab 04.10.1939:	Hauptschriftleiter: Franz Werk
ab 26.06.1940:	Verantw. Hauptschriftl. Franz Werk (beim Heeresdienst), Stellvertreter: Ernst Drißner, für den Anzeigenteil verantw.: Karl Keller, beide in Füssen, Verlag: F. Werk, Reutte, Druck: B. Holdenried's Buchdruckerei (Inh. Gebrüder Keller), Füssen
ab 12.02.1941:	Hauptschriftl. F. Werk, Reutte, Stellvertreter und verantwortlich: Ernst Drißner (Füssen)
ab 02.04.1941:	Für den Anzeigenteil verantw.: F. Werk, Reutte, Druck und Verlag: Außferner Buchdruckerei GesmbH. (F. Werk, Reutte)
ab 02.07.1941:	Hauptschriftl. Ernst Drißner, für den Anzeigenteil verantw. Karl Keller, beide Füssen, Verlag und Druck: B. Holdenried's Buchdruckerei Füssen

Ressorts/Inhalte:

1922:	Amtlicher Teil, Lokales, Kundmachungen, Rundschau, Lokale Kurznachrichten, Inserate.
ab Ende 1922:	Fallweise Leitartikel, Politik und Wirtschaft, Grenzverkehr zu Bayern.
ab Oktober 1927:	Leitartikel, Der Weltspiegel, Inlandsangelegenheiten, Lokales, Aus der Heimat, Amtlicher Teil.
ab 1928:	Leitartikel als „Wochenrundschau" bezeichnet, Weltpolitik.
ab 1929:	Amtl. Teil als „Von der Amtstafel der Bezirkshauptmannschaft" bezeichnet.
1932:	Neues vom Tage, Aus der bayerischen Nachbarschaft, Aus dem Lechtal, Aus dem Tannheimertal, Briefkasten, Vereinsnachrichten (Lokalteil vermehrt geographisch gegliedert).
1934:	Rundschau, Neues aus aller Welt, Wirtschaft, Nachrichten, Aus der Heimat.
ab 29.01.1936:	Rundschau (Innen- und Außenpolitik), Reutte und Umgebung, Aus dem Lechtal, Aus dem Tannheimertal, Aus Zwischentoren, Vereinsnachrichten (übersichtlich gestaltet).
1937:	Kurznachrichten, Sport, Neues vom Tage, Bauernecke, Aus aller Welt (v. a. Weltpolitik, wenig Innenpolitik).
ab 16.03.1938:	NS-Berichterstattung, NS-Kundmachungen, andere Ressorts zurückgedrängt, bald jedoch weitergeführt: Rundschau, Lokales, Letzte Nachrichten, Sport, Vereinsnachrichten, Aus dem Lechtal/Tannheimertal/Zwischentoren, amtlicher Teil mutiert zu „Parteiamtlichen Mitteilungen".
ab Juli 1938:	Rundschau wird zu „Kunterbuntem Streifzug", außerdem „Was war los in der Welt", „Rund um die Welt", Leitartikel und Kundmachungen der BH Reutte.
1939:	Leitartikel (meist Parteithema), Deutsches Reich, Ausland, Lokale Nachrichten, Aus dem Bezirk, Tirol-Vorarlberg, Aus den Nachbargebieten, Vereinsnachrichten, Vermischtes, vermehrt Illustrationen, ab Juli wird Lokales zu „Aus Reutte und den Kreisen", ab 02.09.1939 Kriegsberichterstattung.

ab 26.06.1940: Ressortumgestaltung: Leitartikel, Kriegsberichte, Aus Reutte und den Kreisen, Allerlei, Feuilleton, Roman, Aus den Nachbargauen, Aus dem Gerichtssaal, Illustrationen, Große Schlagzeilen, wenig Inserate.

Bezugspreise: 'Außferner Bote'

ab Datum	Einzelpreise		Monatsabonnement	
1922	K	30,–	K	100,–
07.07.1922	"	50,–	"	200,–
01.09.1922	"	125,–	"	500,–
06.10.1922	"	400,–	"	1.600,–
1924	"	500,–	"	2.000,–
1925	"	800,–	"	3.000,–
01.02.1925	G	8	G	30
1926	"	10	"	40
05.10.1927	"	12	S	1,–
14.05.1938	RPf	8	RPf	67

Zeitungstyp nach Vertriebsart: vorwiegend Abonnement-Blatt

Auflagen: 1923: 2.000[79]; 1932: 2.100[80]; 1939: 1.400[81]

Beilagen: Ab 05.10.1922 erschien die „*Beilage zum Außferner Boten*", die vor allem eine Inseratenbeilage war, enthielt sie doch nur diverse Ankündigungen sowie Kleinanzeigen und Geschäftsinserate, der Umfang betrug vorwiegend zwei Seiten in selbem Format, Aufmachung wie der 'AB'. Am 03.12.1927 erschien erstmals die „*Unterhaltungs-Beilage*" zum 'Außferner Boten', ebenfalls in identem Format und gleicher Aufmachung. Diese enthielt vor allem Romane, Buntes Allerlei sowie Inserate auf zwei bis vier Seiten Umfang und bestand bis zur Einstellung des Blattes.

Jubiläumsausgabe: keine

1.7.2.2 Allgemeine Chronik

Am 15. Mai 1922 wurde der 'Ausferner Bote' erstmals von der Außferner Buchdruckerei Ges.m.b.H. als wöchentliches Amtsblatt für den Bezirk Reutte (Außferrn) ediert. Das Blatt war, wie in Abschnitt 1.7.0, S. 185–186 schon erwähnt, nicht wie der 'Bote für Tirol' reines Amtsblatt bzw. auch nicht von einem Amt herausgegeben, sondern eine Privatzeitung mit amtlichem Charakter, wie es auch aus dem Untertitel „Zugleich Amtsblatt des Bezirks Reutte" ersichtlich war. Schwerpunkt des amtlichen Teils waren Mitteilungen der Bezirkshauptmannschaft Reutte.

Das kleinformatige Blatt wollte nicht politisch wirken, konnte seine katholisch-konservative Einstellung jedoch nicht verbergen. Man wollte sich fern vom politischen Handeln halten, wollte sich nicht an eine politische Partei anlehnen, sondern seine Spalten ausschließlich dem mit schweren wirtschaftlichen Nöten kämpfenden „Ausfernervolk" öffnen.[82]

So standen amtliche Mitteilungen sowie wirtschaftliche und lokale Nachrichten auch im Vordergrund der Berichterstattung. Das zuvor erschienene 'Amtsblatt' der BH Reutte wurde eingestellt und die amtlichen Nachrichten von nun an im 'AB' zum Abdruck gebracht.

Schon bald mußte – angesichts der Inflation – der Bezugspreis erhöht werden: Man wies auf die allgemeine Teuerung hin und vermerkte, daß das Blatt trotzdem im Vergleich zu anderen Bedarfsartikeln noch günstig und die „allerbilligste Zeitung in ganz Österreich" sei.[83]

---

[79] Vgl. Präs. 1923/XII 78c1 (1. Quartal).
[80] Vgl. ALA-Zeitungskatalog 1932 a.a.O.
[81] Vgl. 'AB', 19.4.1939, Eigenangabe im Impressum.
[82] 'AB', Nr.1, 15.5.1922, S.1.
[83] Vgl. u. zit. 'AB', Nr.9, 2.7.1922, S.4.

Anläßlich einer neuerlichen Erhöhung des Preise auf 125 Kronen (Einzelnehmer) bzw. 500 Kronen (Monatsabonnement) wurde der Preis mit dem eines Eies verglichen, der damals bei 800 bis 1.000 Kronen lag.[84]

Trotz der allgemein schwierigen wirtschaftlichen Lage konnte sich das Blatt etablieren und behaupten und seinen Umfang ausbauen. Es war darauf bedacht, den Grenzverkehr (mit Bayern) positiv zu gestalten, da man von Österreich bzw. Tirol durch seine periphere Lage eher abgeschnitten war. Dabei bekannte man sich dazu, daß Deutschland und Österreich Leidensgenossen seien, daß beide Deutsche seien und einer Nation angehörten.[85]

Die Zeitung wirkte optisch sehr ruhig, gleichmäßig aufgemacht und bot damit ein solides Bild. Auch das Inseratenwesen entwickelte sich positiv (fast nur Geschäfts-, nur wenige private Kleinanzeigen). Am 5. Oktober 1927 wurde der Beginn eines neuen Abschnittes für die Zeitung angekündigt, die in Zukunft zweimal wöchentlich (Samstag und Mittwoch) erscheinen und jeweils Leitartikel zu aktuellen Tagesereignissen bringen werde.

Außerdem wurde die Wichtigkeit der katholischen Presse hervorgehoben, wozu ein Hirtenbrief zitiert wurde, der die Zeitungen zur Kanzel ausrief, um gegen die Gottlosigkeit zu predigen: Die Zeitung solle weiters die Aufbauarbeit für die katholische Lehre nicht vernachlässigen.[86] Außerdem wurde das Blatt um eine „Inseraten-Beilage" bereichert. Der Umfang wurde für die einzelne Ausgabe eingeschränkt, der amtliche Teil auf ca. eine Seite begrenzt, ab Dezember zusätzlich eine „Unterhaltungs-Beilage" herausgegeben.

Als Eigentümer, Verleger und Herausgeber zeichnete regelmäßig die Außferner Buchdruckerei Ges. m. b. H., in der Schriftleitung war jedoch ein reger Wechsel zu verzeichnen (v. a. 1927 und in den dreißiger Jahren).

Im November 1928 kam es zu einer handfesten Auseinandersetzung der BH Reutte und der Druckerei: Die Behörde schrieb an die Druckerei, daß sie ab sofort (15.11.) auf die Veröffentlichung der amtlichen Nachrichten im 'AB' verzichte und ersuchte, den Schriftsatz (Untertitel) „Zugleich Amtsblatt des Bezirks Reutte" im Titel des Blattes wegzulassen.[87] Der Grund dafür wurde vom Landesregierungsrat und Bezirkshauptmann Kravogl angeführt: Der AB habe des öfteren Funktionäre „unter Überschreitung des Rahmens einer vernünftigen Kritik" angegriffen und zwar in einer Weise, die mit dem Charakter eines Amtsblattes unvereinbar sei. Eine Beibehaltung des 'AB' als Amtsblatt sei daher unratsam und man werde eine geeignetere Lösung in der „Amtsblattfrage" finden. Als weiterer Kritikpunkt wurde dabei angeführt, daß die Druckerei auch den Druckauftrag für das 'Reuttener Volksblatt' übernommen habe, welches sich, so Kravogl, einer „Revolverjournalistik" verschrieben habe und dessen Redakteur Einhauer dreimal vorbestraft sei.[88]

In der Folge beschwerte sich die Außferner Buchdruckerei bei der Landesregierung über die „Boykottmaßnahmen" Kravogls, der u. a. einer Maria Ihrenbergen eine Voll-Konzession erteilt habe, um ein eigenes Blatt herausgeben zu können. Die Druckerei ersuchte daher das Präsidium, auf die BH einzuwirken, um den Boykott aufzuheben und das „Amtsblatt" wie bisher im 'AB' weiterführen zu können.[89] Auch die BH wandte sich in einem Schreiben (23.11.) an die Regierung in Innsbruck mit dem Vorwurf, der 'AB' habe das „Amtsblatt" nur mitgedruckt, um dadurch eine höhere Auflage zu erreichen. Außerdem wurde dem Druckerei-Inhaber Knittel unterstellt, ein „vorbestrafter Sexualverbrecher" (!) zu sein. Er, Kravogl, sehe keine Veranlassung, den 'AB' als Amtsblatt weiter zu verwenden.[90]

Die Landesregierung schrieb dazu an die BH, daß sie den Schritt, die Benützung des 'AB' als Amtsblatt „unvermittelt einzustellen", für unvernünftig halte, da die politischen Verhältnisse in Reutte schon

---

[84] 'AB', 1.9.1922.
[85] 'AB', Nr. 1, 3.1.1924, S. 1.
[86] 'AB', Nr. 41, 5.10.1927, S. 1.
[87] Präs. 1928/XII 60/2.807.
[88] Vgl. u. zit. ebd.
[89] Präs. 1928/XII 60/2.807/1.
[90] Vgl. u. zit. Präs. 1928/XII 60/115/3.

instabil seien und dieser Schritt zu weiterer Instabilität beitragen würde. Man solle sich das Ganze noch einmal überlegen (gez. Stumpf, LH).[91]

Schließlich kam man zu einem Übereinkommen: 1. Der 'AB' (Untertitel nun „Organ des Bezirks Reutte") räumte der BH die Möglichkeit ein, bei Bedarf eine Seite für Verlautbarungen (unentgeltlich) zur Verfügung zu stellen. 2. Die BH sicherte zu, amtliche Nachrichten weiterhin an den 'AB' zu übermitteln. 3. Der 'AB' verpflichtete sich, „über das Maß einer vernünftigen Kritik hinausgehende Angriffe" auf die Landesregierung, die BH etc. zu vermeiden.[92]
In der Folge wurde ab 1929 der amtliche Teil als „Von der Amtstafel der BH" betitelt.

Die Anzeigen aus dem Bezirk sowie aus Deutschland wurden direkt von der Verwaltung des Blattes entgegengenommen, jene von außerhalb des Bezirks von Friedrich Kratz (Annoncenbüro Innsbruck). Aufmachung, Umfang etc. blieben auch in den beginnenden dreißiger Jahren relativ konstant, unterbrochen nur von unwesentlichen Änderungen in Satz, Kopfgestaltung und Ressortgliederung.

Im März 1933 wurde neben der breiten Lokalberichterstattung (auch aus dem angrenzenden bayerischen Raum) v. a. von der Parlamentskrise ausführlich berichtet, welche für die Zeitung vorerst keine sichtbare Auswirkung hatte, war sie doch katholisch ausgerichtet und hatte sich in diesen Jahren einer relativ objektiven – im Sinne von amtstreuen – Berichterstattung bemüßigt.
Im Mai übte der 'AB' jedoch anläßlich eines Presseprozesses (gegen das eigene Blatt) Kritik an der eingeschränkten Presse- und Kritikfreiheit, welche sich nicht halten würde und der Öffentlichkeit zum Schaden gereiche.[93]
Im amtlichen Teil erschienen vermehrt Kundmachungen des nunmehrigen Dollfuß-Regimes, wie z. B. Aufrufe zum Beitritt zur Vaterländischen Front und lange Berichte über deren Kundgebungen und Ziele. Das äußerliche Bild der Zeitung wurde beibehalten, inhaltlich war es zum Bezirksorgan des Ständestaates geworden.

Anläßlich der Februarkämpfe von 1934 wurde verstärkt die Ablehnung des 'AB' gegenüber der Sozialdemokratie, in der Folge jedoch vor allem gegenüber dem Nationalsozialismus hervorgekehrt.
Große Berichte über den NS-Putsch und die Ermordung Dollfuß' zeigten weiters die antinationalsozialistische Tendenz der Zeitung, die ihr vom Ständeregime aufgezwungen wurde, hatte sich das Blatt doch noch in den zwanziger Jahren in deutschfreundlicher Richtung geäußert. Nun war es jedoch ganz in das Fahrwasser der vaterländisch geführten BH geraten, welcher es nach dem Mund zu schreiben hatte.
Nachdem es schon zuvor nicht als sehr attraktives Organ bezeichnet werden konnte, wurde es nunmehr zum reinen Verlautbarungsorgan ohne Konturen degradiert. Darunter litt auch das Anzeigenwesen, das nun stetig zusammenschrumpfte.

Wohl um Neuerungen bzw. Verbesserungen des Blattes zu signalisieren, wurde am 29. 2. 1936 der Titel in 'Neuer Außferner Bote' geändert (Numerierung mit 1 begonnen) und mehrere Ausgaben in verstärkter Auflage ediert.[94] In dieser Ausgabe zeichnete auch erstmals Josef Singer für die Schriftleitung verantwortlich, welcher sich nach dem Anschluß als illegaler Nazi erweisen sollte. Im Laufe des Jahres 1937 wurde die politische Berichterstattung weiter in den Hintergrund gedrängt, statt dessen wurden unverfänglichere Rubriken wie Sport und Kurzmeldungen forciert. Die innenpolitischen Berichte waren v. a. geprägt von den Lobgesängen auf Schuschnigg und seine Politik. Trotzdem langten im Innsbrucker Präsidialbüro Beschwerden über die Berichterstattung des 'AB' ein.[95]

Im Jänner 1938 betonte das Blatt noch, daß ein Anschluß an das Deutsche Reich nicht nötig sei. Im Februar folgten große Berichte zum Treffen Hitler-Schuschnigg am Obersalzberg, in denen schon ein

---

[91] Präs. 1928/XII 60/2.917/7.
[92] Präs. 1928/XII 60/115/5.
[93] 'AB', Nr. 38, 17. 5. 1933, S. 3.
[94] Vgl. 'AB', Nr. 13/14 bzw. Nr. 1, 29. 2. 1936. Mit dem neuen Titel wurde auch die Numerierung neu begonnen.
[95] Vgl. Präs. 1937/XII 60/679 und 1.024.

Wandel in der Bewertung der Begebenheiten erkennbar wurde: „Zwei große Männer, Hitler, der Schöpfer des neuen Deutschlands, und Schuschnigg, der Mitbegründer und Lenker des neuen Österreich, reichten sich zum erstenmal die Hände zum Gruß."[96] Man vermeinte zu wissen, daß sich in der Innenpolitik nichts ändern würde und vertraute auf das Juli-Abkommen. Am 19.02. wurde das neue, unter Hitlers Druck entstandene Kabinett vorgestellt. Dazu schloß ein Artikel – ob naiv, vorausschauend oder unter der Zensur zustandegekommen, sei dahingestellt – wie folgt: „Möge also der 12. Februar für alle Zukunft das bringen, was die Gesamtinteressen der Politik und Wirtschaft befriedigt, damit unser deutsches Volk, hüben wie drüben, wieder Bruder wird zu ewigem Frieden."[97]

Die letzte „österreichische" Ausgabe erschien am 9. März 1938, die Nr. 21 vom 16. März war bereits gleichgeschaltet und man titelte „Die Knechtschaft ist vorbei", wobei sich Schriftleiter Singer nunmehr offen mit seiner bisher illegalen NS-Gesinnung hervortat und Schuschnigg und dessen Österreich abkanzelte. Er schrieb von der (von Schuschnigg proklamierten) „ungesetzlichen" Volksbefragung, vom vergangenen bösen Traum und vom kläglichen Fall des Kanzlers; gestern sei man noch geknebelt und unterdrückt gewesen, heute jedoch frei und froh.[98]

Dann gab Singer unumwunden zu, als illegaler Nazi gewirkt zu haben: „In stiller Arbeit und in stetem Kampfe stand bisher auch euer Zeitungsmann in den Reihen jener, die man 'Unentwegte' scholt. Es ist mir daher ein besonderes Bedürfnis, allen, besonders meinen alten und treuen Freunden aus der Kampfzeit für das aufrichtige Vertrauen zu danken!"[99]

Es folgten Berichte über den Ablauf des Anschlusses, die politische Säuberung, die neue Regierung, den Führer und die „Freudenkundgebungen" im ganzen Bezirk.

Bezüglich der Aufmachung war man bedacht darauf, Kontinuität zu vermitteln, lediglich der Titel wurde wieder auf 'Außferner Bote' verkürzt; inhaltlich war der 'AB' unmittelbar nach der Annexion gleichgeschaltet worden, die Leitartikel wie „Am Ziel" oder „Wir leben wieder"[100] vermittelten diese Tatsache.

U. a. mit der Bischofserklärung Innitzers wurde fortlaufend für die Pro-Anschluß-Abstimmung geworben, deren 99,3%-Ergebnis für den Anschluß im Bezirk Reutte mit Genugtuung kommentiert wurde. Nach der Abstimmung und der steten Propaganda dafür kehrte man wieder zu den üblichen Ressorts zurück, jedoch blieb die NS-Berichterstattung vorrangig – u. a. wurde auch der amtliche Teil des Blattes zu „Parteiamtlichen Mitteilungen".

Die Inhaber der Buchdruckerei, die Brüder Knittel, wurden aus dem Unternehmen gedrängt, den Verlag und teilweise die Schriftleitung des Blattes übernahm Franz Werk.

1939 wurden „Grundsätze für die Zusammenarbeit mit der Presse" veröffentlicht: Der Vierjahresplan fordere ein ständiges Mitgehen und die Arbeit des Volkes in Richtung des gesteckten Ziels. Doch müsse man unterrichtet sein über diese Ziele und Aufgaben, weshalb es einer engen Zusammenarbeit der Dienststellen mit den Redakteuren und Verlegern bedürfe. Man müsse billigen Anzeigenplatz für amtliche Nachrichten zur Verfügung stellen, es wurde Papiersparsamkeit verlangt, und im redaktionellen Teil sollten Hinweise und Stellungnahmen zu amtlichen Nachrichten enthalten sein, um eine stärkere Beachtung dafür zu erzielen. Dieser öffentliche Auftrag der Schriftleiter verpflichte sie zu bedingungslosem Einsatz für den Staat.[101]

Verstärkt wurde nun auch Eigenwerbung betrieben – nicht nur für das Blatt an und für sich, sondern auch für das Zeitungslesen im allgemeinen, v. a. um auf die schlechte Lage hinzuweisen, in der man sich befände, würde man keine Zeitung lesen.

Am 2. 9. 1939 begann die Kriegsberichterstattung, die der 'AB', anders als Amtsblatt 'Bote für Tirol', in seiner Eigenschaft als Bezirksorgan relativ ausführlich „pflegte"; 1940 ordnete man der Presse und

---

[96] 'AB', Nr. 13, 16. 2. 1938, S. 1.
[97] 'AB', Nr. 14, 19. 2. 1938, S. 1.
[98] Vgl. 'AB', Nr. 21, 16. 3. 1938, S. 1.
[99] Ebd.
[100] Vgl. v. a. 'AB', Nr. 22, 19. 3. 1938, S. 1.
[101] 'AB', Nr. 3, 1939, S. 5.

damit auch dem 'AB' die Aufgabe als „geistige Wehrmacht" zu. Dazu wurde Reichspressechef Dietrich zitiert: Die Zeitung sei die geistige Wehrmacht, der deutsche Leser der „bestinformierte" Leser der Welt.[102]

Am 26. Juni 1940 ging man zum repräsentativen Großformat über, die Aufmachung wurde lebhafter, öfter illustriert, die Schlagzeilen auffälliger gesetzt. Gedruckt wurde das Blatt nun in Füssen bei B. Holdenried's Buchdruckerei der Gebrüder Keller, der Verlag blieb jedoch bei F. Werk. „An unsere Leser! Schriftleiter und Mitarbeiter sind einberufen (zum Heer, Anm.). Wir bitten um Verständnis für die neue Maßnahme. Die Zeitung erscheint in einem neuen, größeren Format (...)."[103]

Am 26.4.1941 wurden die Inserenten darauf hingewiesen, daß ab diesem Tag das Blatt wieder in der eigenen Reuttener Druckerei hergestellt werde, nachdem es im Juli 1940 in die benachbarte Druckerei ausgewichen war, womit die Anzeigenannahme wieder (zeitlich) länger möglich sei.[104]
In der vorletzten Ausgabe wurde noch unbeirrt von deutschen Siegen berichtet und behauptet, „Deutschland kämpft und siegt für Europa". Hergestellt wurden die beiden letzten Nummern wieder bei Holdenried in Füssen.[105]

Die letzte Ausgabe beinhaltete v. a. Kriegsberichte mit einer Landkarte von der Ostfront sowie lokale Meldungen, den Fortsetzungsroman und einige wenige Inserate; die Papierqualität war merklich schlechter geworden. Auf Seite drei wandte man sich an die Leser: „Bedingt durch kriegswirtschaftliche Verhältnisse, die stärkste Konzentration der Kräfte erfordern, stellt der 'Außferner Bote' mit vorliegender Ausgabe sein Erscheinen ein. Das Verlagsrecht wurde vom NS-Gauverlag in Innsbruck erworben, der damit die zeitungsmäßige Versorgung des Kreisgebietes Reutte übernommen hat. Nach 20jähriger heimattreuer Arbeit (...) ist es uns ein aufrichtiges Bedürfnis, vor allem unseren zahlreichen Mitarbeitern und Inserenten für ihre wertvolle Unterstützung (...) zu danken. Den gleichen Dank zollen wir unseren Lesern (...). Die Stunde erfordert aber kein langes Rückwärtsblicken oder Stillstehen. Vorwärts heißt die Losung! Und so gilt es, die uns bewiesene Treue auf den Gauverlag zu übertragen und zu bekunden, daß auch im Kreis Reutte die Erfordernisse der Gegenwart richtig verstanden und gefördert werde."[106] Gezeichnet war dieser Abschiedsartikel von Verlag und Schriftleitung mit „Heil Hitler".

Damit war von den Nationalsozialisten ein weiteres Kapitel lokaler Tiroler Pressegeschichte geschlossen worden. „Nötig" war dies durch Einsparungsmaßnahmen zugunsten der nationalsozialistischen Kriegswirtschaft geworden.

---

[102] 'AB', Nr. 18, 2.3.1940, S.1.
[103] Vgl. u. zit. 'AB', Nr. 51, 26.6.1940, S.4.
[104] Vgl. 'AB', Nr. 26, 2.4.1941, S.3.
[105] Vgl. 'AB', Nr. 51, 2.7.1941, S.1.
[106] 'AB', Nr. 52, 5.7.1941, S.3.

1.8 Alpenland

1.8.1 Daten zur äußeren Struktur

Titel: Alpenland[1]

Untertitel:
1920:	Morgenblatt / Abendblatt (Unter-Untertitel: erscheint als Morgen- und Abendblatt, Sonntag: Sonntagsblatt)
ab 24.10.1921:	An Montagen: Montagsblatt, Ausgabe 9.00 Uhr
ab 20.11.1921:	An Sonntagen: Sonntagsblatt mit Beilage „Tiroler Warte"
ab 01.01.1922:	Morgenblatt, 6.00 Uhr, Abendblatt, 15.30 bzw. 16.00 bzw. 16.30 Uhr, Montagsblatt, 9.00 Uhr, Sonntagsblatt (mit Beilage „Tiroler Warte"), Depeschenblatt (Sonntag, Montag), jeweils als Unter-Untertitel: Erscheint als Morgen- und Abendblatt
ab 25.07.1922:	Erscheint täglich mit Ausnahme der Sonn- und Feiertage
ab 18.09.1922:	kein Untertitel (nur Adresse). In der Folge – mit Übernahme des Blattes durch die Großdeutsche Volkspartei: Wochenschrift der Großdeutschen Volkspartei für Tirol

Erscheinungsort: Innsbruck

Erscheinungsdauer: 16.03.1920 bis 08.06.1934
von 03. bis 18.09.1922 nicht erschienen (Buchdruckerstreik)

Erscheinungsweise:
1920:	Zwölfmal wöchentlich/Morgenblatt 6.00 Uhr, Abendblatt 16.30 Uhr, Samstag u. Sonntag nur je eine Ausgabe (morgens), sonntags zwischen 9.00 und 10.00 Uhr
ab 01.07.1922:	Sechsmal wöchentlich/Abendblatt eingestellt (nun 10.30 Uhr)
ab 18.09.1922:	Einmal wöchentlich (Freitag/Samstag)

Umfang: (in Seiten)

Bei dem anfänglichen durchschnittlichen Umfang des Morgenblattes von 12 Seiten waren ca. 3 1/2 bis 4 Seiten Inserate, beim Abendblatt nur ca. 1/3 bis 1/2 Seite. Als sich der Umfang allgemein reduzierte (6–8 Seiten) nahm auch der Anzeigenumfang auf ca. 1 1/2 Seiten ab, beim Abendblatt waren fast keine Inserate mehr (auf 4 Seiten) enthalten. In der Zeit der Abstimmung über den Anschluß (bis April 1921) dehnte sich der Umfang noch einmal aus (auf ca. 14 Seiten), 1922 ging er auf ca. 6–10 Seiten (davon 2–3 Seiten Inserate) zurück, ehe mit der Umstellung auf wöchentliches Erscheinen das Blatt wieder zwischen 12 und 16 Seiten (davon 4 Seiten Inserate) umfaßte, dann jedoch auf lediglich 4 bis 6, bis 1934 auf 4 Seiten zusammenschmolz.

Zeit	Morgenblatt	Abendblatt
1920	12	4–6
Samstag	2	8
1921	6–8	4
April 1921	10–14	4
Juli 1922	6–10	
ab 18.9.1922	12–16	(Wochenzeitung/Freitag)
1926	4–6	
1934	4	

---

[1] In der Folge mit 'AL' abgekürzt.

Format: Kanzlei-/Großformat: 47,2 × 31 cm
                ab 05.01.1923:   38,2 × 26,2 cm
                ab 07.10.1926:   wieder altes Format (s. o.)

Satzspiegel: 42 × 27,7 cm
                (Änderung parallel zu Format – als Wochenzeitung jedoch nicht mehr erhoben)

Umbruch: 3 Spalten à 9 cm / Spaltentrennlinien (Änderung s. o.)

Schriftart (Brotschrift): Fraktur

Zeitungskopf: Höhe 1920:   14 cm
                ab 22.01.1921:   13 cm
                ab 01.07.1922:   11 cm
                ab 25.07.1922:   11,9 cm
                (ab 1923 – als Wochenzeitung – nicht mehr erhoben)

Der Kopf war einfach gestaltet, der Anfangsbuchstabe klein gesetzt und mit einem Edelweiß verziert. Enthalten waren noch Untertitel, Herausgeber, Druckereiadresse, in der Unterzeile Jahrgang, Ort, Datum und Numerierung. Der Kopf änderte sich über die Jahre nur unwesentlich.

Gesinnung/politische Richtung: Großdeutsch/deutschnational, antiklerikal, Anschlußorgan, entgegen der ursprünglichen Intention in den dreißiger Jahren ins NS-Fahrwasser geraten.

Impressum:
  1920:   Verantwortlich für die Schriftleitung des 'Alpenland': der Herausgeber (Gilbert In der Maur), für den Anzeigenteil: Dir. E. R. Seidl, Druck und Verlag: Deutsche Buchdruckerei GesmbH, Innsbruck, Museumstraße 22.
  ab 08.01.1921:   Verantw. f. d. Schrifleitung des 'AL': Arthur Hradeczky
  ab 01.10.1921:   Für den Anzeigenteil verantw.: J. Groh
  ab 16.11.1921:   Für die Schriftl. verantw.: der Herausgeber Gilbert In der Maur
  ab 25.07.1922:   Für die Schriftl. verantw.: Dr. phil. und jur. Walther Pembaur, Herausgeber, Druck und Verlag: Deutsche Buchdruckerei GesmbH
  ab Nr. 353, 1922:   Schriftleiter: Dr. Alexander Schneider
  ab 06.09.1924:   Verantw. Schriftleiter: M. Joksch
  ab 04.10.1929:   Verantw. Schriftl.: Sepp Oppenauer
  ab 17.06.1933:   Verantw. Redakteur: Herbert Rehwald

Ressorts/Inhalt:
  1920:   Internationale Politik, Politik, Feuilleton (1. Seite „unterm Strich"), Drahtnachrichten, Deutsch-Südtirol, Volkswirtschaft, Land und Leute, Kirchliche Nachrichten, Vorarlberg, Volkswohlfahrt, Theater und Kunst, Sport, Tirol und der Luftverkehr, gewerbliche Anzeigen, Kleinanzeigen, Tagesneuigkeiten.
                        Im Laufe der nächsten Nummern wurden größere Rubriken eingeführt: Hochschulzeitung (geleitet von cand. med. Winfried Krainz), Frauenzeitung (Auguste Manhard), Alpine Zeitung, Schulzeitung (geleitet von Direktor Wilhelm Verninger), Kriegsbeschädigtenzeitung (geleitet vom Invaliden Hans Bator), Völkische Bewegung (Direktor Hans Marek).[2]
  ab Nr. 11:   Rubrik „Deutsches Reich", Turnen, Sport und Alpines, Gericht
  ab Feb. 1921:   Land und Leute, Tagesbericht, Alpine Mitteilungen, Fremdenverkehr, Gericht, Kunst und Wissenschaft, Großdeutsche Volkspartei, Ausland, Deutsch-Österreich.

---

[2] Vgl. 'AL' 1921 und STOISAVLJEVIC a. a. O., S. 468a u. b.

II/1. Die einzelnen Tageszeitungen von 1914 bis 1947

	Vorwiegende Inhalte waren Berichte und Propaganda für den Anschluß Tirols an Deutschland, v. a. in den Monaten vor der Volksbefragung.
1922:	Tiroler Presserundschau (Auszüge aus 'IN', 'TA', 'VZ' u. a.). Als Wochenzeitung: Politische Wochenschau – sonst keine größeren Veränderungen, nur Anpassung an das neue Erscheinungsintervall.

Zeitungstyp nach Vertriebsart: vorwiegend Abonnement-Blatt

Auflagen: 1920: 20.000[3]; 1921: 13.000; 1922: 10.000; 1923: 2.000–3000; 1924: 2.500; 1925: 1.200[4] bzw. 1.900[5]; 1926: 600[6]; 1932: 700[7]

Bezugspreise: 'Alpenland'

ab	Einzelpreise		Monatsabonnementpreise		
Datum	morgens	abends	loco/abholen	Zust. Bote	Zust. Post
1920	H 50	H 30	K 9,50		K 11,–
01.08.1920	" 80	" 40	" 18,–	K 21,–	" 23,–
01.10.1920	K 1,–	" 40	" 20,–	" 22,–	" 23,–
01.02.1921	" 1,50	K 1,–	" 30,–	" 34,–	" 35,–
01.05.1921	" 3,–	" 1,50	" 47,–	" 55,–	" 55,–
15.08.1921	" 4,50	" 2,50	" 47,–	" 55,–	" 55,–
01.09.1921	" 4,50	" 2,50	" 62,–	" 70,–	" 73,–
01.10.1921	" 5,–	" 2,50	" 85,–	" 100,–	" 100,–
01.11.1921	" 8,–	" 3,50	" 85,–	" 100,–	" 100,–
01.12.1921	" 15,–	" 8,–	" 250,–	" 280,–	" 280,–
01.01.1922	" 30,–	" 15,–	" 500,–	" 600,–	" 600,–
01.04.1922	" 40,–	" 20,–	" 900,–	" 980,–	" 980,–
01.06.1922	" 60,–	" 30,–	" 1.100,–	" 1.200,–	" 1.200,–
01.07.1922	" 100,–		" 1.800,–	" 1.900,–	" 1.900,–
26.08.1922	" 600,–		" 7.000,–	" 7.500,–	" 7.500,–
01.09.1922	" 1.000,–		" 10.000,–	" 11.000,–	" 11.000,–
18.09.1922	" 1.000,–		Als Wochenzeitung 1/4jährlich		" 10.000,–
Ende 1924	" 1.500,–		Als Wochenzeitung 1/4jährlich		" 15.000,–
1926	G 15		Als Wochenzeitung 1/2jährlich		S 3,–

Beilagen: 07.10.–12.10.1920: „*Wahl-Zeitung*": Beilage der Großdeutschen Volkspartei für Tirol – 2 Seiten Wahlpropaganda, herausgegeben von der Geschäftsstelle der Partei. Ab 02.11.1920: „*Landes-Rundschau*": Beilagenähnliche Großrubrik in der Mitte des Blattes mit eigenem Kopf, 4 Seiten, nur den Ausgaben für Tirol und Vorarlberg beigegeben, v. a. Nachrichten aus Tirol. „*Tiroler Warte*": ab 20.11.1921 – Beilage zum Sonntagsblatt, Halbformat, zweispaltig. Die Inhalte waren vorher als Rubriken erschienen und wurden nun in dieser Beilage zusammengefaßt (Erzählungen, Turnen und Sport, Frauen-, Schul- und Kriegsbeschädigtenzeitung, Nachrichten der Hochschule Innsbruck), ab 25.07.1922 der Samstagausgabe beigelegt.

Jubiläumsausgabe: keine

---

[3] Vgl. Präs. 1920/XII 78c4 (1. Quartal), bis 1924 siehe ebd.
[4] Vgl. ALA-Zeitungskatalog 1925 a. a. O.
[5] Vgl. Präs. 1925/X 41 (1. Quartal).
[6] Vgl. Präs. 1926/XII 60 (1. Quartal).
[7] Vgl. ALA-Zeitungskatalog 1932 a. a. O.

1.8.2 Allgemeine Chronik

Am 16. März 1920 wurde erstmals das 'Alpenland' als zweimal täglich erscheinende Tageszeitung in Innsbruck ediert. Es war praktisch ausschließlich zur Propagierung des Anschlußdenkens (Tirols an Deutschland) mit Hilfe der Großdeutschen Volkspartei für Tirol unter Dr. Sepp Straffner und mit großzügiger finanzieller Unterstützung deutscher Kapitalgeber gegründet worden. Diese Zeitung kann heute als typisches Beispiel dafür angesehen werden, wie mit ausländischem Kapital und Wirtschaftsmacht in die österreichische Parteien- und Presselandschaft eingegriffen wurde, um deren (also der deutschen Kapitalgeber, Anm.) Interessen zu vertreten und zu artikulieren.
Von Beginn an wurde ein enormer Werbe- und Propagandaaufwand betrieben, um das Blatt im Land einzuführen und zu verankern; so wurden die Ausgaben bis 31. März als kostenlose Abonnements ins Haus geliefert.

Im Willkommensgruß der Deutschfreiheitlichen (bzw. Großdeutschen) Partei für Tirol hieß es: Die Partei begrüße das 'Alpenland' als Mitkämpferin für die staatsrechtliche Einigung aller Deutschen. Die Partei „weiß sich eins mit dem 'Alpenland' in der unverrückbaren Forderung des Anschlusses Tirols an das Deutsche Reich, gleichgültig welche Regierung dort das Steuer führt".[8] Der Anschlußgedanke müsse mit allen verfügbaren Mitteln gefördert werden: „Möge unter Beihilfe des 'Alpenland' die Erlösung aus wirtschaftlicher und politischer Not bald gelingen."[9]

Das Morgen- und Abendblatt unterschied sich zwar im Umfang, nicht (resp. fast nicht) jedoch bezüglich Aufmachung und Ressortverteilung etc., sodaß die beiden Ausgaben ein einheitliches Ganzes darstellten (auch einheitlich durchgehende Numerierung) und damit im Abonnement auch nicht einzeln (nur als Morgen- bzw. als Abendblatt) bezogen werden konnten.

Hier sei auf die interessante Vorgeschichte und die Umstände der Gründung des Anschlußorgans eingegangen:
Vertreter des deutschen Großkapitals bemühten sich seit längerem im geheimen, die österreichischen Anschlußbestrebungen zu stärken. So flossen – in die verschiedenen Bereiche – bedeutende private Geldmittel über die Grenze, um die Anschlußstimmung zu fördern.[10] Doch auch von staatlicher Seite, v. a. vom Auswärtigen Amt, wurden diese Bestrebungen unterstützt.
Die deutsche Regierung entsandte den seit Februar 1919 in Wien befindlichen Diplomaten Dr. Otto Berger als Sonderbeauftragten nach Tirol, der – getarnt als Jurist und Geschäftsmann – die heikle Aufgabe der Stärkung der Anschlußbewegung und der Vorbereitung einer Volksabstimmung übernahm. Er verwendete bedeutende Summen zur Beeinflussung der Presse und zur Gewinnung einzelner Politiker aus dem Geheimfonds des Berliner Außenministeriums. Mit seiner hartnäckigen Propagandatätigkeit (vorerst auch als Leitartikler u. a. in der 'Tiroler Bauern-Zeitung') verschaffte er sich innerhalb kürzester Zeit große Geltung in Tirol.[11]
Seine Arbeit mag auch Einfluß auf die anderen Zeitungen und Politiker aller Parteien in Tirol gehabt haben, die sich ab 1919 immer vehementer für den Anschluß stark machten, doch v. a. stellte sich die Großdeutsche Partei voll in den Dienst der Anschlußbewegung.[12]

Außer Dr. Berger versuchte das Auswärtige Amt auch andere Personen zu der Aufgabe heranzuziehen, wobei es v. a. in Rittmeister Gilbert In der Maur einen geeigneten Mann fand. In der Maur, 1887 in Vaduz geboren, wurde nach dem Krieg Journalist, spielte von 1918–1933 eine aktive Rolle in der Anschlußbewegung und in den der Nazibewegung nahestehenden radikalen großdeutschen Richtungen.[13] Später arbeitete er als Berichterstatter des Zentrums-Blattes 'Berliner Zeitung', im Zweiten Weltkrieg war er bei der Wehrmacht in Wien, 1959 starb er in Klagenfurt.[14]

---

[8] 'AL', Nr. 1, 16. 3. 1920, S. 3.
[9] Ebd.
[10] Vgl. KEREKES a. a. O., S. 27.
[11] Ebd., S. 118–120.
[12] Vgl. GEHLER in RATHKOLB/DUSEK/HAUSJELL a. a. O., S. 423.
[13] KEREKES a. a. O., S. 120.
[14] Vgl. ebd. und STOISAVLJEVIC a. a. O., S. 468.

Er war es, der im April 1919 dem Auswärtigen Amt eine Aufzeichnung zukommen ließ, die die Wichtigkeit der Gründung eines anschlußfreundlichen Blattes in Tirol für die außenpolitischen Interessen Deutschlands darlegte. „Ziel der geplanten Zeitung", setzte er auseinander, wäre es, „in Tirol Sprachrohr der deutschen nationalen Richtung zu sein, in ausdauernder Arbeit die ententefeindlichen Massen der christlichsozialen Partei zu gewinnen und gleichzeitig zu versuchen, auch die Sozialdemokraten mit den Ideen des großdeutschen Zusammenhalts zu durchdringen".[15]

Am 26. Juni teilte der zuständige Mitarbeiter im Auswärtigen Amt Gesandtschaftsrat Freiherr von Grünau mit, daß die Presseabteilung der Wilhelmstraße zur Gründung der geplanten Zeitung 4 Mio. Kronen bereitzustellen geneigt sei.[16] In dieser Zeit – v.a. bis zum Sommer 1921 – war In der Maur in der Tiroler Anschlußpolitik hochaktiv und treibende Kraft.

Dies waren die Anfänge der politischen Einflußnahme, nun zur wirtschaftlichen Seite: Der Obmann der Großdeutschen, Dr. Sepp Straffner, trat – als man von der österreichisch-ungarischen Monarchie seiner Meinung nach nur ein wirtschaftlich unmögliches Gebilde übriggelassen hatte – mit seinen Parteifreunden an seine Bekannten im Deutschen Reich heran, um in einen Gedankenaustausch wegen des Anschlusses einzutreten. V. a. sein Freund Dr. Gustav Stresemann brachte Straffner mit einflußreichen Wirtschaftskreisen in Verbindung.[17] Stresemann war Schöpfer der Verbände der verarbeitenden deutschen Industrie und Reichstagsabgeordneter der nationalliberalen Partei. In den im Weltkrieg entstandenen sogenannten „Mittwoch-Gesellschaften" lernte er viele hohe Persönlichkeiten wie Grundherren, Industrielle wie Hugo Stinnes und Alfred Hugenberg, Diplomaten, Bankiers (wie z.B. den Direktor der Deutschen Bank, Mankiewics), Politiker, Militärs und Journalisten kennen.

Als Stresemann 1918 eine führende Rolle in der zur Gründung anstehenden „Deutschen demokratischen Partei" vorenthalten wurde, gründete er selbst die (liberale) „Deutsche Volkspartei", die im sofort erstellten Programm u.a. den Anschluß Österreichs forderte. Am 15.12.1918 wurde er Vorsitzender der neuen Partei.[18] Zu seinem engsten Mitarbeiterkreis gehörte auch Hugo Stinnes, der u.a. Aktien der Österreichischen Alpine Montan-Gesellschaft innehatte. In diesem Kreis müssen die reichsdeutschen Geldgeber für die Tiroler Zeitung 'AL' zu suchen sein – eine Tatsache, die heute zweifelsfrei feststeht. Zur Zeit der Vorbereitung und Gründung des Blattes wurde dies jedoch verschleiert.

Somit wurde die ehemalige Deutsche Druckerei in der Museumstraße 22 erworben. Einige ehemalige Offiziere meldeten sich zur Mitarbeit. Außerdem wurde mit Hilfe der Deutschen Bank, des Landes Tirol und des Tiroler Industriellenverbandes eine Bank gegründet. Damit waren zwar nicht alle Gründungsprobleme überwunden, die Herausgabe des 'AL' mit dem Charakter eines Parteiblattes der Großdeutschen Volkspartei jedoch gelang.[19]

Die erworbene Druckerei war 1865 als Buchdruckerei F.J. Graßner & Co. errichtet worden, um 1888 ging sie auf A. Edlinger über, seit 1908 wurde sie als „Deutsche Buchdruckerei GesmbH" geführt.

Die 'Innsbrucker Zeitung' schrieb anläßlich der Einstellung des 'AL' im Juli 1934: Das 'AL' sei „monatelang" allen Innsbruckern gratis ins Haus zugestellt worden. Es habe ein „Riesenkapital" zur Verfügung gehabt und hätte es sich leisten können, „nicht weniger als ungefähr 15 Redakteure" ständig zu beschäftigen und sich einen Auslandskorrespondentenstab, der sehr viel koste, zu halten.

Außerdem gehörte eine große Radioempfangsanlage – in dieser Zeit (wohl ab Mitte der zwanziger Jahre, Anm.) eine Einrichtung, die nur wenige große Weltblätter besaßen – zur Ausstattung. Für die Gründung und Herstellung seien reichsdeutsche Mittel in der Höhe von „5 Millionen Goldmark" aufgewendet worden. Zur Person In der Maurs stellte man fest, daß er später Korrespondent der 'Germania' (s.o.) in Wien und Vertrauensmann für die Nachrichtendienste aus den Oststaaten gewesen sei, sich dann für den Nationalsozialismus interessiert und für Hitler in Wien Spähdienste geleistet hätte.

---

[15] KEREKES a.a.O., S. 120.
[16] Ebd.
[17] STOISAVLJEVIC a.a.O., S. 466, lt. Brief Straffners an den Verfasser vom 21.6.1952.
[18] Vgl. ebd., S. 466 ff., lt. Walter Görlitz: „Gustav Stresemann", Heidelberg 1947.
[19] Ebd., S. 269 und 466.

Es sei schließlich ein erbitterter Konkurrenzkampf zwischen 'IN' und 'AL' ausgebrochen, war es dem 'AL' doch innerhalb von zwei Monaten gelungen, 10.000 Abonnenten zu gewinnen.[20]
Zu diesem Konkurrenzkampf: Schon vor dem Erscheinen des 'AL' hatten die 'IN' eine Aktion initiiert und unterstützt, in der die Bevölkerung aufgerufen wurde, einer freiwilligen Volksabstimmung für den Anschluß Tirols an Deutschland zuzustimmen (dies geschah am 6.3.1920, also zehn Tage vor Erscheinen des 'AL'). Laut 'IN' waren bis Ende März bereit 100.000 Unterschriften gesammelt worden. Landeshauptmann Schraffl merkte dazu an, daß diese Aktion weniger durch ihre Zielsetzung auffalle, sondern stärker als „Konkurrenzmanöver gegenüber dem nächstens hier erscheinenden Tagblatt 'AL' betrachtet" werden könne.[21]

Von den 'IN' war demnach eine wesentliche Intensivierung der Agitation für den Anschluß durch das 'AL' erwartet worden, was schließlich auch eintrat; das 'AL' avancierte zum Zentralorgan für den Anschluß. Das Blatt sollte auch da eine äußerst aggressive Anti-Wien-Haltung einnehmen, wo eine anschlußfeindliche Stimmung herrschte (laut 'AL'). In der Maur mußte mit seiner Zeitung nur dort anknüpfen, wo die 'IN' im März 1920 bereits einen Teilerfolg erzielen konnten (s.o.).[22] „Das nachlassende Interesse des gemäßigten (...) Flügels der Tiroler Volkspartei wurde durch permanente Anschlußartikel reaktiviert, Anschlußdemonstrationen organisiert und die Landesregierung stets mit neuen Forderungen konfrontiert."[23]

Doch zurück zu den Gründungstagen der Zeitung: Selbstbewußt betrieb man in der Nr. 1 Eigenwerbung: „Inserate sowie kleine Anzeigen haben im 'AL' den größten Erfolg, weil 'AL' die billigste Zeitung ist, doch die größte Auflage und weiteste Verbreitung haben wird."[24]

In der Nr. 7 beklagte man Probleme bei der Zustellung des Blattes, die behindert werde; Austräger würden belästigt, und es werde versucht, das Austragen der Zeitung zu verhindern. Man habe daher Schritte eingeleitet, um die klaglose Zustellung und Verteilung des Blattes zu gewährleisten.[25]

Als ressortverantwortliche Redakteure wurden angeführt: Außenpolitik: Gilbert In der Maur, Innenpolitik: Georg Tschurtschenthaler, Lokaldienst: Walther Pembaur, politischer Schriftleiter: Georg Dietrich, Volkswirtschaft: Walter Hannes Jentzsch, für Theater und darstellende Kunst: Dr. Alexander Schneider.[26]

Zu Richtung, Ziel und Zweck des 'AL' legte man dar, daß man ohne Sensationsaufmachung die Zeitung „sang- und klanglos" der Öffentlichkeit übergeben habe, nun sei es jedoch an der Zeit zu sagen, „wessen Geistes Schöpfung wir sind".[27] In der Maur entwarf seine Vorstellungen und Zielsetzungen, die das Blatt künftig zu verfolgen habe:
1. Außenpolitik: Die ungeteilte Wiederherstellung Tirols bis Salurn sei herbeizuführen, nicht durch Krieg o. ä., nur durch Verständigung zwischen dem deutschen und dem italienischen Volk. Als hinderlich wurde dabei die Zugehörigkeit Nordtirols zu Deutsch-Österreich angesehen; dieser Staat sei von außen abhängig, habe eine schwankende außenpolitische Zukunft und sei wirtschaftlich lebensunfähig. Auch einer „Donauförderation" trat In der Maur entgegen. Das 'AL' werde daher das „Aufgehen Deutsch-Österreichs und Tirols im Deutschen Reich" fordern, und: „Die deutsche Einheit ist unsere Losung."[28]
2. Innenpolitik: „Die Innenpolitik baut sich als logische Konsequenz auf das außenpolitische Anschlußprogramm auf." Der Herausgeber meinte, Tirol anerkenne den deutsch-österreichischen Staat

---

[20] Vgl. u. zit. 'IZ', Nr. 134, 15.6.1934, S. 2.
[21] KUPRIAN, Hermann: Tirol und die Anschlußfrage 1918–1921. In: ALBRICH/EISTERER/STEININGER a. a. O., S. 43–74, hier S. 58 f.
[22] Ebd., S. 62.
[23] Ebd.
[24] 'AL', Nr. 1, 16.3.1920, S. 3.
[25] 'AL', Nr. 7, 19.3.1920, S. 5.
[26] 'AL', Nr. 2, 17.3.1920.
[27] 'AL', Nr. 10, 21.3.1920, S. 2.
[28] Vgl. u. zit. ebd.

nur, weil es vom Ausland dazu gezwungen werde. Er teilte Österreich in zwei Teile – die Alpenländer und Wien. Er wolle ein „Bundesland Tirol im Rahmen des deutschen Reichs". Tirol solle nicht als Provinz bei Österreich bleiben, aber auch kein Mitglied eines „Kreises Bayern" sein.[29]
3. Staatsform: Grundsätzlich stehe man auf dem Boden des parlamentarischen Volksstaates und lehne die monarchistische Reaktion ab. Für den Fall einer (weiteren) Zugehörigkeit zu Deutsch-Österreich strebe man den Status eines Bundeslandes nach Schweizer Vorbild an, bei einem Anschluß würde man das System der deutschen Verfassung akzeptieren.[30]

Weiters führte er aus, daß das 'AL' ein freiheitliches Blatt sei, nicht jedoch im Sinn von jüdisch-liberal – und zog damit einen deutlichen Trennstrich zwischen „arisch-freiheitlich" und „jüdischem Freisinn". Der jüdische Einfluß sei auf jenes Maß zurechtzustutzen, das einer kleine Minderheit zustehen. Das 'AL' werde die „jüdisch-kapitalisierte Presse (…)" rückhaltlos bekämpfen wie auch die „unsichtbaren Drahtzieher" und die „internationale Freimaurerei". Die Feindbilder waren damit abgesteckt.
In der Maur schloß den programmatischen Artikel: „Eindeutig und für jedermann verständlich leitet uns ein gerader Weg zu einem klaren Ziele, das wir, unbeirrbar durch Lob und Tadel, so sicher erreichen werden, wie die Gründung 'Alpenland' Tatsache wurde. Mit einem 'Gott befohlen' übergeben wir es der Öffentlichkeit – zu des Deutschen Volkes Schutz und Trutz."[31]

In dieser Ausgabe wurde auch die Mitarbeiterliste ergänzt: Sport: Hans Pfister, Schriftleitung für Berlin: Fritz Fischer-Poturczyn, Schriftleitung für München: Adolf Oskar Kellner, Schriftleitung für Bregenz: Hans Amann.

In der Berichterstattung dominierten somit Politik des deutschen Reichs, nationale Belange und Südtiroler Angelegenheiten. Kirchliche Nachrichten wurden gekürzt wiedergegeben, katholische Mitteilungen durch anschließende evangelische gleichsam neutralisiert.[32] Im Vordergrund stand jedoch die unablässige Agitation für den Anschluß Tirols an den nördlichen Nachbarn.
Bereits im August mußte der Bezugspreis erhöht werden, was – wie in allen Zeitungen – mit der Tatsache der Preissteigerungen für Papier, Farben etc. als „zwingende Notwendigkeit" begründet wurde, um die „Bezugspreise mit den Herstellungskosten einigermaßen in Einklang zu bringen".[33]
Vorerst waren keine Illustrationen enthalten, die Zeitung hatte den Charakter einer „Bleiwüste".

Wiederholt wurde über andere Zeitungen berichtet, die das 'AL' kritisiert hatten: Diese wurden scharf zurechtgewiesen und die eigene politische Richtung des Blattes hervorgehoben und gerechtfertigt. Anfang Oktober 1920 widmete man sich intensiv der Wahlpropaganda für die Großdeutschen, meist unter dem Titel „Wahl-Zeitung" (Wahlbeilage).
Im Jänner 1921 wurde vom Herausgeber versichert, daß alles aufgeboten würde, um das 'AL' zum führenden Blatt der deutschen Alpenländer zu machen.

In den folgenden Monaten (bis April) steigerten sich Anzahl und Intensität der Anschlußartikel und die Agitation im Umfeld der Zeitung. Neben der Zeitung 'AL' wurden in der Deutschen Buchdruckerei auch Plakate für den Anschluß hergestellt, die von Anhängern abgeholt und verbreitet werden konnten (u. a. von Studenten).
Schon vor der Abstimmung klang Triumph und Siegesgewißheit aus den 'AL'-Spalten durch, die Propaganda wurde regelrecht zelebriert. Kein Argument wurde ausgelassen, das auch nur im entferntesten etwas Positives zum Anschluß aussagen konnte. Zeichnungen und andere Illustrationen mit dem Tenor „Heim ins Reich" ergänzten die Berichte.
Die Ausgabe vom 23. April, einen Tag vor der Abstimmung, beinhaltete schließlich fast zur Gänze Anschlußberichte und Aufrufe zum Ja-Votum (14 Seiten).

Die Deutsche Reichsregierung entschied sich dafür, die Abhaltung der Volksabstimmung, die – nach-

---

[29] Ebd. S. 3.
[30] Ebd.
[31] Ebd., S. 4.
[32] STOISAVLJEVIC a. a. O., S. 468.
[33] Vgl. u. zit. 'AL', Nr. 236, 20. 7. 1920, S. 5.

träglich betrachtet – eher den Charakter eines Volksbegehrens hatte, im geheimen und durch inoffizielle Institutionen zu unterstützen (z. B. „Deutscher Schutzbund" – verbrauchte 750.000 Reichsmark für die Vorbereitung des Plebiszits) – auch das 'AL' sollt davon profitieren (dazu später). Am 25. April konnte man jubelnd titeln: „Deutscher Sieg und deutsches Blut!": Es sei ein herrlicher Sieg des Deutschtums. Mit dem Ergebnis von 98,53 % Ja-Stimmen konnte das Blatt weiterhin seine Existenzberechtigung hervorkehren. Trotz dieses Hauptinhaltes dieser Ausgabe blieb gleichzeitig die „schmerzliche Tatsache" des Faschistenaufmarsches in Bozen nicht unerwähnt, bei dem der Lehrer Innerhofer getötet und 43 Menschen verletzt worden waren.[34] Auf dieses Ereignis war auch das „Deutsche Blut" in der Schlagzeile bezogen.

In der Maur erbat in der Folge vom Fonds des deutschen Auswärtigen Amtes weitere zwei Mio. Reichsmark, wobei er hervorhob, daß das mit deutscher Unterstützung erscheinende 'AL' bei dem unerwartet hohen Erfolg der Volksabstimmung eine außergewöhnlich wichtige Rolle gespielt habe. Laut Aussage des deutschen Staatssekretärs Haniel hat In der Maur dann tatsächlich beträchtliche Summen von der Presseabteilung des Außenministeriums bekommen.[35]

Ohne Zweifel spielten Österreichs triste Wirtschaftslage, der innenpolitisch motivierte Separatismus Tirols und die traditionelle Süddeutschland-Orientierung die entscheidende Rolle für das Abstimmungsergebnis, daß jedoch das Deutsche Reich die Aktionen – und das 'AL' – finanziell unterstützte, hat nicht unwesentlich zum Ergebnis beigetragen.[36]

Gleichzeitig (Ende April) wurde der volkswirtschaftliche Teil zu einer „ausgesprochenen Handels- und Industriezeitung für die deutschen Alpenländer" ausgeweitet, wodurch das 'AL' laut Eigeneinschätzung zu einem „unentbehrlichen Wegweiser" wurde.[37] Im Gegensatz zur vermittelten Euphorie war der Höhepunkt der Zeitung mit der Abhaltung der Volksabstimmung jedoch bereits überschritten – ein kontinuierlicher Abstieg, sowohl was Umfang, Auflage, Bedeutung und Erscheinungsweise anbelangte, begann.
Parallel mit der in den folgenden Jahren abnehmenden Intensität der Anschlußdiskussion und der Festschreibung des Anschlußverbots verlor auch das 'AL' von Jahr zu Jahr Bedeutung und Leser. Die Mitarbeiterliste reduzierte sich auf den engsten politischen Kreis der Großdeutschen.[38]

Die Eigenwerbung mußte daher auch intensiviert, neue Argumente gefunden werden. So räsonierte man über „Wert und Preis einer Tageszeitung": Man verglich den Abonnementpreis von nunmehr (Dezember 1921) 250 Kronen monatlich mit anderen Artikeln zum selben Preis wie etwa einer Theaterkarte oder einer Tafel Schokolade. Auch für die Hausfrau habe das Tagblatt seine Funktion (Orientierungshilfe beim Einkauf), weiters wurde der Nutzen der täglich veröffentlichten Börsennotierungen hervorgestrichen.[39]

Im März 1922 beklagte man – im Verein mit den anderen Innsbrucker Zeitungen – eine weitere Bezugspreiserhöhung. Mit nunmehr 900 Kronen (monatlich) bleibe man weit hinter den Preisen für Wiener oder Linzer Blätter zurück, die bereits bis zu 1.500 Kronen kosteten, was als Beweis anzusehen sei, daß die Innsbrucker Blätter größte Zurückhaltung an den Tag legten. Zöge man nur den Papierpreis heran, müßte die Zeitung schon 1.500 Kronen kosten, außerdem seien die Löhne für Drucker in letzter Zeit um 73 % gestiegen. Man hoffe daher auf die Treue der Leser.[40]

Anläßlich einer Massenveranstaltung der Großdeutschen Volkspartei wurde eine bei dieser Gelegenheit gehaltene Rede In der Maurs über „Alpenland und die deutsche Mark" abgedruckt, die auch eine „Abrechnung" mit den 'IN' enthielt, welche wiederholt scharfe Angriffe gegen das 'AL' und dessen

---

[34] Vgl. 'AL', Nr. 199, 25. 4. 1921, S. 1.
[35] Vgl. KEREKES a. a. O., S. 289.
[36] Ebd., S. 288.
[37] Vgl. u. zit. 'AL', Nr. 203, 27. 4. 1921, S. 5.
[38] Vgl. die weiteren 'AL'-Ausgaben bzw. STOISAVLJEVIC a. a. O., S. 468b.
[39] 'AL', 27. 11. 1921, S. 2.
[40] 'AL', Nr. 129, 20. 3. 1922, S. 2.

Herausgeber gerichtet hatten. Kristallisationspunkt dieser publizistischen Auseinandersetzung war immer die nationale Sache Tirols bzw. die Anschlußbewegung gewesen.[41]
Er ging auch auf die Gründung und Finanzierung des Blattes ein, wobei auch die finanzielle Unterstützung von reichsdeutscher Seite erwähnt wurde: 1919 sei der Ruf nach einem eigenen, großdeutschen Blatt laut geworden. In Wien (bei der Parteileitung) sei kein Geld dafür vorhanden gewesen, jedoch habe man aus Berlin Interesse signalisiert, worauf man mit Parteivertretern in Berlin in Verhandlungen eingetreten sei, wobei zwei Mio. Reichsmark in Aussicht gestellt worden seien. Nach und nach wurden demzufolge bis Dezember 1920 fünf Millionen RM aufgetrieben. In der Maur bestritt jedoch, daß auch Gelder von nicht privater, also offizieller Seite aus Deutschland (von der Reichsregierung bzw. von der „Auslandspropagandastelle" im Auswärtigen Amt) gekommen seien.[42]
Aber: „Deutsche Gelder sind es doch und deutsche Gelder sind keine fremden Gelder" – aber selbst wenn sich die deutsche Regierung selbst finanziell beteiligt hätte, so wäre diese keine fremde Regierung, denn Deutschland umfasse das ganze Volk, als dessen Teil man sich selbst fühle. In der Maurs abgedruckte Rede schloß mit antijüdischen Entgleisungen (v. a. gegenüber den 'IN', die als „Judenblatt" bezeichnet wurden).[43]

Auch im April waren wieder 'IN', 'Neueste Zeitung' und die Wagner'sche Buchdruckerei Zielscheibe der 'AL'-Angriffe. Unter dem Titel „Geschäft oder Volksverrat" wurde über Bestrebungen Italiens berichtet, im Ausland gute Stimmung für Südtirol zu machen, wozu es ein publizistischen Standbein im Ausland (Nordtirol) anstrebe. Der Leiter des italienischen Pressedienstes in Bozen, Herr Hütter, hätte bei Wagner in Innsbruck angefragt, ob die 'Neueste Zeitung' käuflich zu erwerben sei. Laut 'AL' sei dieses Ansinnen von Wagner nicht entrüstet zurückgewiesen, sondern lediglich gefordert worden, daß im Falle eines Verkaufes eine Garantie gegeben werde, daß eine strikte Trennung von 'IN' und 'NZ' vorgenommen werden müßte. Außerdem wollte Wagner laut 'AL' eine Garantie, daß der Druck durch mehrere Jahre bei Wagner verbleibe. Wagner hätte die Bestrebungen Italiens begrüßt und gemeint, daß Italien in Anbetracht der günstigen Umstände „sehr wertvolle Auspizien böte".[44]

Am folgenden Tag wurde vom 'AL' berichtet, daß der Herausgeber der 'IN', Rutzinger, die Verkaufsgespräche bestätigt habe. Dazu wurde Rutzinger zitiert ('IN', 13.04.1922), wobei zwar das Interesse Rutzingers an einer Zeitung für Südtirol bestätigt wurde, er jedoch keine seiner Zeitungen an Italiener verkaufen wollte. Der Verkauf habe sich schließlich zerschlagen, da die 'NZ' für Hütter zu teuer war und die Auflage von 1920 bis 1921 von 12.000 auf 2.400 gesunken sei – dies nicht zuletzt wegen der Wiederzulassung des 'AL' für das deutsch-südtirolische Absatzgebiet (das 'AL' war seit Mai 1920 verboten gewesen).[45]

Ende Juni wandte man sich „An unsere Leser!": „Infolge der enormen Gestehungskosten, die durch die allgemeine wirtschaftliche Lage bedingt wurden, sind wir leider gezwungen, die Ausgabe unseres 'Abendblattes' mit 1. Juli einzustellen (…). Die Verwaltung."[46] Somit erschien die Zeitung ab Juli 1922 nur noch als Morgenblatt.

Ebenfalls im Juli ging die Zeitung schließlich ganz an die Großdeutsche Volkspartei über. In einer Erklärung des Herausgebers wurde zurück und nach vorn geblickt: Im ersten Jahr seien Gründung und Einführung von Unternehmen und Blatt im Vordergrund gestanden, im zweiten Jahr Festigung und Ansehen. Nun müßten die Grundlagen des Blattes erweitert werden, wozu es in den Besitz der Partei übertragen werde: „Möge die 'Deutsche Buchdruckerei' und 'Alpenland' im Besitz der Großdeutschen Landespartei ihr Schild und Schwert, Heim und Vereinigungspunkt sein, damit das, was ein Parteisoldat geschaffen, aere perennius der Sache zugute komme." (gez. G. In der Maur)[47]

---

[41] Vgl. 'AL', Nr. 142, 28.3.1922, S. 1 f.
[42] Ebd., S. 2.
[43] Ebd.
[44] Vgl. u. zit. 'AL', Nr. 169, 12.4.1922, S. 1.
[45] 'AL', Nr. 170, 13.4.1922, S. 1.
[46] 'AL', Nr. 292, 30.6.1922, S. 3.
[47] Vgl. u. zit. 'AL', Nr. 310, 24.7.1922, S. 1.

In einer Erklärung der Partei dankte Dr. Straffner dem bisherigen Herausgeber und betonte, er bzw. die Partei werde das Blatt im Sinne In der Maurs und der „deutschen Volkssache" weiterführen.[48]
Die Erscheinungszeit des Morgenblattes wurde auf 10.30 Uhr geändert, die Schriftleitung übernahm (der spätere Innsbrucker Bürgermeister) Dr. Walther Pembaur.

Parteiobmann Straffner hatte also die im Besitz In der Maurs befindlichen Anteile des Unternehmens 'Alpenland' (Druckerei und Verlag) unter der Auflage übernommen, daß das Blatt unter gleichem Namen „stets für den Anschluß Deutsch-Österreichs an das Deutsche Reich eintreten soll".[49]
Die Partei übernahm mit einer Treuhandgesellschaft die Blattführung, welche aus den Parteifunktionären Friedrich Frank, Fritz Lantschner, Sepp Straffner, Johann Oppenauer und Stadtrat Zech bestand.[50]

Von 2. bis 18.9.1922 konnte die Zeitung infolge des Buchdruckerstreiks nicht erscheinen. Am 18.9. berichtete man über „Das Zeitungsschweigen", daß nunmehr fast zwei Wochen die Zeitungen in Österreich geschwiegen hätten, da Differenzen bezüglich Lohnforderungen zwischen Personal und Unternehmen zum Ausstand in den Druckereien geführt hätten. In Innsbruck habe seit Montag, 3.9., keine Tageszeitung mehr erscheinen können.
Nach Verhandlungen sei man am 14.9. zu einem Einvernehmen gelangt, ab 18.9. könnten nunmehr auch in Tirol die Tageszeitungen wieder erscheinen (in Wien bereits am 14.9.).
Der Streik wurde dabei auf die schlechte Wirtschaftslage zurückgeführt, welche wiederum auf die „Schandverträge" von Versailles und St.Germain zurückgehe.[51]

In der selben Ausgabe wurde den Lesern angezeigt, daß die Zeitung bis auf weiteres nur noch einmal wöchentlich (Freitag, später Samstag) erscheine werde können. Man erhoffe sich Einsicht dafür, denn man müsse dieses Opfer bringen, um das Blatt erhalten zu können und weiterhin ein Sprachrohr zu haben.[52]
Die Schriftleitung übernahm Dr. Alexander Schneider, mit Jahreswechsel wurde das Format verkleinert, die Ressorts zwar beibehalten, jedoch dem neuen Erscheinungsrhythmus angepaßt (Wochenschau-Charakter).

Das Blatt setzte sich weiter für den Anschluß, teils auch für die Heimwehr, gegen Seipel und dessen Sanierungswerk und gegen die monarchistische Reaktion ein. Im September 1924 wurde Schriftleiter Schneider nach Klagenfurt zu den 'Freien Stimmen' berufen, M. Joksch wurde sein Nachfolger.[53]

Im Oktober 1926 wurde das Format wieder auf die ursprünglichen Maße vergrößert, der Umfang betrug nur noch bescheidene vier bis sechs Seiten, auch der Anzeigenumfang hatte beträchtlich abgenommen.

Die Abneigung gegen die Sozialdemokratie äußerte sich v.a. wieder anläßlich der Schattendorfer Ereignisse 1927 deutlich.
Die Berichterstattung blieb deutschvölkisch, großdeutsch, kirchenfeindlich, den Heimwehren gegenüber nun bereits abgekühlt, da die Anlehnung des Blattes an nationalsozialistisches Gedankengut schon fortgeschritten war.[54] Allerdings muß hier erwähnt werden, daß Dr. Straffner es war, der die Auslieferung des Blattes an die österreichische NSDAP verweigert hatte, da er es widmungsgemäß jener Partei mit großdeutschen Tendenzen in Österreich geben sollte, die auf demokratischem Weg das Ziel (den Anschluß) zu erreichen trachtete.[55]

---

[48] Ebd.
[49] Vgl. u. zit. GEHLER in RATHKOLB/DUSEK/HAUSJELL a.a.O., S. 423.
[50] 'IZ', Nr. 134, 15.6.1934, S. 2 (s. o.).
[51] 'AL', Nr. 351, 18.9.1922, S. 1.
[52] Ebd., S. 2.
[53] STOISAVLJEVIC a.a.O., S. 468c.
[54] Ebd., S. 270.
[55] Ebd., S. 270f.

1929 wurde der Tod Gustav Stresemanns bedauert, jedoch ohne auf dessen Rolle bei der Blattgründung einzugehen. Mit derselben Ausgabe wurde Sepp Oppenauer Schriftleiter, der ab 1933 öfters nach den verschärften Presserichtlinien bestraft werden sollte.[56]

In den restlichen Jahren blieb man weiterhin der nationalen Linie treu, jedoch kam das Blatt wie die Großdeutsche Partei zunehmend in Bedrängnis durch die erstarkende NSDAP.
Ihr Auftreten gegen das Dollfußregime wie z.B. am 18.3.1933 unter dem Titel „Sammlung zum Kampf gegen die Operetten-Diktatur" brachte der Zeitung Verurteilungen der Redakteure und Konfiskationen ein.[57]

Diese Auseinandersetzungen beherrschten ab 1933 die Inhalte der Zeitung. Etwas widersprüchlich kommentierte die 'IZ': Dr. Frank und Dr. Lantschner ('AL'-Treuhänder) hätten zum Schluß versucht, aus dem 'AL' eine NS-Zeitung zu machen, was jedoch mißlungen sei. Außerdem hätte das Blatt nur noch ein Schattendasein geführt, das „fleißig auf die Heimatwehr loshieb"[58]. Anderseits schrieb die 'IZ' gleichzeitig, daß das Blatt vor der Einstellung als getarntes Organ der Nazis gegen die österreichische Regierung fungiert hätte, sodaß sich die Sicherheitsbehörde mehrmals gezwungen gesehen habe, „energisch Zensur" auszuüben. Anläßlich der Einstellung des Blattes mit 8.6.1934, das seit 22.4.1933 unter Vorzensur, ab 1.5.1934 „unter verschärfter Vorlagepflicht" gestanden hatte[59], wurde von der Androhung des Konzessionsentzugs gegenüber der Deutschen Buchdruckerei berichtet, falls diese das Blatt nochmals erscheinen lassen würde.[60]

Herbert Rehwald, seit 17.6.1933 verantwortlicher Redakteur des 'AL' und langjähriger Sekretär der Großdeutschen Volkspartei für Tirol, stellte 1938 fest, daß sich das Blatt unter seinem Einfluß jeweils, soweit es Zensur und Beschlagnahmungen zuließen, in den Dienst der NSDAP gestellt und mit führenden Parteivertretern der Tiroler Gauleitung wie Dr. Friedrich Plattner und dem späteren Innsbrucker NS-Bürgermeister Dr. Egon Denz in enger Weise zusammengearbeitet habe.

Rehwald wurde im September 1934 wegen seiner Funktion als Schriftleiter des 'AL' wegen „Hochverrat" und „Aufreizung" angeklagt.[61]
Als „Wochenschrift der Großdeutschen Volkspartei", mit regelmäßigen weißen Zensurflecken, wurde das Anschlußblatt verboten und am 8.6.1934 ohne nähere Begründung eingestellt.

---

[56] Vgl. 'AL', Nr. 40, 4.10.1929 und STOISAVLJEVIC a.a.O., S. 468e.
[57] Vgl. 'AL', Nr. 11, 18.3.1933 und Nr. 17, 29.4.1933 und STOISAVLJEVIC a.a.O., S. 468d.
[58] 'IZ', Nr. 134, 15.6.1934, S. 2.
[59] Vgl. Präs. 1933/XII 60 (ab Nr. 16, 22.4.1933) und STOISAVLJEVIC a.a.O., S. 468e.
[60] 'IZ' a.a.O., S. 2.
[61] GEHLER in RATHKOLB/DUSEK/HAUSJELL a.a.O., S. 423.

1.9 Tiroler Grenzbote / Tiroler Volksblatt

1.9.1 Daten zur äußeren Struktur

Titel:
1871:	Tiroler Grenzbote[1]
ab 31.03.1939:	Tiroler Volksblatt (bis zur Einstellung, 23.04.1945)
ab 05.01.1952:	Tiroler Grenzbote (bis zur Einstellung, 01.04.1967)

Untertitel:
bis 1919:	Halbwochenschrift für Stadt und Land, mit Amtsblatt und Unterhaltungsbeilage
ab 1920:	Mit der Unterhaltungsbeilage „Feierabend" und „Heimatblätter"
ab 01.09.1922:	Wochenschrift für Stadt und Land mit den Beilagen „Heimatblätter" und „Feierabend" – Unter-Untertitel: erscheint jeden Freitag mit Datum von Samstag
ab 2.03.1924:	Wochenschrift für Stadt und Land mit den Beilagen „Feierabend" und „Zeitgeschehen im Wochenbild"
ab 02.07.1924:	Halbwochenschrift…(s.o.). Untertitel der „Sonntagszeitung", die separat als Wochenausgabe des 'TG' bezogen werden konnte: Wochenausgabe des 'Tiroler Grenzboten' mit der Romanbeilage „Feierabend", der Tiefdruck-Bilderbeilage „Zeitgeschehen", dem Bezirksanzeiger und der Monatsschrift „Der österreichische Zwecksparer" (ab 1932)
ab 1933:	Übertitel: Mit Kitzbüheler Bote und Wörgler Nachrichten
ab 05.07.1933:	Unabhängiges, unpolitisches Blatt
ab 22.12.1934:	Kein Untertitel
ab 1938:	Halbwochenschrift für Stadt und Land mit Kitzbüheler Bote, Wörgler Nachrichten, Heimatglocke und Bilderbeilage „Zeitgeschehen"
ab 27.03.1938:	Wöchentlich dreimalige Ausgabe für Stadt und Land
ab 09.12.1938:	im Untertitel statt „Zeitgeschehen" nun „NS-Bildbeobachter"
ab 02.01.1939:	Mit amtlichen Verlautbarungen der NSDAP, der Behörden, des Landesrates, des Kreises und der Stadt Kufstein
ab 31.03.1939:	Früher Tiroler Grenzbote, dreimal wöchentliche Ausgabe, Unter-Untertitel: mit amtlichen Verlautbarungen des Landesrates, des Bürgermeisters der Stadt Kufstein und der übrigen Behörden (links vom Titel) – mit Kitzbüheler Bote, Wörgler Nachrichten, Beilage: NS-Bildbeobachter, Heimatglocke (rechts vom Titel)
ab 12.10.1942:	Wörgler Nachrichten, Kitzbüheler Bote und Beilagen
ab 05.01.1952:	Unabhängiges Volksblatt für Stadt und Land

Erscheinungsort: Kufstein

Erscheinungsdauer:
05.02.1871 bis 31.03.1939 (als 'Tiroler Grenzbote')
31.03.1939 bis 23.04.1945 (als 'Tiroler Volksblatt')
05.01.1952 bis 01.04.1967 (als 'Tiroler Grenzbote')
(1914: 44.Jg.)

Erscheinungsweise:
bis 1904:	Einmal wöchentlich
ab 04.01.1905:	Zweimal wöchentlich (Mittwoch und Samstag, 5.00 Uhr nachmittags)
ab 01.09.1922:	Einmal wöchentlich (Freitag)

---

[1] In der Folge mit 'TG' abgekürzt.

ab 01.07.1924:	Zweimal wöchentlich (Mittwoch, Samstag)
ab 25.03.1938:	Dreimal wöchentlich (Montag, Mittwoch, Samstag/bzw. Freitag)
ab 05.01.1952:	Einmal wöchentlich
ab 1932:	Sonntagszeitung – einmal wöchentlich, Separatbezug

Das als Wochenblatt gegründete Organ ging 1905 zum zweimal wöchentlichen Erscheinungsrhythmus über, einer zu dieser Zeit recht verbreiteten Erscheinungsweise. Auf Grund wirtschaftlicher Probleme konnte der 'TG' von September 1922 bis Juli 1924 nur als Wochenzeitung erscheinen. Die Nationalsozialisten brachten das Blatt sogar dreimal wöchentlich heraus, womit es noch mehr Tageszeitungscharakter annahm. In den dreißiger Jahren war zudem die „Sonntagszeitung" erschienen, die den 'TG' ergänzte und als separate Wochenzeitung bezogen werden konnte.

Umfang: (in Seiten)

Zeit	Montag	Mittwoch	Freitag/Samstag	Sonntag
1914		8–10	8–10	
Juli 1914		14–16	14–16	
Ende 1914		8	8–10	
1915		8	8	
1916		4	8	
1919		4–8	8	
1922			8	
1923			8–12	
02.07.1924		4–8	8	
1929		8	8	
1932		6–8	8	4
März 1938	2	4	12–16	bis 22
1942	2	4	6–10	
1945	2	4	6	
März 1945	2	2–4	2–4	

(1952 ff. nicht erhoben, da außerhalb des Untersuchungszeitraumes, jedoch durchschnittlich 6 Seiten)

1914 erschienen die zwei Ausgaben noch meist in gleichem Umfang von 8–10 Seiten, wovon ca. die Hälfte Inseratenraum war. Im Krieg reduzierte sich der Umfang am Mittwoch auf meist vier Seiten, samstags auf acht Seiten (drei bis vier S. Inserate). Nach dem Krieg konnte der Umfang leicht ausgedehnt werden. Als Wochenzeitung 1922 bis 1924 war das Blatt meist acht Seiten stark (tlw. zwölf, mit vier bis fünf Seiten Anzeigen). Dann blieb der Umfang bei sechs bis acht Seiten stabil, ehe er von den Nazis ab März 1938, bei dreimal wöchentlichem Erscheinen, freitags auf zwölf bis 16 Seiten ausgedehnt wurde, ab dem Krieg jedoch wieder schrumpfte und 1945 zwei bis teilweise vier Seiten betrug.

Format:	bis 1931:	Kanzleiformat 41 × 27,5 cm
	ab 01.01.1932:	47,5 × 31 cm (Berliner Format)
Satzspiegel:	bis 1931:	36 × 24 cm
	ab 01.01.1932:	42 × 28 cm
Umbruch:	bis 1931:	3 Spalten à 7,6 cm / Spaltentrennlinien
	ab 01.01.1932:	3 Spalten à 9 cm / Spaltentrennlinien

Schriftart (Brotschrift): Fraktur (Titel tlw. Antiqua)

Zeitungskopf:	Höhe: 1931:	11 cm
	ab 01.01.1932:	13,8 cm
	ab 31.03.1939:	10,5 cm
	ab 12.10.1942:	9,3 cm
	ab 19.03.1945:	5,5 cm (19,5 cm breit/zweispaltig)

Der Titel war in Antiqua gesetzt, in der Mitte des Kopfes mit dem Tiroler Adler (in Linien stilisiert) unterlegt (seit 1903), in der Unterzeile fanden sich Preise, Numerierung und die Anzeigentarife.
Am 31.12.1924 wurde der Titel fetter und in Fraktur gesetzt, der Adler schraffiert.
Seit 1932 erschien der Kopf mit weiteren Ausschmückungen des Titels.
Von 15.03. bis 08.04.1938 fand sich das Hakenkreuz im Kopf.
Ab 31.03.1939 wurden links und rechts vom Titel die diversen Untertitel abgedruckt. Ab dem 12.10.1942 wurde der Tiroler Adler stark verkleinert, ab 19.03.1945 wurde der Kopf nur noch zweispaltig (links, wie 'IN'), sehr einfach gesetzt (Platzersparnis).

Gesinnung/politische Richtung: großdeutsches/deutschfreiheitliches, anti-klerikales Regionalblatt; unterstützte mittelständische gewerbliche/wirtschaftliche Interessen. Für den Anschluß, gegen den Ständestaat, ab März 1938 NS-Blatt, ab 1939 zudem NS-Amtsblatt.

Impressum:
1914:	Verantwortliche Redaktion, Schnellpressendruck und Verlag von Eduard Lippott, Buchdruckerei in Kufstein (am 05.01.1918 übernahm Ed. Lippott der Jüngere von seinem Vater Verlag und Druckerei – nicht im Impressum ersichtlich).
ab 07.06.1924:	Herausgeber, Eigentümer, Drucker, Verleger und verantw. Schriftleiter: Ed. Lippott, Schriftleitung Dr. Josef Blattl, beide Kufstein
ab 03.02.1934:	Impr. ohne Dr. Blattl
ab 1935:	Impr. um Adresse ergänzt: Schriftleitung und Verwaltung: Unterer Stadtplatz 25
ab 12.03.1938:	Verantw. Schriftl.: Dr. Josef Blattl
ab 20.06.1938:	Hauptschriftl.: Dr. Josef Blattl, Stellvertreter Ed. Lippott, Verlag und Druckerei Ed. Lippott, Leiter des Anzeigenteils: Ed. Lippott
ab 10.07.1940:	Hauptschriftl.-Stellvertreter: August Sieghardt (Blattl bei Wehrmacht)
ab Sept. 1941:	Hauptschriftl.-Stellvertreter: Gustav Becker
ab 01.03.1943:	Hauptschriftl.: Dr. J. Blattl, Verlagsleitung: Adolf Lippott
ab 22.03.1943:	Hauptschriftl. i. V.: Josef Heitzinger
ab 24.01.1944:	Verleger: Adolf Lippott, Hauptschriftleiter Josef Heitzinger für Dr. Blattl (im Felde), für Anzeigen: Ludwig König, Druck: Eduard Lippott.
1952:	Eigentümer, Verleger, Herausgeber und verantw. Schriftleiter: Adolf Lippott, Druck: Ed. Lippott

Ressorts/Inhalte:
1914:	Leitartikel, Feuilleton („Unterm Strich"), Allgemeines, Ausland, Österreich-Ungarn, Aus der Stadt und Land (größtes Ressort), Ankündigungen, Vermischte Nachrichten, Aus dem Gerichtssaal, Aus dem Nachbarreiche, Schrifttum, Bücherschau, Vereine und geselliges Leben, Versteigerungsedikte, Inserate und Kleinanzeigen.
ab Juli:	Kriegsberichte (u. a. „Der große Völkerkrieg") und Lokalberichte im Vordergrund.
1916:	Wichtige Ereignisse des Krieges, Diverse Kriegsschauplätze, Sonstige Nachrichten, Letzte Nachrichten, Verlustliste, übrige Kronländer und Ungarn, Aus dem deutschen Nachbarreiche, Gerichtssaal (Rest s.o.).
Ende 1918:	Aus der Republik Deutsch-Österreich, Landwirtschaftliches.
1919:	Politische Rundschau (viel Raum der deutschfreiheitlichen Partei gewidmet).
1921:	Kurze Nachrichten, Aus dem deutschen Südtirol, Vereine, Briefkasten – sonst relative Kontinuität (v. a. „Aus Stadt und Land" und „Aus dem Deutschen Nachbarreiche" blieben fortlaufend im Blatt).
ab 1925:	„Kitzbüheler Bote" wieder als eigene Rubrik erschienen. „Aus Stadt und Land" wurde gegliedert: Kufstein, Kitzbüheler Bote, Innsbruck, Schwaz, Oberinntal und Lechtal, Aus den österreichischen Bundesländern; relativ breite Südtirolberichterstattung.

1929:	Roman im Halbformat und „Bezirks-Anzeiger" (Veröffentlichungsblatt für Handel, Industrie, Gewerbe, Landwirtschaft, Verkehrs- und Genossenschaftswesen) = Kundmachungen, amtliche Nachrichten, Versteigerungsedikte und Anzeigen – wird zur unregelmäßigen Beilage bzw. eher Ressort, 1–2 Seiten, Mittwoch, teilw. auch Samstag, bis Ende des Jahres. Allgemeiner politischer Teil, das Neueste vom Tage, Gemeinderat Kufstein, Nachrichten aus Wörgl, Vermischte Meldungen, Letzte Meldungen, Bücher, (Rest s.o.)
1933:	Leitartikel, Politik, Kufstein Stadt und Bezirk, (Rest s.o.)
1935:	Auslands-Wochenschau
ab März 1938:	Parteiamtliche Nachrichten, ab September 1939 Kriegsberichterstattung und Propaganda. Neben den Kriegsressorts zusätzlich: Vermischtes, Erzählte Kleinigkeiten, Tiroler Kulturschau, Bücher, die wir empfehlen, Sportkalender, Amtliche Bekanntmachungen und parteiamtliche Nachrichten, Wissenswertes und Interessantes, weiterhin Kitzbüheler Bote und Wörgler Nachrichten, Ähre und Schwert (Landwirtschaftliches – ab 1941), allmählich Kitzbüheler und Wörgler zugunsten des Kufsteiner Teils eingeschränkt, entfallen im Oktober 1942 ganz.
1943:	fast ausschließlich Partei- und Kriegsberichterstattung. Daneben erscheinen nur der Roman, amtliche Nachrichten und der Lokalteil „Aus Stadt und Land" noch regelmäßig.
1945:	Statt des Fortsetzungsromans (ab März) wird nur noch je eine abgeschlossene Kurzgeschichte abgedruckt.

Zeitungstyp nach Vertriebsart:
vorwiegend Abonnement-Blatt, Einzelverkauf v.a. in Kufstein (Stadt)

Auflagen: 1914: 1.350[2]; 1915: 1.650; 1916: 2.000; 1917: 2.100; 1918: 2.800; 1919: 3.050; 1920: 3.100; 1921: 3.150; 1922: 3.000; 1923: 2.300; 1924: 2.700; 1925: 2.500[3]; 1926: 2.600; 1927: 2.600; 1928 u. 1929: 2.400;[4] 1930: 2.550; 1931: 2.400; 1932: 2.400 bzw. 2.800[5]; 1938: 2.200[6]; 1944: 3.706[7].

Bezugspreise: 'Tiroler Grenzbote' bzw. 'Tiroler Volksblatt' (incl. „Sonntagszeitung")

ab Datum	Einzelnummern			1/4jährl. Abonnement		
	Mo	Mi	Fr (Sa)	loco/abholen	Zust. Bote	Zust. Post
1914				K 1,80	K 2,–	K 2,50
1916				" 2,–		" 2,50
1917				" 3,–		" 3,50
01.07.1918				" 3,50		" 4,–
01.01.1919		H 16	H 20	" 4,–		" 4,50
01.07.1919		" 20	" 24[a]	" 4,50		" 5,–
01.09.1919		" 20	" 30[b]	" 6,–		" 6,50
01.01.1920				" 9,–		" 10,–
01.03.1920		" 50	" 50			

---

[2] Vgl. Auflagen 1914–1924 in Präs. 1914ff./XII 78c4 (jew. 1. Quartal).
[3] Vgl. Präs. 1925/X 41 (1. Quartal).
[4] Vgl. Präs. 1926ff./XII 60 (1. Quartal).
[5] Vgl. Präs. 1932/XII 60 bzw. ALA-Zeitungskatalog 1932 a.a.O.
[6] Vgl. GOLOWITSCH a.a.O., S.407 (aus Zeitungskatalog 1938, S.583).
[7] Vgl. ebd. (aus: Die deutschsprachigen Tages- und Wochenzeitungen und Zeitschriften, Berlin 1944, S.109).

ab Datum	Einzelnummern Mo	Mi	Fr (Sa)	1/4jährl. Abonnement loco/abholen	Zust. Bote	Zust. Post
01.04.1920		H 60	H 60	K 15,–		K 17,–
01.07.1920				" 21,–		" 24,–
01.10.1920		" 80	K 1,–	" 25,–		" 28,–
01.01.1921				" 32,–		" 35,–
01.02.1921		K 1,50	" 1,50	" 39,–		" 42,–
01.03.1921		" 2,–	" 2,20	" 50,–		" 55,-
01.05.1921		" 2,–	" 3,–	" 60,–		" 65,–
01.09.1921		" 3,–	" 4,–			
01.10.1921				" 100,–		" 110,–
01.11.1921				" 135,–		" 150,–
01.12.1921		" 8,–	" 10,–	" 195,–		" 210,–
01.01.1922		" 15,–	" 20,–	" 420,–		" 450,–
01.03.1922		" 20,–	" 20,–	" 600,–		" 630,–
01.04.1922		" 25,–	" 30,–	" 870,–		" 900,–
01.06.1922		" 30,–	" 40,–	" 960,–		" 1.050,–
21.06.1922		" 40,–	" 50,–			
01.07.1922		" 50,–	" 60,–	" 1.500,–		" 1.600,–
22.07.1922		" 60,–	" 80,–			
01.08.1922						
19.08.1922		" 100,–	" 150,–			
01.09.1922						
22.09.1922			" 800,–			
01.10.1922			" 900,–			
01.09.1923			" 1.000,–	" 13.000,–		" 14.300,–
01.10.1923						
01.01.1924						
23.03.1924			" 1.400,–	" 18.400,–		" 19.500,–
14.06.1924		" 800,–	" 1.400,–	" 26.000,–		" 28.600,–
01.10.1924		" 800,–	" 1.500,–	" 29.400,–		" 32.100,–
03.01.1925		" 1.000,–	" 2.000,–	" 33.000,–		" 35.500,–
04.03.1925		G 10	G 20	S 3,30		S 3,55
01.04.1925				" 3,64		" 3,90
01.07.1925				" 3,80		" 4,–
01.10.1925		" 12	" 24	" 4,–		" 4,60
01.01.1926				" 4,60		" 4,90
01.10.1926				" 4,80		" 5,10
24.11.1926		" 20[c]	" 24			
1927				" 5,–		" 5,40
01.07.1927				" 4,80		" 5,–
01.09.1928		" 20	" 30	" 5,–		" 5,50
1930		" 24	" 30	" 5,50		" 6,–
1932						
22.12.1934		" 20	" 30	" 5,10		
25.03.1938				RM 3,90		
Nr. 104, 38				" 3,72		RM 3,90
01.11.1938	Rpf. 10	Rpf 10	Rpf 20	" 3,45[d]		" 3,72
24.01.1944			" 10			

ab Datum	Monatsabonnement		Sonntagszeitung – monatl. Abo.	
	loco/abholen	Zust. Post	loco/abholen	Zust. Bote
1914				
1916	K 0,85	K 1,–		
1917	" 1,–	" 1,20		
07.1918	" 1,20	" 1,40		
01.01.1919				
01.07.1919				
01.09.1919				
01.01.1920				
01.03.1920				
01.04.1920				
01.07.1920				
01.10.1920				
01.01.1921				
01.02.1921				
01.03.1921				
01.05.1921				
01.09.1921				
01.10.1921				
01.11.1921	" 45,–	" 50,–		
01.12.1921	" 65,–	" 70,–		
01.01.1922	" 140,–	" 150,–		
01.03.1922	" 200,–	" 210,–		
01.14.1922	" 270,–	" 300,–		
01.06.1922	" 320,–	" 350,–		
21.06.1922				
01.07.1922	" 480,–	" 520,–		
22.07.1922				
01.08.1922	" 800,–	" 840,–		
19.08.1922				
01.09.1922	" 2.500,–	" 2.700,–		
22.09.1922				
01.10.1922	" 3.600,–	" 3.800,–		
01.09.1923	" 4.500,–	" 4.800,–		
01.10.1923	" 3.600,–	" 3.800,–		
01.01.1924	" 4.000,–	" 4.400,–		
23.03.1924				
14.06.1924				
01.10.1924				
03.01.1925				
04.03.1925				
01.04.1925				
01.07.1925	S 1,40	S 1,50		
01.10.1925	" 1,60	" 1,70		
01.01.1926	" 1,60	" 1,70		
01.10.1926	" 1,70	" 1,80		
24.11.1926				
1927				
01.07.1927	" 1,70	" 1,80		
01.09.1928				
1930				
1932			S 2,70	S 3,80

ab Datum	Monatsabonnement		Sonntagszeitung – monatl. Abo.	
	loco/abholen	Zust. Post	loco/abholen	Zust. Bote
22.12.1934	S 1,80		S 1,20	
25.03.1938	RM 1,33		Rpf 94	
Nr. 104, 38			RM 2,60	RM 3,14
01.11.1939			" 2,40	" 2,60

Anmerkungen zu den Preisen:
[a] mit Bildbeilage
[b] 4- bzw. 8seitig
[c] mit Beilage
[d] +54 Rpf. mit Post ins „Altreich"
Preise bei Wiedererscheinen 1952 nicht erhoben, da außerhalb des Berichtszeitraumes.

Beilagen: 1914: *„Illustriertes Unterhaltungsblatt"* – kleinformatige, meist vierseitige, mit Bildern versehene Beilage (bezeichnet als Sonntagsbeilage des 'TG'), Verlag: Neue Berliner Verlagsanstalt, August Krebs.
„Die Zeit": achtseitige Bilderbeilage im Kleinformat, v.a. Unterhaltendes und Illustrationen – Druck u. Verlag: Reschverlag München.
„Kufsteiner Anzeiger": Ankündigungsblatt, selbes Format wie 'TG', v.a. Inserate, Rätsel und Feuilleton.
Ab Dezember 1914 *„Kitzbüheler Bote",* jeden Samstag, eine Seite innerhalb des 'TG', jedoch mit eigenem Kopf, v.a. Lokalnachrichten aus Kitzbühel und Umgebung und Inserate.
Anstatt der Unterhaltungsbeilage wurden ab Jänner 1920 die von Prof. Rudolf Sinwel geleiteten *„Heimatblätter"* und *„Feierabend"* beigelegt. Erstere waren eine Beilage zur Förderung der Heimatkunde, Halbformat, vier Seiten. Der „Feierabend" verstand sich als Unterhaltungs- und Literaturbeilage, vor allem mit Erzählungen, Novellen und Romanen im Halbformat auf vier Seiten; die Schriftleitung besorgte August Sieghardt.
Am 22.03.1924 erschien erstmals *„Zeitgeschehen im Wochenbild"* als wöchentliche Roman- und Bilderbeilage im Kupfertiefdruck, die vor allem belehrende, jedoch keine politischen und religiösen Inhalte hatte.
Ab 24.11.1926 wurde mittwochs die vierseitige Beilage im Kleinformat *„Das Leben im Wort"* ediert, die vor allem Unterhaltung, Romane und Erzählungen bot.
Ab 07.10.1931 wurde *„Der österreichische Zwecksparer"* eingerichtet, der einmal monatlich Informationen über Bau- und Zwecksparen brachte (vier Seiten, Kleinformat) und von der Bauernhilfe Kufstein herausgegeben wurde.
Ab Juni 1935 erschien, teilweise unregelmäßig, *„Die Heimatglocke",* eine meist vierseitige, kleinformatige heimatkundliche Beilage des 'TG'.
Nach dem Anschluß erschien ab 1939 der *„NS-Bildbeobachter"* als einmal wöchentliche 'TG'-Beilage (geleitet von Dr. Diebow, verlegt vom F. Eher Nachfolger-Verlag).
Außerdem erschien ab Februar 1939 die Hitler-Jugend-Beilage *„Der Kamerad".*

Jubiläumsausgaben: 05.02.1921: „50 Jahre Tiroler Grenzbote 1871–1921" – 24seitige Beilage zum 'TG' mit Rückblick und Festreden (neun Seiten Inserate) zum Preis von S 3,50 bzw. 4,– (Postzustellung).
Unter anderem schieb Prof. Ludwig Herbert, Obmann des deutschen Turngaus Tirol: „Deutsches Volk, wach auf! (…) 50 Jahre sind ins Land gezogen, als zum erstenmal der 'Tiroler Grenzbote' seine völkische Kulturarbeit begann. (…) Angliederung aller Deutschen an das deutsche Reich muß das Ziel aller Deutschen sein."[8]
Weitere Beiträge stammten unter anderem von Oskar Wunsch (Nationalrat, Präsident des Tiroler Gewerbebundes), von Redakteur August Sieghardt und von Josef Dillersberger.

---

[8] Vgl. u. zit. 'TG', 5.2.1921 (Jubiläumsausgabe) und STOISAVLJEVIC a.a.O., S. 397.

17./18.02.1931: Jubiläumsschrift in Buchform, 136 Seiten, Format 32 × 24 cm „60 Jahre Tiroler Grenzbote 1871–1931".
Darin wurde unter anderem die Nr. 1 vom 05.02.1871 in Faksimile abgedruckt, Rückblick und Festgrüße erschienen unter anderem von Eduard Lippott dem Jüngeren, von Gesandten Eduard Ludwig, von Bürgermeister Pirmoser („60 Jahre Heimatdienst"), vom Hauptverband der Buchdruckerbetriebe, von Unterstaatssekretär a.D. Pflügl, von Abgeordneten Straffner und Redakteur Sieghart.
Außerdem wurde an Eduard Lippott den Älteren erinnert, der wenige Tage zuvor, am 29.01.1931, verstorben war.
Die Themen reichten von einem heimatkundlichen Teil über das Kufsteiner Vereinswesen, Stadt- und Landchronik, Gedichten und kunstvollen Illustrationen bis zu den verschiedenen Verbindungen der Presse, respektive des 'TG', zu Schule oder Landwirtschaft.

1.9.2 Allgemeine Chronik

1.9.2.1 Der 'TG' 1871–1918

Im Sommer 1869 kehrte Eduard Lippott (der Ältere) von seinen Lehr- und Wanderjahren aus Wien in seine Heimat München zurück, wobei er in Rosenheim bei seinem Freund Johann B. Rappel Halt machte. Rappel teilte Lippott mit, in Kufstein eine Druckerei einrichten zu wollen und lud ihn ein, sein Teilhaber zu werden. Begeistert von der Idee führten die beiden schon in den nächsten Tagen Gespräche mit den maßgeblichen Persönlichkeiten in Kufstein.[9]
Die Eingabe um die Druckereikonzession wurde bald positiv erledigt, und noch vor Jahreswechsel konnte die Druckerei in Betrieb genommen werden.

Während des deutsch-französischen Krieges wurde Lippott (als deutscher Staatsangehöriger) eingezogen und kämpfte in Frankreich.
In dieser Zeit bereitete Rappel die Herausgabe der Wochenschrift 'Tiroler Grenzbote' vor, deren erste Probenummer im Dezember 1870 erschien und die Lippott im Felde erreichte. Er zeigte sich angetan von dem Blatt, das mit 5.2.1871 das regelmäßige Erscheinen aufnahm und von Lippott regelmäßig mit Feldpostbriefen versorgt wurde.[10]
Die Zeitung erschien vorerst als „Wochenschrift zur Belehrung und Unterhaltung" einmal wöchentlich am Samstag in der „Buchdruckerei und Schreibmaterialienhandlung J. Rappel & E. Lippott", als erster Redakteur konnte Dr. med. Josef Wieser gewonnen werden.

Nachdem Lippott 1871 abgerüstet war, kehrte er im Juli nach Kufstein zurück.
Im März 1872 ging Rappel wieder nach Rosenheim, wo er in der dortigen Riedermaierschen Druckerei die Faktorstelle übernahm. Damit war Lippott alleiniger Besitzer der Druckerei geworden; meist war er gleichzeitig Redakteur, Setzer, Drucker und Auslieferer der Zeitung in einer Person.
1877 wurde er österreichischer Staatsbürger, womit er auch Schriftleiter des Blattes werden konnte.
Der Betrieb wurde ausgebaut und modernisiert, 1877 eine Akzidenz-Tiegeldruckpresse angeschafft, ab 1889 wurde das Blatt auf einer Augsburger Schnellpresse hergestellt.[11]

Lippott führte das Blatt in einer unabhängigen deutschnationalen Richtung und orientierte sich stark nach dem angrenzenden bayrischen Raum; die Zeitung sollte sich schließlich auch ganz in den Dienst der Anschlußidee stellen.
Pflege des Heimatdienstes und des bodenständigen Volkstums war ihr Programm, außerdem verstand sie sich als Anwalt der gewerblichen, industriellen und mittelständischen Belange.

Wirtschaftlich war die Gründung der Druckerei und des Blattes im damals erst 2.000 Einwohner zählenden Kufstein ein Risiko gewesen, stellte sich jedoch bald als gerechtfertigte Spekulation heraus. Mit der Entwicklung der Stadt nahm auch der 'TG' an Umfang und Bedeutung zu.[12]

---

[9] 'TG'-Jubiläumsausgabe, 17.2.1931, S.1.
[10] BREIT a.a.O., S.186.
[11] 'TG'-Jubiläumsausgabe, S.2.
[12] BREIT a.a.O., S.188.

1903 wurde das Format vergrößert, ab November durfte das Blatt den Tiroler Adler im Kopf führen, 1905 ging man auf zweimal wöchentliches Erscheinen über. 1904 hatte Eduard Lippott der Jüngere die Redaktionsleitung und Geschäftsführung des Blattes übernommen (ehe er 1918 auch den Besitz des väterlichen Unternehmens übernahm).

Trotz wiederholt auftretender Schwierigkeiten und Anfeindungen – vor allem von katholischer Seite – hatte sich die Zeitung etabliert und sich ihre Stellung als Provinzzeitung in Kufstein, Kitzbühel, Schwaz und im angrenzenden südbayerischen Raum gesichert. Außerdem fungierte der 'TG' fallweise auch als Amtsblatt der Bezirke Kufstein und Kitzbühel.[13]

August Sieghardt, der von 1912 bis 1922 als Schriftleiter beim 'TG' tätig war, resümierte in der Jubiläumsausgabe von 1931: Der 'TG' sei politisch und wirtschaftlich völlig unabhängig und auch nie Parteiblatt gewesen, sondern vielmehr bestrebt, in sachlicher Weise allen seinen Lesern dienstbar zu sein „unter Einhaltung einer echten deutschen nationalen und freiheitlich-fortschrittlich gezeichneten Linie".[14]

Zum Jahreswechsel 1913/14 bewarb sich das Blatt selbstbewußt als „wirksames Ankündigungsblatt zufolge starker Verbreitung".[15] Es wolle als „unabhängiges freies Blatt echt deutsches Volksbewußtsein fördern helfen" und es werde „der Hebung der verschiedenen wirtschaftlichen Anliegen aller Bevölkerungskreise willige Unterstützung leihen".[16]

In der ersten Ausgabe des Jahres 1914 betonte man, daß dieses neue Jahr unter schwierigeren Verhältnissen als sonst beginne. Um die Krise, die durch den Lohnkampf der Buchdrucker heraufbeschworen wurde, überwinden zu können, bedürfe es vor allem „der tatkräftigen Unterstützung der verehrten Abnehmer und Leser, die sich gegenwärtig mit einer etwas beschränkten Zeitung zufrieden geben müssen".[17]

Das Blatt bediente sich einer scharfen deutschnationalen Berichterstattung und Kommentierung. Am 30.6.1914 wurde eine Sondernummer zum Mord am Thronfolgerpaar ediert.

Am 26. Juli fanden sich erste weiße Zensurflecken, mit Ende Juli setzte die Kriegsberichterstattung ein, wobei der Krieg an der Seite Deutschlands begrüßt und gutgeheißen wurde.
Am 5.12.1914 führte man als Beilage bzw. Rubrik den „Kitzbüheler Boten" wieder ein; es sei vielfach bedauert worden, daß dieses Blatt eingestellt worden sei, und der Wunsch nach dem Wiederaufleben sei immer lauter geworden. Somit würden vorerst Nachrichten gesammelt und als Beilage zum 'TG' geführt, bis der „Kitzbüheler Bote" wieder als eigenes Blatt erscheinen könne (im Verlag Martin Ritzer).[18]

Zum Jahresende schrieb das Blatt: „Eine lange Zeit der Arbeit und des Schaffens für die Ideale, welche unser Blatt verficht, liegt hinter uns und eine neue schwere Zeit vor uns. In dieser großen Zeit, wo alle Parteiungen schweigen und alle Deutsche unseres großen Österreichs im unerschütterlichen Vorsatz zu siegen und die Gegner zu überwältigen eins sind, begnügen wir uns zu betonen, daß wir auch fernerhin unseren Grundsätzen folgen werden, welchen wir seit 44 Jahren treu geblieben sind (…)."[19]
1915 ergaben sich keine wesentlichen Veränderungen, der Umfang blieb noch relativ stabil, Kriegs- und Lokalnachrichten dominierten. Als oberstes Ziel sah das Blatt das Wohl des deutschen „Vaterlandes" und den mutigen Kampf gegen die Feinde des Deutschtums in Österreich an. Das Feuilleton nahm meist den prominenten Platz auf der ersten Seite ein, wobei historische Probleme, Kriegsgeschichten und -gedichte, Berichte über Armee und Kaiserhaus dominierten.[20]

---

[13] Vgl. ebd., S. 191 ff. und 'TG'-Jubiläumsausgabe, S. 2.
[14] 'TG'-Jubiläumsausgabe, S. 8.
[15] Vgl. u. zit. 'TG', Nr. 103, 31.12.1913.
[16] Ebd.
[17] 'TG', Nr. 1, 3.1.1914, S. 1. Die Zeitung konnte demnach trotz des Streiks – wenn auch in geringerem Umfang – erscheinen.
[18] 'TG', Nr. 96 – „Kitzbüheler Bote" (Beilage), 5.12.1914.
[19] Zit. 'TG', Nr. 102, 30.12.1914, S. 1.
[20] STOISAVLJEVIC a.a.O., S. 396.

1916 wandte man sich wieder mit einem eindringlichen Appell an die Leser, das Blatt weiterhin zu bestellen: Man habe die Preise trotz der Teuerung nicht hinaufgesetzt, weshalb man hoffte, die Abnehmerzahl sogar erhöhen zu können.
Der Anzeigenteil wurde nunmehr aus technischen Gründen und um Platz und damit Papier zu sparen vierspaltig gesetzt, die Beilagen wurden beibehalten, Kriegs-, Lokal- und Wirtschaftsberichterstattung wurde weiterhin am ausführlichsten gepflegt.[21]
Als Absatzgebiete wurden dem Tiroler Präsidialbüro das bayerische Inntal und die österreichischen Alpenländer sowie vor allem die Bezirke Kufstein, Kitzbühel und Schwaz angezeigt.[22]

Im September wurden die Inserenten umworben: Man argumentierte, eine Verminderung der Zeitungsreklame hieße, dem Geschäft den Atem zu nehmen.

Nie zuvor sei – wie jetzt im Krieg – die Provinzpresse und ihre Inserate so intensiv gelesen worden – daher sollten die Unternehmer den 46jährigen 'TG' als Werbemittel nutzen, sei dieser doch am besten eingeführt.[23]

In äußerst patriotischer, deutschfreundlicher Art wurde der Krieg zwar als harter Herr, aber auch als guter Lehrmeister und Erzieher verherrlicht.
Mit Fortdauer des Krieges, vor allem ab 1917, schlug jedoch auch der 'TG' andere Töne an, der Ruf nach Frieden wurde lauter, die Wiedereinsetzung des Parlaments wurde begrüßt.

Am 5.1.1918 erschien die Ankündigung der (bereits im Dezember erfolgten) Übernahme der väterlichen Unternehmungen (Druckerei, Papier- und Schreibwarengeschäft, Verlag des 'TG' und Gebäude) durch Eduard Lippott den Jüngeren.
Das Unternehmen wurde somit unter gleicher Firma vom ältesten Sohn unverändert weitergeführt.
In der Jubiläumsausgabe 1931 lobte Lippott jun. das arbeitsreiche, unermüdliche Schaffen seines Vaters, ging auf dessen Lehrjahre (in graphischen Großbetrieben u.a. in München und Wien) ein und folgerte: „Und wie die Firma nicht nur zu den ältesten und bedeutendsten unseres einheimischen Wirtschaftslebens gehört, so stellt sie, aus dem Rahmen des gewerblichen Kleinbetriebes herausgetreten, ein wichtiges Glied in der Kette graphischer Unternehmungen im tirolischen Zeitungsgewerbe dar."[24]

Im Oktober/November 1918 folgten große Berichte über den deutsch-österreichischen Nationalrat und den neuen Staat, die Republik.
Man akzeptierte, daß man sich auf die engen Grenzen zurückziehen müsse, wolle jedoch keinen Zentimeter von deutschem Sprachraum zurückweichen, wobei man sich auf das Selbstbestimmungsrecht der Völker berief[25]: „Wir verzichten auf jede Ausübung politischer Macht über die Grenzen des geschlossenen deutschen Sprachgebiets hinaus, sind aber, ausgehend von dem Grundsatz des Selbstbestimmungsrechts der Nationen, nicht geneigt, auch nur ein Fußbreit Bodens des geschlossenen deutschen Sprachgebietes einem nichtdeutschen Staat abzutreten."[26]

1.9.2.2 1918–1938

Das Blatt zeigte sich schließlich positiv überrascht, daß der Übergang zur Republik und die Abdankung des Kaisers so schnell über die Bühne gegangen war, womit eine ruhige, gesunde Entwicklung nicht gefährdet würde.
Bezüglich des provisorischen Nationalrates meinte man, endlich seien alle deutschen Stämme vereint: „Reicht die Hände euch, Germanen …!"[27]
Unter Zitierung eines 'IN'-Artikels trat man für die Angliederung Tirols an Deutschland bzw. Bayern

---

[21] Vgl. 'TG', Nr. 1, 1.1.1916, S. 1.
[22] Vgl. Präs. 1916/XII 78c4/6.192.
[23] 'TG', Nr. 77, 23.9.1916, S. 7.
[24] Vgl. u. zit. 'TG'-Jubiläumsausgabe, S. 3.
[25] 'TG', Nr. 88, 2.11.1918, S. 1.
[26] Ebd. Damit wurde wohl v.a. die drohende Abtrennung Südtirols angesprochen.
[27] 'TG', Nr. 92, 16.11.1918, S. 1.

ein, was sowohl vom nationalen, wirtschaftlichen als auch staatsrechtlichen Gesichtspunkt gerechtfertigt sei.

In den folgenden Ausgaben wurde vehement der Idee eines eigenständigen, neutralen Tirols entgegengetreten – man wolle zwar „Los von Wien", nicht jedoch „Los von Deutsch-Österreich", wobei gleichzeitig das „deutsche Volk" zur Einigkeit gemahnt wurde.[28]
Der Zusammenbruch 1918 hatte gerade Kufstein und dem immer wieder propagierten Dreiländereck Bayern, Salzburg und Tirol große Probleme gebracht, die folglich auch umfassend (großdeutsch) kommentiert wurden, wobei sogar mit einer deutsch-österreichischen Hauptstadt Innsbruck spekuliert wurde (Nr. 100, 14. 12. 1918).

Zur Jahreswende wurde jedoch in etwas beruhigterem Ton zur Einsicht im neuen Staat gemahnt: „Um Schritt zu halten mit der eilenden Zeit, verseht Euch für den Neuaufbau einer glücklichen zufriedenen Heimat mit einer die Vorteile des gesamten deutschen Volkes verfechtenden Zeitung, dem 'Tiroler Grenzboten', dem Blatt der Heimat, welches … eintreten wird für die Erhaltung deutsch-tirolischer Eigenart, für den Schutz des Privateigentums, für den freien deutschen Bauernstand, für das deutsche Volkstum (…)."[29]
1919 wandte man sich verstärkt der deutschfreiheitlichen Partei in Tirol zu, für die man sich im Wahlkampf stark publizistisch engagierte. Immer wieder wurden unter anderem Flugzettel der Partei dem Blatt beigelegt.

Anläßlich der Friedensverhandlungen wurde die Zerreißung Tirols scharf kritisiert und in der Folge von einem Vernichtungsfrieden geschrieben.

Auch der 'TG' blieb von der schon 1919 einsetzenden Teuerungswelle nicht verschont und hatte folglich mit großen wirtschaftlichen Problemen zu kämpfen.
Es war ein steter Kampf um die Existenz und die Daseinsberechtigung des Unternehmens, aber auch um die bessere Vertretung der Interessen der Stadt und des Bezirkes. Wie Stadt und Bezirk Kufstein war auch der 'TG' in die Höhen und Tiefen der wirtschaftlichen Entwicklung eingebunden.
Krieg, Revolution, Geldentwertung sollten nicht ohne Folgen bleiben – jene Breschen aber, die diese Krisen ins österreichische Zeitungsgewerbe schlugen, wurden vom 'TG' unter Aufbietung aller Kraft überwunden[30], nicht jedoch ohne Schrammen, wie die Jahre 1922–24 zeigen sollten.

1920 wurden jedoch noch neue Beilagen eingeführt, wie die von Prof. Sinwel geleiteten Blätter „Feierabend" und „Heimatblätter" als Unterhaltungs- und Literaturbeilage sowie für die Förderung der Heimatkunde.

Die jeweiligen Bezugspreiserhöhungen wurden mit dem ansonsten drohenden Zusammenbruch der Zeitung infolge der unerträglichen Preiserhöhungen begründet.[31] Um 3.000% sei das Papier nun teurer als vor dem Krieg, die Mittel- und Kleinpresse könne sich daher kaum noch über Wasser halten.[32]

Im September 1920 wandte man sich an die Leser, daß es zu entscheiden gelte, ob man angesichts der prekären Lage wieder zum wöchentlichen Erscheinen zurückkehren oder überhaupt das Erscheinen einstellen solle. Beides wäre jedoch ein Rückschritt und schwerer Verlust, weshalb man sich entschlossen habe, den 'TG' nicht nur zu erhalten, sondern vielmehr weiter auszugestalten – was wiederum durch die Erhöhung der Bezugs- und Anzeigenpreise möglich sei.[33]

Im Februar 1921 konnte man mit einer Festausgabe auf das bereits 50jährige Bestehen des Lokalblattes zurückblicken, in der unter anderem Josef Dillersberger schrieb: Man „kann auch an dem fünfzigjährigen Bestand unserer Kufsteiner Zeitung nicht gleichgültig vorübergehen… Das Erscheinen einer

---

[28] Vgl. 'TG', Nr. 94, 23. 11. 1918, S. 1, Nr. 95, 27. 11. 1918, S. 1 und Nr. 96, 30. 11. 1918, S. 1.
[29] 'TG', Nr. 103, 25. 12. 1918, S. 1.
[30] 'TG'-Jubiläumsausgabe, S. 3.
[31] Z. B. 'TG', Nr. 51, 26. 6. 1920, S. 1.
[32] Ebd.
[33] 'TG', Nr. 76, 22. 9. 1920, S. 1.

eigenen Zeitung in unserer Stadt bedeutet zweifellos eine Errungenschaft, um die uns viele andere Orte ähnlicher Größe, deren Anstrengungen in dieser Hinsicht vergebens blieben, beneiden; und mit Recht, denn sie zeichnet unsere Stadt in gewissem Maße aus, hebt sie in kultureller und wirtschaftlicher Beziehung."[34]

Lippott sen. hielt Rückblick auf die Entstehungsgeschichte der Druckerei, des Verlages und der Zeitung sowie auf die technische Entwicklung. Prof. Sinwel ging auf die Aufgaben der „kleinen Provinzpresse" näher ein. Es gebe nur wenige vergleichbare Blätter, die schon ähnlich lange bestünden. Kulturelle Aufgaben stünden in der Provinz im Vordergrund, nicht jedoch – wie bei den großen Tageszeitungen – der politische Parteikampf. Man sei deshalb jedoch nicht gesinnungslos, wessen sich „gewisse unparteiische" Blätter rühmten. Ganz im Gegenteil, auch die Provinzpresse habe sich klar zu einer bestimmen Weltanschauung zu bekennen. Der 'TG' tue dies auch und habe damit der nationalen und freiheitlichen Sache sehr gedient. Gerade der kleinen Presse falle es zu, „die wichtige Aufgabe stetig wirkender, völkischer, erzieherischer Kleinarbeit" zu leisten.[35]

Mit der Schaffung der Beilagen „Feierabend" und „Heimatblätter" sei es gelungen, die Heimatliebe zu pflegen und „den Sinn für das Heimatliche in Natur und Kunst, in Art und Brauch zu beleben", wozu ja auch die Ortspresse das probate Mittel sei. Hier herein falle auch die Tatsache, daß heimische Schriftsteller und die heimatkundliche Forschung im 'TG' gefördert würde. Außerdem habe das Blatt stets Wert auf die Lokalgeschichte, die Spiegelbild der historischen Entwicklung sei, gelegt: die wirtschaftliche Entwicklung spiegle sich zudem im Anzeigenteil.[36]

Bis zum April wurde vor allem die Anschlußabstimmung stark propagiert, Aufrufe von Parteien, Vereinen etc. zum Ja-Stimmen abgedruckt.
Der Abstimmungs-„Erfolg" wurde schließlich als „Deutscher Sieg in Tirol" kommentiert und als „herrlicher Sieg des Deutschtums, der alle Erwartungen übertroffen hat".[37]

Zum Jahreswechsel 1921/22 wurde bezüglich der Preise festgestellt, daß diese das Mindestmaß dessen darstellten, was der Verlag zur Rettung des Blattes verlangen müsse und man trotzdem noch preiswerter als Innsbrucker oder Wiener Blätter sei.[38]
Ab Jänner war es möglich, die Beilagen „Heimatblätter" und „Feierabend" einzeln zu beziehen – beide sollten ausgestaltet, jedoch nur noch einmal monatlich ediert werden.

Am 1. Juli schrieb man, an die Leser gerichtet: „Die schicksalsschwere Zeit, namentlich auch für die Buchdrucker und die Presse, hat begonnen: Die ungeheure Steigerung der Löhne und sämtlicher Rohmaterialpreise kennzeichnet deutlich genug den Weg, der uns (…) diktiert wird von der Not der Zeit." Seit Jahresbeginn seien 1.000 deutsche Zeitungen eingegangen. Wenn jetzt die Inseratzeile 30 Kronen und die Zeitung 50 Kronen koste, so verblasse das Teuerungsverhältnis bei der Feststellung, daß im Verhältnis zur Geldentwertung die Zeile eigentlich 320 und das Blatt 640 Kronen kosten müßten.
Ob ein Weitererscheinen möglich sein werde, wurde abhängig gemacht von der Zahl der Abnehmer und ob die Presse die nötige Unterstützung erhalte.[39]

Am 26. August mußte man in der Folge schließlich ankündigen, daß man unter dem herrschenden Kostendruck den Bestand nur aufrechterhalten könne, indem man mit 1. September nur noch einmal wöchentlich erscheinen werde.
Um den Lesern keine publizistischen Nachteile erwachsen zu lassen, sei man bestrebt, trotzdem ein möglichst umfassendes Bild zu zeichnen.[40]
Man glaubte, diese Maßnahme mit Jahresende wieder aufheben zu können, tatsächlich konnte das Blatt jedoch bis Juli 1924 nur in reduzierter Form erscheinen.

---

[34] 'TG'-Jubiläumsausgabe, 5.2.1921, S.1.
[35] Vgl. u. zit. ebd., S.2.
[36] Ebd., S.3.
[37] 'TG', Nr.34, 27.4.1921, S.1.
[38] 'TG', Nr.104, 31.12.1921, S.1.
[39] Vgl. u. zit. 'TG', Nr.52, 1.7.1922, S.1.
[40] 'TG', Nr.68, 26.8.1922, S.2.

Der wöchentliche Umfang (vorher 4–6 Seiten mittwochs, 8 samstags) konnte bei zwölf Seiten relativ konstant gehalten werden. Die Preise stiegen weiter an, ehe sie im September 1923 – für kurze Zeit – auf das Niveau von Oktober 1922 reduziert werden konnten, bis 1924 die Erhöhungen wieder einsetzten.

Im Juni 1924 löste Dr. Blattl Eduard Lippott als verantwortlicher Schriftleiter ab. Blattl sollte im Februar 1934 vom Ständestaat seines Postens enthoben werden, ehe er, als vormals illegaler Nazi, nach dem Anschluß wieder in die Redaktion zurückkehrte.

Am 14. Juni konnte man stolz ankündigen, daß die Zeitung ab Juli wieder als Halbwochenschrift erscheinen werde, womit man, nachdem man aus wirtschaftlicher Not heraus nur einmal wöchentlich erscheinen habe können, einem vielfach geäußerten Wunsch der Leser nachkommen könne.[41]

Eine Woche später meldete man das breite Echo und den Beifall der Leser, die dieser Schritt hervorgerufen habe. Wie bisher werde man Gemeinsames vor Trennendes stellen, unabhängig von Parteiinteressen für Sitte, Recht, Heimat und Volk eintreten. Mit dem neuerlichen halbwöchigen Erscheinen sei man dem Ideal zwischen den teuren Tagblättern und den allzu seltenen Wochenblättern wieder nahegekommen.[42]

1925 beschrieb man neuerlich Ziele und Inhalte des Blattes: die Bedeutung der Zeitung nehme immer mehr zu, und es gehöre zum täglichen Brot. „Für Volk und Heimat! Die engere tirolische und österreichische und die große Heimat des Deutschen Volkes, welche die Welt umspannt, soll uns dabei zusammenströmen."[43]

Vor allem wende man sich aber an den Leserkreis von Stadt und Land Kufstein.

Der Inhalt wurde wie folgt beschrieben: Der politische Teil solle eine vollständige Übersicht über die Tagesereignisse bieten, wobei das Lokale an vorderster Stelle stünde und Hauptthema des ‚TG' sei. Der Bote sei weiter meistgelesene Zeitung in Kufstein, Kitzbühel (50% der Abnehmer) und sei auch in Schwaz und im bayrischen Inntal gut eingeführt.

Den volkswirtschaftlichen Teil wolle man ausbauen, Wissenswertes und Unterhaltendes sei über den herkömmlichen Allerlei-Klatsch zu stellen. Mit den Beilagen wollte man das Wissen über die Welt verbessern und auch der Landbevölkerung zugänglich machen.[44]

Zu Pfingsten 1925 wurde eine Festausgabe anläßlich der „Schutzvereinstagung in Kufstein" herausgegeben. Der Schutzverein trat für das Deutschtum im Ausland ein, die Festausgabe war somit symptomatisch für die Gesinnung des ‚TG'.

Auch die Südtirol-Berichterstattung wurde weiter ausgedehnt, je brutaler sich das Mussolini-Regime gegenüber allem Tirolischen gebärdete.

Wiederum erneuerte man das Bekenntnis zu einem ungeteilten Tirol[45], wobei Unterstaatssekretär für Äußeres a. D. Pflügl, vor allem 1928, als Südtirol-Kommentator bzw. Leitartikler sowie Hans Fingeller als Gastautor hervortraten.

Im Juli 1927 wurden wiederum kurzfristig die Bezugspreise ermäßigt, obwohl die Reichhaltigkeit der Zeitung zugenommen hatte.

Im Juni 1928 wurde eine Verlautbarung des Zentralvereines der Zeitungsunternehmer Österreichs veröffentlicht: „Da die altgeübte und sonst überall eingehaltene Gepflogenheit, die Zeitungsgebühren rechtzeitig im Voraus einzusenden, immer mehr vernachlässigt wird, muß infolge der schadenbringenden Auswirkungen für den Verlag und Leser künftig auf die strenge Einhaltung dieses Gebotes der Pflicht gedrungen werden. Die Bezugsgebühren sind nunmehr ausschließlich im Voraus zu entrichten", da ansonsten eine „unliebsame Unterbrechung in der Zusendung eintreten" würde.[46]

---

[41] ‚TG', Nr. 24, 14.6.1924, S. 1.
[42] ‚TG', Nr. 25, 21.6.1924, S. 1.
[43] Zit. ‚TG', Nr. 1, 3.1.1925, S. 1.
[44] Ebd.
[45] Vgl. v. a. ‚TG'-Ausgaben am Beginn des Jahres 1926 und STOISAVLJEVIC a. a. O., S. 399 f.
[46] ‚TG', Nr. 46, 9.6.1928, S. 1.

1929 wurde die Mittwochausgabe im Umfang – einerseits im textlich-redaktionellen Teil, andererseits im Romanteil – ausgeweitet, der amtliche Teil erweitert und den wirtschaftlichen Belangen mehr Platz eingeräumt (Rubrik „Veröffentlichungsblatt für Handel, Industrie, Gewerbe, Landwirtschaft, Verkehrs- und Genossenschaftswesen"), wobei diese Erweiterung jedoch nur zeitlich beschränkt aufrechterhalten werden konnte.

1930, der 60. Jahrgang, wurde mit einem Resümee eingeleitet: Man könne auf ein ehrwürdiges Alter zurückblicken, der 'TG' habe sich als Heimatblatt bewährt. „Alle die genannten Vorzüge, sowie die Tatsache, daß der Grenzbote im Hauptverbreitungsgebiet (…) die meistgelesene und besteingeführte Zeitung ist, macht es begreiflich, daß auch der Anzeigenteil auf der Basis des Erfolges ruht und der Grenzbote ein allseits beliebtes Insertionsorgan ist."[47]

In diesem Jahr wurde die Richtung, in die die Innenpolitik Österreichs lief, im Blatt immer deutlicher: Die Politik Schobers wurde gewürdigt, der aufkommenden Theorie des Ständestaates wurde eine klare Absage erteilt.

Bereits im September wurde die Festausgabe zum 60jährigen Jubiläum des Blattes für 1931 angekündigt, welches eine „selten günstige Reklame-Gelegenheit" sein werde.[48]

Mit Eintritt in das Festjahr wehrte man sich vorerst gegen Verspottungen und Verleumdungen anderer Zeitungen, besonders gegen das 1929 entstandene Wochenblatt 'Unterland' (Katholisches Sonntagsblatt mit Amtsblatt der Bezirke Kufstein und Kitzbühel, bis 1938), das, so der 'TG', mit schmutzigen Tricks versuche, den 'TG', „madig" zu machen. Das 'Unterland' sei katholisch, daher versuche es, den 'TG' als unchristlich hinzustellen, was jedoch scharf zurückzuweisen sei. Diese Schreibweise des Konkurrenzblattes sei „blasser Konkurrenzneid, Parteitrotz und Mammondienst".[49]

Am 31. Jänner wurde die Todesanzeige Eduard Lippotts sen., der am 29. 1. im 87. Lebensjahr verstorben war, des Mitbegründers der Druckerei und des Blattes und langjährigen Schriftleiters, veröffentlicht und sein Werk gewürdigt.[50]

Am 17. Februar schließlich konnte in Buchform die 136seitige Festschrift „60 Jahre Grenzbote" vorgelegt werden.[51]

Hier seien nur einige Zitate daraus wiedergegeben: Herausgeber Lippott schrieb u.a.: „Jetzt, wo wir zur wirtschaftlichen Erstarkung und im Wiederaufbau mehr denn je gegenseitiger Unterstützung bedürfen, will das heimatliche Blatt in vollständiger Loslösung enger Parteischranken, in politischer und wirtschaftlicher Beziehung unabhängig, die Entwicklung und Auswirkung der wirtschaftlichen Kräfte unseres Volkes mitfördern helfen; das Heimatblatt will, den allgemeinen Fortschritt und alle gemeinnützigen Unternehmungen in aller Kraft fördernd, die Brücke sein und bleiben zwischen Stadt und Land, zwischen Heimat und Fremde.[52]

Es folgten Auszüge aus der Glückwunschmappe sowie verschiedene Artikel über die vielschichtigen Beziehungen und Aufgaben der Presse, v.a. des der Provinzpresse zuzuzählenden 'TG'. Gesandter Eduard Ludwig in seiner Eigenschaft als Leiter des Pressedienstes beim Bundeskanzleramt schrieb: „In der Großstadt macht man sich vom Leben und Wirken der Länderpresse vielleicht nicht immer richtige Vorstellungen. Gerade die sogenannte kleine Presse ist es aber, aus der … ganz große Journalisten und Zeitungsmänner hervorgegangen sind. Man macht sich in großstädtischen Kreisen keine Vorstellung von der opferreichen Arbeitsweise, von den Schwierigkeiten, unter denen gerade Blätter wie Ihres zu leiden haben."[53]

Bürgermeister Pirmoser lobte den 'TG', daß er die Stadtverwaltung in allen Belangen getreulich und in

---

[47] 'TG', Nr. 1, 1. 1. 1930, S. 1.
[48] Vgl. u. zit. 'TG', 17. 9. 1930.
[49] Vgl. u. zit. 'TG', Nr. 1, 3. 1. 1931, S. 2.
[50] Vgl. 'TG', Nr. 9, 31. 1. 1931, S. 1 und 'TG'-Jubiläumsausgabe, 17. 2. 1931, S. 105.
[51] Vgl. dazu Unterkapitel „Jubiläumsausgaben".
[52] 'TG'-Jubiläumsausgabe, 17. 2. 1931, S. 3.
[53] Ebd., S. 5.

fortschrittlichem Sinn unterstützt habe, obwohl es für den Schriftleiter nicht immer leicht gewesen wäre, Recht zu finden und es jedem recht zu tun.[54]

Der großdeutsche Abgeordnete Straffner ging auf die Aufgaben der Presse ein. Der 'TG' habe stets die mittelständischen Interessen vertreten, womit gleichzeitig untrennbar die Richtlinien einer nationalen und freiheitlichen Politik verbunden waren. Immer habe sich das Blatt für die Freiheit des deutschen Volkes eingesetzt. Dies sei schon im alten Staate nicht einfach gewesen, im neuen Staat Österreich sei dies noch schwerer geworden. Mit der wirtschaftlichen Wandlung habe sich auch der Pflichtenkreis der Provinzpresse verändert, nicht aber – trotz Radio etc. – verkleinert, sondern eher ausgeweitet. „Der Presse fällt die Aufgabe zu, die Entartungen des öffentlichen und privaten Lebens nicht allein aufzuzeigen, sondern auch dahin zu wirken, daß sich alle Gutgesinnten einigen zum Kampfe gegen diese Entartungen."[55]

Der ehemalige Redakteur Sieghardt resümierte, daß das Blatt nun sechs Jahrzehnte seinem Umland gedient hätte, auch in einer Zeit in der viel Mut, Opferwilligkeit und Idealismus dazu gehört hätten, eine Provinzzeitung herauszugeben. Aus seiner Redaktionszeit wußte er, daß der Verlag im Krieg bzw. in der Inflationszeit mehr als einmal nahe daran war, aus rein kaufmännischen Gesichtspunkten heraus an die Einstellung zu denken.[56]

Bezirkshauptmann Janetschek würdigte die Bereitschaft des Grenzboten, die vielen amtlichen und halbamtlichen Mitteilungen in seine Spalten – meist kostenlos – aufzunehmen.[57]

Im Schlußwort ging der Herausgeber auf die Probleme der Lokalpresse ein, die mannigfachen und vielseitigen Angriffen ausgesetzt sei. Wer die Länderpresse studiere, werde finden, daß der 'TG' in seiner Berichterstattung mit den neuesten Tagesereignissen Schritt halte.[58] Berufene Leitartikel im politischen Teil, detaillierte Ausarbeitung des Lokalen, Förderung der Heimatliebe würden die beste Pflege des lokalpatriotischen Gedankens gewähren. Dieses Jubiläumsjahr werde wiederum einen Wendepunkt im Vorwärtsstreben bringen, da Pläne zur Ausgestaltung des Blattes realisiert werden sollten. Der technische Betrieb werde in nächster Zeit modernisiert und erweitert, u.a. gelange eine große Schnelläufer-Druckmaschine mit automatischem Einlege- und Falzapparat zur Aufstellung, womit eine weitere Aufwärtsentwicklung (z.B. Formatvergrößerung) möglich würde.[59]

Im Oktober konnte schließlich auch der „erweiterte Lesestoff" angekündigt werden, u.a. mit der Beilagenerweiterung („Der österreichische Zwecksparer"), im Dezember konnte für 1932 die Formatvergrößerung angezeigt werden sowie die Einführung der 'Sonntagszeitung' ausschließlich für auswärtige Bezieher.

Mit Jahresbeginn wurde schließlich endgültig vom Wendepunkt im Vorwärtsstreben des Verlages berichtet: Man zog Resümee über die „älteste Provinzzeitung Tirols", klagte über die Rezession des Jahres 1931 und drückte die Hoffnung aus, daß sich die Lage bessern werde. Das Format sei auf Grund der technischen Ausgestaltung (wie in der Jubiläumsausgabe angekündigt) vergrößert worden.[60]

Zum Jahresende kündigte der 'TG' an, daß der 'Kitzbüheler Bote' ab 1.1.1933 wieder als heimattreue Wochenschrift erscheinen werde (im Separatbezug)[61], wobei man eine Woche später auch auf die Geschichte dieses Blattes einging: Dieses sei 1898 vom Druckereibesitzer Martin Ritzer in Kitzbühel begründet worden und habe 16 Jahre bestanden, ehe es an Lippott übergegangen sei (während des Druckerstreiks 1913/14). Nachdem für Lippott während des Krieges die Weiterführung nicht möglich gewesen war, konnte der 'Kitzbüheler Bote' nur als Rubrik innerhalb des 'TG' erscheinen. Nun sollte er

---

[54] Ebd.
[55] Vgl. u. zit. ebd., S.6.
[56] Ebd., S.9.
[57] Vgl. ebd., S.81.
[58] Womit Lippott den Anspruch betonte, dem Charakter nach der Tageszeitung näher zu sein denn der Wochenzeitung.
[59] Ebd., S.104f.
[60] 'TG', Nr.1, 1.1.1932, S.2.
[61] 'TG', Nr.101, 17.12.1932, S.4.

als eigenes Blatt wiederbegründet werden, was jedoch bei den 'Kitzbüheler Nachrichten' auf unfreundliches Echo gestoßen sei. Daher werde der 'Kitzbüheler Bote' mit dem 'TG' weiterhin vereinigt bleiben und nicht, wie beabsichtigt und angekündigt (s. oben, Anm. 61), als eigenes Blatt erscheinen.[62]

Am 8. März 1933 war nicht die Ausschaltung des Parlaments Hauptthema, sondern die Ereignisse der deutschen Wahlen mit dem „Großen Sieg der nationalen Front", wobei Hitler zum Wahlsieg gratuliert wurde.[63] Erst auf der zweiten Seite wurde getitelt: „Vor einer Diktatur Dollfuß", was den 'TG' sorgenvoll stimmte. Man habe jedoch schon länger geahnt, daß die Regierung ihren Plan, autoritär zu regieren, bald in die Tat umsetzen werde.[64]

Am 11.3. titelte der 'TG': „Die Regierung schaltet den Nationalrat aus", und man berichtete über die ersten Notverordnungen.[65]

Auf Grund dieser Notverordnungen erschien das Blatt nun vermehrt mit den weißen Zensurflecken und war – wie die anderen nationalen Blätter – behördlichen Verfolgungen ausgesetzt. U. a. wurden die Nr. 41 und die Nr. 53 konfisziert.[66] In der Nr. 54 berichtete man „in eigener Sache" von der Beschlagnahme der vorherigen Ausgabe, welche wegen der einseitigen Darstellung des großen vaterländischen Festes in Innsbruck erfolgt war, wobei dem 'TG' nachgesagt worden war, ein NS-Blatt zu sein. Dem hielt man entgegen, daß man völlig losgelöst von allen Parteischranken sei, obwohl man aus der deutschen Gesinnung kein Hehl mache.[67]

Daher wurden das Blatt und der Verlag von der Vaterländischen Front boykottiert und die Zeitung unter Vorzensur gestellt. Die Front prangerte weiterhin wiederholt die Schreibweise des Boten an, die gegen die treu katholische und vaterländische Bevölkerung gerichtet sei.

In der Folge wurde v. a. gegen Schriftleiter Blattl scharf vorgegangen, der schon wegen eines – vor dem Verbot – geschriebenen Artikels zu einer Geldstrafe verurteilt worden war. Wegen eines weiteren Artikels „Ausnahmezustand in Kufstein", der vom 'Völkischen Beobachter' übernommen wurde, sollte gegen ihn die Hochverratsklage erhoben werden. Landeshauptmann Stumpf begnügte sich jedoch mit einer öffentlichen Verwarnung im Landtag.

Mit Fortdauer des Jahres wurde Blattl jedoch mit drei Geldstrafen belegt, zweimal eingesperrt, um schließlich am 5.2.1934 ins Anhaltelager Wöllersdorf gebracht zu werden.[68] Seit 10.2. schien er somit nicht mehr im Impressum auf.

In der Begründung des Sicherheitsdirektors Mörl hieß es dazu: „Das allgemeine Verhalten des Dr. J. Blattl begründet den Verdacht, daß er bestrebt war, staatsfeindliche Handlungen der Nationalsozialisten in seiner Eigenschaft als verantwortlicher Schriftleiter des 'Tiroler Grenzboten' zu unterstützen. Seine Anhaltung erweist sich daher zur Hinanhaltung von Störungen der öffentlichen Ruhe und Ordnung im staatlichen Interesse als notwendig."[69]

Mit dem Jahr 1934 wurde auch zunehmend deutlich, daß das Blatt nicht mehr schreiben konnte, wie und was es wollte, sondern durch die restriktive Handhabung der Pressegesetze auf Dollfuß-Kurs gezwungen wurde.

Im Februar berichtete man von den Bürgerkriegsereignissen, die zunehmend von Aufrufen der Bundesregierung oder anderer Behörden an die Bevölkerung dominiert wurden. Nicht mehr die nationale Frage wurde (bzw. konnte) behandelt (werden), die Zeitung mußte nun vorwiegend antimarxistisch und ständisch berichten.

Dem versuchte man auszuweichen, indem Artikel aus den 'Wiener Neuesten Nachrichten' zitiert oder übernommen wurden, die nicht zensuriert worden waren und die am ehesten dem eigenen ideologischen Weltbild entsprachen, war dieses Blatt doch auch Wiener Sprachrohr der Großdeutschen.

---

[62] 'TG', Nr. 103, 24.12.1932, S. 4.
[63] Vgl. 'TG', Nr. 20, 8.3.1933, S. 1.
[64] Ebd., S. 2.
[65] Vgl. 'TG', Nr. 21, 11.3.1933, S. 1 f.
[66] Vgl. SCHOPPER a. a. O., S. 117 und Präs. 1933/XII 60/Nr. 41 und 53.
[67] 'TG', Nr. 54, 5.7.1933, S. 2.
[68] Vgl. SCHOPPER a. a. O., S. 117.
[69] Ebd., S. 117 f. (Zl. 761/109 S. D.).

Im April bemerkte man zur nationalen Presse in Österreich, die sich in einer schwierigen Lage befände: Die 'Wiener Neuesten Nachrichten' seien am 11.4. beschlagnahmt worden, der 'Österreichische Beobachter' mußte das Erscheinen einstellen, da bei einer Hausdurchsuchung belastendes NS-Material gefunden wurde; in Bregenz wurde das 'Vorarlberger Tagblatt', ein früheres großdeutsches Organ, vorläufig eingestellt, außerdem sei das Imster Blatt 'Der Oberländer' eingegangen.[70]

Im Mai mußte die neue Verfassung vorgestellt werden, im Juli wurde der Dollfußmord als „Opfermord" aufgemacht.[71]

Auch 1935 war der 'TG' ganz auf Linie gebracht: Man wolle mit ganzer Kraft weiterarbeiten am neuen Aufbau des Vaterlandes Österreich „im vollen Bewußtsein der verantwortungsvollen Aufgabe der Presse, aus den Wirrnissen des Tages den Weg freier Überschau über die Zeitereignisse zu suchen".[72] Die seit Mitte 1933 als „unabhängiges unpolitisches Blatt" (Untertitel) erscheinende Zeitung war also nicht ausgeschaltet, aber weitgehend auf ständestaatlichen Kurs gebracht worden.

Im März 1936 wurde dem Blatt anläßlich der Berichterstattung über die Vorgänge im Rheinland (Besetzung) von der V.F. vorgeworfen, in voller Übereinstimmung mit der deutschen Reichsregierung zu schreiben, weshalb man alle Beschwerden, die deshalb eingegangen seien, voll als gerechtfertigt ansehe.[73]

Im Juli folgten Berichte zum Juli-Abkommen mit dem Deutschen Reich: Endlich könne wieder das alte Lied „Österreich ist ein deutsches Land" angestimmt werden. Naturgemäß hatte das Abkommen auch eine Erleichterung für den 'TG' gebracht, der nunmehr wieder unverblümter seine deutschnationale Einstellung aussprechen und propagieren und die deutsch-österreichischen Gemeinsamkeiten herausstreichen konnte.

Im April 1937 wurde der 'TG' infolge der wiedererstarkten deutschgesinnten Berichterstattung erneut von Mörl verwarnt: Die Schriftleitung habe „vor Amt" (Bezirkshauptmannschaft) zu erscheinen. Die weitere Zulassung des 'TG' werde davon abhängen, wie er dem Grundsatz, v.a. österreichische Belange (und nicht mehr deutsche, Anm.) zu vertreten, nachkommen werde. Die Schreibweise des 'TG' habe kaum mehr tragbare Formen angenommen. U.a. wurde dabei dem Kommentator Dr. Pflügl untersagt, weiterhin im 'TG' zu publizieren, nachdem ihm schon zuvor dessen anderweitige schriftstellerische Tätigkeit verboten worden war.[74]

In der Replik des 'TG' berief man sich auf die Aufforderung Schuschniggs, der Kritik nicht nur erlaubt, sondern sogar gewünscht hatte, um die Uniformität der österreichischen Presse hintanzuhalten. Bezüglich der Schreibweise über das Deutsche Reich habe man sich ebenfalls an die Aussagen Schuschniggs gehalten, daß Österreich und Deutschland zwei befreundete Staaten seien und diesem Faktum in der Schreibweise Rechnung zu tragen sei. „Wir glauben auch, daß die Richtlinien für die gesamte österreichische Presse einheitlich und nicht etwa gegen ein einzelnes, von gewissen Seite besonders scharf unter die Lupe genommenes Blatt, verschärft sein sollen."[75]

Im Juli blickte man auf ein Jahr Juli-Abkommen zurück, wobei man von einem Volk in zwei Staaten schrieb, durch das vor einem Jahr ein Aufatmen der Befreiung gegangen sei. Dabei wurden auch die Zusammenhänge des Abkommens mit der Presse behandelt, die Fragen der gegenseitigen Pressebeziehungen hervorgehoben: Die Haltung der Presse sei mitentscheidend für das Verhältnis der beiden Staaten zueinander, weshalb kein Artikel erscheinen sollte, der dem jeweils anderen Staat schaden könnte.[76]

Im Jänner 1938 war auch im 'TG', der ja nach wie vor den Anschluß erhoffte, noch nichts von den bevorstehenden Umwälzungen zu bemerken.

---

[70] 'TG', Nr. 30, 14.4.1934, S. 2.
[71] Vgl. 'TG', Nr. 60, 28.7.1934, S. 1.
[72] 'TG', Nr. 1, 2.1.1935, S. 1.
[73] SCHOPPER a.a.O., S. 119 (Schreiben der VF an den 'TG' vom 27.3.1936).
[74] Vgl. ebd., S. 120 (Zl. 1.285/6 S.D. vom 16.4.1937).
[75] Ebd., S. 121 (Schreiben des 'TG' an den S.D. vom 21.4.1937).
[76] 'TG', Nr. 56, 13.7.1937, S. 1.

Am 15. Februar wurde das Treffen Hitlers mit Schuschnigg behandelt, die Regierungsumbildung bekanntgegeben und die politische Amnestie für inhaftierte Nazis begrüßt. Diese Entwicklung wurde als Stärkung des deutschen Elements in Staat und Regierung wohlwollend kommentiert.[77]

Am 11. März mußte noch die Volksabstimmung und deren Modalitäten angekündigt werden. Ein Artikel berichtete von der Nichtbeteiligung der Nationalsozialisten an der Abstimmung, was einer verdeckten Aufforderung an alle Nationalen gleichkam, sich der Wahl zu enthalten. Aus den 'Wiener Neuesten Nachrichten' wurde ein Artikel von Staatsrat Dr. Jury zitiert, der den Tenor hatte, man wolle nicht etwas Selbstverständlichem noch extra zustimmen.[78]

1.9.2.3 1938–1945 und das Wiedererscheinen 1952

Am nächsten Tag schon erschien eine Sonderausgabe des 'TG' mit der Schlagzeile „Österreich ist frei", Österreich sei endlich unter dem Hakenkreuz, Seyß-Inquart sei Bundeskanzler. Das Impressum änderte sich nicht – das Blatt, das immer, ob öffentlich oder im Ständestaat unterdrückt, für den Anschluß eingetreten war, mußte von den Nazis nicht gleichgeschaltet werden – nur der im Austrofaschismus aus der Schriftleitung verbannte Dr. Blattl konnte vom ersten Tag der Annexion an wieder als verantwortlicher Schriftleiter zeichnen.[79]

„Ein Tag von größter geschichtlicher Wucht liegt hinter uns. (…) Deutsch-Österreich hat die Fesseln, in die es durch die schwarz-rote Koalition geschlagen war, mit einem gewaltigen Ruck gesprengt. Deutsch-Österreich ist frei (…). Deutsch-Österreich ist nationalsozialistisch (…). Am Nachmittag begann das Ende: die verlogene Volksbefragung mußte endgültig abgesagt werden."[80]

Weiters wurden die Ereignisse des 11. und 12. März geschildert, die erste NS-Regierung vorgestellt, die Vorgänge in Kufstein, die Kundmachungen, der Jubel beim Einmarsch der deutschen Truppen beschrieben und die neue Kufsteiner Führung unter Bürgermeister SA-Sturmbannführer Hans Reisch vorgestellt.

Am 14. 3. 1938 wurde eine weitere Sondernummer publiziert – mit dem Titel „Ein Volk – ein Reich – ein Führer". Neue Gesetze wurden verlautbart, eine Reportage über Hitlers Eintreffen in Linz gebracht, Bürckel als kommissarischer Leiter der NSDAP in Österreich vorgestellt. Schriftleiter Blattl huldigte dem Führer – und man sei das „glücklichste Volk auf der ganzen Welt".[81]

Auch Unterstaatssekretär a. D. Pflügl, dem das Publizieren 1937 untersagt worden war, konnte seine Kommentare nun wieder im 'TG' unterbringen. Da sich auch Lippott nahtlos in das neue System einfügte, ist diesem Blatt und dem Verlag eine hochgradige personelle Kontinuität von der Anschlußbewegung der zwanziger Jahre über das verdeckte Wirken von ausgeschlossenen Schriftleitern oder Kommentatoren bis zum Verleger selbst nach 1938 zu attestieren.

Vor allem ab 18. März stellte sich das Blatt ganz in den Dienst der NS-Propaganda für die Aprilvolksabstimmung.

Bezüglich des äußeren Bildes der Zeitung war man vorerst bemüht, Kontinuität zu vermitteln, inhaltlich hatte man sich jedoch ganz in den Dienst der deutschen und der nationalsozialistischen Sache gestellt, nachdem diese Haltung 1933 bis 1938 unterdrückt worden war.

Wie in allen Nazi-Blättern – obwohl der 'TG' nicht vom NS-Pressetrust inhaliert oder der Lippottverlag etwa dem Eher-Verlag einverleibt wurde – standen Jubelberichte über Führer, Staat und Partei an der Spitze der Meldungen, die neue Gesetzeslage wurde eifrig verlautbart.

Am 25. März kündigte man schließlich an, daß der 'TG' ab sofort dreimal wöchentlich erscheinen werde bzw. auch separat als 'Sonntagszeitung' einmal wöchentlich bezogen werden könne.[82]

Neues Leben erfülle das Land; einer stehe als Vorbild da, „der Führer, der sein ganzes deutsches Volk

---

[77] Vgl. 'TG', Nr. 14, 15. 2. 1938, S. 1.
[78] 'TG', Nr. 21, 11. 3. 1938, S. 1.
[79] Vgl. 'TG'-Sonderausgabe vom 14. 3. 1938, S. 1 und Impressum.
[80] Ebd.
[81] Vgl. u. zit. 'TG'-Sonderausgabe, 14. 3. 1938, S. 1.
[82] 'TG', Nr. 25, 25. 3. 1938, S. 1.

mit der Größe seines Willens und seiner Leistung (…) bezwang. Ihm wolle wir nachstreben, getreulich dienstbar, unserer geliebten Bergheimat, unserem deutschen Volk!"[83] Dies konnte gleichsam als neues Programm und ideologische Blattlinie des 'TG' bewertet werden. Gleichzeitig waren von da an die Bezugspreise in Reichsmark zu entrichten.
Die Ausgabe nach der Volksabstimmung brachte große Berichte über das „überwältigende deutsche Bekenntnis".

Als Folge davon argumentierte man noch im April, daß nun, nachdem die Grenzen gefallen seien, der alteingeführte, aber unzeitgemäße Titel 'Tiroler *Grenz*bote' geändert werden sollte. Die Leser wurden aufgefordert, Vorschläge für den neuen Zeitungstitel einzusenden.[84]

Auffallend war auch die zunehmende Illustrierung des Blattes, die Schwerpunktsetzung der Berichte zugunsten des Deutschen Reichs sowie vermehrte antijüdische Hetzartikel.

In einer Eigenwerbung im Herbst wurden die „Allgetreuen Weggenossen" aufgefordert, das Heimatblatt durch die Gewinnung neuer Leser zu fördern. Der 'TG' sei das deutsche Gemeinschafts- und Heimatblatt und die älteste Zeitung des Unterinntals sowie die älteste nationale Zeitung.[85]

Zunehmend wurde die Zeitung auch als amtliches Organ, sowohl für parteiamtliche Verlautbarungen als auch für solche der diversen Behörden, benutzt. Ab 1939 war es dann auch zum offiziell so bezeichneten „Amtsblatt" geworden und als „amtlich erklärtes Verlautbarungsblatt" definiert, das ein wertvolles Bindeglied zwischen Partei, Behörden und Volksgemeinschaft darstelle.[86]

Auf das äußere Bild der Zeitung und die Ressortgestaltung hatte dies jedoch nur marginale Auswirkungen, wobei ab Februar auch der Hinweis auf den Amtsblattcharakter im Titel wieder fehlte. Im März kam es schließlich zur angekündigten Titeländerung: Seit einem Jahr sei man in der lang ersehnten Schicksalsgemeinschaft, „die Grenzen, die keine waren, sind nicht mehr".[87]

Daher sei auch der Titel „Grenzbote" nicht mehr gerechtfertigt. Bald 70 Jahre sei man „Verkünder des Deutschtums und den deutsch-völkischen Grundsätzen treu" gewesen. Nun, nach dem Fall der Grenzen, die „während Jahrhunderten einen Trennstrich zwischen Brüdern…gezogen hatten", sei es an der Zeit, dem Blatt den neuen, verdienten Namen zu geben: Tiroler Volksblatt.

Man werde sich bemühen, „die Heimatpresse, welche im Dritten Reich ein wertvolles Glied im national-sozialistischen Aufbau geworden ist, immer weiter auszubauen…, aus dem Rahmen eines früheren Lokalblattes heraus, als echtes und rechtes Tiroler Volksblatt".[88] Der Status als Amtsblatt wurde erneut hervorgehoben.

Die Titel- und Kopfumgestaltung erfolgte jedoch erst mit 31. März. Dabei ging man nochmals auf die Titeländerung ein und betonte, daß nicht der Grenzbote eingegangen, sondern die Grenze gefallen sei. Nicht der Name sei jedoch das Wichtigste, sondern der Inhalt des Blattes, das nunmehr frei von allen Fesseln sei.[89] Zudem wurde Kufstein als „altes Bollwerk" des Nationalsozialismus stilisiert.

Ab Sommer wurde über die Rüstung berichtet und vor der Kriegsgefahr gewarnt, was einer Propagandavorbereitung auf den bevorstehenden Krieg bzw. der publizistischen Unterstützung der Kriegsanstrengungen (Stichworte im 'TV': „Polenterror", „Panikstimmung", „Grenzverletzung") gleichkam. Mit der Ausgabe vom 4. September begann schließlich die konkrete (nationalsozialistische) Kriegsberichterstattung, welche sich vollends der NS-Schreibweise angepaßt hatte.

Zum Jahresende schrieb Blattl den Leitartikel „Wegbereiter ins Reich": Mit 1940 beginne der 70. Jahrgang des Blattes. Das Kleine, das enge Heimatbezogene trete jetzt zurück hinter das große politische

---

[83] Ebd.
[84] 'TG', Nr. 39, 27. 4. 1938, S. 3.
[85] U. a. 'TG', Nr. 104 und weitere Ausgaben Oktober/November 1938.
[86] 'TG', Nr. 1, 2. 1. 1939, S. 1.
[87] Vgl. u. zit. 'TG', Nr. 30, 10. 3. 1939, S. 1.
[88] Ebd. In der Folge auch mit 'TV' abgekürzt.
[89] 'TV', Nr. 39, 31. 3. 1939, S. 2.

Geschehen der Zeit. Der deutsche Gedanke wurde wieder beschworen: „Vor dem (Ersten, Anm.) Weltkrieg stellte Habsburg Schranken auf. Sie zu untergraben war eine der Hauptaufgaben der wahrhaft deutschen Presse." Von Dollfuß und Schuschnigg sei man noch zurückgehalten worden, ehe Hitler die Befreiung gebracht habe.[90]

1940 schien der schon vor 1920 beim 'TG' tätig gewesene deutsche Redakteur August Sieghardt als Hauptschriftleiter-Stellvertreter auf.

Dieses Jahr stand ganz im Zeichen der Kriegsereignisse, wobei die nationale und patriotische Schreibweise gegenüber dem Ersten Weltkrieg noch wesentlich gesteigert wurde.
Ende Dezember wurde ein in Mundart gehaltener Gruß des Heimatblattes an die Soldaten abgedruckt (verfaßt von Sieghardt): Das 'TV' sei den Soldaten im Felde ans Herz gewachsen, es gehe zu vielen 100 Stück an die Kämpfer, v. a. dort hin, wo die Soldaten aus dem Unterland im Einsatz stünden (Polen, Norwegen, Frankreich, Belgien, Holland, Spanien).[91]
Dieses Jahr wurde auch als bisher erfolgreichstes Kriegsjahr mit größten Erfolgen gefeiert und betont, „1941 wird das größte Siegesjahr der deutschen Geschichte"[92], was sich insofern bewahrheiten sollte, als 1941 der Höhepunkt der deutschen Erfolge erreicht wurde und ab 1942 sich die entscheidenden Niederlagen häuften.

Gleichzeitig wurde wieder auf die „70 Jahre Heimatzeitung" verwiesen, ein Rückblick auf die Bismarck-Einigung der deutschen Stämme und den deutsch-französischen Krieg (1871) gehalten und dieser mit dem Krieg des Jahres 1941 verglichen.[93]
Die Berichterstattung im Heimatteil konzentrierte sich nun vorwiegend auf Bezirk und Stadt, Umfang und Zahl der Wirtschaftsinserate nahmen ab und wurden von amtlichen und halbamtlichen Mitteilungen ersetzt.

Weiteren Sparmaßnahmen fielen 1942 v. a. die Rubriken „Kitzbüheler Bote" und „Wörgler Nachrichten" sowie meist die Beilagen stillschweigend zum Opfer, womit sich nach und nach auch der Gesamtumfang, v. a. der ehemals umfangreichen Freitagsausgabe, verringerte. Somit wurden 1942 erstmals auch beim 'TG' die durch die kriegswirtschaftlichen Zwänge bedingten Einsparungen augenscheinlich. Auch die Ressorteinteilung (bzw. -kennzeichnung) verschwand nach und nach, nur Kriegs- und Lokalmeldungen sowie amtliche und Parteiverlautbarungen erschienen noch regelmäßig.

1943 ging man von den bisher üblichen Jubelmeldungen zu Durchhalteparolen und zum Propagieren des „totalen Krieges" über. Der Satz wurde verkleinert, um wertvollen Platz bzw. Papier einzusparen, die Inhalte immer eintöniger und nichtssagender. Zum Jahresende erschien ein Durchhalte-Leitartikel von Helmut Sündermann.[94]
Auch 1944 setzte sich die Schreibweise nicht mehr offensiv in der Art von „Siegreiches Vordringen unserer Helden" fort, sondern hatte defensiven Charakter, wie aus Berichten wie etwa „Hinhaltender Widerstand gegen übermächtige Gegner" oder „Erbitterte Abwehrschlacht gegen gesteigerte Wucht der Angreifer" abzulesen war.

Unter dem Titel „Die Dienstleistungen der Zeitung" wurde im Dezember 1944 begründet, warum die Zeitung trotz reduziertem Umfang gleich viel koste wie zuvor: Man sei trotz Krieg bemüht gewesen, die Sparten zu erhalten und in gestraffter Form ein „vollständiges Weltbild" (sic!) zu vermitteln. Der technische Apparat müsse trotz der Kriegshandlungen erhalten und große Probleme beim Vertrieb müßten überwunden werden; und überhaupt sei die Zeitung keine Ware in dem Sinn, sondern eine Dienstleistung, deren wirtschaftliche Grundlage Bezugs- und Inseratenpreise seien. Zuschüsse seien nicht gebräuchlich, um die „Unabhängigkeit" der NS-Presse nicht zu gefährden (sic!).
Die Presse „dient der deutschen Kriegführung als eine politische und geistige Waffe, die gar nicht

---

[90] Vgl. u. zit. 'TV', Nr. 154, 29. 12. 1939, S. 1.
[91] 'TV', Nr. 150, 23. 12. 1940, S. 2.
[92] 'TV', Nr. 1, 3. 1. 1941, S. 1.
[93] Vgl. ebd., S. 6.
[94] Vgl. 'TV', Nr. 154, 31. 12. 1943, S. 1.

scharf genug geschliffen erhalten bleiben kann".⁹⁵ Dies schrieb man knapp vier Monate vor der Einstellung des Blattes.

1945 wurde der Umfang weiter verringert, auch die Freitagsausgabe umfaßte meist nur noch vier Seiten, Geschäftsanzeigen fehlten nun völlig.

Publizistisch waren die letzten Monate nur noch ein Aufbäumen gegen die Einstellung wie das der Nazis gegen die Kriegsniederlage.
Der Fortsetzungsroman wurde eingestellt, um den wichtigsten Meldungen Platz zu überlassen. Auch diese konnten jedoch nur noch zusammengefaßt und in gestraffter Form gebracht werden.⁹⁶
Die Resignation war bereits zwischen den Zeilen herauszulesen, obwohl noch krampfhaft der „Kampf bis zum letzten Atemzug" im Felde wie in der Zeitung beschworen wurde.

Während in Wien am 16. April bereits eine provisorische Regierung die Geschäfte führte und die Nazi-Herrschaft überwunden war, erschien in Kufstein noch immer dreimal wöchentlich das Amtsblatt 'TV' unter nationalsozialistisch orientierter Redaktions- und Verlagsführung.

Eine Woche später, am 23. April, hatte jedoch auch für dieses Blatt die Stunde geschlagen. Die letzte Ausgabe an diesem Tag titelte noch „Erbitterter Widerstand gegen den feindlichen Massenansturm", brachte geschönte Berichte aus dem Führerhauptquartier und amtliche Nachrichten unter dem Titel „Das Oberkommando der Wehrmacht gibt bekannt".
Die Zeitung wurde somit ohne Begründung mit der Nr. 47 vom 23. April 1945, im 75. Jahrgang stehend, als zweitletzte Tirols eingestellt.

Am 5. Jänner 1952 erschien das Blatt unter dem ursprünglichen Titel 'Tiroler Grenzbote' (als 76. Jahrgang) wieder in Kufstein im Verlag Lippott als Wochenzeitung – mit weitgehender Kontinuität in Gestaltung, Ressortverteilung sowie im personellen Bereich. Druckerei und Verlag hatten somit die Entnazifizierung relativ unbeschadet überstanden (Eduard und Adolf Lippott).
Im Leitartikel der Nr. 1 hieß es: Da der Ruf nach dem Wiedererscheinen des 'TG' unüberhörbar geworden sei, gehe man nun also an die „Wiederaufnahme einer langjährigen heimischen Tradition". Die Nazizeit wurde dabei mit keinem Wort gestreift.⁹⁷

Schon in der Nr. 2 konnte auch ein weiterer Bekannter aus der Nazizeit, August Sieghardt, wieder im 'TG' publizieren. Auch Dr. Josef Blattl, ehemaliger Nationalsozialist, wurde wieder als Autor beschäftigt. Deutlicher als in anderen Zeitungen war somit in der Provinzzeitung 'TG' die personelle Kontinuität aus dem NS-Staat zu konstatieren.

Das Blatt konnte sich jedoch nur 15 Jahre halten, ehe es am 1. April 1967 vorerst aus der Zeitungsliste Tirols verschwand. Man schrieb dazu, daß das Zeitungssterben weitergehe, dem auch der 'TG' nicht mehr entgehen könne. Gleichzeitig ging Dr. Blattl in den Ruhestand.⁹⁸
Seit 1986 gibt die Inntal-Verlagsges.m.b.H. mit dem Sitz in Kufstein, Unterer Stadtplatz 13, wieder eine Zeitschrift mit dem Titel 'Tiroler Grenzbote' heraus. Sie erscheint einmal wöchentlich.

2000 bestand lediglich noch ein Papier- und Schreibwarengeschäft Lippott KG an der alten Adresse, Unterer Stadtplatz 25, Kufstein.

---

⁹⁵ 'TV', Nr. 148, 18. 12. 1944, S. 3.
⁹⁶ Vgl. 'TV', Nr. 32, 16. 3. 1945, S. 1.
⁹⁷ 'TG', Nr. 1, 5. 1. 1952, S. 1.
⁹⁸ 'TG', Nr. 13, 1. 4. 1967, S. 1.

1.10 Lienzer Zeitung

1.10.1 Daten zur äußeren Struktur

Titel: Lienzer Zeitung[1]

Untertitel:
- 1914: Halbwochenschrift für Osttirol
- ab 02.01.1915: Osttiroler Wochenblatt
- ab 15.03.1919: Deutschfreiheitliches Wochenblatt

Erscheinungsort: Lienz

Erscheinungsdauer:
17.01.1886 bis 29.05.1915 (1914: 29. Jg.)
15.03.1919 bis 24.12.1919

Erscheinungsweise:
- 1886: dreimal monatlich
- ab 1900: einmal wöchentlich
- ab Jänner 1912: zweimal wöchentlich (Dienstag u. Freitag)
- ab 01.01.1915: einmal wöchentlich (Freitag abends)
- 1919: einmal wöchentlich (Samstag)

Die 'LZ' war als dreimal monatlich erscheinendes Blatt ins Leben getreten, wurde zur Jahrhundertwende zur Wochenzeitung und 1912 zur Halbwochenschrift ausgebaut, mußte wegen des Krieges jedoch wieder zum wöchentlichen Erscheinen zurückkehren. 1919 wurde sie als Wochenzeitung wiederbegründet.

Umfang: (in Seiten)

1914	12
1915	14–18
1919	4

1914 erschien das Blatt nahezu regelmäßig mit 12 Seiten, wovon meist die Hälfte Inserate waren. Mit dem einwöchigen Erscheinen ab 1915 betrug der Umfang bis zu 18 Seiten, wiederum mit relativ hohem Inseratenanteil. Bei der Wiederbegründung erreichte das Blatt meist lediglich vier Seiten.

Format: zwischen Folio- und Kanzleiformat 36 × 26 cm

Satzspiegel: 30,6 × 22,1 cm

Umbruch: 3 Spalten à 7,3 cm / Spaltentrennlinien

Schriftart (Brotschrift): Fraktur

Zeitungskopf: Höhe 1914: 11 cm

Der Kopf war einfach und schmucklos gehalten und veränderte sich nicht. Lediglich in der Mitte war das Lienzer Wappen abgebildet.

Gesinnung/politische Richtung: anfangs liberal, dann deutschfreiheitlich bzw. deutschnational

Impressum:
- 1914: Herausgeber: Josef A. Rohracher, verantwortlicher Schriftleiter: Hans Mahl, Druck und Verlag von J.G. Mahl in Lienz.
- ab 11.08.1914: Verantw. Schriftleiter: J.G. Mahl
- ab 29.09.1914: Herausgeber und verantw. Schriftleiter: Josef A. Rohracher
- 1919: Herausgeber: Josef A. Rohracher, Druck und Verlag J.G. Mahl.

---

[1] In der Folge mit 'LZ' abgekürzt.

Ressorts/Inhalt:
1914:	teilw. Leitartikel, Politische Rundschau (Inland und Ausland), Aus Stadt und Land (Bezirk Lienz/Osttirol, Nord- und Südtirol), Aus Kärnten, Aus aller Welt, Inserate/Lokalanzeiger (Untertitel: Erfolgreiches Insertionsorgan für alle Stände mit reichhaltigem Feuilleton und Preisrätsel).
März/April 1914:	Wahlpropaganda für die deutschfreiheitliche Partei, teilweise Touristik und Verkehr, Sport.
Ab 07.08.1914:	Kriegsberichterstattung (Rubriken, u.a. „Der Weltkrieg", später als „Der Völkerkrieg" überschrieben).
1919:	Wahlpropaganda, Friedensverhandlungen und Südtirol-Berichterstattung im Vordergrund, ansonsten die bekannten Ressorts (s.o.).

Bezugspreise: 'Lienzer Zeitung'

ab Datum	Einzelpreise		Jahresabonnement		1/4jährl. Abo.	
			loco/abholen	Zust. Bote	loco/abholen	Zust. Bote
1914	H	10	K 8,–	K 10,–		
02.01.1915	"	10	" 7,–	" 8,–		K 2,50
1919	"	20				

Zeitungstyp nach Vertriebsart: vorwiegend Abonnement-Blatt

Auflagen: 1905: 500[2]; 1914: 800; 1915: 850[3]

Beilagen: Zu Beginn ihres Erscheinens enthielt die 'LZ' das „*Pustertaler Fremdenblatt*" als Beilage, später wurde ein „*Osttiroler Sammler*" beigegeben (einmal monatlich, heimatkundliche Beiträge). Diese Beilage wurde 1900, als die Zeitung wöchentlich erschien, aufgelassen. Gleichzeitig wurde ein „*Illustriertes Unterhaltungsblatt*" und die „*Allgemeinen Mitteilungen über Land- und Hauswirtschaft*" beigelegt.
Ab 1913 erschienen als Beilagen die „*Heiteren Blätter*" (vier Seiten, 14tägig) und der „*Ratgeber für Feld und Haus*" (verantwortlicher Redakteur Paul Hinz, Berlin, Druck und Verlag: Georg Nagel, Berlin, vier Seiten, unterhaltend und belehrend, 14tägig). Diese Beilagen ersetzten die früheren und wurden beide auswärts gedruckt. 1913 war auch kurze Zeit ein vierseitiger „*Reise- und Verkehrsanzeiger für Pustertal und Oberkärnten*" als Beilage erhältlich, der für Anzeigen von Hotels etc. zur Verfügung stand.[4]
Seit 1911 wurde auch der „*Lokalanzeiger für Lienz und Umgebung*" beigelegt, eine Mischung aus Anzeigenteil und Beilage, der vor allem lokale Inserate, Feuilleton und Rätsel beinhaltete.
Ab Jänner 1915 erschien „*Die Zeit*" (illustriertes Unterhaltungsblatt, Stuttgart) als Beilage.

Jubiläumsausgabe: keine

1.10.2 Allgemeine Chronik

1849 hatte Johann Georg Mahl in Bruneck die erste Druckerei begründet, ehe er 1871 auch in Lienz daranging, im Haus Johannesplatz Nr. 1 eine Druckerei einzurichten, womit er sich die Voraussetzung zur Gründung einer Zeitung schuf. Dazu sollte es jedoch erst 15 Jahre später, am 17.1.1886 kommen, als die 'LZ' ihr Erscheinen als Osttiroler Wochenblatt aufnahm.

Als Herausgeber und verantwortlicher „Redacteur" zeichnete Josef Anton Rohracher, Obmann des „Vereines der Deutschfreiheitlichen in Lienz", Hotelier und späterer Bürgermeister (1900–1913). Er

---

[2] Vgl. Präs. 1905/13/57.
[3] Vgl. Präs. 1914 und 1915/XII 78c4 (jeweils 1. Quartal).
[4] Vgl. VOLGGER a.a.O., S. 272 ff.

war schon seit 1873 Korrespondent des amtlichen 'Tiroler Boten' gewesen und wußte um die steigende Bedeutung und Macht der Presse.[5] Josef Anton Rohracher war deutschnationaler Parteigänger – und nicht zu verwechseln mit seinem Bruder Franz, der ebenfalls Bürgermeister von Lienz und Reichstagsabgeordneter, allerdings bei der konservativen Partei, gewesen war. Rohrachers Gedanken und Ideologien schlugen sich somit in der Zeitung nieder; die Interessen der Bürger dieses Landesteiles seien im nationalen Sinne zu fördern.[6]

Das Blatt erschien vorerst nur dreimal monatlich, ab 1900 als Wochenzeitung im Kleinformat.

Bald wurden Beilagen wie das „Pustertaler Fremdenblatt" und andere beigefügt und die Zeitung erweitert.

1902 wurde eine Frankenthaler Schnellpresse angeschafft und der Druck damit technisch verbessert. Die Auflage konnte man jedoch nie über die Grenze von 1.000 Stück steigern.[7]

Als Redakteur zeichnet Rohracher bis 1909, ihm folgte J.G. Mahl nach, der 1913 wiederum von dessen Bruder Hans Mahl abgelöst wurde. Rohracher blieb jedoch Herausgeber und politischer Redakteur, J.G. Mahl war Drucker und Leiter der Lienzer Lokalredaktion.

Das Blatt war und blieb ein reines Lokalblatt, das v. a. der Verbreitung der nationalen Idee seines Herausgebers diente, womit die Zeitung auch in Gegnerschaft zu den katholischen Presseorganen und zum Piusverein geriet. Der Piusverein, die 'Brixner Chronik' und später die 'Lienzer Nachrichten' griffen das Blatt wiederholt an, worüber man sich auch des öfteren beschwerte: „Mit allen Mitteln, mit Zuhilfenahme von Kanzel und Piusverein wird zum Sturme gegen die schlechte Presse geblasen und werden fromme Seelen gebeten und beschwört, ja nur 'christliche Blätter' zu lesen, zu bestellen und mit Anzeigen zu fördern." Das Blatt wurde auch auf den Index der für die katholischen Tiroler verbotenen Blätter gesetzt.[8]

Ab diesem Zeitpunkt, dem Jänner 1912, wurde es nichtsdestotrotz zur zweimal wöchentlich erscheinenden „Halbwochenschrift" ausgebaut.

Die politische Richtung war immer wieder beschrieben worden, so auch 1891, als man die Aufgaben des „deutschfreiheitlichen" Blattes formulierte: „Ein solches Blatt ist um so notwendiger, je mehr die Reaction mit ihrem allein selig machenden clerical-conservativen Programm in Osttirol vorzudringen sucht."[9]

Den ausgesprochen lokalen Charakter des Blattes ersah man auch aus dem Anzeigenteil, der praktisch ausschließlich Inserate der heimischen Unternehmen bzw. lokale Kleinanzeigen beinhaltete.

Noch eher als ein Nordtirol- war ein Kärnten-Bezug gegeben, sowohl was die Berichterstattung als auch was den Anzeigenteil betraf. In der Aufmachung hatte das Blatt starke Ähnlichkeit mit dem 'Pustertaler Boten'.

Zum Jahreswechsel 1913/14 hieß es wiederum zur politischen Richtung der Zeitung: „…hat die 'Lienzer Zeitung' die Verfechtung freiheitlicher Ideale eines gesunden Fortschritts, insbesonders in allen das Osttirol berührenden Belangen auf ihr Papier geschriebenen und sie wird auch im weiteren Verlauf der Zeit immer als unabhängiges, freies und nicht subventioniertes Blatt echt deutsches Volksbewußtsein weiter fördern…"[10]

Als Halbwochenschrift für Osttirol ging man ins Jahr 1914, dem 29. Jahrgang, bestückt mit mehreren Beilagen wie dem „Ratgeber für Feld und Haus" oder der Anzeigenbeilage „Lokalanzeiger für Lienz und Umgebung".

Als Eigenwerbung schrieb man, daß ein „deutsches Blatt" zu fördern „nationale Arbeit" der Leser sei, weiters sei man „erfolgreichstes Insertionsorgan für alle Stände…".[11]

---

[5] Ebd., S. 271 f. und DUREGGER, Peter: Zur Geschichte des Zeitungswesens in Lienz: In: Osttiroler Bote, Nr. 51, 22.12.1960, S. 17–18, hier S. 18.
[6] VOLGGER a. a. O., S. 272 und zit. 'LZ', Nr. 51, 22.12.1900.
[7] Vgl. DUREGGER a. a. O., S. 17.
[8] VOLGGER a. a. O., S. 273 und zit. 'LZ', Nr. 1, 2.1.1912.
[9] 'LZ', Nr. 1, 2.1.1891.
[10] 'LZ', Nr. 102/103, 24.12.1913, S. 1.
[11] Vgl. jeweils die ersten Ausgaben des Jahres 1914.

Der Lokalcharakter des Halbwochenblattes äußerte sich im März/April auch in der auf Osttirol zugeschnittenen Wahlpropaganda für die Deutschfreiheitlichen. Nach dem Mord am Thronfolgerpaar schrieb die 'LZ' unter dem Titel „Quo vadis Austria?" bezüglich der Attentäter von „südslawischem Natterngezücht"; und man sah am Balkan „eine Saat heranreifen, (…) mit der das Grausen in die Halme schießt". Dieser Leitartikel von Schriftleiter Hans Mahl war betont patriotisch-national gehalten – man sah sich als Übermenschen gegenüber den „slawischen Untermenschen".[12]

In der folgenden Ausgabe beklagte man die mangelnde Unterstützung der deutschfreiheitlichen Presse Tirols. Die Bedeutung der Presse hätten nur die politischen Gegner (u. a. die Sozialdemokraten) erkannt, die eigenen Parteigänger jedoch noch nicht. Die anderen politischen Bewegungen würden ihre eigene Presse bewerben und für ihre Zeitung agitieren, selber mache man das nicht. Es gelte aber, die slawischen, klerikalen und sozialdemokratischen Feinde abzuwehren. Dazu würden jedoch die üblichen Geldmittel fehlen: das Anzeigengeld von Juden oder von auswärtigen Unternehmungen, das man nicht annehme, um die heimische Wirtschaft nicht zu schädigen. Daher sei es wichtig, für die nationale Zeitung zu werben und die Bezugspreise pünktlich einzuzahlen.[13]

Anfang August 1914 setzte schließlich die Kriegsberichterstattung ein, die sich in ihrem patriotischen Grundton nicht wesentlich von anderen Blättern unterschied.

Ende Juli waren die Leser davon in Kenntnis gesetzt worden, daß vom Reichsrat das Verbot erlassen wurde, Mitteilungen über Plan und Richtung militärischer Operationen der Monarchie sowie Truppenbewegungen und deren Stärke zu veröffentlichen. Damit wurden die Leser auf die Zensur vorbereitet, ohne an den Maßnahmen jedoch Kritik zu üben.[14] Weiße Flecken tauchten schließlich schon im Juli auf.

Trotz Kriegsausbruch trat in Gestaltung und Umfang des Blattes vorerst keine wesentliche Veränderung ein. Lediglich die Kriegsberichte traten an die Spitze der Meldungen und nahmen neben Lokalnachrichten den meisten Platz ein. Das Blatt glich mehr und mehr einer „Bleiwüste", v. a. der Anzeigenteil war äußerst unübersichtlich gestaltet.
Die Beilagen waren gleich aufgemacht und hatten auch das selbe Format wie die Zeitung selbst, weshalb diese von den üblichen Ressorts nur schwer unterschieden werden konnten.
Die Kriegsberichterstattung war patriotisch-national und kaisertreu ausgerichtet, es wurde v. a. über Erfolge berichtet, weshalb sich auch Konfiskationen in Grenzen hielten.

Zum Jahresende mußte man die Rückkehr zum einmal wöchentlichen Erscheinungsrhythmus anzeigen: „In dieser großen Zeit, wo alle Parteiungen schweigen und alle Deutschen unseres großen Österreich im unerschütterlichen Vorsatz zu siegen…eins sind, begnügen wir uns nur zu betonen, daß wir auch fernerhin dem Programm folgen werden, welchem wir seit 29 Jahren treu geblieben sind."[15] Von dem „Ungeist der Zeit" genötigt müsse man jedoch das zweimal wöchentliche Erscheinen einstellen und zum einmaligen zurückkehren (Freitag abends), womit die 'LZ' also nur drei Jahre als Halbwochenschrift herausgegeben wurde.[16]
Diese Rückkehr zur Wochenzeitung sollte jedoch nur eine Station auf dem Weg zur endgültigen Einstellung des Blattes sein.

Mit 29. 5. 1915 war es schließlich soweit: „Die Ausdehnung des Krieges auf unser Land, die Einstellung des Postverkehrs, die Unmöglichkeit, Nachrichten von auswärts zu bekommen und die Beschränkungen durch die strenge Zensur, gleichzeitig der Arbeitermangel infolge Einberufung unseres gesamten Personals zu militärischen Dienstleistungen nötigt uns, das Erscheinen der 'Lienzer Zeitung' einstweilen einzustellen."[17]

---

[12] Vgl. 'LZ', Nr. 52/53, 3. 7. 1914, S. 2.
[13] 'LZ', Nr. 54, 7. 7. 1914, S. 5.
[14] Vgl. 'LZ', Nr. 61, 31. 7. 1914, S. 1.
[15] 'LZ', Nr. 103, 24. 12. 1914, S. 1.
[16] Ebd.
[17] 'LZ', Nr. 22, 29. 5. 1915, S. 6.

Die Guthaben für schon bezahlte Bezugsgebühren würden beim Wiedererscheinen des Blattes zur Verrechnung gebracht, verwies man noch betont optimistisch in Hinsicht auf die Wiedererstehung der Zeitung.[18]

Am 30. Mai wurde die Einstellung der ‚LZ' auch der Statthalterei in Innsbruck angezeigt.[19]

Am 15.3.1919 begründete Josef A. Rohracher das Blatt unter dem gleichen Titel als „Deutschfreiheitliches Wochenblatt" wieder – mit weitgehender Kontinuität in Herausgeberschaft, Schriftleitung, Druck, Aufmachung und politischer Gesinnung.

Im Leitartikel „Nach vier Jahren" resümierte man: 1915 sei das Blatt eingestellt worden, da das letzte Personal der Druckerei an die Fronten gerufen worden sei. Seither seien Ereignisse von welterschütternder Bedeutung geschehen. Das Deutschtum sei siegreich an allen Fronten gewesen, jedoch der Verrat Italiens, Verrat und Mißwirtschaft innerhalb der Völker der Monarchie hätten die Niederlage ausgelöst. Nunmehr würde der Neuaufbau Deutsch-Österreichs von anderen Nationen angefeindet, Tirol würde vergewaltigt, trotzdem schreite der Aufbau voran. Das Ende des Krieges habe auch das Wiedererscheinen der ‚LZ' ermöglicht – man wolle nun, notwendiger als je, Sprachrohr des vom übrigen Tirol abgeschnittenen Landesteils sein.[20]

Vor allem die Friedensverhandlungen und wiederum Wahlpropaganda für die Deutschnationalen im Frühjahr 1919 standen nun im Vordergrund.

Doch auch dieses erneute Aufleben des Lokalblattes sollte nur von kurzer Dauer sein.

Noch Anfang Dezember desselben Jahres war bei einer deutschfreiheitlichen Versammlung in Lienz von der Ausgestaltung der Parteipresse, der Bildung eines Pressefonds und eines Redaktionskomitees die Rede. Umso überraschender kam das endgültige Ende des Blattes, im 31. Jahrgang stehend, am 24.12.1919: „Unerwartet sehen wir uns vor die Notwendigkeit gestellt, von unseren Lesern einstweilen Abschied zu nehmen."[21]

Man habe sich noch bemüht, so fuhr man fort, eine Lösung zu finden. Diese Anstrengungen seien jedoch vergeblich gewesen. Nachdem schon die Ausgabe der letzten Woche entfallen sei, werde das Blatt nunmehr endgültig eingestellt; vermutlich waren v. a. finanzielle Probleme Grund für die Einstellung.[22]

Im Blatt selber begründete man die Einstellung jedoch damit, daß der Drucker (J.G. Mahl) sich physisch und technisch nicht mehr imstande sah, die Zeitung weiterhin herzustellen. Es seien jedoch die Gemeindewahlen gut geschlagen worden, weshalb die deutschfreiheitliche Partei einstweilen auf ein Preßorgan verzichten könne.[23]

Anläßlich der Gründung des großdeutschen Lokalblattes ‚Der Osttiroler' 1928 schrieb die sozialdemokratische ‚Volks-Zeitung' über die ‚LZ': Diese sei ein deutschfreiheitliches Blatt gewesen, das von Altbürgermeister Rohracher geleitet wurde. Das alte, liberale Blatt sei durch den Krieg zugrundegegangen. Auf der anderen Seite sei damals das christlichsoziale Organ ‚Lienzer Nachrichten' entstanden. Nunmehr gebe es die deutschfreiheitliche Partei nicht mehr, dafür jedoch die Großdeutsche Volkspartei, welche nunmehr das Parteiblatt ‚Der Osttiroler' herausgebe (14tägig, sollte zur Wochenzeitung ausgebaut werden). Dieses Blatt sei ein Schandfleck, die erste Ausgabe bestehe nur aus Lügen. Soweit die Bewertung der ‚VZ'.[24]

Dieses Quasi-Nachfolgeorgan der ‚LZ' erschien lediglich knapp 14 Monate, ehe es am 14.12.1929 wieder eingestellt wurde.[25]

Die Druckerei J.G. Mahl in Lienz besteht noch (2000).

---

[18] Ebd.
[19] Vgl. Präs. 1915/XII 78c1/2.434.
[20] ‚LZ', Nr. 1, 15.3.1919, S. 1.
[21] ‚LZ', Nr. 42, 24.12.1919, S. 1.
[22] Vgl. ebd. und VOLGGER a.a.O., S. 274.
[23] Ebd.
[24] Vgl. ‚VZ', Nr. 234, 9.10.1928, S. 5.
[25] Vgl. STOISAVLJEVIC a.a.O., S. 518.

1.11 Nordtiroler Zeitung

1.11.1 Daten zur äußeren Struktur

Titel: Nordtiroler Zeitung[1]
                                    (vormals 'Unterinntaler Nachrichten')

Untertitel:
     1914:   Organ für die wirtschaftlichen und völkischen Interessen Deutschtirols
     ab 11.07.1915:   Vertritt die wirtschaftlichen und völkischen Interessen Deutschtirols
                                 (Unter-Untertitel: erscheint während des Krieges nur Sonntags)
     ab 08.05.1919:   Nationaldemokratisches Wochenblatt

Erscheinungsort: Innsbruck (früher Schwaz)[2]

Erscheinungsdauer: 1909 bis 18.11.1919 (1914: 6.Jg.)

Erscheinungsweise:
     1914:   zweimal wöchentlich (Donnerstag und Sonntag)
     1915:   zweimal wöchentlich (Mittwoch und Samstag)
     ab 11.07.1915:   einmal wöchentlich (Samstag, Datum von Sonntag)

Das Blatt erschien bereits vor 1914 zweimal wöchentlich, mußte 1915 infolge der Probleme im Krieg in eine Wochenzeitung umgewandelt werden, was es bis zum Ende im Jahr 1919 blieb.

Umfang: (in Seiten)

	Mittwoch/Donnerstag	Samstag/Sonntag
1913	6–8	6–8
1914	8	8–12
ab Kriegsbeginn	4–8	8
1915	4	8
ab Juli		4–8
1916 ff.		4
1919		4

Über zwölf Seiten (1913/14) kam das Blatt nie an Umfang hinaus. Vor dem Krieg waren acht Seiten die Regel, wovon ca. die Hälfte Inseratenraum ausmachte. 1914 ging der Inseratenumfang auf ca. ein bis zwei Seiten zurück, um dann wieder geringfügig anzusteigen. Bei den achtseitigen Wochenendausgaben fanden sich meist drei Seiten Anzeigen, 1915 – bei den vierseitigen Nummern – nur noch ca. eine halbe Seite, ehe die Inserate fast völlig verschwanden. 1919 fand man bei den meist vierseitigen Ausgaben im Durchschnitt eine Seite Anzeigenraum.

Format: Kanzleiformat 41,8 × 28 cm

Satzspiegel: 1913:   36,4 × 23,6 cm
                    1914:   35,4 × 24 cm (Format nicht verändert, nur Satz etwas in die
                                          Breite gezogen)

Umbruch: 3 Spalten à 7,7 cm / Spaltentrennlinien

Schriftart (Brotschrift): Fraktur

---

[1] In der Folge mit 'NZ' abgekürzt.
[2] Bis 1914 war das Blatt bei Kapferer in Schwaz erschienen, ehe es – wieder – von Zech in Innsbruck übernommen wurde.

Zeitungskopf: Höhe 1913: 11 cm
1914: 12 cm
ab 08.05.1919: 12,5 cm

Mit der 1914 erfolgten Übernahme des Blattes durch Zech wurde der Kopf geringfügig umgestaltet. Beim Frakturtitel waren die Versalien „N" und „Z" verziert, unterhalb des Untertitels befand sich links und rechts jeweils ein Kasten mit den Preisen, Bezugsbedingungen, Adresse etc. Ab 08.05.1919 wurde der Titelschriftzug moderner gestaltet.

Gesinnung/politische Richtung: freiheitlich, deutschnational bis radikal (im Ton), antiklerikal und antisozialdemokratisch

Impressum: 1913: Herausgeber, Drucker und für den Inhalt verantwortlich: E. Kapferer, Buchdrucker in Schwaz.
ab 1914: Herausgeber, Verleger und verantwortlicher Schriftleiter: Rudolf Zech, Druck von R. Zech, Innsbruck, Heiliggeiststraße 4.

Ressorts/Inhalt:
1914: teilw. Feuilleton (meist Roman „unterm Strich"), Politik allgemein, Politische Rundschau, Aus Stadt und Land, Kommentare, Korrespondenzen (Verschiedenes aus Tirol), Volkswirtschaftliches, Vermischtes, Theater und Kunst, Tagesneuigkeiten, Vereinsnachrichten, Letzte Nachrichten (fallweise), Tiroler Landtag.
Im Frühjahr Wahlaufrufe und -propaganda für die Deutschfreiheitlichen; Schule und Volk, Medizinische Rundschau.
ab August: Kriegsberichterstattung, v. a. Erfolge.
1915: Wichtigstes vom Tag, Vom Krieg, Chronik der Ereignisse (seit wöchentlichem Erscheinen, Tag für Tag kurz aufgelistet – Wochenzeitungscharakter damit verstärkt sichtbar), Allerlei, Theater, Büchertisch, ansonsten s. o.
Im Laufe des Krieges Zunahme der Amtlichen Kundmachungen, parallel dazu weniger Inserate. Die Ressorts blieben zwar erhalten, jedoch zugunsten der Kriegsnachrichten in eingeschränktem Umfang.
1919: vorerst standen die Wahlpropaganda sowie die Friedensverhandlungen im Vordergrund, die Chronik der Ereignisse und die Innenpolitische Rundschau waren weiterhin dominierend, ansonsten relativ kontinuierliche Fortführung der oben genannten Rubriken.

Bezugspreise: 'Nordtiroler Zeitung'

ab Datum	Einzelnummer		Jahresabonnement		1/4jährl. Abo.	
			loco/abh./Bote	ausw./Post	Zust. Bote	Zust. Post
1912	H	15	K 8,–	K 10,–		
11.07.1915	"	15	" 6,–			K 2,50
1919	"	15	" 6,–		K 1,50	
1918	"	20	" 6,–			
08.05.1919	"	30	" 6,–			

Zeitungstyp nach Vertriebsart: vorwiegend Abonnement-Blatt

Auflagen: 1914–1916: 2.000; 1917–1918: 1.600[3]

---

[3] Vgl. Präs. 1914–1918/XII 78c4 (jeweils 1. Quartal).

Beilagen: keine

Jubiläumsausgabe: keine

1.11.2 Allgemeine Chronik

Seit 1909 erschien in Schwaz bei der Druckerei Kapferer als Nachfolgeblatt der 'Unterinntaler Nachrichten' zweimal wöchentlich die 'Nordtiroler Zeitung'. Die 'Unterinntaler Nachrichten' wiederum waren als 'Schwazer Amtsblatt' ursprünglich schon – ab 22.12.1906 – bei Zech in Innsbruck, schließlich ab 1.1.1911 bei Kapferer, nun schon als 'NZ', bereits zweimal wöchentlich, fortschrittlich-liberal, in Schwaz verlegt worden, ehe das Blatt ab 8.1.1914 wieder zu Rudolf Zech nach Innsbruck zurückkehrte.[4]

Schon zuvor und auch nach der Neuübernahme 1913/14 war die 'NZ' ein typisches Druckerei-Hausblatt, wobei Rudolf Zech Drucker, Setzer, Herausgeber und Redakteur in einer Person war und mit dem Blatt seine Interessen zu vertreten suchte, die auch die Interessen der Deutschnationalen, hier wiederum des eher dem Radikalismus zugeneigten Teils, waren.

Das Blatt war unspektakulär, ruhig, ohne Schlagzeilen gestaltet, kam ohne Illustrationen aus und bevorzugte lange bis langatmige Artikel und Kommentare. Die einzelnen Rubriken wurden nur durch jeweils kleine Überschriften bzw. durch Ortsnamen voneinander abgehoben und aneinandergereiht.

Im Willkommensgruß der ersten Ausgabe im Jahr 1914 legte Zech seine – oftmals radikale – Einstellung bereits relativ klar dar: Er werde bestrebt sein, „noch mehr Gewicht auf die Ausgestaltung und Hebung des Blattes zu legen", die einzelnen Rubriken derart gewissenhaft und aktuell zu halten, daß die 'NZ' ein unentbehrliches Blatt für ihre Leser bleibe. Es komme „nur für deutschfreiheitliche Kreise" als Lesestoff in Betracht, da es ein völkisches Blatt sei. Daher lade man alle nationalen und freiheitlichen Kreise Tirols ein, mitzuarbeiten, um das zu werden, was der Zweck seines Daseins sein soll: das Organ des freiheitlichen Deutschtums Tirols.[5] Man wolle unentwegt sein im Kampf gegen Übergriffe aus dem politisch-verhetzenden Klerikalismus und der demagogischen Sozialdemokratie. Außerdem wollte man die Befreiung „unseres im Kern gesunden und prächtigen Volkes von allen ihm fremden, deshalb schwer schädigenden Einflüssen und Zuflüsterungen falscher Freunde".[6]

Trotz Druckerei- und Verlagswechsel waren nur wenige Änderungen, wie die unwesentliche Änderung des Satzspiegels, zu konstatieren, ansonsten war die Kontinuität in Aufmachung und Inhalt vorherrschend.

Am 16.4.1914 (Nr. 20) wurde das Blatt auf Grund eines Artikels, in dem italienische Gewerbetreibende denunziert wurden, konfisziert. In der zweiten Auflage nach Beschlagnahme wurde in den weißen Fleck auf Seite drei provokativ das Wort „Beschlagnahmt" gesetzt.[7]

Im Frühjahr beteiligte sich das Blatt an der Wahlpropaganda für die Deutschfreiheitlichen. Man hob also das Deutschtum hervor, anderseits agitierte man bereits zu dieser Zeit gegen die italienischen Einflüsse in Südtirol.

Die radikale, disziplinlose Sprache sollte der Zeitung große Probleme mit der Zensur, v. a. während des Krieges, einbringen. U. a. wurden 1914 die Ausgaben Nr. 16, 20 (s. o.), 29, 47, 49, 51, 60, 61, 85 konfisziert.[8] Damit sollten auch große wirtschaftliche Probleme des Blattes einhergehen.

---

[4] Vgl. 'NZ' ab 1909 und HIMMELREICH a. a. O., S. 21. Fälschlicherweise wurde wiederholt der 'Unterinntaler Bote' als Vorgänger der 'NZ' bezeichnet. Am 24.7.1892 war das 'Haller Wochenblatt' entstanden, das von 1.1.1893 bis 1909 als 'Unterinntaler Bote' im Verlag Feurstein herausgegeben wurde, unpolitisch war und mit der 'NZ' keine Verbindung aufzuweisen hatte.
[5] 'NZ', Nr. 1, 8.1.1914, S. 2.
[6] Ebd.
[7] 'NZ', Nr. 20, 16.4.1914, S. 3 (zweite Auflage nach Beschlagnahme).
[8] Vgl. Präs. 1914/XII 78c1/928.

Am 17. Mai folgte auf die vorangegangene Wahlpropaganda ein Wahl-Nachruf, in dem betont wurde, daß die Deutschfreiheitlichen gegenüber Rot und Schwarz siegreich geblieben seien, woran die 'NZ' wesentlichen Anteil gehabt hätte.[9] Dies allein zeige schon die „Notwendigkeit einer unabhängigen Presse". Deshalb müsse für den Ausbau und die Vervollkommnung der 'NZ' alles getan werden, wobei der Bezug des Blattes eines der Mittel sei – jedes Mitglied des „Deutschen Volksvereines" müßte es letztlich als Pflicht betrachten, die 'NZ' zu beziehen. Dann würde man zu den Tageszeitungen aufschließen, und es wäre vorbei mit dem Jammern über den Mangel einer vollwertigen nationalen Presse.[10]

In der selben Ausgabe wurde ein Inserat geschaltet, mit dem man in allen Orten Vertreter und Berichterstatter für die Zeitung suchte.

Als das Blatt am 18. und 25. Juni wieder konfisziert wurde, berichtete man am 28. über das Erkenntnis des Landesgerichts Innsbruck bezüglich der „Ehrfurchtsverletzung des Kaiserlichen Hauses", wegen der das Blatt beschlagnahmt worden war. Gleichzeitig kritisierte man die k. k.-Preßstaatsanwaltschaft in Innsbruck vehement wegen des rückständigen Preßrechts sowie deren „stock-ultramontane, klerikale, pfäffische, blindunterwürfige Gesinnung".[11] Prompt wurde auch die nächste Ausgabe wieder konfisziert.

Am 1. Juli wurde eine Morgen-, Mittags- und Abendausgabe mit der (selbst angegebenen) Auflage von 15.000 Stück als Werbenummer herausgegeben, wobei die Morgenausgabe wiederum Zensurflecken enthielt.

Die Beschlagnahmen erreichten Juli und August 1914 ihren Höhepunkt, gleichzeitig als die Kriegsberichterstattung einsetzte und die Zensur verschärft wurde. Bei der Ausgabe vom 22.10. (Nr. 85) war die gesamte erste Seite des Blattes (außer dem Zeitungskopf) zensuriert.

Zum Jahresende druckte man wieder einen Aufruf an die „völkischen Gesinnungsfreunde" zur Unterstützung der Zeitung durch Bestellung und Weiterverbreitung ab. Man bezeichnete sich als „das einzige, von der deutschnationalen Partei in Tirol ermächtigte Blatt".[12]

Anfang Juli 1915 wandte sich die Leitung der deutschnationalen Partei des Kreises Nordtirol an die Leser: Es sei fast zur Einstellung des Blattes gekommen, aber durch das Entgegenkommen des Herausgebers (Zech, Anm.) sei das Erscheinen auch im Krieg möglich, in Hinkunft jedoch nur noch einmal wöchentlich.[13] Weiters wurde darauf verwiesen, daß die 'NZ' „Parteiblatt" sei und es wichtig sei, dessen Fortbestand auch über den Krieg hinaus zu sichern, da doch erhöhte Tätigkeiten und Umgestaltungen der Partei nach dem Krieg zu erwarten seien. Man hoffte daher, daß die Leser dem Blatt trotz eingeschränktem Umfang treu zur Seite stünden.[14]

Aus der Statthalterei wurde angezeigt, daß die Zeitung ab 11.7.1915 nur noch einmal wöchentlich, am Samstag mit Datum vom Sonntag, erscheinen werde.[15]

Als wöchentliches Element wurde die Rubrik „Chronik der Ereignisse" eingeführt, ansonsten blieben Gestaltung und Gliederung erhalten, der Umfang schmolz jedoch auf meist vier Seiten.

Auch die Bezugspreise wurden beibehalten, was einer faktischen Verteuerung des Blattes gleichkam. Die Insertionsgebühren wurden für 1915 mit 11 Heller für die dreimal gespaltene Petitzeile angegeben, 1913 betrugen sie 12, ab 1916 14, ab Jänner 1919 20 und ab Mai 1919 30 Heller.

1915 wiederholten sich die Aufrufe zur Erneuerung des Abonnements sowie zur Nachzahlung ausständiger Beträge. Auch die Zensurflecken waren zum gewohnten Bild geworden.[16] Der Bezug der 'NZ'

---

[9] 'NZ', Nr. 38, 17.5.1914, S. 1.
[10] Ebd.
[11] Vgl. u. zit. 'NZ', Nr. 50, 28.6.1914, S. 1.
[12] Vgl. u. zit. 'NZ', Nr. 103/104, 25.12.1914, S. 1.
[13] 'NZ', Nr. 53, 4.7.1915, S. 1.
[14] Ebd.
[15] Vgl. Präs. 1915/XII 78c1/3.064.
[16] Vgl. u. a. Präs. 1918/XII 78c1/2.307/1 f. (u. a. Nr. 15, 20, 22 konfisziert – Akten unvollständig).

wurde als Pflicht für alle deutschfreiheitlich Gesinnten bezeichnet. Der Anzeigenumfang nahm ständig ab, dafür häuften sich amtliche Mitteilungen.

Zum Ende des Krieges, in der ersten Ausgabe nach der "Revolution", hieß es im Leitartikel „Endlich ein freies Wort"[17]: Die Zensur sei Folter und Zwangsjacke gewesen, der Staat verlottert und korrupt, was durch die Zensur zu verwischen versucht worden sei. Man kritisierte weiters das „allmächtige" Kriegspressequartier und daß man nur amtliche Quellen heranziehen hätte können und rechnete mit dem k. k. Korrespondenzbüro ab. Weiters wurden die „schwarz-gelb polternden Höflinge, (…) vernörgelte Bürokraten" und ein „blutheißer Polizeiapparat", der jedes freie Wort erstickt habe, angegriffen. Die Wahrheit (z. B. über unfähige Offiziere) sei unbarmherzig der Zensur anheimgefallen – aber gerade die weißen Flecken hätten den Leuten die Augen geöffnet und hätten somit nicht die „letzte Weißheit" dargestellt.[18]

Das Wochenblatt blieb weiterhin der deutschnationalen Richtung und Partei verhaftet und nahm auch sofort wieder verstärkt die Agitation zugunsten der Partei für die anstehenden Wahlen 1919 auf. Als Haupt-Feindbilder kristallisierten sich für die 'NZ' dabei immer deutlicher die Sozialdemokratie, das jüdische Element, aber auch die Christlichsozialen heraus. Die deutschnationale Gesinnung wurde von der 'NZ' natürlich auch mit der lautstarken Befürwortung des Anschlusses Tirols an Deutschland gleichgesetzt.

Am 29. 1. 1919 beklagte man in einem Kommentar, daß die alten und veralteten Preßgesetze weitgehend beibehalten worden seien. Trotz einer Modifikation wurde die Aufrechterhaltung der Unfreiheit und des Kolportageverbots angeprangert.[19]
Ab Mai betitelte sich das Blatt schließlich als 'Nationaldemokratisches Wochenblatt'. Der Kopf wurde modernisiert, während Preise, Umfang und Gestaltung gleich blieben – jeweils auf niedrigem Niveau.

Mit der Nr. 43 von 18. 11. 1919 wurde das Blatt ohne Angabe von Gründen im 11. Jahrgang eingestellt.[20] Die schon während der Kriegszeit wiederholt vorgebrachten Klagen über die wirtschaftlichen Probleme des Blattes dürften ausschlaggebend dafür gewesen sein.

---

[17] Vgl. 'NZ', Nr. 49, 27. 11. 1918, S. 1.
[18] Ebd.
[19] Vgl. 'NZ', Nr. 5, 29. 1. 1919, S. 1.
[20] Vgl. 'NZ', Nr. 43, 18. 11. 1919.

1.12 Die Tyrolia-Lokalblätter

1.12.0 Allgemeines

Die kleinen Lokalblätter, die hier behandelt werden, können nicht in den vorgegebenen Raster der Untersuchung aufgenommen werden, da sie einerseits nur teilweise bzw. in einzelnen Ausgaben, andererseits gar nicht eingesehen werden konnten und nähere Sekundärunterlagen fehlten (bei den drei Blättern der Unterinntaler Lokalpresse und der 'Oberländer Wochenpost').
Zu den 'Lienzer Nachrichten' kann zumindest ein kurzer historischer Überblick gegeben werden. Das Schema mit Format, Umfang, Preisen etc. konnte hier ebenfalls nicht angewendet werden. Lediglich die 'Tiroler Land-Zeitung', ein altes Lokalblatt der Druckerei Egger aus Imst, das 1915 von der Tyrolia erworben wurde, konnte im üblichen Rahmen bearbeitet werden.

Gemeinsam war diesen Blättern die relativ kurze Lebensdauer, da alle, bis auf die 'Lienzer Nachrichten', 1919 zugunsten des Tyrolia-Paradeblattes 'Tiroler Volksbote' eingestellt wurden. Zuvor war deren Auflage kontinuierlich gesunken bzw. gesenkt worden. Den Abonnenten und Lesern wurde der 'Volksbote' als Ersatz angedient.

Dominant war die Tyrolia bei den Bezirksblättern vorerst nicht bei der Herausgeberschaft und beim Verlegen, sondern beim Drucken der Blätter. Ab 1915 stellte die Tyrolia jedoch auch Herausgeber und Schriftleiter, die jeweils identisch waren.
Ausführlich beschrieben werden müssen diese Lokalzeitungen im einzelnen auch deshalb nicht, da sie nur fallweise zweimal wöchentlich erschienen, meist jedoch einmal, und ihren Charakter der Wochenzeitung auch nicht ablegten. Außerdem erlangten sie höchstens lokale Bedeutung. Nur die 'Lienzer Nachrichten' und die 'Tiroler Landzeitung' konnten eine längere Lebensdauer bzw. Tradition vorweisen. Die ebenfalls schon länger bestehende 'Oberländer Wochenpost' (als Nachfolgerin von 'Tiroler Post' bzw. 'Der Oberländer') mußte als vormaliges Organ der Christlichsozialen neben dem von der Tyrolia geförderten 'Tiroler Anzeiger' verkümmern. Die vier anderen Blätter – mit christlichsozialem Einschlag – wurden kurz vor dem Ersten Weltkrieg als Konkurrenz zu bestehenden, älteren Lokalblättern eingeführt und nach dem Krieg wieder eingestellt, nachdem sie ihren Dienst beim Konzentrationsprozeß zugunsten des 'Volksboten' getan hatten.

Zum „Verein der Unterinntaler Lokalpresse", der 1920 (Gebäude, Buchhandlung und Buchdruckerei in Schwaz) von der Tyrolia aufgekauft wurde: Gegründet war dieser Verein ebenfalls von der Tyrolia worden, um das katholische Pressewesen zu fördern.[1]
Das Wirken des Vereins stellt laut Stoisavljevic eine der interessantesten Presseerscheinungen Tirols dar, eine Feststellung, die im Gegensatz zu Gerda Breit steht, die in ihrer Dissertation schloß, daß der Verein tatsächlich nicht bestanden bzw. gewirkt habe, allfällige Beträge lediglich zur Stützung der 'Neuen Tiroler Stimmen' verwendet worden seien.
Wenn man sich der Schlußfolgerung von Stoisavljevic anschließt, gelang es dem Verein – und mit ihm der Tyrolia – durch geschicktes Vorgehen fast alle Tiroler Bezirks- bzw. Lokalblätter, die nicht eine starke, fundierte Druckerei hinter sich hatten, unter eigene Regie zu bringen.[2] Das sei erfolgt, indem das bestehende Blatt ab einem gewissen Stichtag bei der Tyrolia in Innsbruck oder bei verlagseigenen Bezirksdruckerein gedruckt wurde.
Die früher eigenständigen Bezirksblätter wurden so schließlich Kopf- bzw. Nebenausgaben des 'Alpenländer Boten', der wiederum eine Nebenausgabe des 'Volksboten' war. Die Aufmachung wurde vereinheitlicht, lediglich im Lokal- und Anzeigenteil sowie in den alten Zeitungstiteln blieb eine gewisse Eigenständigkeit erhalten. Ansonsten glichen sich die Blätter[3], wurden auch vom selben Redakteur redigiert, der auch jeweils die Herausgeberschaft (für die Tyrolia) übernommen hatte.

---

[1] Vg. STOISAVLJEVIC a. a. O., S. 365 f.
[2] Ebd., S. 367.
[3] Vgl. ebd.

Wie schon erwähnt, wurden die 'Oberländer Wochenpost', die 'Außferner Zeitung' und die Unterinntaler Lokalblätter (Schwaz, Wörgl, Kitzbühel) 1919 zugunsten des 'Volksboten', kurz „Bötl" genannt, eingestellt, der im wesentlichen von Sebastian Rieger vulgo „Reimmichl" dominiert wurde; Rieger war auch als Volksschriftsteller eine der bedeutendsten Persönlichkeiten der tirolischen Volksliteratur und Publizistik.
Das „Bötl" war das meistgelesene Blatt Tirols (bzw. als katholische Zeitung ganz Österreichs) mit einer Auflage von 37.000 Stück im Jahr 1907.[4]

Auch der 'Volksbote' war eine Schöpfung des christlichsozialen Partei- und Pressepioniers Aemilian Schöpfer im Jahr 1892 gewesen. Seit 1910 wurde das Blatt in der Tyrolia-Druckerei in Innsbruck hergestellt (davor in Brixen, wo jedoch die hohe Auflage nicht mehr hergestellt werden konnte) und erreichte 1912 eine Auflage von 40.000 Stück.[5] Ab 1913 erschien quasi als „Reimmichl-Bötl" der 'Alpenländer-Bote' für die übrigen Alpenländer, und die Auflage des 'Volksboten' sank auf 32.000 Stück ab.[6] Diese beiden Blätter wurden schließlich den Abonnenten der 1919 eingestellten Lokalblätter angedient, und etliche Leser dürften diesem Vorschlag bzw. Angebot nachgekommen sein. Allzuviele Abnehmer hatten die Tyrolia-Lokalblätter ja nicht gefunden (siehe Auflagen der einzelnen Blätter). Nur die 'Lienzer Nachrichten' hoben sich, sowohl was die Erscheinungsdauer (bis 1938 bzw. 1945) als auch was die Auflage betraf, etwas von den anderen Zeitungen ab.

In der Folge kurze Einzeldarstellungen der Blätter, soweit sie einsehbar waren bzw. Fakten erhoben werden konnten.

1.12.1 Die Post / Tiroler Post / Oberländer Wochenpost / Der Oberländer

Dieses Blatt ist insofern interessant, als es als 'Die Post' bzw. 'Tiroler Post', von der Tyrolia gedruckt, Vorgängerin des 'Tiroler Anzeigers' war, dann von Egger in Imst herausgegeben wurde (ab 1910 'Oberländer Wochenpost') und schließlich wieder zur Tyrolia zurückkehrte.

Am 4. 1. 1899 erschien die bereits am 16. 12. 1898 angekündigte und vom „Christlichsozialen Preßkonsortium" herausgegebene Zeitung 'Die Post' als „Zeitung für das christlichsoziale Volk der Alpenländer" (Untertitel).

Vorerst erschien das Blatt beim Verlag Koppelstätter in Innsbruck/Wilten, der auch den Druck besorgte[7], zweimal wöchentlich am Dienstag und Freitag mit dem Datum des nächsten Tages. Programmatisch schrieb man in der ersten Ausgabe: „So ziehe denn unsere 'Post' wohlgemuth in die Welt hinaus. Möge sie allen lieben Tirolern und allen Freunden außerhalb unseres Landes Kunde bringen von unserem Arbeiten, von unserem Schaffen und Ringen für's christliche Vaterland."[8]

Der Umfang betrug zunächst zwölf Seiten, wovon fünf mit Inseraten gefüllt waren; das Blatt kostete loco vierteljährlich einen Gulden, erschien in noch relativ unansehnlicher Aufmachung, dreispaltig, im Mittelformat (37,2 × 26 cm, Satz 31,5 × 21,7 cm, Kopf 11 cm, schmucklos). Als erster verantwortlicher Redakteur zeichnete J. Folderer.

Die Zeitung erschien bis Jahresende 1901 bei Koppelstätter in Innsbruck; bis die wirtschaftlichen Probleme zu groß wurden, waren die christlichsozialen Herausgeber doch mehr begeistert als fachkundig beim Zeitungsmachen, weshalb man sich um Hilfe nach Brixen zum Pressemann Aemilian Schöpfer wandte. Dieser begutachtete die Lage und wandelte 'Die Post' zur 'Tiroler Post' (Untertitel: Früher 'Die Post', Übertitel: Für Gott, Kaiser und Vaterland) um[9], welche ab 1. 1. 1902 nunmehr bei Tyrolia in Bozen gedruckt und verlegt wurde und als christlichsoziales Parteiorgan für Nordtirol erschien (Großformat, zweimal wöchentlich, mittwochs und samstags). Die Redaktion übernahm Alois Schwärzler.

---

[4] Vgl. VOLGGER a. a. O., S. 347.
[5] Vgl. dazu ebd., S. 363 f. und Präs. 1912/XII 78c4/986.
[6] Ebd., S. 365.
[7] Vgl. HIMMELREICH a. a. O., S. 19 und 'Die Post', Nr. 1, 4. 1. 1899.
[8] 'Die Post', Nr. 1, 4. 1. 1899, S. 1.
[9] KLOTZ a. a. O., S. 168.

Das Blatt umfaßte nunmehr durchschnittlich acht Seiten und führte eine illustrierte Wochenbeilage. Der Druck erfolgte aus Kostengründen in Bozen, da dadurch teilweise der Satz des 'Tirolers' verwendet werden konnte. Außerdem hatte die Tyrolia zu diesem Zeitpunkt noch über keine eigenen Druckerei in Innsbruck verfügt.[10] Ab 30.12.1903 hieß der Herausgeber „Christlichsoziales Konsortium 'Tiroler Post' in Innsbruck", die Erscheinungsweise wurde auf einmal wöchentlich umgestellt, als verantwortlicher Redakteur zeichnete nun Peter Fuchsbrugger. Als Eigentümer schienen die „christlichsozialen Abgeordneten im Bunde" auf. Der Umfang wurde auf meist 16 Seiten ausgedehnt, da das Blatt ja nur noch als Wochenzeitung erschien.

Mit der Errichtung der Tyrolia-Druckerei in Innsbruck konnte die Zeitung ab 1908 in Innsbruck hergestellt werden und wurde schließlich als 'Wochenausgabe des Allgemeinen Tiroler Anzeiger' geführt (Freitag), ehe sie Ende 1908 endgültig im neuen Tagblatt 'Allgemeiner Tiroler Anzeiger' aufging.

Die Wochenzeitung wurde jedoch als 'Der Oberländer' als eigenständiges Nachfolgeorgan der 'Tiroler Post' (Schriftleiter Louis Grissmann, dann Franz Pech) weitergeführt (Druck und Verlag der Tyrolia in Innsbruck).

1910 wurde das Blatt in 'Oberländer Wochenpost' umgetauft und ging auf die Buchdruckerei von Josef Egger in Imst über, der es wieder zweimal wöchentlich als christlichsoziales Blatt für Landeck, Imst und Reutte erscheinen ließ.
Am 16. Mai 1915 (28. Jg.) wurde es jedoch wieder von der Tyrolia übernommen, die das Blatt als nunmehrige Nebenausgabe des 'Volksboten' unter demselben Titel wie Egger herausgab.

Die Ähnlichkeit zu den anderen Kopfblättern des Verlages – wie z.B. der 'Außferner Zeitung' – erkannte man u.a. darin, daß diese des öfteren gleichzeitig wegen derselben Artikel konfisziert wurden, wie z.B. die Nr. 8 und 28 des Jahres 1915.[11]
Mit der Neuübernahme durch die Tyrolia besorgte die Redaktion auch dieses Blattes der Tyrolia-Mann Leopold Bauernfeind.

Kennzeichnend war auch die graphische Ähnlichkeit der Tyrolia-Lokalblätter, z.B. der 'Oberländer Wochenpost' mit der 'Tiroler Landzeitung' (Schlagzeilen, Satz, Umbruch...).[12] Dabei wurden etwa von demselben Redakteur und demselben Metteur dieselben Titel, Lettern etc. verwendet, woraus man wiederum die wirtschaftlichen Einsparungen des Verlages mit mehreren Kopfzeitungen erkennen konnte.[13]

Die 'Oberländer Wochenpost' erreichte ihre höchste Auflage 1914 mit 1.500 Stück und sank dann kontinuierlich auf 930 (1915/16) und 750 Stück (1917/18) ab.[14]
Mit der Nr. 26 vom 28.6.1919 wurde die 'Oberländer Wochenpost' schließlich zu Gunsten des 'Tiroler Volksboten' eingestellt.

'Der Oberländer' wurde von Josef Egger im Jahr 1928 (Probenummer) noch einmal belebt, hatte mit dem ursprünglichen christlichsozialen Blatt des Jahres 1909 jedoch nicht mehr viel zu tun: Dieses 'Wochenblatt für das gesamte Oberinntal', das regelmäßig ab 4.1.1929 erschien, hatte nur noch den früheren Titel, Eigentümer, Verleger, Drucker und Redakteur Josef Egger gemeinsam. Die christlichsoziale Einstellung des Blattes war nicht mehr erkennbar, vielmehr tendierte es in die NS-Richtung, obwohl Egger zuvor mit der 'Oberländer Wochenpost' und der 'Tiroler Land-Zeitung' bis 1915 zwei christliche Lokalblätter herausgegeben hatte.

Mit 29.3.1934 mußte das Blatt wegen des Fehlens jeglicher moralischer und finanzieller Unterstützung und der Verschärfung des Presserechts die Einstellung ankündigen.

---

[10] Vgl. VOLGGER a.a.O., S. 113 und 'Tiroler Post', Nr. 1, 1.1.1902.
[11] Vgl. Präs. 1915/XII 78c2/565.
[12] Vgl. STOISAVLJEVIC a.a.O., S. 411 f. und 'Oberländer Wochenpost', Nr. 41, 28.5.1915 bzw. 'Tiroler Landzeitung', 26.5.1915, jew. S. 1.
[13] STOISAVLJEVIC a.a.O., S. 412.
[14] Vgl. Präs. 1914–1918/XII 78c4 (jew. 1. Quartal).

Am 11. April erschien noch eine Sondernummer, dann wurde das Blatt verboten und am 14.6.1934 durch Gerichtsbeschluß wegen nationalsozialistischer Tätigkeit endgültig eingestellt, der Redakteur 14 Tage eingesperrt.[15]

Für die Oberinntaler Bezirke erschien ab Dezember 1936 schließlich noch das 'Oberland' als Wochenzeitung, das im März 1938 von den Nazis gleichgeschaltet und am 16.9.1939 wieder eingestellt wurde.[16] Auch dieses Blatt hatte mit den ursprünglichen Zeitungen 'Die Post', 'Tiroler Post', 'Der Oberländer' und der 'Oberländer Wochenpost' keine Tradition als Nachfolgeorgan aufzuweisen.
Im Jahr 2000 bestehen in Imst drei Egger-Druckereien: die Druckerei und der Verlag „Eggerdruck" (Gebhard Egger), der „Alpendruck" (Josef Egger) und „Die Druckerei" (Hans Egger).

1.12.2 Außferner Zeitung

Erstmals am 4. Jänner 1913 wurde von der Tyrolia die 'Außferner Zeitung' herausgegeben. Diese war als „Organ für den politischen Bezirk Reutte" konzipiert, welcher von der geographischen Lage her relativ abgelegen von der Landeshauptstadt war.

Mit dem Blatt sollten einerseits die Anliegen des Bezirkes gegenüber Innsbruck, andererseits im Bezirk selbst die christlichsozialen Anliegen vertreten werden. Die Zeitung erschien im Folioformat mit meist zwölf Seiten Umfang (ca. 25% Inserate) einmal wöchentlich.[17]

Das Blatt glich inhaltlich und gestalterisch der 'Oberländer Wochenpost', wobei auch des öfteren gleichlautende Artikel der beiden Zeitungen gleichzeitig konfisziert wurden, wie im Jahr 1914 die Nr. 36, 1915 die Ausgaben 8 und 28 (selbe Numerierung, selbe Artikel bei beiden Blättern).[18]
Redaktion, Verwaltung und Druck befanden sich bei der Tyrolia in Innsbruck, Andreas-Hofer-Str. 4.

Ab 30.11.1914 wurde das Blatt zweimal wöchentlich, Montag und Donnerstag, ediert, um dem gesteigerten Aktualitätsbedürfnis im Krieg Rechnung tragen zu können, wie es im 'Allgemeinen Tiroler Anzeiger' am 26.11. von der Tyrolia angekündigt wurde.[19]

Als Redakteur fungierte wie bei den anderen Lokalblättern bzw. Nebenausgaben des 'Volksboten' auch Leopold Bauernfeind.
1915 kostete das Blatt im ganzjährigen Abonnement neun Kronen.[20]

Lediglich der Reuttener Lokalteil (Rubrik „Außferner Nachrichten") und der Anzeigenteil weisen einen gewissen lokalen Charakter und eine gewisse Eigenständigkeit auf, womit man jedoch nur begrenzte lokale Bedeutung erlangen konnte.
Die Auflage von 650 Stück (1915) reduzierte sich auf 540 im Jahr 1916 und auf schließlich nur noch 450 Stück im Jahr 1919, was ebenfalls die geringe Verbreitung sowie Beachtung, die das Blatt fand, dokumentiert.[21] Ende 1917 wurde wieder auf einmal wöchentliches Erscheinen umgestellt.

Wie die 'Oberländer Wochenpost' wurde auch die 'Außferner Zeitung' mit Ende Juni 1919 zugunsten des 'Volksboten' nach nur fünfeinhalbjährigem Bestand von der Tyrolia wieder aufgegeben und eingestellt, die – wenigen – Abonnenten an den 'Volksboten' verwiesen.

---

[15] STOISAVLJEVIC a. a. O., S. 520.
[16] Vgl. 'Oberland', Ausgaben vom 5.12.1936, 19.3.1938 und 16.9.1939.
[17] HIMMELREICH a. a. O., S. 23.
[18] Vgl. Präs. 1914/XII 78c2/3.033 und Präs. 1915/XII 78c2/639.
[19] Vgl. Präs. 1914/XII 78c4/3.708.
[20] Vgl. STOISAVLJEVIC a. a. O., S. 448.
[21] Vgl. Präs. 1915–1918/XII 78c2/3.571 (jew. 1. Quartal).

1.12.3 Lienzer Nachrichten

Die 'Lienzer Nachrichten'[22] erschienen erstmals am 13.12.1911, weitere Probenummern im Dezember folgten.
Herausgegeben vom Osttiroler Preßkonsortium und gedruckt von der Tyrolia in Brixen erschien das katholische Blatt zweimal wöchentlich am Dienstag und Freitag.
Es vertrat neben den politisch-katholischen Anliegen der Christlichsozialen auch die Interessen Osttirols gegenüber Innsbruck.[23]

Das regelmäßige Erscheinen nahm die Lokalzeitung am 1.1.1912 auf.
Das Blatt arbeitete eng mit der 'Brixener Chronik' zusammen, von der auch teilweise der Satz verwendet wurde und deren Chefredakteur Robert Meixner auch die 'LN' redigierte, und sollte einen Gegenpol zur deutsch-freisinnigen 'Lienzer Zeitung' bilden.
Das Herausgeberkonsortium setzte sich aus lokalen Vertretern der christlichsozialen Partei unter Obmann Franz Henggi zusammen und war unter Mithilfe des Landtagsabgeordneten Franz Rainer gebildet worden.[24]

Massive werbliche Unterstützung erhielt das Blatt auch vom Klerus, der es bei jeder sich bietenden Gelegenheit, nicht selten von der Kanzel herab, den Gläubigen anpries.
Finanziert wurde es vor allem durch die Preßkonsortiums-Mitglieder selbst sowie vom katholischen Pius-Verein.
Das Konsortium hatte eine eigene Geschäftsstelle in Lienz, wohin von den Mitarbeitern die Artikel zu senden waren. Dort wurden die Beiträge gesammelt, der Redaktion in Brixen zugeleitet und die Drucklegung veranlaßt.[25]

Als Beispiel für die Art der Eigenwerbung des Blattes sei hier ein „Volksaufruf" auszugsweise wiedergegeben, der in der ersten Gratis-Probeausgabe erschienen und an die „biederen Bewohner des Stadt- und Landgerichts Lienz, die Gerichte Kals, Virgen, Defereggen und Lienzklause" gerichtet war: „Auf Tiroler (…) zu den Waffen! Während die Armee auf allen Punkten vorrückt (mit Armee waren die christlichsozialen Blätter, vor allem die 'Reichspost' und der 'Allgemeine Tiroler Anzeiger' gemeint, Anm.), ist es nötig, daß die Flanken und der Rücken der Armee gegen jedwede unvorhergesehene Unternehmung des Feindes (u.a. der Sozialdemokratie, Anm.) vollkommen gesichert werden." Auf das eiligste müßten nun die Gebirgspässe besetzt werden (mit christlichsozialen Lokalblättern, Anm.).[26]
Dieser Aufruf war angeblich einer Pfarrchronik des Jahres 1809 entnommen und in einen „Volksaufruf" für die katholische Presse umgewandelt worden.

1914 erschien das Blatt mit der illustrierten Beilage „Sterne und Blumen" zum Preis von 8,– Kronen (Jahresabonnement/Zustellung Bote bzw. Post) oder 7,– Kronen loco zum abholen.
Der Umfang betrug durchschnittlich zwölf Seiten, wovon ca. ein Drittel mit Inseraten gefüllt war.[27]
Der Satzspiegel betrug 36 × 24 cm, der Umbruch war dreispaltig; die politische Berichterstattung und der lokale Nachrichtendienst, der auch Nachrichten aus Kärnten enthielt, war relativ gut ausgebaut, weshalb das Blatt vergleichsweise auch mehr Abnehmer als etwa die 'Außferner Zeitung' fand.
1914 betrug die Auflage 1.230 Stück.[28]

Im November 1914 wurde der Innsbrucker Statthalterei mitgeteilt, daß das Blatt in Hinkunft bei der Tyrolia in Innsbruck gedruckt und dort die Redaktion von Leopold Bauernfeind übernommen werde.[29]
Die Maßnahme erfolgte schließlich am 30. November, am 1.12. ging man im Blatt selbst darauf ein, als

---

[22] In der Folge mit 'LN' abgekürzt.
[23] HIMMELREICH a.a.O., S. 23.
[24] Vgl. DUREGGER a.a.O., S. 18 und VOLGGER a.a.O., S. 276.
[25] Vgl. VOLGGER a.a.O., ebd.
[26] Ebd., S. 277 und 'LN'-Probenummer, 13.12.1911, S. 1.
[27] Vgl. STOISAVLJEVIC a.a.O., S. 441.
[28] Vgl. VOLGGER a.a.O., S. 278 und Präs. 1914/XII 78c4 (1. Quartal).
[29] Präs. 1914/XII 78c/3.703.

1.12 Die Tyrolia-Lokalblätter

man schrieb, daß durch Personalmangel mit diesem Tage „eine bis zur Beendigung des Krieges dauernde Änderung im Druck" der Zeitung eintreten werde, für die Leser jedoch alles beim alten bleibe.[30]

Änderungen traten jedoch entgegen den Zusicherungen doch ein – zum einen, da das Blatt zeitweise nur noch einmal wöchentlich erschien, zum anderen, als es ebenfalls das Schicksal erlitt, zu einem Kopfblatt des Tyrolia-Verlages bzw. des 'Volksboten' für den Bezirk Lienz abgewertet zu werden. 1916 wurden die 'LN' vom Bezirkshauptmann von Lienz beschuldigt, daß sie im Kriegsgebiet Osttirol mit unverantwortlicher und unverschämter Schreibweise systematisch gegen die behördliche Autorität aufgehetzt hätten, weshalb man Anzeige bei den militärischen Behörden erstattet habe.

Das Landesverteidigungskommando ersuchte in der Folge um Einstellung der Zeitung. Das Blatt erhielt jedoch lediglich eine Verwarnung (an L. Bauernfeind gerichtet) von der Statthalterei, daß es bei Fortsetzung der beanstandeten Schreibweise eingestellt würde.[31] Es dürfte sich in der Folge den Behörden gegenüber einer weniger verfänglichen Sprache bedient haben, blieben doch weitere Beanstandungen aus.

Mit Ende 1917 wurde das Blatt, das seit Dezember 1914 unregelmäßig ein- bis zweimal pro Woche erschien, endgültig zur reinen Wochenzeitung.

Mit 19.11.1918 wurde der Statthalterei mitgeteilt, daß die 'LN' wöchentlich einmal im Verlag der Tyrolia Innsbruck erschienen, weiterhin vom Preßkonsortium herausgegeben würden und die Redaktion nunmehr von Andreas Gebhart geleitet werde.[32] Gebhart hatte Bauernfeind auch bei den übrigen Lokalblättern abgelöst. Die Besonderheit war schließlich, daß das Blatt 1919 nicht wie die anderen Kopfblätter eingestellt wurde, sondern bestehen blieb und 1920 von der Druckerei J.G. Mahl übernommen wurde, die noch 1919 die am 24.12. eingestellte großdeutsche 'Lienzer Zeitung' gedruckt hatte; die Tyrolia hatte sich zurückgezogen, als Herausgeber schien jedoch nach wie vor das Preßkonsortium auf. Durch die neuerliche Einstellung der 'Lienzer Zeitung' konnten die 'LN', die im Krieg einen Auflagerückgang hinnehmen mußten, wieder auf 2.400 Stück (1920) bzw. 2.500 im Jahr 1922 zulegen, womit sie auch ihren höchsten Auflagenstand erreicht hatten.[33]

Die Redaktion wurde nunmehr meist von einem Druckereimitarbeiter besorgt und unterlag einem ständigen Wechsel. So hatten unter anderem Dr. Richard Schmiderer, Dr. Ernst Winkler, Alfons Niederegger, Alois Pahle, Dr. Peinsipp, Dr. Andreas Veider oder Andrä Pitter die Schriftleitung inne, als Mitarbeiter schienen so prominente Namen wie Josef Schraffl, Aemilian Schöpfer und Dr. Schumacher auf.[34]

Von 1921 bis Ende 1923 erschien das Blatt wieder zweimal wöchentlich, ehe es endgültig beim wöchentlichen Rhythmus bleiben sollte.[35]

In den restlichen zwanziger Jahren pendelte sich die Auflage bei ca. 2.000 Stück ein und steigerte sich bis 1931 wieder auf 2.300, was einem repräsentativen Durchschnitt der Auflagen der 'LN' entsprach.[36] Seit 1915 hatte sich die Auflage somit verdoppelt.

In den zwanziger Jahren wurde den 'LN' auch das „Amtsblatt für den politischen Bezirk Lienz" beigelegt, das von der Bezirkshauptmannschaft wöchentlich herausgegeben wurde und dessen amtlicher Teil von der BH, der nichtamtliche von der Redaktion der 'LN' (Dr. Ernst Winkler) redigiert wurde. Mit der Auflage von 2.000 Stück wurde das Amtsblatt den 'LN' beigelegt, den Druck besorgte Mahl kostenlos. Dadurch entstand dem Blatt ein Verlust (z.B. im ersten Vierteljahr 1927: 116,26 Schilling), weshalb man dem Präsidium anzeigte, in Zukunft den halben Gestehungspreis (S 10,–) einzuheben.[37]

---

[30] Zit. 'LN', Nr. 94, 1.12.1914, S. 4.
[31] Präs. 1916/XII 78c1/1.452.
[32] Präs. 1918/XII 78c4/5.843.
[33] Vgl. Präs. 1921/1922/XII 78c4 (jew. 1. Quartal).
[34] Vgl. DUREGGER a.a.O., S. 18.
[35] Vgl. Präs. 1925/X 41/296/2.
[36] Vgl. Präs. 1926ff./XII 60 (jew. 1. Quartal).
[37] Vgl. Präs. 1927/XII 60/2.588/1 und 1.091.

1935 wurde die Zeitung von der BH in einem Brief an Sicherheitsdirektor Mörl wegen eines Artikels vom 26.7.1935 beanstandet, der Angriffe auf den Gerichtsvorstand in Lienz enthielt. Mörl sah jedoch keinen Grund für ein Einschreiten gegen die Zeitung.[38] Das inzwischen der Vaterländischen Front zugeneigte Blatt erschien trotz vieler wirtschaftlicher Probleme bis 10. März 1938 unter dem alten Titel 'LN', ehe es von den Nazis gleichgeschaltet und ab 14.3. als 'Der Deutsche Osttiroler' vom NS-Gauverlag Klagenfurt herausgegeben wurde.[39] Dieses Blatt wurde ab 8.10.1938 als nunmehrige 'Lienzer Zeitung' einmal wöchentlich als Kopfblatt des Kärntner Gauvorlages, wo es auch redigiert und gedruckt wurde, weitergeführt. Der Lokalteil wurde in der Mahl'schen Druckerei in Lienz erstellt.

Laut Duregger erschien dieses NS-Lokalblatt letztmalig am 5. Mai 1945, womit es zwei Tage länger als die 'Innsbrucker Nachrichten' bestanden hätte. Dieses Faktum konnte allerdings nicht verifiziert werden.

1945 erschien in der Folge keine Zeitung mehr in Osttirol, erst am 10.1.1946 erschien wieder eine lokale Zwei-Wochenschrift, der 'Osttiroler Bote'.[40]

1.12.4 Tiroler Land-Zeitung

1.12.4.1 Daten zur äußeren Struktur

Titel: Tiroler Land-Zeitung[41]

Untertitel:
	1892:	Vormals Oberinntaler Wochenblatt
	ab 1914:	Mit der illustrierten Beilage „Alpenrosen" und einer achtseitigen Romanbeilage
	ab 16.12.1914:	Mit wöchentlich zwei illustrierten Beilagen „Alpenrosen" und „Illustriertem Sonntagsblatt" nebst einer achtseitigen Romanbeilage
	ab 26.05.1915:	gleichbleibend, aber ohne Hinweis auf die Romanbeilage
	ab 10.07.1915:	Mit illustrierter Beilage „Alpenrosen"

Erscheinungsort:
	1892:	Imst
	ab 26.05.1915:	Innsbruck

Erscheinungsdauer:

03.12.1892 bis 28.06.1919 (1914: 27. Jg.)

Erscheinungsweise:
	1892:	einmal wöchentlich (Freitag)
	1914:	einmal wöchentlich (Donnerstag)
	ab 05.08.1914:	zweimal wöchentlich (Mittwoch und Samstag)
	ab 10.07.1915:	einmal wöchentlich (Freitag)

Das Wochenblatt, das jeweils Freitag bzw. Donnerstag mit dem Datum des nächsten Tages erschien, wurde im Weltkrieg auf zweimal wöchentliches Erscheinen erweitert, von der Tyrolia kurz nach der Übernahme jedoch wieder zum wöchentlichen Erscheinungsrhythmus zurückgeführt.

---

[38] Vgl. Präs. 1935/XII 60/2.028/1 ff.
[39] DUREGGER a.a.O., S. 18.
[40] Vgl. ebd.
[41] In der Folge mit 'TL' abgekürzt.

1.12 Die Tyrolia-Lokalblätter

Umfang: (in Seiten)

1892	10
1900	12
1913	8–10
1914	12–14
ab Krieg	8
1915	Mittw. 4, Samst. 6–8
Juli 1915	8–16
1918	8
1919	4–8

Das Blatt erschien anfänglich mit durchschnittlich zehn Seiten, wovon 2–3 Seiten Inserate einnahmen. Bis 1914 steigerte sich der Umfang auf bis zu 14 Seiten und schrumpfte im Weltkrieg auf meist acht Seiten (dazu kam die kleinformatige Romanbeilage). 1915 war bei vier bis acht Seiten meist nur noch eine Seite für Inserate reserviert. Auch bei 16seitigen Ausgaben ab Juli 1915 (einmal wöchentlich) benötigte man für Anzeigen lediglich ca. zwei Seiten. Bis 1919 fiel der Umfang des Blattes wieder auf vier bis acht Seiten ab.

Format: Kanzleiformat 41,5 × 28,5 cm

Satzspiegel: 36 × 23,9 cm

Umbruch: 3 Spalten à 7,7 cm / Spaltentrennlinien

Schriftart (Brotschrift): Fraktur

Zeitungskopf:
	Höhe 1892:	16 cm
	ab 08.01.1914:	17,5 cm
	ab 26.05.1915:	13,5 cm

Der Zeitungskopf war reich geschmückt, der Tiroler Adler groß in die Mitte gesetzt und breitete die Schwingen über die Hälfte des Kopfes aus. Der Kopf war mit Verzierungen gerahmt, die Versalien „T", „L" und „Z" ebenfalls ausgeschmückt. Von der Höhe her nahm er ca. ein Viertel der Titelseite in Anspruch. Rechts oben befand sich das Imster Wappen.
Mit der Übernahme des Blattes durch die Tyrolia wurde der Kopf verkleinert, der Adler neu klischiert und die Bezugsgebühren, Adresse etc. in der Unterzeile in je zwei Kästen gesetzt. Ansonsten vermittelte man auch im Kopf Kontinuität. Die reichhaltige Verzierung blieb erhalten.

Gesinnung/politische Richtung: vorerst unpolitisch, zunehmend katholisch-konservativ – Unterstützung lokaler gewerblicher und landwirtschaftlicher Interessen, ab 1915 zunehmend christlichsozial.

Impressum:
1892:	Verantwortlicher Redakteur: Mathias Schlechter, herausgegeben und gedruckt von Carl Lampe, Imst.
ab 1908:	Druck von Josef Egger, Verantw. Red. Josef Egger, Herausgeber und Verleger Joseph Eichhorn.
ab 1914:	Für Herausgabe und Redaktion verantw.: Josef Egger, Imst, Druck von J. Egger.
ab 26.05.1915:	Für Herausg. und Red. verantw.: Leopold Bauernfeind, Druck: Buchdruckerei Tyrolia Innsbruck.
ab 04.08.1917:	Für Red. und Herausg. verantw.: Andreas Gebhart.
ab 1919:	Für Herausg. und Red. verantw.: Simbert Amann.

Ressorts/Inhalte:
1892:	Feuilleton („unterm Strich"), Politische Übersicht (Innen- u. Außenpolitik), Lokales und Provinziales, Vermischtes, Aus dem Gerichtssaal, Aus dem Amtsblatte, Aus den Vereinen, Inserate.

ab 1907:	Illustrationen
1914:	Allgemeines, Kommentare, Feuilleton, Politische Rundschau, Innsbrucker Lokalnachrichten, Oberinntal und Außerfern (=Lokalnachrichten), Sonstiges Tirolisches, Landwirtschaftliches, Schießwesen, Jagd und Fischerei, Aus aller Welt, Vermischtes, Unterinntal und Nebentäler, Letzte Nachrichten, Kundmachungen, Inserate.
Ende Juli 1914:	Kriegsberichte (nach Kriegsschauplätzen unterteilt), Soldatenbriefe – andere Rubriken in eingeschränktem Umfang: Kleine Nachrichten, Lokales, Volks- und Landwirtschaftliches, Kirchliche Nachrichten, Kunst und Literatur, Letzte telephonische Berichte, andere s. o.
ab 26.05.1915:	Aus Stadt und Land, Kleine Kriegsbilder (Kriegsfeuilleton), Aus aller Welt, Fortsetzungsroman (nun als Rubrik, vorher Beilage).
ab 10.07.1915:	Verschiedene Meldungen, Kurze politische Nachrichten, Aus Nah und Fern, Für die Frauenwelt, Aus aller Welt, Innsbrucker Lokalnachrichten, Aus Stadt und Land, Verkehr, Letzte Meldungen, Kirchliche Nachrichten, Land- und Volkswirtschaft, Buch und Zeitschrift, Oberländer Nachrichten, Außerner Nachrichten, Gerichtssaal, Militärisches (Kriegsberichte jeweils auf der Titelseite).
1918/19:	Berichte zum Tiroler Landtag, zum neuen Staat, zu den Wahlen und den Friedensverhandlungen im Vordergrund, ansonsten Rubriken wie oben.

Bezugspreise: 'Tiroler Land-Zeitung'

ab Datum	Einzelnummer		1/4jährl. Abonnement			
			loco/abholen	Zust. Bote		Zust. Post
1892	Fl	0,06	Fl 0,80	Fl	0,90	Fl 1,—
1914				K	1,60	K 1,80
05.08.1914	H	10		"	2,–	" 2,50
10.07.1915	"	10	(1 × wö.)	"	1,50	
1918				"	2,10	

Zeitungstyp nach Vertriebsart: vorw. Abonnement-Blatt

Auflagen: 1914: 2.316; 1915: 2.000; 1916: 950; 1917: 540; 1918: 600.[42]

Beilagen: 1892: „*Romanbeilage*" (zwei Seiten) und „*Jedem Etwas*": Illustriertes Familienblatt zur Unterhaltung und Belehrung (14tägige Gratisbeilage). Ab 1913 war die vorherige Beilage „*Tiroler Gewerbeblatt*" (gewerbliche Meldungen, Hintergrund und Inserate) nur noch im Separatbezug erhältlich, also als Beilage der 'TL' ausgeschieden.
1914: „*Alpenrosen*" – kleinformatiges Unterhaltungsblatt der 'TL', auf vier bis sechs Seiten wurden v. a. Novellen, Humoristisches sowie Illustrationen gebracht.
Außerdem war eine kleinformatige, achtseitige *Romanbeilage* enthalten. Ab 16.12.1914 führte man auch das „*Illustrierte Sonntagsblatt*", ebenfalls eine meist vierseitige Unterhaltungsbeilage, die wie die „Alpenrosen" aus Deutschland stammte.
Die Tyrolia stellte im Mai 1915 die Romanbeilage ein, ab 10. Juli wurde auch das „Illustrierte Sonntagsblatt" nicht mehr beigelegt.

Jubiläumsausgabe: keine

---

[42] Vgl. Präs. 1914 ff./XII 78c4 (jew. 1. Quartal).

1.12.4.2 Allgemeine Chronik

Am 26. November 1892 (Nr. 48) war letztmalig das 'Oberinntaler Wochenblatt', das seit 5.1.1889 im Verlag Lampe in Imst erschienen war, ausgegeben worden. In dieser Ausgabe wurde mitgeteilt, daß „unser Blatt" von der nächsten Nummer an unter dem Titel 'Tiroler Land-Zeitung' erscheinen werde.[43]

Diese in Imst edierte Wochenzeitung, die für sich beansprucht hatte, unpolitisch zu sein, war also die direkte Vorgängerin des hier zu behandelnden Oberländer Wochenblattes 'Tiroler Land-Zeitung'. Himmelreich schrieb fälschlicherweise, die ebenfalls bei Lampe seit 5.10.1890 erschienene 'Neue Inn-Zeitung' sei das Vorgängerorgan gewesen.[44] Diese Blatt ging jedoch lediglich am 1.1.1894 in der 'TL' auf bzw. wurde dieser einverleibt, um nicht zwei Wochenzeitungen parallel laufen zu lassen.

Am 3.12.1892 erschien somit die Nr. 1 der 'TL' (gleichzeitig als Nr. 49 des „vormals Oberinntaler Wochenblattes", wie im Untertitel vermerkt war). Das ruhig umbrochene („Bleiwüste", ohne Illustrationen), mit einem reich verzierten Zeitungskopf ausgestattete Blatt, das im Kopf damit warb, daß Ankündigungen jeder Art in der 'TL' „weiteste Verbreitung" finden und diese „billigst verrechnet" würden[45], wandte sich an die Leser: „Mit der heutigen Nummer erscheint unsere Zeitung (…) in vergrößertem und reichhaltigerem Maßstab unter dem Namen 'Tiroler Land-Zeitung'". Der Name sei abgeändert worden, da die Abonnentenschaft nun über das Oberinntal hinausreiche und man gegenwärtig zu den weitestverbreiteten Zeitungen Tirols zähle. Man lasse sich durch keine Partei-Interessen beeinflussen, weshalb man ein in allen Belangen klares und unverfälschtes Bild entgegen den politischen Blättern biete.[46]

Hauptaugenmerk werde man auf land- und forstwirtschaftliche Dinge richten. Neben speziell Tirolischem wolle man sich im Feuilleton auch den Vorgängen der anderen Reichsteile widmen und auch aus aller Welt das Wichtigste schreiben. Das Blatt werde einmal wöchentlich am Freitag mit dem Datum des nächsten Tages erscheinen.[47]

Der Anspruch des Unpolitischen wurde aufrechterhalten, wobei sich jedoch bald zeigte, daß das Blatt (und mit ihm der Verlag Lampe) zum katholisch-konservativen Gedankengut hin tendierte. Vorrangig sollten jedoch gewerbliche und agrarische sowie Interessen des regionalen Umfeldes vertreten werden. Diese Haltung wiederholte man auch 1901: „Die 'TL' will kein politisches Kopfblatt werden, wie sie es auch nie gewesen ist, sondern in ruhiger und sachlicher Weise die katholisch-konservativen Grundsätze vertreten (…) und ihren Lesern ein verläßlicher Freund sein." Größtes Augenmerk widme man wirtschaftlichen Themen.[48]

In diesen Jahren wurde der Umfang des Blattes allmählich ausgedehnt, neue Beilagen eingeführt, Illustrationen wie Porträts oder Landkarten wurden ins Blatt gerückt. 1908 gingen Verlag und Herausgeberschaft auf Joseph Eichhorn über, den Druck übernahm Josef Egger, dessen Druckerei ebenfalls in Imst ansässig war.
Ab 1913 war die bisherige Gratis-Beilage „Tiroler Gewerbeblatt" nur noch im Separatbezug erhältlich.

Zum Jahresende 1913 machte man die Leser auf den auslaufenden Tarifvertrag im Druckereigewerbe und den ausständigen Abschluß eines neuen aufmerksam, weshalb es zu Arbeitsniederlegungen und Aussperrungen kommen könne, sodaß einzelne Blätter nicht oder nur in eingeschränktem Umfang erscheinen könnten. Es bestehe daher die Gefahr, daß dies auch diese Zeitung treffen könne, weshalb man im Voraus um Verständnis bat, falls man nicht oder nur in kleinerem Umfang erscheinen sollte.[49]

---

[43] 'Oberinntaler Wochenblatt', Nr. 48, 26.11.1892, S. 5.
[44] Vgl. HIMMELREICH a.a.O., S. 17.
[45] 'TL', Nr. 1, 3.12.1892, S. 1.
[46] Ebd.
[47] Ebd.
[48] 'TL', Nr. 1, 5.1.1901, S. 1.
[49] 'TL', Nr. 49, 5.12.1913, S. 5.

Das Blatt blieb dann auch nicht von Streikauswirkungen verschont: Es konnte vom 5. bis 24.12.1913 nicht erscheinen, zu Weihnachten, noch während der Streik andauerte, wurde das Blatt jedoch wieder herausgegeben, ohne aber auf die vorangegangene Erscheinungslücke einzugehen.

In dieser 14seitigen Weihnachtsausgabe fragte man lediglich, „welchen Nutzen bringt das Halten der 'TL' ?", was leicht zu beantworten sei, vertrete man doch die Interessen des Bürgertums und der ländlichen Bevölkerung: „Es ist dies ein Blatt, das eine verständnisvolle, aufwärtsstrebende Wirtschaftspolitik im Interesse der ländlichen Bevölkerung anstrebt" und jede gehässige Politik meiden werde.[50] Weiters wolle man ein ausgesprochenes Lokalblatt sein, da dies zum großen, nicht mehr zu verkennenden Bedürfnis geworden sei. Man wolle Spiegelbild des heimatlichen Lebens sein und auf Dinge eingehen, auf die die großen Zeitungen nicht eingehen (könnten).[51]

In dieser Ausgabe verabschiedete sich auch Herr Eichhorn von den Lesern als Redakteur und Herausgeber nach seiner mehr als 20jährigen Tätigkeit für das Blatt.[52] Mit Jahreswechsel zum Jahr 1914 ging damit auch die Verwaltung des Blattes auf Egger über, der auch die Redaktionsleitung übernahm.

Die Linie der 'TL' blieb jedoch unverändert, weshalb sich Egger auch gegen Behauptungen verwehrte, der Redaktionswechsel habe politische Hintergründe gehabt. Egger berief sich dabei auf eine Meldung im 'Wiener Fremdenblatt', wonach der Redaktionswechsel auf parteipolitische Dinge zurückzuführen gewesen sei und behauptet wurde, daß die 'TL' nun die Christlichsozialen nicht mehr länger bekämpfen würden, weshalb der bisherige Redakteur (Eichhorn, Anm.) ausscheide. Dazu stellte man (fettgedruckt) fest, daß der Wechsel keineswegs im Zusammenhang mit den politischen Verhältnissen in Tirol stehe.[53]

Mit dem Einsetzen der Kriegsberichterstattung fanden sich am 31. Juli 1914 erstmals Zensurflecken im Blatt. Der Krieg war es auch, der Egger dazu bewog, das Blatt bis auf weiteres zweimal wöchentlich erscheinen zu lassen, womit man vorerst bis Ende des Jahres dem „gesteigerten Lesebedürfnis im Moment äußerster Spannung in Europa versuchsweise" Rechnung tragen wollte.[54]

Die Kriegsberichte, darunter auch zahlreiche Soldatenbriefe von den Frontabschnitten, drängten die üblichen Rubriken zurück, die jeweilige Spitzenmeldung wurde mit großen Schlagzeilen aufgemacht. Die patriotische und pathetische Verklärung des Krieges unterschied sich nicht wesentlich von anderen Blättern. Auch das Feuilleton nahm sich vorwiegend der Kriegsthemen an.

Im November brachte man wieder Eigenwerbung zu den Vorzügen des Blattes: Man bringe „eine kurze, übersichtliche Zusammenstellung aller wichtigsten Begebenheiten auf den verschiedensten Kriegsschauplätzen, die neuesten Berichte auf den sich immer mehrenden Schlachtfeldern und fortgesetzt Originalberichte unserer im Felde stehenden Soldaten (...)".[55] Zudem wurde eine zweite Unterhaltungsbeilage, das „Illustrierte Sonntagsblatt", eingeführt.

1915 verringerte sich der Umfang merklich, die Mittwochausgabe umfaßte meist nur noch vier Seiten, auch das Inseratenaufkommen war geschrumpft, die Druckqualität nahm ab, Zensurflecken waren an der Tagesordnung.

Zwischen 22. und 26. Mai 1915 ging das Blatt auf die Tyrolia in Innsbruck über, was von der Tyrolia der Statthalterei am 22.5. auch angezeigt wurde: Redakteur, Verleger und Drucker, Josef Egger, sei im Kriege, weshalb er die Herausgeberschaft der 'TL' der Tyrolia übertragen habe; die Redaktion übernahm Leopold Bauernfeind, das Blatt werde weiterhin halbwöchentlich erscheinen. Gleichzeitig brachte Egger zur Anzeige, daß er das Blatt an die Tyrolia verkauft habe.[56]

---

[50] 'TL', Nr. 50, 25.12.1913.
[51] Ebd.
[52] Vgl. ebd., S. 7.
[53] 'TL', Nr. 2, 8.1.1914, S. 1. Egger bestritt damit, einen Schwenk von der katholisch-konservativen Parteirichtung hin zur neuen, christlichsozialen gemacht zu haben.
[54] 'TL', Nr. 33, 5.8.1914, S. 1 u. 7.
[55] 'TL', Nr. 66, 28.11.1914, S. 8.
[56] Präs. 1915/XII 78c1/2.289.

1.12 Die Tyrolia-Lokalblätter

Das graphische Erscheinungsbild des Zeitungskopfes wurde fast völlig beibehalten, um den Imster Abnehmern Kontinuität zu vermitteln, lediglich der Satz wurde den anderen Kopfblättern der Tyrolia angepaßt (vgl. auch 'Oberländer Wochenpost') bzw. modernisiert.[57]

Egger dürfte sich laut Stoisavljevic durch eine zu geringe Auflage und zu hohe Herstellungskosten einerseits und durch ein gutes Angebot andererseits zum Verkauf durchgerungen haben.[58] Wenn er behauptet, der Übergang sei ohne Angabe von Gründen im Blatt erfolgt, so irrt er: Die Tyrolia nahm in der ersten von ihr gedruckten Ausgabe vom 26.5. sehr wohl Stellung, als man sich an die Leser der 'TL' wandte und schrieb, Josef Egger, Buchdruckereibesitzer und bisheriger Verleger, Herausgeber und Schriftleiter des Blattes, sei in Erfüllung seiner Standschützenpflicht zum Waffendienst eingerückt. Er habe keine Kraft gewinnen können, die für ihn diese Funktionen und Aufgaben übernehmen hätte können, weshalb er gezwungen gewesen sei, den Weiterbestand der Zeitung durch den vorläufigen Druck in Innsbruck zu gewährleisten. Das Blatt werde in der bisherigen Richtung fortgeführt (Redaktion und Verwaltung Andreas-Hofer-Straße 4), und man hoffe, daß alle Leser dem Blatt treu blieben.[59]

Entgegen der Zusicherung, das Blatt weiterhin zweimal wöchentlich zu edieren, stellte man schon am 10. Juli auf einmal wöchentliches Erscheinen um (Freitag).

Dabei wandte man sich zwar an die Leser, daß es Veränderungen in der „Herstellungsweise" und bei „sonstigen Umständen" gegeben habe und man sich daher veranlaßt sehe, die Erlagscheine (für die Abonnement-Bezahlung, Anm.) ohne Ausnahme direkt der Zeitung beizulegen. Die Änderung der Erscheinungsweise wurde dabei jedoch nicht erwähnt.[60] Allerdings wurde der Umfang der Wochenausgabe deutlich erhöht.

Das Lokalblatt nahm nun denselben – schon bei den vorherigen Zeitungen angesprochenen – Verlauf der Tyrolia-Provinzblätter, wie es im Programm des Verlages vorgesehen war. Schon 1916 hatte sich die Auflage mehr als halbiert und sollte bis 1918 auf lediglich 600 Stück abnehmen (siehe Unterkapitel „Auflagen"). Das Impressum war praktisch identisch mit jenem der anderen Tyrolia-Blätter.

Auch die Zensurflecken und Konfiskationen waren wie bei anderen Zeitungen zur Gewohnheit geworden.

Ab 1917 wurde vom Verlag zunehmend Werbung für den 'Allgemeinen Tiroler Anzeiger' gemacht, der als interessanteste Zeitung bezeichnet wurde, womit der Verlag sein eigenes Blatt konkurrenzierte.
Am 4.8.1917 übernahm A. Gebhart für die Tyrolia die Herausgeberschaft und Redaktion des Blattes.[61]
Der Umfang war bis 1918 weiter geschrumpft, in der Aufmachung waren keine wesentlichen Änderungen vorgenommen worden.

Zum Kriegsende und zum Waffenstillstand an der italienischen Südfront klagte das Blatt über das kaiserliche Manifest, das den überstürzten Waffenstillstand gebracht und damit die Bedingungen für die zerfallene Monarchie erschwert habe. Eine Schlagzeile lautete: „Welsche ganz Südtirol besetzt!"[62]

In der Ausgabe vom 16.11.1918 wurde den Tirolern und Mitbürgern das neue System der Republik in Grundzügen erklärt.[63]
1919 übernahm Simbert Amann die Redaktion des Blattes. Laut Ankündigung an die Statthalterei übernahm Amann auch die Schriftleitung der anderen sechs Lokalblätter.[64]
Die Berichterstattung wurde zunehmend parteipolitisch engagiert zugunsten der neuen „Tiroler Volkspartei", wobei hier nicht mehr der konservative, sondern der christlichsoziale Flügel tonangebend war.

---

[57] Vgl. 'TL', Nr. 41, 22.5.1915 und Nr. 42, 26.5.1915, jeweils S. 1 und STOISAVLJEVIC a.a.O., S. 411f.
[58] STOISAVLJEVIC a.a.O., S. 405.
[59] 'TL', Nr. 42, 26.5.1915, S. 4.
[60] Vgl. 'TL', Nr. 53, 10.7.1915, S. 7.
[61] Vgl. 'TL', Nr. 31, 4.8.1917.
[62] 'TL', Nr. 44, 9.11.1918, S. 1.
[63] Vgl. 'TL', Nr. 45, 16.11.1918, S. 3.
[64] Vgl. Präs. 1919/XII 78c1/537. Dies konnte jedoch nicht verifiziert werden, da nicht alle Blätter zu diesem Zeitpunkt einsehbar waren.

Nach der für die Partei erfolgreichen Landtagswahl schien die Zeitung schließlich ihre Schuldigkeit getan zu haben: Ende Juni, in der letzten Ausgabe vom 28.6.1919 (Nr. 26), brachte man noch einen Aufruf, die Abonnements für das zweite Halbjahr zu erneuern und neue Abnehmer zu gewinnen, da das „Apostolat der christlichen Presse" heute von besonderer Wichtigkeit sei.[65]

Ganz im Gegensatz zu diesen Aussagen bzw. Aufforderungen erschien am selben Tag zusätzlich ein Flugblatt „An unsere Leser", das die „zeitweilige" Einstellung des Erscheinens der 'TL' „mit heutiger Nummer" ankündigte.[66] Wie andere Wochenzeitungen habe die 'TL' im Krieg an Bedeutung verloren, da viele Leser aus Aktualitätsgründen zu Tagesblättern abgewandert seien. Sollten sich jedoch später die Umstände (Papiermangel etc.) bessern, werde man es nicht versäumen, die Zeitung wieder erscheinen zu lassen. Die Bezirksblätter sollten – laut Flugblatt – durch den einheitlichen 'Tiroler Volksboten' ersetzt werden, denn dieses 'Bötl' sei ja schon lange das größte und beliebteste Wochenblatt der Alpenländer gewesen. Die bisherigen Abnehmer würden also ab Juli 1919 den 'Volksboten' zugestellt bekommen.[67]

Das Schicksal der 'Tiroler Land-Zeitung' als Kopfblatt der Tyrolia kann somit als exemplarisch für jenes der anderen Blätter angesehen werden.

Entgegen der falschen Jahrgangsbezeichnung (14. Jg.) mußte das traditionsreiche Wochenblatt im 31. Jahr dem Willen der Tyrolia folgend sein Erscheinen einstellen.

1.12.5 Schwazer Lokal-Anzeiger

Hier sei kurz zur Wiederholung der „Verein der Unterinntaler Lokalpresse" rekapituliert: Dieser Verein war eine Gründung der Tyrolia, um das katholische Pressewesen zu fördern. Der Verein brachte die drei hier zu behandelnden Lokalzeitungen unter seine Regie und in der Folge zur Tyrolia (Mai 1915). Technisch wurden diese Zeitungen zu Kopfblättern bzw. Nebenausgaben des 'Alpenländer-Boten' bzw. des 'Tiroler Volksboten'.

Die lokalen Spalten und ein lokaler Inseratenteil blieben ebenso wie der schon eingeführte Titel erhalten, ansonsten wurde die Berichterstattung zentral von Innsbruck aus gesteuert und redigiert. Vorrangig waren (im Untersuchungszeitraum) die Kriegsberichterstattung, gleichlautende Leitartikel, religiöse Beiträge und ein Unterhaltungs- und Beilagenteil.[68]

Bei den Ausgaben zu den einzelnen Zeitungen, die ich selber nicht einsehen konnte und die auch von der Tyrolia nicht archiviert wurden bzw. von denen keine Daten und Fakten mehr vorhanden sind, traten zwischen den Arbeiten von Himmelreich und Stoisavljevic und den Darstellungen an die Statthalterei (Präsidialakten) Ungenauigkeiten und Widersprüche auf. Diese werden bei den Blättern jeweils einzeln behandelt, im Zweifel wurden jedoch die Angaben in den Präsidialakten als aussagekräftiger bewertet, da die beiden Arbeiten der oben genannten Autoren oberflächlich und lückenhaft sind.

Die erste Ausgabe des 'Schwazer Lokal-Anzeigers'[69] kann nicht mit Sicherheit wie die der beiden anderen Blätter auf 4.1.1908 datiert werden, es muß jedoch dieses Ersterscheinungs-Datum angenommen werden. Das im Verlag C. Lauterer in Schwaz, der auch den Druck besorgte, von Paul Kneringer herausgegebene Blatt (zu Beginn) erschien einmal wöchentlich mit den Beilagen „Sterne und Blumen" und „Unterhaltung und Wissen".[70]

Zu Beginn des Jahres 1914 wurde dem Präsidialbüro der Innsbrucker k.k. Statthalterei angezeigt, daß mit 14.1. Heinrich Schramm Herausgeberschaft und Redaktion von Andreas Gebhart übernehme (aller

---

[65] 'TL', Nr. 26, 28.6.1919, S. 5.
[66] Vgl. Flugblatt vom 28.6.1919.
[67] Ebd.
[68] Vgl. STOISAVLJEVIC a.a.O., S. 366 f.
[69] In der Folge mit 'SLA' abgekürzt.
[70] Vgl. HIMMELREICH a.a.O., S. 21.

drei Blätter) und der Druck nun von der Tyrolia besorgt werde. Schramm war ebenso wie Gebhart ein Mann des „Vereines", der wiederum unter der Regie der Tyrolia stand. Als Verlag fungierte weiterhin der „Verein"[71].

Am 4.8.1914 teilte man der Statthalterei mit, daß der 'SLA' und die beiden anderen Blätter ab sofort zweimal wöchentlich erscheinen würden (Mittwoch und Samstag)[72]. Dies geschah wie bei vielen Zeitungen auf Grund des gesteigerten Aktualitätsbedürfnisses der Leser während des Krieges.
U. a. wurde die Nr. 34 des 'SLA' konfisziert. Dasselbe Schicksal ereilte die Kitzbüheler und Wörgler Blätter, die identische Artikel abgedruckt hatten[73].

In einem Brief vom 18.5.1915 wurde der Statthalterei mitgeteilt, daß die drei Blätter nun von Leopold Bauernfeind herausgegeben würden, der auch die Schriftleitung übernahm, und somit die Zeitungen dem Tyrolia-Verlag (endgültig) einverleibt seien[74]. Im Widerspruch dazu stand die Tatsache, daß man 1916 der Präsidiale mitteilte, daß als Herausgeber und Verleger weiterhin der „Verein der Unterinntaler Lokalpresse" fungiere[75]. Dies war wohl darauf zurückzuführen, daß die Tyrolia selber keinen Unterschied zwischen dem Verein und dem Verlag selbst mehr sah, nach außen dies jedoch ein widersprüchliches Bild ergab.

Auch die Auflagenangabe von 1.000 Stück je Zeitung deckte sich bei weitem nicht mit den Zahlen aus den Quartalsausweisen[76].
Die Auflagen aus den Quartalsausweisen lauteten: 1914: 900; 1915: 780; 1916: 580; 1917: 500; 1918: 650; 1919: 700.[77]
Ob die Redaktions- und Herausgeberwechsel wie beim 'Wörgler Anzeiger' 1917 wiederum zu Gebhart und 1919 zu Simbert Amann beim 'SLA' parallel erfolgten, konnte nicht nachvollzogen werden.

Auch dieses Blatt dürfte bereits 1916 wieder zum einmal wöchentlichen Erscheinen zurückgekehrt sein. Es führte bis zu seinem Ende am 31.12.1919 nur ein Schattendasein in der Tiroler Pressegeschichte. Mit diesem Datum wurde es eingestellt, den Abnehmern ab 1920 der 'Volksbote' zugestellt.

1.12.6 Wörgler Anzeiger

Himmelreich behauptete, der 'Wörgler Anzeiger'[78] sei sein Ableger des 'Kitzbüheler Anzeigers' mit einer eigens gedruckten Lokalsparte für Wörgl gewesen, womit er zwar nicht ganz falsch, aber auch nicht richtig liegt.[79] Tatsächlich war der 'WA', der ab 4.1.1908 bei Lauterer in Schwaz erschien, ein Lokalblatt wie der 'SLA' und der 'Kitzbüheler Anzeiger', die in derselben Druckerei hergestellt und von dieser ediert wurden, später im Verein der Unterinntaler Lokalpresse aufgingen und schließlich als Tyrolia-Ausgaben erschienen.

Das wöchentlich erscheinende (Samstag-) Blatt mit Unterhaltungsbeilage hatte 1914 seine Verwaltung in Wörgl, Bahnhofstraße 14, die Einzelnummer kostete 12 Heller, im Abonnement loco 5,–, mit Postversand 7,– Kronen jährlich. Die durchschnittlich 12 Seiten (davon 1–2 Seiten Inserate) waren graphisch und journalistisch gut bearbeitet und illustriert und beinhalteten v.a. Leitartikel, Feuilleton, Fortsetzungsromane und die Lokalspalte „Aus Stadt und Land", die das Unterinntal mit den großen Nebentälern abdeckte.[80]

---

[71] Vgl. Präs. 1914/XII 78c/206/1.
[72] Vgl. ebd. /2.641.
[73] Vgl. Präs. 1914/XII 78c2/2.586.
[74] Präs. 1915/XII 78c1/409.
[75] Vgl. Präs. 1916/XII 78c4/6.192.
[76] Vgl. ebd.
[77] Vgl. Präs. 1914ff./XII 78c4 (jew. 1. Quartal).
[78] In der Folge mit 'WA' abgekürzt.
[79] Vgl. HIMMELREICH a.a.O., S. 21a.
[80] STOISAVLJEVIC a.a.O., S. 427.

Laut Stoisavljevic war das Blatt erst 1915 zu Halbwochenschrift geworden, es dürfte jedoch, wie der 'SLA', bereits am 4.8.1914 auf das zweimal wöchentliche Erscheinen umgestellt haben.[81] 1915 führte es im Impressum als Herausgeber und Redakteur Andreas Gebhart in Schwaz, als Drucker die Tyrolia und als Eigentümer den „Verein der Unterinntaler Lokalpresse". Die Adresse der Verwaltung hieß nun Salzburgerstraße 10, Wörgl. Ab 10. Jänner schien auch hier Heinrich Schramm als Herausgeber und Schriftleiter auf.[82]

Am Samstag wurde der Zeitung das belletristische Unterhaltungsblatt „Sterne und Blumen" ebenso wie schon zuvor dem 'SLA' beigelegt.
Ab der Nr. 39 (18.5.1915) führte man als Herausgeber und Redakteur Leopold Bauernfeind.

Ein Inserat vom 10. Juli, in dem Karten vom italienischen Kriegsschauplatz angeboten wurden, verdeutlichte die „Zusammengehörigkeit" der drei Blätter, da das Inserat von allen drei namentlich gezeichnet war.

Ab der Nr. 16 des Jahres 1917 lautete nun auch die Verwaltungsadresse Tyrolia, Andreas-Hofer-Straße 4, womit auch dieses Blatt völlig in den Innsbrucker Verlag eingegliedert worden war. Mit der Nr. 31 fungierte auch wieder Gebhart als Redakteur und Herausgeber, auf den „Verein" fand sich kein Hinweis mehr im Impressum.[83]
Inwieweit der 'WA' nicht auch schon im Mai 1915 völlig in den Verlag eingegliedert wurde, ist unklar.

Seit 1916 erschien das Blatt bereits wieder einmal wöchentlich. Am 4.1.1919 übernahm Simbert Amann Herausgeberschaft und Redaktion. Der Umfang war verringert worden (4–8 Seiten), die Einzelausgabe kostete 20 Heller, das Jahresabonnement loco 9,–, mit Postzustellung 14,– Kronen.[84]
Thematisch scheint das Blatt aufgeschlossener als die anderen gewesen zu sein, wobei auch die Kirche kritisiert wurde, wie in der Nr. 2 des Jahres 1919, als man als Aufmacher fragte, „Was geht den Klerus die Politik an?"[85]

Die Auflagen des Blattes betrugen 1914: 1.000 Stück; 1915: 780; 1916: 530; 1917: 400; 1918: 500 und 1919 lediglich 450 Stück.[86]
Mit der Nr. 53 vom 31.12.1919, im 12. Jahrgang stehend, stellte der 'WA' sein Erscheinen ein, den Abonnenten wurde ab 1920 der 'Volksbote' zugestellt. Die Begründung: „Die enorme Steigerung der Druckkosten, der Löhne, des Papiers usw. haben die 'Tyrolia' zu diesem Entschluß gedrängt."[87]

1.12.7. Kitzbüheler Anzeiger

Auch der 'Kitzbüheler Anzeiger'[88] erschien am 4.1.1908 erstmals, herausgegeben, verlegt und gedruckt von Lauterer in Schwaz. Auch dieses Blatt ging wie die vorherigen im neuen Verein der Tyrolia auf und erschien 1914, im 7. Jahrgang, als Lokalblatt der Unterinntaler Lokalpresse.[89]

Stoisavljevic datierte die Umstellung auf das zweimal wöchentliche Erscheinen auf den 9.1.1915, tatsächlich müßte das Blatt jedoch, wie in den Präsidialakten vermerkt, bereits am 4.8.1914, parallel mit den beiden anderen Zeitungen, das Erscheinungsintervall verkürzt haben.[90]

---

[81] Vgl. ebd., S. 428 und Präs. 1914/XII 78c/2.641.
[82] Ebd.
[83] Vgl. ebd.
[84] Vgl. ebd., S. 429.
[85] Ebd.
[86] Vgl. Präs. 1914ff./XII 78c4 (jew. 1. Quartal).
[87] Zit. 'WA', Nr. 53, 31.12.1919, S. 5.
[88] In der Folge mit 'KA' abgekürzt.
[89] STOISAVLJEVIC a.a.O., S. 427.
[90] Vgl. ebd. und Präs. 1914/XII 78c/2.641.

Hatte Stoisavljevic den 'Wörgler Anzeiger' als Kopfblatt des 'Kitzbüheler Anzeigers' bezeichnet, so bewertete er diesen nunmehr als Kopfblatt des 'Schwazer Lokal-Anzeigers'.[91]

Zu diesen Ungereimtheiten sei noch einmal festgehalten, daß sich die Blätter insofern glichen, als sie vorerst zentral in Schwaz, dann bei der Tyrolia in Innsbruck redigiert wurden und lediglich die Lokalsparten und der Anzeigenteil mutiert waren.

Zu Beginn des Jahres 1915 lautete das Impressum wie jenes des 'WA' und wurde in der Folge parallel zu diesem verändert (Herausgeber und Redakteure Schramm, Bauernfeind, Gebhart und Amann).

Das Blatt wurde parallel zu den vorherigen in den Tyrolia-Verlag eingegliedert und ebenso mit Datum vom 31.12.1919 zugunsten des Tyrolia-Herzeigeblattes 'Volksbote' eingestellt.[92] Damit war der von der Tyrolia eingeleitete Konzentrationsprozeß zugunsten des 'Volksboten' abgeschlossen worden. Laut Himmelreich wurde der 'Kitzbüheler Anzeiger' im Jahr 1921 vom Kitzbüheler Druckereibesitzer Martin Ritzer als Wochenblatt wieder ein- bzw. weitergeführt.[93]

Die Auflagen: 1914: 500; 1915: 480; 1916: 360; 1917: 280; 1918: 400; 1919: 450.[94]

---

[91] Vgl. ebd.
[92] Ebd.
[93] Vgl. HIMMELREICH a.a.O., S. 21a.
[94] Vgl. Präs. 1914ff./XII 78c4 (jew. 1. Quartal).

1.13 Tiroler Bauern-Zeitung / Tiroler Landbote / Der Landbote

1.13.0 Vorbemerkung

Die 'Tiroler Bauern-Zeitung' (und in der Folge der 'Tiroler Landbote' bzw. 'Der Landbote') ist erst ab März 1938 (lediglich bis April) nach dem Anschluß Österreichs und der Gleichschaltung des Blattes bzw. ab Juli 1940, mit der weiteren Intensivierung des Krieges, auf zweimal wöchentliches Erscheinen umgestellt worden. Zuvor war das Bauernbundorgan eine reine Wochenzeitung (seit 1919, davor 14tägig), wurde somit in dieser Untersuchung von 1902 bis 1938 nur gestreift bzw. der Werdegang im Unterkapitel „Allgemeine Chronik" festgehalten, nicht jedoch vollständig in das Untersuchungsschema (Formate, Preise etc.) aufgenommen. Die Jahre 1938 bis 1945, als die Zeitung zur Halbwochenschrift erweitert wurde, wurden in der herkömmlichen Form untersucht.

1.13.1. Daten zur äußeren Struktur

Titel:
1902:	Tiroler Bauern-Zeitung[1]
ab 14.07.1938:	Tiroler Landbote
ab 05.09.1944:	Der Landbote
ab 19.11.1945:	Tiroler Bauern-Zeitung

Untertitel:
1902:	Politisches Organ zur Förderung der Interessen des Bauernstandes
1914:	Bundesorgan des über 20.000 Mitglieder zählenden katholischen Bauernbundes
1937/38:	Offizielles Organ des Tiroler Bauernbundes und der Landesbauernkammer für Tirol
17.03.1938:	Reichsadler, „Reichsnährstand und Blut und Boden"
22.03.1938:	Das Blatt des nationalsozialistischen Bauernbundes und der Tiroler Bauernkammer im Reichsnährstand
ab 02.04.1938:	s. o. – ohne Hinweis auf Reichsnährstand
ab 18.05.1938:	Wochenblatt des Tiroler Bauernbundes und der Landesbauernkammer für Tirol
ab 25.05.1938:	Wochenblatt der Bauernschaft Tirol
ab Juni 1938:	Wochenblatt der Bauernschaft im Gau Tirol
ab 14.07.1938:	Wochenzeitung für Tirol und Vorarlberg mit dem „Wochenblatt der Landesbauernschaft Alpenland". Mitteilungen des Amts für Agrarpolitik der NSDAP. Gau Tirol-Vorarlberg
ab 09.07.1940:	s. o. – und ergänzt: Amtliche Verlautbarungen der Gemeinden
ab 1941 ergänzt:	Amtliches Organ der Landkreise Kitzbühel, Kufstein, Schwaz, Reutte, Imst, Landeck sowie alle Gemeinden
ab 05.09.1944:	Heimatzeitung für den Gau Tirol-Vorarlberg und die Provinz Bozen mit dem Wochenblatt der Landesbauernschaft Tirol-Vorarlberg bzw. mit der Beilage „Ernährung und Landwirtschaft für die Provinz Bozen". Mitteilungen des Gauamts für das Landvolk. Amtliches Organ für die Kreise Innsbruck, Schwaz, Kufstein, Kitzbühel, Imst, Landeck, Reutte, Bregenz, Dornbirn, Bludenz sowie alle Gemeinden
1946:	Bundesorgan des über 30.000 Mitglieder zählenden Tiroler Bauernbundes
1992:	Landesorgan des Tiroler Bauernbundes

---

[1] In der Folge mit 'TBZ' abgekürzt.

Erscheinungsort:
   1902:   Bozen
   ab 1912:   Innsbruck

Erscheinungsdauer: 03.01.1902 bis 27.04.1945 (1914: 13.Jg.), 19.11.1945 ff. (1992: 86.Jg.)

Erscheinungsweise:
   1902:   14tägig (Freitag)
   ab 17.01.1919:   einmal wöchentlich
   ab 22.03.1938:   zweimal wöchentlich (Mittwoch, Samstag)
   ab April 1938:   einmal wöchentlich (Donnerstag)
   ab 09.07.1940:   zweimal wöchentlich (Dienstag, Freitag)
   ab 19.11.1945:   einmal wöchentlich (Donnerstag)

Das 14tägig erschienene Organ wurde 1919 zur Wochenzeitung ausgebaut. Nach der nationalsozialistischen Gleichschaltung erschien das Blatt kurzfristig zweimal wöchentlich. Erst im Juli 1940 wurde es zur Halbwochenschrift. Diese Erscheinungsweise behielt es bis zur Einstellung 1945 bei. Mit dem Wiedererscheinen im November 1945 wurde das Blatt wieder einmal wöchentlich ediert.

Umfang: (in Seiten)

1912	16–20
1914	14–16
1938	12–16
April/Mai 1938	20–32
Juli 1938	12–14
1940	8
1941	6–10
1941/42	4 (Di.) 6–8 (Fr.)
1944	4 6
Okt. 1944	jew. 4
1945	2–4

Das Blatt erschien zu Beginn mit meist 12 Seiten, 1914 mit durchschnittlich 14–16, wovon 4–6 Seiten Inserate waren.
Der Umfang änderte sich in den nächsten Jahren nur fallweise, besonders im Krieg und in wirtschaftlich schlechten Zeiten reduzierte sich die Seitenzahl.
Ab 1938/39 nahm dann der Umfang auf meist 8–14 Seiten ab, der Inseratenanteil schmolz auf lediglich ein bis zwei Seiten zusammen, ehe 1945 nahezu keine Anzeigen mehr erschienen. Der Umfang 1945 kam über zwei bis vier Seiten nicht mehr hinaus.

Format: bis 1902:   Klein- bzw. Quartformat
                  ab 1912:   Groß- bzw. Berliner Format
                  1938:   45 × 30,5 cm (Kanzleiformat)
                  ab 18.05.1938:   Quart- bzw. Folioformat: 31,7 × 22,5 cm
                  ab 14.07.1938:   altes Format 45 × 30,5 cm
                  1942/43:   45,7 × 31,2 cm
                  1946:   46,7 × 31,2 cm
                  1945:   44,5 × 31 cm

Satzspiegel: 1912:   27 × 21,5 cm
                  1938:   40,5 × 27,2 cm
                  ab 18.05.1938:   entsprechende Verkleinerung
                  ab 14.07.1938:   alter Satzspiegel
                  1942/43:   41 × 28,3 cm
                  Die unwesentlichen Formatänderungen in der Folge wirkten sich nicht auf den Satzspiegel aus.

Umbruch:	1902:	2 Spalten à ca. 10,5 cm
	ab 1912:	3 Spalten
	1938:	3 Spalten à 8,8 cm / Spaltentrennlinien
	ab 18.05.1938:	2 Spalten à 9,3 cm / Spaltentrennlinien
	ab 14.07.1938:	3 Spalten à 8,8 cm / Spaltentrennlinien
	1942:	4 Spalten à 6,7 cm / Spaltentrennlinien

Schriftart (Brotschrift): Fraktur

Zeitungskopf:	Höhe: 1938:	14,5 cm
	ab 18.05.1938:	11,5 cm
	ab 14.07.1938:	12,5 cm
	ab 28.08.1942:	10,5 cm
	ab 1945:	6,5 cm

Der am Beginn einfache Kopf wurde in der Folge immer weiter graphisch ausgestaltet. 1913 war er von August Baader gestaltet worden, ehe die berühmte Bauernrunde aus einem Gemälde von Albin Egger-Lienz in den Kopf aufgenommen wurde. Dieses Gemälde zeigte die Gründung des Tiroler Bauernbundes im Gasthof Rose in Sterzing am 4. Juni 1904 (mit Josef Schraffl in der Mitte). Die Bauerngruppe wurde links neben den Titel gesetzt. Darunter befand sich vorerst eine Stadtansicht von Bozen, ab 1912 von Innsbruck.

Der Kopf wurde noch des öfteren in Details verändert, u.a. am 9. April 1920 (verkleinert und vereinfacht), blieb im wesentlichen jedoch bis März 1938 bestehen. Nach dem Anschluß wurde der Titel einfacher gesetzt, am 18. Mai war letztmalig die Bauerngruppe im Kopf enthalten, die bis 22. Juni weggelassen war, dann wieder oben links aufschien. Mit der Umbenennung des Blattes wurde der Sämann, ebenfalls von Egger-Lienz, links neben den einfach gestalteten Titel gesetzt. Ab Mitte Juli wurde dieser durch eine stilisierte Bauernfamilie ersetzt.

Mit den Sparmaßnahmen wurde der Kopf im Krieg mehrmals verkleinert. Mit dem Wiedererscheinen im November 1945 als 'Tiroler Bauern-Zeitung' nahm das Blatt und mit ihm der Zeitungskopf wieder nahezu das ursprüngliche Aussehen der Jahre vor 1938 an.

Gesinnung/politische Richtung:	bäuerliches Interessensorgan, katholisch-christlichsozial, ab 1904 Organ des Tiroler Bauernbundes, ab 17. März 1938 nationalsozialistisches Organ für den Bauernbund, zusätzl. Amtsblatt. Ab November 1945 wieder Organ des Bauernbundes.

Impressum:

1902:	Schriftleitung und Verwaltung Bozen, Museumstraße 32, Herausgeber, Drucker und Verleger Tyrolia Bozen, verantw. Redakteur: Simbert Amann.
ab 28.03.1902:	verantw. Red. Karl Aichinger (nur eine Ausgabe)
ab 11.04.1902:	verantw. Red. Peter Fuchsbrugger
ab 23.10.1903:	verantw. Red. August Baader
ab 1912:	Eigent., Verl. und Drucker: Tyrolia Innsbruck
ab 1913:	Eigentümer: Tiroler Bauernbund, Herausgeber: Josef Schraffl, Druck: Tyrolia Innsbruck, Schriftleitung und Verwaltung: Margarethenplatz 6, Innsbruck.
ab 16.04.1920:	Druckerei: C. Lampe, Imst
ab 20.08.1920:	verantw. Red. Robert Kleißl
ab 12.11.1920:	Red. und Verwaltung Innsbruck, Wilhelm-Greil-Straße 14, Druck: C. Lampe, Innsbruck
ab 25.04.1924:	verantw. Red. Josef Rungg
ab 1928:	Druck: Vereinsdruckerei A.G., Innsbruck
ab 26.04.1928:	verantw. Red. Ferdinand Schilling
1929 – Sept. 1930:	verantw. Red. Josef Scheidle
	Impressum somit bis 10.03.1938: Herausgeber: Tiroler Bauernbund, verantw. Red. Dr. Josef Scheidle, Druck Vereinsdruckerei A.G.

ab April 1938:	Hauptschriftl. Pg. (Parteigenosse, Anm.) Dipl.-Landwirt D. Rabitsch, verantw. Schriftl. Paul Kinz
ab 25.05.1938:	Hauptschriftl. Dr. Kurt Reinl
ab 22.06.1938:	Kommissarischer Hauptschriftl. Dr. Hans Angerer, verantw. Anzeigenleiter Ferdinand Schilling
ab 14.07.1938:	Herausg. u. Drucker NS-Gauverlag und Druckerei Tirol GesmbH Innsbruck, Geschäftsführer: Direktor Kurt Schönwitz, kommiss. Hauptschriftl. und verantw. für Politik: Dr. Kurt Wagner, für den übrigen Teil: Dr. Hans Angerer, verantw. Anzeigenleiter: Fritz Richter, aus dem Gau und Unterhaltung: Franz Größl. Für den Gesamtinhalt verantw.: Dr. Josef Scheidle
ab Dez. 1938:	Franz Größl fehlt
ab 19.11.1945:	Verantw. Red. Dr. Hermann Holzmann, Herausg. Tiroler Bauernbund, Druck Tyrolia
ab 1946:	verantw. Red. Dr. Franz Lechner
ab Nr. 35, 1947:	verantw. Red. Dr. Rudolf Kathrein
	Ihm folgten als Chefredakteure Dr. Friedl Haider, Dr. Hans Sonnweber, Dr. Franz Schuler und Dr. Georg Keuschnigg.

Ressorts/Inhalt:

1914:	u.a. „Auskünfte aller Art" (siehe dazu allgemeine Chronik), Kriegsberichte, Soldatenbriefe, Wirtschaft, Landwirtschaft, Unterhaltung.
ab 1919:	große Rubrik „Landwirtschaftlicher Teil", weiters politische Agitation, Versammlungsberichte aus Orten – Hauptinhalte wieder Land- und Forstwirtschaft.
ab März 1938:	Politik (ein Zentralthema als Aufmacher), Landwirtschaftspolitik, NS-Propaganda, Aus aller Welt, Zur Zeitgeschichte, Bauernbriefe (Leserbriefe), Die Landesbauernkammer (amtlicher Teil), Fortsetzungsroman, Anzeigen.
ab April 1938:	Ressorts teilweise nach Regionen gegliedert (u.a. Zillertal, Oberland, Wipptal, Außerfern, Osttirol). Außerdem Beginn der „erklärenden" Berichte zur Einführung des neuen Systems und der Gesetze, v.a. des Reichsnährstandes.
ab 1939:	Kriegsberichterstattung und Blick ins Land (Landwirtschaftliches, nach Bezirken unterteilt) im Vordergrund.
1940:	Berichte aus aller Welt, Amtliche Mitteilungen, Unterhaltung, Anzeigen, Die Woche im Bild (aktuelle Bilderseite); Krieg und Politik sowie Propaganda, in der Folge Durchhalteparolen im Vordergrund, landwirtschaftliche Spalten wurden verringert und in die Beilage „Wochenblatt…" (siehe dort) gedrängt.
1941:	teilweise Roman, politische Ereignisse kurz zusammengefaßt in Rubrik „Kurz und bündig" bzw. „Kurzmeldungen" bzw. „Kurz, aber interessant".
ab 1944:	nun waren auch wieder Nachrichten aus der Provinz Bozen enthalten. Wie in den übrigen Zeitungen auf engstem Raum nahezu ausschließlich Kriegsberichte, Politik und – als Ablenkung – Unterhaltung, v.a. Fortsetzungsromane.

Bezugspreise: 'Tiroler Bauernzeitung'/'Tiroler Landbote'/'Der Landbote'

ab Datum	Einzelnummer	Jahresabo Zust. Post	1/2 jährl. Zust. Post	1/4 jährl. Zust. Post
1902		K 3,–		H 80
1914		" 2,50	(für Bauernbund-Mitgl.)	
		" 3,–	(andere)	
April 1938		S 6,–		
18.05.1938	Rpf 20	RM 4,–		
14.07.1938	" 20			RM 2,30

Zeitungstyp nach Vertriebsart: vorw. Abonnement-Blatt (großteils Postzustellung, Abnehmer vorwiegend im ländlichen Raum)

Auflagen: 1902: 5.000[2]; 1907: 6.800[3]; 1914: 8.000; 1915: 8.000; 1916: 9.000; 1917: 7.200; 1918: 11.500; 1919: 22.200; 1920: 18.000; 1921: 15.000; 1922: 12.000; 1923: 12.800; 1924: 12.800[4]; 1925: 12.800 bzw. 13.000[5]; 1926: 10.800; 1927: 11.000; 1928: 11.400; 1929: 11.800; 1930: 10.500; 1931: 9.800; 1931: 9.800; 1932: 8.300 bzw. 12.000[6]; 1938: 22.500[7]; 1939: 20.998[8]; 1944: 35.000[9]; 1957: 23.000[10]; 1991: 23.000 Abonnenten, 84.000 Exklusivleseranteil.[11]

Beilagen: Im März 1919 wurde die 'TBZ' mit der Beilage „*Bäuerinnen Hoangart"* bereichert, die auch das weibliche bäuerliche Segment abdecken sollte.

Am 17.01.1919 war als einmalige Beilage das „*Programm des katholischen Tiroler Bauernbundes"* dem Blatt beigefügt worden, um nach den alles überdeckenden Kriegsereignissen den Bauern ihre Standesvertretung wieder näherzubringen.

Am 01.01.1921 wurden die „*Tiroler landwirtschaftlichen Blätter"* mit der 'TBZ' vereinigt, nachdem sie ihr eigenständiges Erscheinen am 01.12.1920 eingestellt hatten.[12] Ab 1924 wurden diese „Blätter", die 80 Jahre zuvor gegründet worden waren, als amtliches Organ des Landeskulturrates für Tirol als Beilage zur 'Bauernzeitung' wieder ediert. 1840 wurde in Tirol erstmals die 'Zeitschrift der k. k. Landwirtschaftsgesellschaft von Tirol und Vorarlberg' als Jahresbericht herausgegeben. Diese Zeitschrift wurde 1865 von den 'Landwirtschaftlichen Blättern' abgelöst und nunmehr 14tägig ediert. Diese bestanden, wie erwähnt, als eigenständiges Organ bis Ende 1920.[13] Mit der Vereinigung mit der 'TBZ' wurde diese auch zum amtlichen Organ des Landeskulturrates und fand damit eine wesentliche fachliche Ausgestaltung und Erweiterung.

Nach der nationalsozialistischen Machtübernahme erschien einmal wöchentlich das „*Wochenblatt der Landesbauernschaft Alpenland"* als amtliches Organ des Reichsnährstandes, welches v. a. die landwirtschaftlich-fachliche Berichterstattung der 'TBZ' bzw. des 'Tiroler Landboten' ('TLB') übernahm, während diese(r) zunehmend politisch wurde. Zweispaltig, im Halbformat gedruckt, wurde dieses „Wochenblatt" der 'TBZ'/ dem 'TLB' wöchentlich am Freitag beigelegt.

Es war eigenständig gestaltet (eigener Kopf, Format, Umbruch etc.) und wurde bei Zaunrith in Salzburg, später vom NS-Gauverlag Salzburg gedruckt. Als Hauptschriftleiter fungierte vorerst Hermann Heinrich Freudenberger, verantwortlicher Schriftleiter war Franz Hilpoltsteiner. Das Blatt kostete im separaten, 1/4jährlichen Bezug 1,50 RM.

Während des Krieges ging es vorwiegend auf die Rolle der Landwirtschaft im Krieg ein (u. a. Ernährungsfragen), war reich bebildert, das Titelblatt meist mit einer ganzseitigen Fotografie versehen.

Ab Ende 1942 wurde es vom Salzburger Gauverlag gedruckt und vom Reichsnährstandsverlag GmbH, Zweigniederlassung Alpenland Salzburg, Bergstraße 12, verlegt.

---

[2] Lt. Eigenangabe 'TBZ', Nr. 1, 3.1.1902 (Zeitungskopf).

[3] Vgl. Präs. 1907/13./1.767.

[4] Vgl. Präs. 1914 ff./XII 78c4 (jew. 1. Quartal).

[5] Vgl. Präs. 1925/X 41 bzw. ALA-Zeitungskatalog 1925 a.a.O.

[6] Vgl. Präs. 1926–1932/XII 60 (jew. 1. Quartal) bzw. ALA-Zeitungskatalog 1932 a.a.O.

[7] Vgl. Zeitungskatalog 1938, S. 583, lt. GOLOWITSCH a.a.O., S. 406.

[8] Vgl. Handbuch der deutschen Tagespresse, Leipzig 1944, 7. Auflage, S. 252, lt. GOLOWITSCH a. a.O., ebd.

[9] Vgl. Die deutschen Tages- und Wochenzeitungen und Zeitschriften, Berlin, 1944, S. 109, lt. GOLOWITSCH a.a.O., ebd.

[10] Vgl. 'TBZ'-Jubiläumsausgabe vom 3.1.1957.

[11] Vgl. 'TBZ'-Anzeigenprospekt 1991 (Eigenangabe). Laut „Medienbericht III" erreichte die 'TBZ' 1986 österreichweit eine Reichweite von 1,4 %, in Tirol von 17 %.

[12] Vgl. 'TBZ'-Jubiläumsausgabe vom 26.3.1992, S. IV.

[13] Ebd.

Am 8. Jänner 1943 wurde es in „*Wochenblatt der Landesbauernschaft Tirol-Vorarlberg*" umbenannt; es werde wie schon das alte Wochenblatt die bäuerliche Bevölkerung in allen fachlichen Fragen beraten und unterstützen und gemeinsam mit dem 'Landboten' herausgegeben. Gedruckt werde es vom NS-Gauverlag Innsbruck, der Verlag ging vom Salzburger zum Tirol-Vorarlberger Reichsnährstandsverlag über.[14] Das Wochenblatt erschien bis April 1943 als Beilage zum 'Landboten'.

Nach dem Zweiten Weltkrieg und der Wiedererstehung der 'TBZ' wurde die „*Tiroler Dorfjugend*" ab 10.04.1947 als einseitige Jugendbeilage herausgegeben, die Tips und Anregungen für den bäuerlichen Nachwuchs brachte. Diese wurde am 29.01.1948 mit neuem Kopf und Titel, „*Der Jungbauer*", weitergeführt, die in der Folge noch öfters umgestaltet und umbenannt.
Als weitere Rubrik bzw. Beilage wurde „*Für die Bäuerin*" 1961 eingerichtet, die noch heute, wie u.a. das Fernsehprogramm, fixer Bestandteil der 'TBZ' ist.[15]

Jubiläumsausgaben: Im Berichtszeitraum 1914 bis 1947 keine. Am 03.01.1957 wurde anläßlich des 50. Jahrganges (wobei das Jahr 1938 der 37. und das Jahr 1945 der 38. Jahrgang war, die Zeit des 'Landboten' also nicht in die Jahrgangszählung aufgenommen wurde) eine „Jubiläumsbeilage" zur 'TBZ' ediert.
Diese brachte mehrere Faksimiles von Titelseiten des Blattes (u.a. der ersten Ausgabe), Rückblicke auf die Zeitungs- und in der Folge die Gründung des Bauernbundes, die Übernahme des Blattes durch den Bauernbund von der Tyrolia sowie neben kleineren Artikeln eine Zusammenfassung der Gleichschaltung und des Wiedererstehens im November 1945.
Anläßlich „90 Jahre Tiroler Bauern-Zeitung" erschien als Beilage zur 'TBZ', Nr. 13, 26.03.1992, eine 24seitige Jubiläumsausgabe. Diese kann als wertvolle Zusammenfassung der geschichtlichen Entwicklung der 'TBZ' angesehen werden. Resümees zur Gründungsgeschichte, zur Eigenwerbung, zu Redakteuren und deren Schicksalen, zu den Problemen mit der Zensur und Papierbeschaffung, zum dunklen Kapitel der Jahre 1938 bis 1945, zu Beilagen sowie allerlei Wissenswertes zum Zeitungswesen allgemein sowie zur Tiroler Pressegeschichte füllen diese Jubiläumsausgabe, die auch reich bebildert ist.

1.13.2 Allgemeine Chronik

1.13.2.1 Die 'TBZ' 1902–1938

Am 3.1.1902 wurde erstmals die 'Tiroler Bauern-Zeitung' als 14tägiges Organ für das Landvolk bzw. die bäuerliche Bevölkerung im Kleinformat von der Tyrolia in Bozen herausgegeben. Die ersten zwei Ausgaben edierte man mit Startauflagen von 5.000 bzw. 6.000 Stück, die Abnehmerzahl dürfte bald ca. 3.000 betragen haben.[16]
Eigentliche Gründer und Mentoren waren wiederum Aemilian Schöpfer, außerdem Dr. Schraffl, und als Vorkämpfer tat sich auch Sebastian Rieger (Reimmichl) hervor. Das Blatt stand zu Beginn im Eigentum der Tyrolia, die als Verleger, Herausgeber und Drucker fungierte. Nach Schöpfers Intention sollte es ein bäuerliches Standesblatt für die politische und wirtschaftliche Aufklärung und Erziehungsarbeit sein und den 'Tiroler Volksboten' ergänzen.[17]

In der ersten Ausgabe hieß es: „Eine Tiroler Bauern-Zeitung! Schon wieder eine Zeitung! (…) Und dazu noch erst eine 'Bauern-Zeitung'. Das überflüssigste von der Welt!"[18]
Damit wurden im Einführungsartikel zuerst die Vorurteile, die man sich erwartete, ausgesprochen, um sie in der Folge beantworten und abschwächen zu können und den Sinn des neuen Blattes zu erläutern. Dazu führte man aus, was die Zeitung wolle: mit Neuigkeiten informieren, unterhalten, unterrichten, aber auch politisieren. In der Hauptsache werde man sich jedoch den Fragen des Bauernstandes wid-

---

[14] „Wochenblatt der Landesbauernschaft Tirol-Vorarlberg", Nr. 1, 8.1.1943, S. 1–3.
[15] Vgl. 'TBZ'-Jubiläumsausgabe, 1992, S. VIII.
[16] Vgl. HIMMELREICH a.a.O., S. 20 und VOLGGER a.a.O., S. 206.
[17] KLOTZ a.a.O., S. 168.
[18] 'TBZ', Nr. 1, 3.1.1902, S. 1.

men, sei dieser doch von Regierung, Parlament und den anderen Ständen vernachlässigt worden. Diesem Mißstand abzuhelfen und die großen Fragen der Agrarpolitik abzuhandeln sei Aufgabe der Zeitung. „Sie will Ohr und Mund des Bauernvolkes sein." Nicht nur die Bauern sollten alles Wissenswerte erfahren, auch die anderen Stände müßten über die bäuerlichen Angelegenheiten und Probleme zum gegenseitigen besseren Verständnis aufgeklärt werden. Der Wahlspruch hieß „für Gott, Kaiser und Vaterland", weshalb man „gut katholisch, gut österreichisch und gut deutsch" sein werde.[19]

Gründer des Blattes waren wie erwähnt Prof. Schöpfer und Dr. Josef Schraffl. Wenn man vielfach Schraffl als alleinigen Begründer der 'Bauernzeitung' darstellte, lag das daran, daß er bald großen Einfluß über das Blatt erlangte und es zu seinem Leibblatt machte, mit dem er sich auch politisch artikulierte. Er gründete auch 1904 den Tiroler Bauernbund, in dessen Eigentum er das Blatt 1913 überführte.
In nahezu keiner Ausgabe fehlte ein Artikel oder Kommentar von ihm, außerdem kümmerte er sich um die finanzielle Gebarung, wobei er von Seiten der bäuerlichen Geldinstitute Beiträge erhielt und damit das Erscheinen der Zeitung ermöglichte und sicherstellte.[20]

Erster Redakteur war der Tyrolia-Mann Simbert Amann, der bald vom Druckereileiter der Tyrolia in Bozen, Aichinger, dann von Peter Fuchsbrugger abgelöst wurde. Ab Oktober 1903 wirkte August Baader für das Blatt, dem er bis zu seinem Tod im Jahr 1920 treu bleiben sollte, auch als das Blatt 1912 nach Innsbruck übersiedelte. Er galt als enger Mitarbeiter Schraffls und dessen treuer „Paladin".
Sein Tod am 9. August 1920 nach langem, schweren Magenleiden riß eine große Lücke, galt doch seine ganze Arbeit dem Bauernstand – er war Berater in Rechts- und wirtschaftlichen Fragen, seine Sprache war volkstümlich, offen und allgemein verständlich. Mit Schraffl hatte er die 'TBZ' über 17 Jahre hinweg wesentlich mitgeprägt.[21]

Üblicherweise zieht ein Verein, eine Partei etc. mit der Gründung eine Zeitung als Interessensorgan nach sich. Im Falle der 'TBZ' war es umgekehrt, war es doch nicht zuletzt die Zeitung, die das Bedürfnis bei den Bauernvertretern weckte, eine eigene Standesvereinigung zu gründen. So kam es am 5. Juni 1904 auf dem Sterzinger Bauerntag zur Gründung des Tiroler Bauernbundes unter der Obmannschaft Schraffls, wobei jedem Bauern der Beitritt zu diesem sowie das Halten der 'TBZ' empfohlen wurde. Mit der Bauernbund-Gründung wurde die Zeitung auch zum offiziellen Bundesorgan, womit es einen gesicherten Kreis von Abnehmern erhielt (allein beim Sterzinger Bauerntag waren 7.000 Bauern anwesend), was sich auch in den steigenden Auflagenzahlen zeigen sollte.[22]

Im ersten „Tiroler Bauernkalender" von 1906 wurden jene Zeitungen und Zeitschriften aufgelistet, die dem Bauernbund „freundlich oder feindlich" gegenüberstanden, wobei v. a. die 'TBZ' positiv hervorgehoben wurde.

Der Aufstieg der Zeitung zum Bundesorgan des Bauernbundes sollte den Beginn der Spannungen zwischen Schöpfer und Schraffl darstellen, die darin mündeten, daß 1913 die 'TBZ' von der Tyrolia in den förmlichen Besitz des Bauernbundes überging.[23]
Zuvor, 1912, war die Zeitung ausgestaltet (Großformat etc.) worden und nach Innsbruck in die dortige Tyrolia-Druckerei übersiedelt. Dieser Schritt war für das nunmehrige bäuerliche „Zentralblatt" zur Notwendigkeit geworden, befanden sich doch alle wichtigen Ämter und Behörden (u. a. Landeskulturrat, Sekretariat des Bauernbundes und der christlichsozialen Partei) des Landes dort. Ausschlaggebend waren aber auch druck- und versandtechnische Vorteile, die für Innsbruck sprachen.[24]

---

[19] Vgl. u. zit. ebd., S. 1 f.
[20] 'TBZ'-Jubiläumsausgabe, 1992, S. I u. VI.
[21] Ebd., S. IX.
[22] Vgl. ebd., S. I und VOLGGER a. a. O., S. 299 u. 301.
[23] Vgl. KLOTZ a. a. O., S. 168. Wahlkampf und ab 1919 die Anschlußdebatte sollten die zwei weiter entzweien.
[24] 'TBZ'-Jubiläumsausgabe, 1992, S. I und VOLGGER a. a. O, S. 302.

Bereits zuvor hatte man mit der Rubrik „Auskünfte aller Art" eine geschickte Einrichtung geschaffen, in der Fragen, die die Leser schriftlich stellten (und von denen viele auch fingiert waren), von Redaktion oder Fachleuten beantwortet wurden; v. a. waren es Fragen juristischer Natur bzw. fachlich-bäuerliche Sachfragen. Diese Auskunftsrubrik war auch ein willkommener Abonnentenköder, denn nur fixe Bezieher des Blattes konnten sich mit ihren Fragen an die Redaktion wenden.[25]

Zurück zu den Zwistigkeiten Schöpfer – Schraffl, die gleichzeitig eine Auseinandersetzung zwischen Tyrolia und Bauernbund waren, strebte doch der Bauernbund die Eigentümerschaft an der Zeitung an und gab es schon länger Verkaufs- und Übereignungsverhandlungen.[26] Die Tyrolia wollte jedoch zunächst die auflagenstarke und gewinnbringende Zeitung nicht abgeben. Erst als Schraffl drohte, den bisher unregelmäßig erscheinenden 'Bauernbündler' (seit 1907, der unregelmäßig als zwei- bis vierseitiges Propagandablatt in einer Auflage von 40.000 Stück herausgebracht wurde) zum neuen Organ des Bauernbundes zu machen, lenkte die Tyrolia ein und war Ende 1912 zum Verkauf bereit, da in diesem Fall die 'TBZ' neben dem 'Bauernbündler' wohl zur Bedeutungslosigkeit verurteilt gewesen wäre.

Ab 1913 zeichnete der Bauernbund mit Schraffl als neuer Eigentümer und Herausgeber des Blattes, erstmals war im Zeitungskopf die „Sterzinger Gruppe" aus einem Gemälde von Albin Egger-Lienz enthalten. In der ersten Ausgabe begründete man den Besitzwechsel damit, eine Verbilligung des Abonnentenpreise herbeizuführen. In Wirklichkeit war diese Entwicklung jedoch der Bestrebung Schraffls entsprungen, das Blatt völlig in seine Hand zu bekommen, damit ihm Schöpfer als Tyrolia-Mann nicht mehr „dreinreden" konnte.[27] Lediglich der Druck verblieb noch bei der Tyrolia.

Hatten sich 'TBZ' und 'Volksbote' früher als Tyrolia-Blätter ergänzt, traten sie nun verstärkt in Konkurrenz zueinander, wobei die erstgenannte naturgemäß nur den zweiten Rang einnehmen konnte, war das „Bötl" doch volkstümlicher geschrieben und erreichte breitere Schichten der Bevölkerung als die rein auf das bäuerliche Segment zugeschnittene 'Bauernzeitung', die zudem die politische Agitation für den Bauernbund zu pflegen hatte. Die 'TBZ' konnte somit lediglich ein bäuerliches Ergänzungsorgan zum 'Volksboten' sein. Das Blatt war zwar bemüht, Unterhaltungsstoff zu bieten, was jedoch nie in ausreichendem Maße gelingen sollte, sodaß es, was die Reichweite anbelangte, nicht zum 'Volksboten' aufschließen konnte.[28]

In der Eigenwerbung (u. a. in einer großen Werbeaktion in verschiedenen Wochenzeitungen des Landes, illustriert) versuchte man die Vorteile der 'TBZ' herauszustellen, indem man „Originalbriefe" von Lesern abdruckte: So sei das Blatt – laut Leserbriefen – nützlich beim Viehhandel, es sei das einzige bäuerliche Interessensorgan, es werde auch von k.k. Beamten beachtet und geschätzt, und Prozesse könnten vermieden werden, wenn man die 'Bauernzeitung' um Rat frage.[29]

Bezüglich der Übernahme des Blattes 1913 teilte Schraffl der Generalversammlung des Bauernbundes mit, daß die Übernahmebedingungen günstig seien, da dem Bauernbund ein etwaiger Reinertrag der Zeitung zugute komme, ein Verlust den Bund jedoch „nicht zu kümmern habe".[30]

Inhaltlich stand das Blatt vor 1914 und auch während des Ersten Weltkrieges in scharfer Opposition zur Staatsanwaltschaft, die ständig Textstellen konfiszierte. Neben der rein fachlichen, bäuerliche Sach- bzw. Standesfragen betreffenden, stand die politische Berichterstattung im Vordergrund, die katholisch, stark antijüdisch, antisozialdemokratisch und antifreimaurerisch ausgerichtet war.

Konfisziert wurde das Blatt u. a. 1910 (Nr. 20), als es einen kritischen Bericht über den Bruder des Kaisers brachte; durch die Immunisierung des Artikels durch die Interpellation der Abgeordneten Kienzl, Schraffl und Genossen konnte dieser dann doch noch erscheinen. 1914 waren es u. a. Nr. 2 und Nr. 3

---

[25] Vgl. VOLGGER a.a.O., S. 298.
[26] Vgl. 'TBZ'-Jubiläumsausgabe, 1957, S. 1.
[27] 'TBZ'-Jubiläumsausgabe, 1992, S. I.
[28] Ebd.
[29] Ebd., S. II.
[30] Ebd., S. I. Schraffl hatte als Rückversicherung die bäuerlichen Geldinstitute zur Hand.

("Die Macht der Freimaurer in Österreich"), die stark zensuriert waren (zwei Drittel des Artikels), doch auch diese konnten durch das Eingreifen der bäuerlichen Abgeordneten in der Folge erscheinen. Aber auch die folgenden Ausgaben Nr. 5, 6, 7 und 8 verfielen der Konfiskation.[31]

Auch in den folgenden Kriegsjahren waren weiße Flecken an der Tagesordnung, war die 'TBZ' der Staatsanwaltschaft doch stets ein Dorn im Auge, obwohl die Kriegsberichterstattung sich im üblichen Rahmen bewegte (Sammelberichte über den Kriegsverlauf, national, patriotisch). Daneben wurden vor allem die Probleme der bäuerlichen Betriebe im Krieg und die Kriegswirtschaft sowie die Ernährungsfrage behandelt.[32]

Der allgemeine Papiermangel ließ auch die 'TBZ' im Umfang stark schrumpfen. In der Nachkriegszeit erfuhr das Blatt jedoch eine wesentliche Ausgestaltung – redaktionell und mit Beilagen einerseits, in der Umstellung auf wöchentliches Erscheinen ab 1919 andererseits.

1920 wurde die Druckerei Lampe in Imst vom Bauernbund gekauft, in der das Blatt nun auch gedruckt wurde und damit die endgültige Abnabelung von der Tyrolia vollzogen war.

Als Anekdote dazu sei vermerkt, daß die 'TBZ' mit dem Druckereiwechsel auch den Zeitungskopf veränderte und dabei das Wort „katholisch" (vor „Tiroler Bauernbund") wegließ, weshalb das Blatt vom 'Volksboten' kritisiert wurde. In der 'TBZ'-Replik wurde darauf eingegangen und erwidert, daß der Bauernbund und die 'Bauernzeitung' katholisch wie eh und je seien und dies nicht extra Erwähnung finden müsse (man sage auch nicht „gläsernes Glas"). Zum Druckereiwechsel meinte man, es sei ein Fortschritt, nun über eine eigene Druckerei zu verfügen, da der Bauernbund genug Arbeit und Aufträge für diese habe. Warum solle man auch bei der Tyrolia drucken und „sich von dieser melken" lassen, fragte man angriffslustig.[33]

Mit dem Tod des Bauernbund-Obmanns und Landeshauptmannes Schraffl im Jahr 1922 verlor die 'TBZ' ihren größten Förderer. Er hatte frühzeitig den Wert der Presse erkannt und sich als eifriger Schreiber in der Zeitung betätigt (neben der Herausgeberschaft). Er wollte das Blatt auch ausbauen und zweimal wöchentlich erscheinen lassen; überdies schwebte ihm der Aufbau einer bäuerlichen Tagespresse vor. Nach seinem Tod fand die 'TBZ' für diese Pläne keine Förderer mehr. Zwar versuchte man durch den sogenannten „Schraffl-Preß-Fonds" das Blatt zu stärken, was jedoch ohne sichtbaren Erfolg blieb. Unter Schraffl hingegen hätte das bäuerliche Pressewesen wohl eine weitere Ausgestaltung und Ausdehnung erfahren.[34]

Schon zuvor hatte man mit Redakteur Baader eine tragende Persönlichkeit des Blattes verloren.

Die 'TBZ' wurde durch die Einverleibung der „Tiroler landwirtschaftlichen Blätter" auch zum amtlichen Organ des Landeskulturamtes, was ihr eine wesentliche inhaltliche Ausgestaltung und Erweiterung brachte (siehe 1.13.1, Unterkapitel „Beilagen", S. 268).

Am 16. April 1921 zeigte das Blatt der Landesregierung an, daß es in der kommenden Woche aufgrund der Volksabstimmung über den Anschluß Tirols an Deutschland (dem das Blatt positiv gegenüberstand, Anm.) täglich, bis zum 24. April, erscheinen werde.[35]

Zwischen 1921 und 1925 wurde das Format – wahrscheinlich aus technischen Gründen – mehrmals geringfügig verändert.

Als Mitarbeiter schienen u.a. Weihbischof Sigismund Waitz, Landeshauptmann Stumpf und auch der „Reimmichl" auf.[36]

---

[31] Vgl. STOISAVLJEVIC a.a.O., S. 417 und 'TBZ'-Jubiläumsausgabe, 1992, S. VI und Präs./XII 78c1/368 ff.
[32] Vgl. 'TBZ'-Jubiläumsausgabe, 1992, S. VI und STOISAVLJEVIC a.a.O., S. 417.
[33] 'TBZ'-Jubiläumsausgabe, 1992, S. IV.
[34] Vgl. ebd., S. VI.
[35] Vgl. Präs. 1921/XII 78c/1.155.
[36] Vgl. 'TBZ'-Jubiläumsausgabe, 1992, S. VI und STOISAVLJEVIC a.a.O., S. 418.

1927 veranstaltete das Bauernorgan eine Leserumfrage, um die Reaktionen auf die Ausgestaltung der Zeitung zu erfahren. Da die Leser sich relativ zufrieden zeigten, und Sonderwünsche nicht im Bereich des Realisierbaren (Verteuerung, Widersprüche) lagen, hatte die Umfrage zum Resultat, daß praktisch alles beim alten blieb.[37]
Als Druckerei schien weiterhin Lampe auf, nun jedoch in Innsbruck, ab 1928 wurde die „Vereinsdruckerei A.G." Innsbruck angeführt (Umbenennung des alten Druckereinamens).

Im September 1930 erschütterte der Mord an Redakteur Josef Gufler die Redaktion. Nachdem Gufler mit Landeshauptmann-Stellvertreter Tragseil von einer Veranstaltung in Zams nach Innsbruck zurückgekehrt war, begab er sich zu Fuß und allein auf den Nachhauseweg in Richtung Schloß Amras. Neben diesem Weg wurde er am nächsten Morgen schwer verletzt aufgefunden. Er hatte von rückwärts einen Schlag mit einem Zaunpfahl erhalten, der zu einem Schädelbasisbruch und zum Eindringen von Knochensplittern ins Gehirn geführt hatte. Dem Überfall schien ein Kampf Opfer – Angreifer gefolgt zu sein. Gufler erlag am 2.10.1930 seinen Verletzungen. Er war 1905 Mitarbeiter Georg Jehlys bei den 'Neuen Tiroler Stimmen' gewesen, deren Chefredakteur er 1906 nach Jehlys Tod wurde. Mit der Verschmelzung der 'Stimmen' mit dem 'Allgemeinen Tiroler Anzeiger' wurde er dessen Schriftleiter, kehrte 1921 in seine Südtiroler Heimat zurück, wo er in die Redaktion der 'Bozner Nachrichten' eintrat. Durch die Einstellung der deutschsprachigen Südtiroler Blätter war er gezwungen, sich ein neues Betätigungsfeld zu suchen und kehrte 1929 nach Innsbruck zurück, wo er die Nachfolge Dr. Runggs als Redakteur der 'TBZ' antrat. Die Mordtat an Gufler wurde nie aufgeklärt, der Mörder konnte nie ausfindig gemacht werden.[38]

Anfang 1933 trat Dr. Josef Scheidle in die Redaktion der 'TBZ' ein, welcher er bis zum Anschluß vorstand. Doch auch im Nationalsozialismus sollte er bald wieder für den Inhalt verantwortlich zeichnen.

1937 wurde der Bezug der Zeitung für Mitglieder des Bauernbundes zur Pflicht gemacht, womit das Blatt viele Bezieher gewann, der 'Volksbote' hingegen viele verlor.[39] Die Bauernbund-Mitglieder bezogen damit das Blatt und bezahlten gemeinsam mit dem Mitgliedsbeitrag auch das Abonnement, womit die 'TBZ' eine wesentliche Auflagensteigerung auf über 22.000 Stück bis 1938 erreichte.[40]

Am 10. März 1938 wurde schließlich die letzte „normale" Ausgabe der 'TBZ', noch von Scheidle redigiert, ausgegeben. Diese enthielt noch einen flammenden Appell von Bauernbund-Obmann Johann Obermoser (der übrigens aus meiner Heimatgemeinde Waidring stammte) an die Bauern, sich zur Heimat zu bekennen. Außerdem waren für die Schuschnigg-Volksbefragung Stimmzettel mit dem „Ja" (für Österreich) mitgedruckt worden.[41]

Die 'TBZ' arbeitete also bis 10.3.1938 als „systemtreues Organ" auf dem Land, dessen Schreibweise einfach gehalten und auf die lokalen Verhältnisse abgestimmt war und wiederholt Angriffe gegen den Nationalsozialismus brachte, stand das Blatt doch in einem Nahverhältnis zu den Christlichsozialen und war es doch ein Blatt im Sinn der „Vaterländischen Front".[42]

1.13.2.2 Die 'TBZ' 1938–1945 und ihr Wiedererscheinen

Bereits in der nächsten Ausgabe zeichnete nicht mehr Scheidle, sondern Parteigenosse Paul Kinz verantwortlich; die Titelseite war beherrscht von einem Hitler-Porträt und einem intensiven Aufruf des neuen NS-Landesbauernführers Jörg Wurm zum Bekenntnis zum Deutschen Reich.

Der Kopf war bereits mit dem Emblem des Reichsnährstandes und der Parole „Blut und Boden" versehen. Es wurde auch mitgeteilt, daß die bisherige Führung des Bauernbundes ebenso wie dessen Angestellte, v.a. Redakteur Scheidle, ausgeschieden seien.

---

[37] Vgl. 'TBZ'-Jubiläumsausgabe, 1992, ebd.
[38] Ebd. S. X.
[39] Vgl. ebd., S. I.
[40] Vgl. 'TBZ'-Jubiläumsausgabe, 1957, S. 1.
[41] Vgl. 'TBZ'-Jubiläumsausgabe, 1992, S. XVI und 'TBZ', Nr. 10, 10.3.1938, S. 1 ff.
[42] Vgl. GEHLER in RATHKOLB/DUSEK/HAUSJELL a.a.O., S. 423–437, hier S. 424.

Von Beginn an wurde neben der landwirtschaftlichen Berichterstattung und einführenden Artikeln zum neuen System, v. a. des Reichsnährstandes, vehemente Propaganda für das Reich, Hitler und die Anschluß-Abstimmung betrieben. Die 'TBZ' wurde zum amtlichen Organ des nationalsozialistisch gleichgeschalteten Bauernbundes und der Bauernkammer bzw. in der Folge bäuerliches Gaublatt des Reichsnährstandes.[43]

Bereits in der nächsten Ausgabe vom 22. März wurde das zweimal wöchentliche Erscheinen angekündigt: „Die 'Tiroler Bauern-Zeitung' ist das Blatt aller Tiroler Bauern, jetzt mehr als jemals vorher, und wird alles daransetzen, diese Aufgabe zu Nutz und Frommen unseres Bauernstandes, unserer lieben Bergheimat und unseres deutschen Volkes und Reiches, nach besten Kräften zu erfüllen."[44]

Die bäuerlichen Agenden, als Hintergrund der 'TBZ', führten der neue Landesbauernführer Wurm und Ing. Fritz Lantschner, an die Stelle des Landeskulturrates trat die gut ausgebaute Organisation des Reichsnährstandes. Die landwirtschaftlichen Angelegenheiten für Tirol, Salzburg und Vorarlberg wurden in der Landesbauernschaft Alpenland in Salzburg zusammengefaßt.[45]

In der Folge fanden mehrere Schriftleiterwechsel statt, bis im Juli wieder Dr. Scheidle die Verantwortung für den Inhalt des Blattes übernahm.

Der Bezug des Organs blieb weiterhin Pflicht für die Bauernbund-Mitglieder, die Bezugspreise blieben im Mitgliedsbeitrag enthalten. Das Blatt erschien Mittwoch und Samstag, ehe es im April wieder zum einwöchigen Rhythmus zurückkehrte. Das kurzfristige zweimal wöchentliche Erscheinen hatte wohl mit der Intensivierung der Abstimmungs-Propaganda unmittelbar zu tun.

Mitte April brachte man eine Landkarte, in der Österreich bereits völlig als Teil des Deutschen Reiches ausgewiesen war, die Schlagzeile lautete angesichts der Volksabstimmung, die vorausgegangen war: „Nun ist es verbrieft, bestätigt und besiegelt." Große Berichte zur Abstimmung ergänzten diesen Aufmacher.[46]

Am 18. Mai erschien die letzte Ausgabe der alten 'TBZ', ehe das Blatt in kleinerem Format als 'Wochenblatt der Bauernschaft Tirol' als vorübergehendes Provisorium weitergeführt wurde (25.5. – 15.6.), wobei die Numerierung fortgesetzt wurde, ehe am 22.6. die 'TBZ' mit dem alten Kopf wieder erschien. Das Provisorium war von Dr. Reinl großteils in einer Wiener Zentralredaktion redigiert worden.

Die Rückkehr zum alten Titel und Zeitungskopf wurde von Gauleiter Hofer veranlaßt, der damit einem vielfach geäußerten Wunsch Rechnung trug.[47]

Doch dieses Auferstehen der „alten" 'Bauernzeitung" – nun unter NS-Fuchtel – währte nur bis zur Nr. 29 vom 7. Juli 1938, als endgültig die letzte Ausgabe unter diesem Namen erschien.

Mit dem 14. Juli erschien als Fortsetzungsblatt im alten 'TBZ'-Großformat der 'Tiroler Landbote'[48], nun mit neuer Numerierung als Folge 1, als „Wochenzeitung für Tirol und Vorarlberg mit dem Wochenblatt der Landesbauernschaft Alpenland" (Untertitel) mit Mitteilungen des Amts für Agrarpolitik der NSDAP im Gau Tirol.

Das neue Blatt, journalistisch relativ gut gemacht und illustriert, wurde nunmehr politischer in der Berichterstattung, erhielt teilweise amtlichen Charakter und wurde zu einem ausgesprochenen agrarischen Propagandablatt, wobei die landwirtschaftliche Fachberichterstattung in die Beilage überwechselte (siehe Unterkapitel 1.13.1 „Beilagen", S. 268), welche sich zu einem agrarischen Fachblatt entwickelte. Im Inseratenteil wurde bereits auf „Juden-" bzw. „entjudete" Betriebe verwiesen.[49]

---

[43] 'TBZ'-Jubiläumsausgabe, 1957, S. 1 und 'TBZ'-Jubiläumsausgabe, 1992, S. XVI und 'TBZ' Nr. 11, 17. 3. 1938, S. 1–3.
[44] 'TBZ', Nr. 12, 22. 3. 1938, S. 1.
[45] Vgl. 'TBZ'-Jubiläumsausgabe, 1992, S. XVI.
[46] Vgl. u. zit. 'TBZ', Nr. 17, 13. 4. 1938, S. 1.
[47] Vgl. 'TBZ', Nr. 22, 18. 5. 1938 und 'Wochenblatt der Bauernschaft Tirol' bzw. 'Wochenblatt der Landesbauernschaft im Gau Tirol', Nr. 23, 23. 5. 1938 bis Nr. 26, 15. 6. 1938 und 'TBZ', Nr. 27, 22. 6. 1938.
[48] Vgl. 'Tiroler Landbote', Nr. 1, 14. 7. 1938. In der Folge mit 'TLB' abgekürzt.
[49] Vgl. 'TBZ'-Jubiläumsausgabe, 1992, S. XVI.

Die neue Zeitung wurde bereits am 9. Juli in der Gauzeitung 'Innsbrucker Nachrichten' angekündigt: An Stelle der bisher vom ehemaligen Tiroler Bauernbund herausgegebenen 'TBZ' werde ab 14.7. der 'TLB' erscheinen. Da als Sitz der „Landesbauernschaft Alpenland" Salzburg bestimmt wurde, sei es nur durch besondere Vereinbarungen und das Entgegenkommen des Reichspresseamtes und des Reichsnährstandes möglich gewesen, für den Gau Tirol ein eigenes Bauernblatt zu halten. Die Herausgeberschaft habe der NS-Gauverlag übernommen, die Beilage steuere die Landesbauernschaft aus Salzburg bei.[50]

Das Blatt werde für die Bauernschaft alles jenes bieten, was sie bisher in ihrem Standesblatt zu finden gewohnt war – politische und agrarpolitische Informationen, Nachrichten aus dem Gau und dem Altreich, ausgiebige Erörterung aller Fragen, „die für die Bauernschaft unter dem Zeichen der landwirtschaftlichen Leistungssteigerung besonders großes Interesse haben". Außerdem würden alle Fragen im Zusammenhang mit dem Umbau der Agrargesetzgebung und der wirtschaftlichen Wiedererrichtung des Bauernstandes ausführlich behandelt werden. „So wird das neue Blatt, den besonderen Verhältnissen der Bauernschaft im Gau Tirol Rechnung tragend, für diese eine mächtige Quelle ständiger wertvoller Anregungen und zugleich ein mächtiges Bindeglied für ihre Einordnung in die großdeutsche Agrarwirtschaft und Volksgemeinschaft sein."[51]

In der ersten Ausgabe wurde ein Geleitwort von Gauleiter Hofer sowie von Landesbauernführer Wurm veröffentlicht, welche begrüßten, daß sich der NS-Gauverlag dazu entschlossen habe, eine Wochenzeitung herauszugeben, die an Stelle der alten 'TBZ' und des 'Tiroler Volksboten' trete.[52]

Gauamtsleiter Lantschner schrieb: „Mit dem Erscheinen des Tiroler Landboten beginnt ein neuer Zeitabschnitt auf dem Gebiet des bäuerlichen Pressewesens in Tirol und Vorarlberg (…). Aufgabe des Tiroler Landboten ist es, das Verständnis für die Lehre Adolf Hitlers auf dem Lande zu vertiefen und den gesunden Willen zur Selbsterhaltung unseres Bauerntum zu stärken, zum Wohle unseres großen deutschen Vaterlandes."[53]

Neben der NS-Propaganda und der Politik-Berichterstattung nahm auch das Brauchtum breiten Raum ein, wobei dieses jedoch bewußt im nationalsozialistischen Sinn umgedeutet bzw. verfälscht wurde. Der 'TLB' war von der Auflagenzahl her im Sommer 1938 mit wöchentlich 26.000 Exemplaren die größte „Zeitung" (inhaltlich zumeist eher Fachzeitschrift denn Zeitung, Anm.) Tirols.[54]

Allerdings stand der großen Verbreitung des Blattes (u. a. durch Pflichtbezug) in qualitativer Hinsicht die Einschätzung des SD gegenüber: Die Stadtbevölkerung könne ja noch zum 'Völkischen Beobachter' greifen, wenn die Gauparteizeitung versage, die Landbevölkerung habe diese Möglichkeit nicht. Der ebenfalls im Gauverlag erscheinende 'TLB' (dessen Schriftleitung mit der der 'IN' nahezu identisch war) übernehme viele (politische) Artikel von den 'IN'. Der Unterschied liege lediglich in der verspäteten Veröffentlichung derselben Nachrichten. Agrarische Beiträge würden von der Zentralinstanz (in Wien, Anm.) übernommen, ohne auf die spezifischen Tiroler Verhältnisse näher einzugehen. Daher erwog man, den Einfluß von Bauernseite her in der 'TLB'-Redaktion wieder zu erhöhen, wobei die frühere Schriftleitung der 'TBZ' als Vorbild galt.[55] Die Wiedereinbindung Dr. Scheidles, der dann auch bis zum Ende des Blattes Schriftleiter blieb, kann als Bestätigung dieser Bemühungen eingeschätzt werden.

Ab 1939 gab der Innsbrucker Gauverlag den 'TLB' unter dem Titel 'Vorarlberger Landbote' für das Verbreitungsgebiet Vorarlberg (Kreise Bregenz, Dornbirn, Bludenz) heraus. Dieser Ableger erschien ab 1.8.1941 in einer eigenen Druckerei in Bregenz, nachdem die „Vorarlberger Buchdrucker-Gesellschaft Dornbirn" ihren Bregenzer Zweigbetrieb an den NS-Gauverlag Tirol verkauft hatte.[56]

---

[50] 'IN', Nr. 157, 9.7.1938, S. 9.
[51] Ebd.
[52] 'TLB', Nr. 1, 14.7.1938, S. 1.
[53] Ebd.
[54] Vgl. GEHLER in RATHKOLB/DUSEK/HAUSJELL a. a. O., S. 423–437, hier S. 428.
[55] Vgl. ebd., S. 429 f.
[56] Vgl. GOLOWITSCH a. a. O., S. 406.

1939 warf der Krieg seine Schatten voraus, fanden sich im 'TLB' doch schon Artikel z. B. über den Luftschutz auf dem Lande (auch für das Vieh).
Am 7. September, in der ersten Kriegsausgabe, titelte man schließlich zuversichtlich: „Wir nehmen den Kampf auf." Das Blatt widmete sich nun v. a. der Kriegsberichterstattung (auch mit einer Kriegsfotoseite), daneben der allgemeinen Dorfchronik und der Unterhaltung, während die Agrarberichterstattung völlig in den Hintergrund bzw. in die Beilage gedrängt wurde.[57]
Mit der Nr. 28 vom 9.7.1940 wurde der 'TLB' schließlich auf zweimal wöchentliches Erscheinen umgestellt (ohne Preiszuschlag, wie man betonte).
Neben den weiter intensivierten Kriegsberichten erschienen u. a. Artikel über Erfolge des Reichsnährstandes (Propaganda), die Rubrik „Blick ins Land" sowie amtliche Verlautbarungen, wobei gleichzeitig der Anzeigenteil zusammenschrumpfte.

Mit Einführung des neuen Erscheinungsrhythmus', von dem man glaubte, damit auf Beifall zu stoßen, sollte auch der Nachrichtenteil aus dem Gau erweitert werden, indem sich die Leser vermehrt als Mitarbeiter betätigten.[58] In der Folge sollten jedoch nicht Erweiterungen, sondern Einschränkungen Raum greifen.
Wie in anderen Blättern schlug sich auch hier der Krieg in Qualität, Umfang (jew. Verminderung) und der Tendenz der Berichte des Blattes (Wandel von Jubelmeldungen zu Durchhalteparolen) nieder, wobei jedoch bis zuletzt der Eindruck zu erwecken versucht wurde, der „Endsieg" sei möglich und Einschränkungen daher vorübergehend.
Die Berichte über die Wehrmacht und die Bauernsöhne an der Front waren pathos-durchdränkt, das Blatt nunmehr alles eher denn ein Landwirtschaftsorgan: Kriegsblatt, Parteiblatt, Amtsblatt, politisches Agitations- und Propagandablatt.

Den Einsparmaßnahmen folgend änderte man 1942 das Layout auf vierspaltigen Umbruch, der Satz wurde kleiner und enger. Zu einer weiteren Umfang-Reduktion schrieb der 'TLB' im Juli 1942 „An unsere Leser! Aus kriegswirtschaftlichen Gründen wird der Umfang der Zeitungen (des Gauverlages, Anm.) mit Wirkung ab 1. Juni der Versorgungslage entsprechend allgemein neu geregelt. (...) Wir bitten unsere Leser, in dieser Maßnahme eine kriegsbedingte vorübergehende Notwendigkeit zu sehen."[59]
Mit „Neuregelung der Versorgungslage entsprechend" meinte man die Einschränkung der NS-Presse auf Grund kriegswirtschaftlich bedingter Sparmaßnahmen, wobei v. a. die Dienstagausgabe, in der Folge aber auch die Freitagausgabe seitenmäßig eingeschränkt wurden.

1944 wurde das Format teilweise geringfügig verändert, das Layout erfuhr besonders auf Seite 1 kleinere Umgestaltungen. In diesem Jahr wurde auch eine Rubrik „Nachrichten aus der Provinz Bozen" eingerichtet.

Am 1.9.1944 wurden die beiden Ausgaben 'Tiroler-' und 'Vorarlberger Landbote' zu einem Blatt zusammengelegt und unter dem Titel 'Der Landbote' ab 5.9. mit Nr. 71 weitergeführt. Damit erreichte das Blatt seine höchste Auflage von 35.000 Stück.[60]
Der Untertitel wurde dem angepaßt und hieß nun „Heimatzeitung für den Gau Tirol-Vorarlberg und die Provinz Bozen…".

Der Kopf wurde im Zuge der Sparmaßnahmen erheblich verkleinert, der Umfang weiter reduziert, die Ressorts gestrafft, der Satz immer enger und unleserlicher. Die Durchhalteparolen zogen sich wie ein roter Faden durch das Blatt. 1945 umfaßte 'Der Landbote' nur noch vier, zunehmend jedoch lediglich zwei Seiten.

Die letzte Ausgabe des 'Landboten' erschien schließlich als Nr. 34 am 27. April 1945. Das Blatt wurde ohne Angabe von Gründen eingestellt, sogar der Roman trug noch den Zusatz „wird fortgesetzt". Die

---

[57] Vgl. 'TBZ'-Jubiläumsausgabe, 1992, S. XVI. Diese wurde, wie schon erwähnt, in die Wochenbeilage verlegt.
[58] Vgl. 'TLB', Nr. 28, 9.7.1940, S. 4.
[59] 'TLB', Nr. 43, 2.6.1942, S. 1.
[60] Vgl. GOLOWITSCH a. a. O., S. 406 und 'Der Landbote', Nr. 71, 5.9.1944, S. 1.

1.13 Tiroler Bauern-Zeitung / Tiroler Landbote / Der Landbote

Schlagzeile auf Seite eins hieß „Der Führer in Berlin", die Dorfchronik berichtete über eine Parteiversammlung in Mayrhofen. Das nur noch vom Titel her als „Bauernorgan" geführte Blatt fiel auch den Sparmaßnahmen, die der Gauverlag durchführen mußte, zum Opfer (in Tirol war noch Krieg, Anm.), war jedoch schon länger als praktisch zweiseitiges Flugblatt dem Anspruch, eine „Zeitung" zu sein, nur noch mangelhaft gerecht geworden.

Am 19.11.1945 erschien die 'Tiroler Bauern-Zeitung' im 38. Jahrgang in (aus der Zeit vor dem Anschluß) gewohnter Aufmachung und in gewohntem Format als Bundesorgan des Tiroler Bauernbundes.

Die Redaktion war zu Beginn dem Schriftsteller und Heimatforscher Dr. Hermann Holzmann anvertraut. Dr. Josef Scheidle, der bis zum Ende des 'Landboten' für diesen verantwortlich zeichnete, trat in den Dienst der Landesregierung ein, avancierte zum Hofrat und hatte als Leiter bzw. Intendant von Radio Tirol maßgeblichen Anteil am Aufbau des Tiroler Landesstudios.[61]

In der Jubiläumsausgabe 1957 schrieb man über die „neue alte" Zeitung, sie sei geblieben, was sie immer war: „…Eine aufrecht katholische Zeitung, ein Kampf- und Informationsblatt für Wirtschafts-, Kultur- und sozialpolitische Fragen des Tiroler Bauernstandes und Landvolkes." Und zum Verhältnis Bauernbund und 'Bauernzeitung' hieß es: „Er ist der Tiroler Bauernbund, sie ist die Tiroler Bauern-Zeitung. Was er sich denkt, redet sie (…)."[62] Der Wahlspruch im Zeitungskopf hieß wieder: Der Bauernbund ist Schutz und Wehr, Tiroler Bauern Recht und Ehr.

Erwähnt wurde in der 57er Jubiläumsnummer auch, daß am 10.3.1938 der leitende Redakteur Josef Scheidle „sofort von einem Parteigenossen abgelöst" worden sei, das Blatt bis 11.5. noch in seiner bisherigen Form erschienen und dann vom 'Tiroler Landboten' abgelöst worden sei. (In seiner Jubiläumsausgabe 1992 ging das Blatt auch detailliert auf die Jahre 1938 bis 1945 ein.)

Ab 1946 war Kammeramtsdirektor und Nationalrat Dr. Franz Lechner verantwortlicher Redakteur (bis Nr. 35, 1947), dem Dr. Rudolf Kathrein, späterer Landesamtsdirektor, nachfolgte.
Tradition hatte es, daß der Bauernbunddirektor gleichzeitig als Chefredakteur der 'TBZ' fungierte. V. a. Dr. Anton Brugger, von 1946 bis 1976 im Amt, war für seine spitze Feder bekannt.[63] Den Druck konnte die wieder in ihre Rechte eingesetzte Tyrolia übernehmen.

Der Umfang des Blattes richtete sich nach dem Krieg vorwiegend nach dem verfügbaren Rotationspapier, wobei auch eine Ausgabe wegen Papiermangels ausfallen mußte.
Die Zeitung konnte wieder im einwöchigen Erscheinungsintervall herausgegeben werden und konnte sich, trotz der Schrumpfung des ländlich-bäuerlichen Elements in Tirol, bis in die Gegenwart behaupten.

Die 'TBZ' erschien 2000 im 94. Jahrgang als „Landesorgan des Tiroler Bauernbundes" in Innsbruck, fünfspaltig, zum Preis von S 11.– (S 550,– das Jahresabonnement), im Eigentum und herausgegeben vom Tiroler Bauernbund unter Chefredakteur Georg Keuschnigg, gedruckt von der Intergraphik Ges.m.b.H in Innsbruck.
Laut Eigenwerbung ist das Blatt die meistgelesene Wochenzeitung in Tirol mit 23.000 Abonnenten und einem Exklusivleseranteil von 84.000 Personen vorwiegend aus der Zielgruppe „Tiroler Landwirtschaft".[64]

---

[61] Vgl. 'TBZ'-Jubiläumsausgabe, 1992, S. XII.
[62] 'TBZ'-Jubiläumsausgabe, 1957, S. 1.
[63] Vgl. 'TBZ'-Jubiläumsausgabe, 1992, S. XII.
[64] Vgl. 'TBZ'-Anzeigenprospekt 1991, Eigenwerbung für Inserenten.

1.14 Bozner Zeitung

1.14.1 Daten zur äußeren Struktur

Titel:
- ab 07.01.1842: Bozner Wochenblatt
- ab Juli 1848: Südtiroler Zeitung
- ab 1850: Bozner Wochenblatt
- ab 02.01.1856: Bozner Zeitung[1]
- ab 08.07.1868: Constitutionelle Bozner Zeitung
- ab 01.07.1895: Bozner Zeitung

Untertitel: Südtiroler Tagblatt

Erscheinungsort: Bozen

Erscheinungsdauer:
Laut Jahrgangszählung seit 1840, als 'Bozner Wochenblatt' seit 07.01.1842 belegt, als 'Bozner Zeitung': 02.01.1856 bis 26.11.1922
(1914: 75. Jg.)[2]

Erscheinungsweise:
- 1842: zweimal wöchentlich (Mittwoch, Samstag)
- ab 1856: dreimal wöchentlich
- ab 1864: sechsmal wöchentlich (außer Sonntag)[3],
- ab 1895: teilweise zweimal wöchentlich (Morgen- und Abendausgabe)
- ab 1905: sechsmal wöchentlich
- ab 08.12.1913: dreimal wöchentlich (Buchdruckerstreik) am Montag, Donnerstag, Samstag
- ab 26.09.1914: zwölfmal wöchentlich (mittags, abends), teilweise dreizehnmal wöchentl. (zusätzlich Sonntagsausgabe)
- ab 01.05.1915: sechsmal wöchentlich (mittags)

Umfang: (in Seiten)

	Normalausgabe		Samstagsausgabe
	mitttags	abends	
1856	4		16–20
1905	8		12
1913	8		16
1914	8–12		8
ab Juli	2–4		8
ab September	2–4	2–4	4
1917	4		6–8
1918	4		

Das anfänglich als Wochenblatt herausgegebenen Organ erschien mit meist lediglich vier Seiten Umfang, wurde in den Jahren bis 1914 jedoch ausgebaut, die Samstagsausgaben erreichten bis zu 20 Seiten, wobei der Inseratenanteil bis zu 30 % des Inhalts ausmachte. Während des Buchdruckerstreiks wa-

---

[1] In der Folge mit 'BZ' abgekürzt.
[2] Vgl. BRUNNER a.a.O., S. 93. Lt. Jahrgangszählung und Einstellungsmeldung in 'Der Tiroler' vom 27.11.1922 erschien das Blatt bzw. dessen Vorgänger seit 1840.
[3] Vgl. VOLGGER a.a.O., S. 231. Lt. HIMMELREICH a.a.O., S. 12 schon seit 1.1.1863, seine Angaben erwiesen sich jedoch meist als eher ungenau.

ren bei zwölfseitigen Ausgaben sogar bis zu neun Seiten Anzeigenraum. Im Krieg nahmen das Anzeigenaufkommen und der Umfang insgesamt stark ab, vierseitige Ausgaben mit nur einer Drittel- bis zu einer halben Seite Anzeigen waren die Regel. Nach dem Krieg wurde der Umfang zwar wieder geringfügig erweitert, kam aber über acht Seiten am Wochenende nicht mehr hinaus.

Format:	1856:	Folioformat 34×24 cm
	ab 1874:	Kanzleiformat $42 \times 28{,}5$ cm
	ab 1905:	$41 \times 27{,}5$ cm
	1918:	$42 \times 28{,}5$ cm
Satzspiegel:	1914:	$36{,}5 \times 23{,}6$ cm
	1918:	$36{,}5 \times 23{,}5$ cm
Umbruch:	1856:	2 Spalten à ca. 10 cm
	1874:	3 Spalten à 7,6 cm / Spaltentrennlinien
	1914:	3 Spalten à 7,4 cm / Spaltentrennlinien
	ab 1915:	teilweise bzw. einzelne Seiten, besonders Seite eins, ohne Spaltenumbruch (Flugblattcharakter), ansonsten 3 Spalten à 7,7 cm.
Schriftart (Brotschrift):		Fraktur
Zeitungskopf:	Höhe: 1856:	6 cm
	1913:	20,6 cm
	03.08.1914:	12 cm
	1918:	7,5 cm

Der Kopf des Blattes war schmucklos gestaltet, der Titel und der kleine Untertitel in die Mitte gesetzt, links und rechts davon zwei Kästen mit Bezugspreisen und Insertionsgebühren. Mit der Umstellung auf zweimal tägliches Erscheinen wurde der Zusatz „Abend-", „Morgen-", „Mittags-" oder „Sonderausgabe" in den Kopf gedruckt. Das Impressum fand sich ebenfalls in einer Unterzeile des Kopfes.

Gesinnung/politische Richtung:	anfangs liberal, dann zunehmend deutschfreisinnig bzw. deutschnational, antiklerikal (aber nicht offizielles Parteiblatt), nach dem Krieg italienfreundlich.

Impressum:

1856:	Herausgeber und Drucker: Druckerei Eberle, verantwortlicher Redakteur Gotthard Ferrari.
ab 1895:	Eigentümer und Verleger: Friedrich Sueti.
ab 01.07.1899:	Verl., Herausgeber und Redakteur Hans Görlich
ab 01.07.1901:	Verleger und Drucker: Fellersche Buchdruckerei.
ab 1905:	Verlag und Druck: Hans Feller in Bozen, Herausgeber und verantw. Schriftleiter: Hans Görlich.
ab 14.07.1916:	Herausgeber, verantw. Schriftleiter, Druck und Verlag: Hans Görlich.

Ressorts/Inhalt:

1856:	Politik (Monarchie, Ausland, Gesetzgebung), Amtliche Kundmachungen, Anzeigen, Lokales.
1914:	Vom politischen Schauplatz (Inland, Ausland), Feuilleton („unterm Strich"), Die Vorgänge am Balkan, Telegramme der 'BZ', Nachrichten aus Tirol, Vereinsnachrichten, Handel und Volkswirtschaft, Illustrationen, Anzeigen. In der Folge zusätzlich Volkswirtschaft, Tagesnachrichten, Gerichtssaal, Reise und Verkehr. Ab Mai Wahlpropaganda für die deutschfreiheitlichen Partei (Landtagswahl), ab Juli „Letzte Telegramme".
ab August:	Kriegsberichterstattung u.a. mit Rubriken Tirol und der Krieg, Der Weltkrieg, Der Krieg im Westen, Vom südlichen Kriegsschauplatz, Die Kämpfe gegen die Russen, Der amtliche deutsche Bericht (vorwiegend geographisch unterteilt). In der Folge fand sich in der Morgen- bzw. Mittagsausgabe ver-

	mehrt die zivile Berichterstattung, abends wurde der Krieg bevorzugt behandelt.
ab Mai 1915:	Krieg gegen Italien als Schwerpunkt, amtliche Berichte, Artikel aus anderen Blättern übernommen, Berichte von Agenturen, vom Pressequartier etc., womit das Blatt einen amtlichen Einschlag bekam, Werbung für Kriegsanleihen.
ab 1918:	fallweise Leitartikel, Friedensfrage rückte in den Vordergrund, Nachrichten aus Tirol waren wieder enthalten, Die Zukunft Deutschösterreichs bzw. Das neue Österreich (Rubrik zur neuen Staatsform) – damit Umstellung auf zivile Berichterstattung mit einem amtlichen Schwerpunkt.

Bezugspreise: 'Bozner Zeitung'

ab Datum	Einzelnummer	Monatsabonnement		1/4jährl.		1/2jährl. Abo	
		loco/abholen	Zust. Post	loco	Post	loco	Post
1856						Fl 1,30	2,–
Ende 1910				K 4,–	K 5,50		
Juni 1914	H 10	K 1,40	K 2,–				

Zeitungstyp nach Vertriebsart: vorwiegend Abonnement-Blatt, jedoch auch Einzelverkauf

Auflagen: 1902: 500[4]; 1914: 850; 1915: 1.300; 1916: 850; 1917: 1.000; 1918: 1.050[5]; 1919: 100–150; 1921: ca. 40[6]

Beilagen: Im Jahr 1905 erschien einmal wöchentlich eine „*Unterhaltungs-Beilage*", ab 1913 eine tägliche mit vier Seiten Umfang. Die Wochenbeilage erschien bis 1912.
Um die Jahrhundertwende war ein achtseitiges „*Illustriertes Unterhaltungsblatt*" erschienen, das v.a. Romane, Rätsel, Witze und Illustrationen brachte und in Stuttgart gedruckt wurde. Dieses wurde 1902 von den in Berlin hergestellten „*Bozner Lustigen Blättern*" abgelöst.

Jubiläumsausgabe: keine

1.14.2 Allgemeine Chronik

Am 7. Jänner 1842 erschien die erste Ausgabe des 'Bozner Wochenblattes', das im Juli 1848 in 'Südtiroler Zeitung' umbenannt wurde, 1850 wieder unter dem alten Namen erschien und ab 2. Jänner 1856 als 'Bozner Zeitung' in der Druckerei Josef Eberle in Bozen herausgegeben und hergestellt wurde. Laut Jahrgangszählung muß ein weiteres Vorgängerblatt bereits 1840 bestanden haben.
Josef Himmelreich legte den Beginn der 'BZ' (als 'Bozner Wochenblatt') mit dem Jahr 1852 fest, was wiederum einen Irrtum oder eine Ungenauigkeit seinerseits darstellt.[7]

Das Blatt wird als älteste Südtiroler (Friedens-)Zeitung bezeichnet: Die ältesten Zeitungen Südtirols wurden als „echte Kriegskinder" betitelt, die 'BZ' hingegen entstand, wie Franz Volgger in seiner Arbeit über das Pressewesen Deutsch-Südtirols von 1900–1914 (S. 230) feststellt, in einer Zeit ohne Krieg. Ab 8.7.1868 hieß es 'Constitutionelle Bozner Zeitung', ehe es am 1.7.1895 wieder (und nun endgültig) den Namen 'Bozner Zeitung', im Untertitel Südtiroler Tagblatt, annahm.
1856 erschien das liberale Blatt dreimal wöchentlich (zuvor zweimal) im Kleinformat bei Eberle, redigiert von Gotthard Ferrari. Die vierseitige, unscheinbare Zeitung wies fortlaufende Seitennumerierung über das ganze Jahr auf.

---

[4] Vgl. VOLGGER a.a.O., S. 243.
[5] Vgl. Präs. 1914 ff./XII 78c4 (jew. 1. Quartal).
[6] Vgl. BRUNNER a.a.O., S. 94. Die Angaben lt. „Kriegsalbum für das Museum IV des Nachlasses von Albert Ellmenreich im Meraner Museum" bzw. „Priester-Konferenzblatt", 22.11.1921, S. 186.
[7] Vgl. VOLGGER a.a.O., S. 230 und BRUNNER a.a.O., S. 93 und HIMMELREICH a.a.O., S. 12.

In der Folge wurden mehrmals das Format und das Layout verändert, bis die Zeitung 1874 ihr fast endgültiges Erscheinungsbild (Kanzleiformat, Drei-Spalten-Umbruch...) erhielt. Bereits 1864 war sie zur Tageszeitung ausgebaut worden.

Seit den sechziger Jahren vertrat das kaisertreue Blatt zunehmend die Ideologie der liberalen Partei und des liberalen Bozner Bürgermeisters Dr. Streiter, womit es schließlich auch in eine Pressefehde mit den konservativen und klerikalen Blättern Südtirols eintrat, weshalb 1871 das Lesen und Halten des Blattes vom Trientiner Fürstbischof erstmals verboten wurde.[8]

Der liberale Kurs, der schließlich in einen deutschfreisinnigen bis deutschnationalen mündete, setzte sich jedoch fort und blieb auch unter dem deutschfreiheitlichen Bürgermeister Perathoner erhalten. Die Zeitung wurde zu einer Art Hausblatt dieses Politikers, nicht jedoch zum offiziellen Parteiblatt. Auch die ausgeprägte kirchenfeindliche Linie wurde beibehalten.
Auch unter dem neuen Verleger und Herausgeber, dem Steirer Dr. Friedrich Sueti (ab 1885), der aus dem „behäbigen Bürgerblatt" die „radikalste Zeitung im völkischen Lager Tirols" machte, wurde das Blatt wiederum durch einen Hirtenbrief 1898 verboten.
Die Auflage schmolz, die bischöfliche „Kampagne" brachte Sueti den finanziellen Ruin, sodaß er 1899 gezwungen war, den Verlag der 'BZ' an Hans Görlich zu verkaufen. Sueti kehrte in die Steiermark zurück, wo er, bis zu einem Tod 1910, politischer Redakteur der 'Grazer Tagespost' war.[9] Görlich, aus Brünn stammend, war 1899 als Redakteur nach Bozen zur 'BZ' gekommen, die er dann von Sueti übernahm.

Sueti hatte das Blatt ab 1895 teilweise sogar zweimal täglich erscheinen lassen; es rühmte sich als unabhängige Zeitung, die die politischen und wirtschaftlichen Interessen Deutsch-Südtirols gegen die Klerikalen und gegen die nationalen Gegner verteidige. Man unterstütze die Wirtschaft und v. a. den Fremdenverkehr. Man sei „antiklerikal" und ein Anti-'Burggräfler' und das einzige Tiroler Blatt, das zweimal täglich erscheine.[10]

Von der Kreishauptmannschaft wurde die 'BZ' als „regierungsfreundliches, entschieden liberales, gegen die „sozialen kirchlichen Mißbräuche wetteiferndes Blatt mit großdeutschem Zug" geschildert.[11] Schon 1866 hätte das Blatt im Verdacht gestanden, mit der deutschen Demokratie in Verbindung zu stehen: In einer von der Tiroler Regierung erstellten Charakteristik hieß es, daß die Mitarbeiter der 'BZ' Anhänger eines „innigen Anschlusses" an Deutschland seien und „in liberaler Gesinnung ein deutsches Volksparlament" forderten.[12]
Durch seine liberale, regierungstreue Haltung hatte das Blatt auch 1870 eine Subvention von 3.000 Gulden aus dem Pressefonds zugewiesen bekommen.[13]

Wie erwähnt ging die Zeitung am 1. Juli 1899 an Hans Görlich über, der auch Herausgeberschaft und Redaktion, mit wenigen Unterbrechungen bis zur Einstellung des Blattes, übernahm. Auch er behielt die deutschnationale Haltung der Zeitung bei, vermied jedoch im Gegensatz zu seinem ungeschickten Vorgänger Sueti größere Auseinandersetzungen mit der kirchlichen Obrigkeit.[14]
Gedruckt wurde das Blatt seit 1. Juli 1901 in der neu gegründeten Druckerei Hans Feller. Der Umfang der ab 1905 wieder täglich erscheinenden Zeitung hatte sich bei acht Seiten wochentags und bis zu 24 Seiten an Samstagen (Wochenendausgabe) eingependelt.

Im Juli 1900 wurde auf dem zweiten Parteitag der Deutschnationalen in Innsbruck beschlossen, die 'BZ' ab Oktober 1900 zur deutschnationalen Tageszeitung für Tirol zu erklären. Dieser Beschluß wurde jedoch nie durchgeführt.[15]

---

[8] Vgl. VOLGGER a. a. O., S. 231 und 'BZ', Nr. 1, 2. 1. 1856 sowie die folgenden Jahrgänge.
[9] Vgl. VOLGGER a. a. O., S. 232–234.
[10] 'BZ', Nr. 1, 3. 1. 1898, S. 1.
[11] Zit. HIMMELREICH a. a. O., S. 27.
[12] Ebd., S. 29.
[13] Vgl. ebd.
[14] VOLGGER a. a. O., S. 235.
[15] Vgl. ebd.

Vielmehr war das nationale „Kampfblatt" schon um die Jahrhundertwende zum „Bozner Magistratsorgan" herabgesunken, wie es Brunner treffend bezeichnete[16], besonders in der Zeit von Bürgermeister Perathoner. Die Nähe zur Stadtverwaltung wurde auch aus der Tatsache ersichtlich, daß das „Bürgermeisterblatt" seine Druckerei (Feller) seit 1909 in einem stadteigenen Gebäude untergebracht hatte. So fand Perathoner in der 'BZ' eine tüchtige Helferin, der Bürgermeister gab dafür dem Blatt politische Rückendeckung.[17] Perathoner ließ der 'BZ' auch Amts- und Magistratsnachrichten früher als den anderen Bozner Zeitungen zukommen und die Druckerei mit städtischen Aufträgen versorgen, womit das Blatt v. a. beim 'Tiroler Volksblatt' auf heftige Kritik stieß.[18]

Die gegenseitigen Sticheleien manifestierten sich auch in der Zuweisung falscher Auflagezahlen, so z. B., als das 'Tiroler Volksblatt' der 'BZ' lediglich 200 Abnehmer zurechnete, obwohl das Blatt zu jenem Zeitpunkt sicherlich eine Auflage von 750 Stück aufwies.[19] 1915 erreichte es seine Höchstauflage von 1.300 Stück.

Die Zeitung hatte neben der Stadt Bozen kein eigentliches lokales Verbreitungsgebiet, sondern wurde vereinzelt über das ganze Land verteilt bezogen, wobei in der Stadt auch der freie Verkauf nicht unbedeutend war, v. a. zu Kursaisonzeiten.[20]

Im Zuge des Buchdruckerstreiks mußte das Blatt ab 8.12.1913 den Erscheinungsrhythmus auf dreimal wöchentlich reduzieren, wobei die nunmehr sechsseitigen Ausgaben meist in schlechter Druckqualität und teilweise fast unleserlichem Satz erschienen. In der Zeit des Streiks war auch der redaktionelle Umfang eingeschränkt, und die Zeitung war zum überwiegenden Teil mit Anzeigen gefüllt.[21] Das dreimal wöchentliche Erscheinen wurde der Innsbrucker Statthalterei erst am 14. Jänner 1914 angekündigt (bis auf weiteres am Montag, Donnerstag und Samstag).[22]

Im eingeschränkten redaktionellen Teil wurde v. a. über den Streik berichtet, und daß die Situation immer ungünstiger werde – der Ausstand könne zwar bald beendet sein, könne sich aber auch noch über Wochen, ja Monate hinziehen. In Teilen der Monarchie hätten die Gehilfen die Arbeit teilweise wieder aufgenommen, in Tirol leider nicht.[23]

Am 24. Februar konnten das Ende des Druckerstreiks und die Aufnahme des Normalbetriebes gemeldet werden. Der Streik wurde den Sozialdemokraten angelastet, die den Arbeitskampf weniger als Kampf für höhere Löhne denn als Vorstoß des Sozialismus gesehen hätten. Die Sozialdemokraten hätten die Freiheit der Buchdruckerei-Unternehmen untergraben wollen, um damit Einfluß auf die bürgerliche Presse zu erlangen.[24]

Das sechsmal wöchentliche Erscheinen konnte wieder aufgenommen werden. Der redaktionelle Teil, besonders die Politik, wurde erweitert, auch das Inseratenwesen war und wurde gut ausgebaut. Das Blatt wurde dabei trotz bischöflichen Verbotes, das noch immer aufrecht war, auch von katholischen Inserenten, u. a. von der Tyrolia, genutzt. Vor 1914 hatte die 'BZ' das zweitgrößte Inseratenkonto aller Zeitungen Tirols, wobei Herausgeber Görlich eine konzessierte Annoncenexpedition zugute kam, die er innehatte und die Inseratenaufträge für in- und ausländische Blätter übernahm und beförderte.[25]

Mit der Normalisierung der Berichterstattung nach Beendigung des Streiks wurde auch wieder verstärkt für die nationale Sache geworben, v. a. anläßlich der Landtagswahl, als man die deutschfreiheitliche Partei publizistisch unterstützte.

---

[16] BRUNNER a. a. O., S. 95.
[17] VOLGGER a. a. O., S. 237.
[18] Vgl. ebd., S. 237 f.
[19] Vgl. ebd., S. 48.
[20] Ebd., S. 56 u. 60.
[21] Vgl. ebd., S. 239 und 'BZ'-Ausgaben Dezember 1913 bis Februar 1914. Gesamtentwicklung des Blattes vor 1914: siehe v. a. VOLGGER a. a. O.
[22] Vgl. Präs. 1914/XII 78c/544.
[23] 'BZ', Nr. 6, 15.1.1914, S. 6.
[24] 'BZ', Nr. 24, 24.2.1914, S. 2 und Nr. 25, 25.2.1914, S. 1.
[25] VOLGGER a. a. O., S. 240 f.

Gestalterisch wurde die Zeitung, früher reich illustriert, immer mehr zur „Bleiwüste". Die Politik-Berichterstattung hatte bereits Monate vor Kriegsausbruch den Schwerpunkt „Balkan".
Am 30. Juni 1914 wurde in großer Aufmachung über den Mord am Thronfolgerpaar berichtet, der als „entsetzliche Bluttat" bezeichnet wurde, die „in der ganzen Kulturwelt Entsetzen und Abscheu" hervorgerufen habe.[26]

Auch in der folgenden Ausgabe las man von „slawischer Revolverpolitik", die „Slawen" wurden zum erklärten Feindbild des Blattes.
Im Juli wurde die Klagenfurter 'Freie Stimme', ebenso ein deutschfreiheitliches Blatt, zitiert, die, wie auch die 'Lienzer Zeitung', beklagte, daß die „deutsche Presse" zuwenig Unterstützung erfahre.[27]
Ab 25. Juli stand die Berichterstattung ganz im Zeichen der sich abzeichnenden Ereignisse (Kriegsbeginn). Am 27. Juli wurde von der von der Regierung erlassenen Ausnahmeverfügung berichtet, durch die periodische Druckschriften drei Stunden vor deren Erscheinen der Behörde vorzulegen seien, was man als „Drei-Stunden-Preßzensur" betitelte.[28]

Durch das „starke Leserinteresse" wurden in diesen Tagen täglich zwei Sonderausgaben, um 9.00 Uhr und um 17.00 Uhr, ediert.
Am 3. August erschien die 'BZ' erstmals mit der Schlagzeile „Der Weltkrieg". Das Blatt wurde nun, je nach Aktualität der eintreffenden Meldungen und je nach Bedarf, als Sonder-, Morgen-, Mittags- oder Abendblatt herausgegeben, meist jedoch zweimal täglich, jeweils in einem Umfang von zwei bis vier Seiten. Auch an den Sonntagen wurden (bis 1915) eigene Ausgaben produziert.
Faktisch erschien die Zeitung somit ab August 1914 zweimal täglich bzw. 13mal wöchentlich. Der Statthalterei wurde dies jedoch erst am 26.9. mitgeteilt.[29]

Die Kriegsberichterstattung stand ganz im Zeichen des deutschen Nationalismus und Patriotismus, war gegliedert nach Kriegsschauplätzen, Landkarten mit den Frontverläufen wurden abgedruckt. Vom Einzelpreis von 10 Heller wurden zwei Heller für Kriegsfürsorgezwecke zur Verfügung gestellt. Die Mittagsausgabe widmete sich v.a. der zivilen Berichterstattung und hatte einen – allerdings bereits geschrumpften – Anzeigenteil, während in den Abendausgaben die Kriegsberichte dominierten und praktisch keine Inserate mehr enthalten waren.

Im Mai 1915, im 75. Jahrgang, wurde wieder auf sechsmal wöchentliches Erscheinen umgestellt, es erschien nur noch die Mittagsausgabe. Die Abendausgabe war ohne Angabe von Gründen eingestellt worden.[30]

Die Titelseite erschien nunmehr meist ohne Spaltenumbruch, die Schlagzeilen und der spärliche Text dazu wurden über die ganze Seite gezogen. Inhalte waren v.a. die wichtigsten Kriegsereignisse sowie verstärkt amtliche Nachrichten, die von Ämtern, Behörden und auch von „Wolf's Telegraphenbüro" übernommen wurden.[31]
Die Zeitung erhielt damit einerseits Amtsblatt-, andererseits Flugblattcharakter, neben der Aufmachung auch durch die Tatsache, daß sie teilweise nur noch zwei Seiten Umfang aufwies.
Mit dem Kriegseintritt Italiens verlegte sich der Schwerpunkt der Kriegsberichterstattung an die Südfront. Ein Tiroler Lokalteil war nur noch in sehr eingeschränktem Ausmaß vorhanden, auch andere Rubriken wurden nur stiefmütterlich gepflegt. Die Lokalberichterstattung beschränkte sich auf die Kriegsereignisse an der Südfront (Isonzo-Schlachten etc.). 1916 war das Blatt schließlich auch gänzlich in die Propaganda für die österreichischen Kriegsanleihen eingebunden.

Ab 14. Juli 1916 zeichnete Görlich nicht nur für Verlag, Herausgabe und Redaktion verantwortlich,

---

[26] Vgl. u. zit. 'BZ', Nr. 125, 30.6.1914, S. 1–5.
[27] 'BZ', Nr. 138, 15.7.1914, S. 1. Der Artikel erschien im selben Wortlaut auch in der 'Lienzer Zeitung'.
[28] Vgl. 'BZ', Nr. 148, 27.7.1914, S. 7.
[29] Vgl. 'BZ', ab Nr. 154, 3.8.1914 und Präs. 1914/XII 78c/3.161.
[30] Vgl. 'BZ', Nr. 102, 5.5.1915.
[31] Vgl. 'BZ'-Ausgaben vom Mai 1915 und BRUNNER a.a.O., S. 94.

sondern auch als Drucker.³² Die Titelseite wurde teilweise wieder im herkömmlichen Dreispalten-Umbruch gesetzt, meist jedoch ohne Spalten. 1917 wurde zwar der Lokalteil wieder ausgebaut, ansonsten erschienen jedoch fast ausschließlich amtliche Verlautbarungen, die im Wortlaut und unkommentiert übernommen wurden.

Die wirtschaftlichen Probleme infolge des Anzeigen- und Abonnentenschwunds wurden immer größer, weshalb das Blatt mehr schlecht als recht über den Krieg hinwegkam. Nach einem kurzen Aufschwung zu Beginn des Krieges bekam es die zunehmende Konkurrenz des Tyrolia-Blattes 'Der Tiroler' und auch der 'Bozner Nachrichten' zu spüren und war 1918 schließlich nur noch ein Schatten seiner selbst.³³

1918 nahmen die Berichte zu, die den Friedensplan propagierten, die „Friedensfrage" rückte ins Zentrum der politischen Berichterstattung, die Kriegsereignisse wurden bis September/Oktober (außer die Kämpfe an der Südfront) zurückgedrängt. Hauptinhalte waren jedoch weiterhin amtliche Mitteilungen und Agenturmeldungen.

Im November wurde v. a. über die Neugestaltung des Staates berichtet, wobei – im Gegensatz zu den meisten Tiroler Zeitungen – die Abdankung des Kaisers und dessen vorausgegangenes Oktobermanifest nicht begrüßt wurden. Diese Ablehnung geschah im Einklang mit den „deutschen Parteien", wie man es formulierte.³⁴ Eine Rubrik „Die Zukunft Deutsch-Österreichs" wurde eingerichtet. Was man vom „neuen Österreich" hielt, kam deutlich zum Ausdruck, als man sofort den Anschluß an Deutschland forderte.

1919 erregte die 'BZ' noch einmal Aufsehen, als sie am 13. Jänner in einem Artikel zur Zukunft Südtirols den Brief eines Bozners zitierte, in dem der „offene und ehrliche Anschluß an das nahe und mächtige Italien..." gefordert wurde.³⁵ Dies sollte der Anfang vom Ende des Blattes sein, das einmal ein deutschnationales war und nunmehr auf italienischen Kurs umgeschwenkt hatte. Görlich wurde am nächsten Tag aus dem Stadtcafé in Bozen hinausgeworfen, die Fenster der Druckerei eingeschlagen und das Druckereilokal von der Stadt gekündigt.

In Bozen hielt sich das Gerücht, daß Görlich für italienfreundliche Artikel monatlich 18.000 Kronen erhalten hatte. In einem Flugblatt wurde außerdem zum Boykott des Blattes aufgerufen.³⁶

1920 wollte Görlich noch ein deutsch geschriebenes italienisches Propagandablatt ins Leben rufen. Diese Bemühungen brachten jedoch kein Ergebnis.

Die 'BZ' vegetierte „unter vollkommenem Ausschluß der Öffentlichkeit" in einer ehemaligen Garage in Gries weiter, ehe sie Ende November 1922 „stillschweigend" ihr Erscheinen einstellte. Die Zeitung 'Volksrecht' meldete die Einstellung am 26. 11., 'Der Tiroler' am 27. 11. 1922. Die Buchdruckerei des Verlegers Görlich wurde nach Italien verkauft, nachdem es für Eingeweihte schon lange unbegreiflich gewesen war, wie sich für das Blatt, das kaum mehr jemand zu Gesicht bekam, überhaupt noch Interessenten finden konnten.³⁷

Nach dem Zweiten Weltkrieg erschien ab 3. 11. 1946 wieder ein italienfreundliches Tagblatt unter dem Titel 'Bozner Zeitung', das jedoch bereits im Herbst 1947 wieder eingestellt wurde.³⁸

---

[32] Vgl. 'BZ', Nr. 159, 14. 7. 1916 (Impressum).
[33] BRUNNER a. a. O., S. 95.
[34] 'BZ', Nr. 243, 18. 10. 1918, S. 1.
[35] BRUNNER a. a. O., S. 95.
[36] Vgl. ebd.
[37] Vgl. ebd., zit nach 'Volksrecht' vom 26. 11. 1922.
[38] Ebd.

1.15 Meraner Zeitung / Südtiroler Landeszeitung

1.15.1 Daten zur äußeren Struktur

Titel:
1867:	Meraner Zeitung[1]
ab 20.06.1920:	Südtiroler Landeszeitung
ab 02.01.1923:	Meraner Zeitung

Untertitel:
1867:	Wochenblatt für Stadt und Land
1914:	kein Untertitel
ab 17.11.1914:	Überzeile: Während des Krieges täglich erscheinend
ab 01.10.1919:	Deutsches Tagblatt für Fortschritt, Volkswirtschaft und Fremdenverkehr mit der Sonntagsbeilage für Heimatpflege: „Meraner Sonntagsbote", danach mehrfache Änderungen
ab 20.06.1920:	als 'Südtiroler Landeszeitung': Deutsches Tagblatt für Stadt und Land mit den Beilagen „Bozner Tagblatt", „Meraner Zeitung" und „Unsere Heimat", Sonntagsblatt für Heimatpflege, danach mehrfache Änderungen
ab 03.08.1922:	Organ der deutschfreiheitlichen Volkspartei.
ab 02.01.1923:	wieder als 'Meraner Zeitung': Deutsches Tagblatt mit den Sonntagsblättern „Fremdenverkehr" und „ Heimat"
ab 20.10.1923:	Deutsches Tagblatt

Erscheinungsort: Meran

Erscheinungsdauer:
als 'Meraner Zeitung':	01.01.1867 bis 19.06.1920 (1914: 48.Jg.) und 02.01.1923 bis 27.02.1926
als 'Südtiroler Landeszeitung':	20.06.1920 bis 30.12.1922

Erscheinungsweise:
1867:	zweimal wöchentlich (Mittwoch, Samstag)
ab 01.09.1881:	dreimal wöchentlich (Dienstag, Donnerstag, Samstag)
ab 02.09.1888:	sechsmal wöchentlich (außer Sonntag)
ab 01.06.1892:	dreimal wöchentlich
ab 11.12.1913:	zweimal wöchentlich (Buchdruckerstreik)
1914:	dreimal wöchentlich (Dienstag, Donnerstag, Sonntag, 6.00 Uhr abends)
ab 01.09.1914:	sechsmal wöchentlich (3.00 Uhr nachmittags, außer Sonntag, vorerst jedoch weiterhin dreimal wöchentlich, ab Ende Dezember 1914 tatsächlich Tageszeitung)
ab 1916:	sechsmal wöchentlich (4.00 Uhr nachm.)
ab 01.10.1918:	sechsmal wöchentlich (6.00 Uhr abends), tägliche Erscheinungsweise weiterhin beibehalten.

Als Halbwochenschrift gegründet, ging die 'MZ' 1881 zum dreimal wöchentlichen Erscheinen über (Dienstag, Donnerstag, Samstag, jeweils mit dem Datum des darauffolgenden Tages). Bereits von 1888 bis 1892 erschien das Blatt täglich, mußte dann jedoch wieder das Erscheinungsintervall einschränken, ehe es im Zuge des Ersten Weltkrieges endgültig zur Tageszeitung ausgebaut wurde.
Den sechsmal wöchentlichen Erscheinungsrhythmus behielt das Blatt – auch als 'Südtiroler Landeszeitung' – bis zu seiner Einstellung bei.

---

[1] In der Folge mit 'MZ' abgekürzt. Bei den folgenden Unterkapiteln wird v. a. auf den Untersuchungszeitraum 1914–1918 eingegangen, die Entwicklung des Blattes bis 1914 vgl. v. a. VOLGGER a.a.O., nach 1918 v. a. BRUNNER a.a.O.

Umfang: (in Seiten)

	Normalausgabe	Wochenende (Samstags- bzw. Sonntagsausgabe)
1910	8–16	16–24
1914	10–16	16–30
1915	4–6	8–12
1916	4–8	12
1918	4 -12	12
1920	4–8	16
1921	4–12	12
1923	4–8	

1914 erschien die 'MZ' mit durchschnittlich 10 bis 16 Seiten, an Sonntagen mit bis zu 30 Seiten (wovon ca. 1/3 Inserate waren).

Während des Krieges pendelte sich der Umfang auf meist vier bis acht Seiten (Sonntag zwölf Seiten) ein, der Anzeigenumfang kam über eine bis zwei Seiten nicht hinaus. Auch nach dem Krieg sollte sich der Umfang des Blattes nicht mehr wesentlich erhöhen.

Format: 1914: Kanzleiformat: 41,2 × 28,5 cm
ab 20.06.1920: Berliner Format: 49 × 32 cm

Satzspiegel: 1914: 36 × 23,5 cm
ab 20.06.1920: 44 × 29,3 cm
ab 02.01.1923: 44 × 30 cm

Umbruch: 1914: 3 Spalten à 7,6 cm / ohne Spaltentrennlinien, diese erst ab 01.09.1914
ab 20.06.1920: 3 Spalten à 9,5 cm / ohne Spaltentrennlinien
ab 06.05.1922: 4 Spalten à 7,2 cm / ohne Spaltentrennlinien

Schriftart (Brotschrift): Fraktur
ab 14.02.1918: Texte teilweise Antiqua, Schlagzeilen Fraktur, ab April wieder durchgehend Fraktur.

Zeitungskopf: Höhe: 1914: 9,5 cm
Nov. 1914: 10 cm
ab 1916: 11,5 cm
ab 01.10.1918: 10,5–11 cm, teilw. 8,5 cm
ab 20.06.1920: schwankend zw. 18 und 10,7 cm
ab 02.01.1923: 10 cm

1914 war der Kopf des Blattes schmucklos, ohne Untertitel, in der Unterzeile waren Bezugspreise und -bedingungen etc. untergebracht. 1916 wurde der Titelschriftzug vergrößert und fetter gesetzt. Ab 01.10.1918 wurde links neben den Titel das Meraner Wappen in den Kopf gesetzt und der Schriftzug wieder unwesentlich verändert.

Als 'Südtiroler Landeszeitung' erschien das Blatt mit wesentlich vergrößertem Kopf, in der Mitte fand sich der Tiroler Adler.

Gesinnung/politische Richtung: 1867: unpolitisch, farblos, ab 1879 liberal, dann zunehmend deutschfreisinnig bis deutschnational, antiklerikal, Förderung wirtschaftlicher (v. a. touristischer) Interessen, als 'Südtiroler Landeszeitung' Parteiorgan der deutsch-freiheitlichen Partei Südtirols; in der Folge zunehmend italienfreundlich.

Impressum:
1867: Verlag Jean B. Stockhausen, 1879 gingen Druckerei und Zeitung an Friedrich Wilhelm Ellmenreich über (Besitzer der Papierhandlung S. Pötzelberger).

1880:	Verl., Herausgeber und Drucker: Pötzelberger (vormals Ellmenreich)
ab 1896:	Verantw. Schriftleiter Albert Ellmenreich
1900:	Verantw. Redakteur Albert Ellmenreich, Herausgeber und Drucker: S. Pötzelberger'sche Buchhandlung
1914:	Verantw. Schriftleiter: Viktor von Mehoffer (seit 11.02.1910), verantw. für die Geschäftsstelle: Ludwig König, Herausgeber und Drucker: Buch- und Kunstdruckerei S. Pötzelberger (F. W. Ellmenreich), sämtliche in Meran
ab Mitte 1916:	Verantw. Schriftleiter Albert Ellmenreich

Ressorts/Inhalt:

1914:	Politik (Österreich-Ungarn, Ausland, Tirol), Vereinsnachrichten, Neueste Nachrichten und Telegramme der 'MZ', Kundmachungen, Feuilleton, Fortsetzungsroman. Politik und Tirolisches waren dominant, kleinere Rubriken waren weiters Aus aller Welt, Theater, Musik und Kunst, Wohnungsanzeiger; ab Juli 1914 zunehmend antislawisch und Pro-Kriegseinsatz.
ab Ende Juli:	erste Kriegsrubriken wie „Krieg mit Serbien", „Vor dem Weltkrieg", in der Folge nach Kriegsschauplätzen eingeteilt („Vom serbischen Kriegsschauplatz" etc., „Unsere Kriegsberichte"), zunehmende Propaganda für Kriegsanleihen, Inserate und zivile Rubriken sehr eingeschränkt.
ab Mai 1915:	„Vom italienischen Kriegsschauplatz" Hauptthema, zunehmend Illustrationen (v. a. Landkarten).
1916:	amtliche Nachrichten und Abdruck von Artikeln anderer Blätter dominierend, lediglich im Lokalressort noch Eigenberichte; 1916/17 bereits erste Artikel zu „Friedensaussichten", im November 1916 breite Würdigung des Kaisers nach dessen Ableben (22seitige Ausgabe).
ab Mai 1917:	Rubrik „Österreichischer Reichsrat" (Parlamentsberichterstattung), fallweise wurde auch der Leitartikel wieder gepflegt.
1918:	zunehmende Berichte zur Friedensfrage, im November Übergang zur zivilen Berichterstattung, neue Rubrik „Deutsch-Österreich", zunehmende Beschränkung auf lokale Begebenheiten und amtliche Kundmachungen, um Ausgleich mit Italien bemüht.

Bezugspreise: 'Meraner Zeitung'

ab Datum	Einzelnummer		Monatsabonnementpreise					
			loco/abholen		Zust. Bote		Zust. Post	
1908	H	10						
1914	"	10	K	1,10	K	1,20	K	1,40
01.09.1914	"	10	"	1,70	"	1,80	"	2,30[a]
01.04.1916	"	10	"	1,80	"	1,90	"	2,40
01.10.1916	"	10	"	2,–	"	2,10	"	2,60
Okt. 1917	"	10	"	2,20	"	2,30	"	2,80
01.04.1918	"	16	"	2,40	"	2,60	"	3,20
1919	auf Lirewährung umgestellt							

Anmerkung zu den Preisen:

[a] Die Preiserhöhung wurde im August für September angekündigt, im Zeitungskopf wurden die Preise jedoch erst im Dezember geändert.

Zeitungstyp nach Vertriebsart: Abonnement-Blatt (vorwiegend), auch Einzelverkauf v. a. in Meran

Auflagen: 1905: 1.500²; 1911: 2.000³; 1914: 2.300; 1915: 2.500; 1916: 1.200; 1917: 2.100; 1918: 2.800⁴; 1919: 4.200; 1920: 7.500; 1921: 4.500; 1923: 3.000⁵

Beilagen: Ab 28.06.1914 erschien in den Sommermonaten die *„Fremden-Liste"* der Bäder und Sommerfrischen Tirols als Beilage zur 'MZ', die Gästestatistiken, touristische Attraktionen und v. a. Inserate von Hotels etc. brachte, bebildert und dreispaltig in Antiqua gesetzt war; sie wurde dem Blatt kostenlos beigelegt, verschwand aber während des Krieges parallel zum Erliegen des Fremdenverkehrs wieder.

Während des Untersuchungszeitraumes 1914 bis 1918 erschien die 'MZ' ansonsten ohne Beilagen. Brunner hält in seiner Arbeit für 1919 die Beilage *„Meraner Sonntagsblatt"*, für 1920 als dessen Fortsetzung *„Unsere Heimat"* fest, die 1923 wiederum von der *„Heimat"* abgelöst wurde. Außerdem erschienen 1920 bzw. 1923 das *„Südtiroler Nachrichten-Blatt"* bzw. *„Fremdenverkehr"* als weitere, jedoch kurzlebige Beilagen.⁶ „Unsere Heimat" wurde auch als Beilage von der 'Südtiroler Landeszeitung' geführt. Als Beilagen wurden dabei auch das *„Bozner Tagblatt"* und *„Meraner Zeitung"* erwähnt, die jedoch genaugenommen als Lokal-Rubriken bezeichnet werden können, die mit einem ganzseitigen Rubrikentitel versehen waren.⁷

Jubiläumsausgabe: Jubiläumsbeilage zur Nr. 1 vom 1. Jänner 1916 mit dem Titel „Das 50. Jahr Meraner Zeitung", achtseitig, zweispaltig. Einführend schrieb man: Obwohl die sorgenvolle Zeit für Jubiläen nicht ideal sei, wolle man doch kurz innehalten und auf bereits 49 Jahre 'MZ' zurückblicken. Dies sei zwar eine kurze Zeit in der Geschichte, schließe jedoch bedeutsame historische, wirtschaftliche und kulturelle Wandlungen und Entwicklungen ein, die v. a. auch in die Zeitungen Eingang gefunden hätten.⁸

Auf der zweiten Seite brachte man einen Rückblick auf die erste Ausgabe (mit Faksimile), auf Seite drei ging man auf die Ausgestaltung, auf Seite vier auf die Aufgaben des Blattes ein. Die Geschichte der Druckerei, die von Stockhausen gegründet und von Ellmenreich übernommen worden war, wurde beschrieben, ebenso die Schriftleiter erwähnt sowie die Entwicklung der unpolitischen Zeitung zum deutschfreisinnigen Blatt dargestellt, die eine „Gegenagitation" der Klerikalen mit der Gründung des 'Burggräflers' einleitete. Man habe Abnehmer in England und Deutschland, da die Gäste, die in Meran kurten, die 'MZ' als Bindeglied zu ihrem Urlaubsort hielten.

Schon 1888 hatte man die tägliche Erscheinungsweise eingeführt, die jedoch 1892 wieder zurückgenommen werden mußte, hatte sich Meran doch zu klein für eine Tageszeitung erwiesen.⁹
Es folgten noch Artikel zum Meraner Kurwesen, eine Literaturliste zu Meran sowie ein Bericht zum Ende des deutsch-französischen Krieges mit dem Titel „Der Friedensschluß vor 45 Jahren".¹⁰

1.15.2 Allgemeine Chronik

Bereits 1863 war in Meran ein 'Wochenblatt für Meran und Umgebung' im Verlag Jandl erschienen, das als reines Anzeigen- bzw. Ankündigungsorgan mit Lokalcharakter jedoch nur wenig Bedeutung erlangte und 1865 wieder einging.¹¹

Erfolgreicher sollte sich die Gründung der 'Meraner Zeitung' mit 1. Jänner 1867 gestalten. Als unpo-

---

² Vgl. Präs. 1905/13/57.
³ Vgl. Präs. 1911/XII 78c3.
⁴ Vgl. Präs. 1914ff./XII 78c3 (jew. 1. Quartal).
⁵ Vgl. Präs. 1919ff. lt. BRUNNER a.a.O., S. 123 und 257.
⁶ Vgl. BRUNNER a.a.O., S. 126.
⁷ Vgl. ebd., S. 258.
⁸ 'MZ'-Jubiläumsbeilage „Das 50. Jahr Meraner Zeitung", Nr. 1, 1.1.1916, S. 1 f.
⁹ Vgl. ebd., S. 3 f.
¹⁰ Vgl. ebd., S. 5–8. Zu den Aufgaben der Zeitung, die von Ellmenreich auf Seite 4 dargestellt wurden, siehe Unterkapitel „Allgemeine Chronik".
¹¹ HIMMELREICH a.a.O., S. 14.

litisches, farbloses Halbwochenblatt von Jean Baptiste Stockhausen gegründet, sollte es in der Folge zur führenden liberalen, später deutschfreisinnigen Zeitung Südtirols werden.

Der Rheinländer Stockhausen hatte zuvor, im August 1866, die erste Druckerei in Meran gegründet. Davor war er Redakteur der liberalen 'Bozner Zeitung' gewesen. Um der Druckerei die nötige Auslastung zu verschaffen, gründete er die 'MZ', die er ab 1867 zweimal wöchentlich erscheinen ließ. Er konnte das Blatt in Meran und Umgebung einbürgern und bald die Auflage steigern. Eine Krankheit zwang ihn jedoch, Druckerei und Verlag der Zeitung zu verkaufen.

Mit 1. April 1879 ging die Buchdruckerei durch Kauf an Friedrich Wilhelm Ellmenreich über[12], der bereits im Juli 1865 die Buch- und Papierhandlung S. Pötzelberger in Meran erworben hatte.[13]
Die Auflage des Blattes hatte zu Beginn 200 Exemplare betragen, bis zur Jahrhundertwende war sie auf ca. 1.000 Stück angewachsen und sollte sich weiter erhöhen.[14]

Ellmenreich baute das bisher relativ unpolitische Blatt zu einem liberalen aus. Dieser Schwenk wurde auch durch den Eintritt des Wieners Anton Edlinger in die Redaktion verstärkt, der dem Blatt mit brillant geschriebenen Artikeln deutsch-freisinniger Tendenz bedeutendes Ansehen verschaffte[15] und eine weitere Auflagensteigerung ermöglichte, weshalb Ellmenreich zum dreimal wöchentlichen, ab 1888 sogar zum täglichen Erscheinen überging.
In der Folge erwies sich das Einzugsgebiet für eine Tageszeitung als zu klein, weshalb das Blatt nach finanziellen Einbußen ab Juni 1892 wieder dreimal wöchentlich erschien. Ein weiterer Verlust für die Zeitung war auch das Ausscheiden Edlingers aus der Redaktion im Jahr 1889 gewesen.[16]
1896 wurde der Sohn Ellmenreichs, Albert, Redakteur des Blattes, was er, mit zwei Unterbrechungen, bis zur Einstellung bleiben sollte.

Ellmenreichs Druckerei Pötzelberger wurde 1901 durch den Kauf einer neuen, modernen Setzmaschine zeitweise zur leistungsfähigsten Druckerei in Deutsch-Südtirol (bis zum Aufstieg der Tyrolia). Ellmenreich hatte auch die Zeichen der Zeit erkannt und seine Druckerei und die 'MZ' voll in den Dienst des Meraner Fremdenverkehrs gestellt, was weiteres Ansehen und Abnehmer brachte.[17]
Die Söhne Ellmenreichs, Redakteur Albert und Druckerei-Prokurist Oskar, beide schon Teilhaber der Firma, übernahmen schließlich 1920 das Geschäft, der Vater verstarb im Jahr 1923.

Seit 1904 verfolgte die 'MZ' gegenüber Autonomieforderungen der Welschtiroler eine unnachgiebige Politik, sie wurde Sammelplatz jener, die eine rigorose Politik gegenüber den Italienern von der Regierung in Innsbruck und Wien forderten.
Rigoros war auch die Stellung gegenüber allen katholisch-konservativen und christlichsozialen, als „klerikal" bezeichneten Tendenzen bzw. gegenüber den diese Strömungen vertretenden Zeitungen, v. a. gegenüber dem 'Burggräfler', der als konservatives Gegenstück zur 'MZ' gegründet worden war.[18]

Der Buchdruckerstreik 1913/14 bereitete auch der 'MZ' Probleme, die ab Mitte Dezember 1913 nur noch zweimal wöchentlich und mit stark reduziertem Umfang (meist nur zwei Seiten) erscheinen konnte, ehe sie mit dem Ende des Streiks wieder zum gewohnten Erscheinungsrhythmus zurückkehren konnte (Dienstag, Donnerstag, Samstag).

Zu Beginn des Untersuchungszeitraumes 1914 erschien das Blatt im Kanzleiformat, dreispaltig, mit schmucklosem Kopf, meist mit Leitartikel, Politik und Feuilleton auf der Titelseite und neben der Lokalberichterstattung mit einigen Kleinrubriken. Die Wochenendausgabe wies jeweils um ca. 50 % mehr Umfang auf, auch der Inseratenteil war wesentlich umfangreicher. Das Blatt verzeichnete, wie

---

[12] Vgl. VOLGGER a. a. O., S. 247 f.
[13] Vgl. BRUNNER a. a. O., S. 127.
[14] Vgl. VOLGGER a. a. O., S. 257 und 'MZ'-Jubiläumsbeilage, S. 1.
[15] VOLGGER a. a. O., S. 249.
[16] Vgl. ebd.
[17] Ebd., S. 250 f.
[18] Vgl. ebd., S. 251–253.

die 'Bozner Zeitung', saisonale Schwankungen der Auflagenzahlen, in den Herbst- und Wintermonaten betrug die Mehrauflage jeweils ca. 100 Stück (1905–1913).[19] Auch die Samstagausgabe hatte eine höhere Auflage.

Hauptverbreitungsgebiet war der Meraner Kurbezirk, wo ca. 3/4 der Auflage verkauft wurde, der Rest verteilte sich über das ganze (Süd-)Tirol, v. a. auf die Kur- und Fremdenverkehrsregionen bzw. -orte. Einzelne Exemplare gingen auch in das Ausland (Meraner Gäste, die die Zeitung als Bindeglied zu ihrem Urlaubsort hielten).[20]

Das Blatt war auf Grund noch fehlender Illustrationen (lediglich im Anzeigenteil hatte sich die graphische Gestaltung bereits eingebürgert) und dem eintönigen Umbruch eine „Bleiwüste". Hauptinhalte waren österreichische, tirolische und Weltpolitik; Lokales, amtliche Verlautbarungen, Kurzmeldungen und das Feuilleton rundeten das Bild ab.

Die antiklerikale Ausrichtung der 'MZ' zeigte sich wiederholt in der abschätzigen Kommentierung katholischer Aktionen. Die starke deutsche Ausrichtung äußerte sich v. a. im Abdruck von Artikeln von deutschnationalen Reichsratsabgeordneten bzw. von Artikeln anderer gleichgesinnter Zeitungen wie z. B. der 'Vossischen Zeitung' oder der 'Grazer Tagespost'.

Im April 1914 wurde der Parteienkampf zwischen Christlichsozialen und Konservativen scharf verurteilt, der „fast zum Bürgerkrieg ausartete…". Dabei wurden jedoch stärker die Christlichsozialen denn die Altkonservativen angegriffen, wobei als Gegenpol gleichzeitig Wahlpropaganda für die deutschfreiheitliche Partei betrieben wurde.[21] Gleichzeitig warf man den Christlichsozialen vor, daß Deutsch-Tirol durch deren Mißwirtschaft viel mehr an Steuern abzuführen habe als Italienisch-Tirol. Die Konservative Partei wurde bezichtigt, ihre eigene Existenz zu vernichten.
Um diese Krisen hintanzuhalten, gelte es den deutschfreiheitlichen Kandidaten für die allgemeine Kurie zu wählen.[22] Der „Wahlerfolg" wurde schließlich auch breit publizistisch gewürdigt.

In wirtschaftlichen Belangen wurde v. a. der Fremdenverkehr gefördert, weshalb auch davor gewarnt wurde, die Klerikalen zu wählen, die fremdenverkehrsfeindlich eingestellt seien, hätten sie doch den Befehlen des Trientiner Bischofs zu gehorchen.[23]
Im Juni gab man die Einzelverkaufsstellen bekannt, in denen die 'MZ' erstanden werden konnte: Man zählte neun in Meran, je drei in Obermais und Bozen, je eine in Innsbruck und in Untermais (17 in Tirol).[24] Die geringe Zahl der Verschleißstellen verdeutlicht, daß auch die 'MZ' v. a. über Abonnements vertrieben wurde.

Am 1. Juli wurde breit über die Ermordung des Thronfolger-Paares berichtet, die als „ruchloses Attentat" bewertet wurde, „das Folge der grenzenlosen Verhetzung, die seit einiger Zeit bei den Südslawen betrieben wird", gewesen sei.[25] Eine ausführliche Schilderung der Tat und deren Hintergründe folgten, ebenso wie in der nächsten Ausgabe.
Die folgende unnachgiebige Politik Österreich-Ungarns gegenüber Serbien wurde von der 'MZ' vollständig unterstützt – man sei sogar zu mild mit Serbien umgegangen und dürfe sich nicht alles bieten lassen. Damit setzte bereits am 5. Juli ein indirektes Drängen zum Krieg ein.

Am 24. Juli wurde in der Zeitung laut über die Möglichkeiten eines Kriegsausbruchs nachgedacht, über die Rolle Rußlands und Frankreichs und deren Truppenstärken spekuliert und dem die Stärke der Monarchie und Deutschlands entgegengehalten.[26]

---

[19] Ebd., S. 254–256.
[20] Ebd.
[21] 'MZ', Nr. 41, 22. 4. 1914, S. 1.
[22] Ebd.
[23] 'MZ', Nr. 46, 3. 5. 1914, S. 1.
[24] Vgl. 'MZ', Nr. 63, 11. 6. 1914, S. 13.
[25] 'MZ', Nr. 71, 1. 7. 1914, S. 1.
[26] Vgl. 'MZ', Nr. 81, 24. 7. 1914, S. 1.

Das Ultimatum wurde schließlich positiv aufgenommen und der „entschiedene, klare und ruhige Ton der Note" gewürdigt.[27]
Extraausgaben zum „Krieg mit Serbien" bzw. zur Kriegserklärung folgten am 26. und 27. Juli. Die Kriegsberichterstattung hatte somit schon vor Kriegsausbruch begonnen.

Am 26. August erschien das Blatt erstmals mit zensurierten Textstellen. Zwei Tage später kündigte man für 1. September das tägliche Erscheinen des Blattes „einstweilen auf die Dauer des Krieges" an, um den Wünschen nach rascher und täglicher Übermittlung der neuesten Nachrichten von den Kriegsschauplätzen nachkommen zu können.[28]
Man werde jeweils um 3.00 Uhr nachmittags erscheinen und habe es sich zur Aufgabe gemacht, „nur wahrheitsgetreu, den Tatsachen entsprechende Nachrichten von den Kriegsschauplätzen als auch über die allgemeine politische Lage zur Kenntnis zu bringen". Deshalb solle der Leser nicht den abenteuerlichen Gerüchten „fremdländischer" Blätter glauben. Außerdem wurden das „tapfere Heer" und die „weitschauende Verwaltung und Regierung" gewürdigt.[29]

Vorerst blieb es jedoch bei der dreimal wöchentlichen Erscheinungsweise. Definitiv zur Tageszeitung wurde das Blatt erst mit Ende Dezember 1914. Auch die parallel zum Ausbau des Erscheinungsrhythmus angekündigte Preiserhöhung wurde erst im November im Zeitungskopf (nach)vollzogen.
1915 erschien das Blatt tatsächlich sechsmal wöchentlich (außer an Sonn- und Feiertagen).

Von wirtschaftlichen Problemen blieben die Druckerei und das Blatt in den ersten Kriegsjahren weitgehend verschont, so konnte die Zeitung den Krieg auch im weiteren Verlauf – im Gegensatz zu anderen Blättern, etwa der ebenfalls deutschnationalen 'Bozner Zeitung' – relativ gut überstehen.[30] Auch das Inseratengeschäft lief weiterhin vergleichsweise gut.

Die patriotische Schreibweise mit der Huldigung an die eigenen Truppen und den Berichten über deren Erfolge sowie die Tendenz hin zum Propagandaorgan an der „Heimatfront" verschonten das Blatt auch vor einem Überhandnehmen von Konfiskationen (welche immer eine wirtschaftliche Schädigung nach sich zogen). Dabei konnte man sich sogar – unter Zitierung anderer Blätter – gegen die Zensur wenden, andererseits vehement aufkeimenden Friedensbemühungen entgegentreten.

Ab Mai 1915 stand Italien im Mittelpunkt des Interesses der Zeitung, die italienische Haltung wurde als „heimtückisch" verurteilt. Die Hauptstoßrichtung des Blattes war nun gegen Italien gerichtet, nachdem im Krieg die ideologisch-publizistischen Fehden mit der klerikalen Presse in den Hintergrund getreten waren. Obwohl weiterhin die Siegesmeldungen und Jubelberichte den breitesten Raum einnahmen, war die anfängliche Kriegsbegeisterung schon teilweise gewichen.
Im Dezember 1915 organisierten die Pötzelberger'sche Druckerei und die 'MZ' eine „Teekessel-Sammlung" für die an der Südfront stehenden österreichischen Truppen, denen nunmehr der Wintereinbruch als zweiter Feind gegenüberstehe.[31]

Zu Jahresbeginn 1916 wurde eine Jubiläumsbeilage über „das 50. Jahr Meraner Zeitung" ediert, in der von Ellmenreich auch auf die Aufgaben des Blattes eingegangen wurde: „Die Arbeit soll die Quelle aller bürgerlichen Ehre und Wohlfahrt, die Freiheit die Grundlage alles staatlichen Wesens sein. Arbeit und Freiheit stehen im Mittelpunkt aller Bestrebungen, die der Meraner Zeitung den Kreis ihres Wirkens erfüllen."[32] Der öffentlichen Meinung wolle man dienen, nicht sie beherrschen. Auch künftig werde man für Kaiser und Reich kämpfen, den nationalen Gedanken leuchten lassen und eine geschlossene Abwehr-Phalanx zum Schutz des Deutschtums und Tirolertums „gegen jeden welschen Feind" bilden. Die deutsche Kultur sei hochzuhalten, Bauernschaft, Fremdenverkehr, Handel und Ge-

---

[27] 'MZ', Nr. 82, 26.7.1914, S. 1.
[28] 'MZ', Nr. 96, 28.8.1914, S. 1.
[29] Ebd.
[30] Vgl. BRUNNER a.a.O., S. 127.
[31] Vgl. 'MZ'-Ausgaben vom Dezember 1915.
[32] 'MZ'-Jubiläumsbeilage, S. 4.

werbe würden weiter Unterstützung der 'MZ' erhalten. Auch die Behörden werde man unterstützen, jedoch immer unabhängig und selbständig im Urteil bleiben.[33]

Wie andere Blätter blieb die 'MZ' von Einbußen der Druckqualität und des Umfanges sowie von Preiserhöhungen nicht verschont. Zensurflecken traten weniger wegen kritischer Berichterstattung denn auf Grund militärisch-strategischer Gründe auf. Eigenberichte der 'MZ' wurden zur Mangelware, es überwogen amtliche Mitteilungen und freigegebene Berichte des Kriegspressequartiers sowie übernommene Artikel anderer Zeitungen. Schlug das Blatt dennoch über die Stränge, wurde es zensuriert, wie z.B. wegen des Artikels „Landesverrat und Zensur" im Juli 1916 oder am 07.05. und 27.06.1918.[34]

Am 2. Oktober 1916 würdigte man anläßlich seines Todes Landeshauptmann Theodor Freiherr von Kathrein und dessen Wirken, obwohl dieser ein Vertreter der konservativen Partei gewesen war, die von der 'MZ' wiederholt angegriffen worden war.

Neben die noch vorherrschenden Erfolgsmeldungen und die Propaganda für Kriegsanleihen und Rotkreuz- und andere Sammlungen traten Ende 1916 vermehrt Artikel über verlorene Schlachten und „Friedensaussichten" hervor – die Berichterstattung machte den Schwenk von der Kriegseuphorie zur vorsichtigen Friedenshoffnung. Am 22. November wurde auf 22 Seiten „Das Leben des hingegangenen Monarchen" Kaiser Franz Josef gewürdigt.

Im Jänner 1917 ging man unter dem Titel „Gerüchte" auf die Notwendigkeit der Zensur ein (ohne das Wort „Zensur" jedoch zu gebrauchen): Die Zensurpraxis wurde mit der militärischen Notwendigkeit begründet bzw. verteidigt; die Gegner würden dies nun einerseits kopieren, andererseits versuchen, über „unsere" Zeitungen aus jeder Meldung kriegswichtige Details herauszufiltern, weshalb es notwendig sei, in der Berichterstattung sehr vorsichtig zu sein. Schließlich sei jeder, der falsche Gerüchte oder Unwahrheiten verbreite, ein Helfer der Entente-Presse.[35]

Im Mai wurde die Wiederbelebung des Parlamentarismus im Namen des „Deutschen Nationalverbandes" begrüßt und als Folge die Rubrik „Österreichischer Reichsrat" für die Parlamentsberichterstattung eingerichtet. Die Kriegsberichte konzentrierten sich vorwiegend auf die Isonzofront. Als typische Schlagzeile sei hier nur „Das verräterische Italien wird gerichtet" erwähnt, die die Tendenz der Berichte widerspiegelt.

Der Umfang des Blattes war bis 1918 weiter geschrumpft. Trotz wesentlicher Preissteigerungen aller Materialien habe man die Bezugspreise nicht erhöht, betonte man zu Beginn 1918. Tatsache war, daß die 'MZ' bereits teurer als vergleichbare Blätter war.
Mit großer Empörung reagierte das Blatt am 28.2.1918 auf die Enthüllung über den Londoner Geheimvertrag, was die italienfeindliche Haltung noch verstärkte.[36]

Im April beklagte man den Papiermangel und die Bevorzugung der Wiener Blätter, die in Verbindung oder im Eigentum der großen Papierfabriken stünden; die Provinzpresse werde offensichtlich benachteiligt, obwohl genug Papier vorhanden sein müßte. Die Summe der ungeheuren Leistungen der Provinzblätter (Förderung der Kriegsfürsorgetätigkeit und der Kriegsanleihen-Zeichnung, Aufklärung, Beruhigung und Festigung der öffentlichen Meinung, Aufrechterhaltung des Siegeswillens) rechtfertige es, daß an maßgeblicher Stelle die Interessen und Bedürfnisse der Provinzblätter höher bewertet werden müßten „als der Geldhunger einiger Millionengewinner und Kettenhändler".[37]
Klagen über die wirtschaftliche Not und die fehlende Versorgung in Tirol mischten sich in der Zeitung mit lauter werdenden Friedensforderungen. Wiederholt wurden Artikel des Südtiroler Reichsratsabgeordneten Emil Kraft abgedruckt. Die diplomatischen Friedensbemühungen wurden vorwiegend aus österreichischer Sicht dargestellt.

---

[33] Ebd.
[34] Vgl. 'MZ', 17.7.1916, S. 3 u. 5 und Präs. 1918/XII 78c2/2.986.
[35] 'MZ', Nr. 5, 7.1.1917, S. 1.
[36] Vgl. 'MZ', Nr. 49, 28.2.1918, S. 1.
[37] Vgl. u. zit. 'MZ', Nr. 91, 22.4.1918, S. 1 f.

Ab 1. Oktober wurde im Zeitungskopf das Meraner Wappen abgedruckt, wohl um das Tirolische angesichts der italienischen Bedrohung zu verdeutlichen.

Am 9. Oktober hob man wiederum den Friedenswillen der Mittelmächte hervor und prangerte den „rücksichtslosen Vernichtungswillen" amerikanischer Staatsmänner an.[38]

Die Gründung des Staates „Deutsch-Österreich" wurde schließlich gutgeheißen. Dies geschah auch wegen des „deutschen" Bekenntnisses (dem Willen zum Anschluß an Deutschland) und dem Festhalten an der Betonung des weiteren Anspruchs auf Tirol auch südlich des Brenners. Die 'MZ' brachte dabei ihren Willen zur Vereinigung „aller deutschen Stämme" zum Ausdruck, was für das Blatt in der weiteren Folge auch den Anschluß nach sich ziehen sollte. Vorerst wurde jedoch die Vereinigung aller deutschen Gebiete Österreichs (ca. 10 Mio. „Deutsche") incl. Südtirols, der Sudetenländer und Westungarns als Staat gefordert.[39]

Am 1. November edierte man eine Sonderausgabe zur ungarischen Selbständigkeitserklärung.

Die ersten Novembertage waren auch in der 'MZ'-Berichterstattung von der italienischen Besatzung und der Ankunft der Truppen in Meran am 6. November gekennzeichnet, was gleichzeitig den Übergang zur zivilen Berichterstattung bedeutete.

Am 25. November mußte man sich „an unsere geehrten Leser" wenden, als man sich gezwungen sah, bekanntzugeben, „daß die Reichhaltigkeit unserer Zeitung für absehbare Zeit sehr beschränkt ist". Man müsse sich fast ausschließlich auf örtliche Begebenheiten und amtliche Kundmachungen des italienischen Besatzungskommandos beschränken.[40]

Nach dem endgültigen Anschluß Südtirols an Italien suchte die liberale 'MZ' eine „Verständigung" und einen Ausgleich mit Italien und wollte eine Vermittlerrolle zwischen der italienischen und deutschen Bevölkerung übernehmen.[41]

Durch die Italienfreundlichkeit, mit der sie in krassem Widerspruch zu den katholischen Blättern stand, konnte die Einstellung dann auch länger als bei allen anderen deutschsprachigen Tageszeitungen hinausgezögert werden, obwohl sich finanzielle Probleme einstellten, nicht zuletzt durch die größer werdende Konkurrenz der Tyrolia-Blätter.

Kennzeichnend in der Frage der Stellung gegenüber Italien waren die Widersprüche zwischen 'MZ' und 'Burggräfler': Die 'MZ' rief zu einer Zusammenarbeit mit der italienischen Verwaltung auf, wenn auch unter Beibehalt einer politischen Opposition, während sich das konservative Blatt auf den Standpunkt der strikten Verneinung stellte.[42]

Die Verständigungspolitik nahm auch Rücksicht auf die langfristigen Grenzrevisionsbestrebungen und die Bekämpfung der französischen Donaukonförderationspläne.[43]

Von der deutschfreiheitlichen Partei ging schließlich im Jahr 1920 die Initiative aus, an die Pötzelberger'sche Druckerei heranzutreten und vorzuschlagen, statt der 'MZ' eine neue Tageszeitung als Parteiorgan für Südtirol herauszugeben bzw. deren Druck zu übernehmen. Nach längerem Zögern und nachdem von der Partei mit der Gründung eines eigenen Organs ohne Rücksicht auf die 'MZ' gedroht wurde, willigten die Besitzer (Ellmenreich) ein. Somit erschien am 20. Juni 1920 die erste Ausgabe der 'Südtiroler Landeszeitung', die die Nachfolge der am Vortag eingestellten 'MZ' übernahm.[44]

---

[38] Vgl. 'MZ', Nr. 232, 9. 10. 1918, S. 1.
[39] 'MZ', Nr. 251, 31. 10. 1918, S. 1 u. 2.
[40] 'MZ', Nr. 271, 25. 11. 1918, S. 1.
[41] BRUNNER a. a. O., S. 127.
[42] HERRE, Paul: Die Südtirol-Frage. Entstehung und Entwicklung eines europäischen Problems der Kriegs- und Nachkriegszeit. – München: Beck 1927, S. 137 f.
[43] BRUNNER a. a. O., S. 21.
[44] Vgl. ebd., S. 260. In der Folge mit 'SLZ' abgekürzt.

In seinen Abschiedsworten gab Herausgeber Friedrich W. Ellmenreich einen Rückblick: Die Kriegszeit unter der Zensur sei hart gewesen, die schwerste Zeit sei jedoch nach dem Zusammenbruch gekommen, als Drohungen und Konfiskationen der Zeitung an der Tagesordnung waren und der Herausgeber sogar interniert worden sei. Man lege nun nach 28jähriger Tätigkeit die Herausgeberschaft nieder und habe sich entschlossen, die Stellung des Verlages als Privatunternehmer aufzugeben und den Verlag an die deutschfreiheitliche Volkspartei zu überführen (dies war kein Verkauf, sondern eine Überlassung des Verlages für eine neue Zeitung, für welche der Druckauftrag übernommen wurde, Anm.). Der Wunsch an die Leser, die Treue auf das neue Blatt zu übertragen, schloß den Artikel.[45]

Redigiert wurde die neue Parteizeitung von Dr. Bernhard von Zallinger (Direktoriumsmitglied des „Deutschen Verbandes"), der sich angesichts finanzieller Probleme schon bald (im Oktober) an das Auswärtige Amt in Berlin um finanzielle Unterstützung wandte, welches daraufhin einen Zuschuß von 500.000,- Reichsmark gewährte. Die Auszahlung erfolgte 1921, neuerliche finanzielle Wünsche wurden im Dezember 1921 abgelehnt.[46]

Das Blatt wurde äußerst großzügig und modern ausgestaltet und verfügte über einen gut ausgebauten Nachrichtendienst. Dies und die Konkurrenz der katholischen Presse brachte die ‚SLZ' – trotz der Geldspritze aus Berlin – in immer größere wirtschaftliche Schwierigkeiten.[47] Von Geldgebern, Abonnenten, Inserenten und etlichen Redakteuren im Stich gelassen – u. a. schieden auch Albert und Oskar Ellmenreich aus der Redaktion aus – und als Parteiblatt von den inzwischen an die Macht gelangten Faschisten eingeschüchtert, war der Niedergang der Zeitung nicht aufzuhalten. Bereits vor dem „Marsch auf Bozen" hatte man den Faschisten nach dem Mund geschrieben[48], wobei man in der Machtergreifung schließlich sogar eine Möglichkeit sah, zu einer Verständigung zu kommen.

Ende Dezember 1922 war das Blatt schließlich am Ende. Die Partei mußte den Zeitungsverlag liquidieren, die Firma Pötzelberger mußte vertragsgemäß die Verlagsrechte an der aufgelösten „Südtiroler Zeitungsverlages GmbH" zurückerwerben. Damit war der Weg frei, die alte ‚MZ' mit 2.1.1923 neu erscheinen zu lassen.[49] Nicht mit hochtrabenden Worten wolle man wieder beginnen, komme man doch gerade vom Grab einer „Kollegin", der ‚SLZ'. Man wolle wieder besten Willen beweisen, dem bedeutendsten Kurort Italiens ein Tagblatt zu erhalten. Die Leser mögen helfen, den Deutschen Italiens in der ‚MZ' wieder ein Organ zu schaffen, das Wegweiser im neuen Staat sein soll, um Existenz und Volkstum zu sichern und zu bewahren. Nicht in Verhetzung und Staatsverneinung sehe man das Ziel, sondern in der Mitarbeit am Staate.[50]

Damit zeigte sich bereits die vorsichtige Linie, die die ‚MZ' einschlug: Mit der verschärften politischen Situation im Faschismus wurde das Blatt immer zurückhaltender in seiner Kritik, was ihm auch von konservativer Seite den wiederholten Vorwurf der zu großen Italienfreundlichkeit einbrachte[51], eine Haltung, die die Zeitung andererseits wiederum gegen die faschistischen Einschränkungen teilweise immunisierte.

Im Dezember 1925 kam jedoch auch für die ‚MZ' als letzte deutschsprachige Tageszeitung (per definitionem) in Südtirol der Anfang vom Ende, als die Faschisten an sie herantraten mit der Mitteilung, die eine Aufforderung war, daß das Blatt eingestellt und eine andere deutschsprachige Zeitung herausgegeben werde, deren Druck Pötzelberger zu übernehmen habe.[52]

---

[45] ‚MZ', Nr. 138, 19.6.1920, S. 1.
[46] Vgl. BRUNNER a.a.O., S. 21 f. u. 261. Die finanzielle Unterstützung für Südtirol aus Berlin (v. a. für die ‚SLZ') zielte vorrangig auf die Stärkung der Deutschfreiheitlichen Partei, die ganz im Sinne Berlins eine Politik auf längere Sicht betrieb, also nicht auf eine sofortige Revision der Brennergrenze abzielte, sondern eine auf „Ausgleich" mit Rom gerichtete Linie vertrat.
[47] Vgl. PARTELI a.a.O., S. 229.
[48] BRUNNER a.a.O., S. 262.
[49] Ebd., S. 263.
[50] ‚MZ', Nr. 1, 2.1.1923, S. 1.
[51] Vgl. FLEISCHMANN a.a.O., S. 67.
[52] Vgl. BRUNNER a.a.O., S. 129. Dazu auch HERRE a.a.O., S. 384 f. und HENNERSDORF, Felix: Südti-

Nach der Weigerung der Brüder Ellmenreich wurde die 'MZ' im Jänner 1926 kurzerhand zweimal konfisziert, ehe sie am 6.1. in den Vertrag einwilligten, den Druck der neuen, faschistischen 'Alpenzeitung' zu übernehmen. Für den Druck sollte die Firma monatlich 60.000 Lire erhalten.[53]

Die Absicht der Faschisten, ein eigenes Blatt anstatt der bisherigen Südtiroler Zeitungen zu installieren, war schon längere Zeit evident gewesen. Dieses Organ sollte unter dem Deckmantel der deutschen Sprache Verwirrung stiften, die Bevölkerung politisch irreführen bzw. dieser den Faschismus näherbringen und sie dem deutschen Kulturleben entfremden.[54]
Am 27.2.1926 erschien letztmals die 'MZ'. Bereits am nächsten möglichen Tag, dem 2. März, erschien in der Pötzelberger'schen Druckerei und unter faschistischem Herausgeberkonsortium die 'Alpenzeitung'.

Die Leitung des Blattes übernahm Leo Negrelli, ein im Pressedienst des Innenministeriums tätiger Journalist, im Redaktionsstab saßen jedoch auch Südtiroler, die sich für Geld hatten gewinnen lassen. Mit dem Erscheinen der 'Alpenzeitung' waren die bestehenden faschistischen Blätter, u. a. der 'Piccolo Posto', eingestellt worden.
Mit der Ausschaltung aller Südtiroler Tageszeitungen sollte der geschäftliche Boden für das Blatt bereitet werden, was jedoch nie gelang. Sogar in der „zeitungslosen" Zeit im Herbst 1926 schaffte es die 'Alpenzeitung' nicht, sich besseren Zuspruchs bei der deutschsprachigen Bevölkerung zu erfreuen. Weder eine Auflagensteigerung noch ein Leserzuwachs waren ihr beschieden, nur das Defizit stieg.[55]

Der Vertrag des Herausgeberkonsortiums mit der Firma Pötzelberger war mit einjähriger Kündigung abgeschlossen, diese wurde jedoch überraschend am 31.12.1926 auf 1.3.1927 erteilt, womit ein Abstoßen der Zeitungseinrichtung incl. der Rotationsmaschine vorgenommen werden mußte, da keine Nachfrage vorhanden war. Dies bedeutete einen Verlust von 130.000 Lire für die Druckerei.[56] Ab 8.3.1927 wurde die 'Alpenzeitung', mit der den Lesern eine Fortführung der 'MZ' vorspiegelt werden sollte, in Bozen gedruckt.

---

rol unter italienischer Herrschaft. Eine Schilderung mit urkundlichen Belegen. – Berlin: Bernhard und Graefe 1926, S. 68 f. und GRUBER, Alfons: Südtirol unter dem Faschismus. 2. Auflage. – Bozen: Athesia 1925, S. 28.
[53] Vgl. BRUNNER a.a.O., S. 129 und 61 und GRUBER a.a.O., S. 28.
[54] PARTELI a.a.O., S. 234 und HERRE a.a.O., S. 385.
[55] Vgl. PARTELI a.a.O., S. 236–238.
[56] BRUNNER a.a.O., S. 61.

1.16 Bozner Nachrichten

1.16.1 Daten zur äußeren Struktur

Vorbemerkung:
Für die 'Bozner Nachrichten' waren in Innsbruck lediglich Ausgaben ab dem Jahr 1920 einsehbar, also keine aus dem unmittelbaren Untersuchungszeitraum 1914–1918. Somit können die einzelnen Unterkapitel nur unvollständig abgehandelt werden. Die „Allgemeine Chronik" wurde v. a. anhand der Sekundärliteratur, in der Hauptsache die Arbeiten Volggers und Brunners, erstellt, um ein annäherndes Vergleichsbild zu den anderen Südtiroler Blättern dieser Zeit zu erhalten.

Titel:	1893:	Bozner Nachrichten[1]
Untertitel:	bis April 1920:	Allgemeiner Anzeiger
	ab 20.04.1920:	Mit Allgemeinem Anzeiger
	ab 02.01.1923:	Unabhängiges Landesblatt
Erscheinungsort:		Bozen
Erscheinungsdauer:		1893 bis 21.10.1925 (1914: 22. Jg.)[2]
Erscheinungsweise:		
	bis 1896:	viermal wöchentlich
	ab 03.01.1896:	sechsmal wöchentlich (außer Sonntag), 6.00 Uhr abends
	ab 14.04.1920:	5.00 Uhr abends
	ab 04.11.1921:	2.00 Uhr nachmittags
	ab 01.01.1924:	12.00 mittags, weiterhin sechsmal wöchentlich

Umfang: (in Seiten)
1900–1914: 8–16 Seiten, Samstagausgaben 16–24 Seiten, zu Spitzenzeiten wie Weihnachten tlw. bis zu 48 Seiten (1910). Weltkrieg: Umfangsreduktion, 1918 ff.: 4–16 Seiten

Format:	bis 1919:	Zwischen Folio- und Kanzleiformat 39 × 26 cm
	ab 11.02.1919:	Kanzleiformat 43 × 29 cm
	ab 13.09.1919:	Berliner Format 49 × 32 cm
	ab 01.01.1920:	wieder 43 × 29 cm
Satzspiegel:	bis 1919:	33 × 21 cm
	ab 1920:	zwischen 39 × 25,4 cm und 44 × 29,4 cm schwankend (s. o., Format)
Umbruch:	bis 1918:	2 Spalten à 10,8 cm (Anzeigen, Roman 3 Spalten à 7,2 cm und Spaltentrennlinien)
	ab 17.12.1918:	3 Spalten à 7,2 cm (nun Anzeigen und Roman 2 Spalten à 10,8 cm) mit Spaltentrennlinien
	ab 13.09.1919:	4 Spalten à 7,2 cm / Spaltentrennlinien
	ab 01.01.1920:	3 Spalten à 7,2 cm / Spaltentrennlinien
	ab 12.12.1921:	3 Spalten à 8,1 cm / Spaltentrennlinien
Schriftart (Brotschrift):		Fraktur
Zeitungskopf:	Höhe: bis 1920:	9,5 cm
	ab 14.04.1920:	7,5 cm
	ab 02.01.1923:	7–8 cm

---

[1] In der Folge mit 'BN' abgekürzt.
[2] Aus den bestehenden Arbeiten (Volgger, Brunner) ist kein genaues Ersterscheinungs-Datum ersichtlich. Das von Himmelreich angegebene Datum 4.1.1894 ist offensichtlich falsch.

Der Kopf war vor 1914 reich ausgeschmückt, in der Folge jedoch einfach gehalten, wobei links vom Titel die Bezugsgebühren, rechts Anzeigenpreise und Adresse abgedruckt waren.

Gesinnung/politische Richtung: politisch farblos/parteilos mit liberalem Einschlag, ab 25.06.1918 gemäßigt national-konservativ.

Impressum:
bis 16.04.1918:	Verantw. Schriftleiter, Druck und Verlag von Gotthard Ferrari jun., Bozen, Waltherplatz
ab 17.04.1918:	Verantw. Schriftl.: Dr. Franz Pitra (ab 25.06.1918 Besitzer „Bozner Konsortium")
ab 12.11.1918:	Verantw. Schriftleitung, Druck und Verlag von Gotthard Ferrari jun., Bozen, Waltherplatz
ab 19.12.1918:	Verantw. Schriftl.: Dr. Karl Theodor Hoeniger, Druck und Verlag von Gotthard Ferrari jun. GmbH, Bozen, Waltherplatz
ab 23.01.1919:	Verantw. Schriftl.: Anton Romen
ab 02.10.1920:	Verantw. Schriftl.: Max v. Pfeiffersberg
ab 08.01.1923:	Verantw. Schriftl.: Josef Gufler

Ressorts/Inhalt:
1914:	Leitartikel (meist allgemeiner Natur, nicht regelmäßig), Gemeinderats- und Landtagssitzungen, Gerichtssaal, Gesellschaft, Lokales, In- und ausländische Politik, Heimatliches (Tirol) v.a. aus Bozen, Neueste Post und Telegramme, Vereinsnachrichten, Kirchliche Nachrichten, Roman, Anzeigen (v.a. Klein- und Wohnungsanzeigen und Inserate der Bozner Geschäftswelt).
1918:	s.o., Politische Nachrichten, Kurze politische Nachrichten, Letzte Nachrichten, Aus aller Welt, Kleine Nachrichten, Heimatliches, Tagesneuigkeiten, Gerichtssaal, Verschiedene Mitteilungen Volkswirtschaft (ab 1919), Sport (ab 1919), Allerlei vom Tage, Vom Büchertisch, Humoristisches, Briefkasten bzw. Eingesendet.

Bezugspreise: 'Bozner Nachrichten'

ab Datum	Einzelnummer	1/4jährliches Abonnement	
		loco/abholen	Zust. Bote
bis 1910		K 3,–	K 4,50
nach 1910		" 3,50	" 5,–
03.05.1919	L 0,10	L 2,56	L 3,20
1921	" 0,20	" 9,60	" 11,10

Zeitungstyp nach Vertriebsart: vorwiegend Abonnementblatt, jedoch auch Einzelverkauf

Auflagen: 1905: 2.200; 1910: 2.800; 1913: 3.100[3]; 1914: 3.100; 1915: 4.400; 1916: 3.000; 1917: 3.500; 1918: 3.300[4]; 1925: 992 Abonnenten.[5]

Beilagen: keine

Jubiläumsausgabe: keine

---

[3] Vgl. VOLGGER a.a.O., S. 53 u. 265.
[4] Vgl. Präs. 1914ff./XII 78c4 (jew. 1. Quartal).
[5] Vgl. BRUNNER a.a.O., S. 156.

1.16.2 Allgemeine Chronik

Gotthard Ferrari gab in seiner Druckerei (ehemals Eberle) ab 1893 neben der 'Bozner Zeitung' auch die 'Bozner Nachrichten' drei-, dann viermal wöchentlich heraus. Ferrari verkaufte den Verlag der 'BZ' mit 1. Juli 1895 an Dr. Friedrich Sueti (siehe „Allgemeine Chronik" zur Bozener Zeitung, Abschnitt 1.14.2, S. 281). Sueti unterließ es, einen Vertrag mit Ferrari abzuschließen, der es diesem unmöglich gemacht hätte, selbst eine Tageszeitung herauszugeben. Als die 'BZ' im eigenen Verlag erschien, die Ferrarische Druckerei damit entlastet war, gab Ferraris gleichnamiger Sohn die 'BN' nunmehr täglich heraus (bisher viermal wöchentlich).[6]

Die damit verbundene Rechnung Ferraris ging auf, abonnierten doch die bisherigen Abnehmer der 'BZ' anstandslos nunmehr die 'BN' weiter, womit die 'BZ' ins Hintertreffen geriet, die 'BN' einen steilen Aufstieg verzeichnen konnten und 1915 schließlich mit 4.400 Exemplaren die höchste Auflage aller Südtiroler Blätter und damit ihren Höhepunkt erreichen sollte.
Gotthard Ferrari jun. sollte das Blatt als Verleger, Herausgeber, Drucker und zumeist auch als verantwortlicher Redakteur bis zu seinem Tod 1918 führen. Als Schriftleiter wurde er teilweise entlastet, so zeichneten u. a. Philipp Jakob Amonn, Dr. Franz Pitra, Karl Josef Fromm oder Josef Wildmann, alle erfahrene Journalisten, für die Redaktion verantwortlich.[7]

Die 'BN' bekannten sich zu einer parteilosen, politisch unabhängigen Linie – diese wiederholt betonte Unabhängigkeit brachte der Zeitung auch den gewünschten Aufschwung, bemühte sie sich doch, ausgeglichen zu argumentieren und eine volkstümliche, für alle verständliche Sprache zu gebrauchen. In religiösen Dingen vertrat das Blatt jedoch eine eher konservativ-katholische Richtung, womit ihm (im Gegensatz zur 'BZ') größere Auseinandersetzungen mit dem Klerus erspart blieben.
Vor Wahlen kam jedoch zumeist eine Vorliebe für die Liberalen bzw. Deutschfreisinnigen zum Vorschein, die auf die politische Einstellung Ferraris zurückzuführen war.[8]

Inhaltlich dominierte vor allem seit 1918 (mit dem Besitzwechsel zum klerikal dominierten Konsortium) und ab 1921 (mit dem Redaktionswechsel zum konservativ-klerikal eingestellten Josef Gufler) das politische Ressort, die Lokalberichterstattung konzentrierte sich v. a. auf Bozen und Umgebung sowie Südtirol. Gesellschaftlichen Ereignissen wurde öfters breiter Raum gewidmet. Der Anzeigenteil war gut ausgebaut, v. a. lokale Kleininserate, der Wohnungsanzeiger und Geschäftsanzeigen der Bozner Wirtschaft stachen hervor. Das Feuilleton wurde eher stiefmütterlich behandelt und fand sich nicht auf der Titelseite „unterm Strich", sondern verstreut im Blattinneren.
Das Gros der Abnehmer stammte aus Bozen und Umgebung, ein Drittel wurde v. a. per Post auswärtigen Abonnenten zugestellt.[9] Vor 1914 erreichte das Blatt meist einen Umfang von acht bis zwölf Seiten, die Wochenendausgaben waren umfangreicher, an Festen wie Weihnachten erreichten die 'BN' u. a. 1910 bis zu 48 Seiten (allerdings noch im Kleinformat).[10]

Wie bereits erwähnt gewannen die 'BN' v. a. zu Lasten der 'BZ' immer mehr Abnehmer, bis 1915 der Höhepunkt überschritten wurde und die zunehmende Konkurrenz des 'Tirolers' (ebenfalls in Bozen, Tyrolia) spürbar wurde. Vorerst hatte der Weltkrieg noch fördernd auf die Absatzzahlen gewirkt, als das Informationsbedürfnis der Leser mit ausführlicher Kriegsberichterstattung befriedigt wurde.
Als jedoch 'Der Tiroler' (und mit ihm der Tyrolia-Verlag) eine massive Werbekampagne startete, zur Tageszeitung ausgebaut und somit zum unmittelbaren Konkurrenzblatt wurde, mußten die 'BN' angesichts des übermächtig werdenden Gegners allmählich in den Hintergrund treten.[11]

---

[6] Vgl. ebd., S. 158 und VOLGGER a. a. O., S. 258 und FLEISCHMANN a. a. O., S. 67. Neben den Problemen mit dem Klerus war es v. a. die neu erstandene Konkurrenz durch die 'BN', die Sueti in arge wirtschaftliche Turbulenzen brachte.
[7] VOLGGER a. a. O., S. 258 f.
[8] Ebd., S. 259 ff.
[9] Ebd., S. 261–265.
[10] Vgl. ebd., S. 47.
[11] BRUNNER a. a. O., S. 158.

Die daraus resultierende schlechte wirtschaftliche Lage des Blattes versuchte die Tyrolia bereits 1917 zu nützen, als sie plante, Gotthard Ferrari die Druckerei, Zeitung, Buchhandlung und das Wohnhaus für 500.000,– Kronen abzukaufen. Der Schlußsatz des Kaufvertrags-Entwurfs lautete: „Sollte die neue Gesellschaft bis 31. Mai 1917 die Annahme dieses Vertrages nicht erklärt haben, so ist Herr Gotthard Ferrari berechtigt, von 1. Juni 1917 an wieder frei und unbehindert über den allfälligen Verkauf seiner Besitzungen zu verfügen." Dieses von der Tyrolia forcierte Vorhaben (also der Kauf der Ferrarischen Besitzungen, Anm.) wurde von Ferrari abgelehnt und damit nicht verwirklicht.[12] Eine weitere Niederlage erlitten die 'BN' gegen Ende des Krieges, als das Konkurrenzblatt 'Der Tiroler' eine Art „Wochenkalender", eine Verteilertabelle der rationierten Lebensmittel, herausgab. Dem Blatt war es möglich, die Tabellen einen Tag vor den 'BN' zu veröffentlichen, da es sich von den Beamten, die für die Lebensmittelfassungen für Bozen zuständig waren, das Recht einhandelte, die Tabellen früher als die Konkurrenz 'BN' zu erhalten und damit einen wesentlichen Aktualitätsvorsprung erwarb. Das Ergebnis war ein Verlust der 'BN' von 600 Abonnenten zugunsten des 'Tirolers'.[13]

Mit Gesellschaftsvertrag vom 25.6.1918 ging nach dem Tod Gotthard Ferraris die Druckerei mit der Zeitung 'BN' an ein Bozner Kirchen- und Geschäftsleute-Konsortium über. Das Konsortium, bestehend aus namhaften Bozner Geschäftsleuten und hohen Vertretern des Klerus, hatte das Zeitungsunternehmen samt Buchhandlung und Haus, Waltherplatz 16, um 650.000,- Kronen käuflich erworben.[14]

Damit wurden die bisher farblosen, liberalen 'BN' ideologisch dem gemäßigten Wirtschaftsflügel der Volkspartei angepaßt und konnten nunmehr als gemäßigt national-konservativ eingestuft werden.
Die sechsmal wöchentlich erscheinende Tageszeitung konnte von Mai bis Oktober 1919 und von Juli bis Dezember 1920 auch als viermal wöchentliche Ausgabe im Abonnent bezogen werden. Ab Oktober 1919 wurde das Blatt in Bozen und Umgebung auch durch die Druckerei selbst zugestellt.[15]

Es war bieder und betont zurückhaltend aufgemacht, die inhaltliche Gliederung war schlecht, durch oftmalige Veränderungen unübersichtlich und die Kontinuität störend. Ab Ende Dezember 1921 wurde die Aufmachung gefälliger, auch persönlich gezeichnete Artikel und Leitartikel nahmen zu, der Inhalt wurde übersichtlicher gestaltet. Der Anzeigenteil war 1920/21 noch relativ reichhaltig, nahm jedoch in den folgenden Jahren bis zur Einstellung laufend ab.[16]

Zur politischen Ausgestaltung des nunmehr konservativ ausgerichteten Blattes kam im September 1921 Josef Gufler zu den 'BN', der frühere Chefredakteur der 'Neuen Tiroler Stimmen' und des christlich-sozialen 'Tiroler Anzeigers' (Innsbruck).[17]
Trotz dieser Bemühungen konnte sich das Blatt jedoch der Konkurrenz des 'Tirolers' fast nicht mehr erwehren. Laut Einschätzung des Tyrolia-Vormannes Michael Gamper fuhr es 1921/22 ein jährliches Defizit von 100.000,- Lire ein. Der Prokurist der Ferraridruckerei selbst schätzte den Jahresverlust sogar auf 170.000,- Lire.[18]

Obwohl die Tyrolia den Konkurrenzkampf längst gewonnen hatte, versuchte sie doch in den Jahren 1922 bis 1924 in langwierigen Verhandlungen, eine „Interessentengemeinschaft" mit den Verlagen

---

[12] Ebd., S. 159.
[13] Vgl. FLEISCHMANN a.a.O., S. 72.
[14] Vgl. BRUNNER a.a.O., S. 159 und 'MZ', 17.4.1918, S. 5.
[15] Ebd., S. 156.
[16] Vgl. ebd., S. 157.
[17] Vgl. ebd. Nach der Ausschaltung der deutschsprachigen Presse kehrte Gufler nach Innsbruck zurück, wo er in die Redaktion der 'Tiroler Bauern-Zeitung' eintrat. Über ihn vgl. auch Abschnitt 1.13.2.1 „Die 'TBZ' 1902–1938", S. 273.
[18] BRUNNER a.a.O., S. 160 (lt. Schreiben Gampers vom 10.5.1922 bzw. vom 4.10.1922).

Ferrari ('BN') und Auer-Laurin zu gründen, wobei angenommen werden kann, daß die Volkspartei treibende Kraft im Hintergrund war, einen Südtiroler Pressetrust unter gemeinschaftlicher (Tyrolia-) Führung zu schaffen. Befürworter des Projektes dürften auch die Deutschfreiheitlichen gewesen sein, nachdem ihre 'Südtiroler Landeszeitung' gescheitert war und die 'BN' an die Stelle der 'SLZ' treten sollten, praktisch als Konkurrenz zur wiederbelebten 'Meraner Zeitung'.[19]

Das Konzentrationsvorhaben lief – wie erwähnt – auf eine Interessentengemeinschaft hinaus, wobei die 'BN' sowie die konservativen Blätter 'Der Burggräfler' und 'Tiroler Volksblatt' von der Tyrolia aufgekauft und dann eingestellt, die Redakteure dieser Zeitungen von der Tyrolia in einen eigenen Verlag aufgenommen werden sollten und je ein Mitglied der Ferrari- und der Laurin-Gruppe in das Presse-Comité der Tyrolia entsendet werden sollte.
Als sich jedoch die Fusionsmöglichkeiten als nicht realisierbar erwiesen, wurde es im Frühjahr 1924 um die Verhandlungen zusehends stiller.

Auch lag der Tyrolia inzwischen nichts mehr an einer eventuellen Auflassung der 'BN', da sich deren Abonnenten parallel auch den 'Tiroler' bzw. nun den 'Landsmann' hielten, weshalb sich bei einer Einstellung kaum Abonnentenzuwächse für die Tyrolia ergeben hätten.[20]

Außerdem konnte nicht mehr von einem ernsthaften Konkurrenzverhältnis 'BN' – 'Tiroler' gesprochen werden; dafür waren die 'BN' in ihrer Bedeutung und Verbreitung schon zu sehr eingeschränkt.

Überdies beschäftigte in dieser Zeit, im Jahr 1923, der sogenannte „Burgfriede" die Südtiroler Druckereien und Zeitungen, hier v. a. die Bozner Blätter 'BN' und den 'Tiroler' und den italienischsprachigen, faschistischen 'Piccolo Posto'. Mit dem „Burgfrieden" wollten sich die Zeitungen das Leben nach der faschistischen Machtergreifung und angesichts der beginnenden Unterdrückungsmaßnahmen des Tirolertums sichern bzw. erleichtern.
Am 11.1.1923 wurde von den Vertretern der drei Tageszeitungen (Josef Gufler für die 'BN') und des Wochenblattes 'Tiroler Volksbote' im Bozner Rathaus dieses Pressestillhalteabkommen unterzeichnet: Darin verpflichtete sich der 'Piccolo Posto', gegenüber der deutschsprachigen Bevölkerung einen gemäßigten Ton an den Tag zu legen, die deutschsprachigen Blätter hingegen versprachen u. a., in Hinkunft jede italien- und staatsfeindliche Propaganda zu unterlassen.[21]

So vielversprechend, wie es sich die Vertragsunterzeichner vorgestellt hatten, konnte das Abkommen im täglichen Pressekampf jedoch nicht bleiben. Als dieser „Burgfriede" am 5.3.1923 schließlich der Öffentlichkeit bekanntgeworden war, regte sich massiver Widerstand, das Abkommen wurde rundweg abgelehnt. Von faschistischer Seite wurden nunmehr verstärkt jegliche Zugeständnisse für das Deutschtum in Südtirol zunichte gemacht.[22]
Damit waren auch die 'BN' in ihren Bemühungen gescheitert, ihre Existenz längerfristig zu retten.
Unter den nunmehr verstärkt einsetzenden Assimilierungsmaßnahmen der Faschisten und schließlich dem Verbot des Gebrauchs der deutschen Namen (Tirol, Bozen etc.) und der Einführung der Vorzensur am 9.1.1925 war das Schicksal auch der 'BN' besiegelt.
Wirtschaftlich am Boden, mit nur noch knapp 1.000 Abonnenten, mußten die 'BN' am 21. Oktober 1925 Abschied von den Lesern nehmen. Zuvor war das Blatt im Oktober zweimal konfisziert worden, da es die alten tirolischen Ortsnamen gebraucht hatte.

Zuvor hatten die 'BN' um Aufschub der behördlichen Verfügung bezüglich der „Ortsnamenerlässe" angesucht. Als „Entgegenkommen" wurde ein Aufschub bis zum 20. Oktober gewährt. Da das Blatt an diesem Tag jedoch wieder gegen diesen Erlaß verstoßen hatte und konfisziert wurde, ergriff es diese „Möglichkeit" zur „freiwilligen" Einstellung.[23]

---

[19] Ebd., S. 36.
[20] Vgl. ebd., S. 35–42 u. 160 und MORODER a. a. O., S. 94 f.
[21] Vgl. PARTELI a. a. O., S. 120 und FLEISCHMANN a. a. O., S. 61 f.
[22] Ebd., S. 121 f.
[23] HENNERSDORF a. a. O., S. 67 f.

In der letzten Nummer 240 vom 21.10.1925 nahm man „Abschied von unseren Lesern!": Mit dem heutigen Tage würden die 'BN' nach 33jährigem Bestehen eingestellt. „Soll eine Zeitung, die ein Blatt für das Volk sein will, ihre Aufgaben voll und ganz erfüllen können, so müssen ihre Nummern auch wirklich an die Bezieher hinausgelangen, (...) und es soll ihr möglich sein, als Dolmetsch der Anliegen, der Wünsche, der Gefühle und der Rechte der Bevölkerung zu dienen. Die Entwicklung der Dinge hat gezeigt, daß die hier aufgezählten Vorbedingungen für unser Blatt kaum mehr vorliegen bzw. daß Erschwernisse wirksam sind, die es kaum möglich erscheinen lassen, die Leserschaft zu befriedigen. Diese Tatsachen haben bei der Herausgeberschaft den Entschluß gezeitigt, das Blatt (...) mit heutigem Tage einzustellen."[24]

Das „freiwillige" Einstellen war allerdings unter den Pressionen der faschistischen Einschränkungspolitik erfolgt, womit auch dieses Blatt den politischen Verhältnissen des Duce-Italien zum Opfer fiel.

---

[24] 'BN', Nr. 240, 21.10.1925, S. 1.

1.17 Der Burggräfler

1.17.1 Daten zur äußeren Struktur

Titel:
1883:	Der Burggräfler[1]
ab 13.04.1920:	Meraner Tagblatt
ab 02.03.1922:	Der Burggräfler

Untertitel:
seit 1901:	Meraner Anzeiger
ab 13.04.1920:	Der Burggräfler
ab 02.03.1922:	kein Untertitel, lediglich Hinweise auf Beilagen

Erscheinungsort: Meran
als Kopfblatt des 'Tiroler Volksblattes' bzw. mit Druck bei Auer: Bozen

Erscheinungsdauer: 28.09.1883 bis 29.10.1926 (1914: 32.Jg.)
von 04.07.1923 bis 13.11.1925 als Kopfblatt des 'Tiroler Volksblattes'.

Erscheinungsweise:
bis 31.01.1920:	zweimal wöchentlich (Freitag und Dienstagabend, dann meist Mittwoch und Samstag, jeweils mit Datum des folgenden Tages)
ab 01.02.1920:	sechsmal wöchentlich (außer Sonn- und Feiertage), jedoch auch zweimal wöchentliche Ausgabe erhältlich
ab 02.03.1922:	dreimal wöchentlich (Montag, Mittwoch, Freitag)
ab 04.10.1922:	zweimal wöchentlich (Dienstag, Freitag)
ab 04.01.1923:	dreimal wöchentlich (s.o.)
ab 04.07.1923:z	weimal wöchentlich (s.o.)

Umfang: (in Seiten)
1914	10–12
nach Streik	14–18
1915	14–16
1916	10–12
tlw.	6–8
1917	8–12
1920–26	4–10
Durchschn.	8

Das Halbwochenblatt erschien vorerst mit durchschnittlich 8–12 Seiten, war während des Buchdruckerstreiks im Umfang eingeschränkt. Danach erhöhte sich die Seitenzahl auf bis zu 18 Seiten. Vor dem Krieg nahm der Inseratenanteil meist über 50% des Gesamtumfangs ein, schrumpfte im Krieg auf ca. 30%. Nach 1915 reduzierte sich der Anzeigenanteil weiter, bis dieser bei achtseitigen Ausgaben meist nur noch ein bis zwei Seiten betrug.

Format:
1884:	Folioformat: 35,5 × 25,2 cm
1902:	Kanzleiformat: 42 × 27,2 cm
1914:	41,2 × 27,5 cm
ab 13.04.1920:	zwischen 47,5 × 31,5 und 43 × 29 cm

Satzspiegel:
1884:	32,3 × 22,5 cm
1902:	35,5 × 23,4 cm
1914:	36 × 23,5 cm
ab 13.04.1920:	zwischen 43,5 × 28,2 und 37 × 25,4 cm

---

[1] In der Folge mit 'DB' abgekürzt.

Umbruch:	1884:	3 Spalten à 7,3 cm / Spaltentrennlinien
	1914:	3 Spalten à 7,6 cm / Spaltentrennlinien
	ab 13.04.1920:	3 Spalten à 8,1–9,2 cm / Spaltentrennlinien

Schriftart (Brotschrift): Fraktur
    ab Februar 1918 teilweise Antiqua (kurzfristig, techn. Probleme)

Zeitungskopf:	Höhe 1884:	14,5 cm
	1914:	14,8 cm
	in der Folge geringfügig schwankend	

Der Kopf des 'Burggräflers' war reich verziert. Links fand sich das Bild eines Tirolers, in dessen Gürtel das Gründungsjahr des Blattes aufschien und der sich auf ein Tiroler Wappen stützte. Das Bild war weiters mit der Burg Tirol und der Meraner Stadtpfarrkirche verziert, dieses und der Titelschriftzug waren von Wurzelwerk und Weinreben umrankt, was die Verankerung des Blattes in Südtiroler Boden versinnbildlichte. Auch der Schriftzug war in Form von Wurzelwerk gestaltet.

Gesinnung/politische Richtung: katholisch-konservativ (klerikal), vorerst scharf anti-christlichsozial, antiliberal, antisozialdemokratisch

Impressum:

1914:	Verantw. Redakteur: Joseph Thaler, Herausgeber: Anton Eberlin, Druck von C. Jandl's Buchdruckerei Meran
ab 31.01.1920:	Herausgeber, Verlag und Druck: Buch- und Kunstdruckerei Laurin, Meran; fallweise verantw. Redakteur: Dr. Luis Santifaller
ab 07.11.1925:	Verleger Buch- und Kunstdruckerei Laurin, Merano, Druck: Alois Auer Comp., vormals J. Wohlgemuth, Bolzano
ab 14.05.1926:	Druck: Gotthard Ferrari GmbH, Bolzano

Ressorts/Inhalt:

1884:	Leitartikel, Rundschau, Feuilleton, Briefe (Lokales), Chronik, Vermischtes, Schulzeitung, Volks- und Landwirtschaftliches, Kirchliche Nachrichten, Vereinsnachrichten, Amtsblatt, Heiteres, Kurzberichte, Neuestes, Telegramm des 'Burggräflers', Vom Büchertische, Gewerbliches
1914:	Leitartikel, Ausland, Inland, Kirchliches, Briefe, Lokales und Chronik, Feuilleton, Letzte Post, Vereinsnachrichten, Volks- und Landwirtschaft, Schießstandsnachrichten, Schulzeitung, Eingesendet, Vom Büchertisch, Anzeigen, in der Folge eigene Rubrik „Tiroler Landtag", Amtsblattauszüge, ab August Kriegsberichterstattung, Titel u. a. „Der große Krieg", „Der europäische Krieg", „Kriegsnachrichten", auch andere Ressorts, die eingeschränkt werden, v. a. vom Krieg dominiert (Ausland, Telegramme, Sonstige Nachrichten, Feuilleton)
ab 1915:	Propaganda für Kriegsanleihen auch im redaktionellen Teil, Rubrik „Der Krieg mit Italien" und „Der Krieg an unserer Landesgrenze", Berichte des Generalstabes, des Kriegspressequartiers, Österreichischer und deutscher Kriegsbericht, Aus Feldpostbriefen
1916:	Kontinuität der Rubriken sowie bei der Kriegsberichterstattung
1917:	weiterhin Krieg dominant, nahezu keine Politikberichterstattung mehr
ab 1917/18:	Zunahme von Berichten über Friedensaussichten (v. a. im Leitartikel), Verlautbarungen amtlicher Kriegsberichte, ab November 1918 Berichte zum neuen Staat und die Staatsform, Situation Italien-Tirol rückte in den Vordergrund.

Bezugspreise: 'Der Burggräfler'

ab Datum	Einzelnummer		1/4jährl. Abonnement	
			loco/abholen	Zustellung Post
1913/14			K 2,–	K 2,50
1914			" 2,50	" 2,50
1916			" 2,50	" 3,–
1918	H	16	" 3,–	" 3,50
01.04.1918	"	16	" 4,–	" 4,50
26.04.1919	L	0,10	L 1,60	L 2,10[a]
01.04.1920	"	0,10	" 3,45	" 4,–
04.08.1920			" 7,50	" 9,–[b]

Anmerkungen zu den Preisen:
[a] wöchentlich zweimalige Ausgabe
[b] tägliche Ausgabe

Zeitungstyp nach Vertriebsart: vorwiegend Abonnement-Blatt

Auflagen: 1914: 2.850; 1915: 2.850; 1916: 2.800; 1917: 2.850; 1918: 2.900[2]; 1921: 2.500; 1924: 3.000; 1926: 2.500[3]

Beilagen: Bereits 1884 erschien eine Beilage mit Roman und Belehrendem. Ab 1902 erschien im Kleinformat, vierseitig, zweispaltig das „*St. Nikolausblatt*" vorwiegend mit kirchlichen Themen und Erzählungen (einmal wöchentlich, verantwortlicher Redakteur Joseph Thaler). Während des Buchdruckerstreiks konnte die Beilage nicht erscheinen, danach bestand die Beilage bis Juli 1923.
Seit 1907 erschien einmal monatlich „*St. Bonifatius*" als katholische Beilage (zunächst nur für Mitglieder des Bonifatius-Vereins) im Kleinformat, die sich zweispaltig, meist auf 16 Seiten v. a. katholischen Themen widmete und von der Styria in Graz gedruckt wurde.
Von 1920 bis Ende 1921 erschien als Beilage die „*Tiroler Jugendwacht*", von September 1920 bis Ende Juni 1923 „*Die Frau*", von Juli 1920 bis Ende 1922 die „*Literarische Rundschau*" und von Jänner bis Juni 1923 das „*Eltern-Blatt*".

Jubiläumsausgabe: keine

1.17.2 Allgemeine Chronik

Nachdem Carl Jandl 1861 eine Buch- und Papierhandlung in Meran eröffnet und bereits von 1863 bis 1865 ein 'Wochenblatt für Meran und Umgebung' herausgegeben hatte, verkaufte er sein Geschäft 1881 an Anton Eberlin und Anton Florineth, die ein Jahr später eine Druckerei einrichteten und über Initiative des Meraner Dekans Sebastian Glatz ab 28.9.1883 die konservative Zeitung 'Der Burggräfler' herausgaben (vgl. Graphik 6).
Diese katholische Halbwochenschrift war als Reaktion bzw. als Gegengewicht zur bereits seit 1867 bestehenden liberalen 'Meraner Zeitung' gegründet worden, um im „Burggrafenamt" (daher der Name) dem liberalen Gedankengut und seinen Ausschweifungen mit einem katholischen Lokalblatt wirksam entgegentreten zu können.[4]

---

[2] Vgl. Präs. 1914 ff./XII 78c4 (jew. 1. Quartal).
[3] Vgl. BRUNNER a. a. O., S. 134.
[4] Vgl. v. a. VOLGGER a. a. O., S. 187.

Graphik 6: Zur Geschichte der Zeitung 'Der Burggräfler'

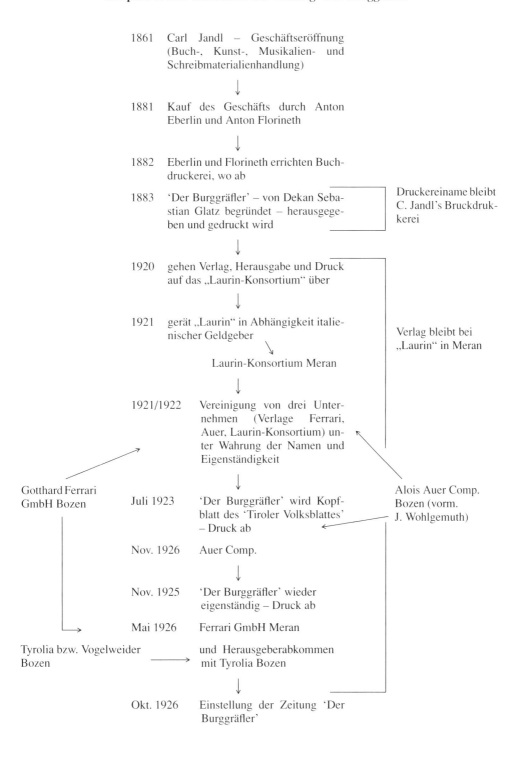

Die Gründung des Blattes ging wie erwähnt auf Sebastian Glatz zurück, der selbst oft zur Feder griff, um so für seine Ideale und Ziele zu kämpfen, wobei die Zeitung anfangs weniger politisch ausgerichtet war, sondern als Verbindungsorgan zwischen Klerus und katholischer Bürgerschaft Merans gedacht war.[5]

Auch trat es vorerst im Tiroler Bruderstreit zwischen Katholisch-Konservativen und den erstarkten Christlichsozialen nicht in dem Ausmaß wie etwa das 'Tiroler Volksblatt' und die 'Tiroler Stimmen' in Erscheinung. Erst als der Streit um die Jahrhundertwende bis 1907 und in der Folge sich ausweitete, vertrat 'DB' konsequent und vehement den klerikalen Standpunkt gegenüber der jüngeren Strömung im eigenen politischen und ideologischen Spektrum. Feindbilder außerhalb des eigenen Lagers waren vor allem die Sozialdemokraten sowie der Liberalismus bzw. Deutschnationalismus und die oft strapazierte „Weltherrschaft der Freimaurerei".

Hauptfeind blieb vorerst die 'Meraner Zeitung', die als „Kind des Liberalismus" wiederholt scharf attackiert wurde.[6]

Im Hauptverbreitungsgebiet Meran, Vinschgau, Burggrafenamt, Passeier, am Nonsberg sowie auch im Oberinntal war 'DB' von keiner christlichsozialen Zeitung eingeengt und konnte somit seine Auflage beträchtlich steigern, wobei er es mit bis zu 2.850 Exemplaren (1914) zur auflagenstärksten konservativen, mehr als einmal wöchentlich erscheinenden Zeitung in Tirol brachte.[7] Außerdem lag das Blatt in ca. 700 Hotels, Gasthöfen etc. auf.

Nachdem u. a. Georg Jehly und auch Herausgeber Eberlin interimistisch für die Redaktion verantwortlich gezeichnet hatten, stieß 1899 der bisherige Katechet in Meran, Joseph Thaler, als Schriftleiter zum Blatt, das er mit kurzen Unterbrechungen bis zur Einstellung leiten sollte. Thaler war auch zeitweise Beirat für Südtirol in der Landesleitung der Konservativen, sein Bruder Peter interessanterweise Redakteur der christlichsozialen 'Tiroler Post' und späterer Chefredakteur-Stellvertreter der Wiener 'Reichspost'.[8]

Die Wahlpropaganda stellte man jeweils ganz in den Dienst der kandidierenden Konservativen. Vor allem seit der Jahrhundertwende wurde das Blatt zunehmend parteipolitisch aktiv und verteidigte die konservative Stellung. „Sollen die Tiroler katholisch bleiben oder christlich werden", fragte man 1900 angesichts der erstarkenden Christlichsozialen.[9]

Anders als die liberalen Blätter hatte 'DB' einen etwas geringeren Umfang, auch waren die jeweiligen Freitag- oder Samstagausgaben meist nicht verstärkt. Lediglich um 1900 stieg der Umfang über jenen der liberalen Konkurrenz.[10]

Das Blatt wurde ausgebaut, die Druckqualität besserte sich, Beilagen (im Halbformat) wurden eingeführt, das Format allmählich vergrößert.

Die katholische Observanz des Blattes wurde auch aus dem Anzeigenteil ersichtlich, u. a. aus einem Inserat von C. Jandl aus dem Jahr 1902, in dem liturgische Werke, Gebets- und Andachtsbücher, Heiligenbilder etc., also kirchliche Druckwerke, angeboten wurden.

Bemerkenswert war auch der relativ umfangreiche Inseratenteil, der vor 1914 oft mehr Platz als der redaktionelle Teil einnahm. Die Beilagen „St. Nikolausblatt" und „St. Bonifatiusblatt" waren katholischer Natur, das v. a. ab 1900 gepflegte Feuilleton war meist historisch bzw. kunsthistorisch ausgerichtet.[11] Die Zeitung war konservativ aufgemacht und erfuhr auch wenige Änderungen im äußeren Bild, inhaltlich spielte sie nur eine untergeordnete Rolle im Südtiroler Pressewesen, hatte sie doch nicht die spritzige Schreibweise wie etwa der 'Tiroler' oder das konservative 'Tiroler Volksblatt'. Im Vergleich dazu muß zumindest die Auflagenhöhe als beträchtlich eingestuft werden.[12]

---

[5] Vgl. ebd., S. 188 und BRUNNER a. a. O., S. 137.
[6] Vgl. u. zit. 'DB', Nr. 11, 6. 2. 1884, S. 1.
[7] BRUNNER a. a. O., S. 137 und VOLGGER a. a. O., S. 193.
[8] VOLGGER a. a. O., S. 189.
[9] Vgl. u. zit. ebd. und 'DB', Nr. 48, 16. 6. 1900.
[10] Ebd., S. 47.
[11] Vgl. ebd., S. 192 f.
[12] Vgl. ebd., S. 194.

Zu Beginn des Untersuchungszeitraumes hatte 'DB' Probleme mit den Auswirkungen des Buchdruckerstreiks: Anläßlich einer Einladung an die Leser zur Erneuerung des Abonnements schrieb man zum Jahreswechsel 1913/14 in der Weihnachtsausgabe, daß es gegenwärtig zwar auf Grund der nicht erzielten Einigung bei den Tarifverhandlungen zwischen Arbeitgebern und Gehilfen des Buchdruckergewerbes nicht möglich sei, im gewünschten Umfang zu erscheinen, man jedoch bemüht sei, den Lesern knapp möglichst viel zu bieten und sie nach dem Einsetzen normaler Arbeitsverhältnisse durch die Ausgestaltung des Lesestoffes zu entschädigen. Dem schloß man die Bitte an, neue Abnehmer für die Zeitung zu werben, sie im Bekanntenkreis zu empfehlen und in Gasthöfen, Bahnhöfen etc. zu verlangen. Man werde nach wie vor die religiösen, patriotischen, sozialen und wirtschaftlichen Güter und Interessen des Volkes entschieden vertreten und verfechten.[13]

In der ersten Ausgabe 1914 zog man ein Resümee des abgelaufenen Jahres, als das Vaterland anläßlich der Vorgänge am Balkan in Gefahr gestanden habe, in einen Weltkrieg hineingezogen zu werden, was jedoch abgewendet habe werden können. Eine Vorahnung bezüglich eines großen Krieges – vom Balkan ausgehend – war demnach bereits zu Beginn des Jahres im 'Burggräfler' vorhanden.
Weiters prangerte man die Geschäftemacherei der Großbanken und der Industrie auf Kosten des Volkes an.[14]
Danach beschwor man wiederum die katholischen Werte: Die katholische Welt sei sich bewußt geworden, „daß im wahren Christentum für alle Zeiten das Kreuz das Zeichen der Erlösung des Siegers geworden ist (…)". Das Kreuz sei die Quelle des wahren Heiles. Dieser Leitartikel ähnelte eher einer pathetischen Kirchenpredigt denn dem Inhalt einer Zeitungsspalte. „Dem Lebens-, Hirten- und Priesteramt der Kirche müssen wir uns anvertrauen und unterwerfen (…)." Die Gegner, die gegen diese Ideale ankämpften (gemeint waren v. a. Liberale und Sozialdemokraten, Anm.) würden immer tiefer in Irrtümer und sittliche Versumpfung geraten.[15] Dieser Kommentar zeigte deutlich den programmatischen Hintergrund des Blattes.

Am 25. Februar 1914 teilte man mit, daß nach dem Ende der Tarifkämpfe der Drucker nun die Zeitung wieder in gewohntem Umfang erscheinen könne und bedankte sich für die Treue der Leser. Außerdem könne ab der nächsten Freitagsausgabe auch das „St. Nikolausblatt" wieder – vorläufig doppelt so stark – erscheinen, nachdem es zuvor dem Streik zum Opfer gefallen war.[16]
Gleichzeitig informierte man Leser und Inserenten über die neuen Bedingungen für Vereinsnachrichten oder bisherige Gratisnotizen, welche in Zukunft nur noch unter bestimmten Voraussetzungen ohne Bezahlung aufgenommen werden könnten.

Tatsächlich konnte nach dem Streik der Umfang des Blattes in erster Linie durch die Ausdehnung des redaktionellen Teils wieder erweitert werden, wobei bei 18–22seitigen Ausgaben zehn bis 13 mit Inseraten gefüllt waren. Außerdem enthielt jede Ausgabe einen als Beilage deklarierten Teil (jedoch als Rubrik zu werten), der vermischte Meldungen, Vereinsnachrichten, Amtsblattauszüge, Büchertips und den Fortsetzungsroman brachte.

Nachdem 'DB' noch 1907 und danach die Christlichsozialen vehement bekämpft hatte, wurde im April 1914 das Wahlabkommen für die Landtagswahlen zwischen den beiden katholischen Parteiströmungen auch vom 'Burggräfler' gutgeheißen und eine gemeinsame Linie propagiert. Daher wandte man sich noch intensiver dem Kampf gegen die Deutschfreiheitlichen zu, die laut 'DB' ein Zusammenschluß der diversen „deutsch"-orientierten Ströme und der Altliberalen waren. Den Deutschfreiheitlichen wurden dabei Betrug, Lüge, Erpressung und Wahlrechtsraub vorgeworfen.[17]
Auch die Sozialdemokraten wurden insbesondere vor Wahlen bekämpft und mit dem „Freimaurertum" in Verbindung gebracht.

Kehrte zwar nach der Wahl wieder Ruhe ein, wurde schon anläßlich von Wahlen in der Gemeinde Untermais im Juni wieder Affront gegen die Deutschfreiheitlichen gewagt, als man von „freisinniger Ge-

---

[13] 'DB', Nr. 103, 24. 12. 1913, S. 1.
[14] 'DB', Nr. 1, 3. 1. 1914, S. 1.
[15] Ebd.
[16] 'DB', Nr. 16, 25. 2. 1914, S. 5.
[17] 'DB', Nr. 33, 25. 4. 1914, S. 1.

waltherrschaft, Verleumdung und Schmähung" sowie von „Terrorismus" schrieb[18], was erneut den Verbal-Radikalismus, in den der 'Burggräfler' oft verfiel, verdeutlichte.

Zum Mord am Thronfolgerpaar wurde am 29. Juni ein Extrablatt ediert, mit dem die „entsetzliche Schreckensbotschaft" von „unermeßlichem Unglück und unsagbarem Weh" verbreitet wurde. Auch die nächsten Normalausgaben befaßten sich ausgiebig mit dem Mord, in der Folge auch intensiv mit den möglichen Folgen der Bluttat. Am 18. Juli beklagte das Blatt, daß bereits 14 Tage verstrichen seien, ohne daß Schritte zur Sühne der Tat gesetzt worden wären. Dabei forderte man von den Maßgeblichen Taten, um die „Mörderzentrale in Belgrad" nicht ungestraft davonkommen zu lassen.[19] Mit einem weiterem Extrablatt am 27. Juli wurde unter dem Titel „An der Pforte des Krieges" die Überreichung des Ultimatums gutgeheißen – endlich sei der notwendige Schritt erfolgt.

Wie die anderen Zeitungen machte auch 'DB' keine Ausnahme in der euphorischen und nationalpatriotischen Berichterstattung mit dem Beginn des Weltkrieges. Die Kriegsschuld wurde zur Gänze den Südslawen angelastet, wobei die Beweggründe für die Aufstände gegen die Zentralmacht nicht hinterfragt wurden. Die Schuld für die Ausdehnung des Krieges schob man schließlich Rußland und Frankreich zu. Die eigentliche Kriegsberichterstattung setzte Anfang August 1914 ein, Zensurflecken fanden sich erstmals am 19. August.

Kurzfristig verdrängte der Tod Papst Pius' X. den Krieg von der Titelseite (22. 8. 1914), in der Folge griffen die Kriegsereignisse jedoch auch auf die herkömmlichen Ressorts über, der Krieg dominierte auch die Politikberichte, die sonstigen Nachrichten etc., der Inseratenumfang trat gegenüber dem redaktionellen Teil in den Hintergrund.[20]

Den „großen Taten unserer Helden" wurden die „Greultaten" der Feinde gegenübergestellt, die Propaganda nach innen somit verstärkt. Auch das Feuilleton wurde zur Glorifizierung von Heldentaten herangezogen.[21]

1915 setzte sich die Berichterstattung in derselben Tonart fort. Auch im 'Burggräfler' machte sich die durch Zensur und vom Pressequartier ausgesuchte und freigegebene Meldungen uniformierte Berichttendenz negativ bemerkbar; auch die Schlagzeilen glichen und wiederholten sich.

Der Kriegseintritt Italiens wurde als „schändlicher Treuebruch" bezeichnet. Italien „überfällt uns nun in heimtückischer Weise", wobei dies als „ein Krieg der Freimaurerei" gesehen wurde, den Italien immer schon gegen Österreich geführt habe.[22]
Ende Juli blickte das Blatt auf ein Jahr Krieg zurück: „Mit Freude und Stolz erinnern wir uns der Vorgänge im Sommer 1914, als unser hochbetagter Friedenskaiser zum Schwerte greifen mußte (…)." Nunmehr gehe man „mit Gott und voll stolzer Hoffnung in das zweite Kriegsjahr!".[23]
Konfiszierungen hielten sich in Grenzen, da das Blatt ganz auf der Linie der Staats- bzw. Kriegsführung war und v. a. die verschiedenen freigegebenen „Kriegsberichte" der Hauptquartiere, Generalstäbe oder des Pressequartiers gehorsam und kommentarlos wiedergab.

Auch 1916 herrschte Kontinuität vor, Aufmachung und Inhalte blieben dieselben; bieder, ohne Illustrationen, ohne marktschreierisch zu sein, jedoch nicht mehr ganz so patriotisch im Ton war 'DB' vom vormals kämpferisch-konservativen Organ zum Durchschnitts-Blatt geworden. Am meisten engagierte er sich in der Anti-Italien-Agitation, die früheren Parteikämpfe kamen während des Krieges praktisch nicht mehr vor. Der Umfang war weiter geschmolzen, auch weil das Anzeigengeschäft nachließ und das Blatt damit wirtschaftliche Probleme bekam. Anders als andere Zeitungen wurde 'DB' im Krieg auch nicht zur Tageszeitung ausgebaut, sondern blieb bei der zweimal wöchentlichen Erscheinungsweise.

---

[18] 'DB', Nr. 48, 17. 6. 1914, S. 1.
[19] 'DB', Nr. 57, 18. 7. 1914, S. 1.
[20] Vgl. 'DB'-Ausgaben von Oktober/November 1914.
[21] Vgl. u. a. 'DB', Nr. 92, 18. 11. 1914, S. 1.
[22] 'DB', Nr. 42, 26. 5. 1915, S. 2.
[23] 'DB', Nr. 60, 28. 7. 1915, S. 1.

Mit einer Sonderausgabe (22.11.1916) und großen Berichten in den folgenden drei Ausgaben würdigte man nach dessen Tod Leben und Wirken Kaiser Franz Josephs.

Die einsetzenden Friedensinitiativen in den folgenden Monaten wurden positiv bewertet, allerdings nur jene, die von österreichischer oder deutscher Seite ausgingen.
Politik, Regierung, Parteien waren weiterhin gegenüber den Kriegsereignissen in den Hintergrund gedrängt, auch die Leitartikel wurden – zahlen- und umfangsmäßig – eingeschränkt.

Im Juli 1917 wurde die Frage aufgeworfen, ob die Demokratie den Frieden bringen könne; dies wurde klar verneint, indem Demokratie mit Sozialismus gleichgesetzt und als „Herrschaft der Freimaurerei" denunziert wurde und ihr vorgeworfen wurde, daß sie den Krieg vielmehr entfacht hätte, denn Frieden zu bringen. Die freimaurerische Weltherrschaft wolle die Monarchie stürzen – mit Hilfe der Sozialisten als willfährige Werkzeuge. Außerdem sei die neue russische Offensive ein schlagender Beweis, wie „friedensbringend" die „Demokratisierung" (nach der russischen Revolution 1917, Anm.) wirke.[24] Somit wurde auch einer allfälligen Demokratisierung Österreichs (nach dem Krieg) eine Absage erteilt. Mit den zunehmenden Problemen des Blattes (Umfangsreduktion, Probleme mit dem Druck, Preiserhöhungen) und der schwindenden Aussicht eines Sieges Österreichs kam die Friedenssehnsucht v.a. in Leitartikeln ab 1918 immer deutlicher zum Ausdruck. Das Blatt war 1918 fast ausschließlich zum Verlautbarungsorgan für amtliche Meldungen und Kriegsberichte herabgesunken. Friedensbemühungen der Mittelmächte wurden im Herbst 1918 weiterhin gewürdigt, während jene der Entente verurteilt und abgelehnt wurden.

Im November herrschte schließlich die Schilderung über die Bildung und der Ausformung des neuen Staates Deutsch-Österreich und über die Besetzung Südtirols durch italienische Truppen vor.
Nach dem Krieg ging das Blatt angesichts des wiederauflebenden Parteienkampfes mit den „Sendlingen der geschworenen Feinde des christlichen Volkes" zum vermeintlich unabdingbar gewordenen täglichen Erscheinen über.[25]

Man bedauerte die Trennung von Österreich; man sei nun „an ein Fremdvolk" gekettet und versuche daher das Tirolertum in religiöser, kultureller, nationaler und wirtschaftlicher Hinsicht zu erhalten und zu stärken.[26]

Als täglich erscheinendes Organ nannte es sich ab April 1920 'Meraner Tagblatt'. Bereits 1921 geriet es – und damit auch das zur Herausgabe des 'Burggräflers' schon am 1.1.1920 gegründete „Laurin-Konsortium" – in finanzielle Schwierigkeiten. In der Jahresbilanz 1920 standen in der „Laurin"-Druckerei 250.000,– Lire Aktiva ca. 900.000,– Lire an Passiva gegenüber. Das Defizit wurde mit 120.000,– Lire beziffert.[27]
Aus diesem Grund trat das Konsortium im Februar 1921 in Verhandlungen mit dem Tyrolia-Verlag ein. Man einigte sich zwar grundsätzlich auf einen Ausbau des Tyrolia-Blattes 'Der Tiroler' und eine Einschränkung des 'Meraner Tagblattes' auf den Dienst eines lokalen Nachrichtenblattes unter selbstverständlicher Einhaltung der katholischen Linie, insgesamt blieb das Treffen jedoch ergebnislos, weshalb das „Laurin-Konsortium" ein halbes Jahr später unter den Einfluß italienischer Kapitalgeber geriet, die es vor dem Ruin retteten.[28] Das sozialdemokratische „Volksrecht" schrieb dazu, daß „das altkonservative, reaktionäre Werkl" nicht mehr recht ziehen wollte, worauf man im Oktober 1921 bereit gewesen sei, die bis dahin deutschnational-klerikale Richtung „mit Rücksicht auf südlicher gelegene Geldquellen in eine international anpassungsfähigere hinüberleiten zu müssen".[29] Gemeint war damit eine gemäßigtere Haltung Italien gegenüber, nachdem man seit dem Zusammenschluß der Volkspartei

---

[24] Vgl. u. zit. 'DB', Nr. 53, 4.7.1917, S.6.
[25] Zit. 'DB', Nr. 1, 3.1.1920 und BRUNNER a.a.O., S.137f.
[26] Ebd.
[27] Vgl. BRUNNER a.a.O., S.31 (lt. „Protokoll über die gemeinsame Vereinigungs-Konferenz in Meran am 22. Feber 1921").
[28] Vgl. ebd., S.32. Zu den wirtschaftlichen Problemen vgl. auch FLEISCHMANN a.a.O., S.69 und PARTELI a.a.O., S.226.
[29] 'Volksrecht', 3.3.1922, S.5 und BRUNNER a.a.O., S.138.

und der Deutschfreiheitlichen im „Deutschen Verband" auch den früher verfeindeten „Deutschgesinnten" bzw. „Liberalen" nicht mehr annähernd so kämpferisch gegenübergestanden hatte als etwa noch vor dem Weltkrieg.

Unter dem Einfluß der neuen Geldgeber sowie der starken Konkurrenzierung durch den expandierenden 'Tiroler' änderte das 'Meraner Tagblatt' zur allgemeinen Verunsicherung und Verärgerung der Leser seine Schreibweise und Erscheinungsrhythmus und entließ vorübergehend Redakteur Thaler. Ab März 1922 kehrte man zu einem dreimal wöchentlichen Erscheinen zurück, in der Folge veränderte man die Erscheinungsintervalle noch dreimal (zwei- bis dreimal wöchentlich) und nahm wieder den alten Namen 'Der Burggräfler' an. Aus finanziellen Gründen wurden auch die Beilagen „Die Frau" und „Tiroler Jugendwacht" aufgelassen, welche die Tyrolia übernahm und erfolgreich als eigenständige Zeitschriften herausgab.[30]

Am 3. Juli 1923 schrieb man von „trüben wirtschaftlichen Verhältnissen", weshalb ab dem nächsten Tag – ohne jeglichen weiteren Hinweis allerdings – der 'Burggräfler' als Meraner Kopfblatt des Bozner 'Tiroler Volksblattes' erschien.

Dem war bereits 1921 die Vereinigung der Verlage Ferrari und Alois Auer Comp. vorausgegangen, zu denen das Laurin-Konsortium 1922 ebenfalls dazustieß. Das 'Volksblatt' erschien bei Auer, womit der Druck des 'Burggräflers' ebenfalls an die vereinigte Druckerei Auer-Ferrari überging. Herausgeberschaft und Verlag blieben weiterhin bei Laurin.[31]

'DB' blieb bis November 1925 Kopfblatt des 'Volksblattes', wobei sich trotz dieser Maßnahme keine kommerzielle Gesundung des Blattes einstellte, war doch auch das 'Volksblatt' gegenüber dem 'Tiroler' bzw. 'Landsmann' ins Hintertreffen geraten und damit nie imstande, jenes Ausmaß an Kraft in die Verbindung mit dem 'Burggräfler' fließen zu lassen, das für eine Genesung des Blattes nötig gewesen wäre.

Lediglich für kurze Zeit sollten beide Blätter noch eine Aufschwungphase erleben[32]: Am 13.11.1925, nach der behördlichen Einstellung des 'Landsmanns', hatte man ein Herausgabe-Abkommen mit Vogelweider (Tyrolia) getroffen; 'DB' erschien nunmehr wieder als eigenständiges, jedoch nach dem Zusammenbruch des Laurin-Konsortiums bei Auer bzw. Ferrari gedrucktes Blatt und wurde als 'Landsmann'- und 'Bozner Nachrichten'-Ersatz zusammen mit dem 'Volksblatt' sowie dem 'Volksboten' den bisherigen Abonnenten der eingestellten Blätter zugesandt. Die Herausgabe-Tage der drei Blätter waren im November 1925 koordiniert worden, sodaß den Beziehern der eingestellten Zeitungen fünfmal wöchentlich eine Zeitung zugestellt werden konnte ('Volksbote' einmal, 'Volksblatt' und 'Burggräfler' zweimal wöchentlich). Das Abkommen hielt jedoch nicht einmal ein Jahr: Im September 1926 gingen Vogelweider sowie Auer-Ferrari eigene Wege, wobei 'DB' wieder zweimal wöchentlich im Verein mit dem 'Volksblatt' bezogen werden konnte.

'DB', der, wie auch die anderen noch erscheinenden Blätter, seit Anfang Jänner 1925 als gleichgeschaltet zu betrachten war, wurde wie die meisten restlichen Südtiroler Zeitungen Ende Oktober 1926, nach einem Attentat auf Mussolini, verboten, die Druckereien vorübergehend besetzt.[33]

Mit Anfang November begann somit die „zeitungslose Zeit". 'Der Burggräfler' dürfte nicht allzuviele Trauernde zurückgelassen haben, war er doch schon früher unter italienischen Einfluß geraten und bis zu den Jahren 1925/26 zu einem schieren Anzeigenorgan herabgesunken. Am 29.10.1926 erschien die letzte Ausgabe des früheren katholischen Meraner Kampfblattes 'Der Burggräfler'.

---

[30] Vgl. FLEISCHMANN a.a.O., S.69 und BRUNNER a.a.O., S.139.
[31] Vgl. BRUNNER a.a.O., S.33.
[32] Vgl. PARTELI a.a.O., S.226.
[33] Vgl. BRUNNER a.a.O., S.62ff.

1.18 Tiroler Volksblatt

1.18.1 Daten zur äußeren Struktur

Vorbemerkung: Das Blatt konnte nur bis Ende des Jahres 1915 eingesehen werden, weshalb die Angaben im Untersuchungsschema von 1916 bis Mitte 1918 unvollständig bleiben müssen. Die „Allgemeine Chronik" wurde als Vergleich zu den anderen Blättern v. a. anhand der Sekundärliteratur erstellt.

Titel:
1862:	Südtiroler Volksblatt
ab 01.10.1868:	Tiroler Volksblatt[1]
ab 22.08.1923:	Volksblatt

Untertitel:
1862:	kein eigentlicher Untertitel, jedoch Überzeile: Für Gott, Kaiser und Vaterland
ab 27.11.1918:	Für Gott und Vaterland
ab 13.11.1920:	Für Gott und Heimat[2]
	In der Unterzeile jeweils Hinweis auf Beilagen:
1914:	Gratisbeilage „Sonntags-Blumen" und „Der Tiroler Landwirt" – entfällt im Weltkrieg
ab 18.12.1915:	Illustrierte Beilage „Kriegsbilder" (bis 1918)

Erscheinungsort: Bozen

Erscheinungsdauer: 01.03.1862 bis 30.10.1926 (1914: 53. Jg.)

Erscheinungsweise:
bis 1901:	zweimal wöchentlich (Mittwoch und Samstag, Ausgabe am Vorabend)
ab 01.01.1901	täglich (jedoch auch die zweimal wöchentliche Ausgabe erhältlich)
ab 01.07.1902:	zweimal wöchentlich (s. o.)
ab 13.09.1926:	dreimal wöchentlich (Montag, Mittwoch, Samstag)

Das Blatt wurde zweimal wöchentlich ausgegeben, zur Jahrhundertwende angesichts des eskalierenden Bruderstreits der katholischen Parteien zur Tageszeitung ausgebaut, was jedoch aus wirtschaftlichen Gründen bereits eineinhalb Jahre später wieder zurückgenommen werden mußte. Kurz vor der Einstellung wurde das Blatt noch auf dreimal wöchentliches Erscheinen umgestellt.

Schriftart (Brotschrift): Fraktur

Format:
1914:	Kanzleiformat 43 × 29,6 cm (bis 1891 Kleinformat)
ab 14.12.1921:	zwischen 46 × 32 und 42 × 28 cm

Satzspiegel:
1914:	38 × 24,6 cm
ab 14.12.1921:	zwischen 41,5 × 28 und 37 × 25,4 cm

Umbruch:
1914:	3 Spalten à 8 cm / Spaltentrennlinien
ab 14.12.1921:	3 Spalten à 9 bis 8 cm / Spaltentrennlinien

---

[1] In der Folge mit 'TV' abgekürzt.
[2] Schon aus der Abänderung der Untertitel ersah man deutlich den Übergang von der Monarchie über deren Abschaffung hin zur Angliederung Südtirols an Italien.

Umfang: (in Seiten)

1913	8–12	1913 betrug der durchschnittliche Umfang 8–12 Seiten, wobei
Ende 1913/	4–8	zwei bis fünf Seiten mit Inseraten gefüllt waren, die im Krieg
Anf. 1914		auf ca. zwei bis drei Seiten schrumpften, teilweise sogar auf
ab Feb. 1914	8–10	lediglich nur eine Seite. Nach dem Krieg konsolidiert sich
Krieg	6–8	der Umfang auf 8–12 Seiten, auch der Inseratenumfang nahm
zwanziger Jahre	8–12	wieder zu.
Sept. 1926	4–12	

Zeitungskopf: Höhe 1914: 12 cm
ab 1918: 11,5 bis 10,5 cm

Der Kopf insgesamt sowie der Titelschriftzug waren kontinuierlich schmucklos gestaltet, jeweils mit einer Überzeile (s. o.) und allfälligen Hinweisen auf Beilagen ergänzt, Adresse, Bezugspreise und -bedingungen und Erscheinungsweise in eigenen Unterzeilen untergebracht.

Gesinnung/politische Richtung: katholisch-konservativ, klerikal, antiliberal, antisozialdemokratisch, bis zur Parteieneinigung antichristlichsozial

Impressum:

1867:	Verantw. Redakteur: Anton Oberkofler, Druck und Verlag der J. Wohlgemuth'schen Buchdruckerei in Bozen
ab 1893:	Druck und Verlag Alois Auer Comp. (OHG)
1914:	Verantw. Redakteur: Josef Burger (seit 07.11.1908)
ab 09.06.1915:	Für die Redaktion zeitweilig verantw.: Josef Nitsche
1918:	Druck und Verlag: Alois Auer Comp. (vormals J. Wohlgemuth), für die Redaktion zeitweilig verantw.: Josef Pardeller
ab 25.12.1918:	für die Redaktion zeitweilig verantw.: Franz Fuchs
ab 12.02.1919:	für die Redaktion zeitweilig verantw.: Alfred Dissertori

Ressorts/Inhalt:

1914:	Politik (In- und Ausland), Kirchliches, Nachrichten aus Bozen und Tirol, Korrespondenzen (Lokalberichte), Tagesneuigkeiten, kurze politische Nachrichten, Feuilleton, Verlautbarungen, Wochenrundschau; ab Februar eigene Rubrik „Tiroler Landtag"; Ende Juli Beginn der Kriegsberichterstattung, Rubriken u.a. „Der Weltkrieg", „Der europäische Krieg", „Vom Kriegsschauplatz", Kriegschronik, Feldpostbriefe, Feuilleton vorwiegend mit Kriegs- und Heldengeschichten gefüllt.
ab Mai 1915:	Italien Mittelpunkt der Kriegsberichte, „zivile" Ressorts fast völlig verschwunden.
1915 ff.:	häufig wechselnde Bezeichnungen der Rubriken, unübersichtlich angeordnet, wenige Leitartikel, Feuilleton vorwiegend Krieg, aber auch wieder Unterhaltung und Historisches im Vormarsch.
zwanziger Jahre:	viele Nachdrucke anderer konservativer Zeitungen, viel Lokalchronik sowie wieder die Kleinrubriken (s. o.).

Bezugspreise: 'Tiroler Volksblatt'

ab Datum	Einzelnummer werktags	1/4jährl. Abonnement loco/abholen	Zustellung Post
1910		K 2,–	K 2,50
ab Dez 1915		" 2,50	" 3,–
14.09.1919	L 0,10	L 1,20	L 1,80
15.09.1926	" 0,30	" 8,40	" 9,–

Zeitungstyp nach Vertriebsart: vorwiegend Abonnement-Blatt

Auflagen: 1911: 1.800[3]; 1914: 1.800; 1915: 2.100; 1916: 1.800; 1917: 1.800; 1918: 1.900[4]; 1921: 1.600; 1924: 2.000; 1926: 2.500.[5]

Beilagen: Seit 1910 erschienen wöchentlich die Beilagen „*Sonntags-Blumen*" mit Unterhaltung, Erzählungen und der humoristischen Ecke, die sich v. a. an die Frauen und die Jugend richtete, sowie „*Der Tiroler Landwirt*", der sich den bäuerlichen Angelegenheiten und Problemen widmete. Im Krieg konnten beide Beilagen nicht mehr erscheinen.
Sie wurden aktuellerweise ab Februar 1915 von der Gratis-Beilage zur Samstagsausgabe „*Kriegsbilder*" abgelöst, die Fotos vom Krieg (mit wenig Text) brachte.

Jubiläumsausgabe: Als Beilage zur Nr. 28 vom 06.04.1912 erschien die Jubiläumsausgabe „1862–1912 – Zum 50jährigen Bestand des 'Tiroler Volksblatts'". Darin wurde Entstehung und bisherige Geschichte des Blattes resümiert, seine Einstellung und Politik dargelegt (von Christian Schrott), und es wurden die Phasen, die das Blatt erlebt hatte, dargestellt (hochliberale Ära, Zeit der Spaltung der Katholiken und die Zeit von 1899 bis 1912). Siehe auch die folgende „Allgemeine Chronik".

1.18.2 Allgemeine Chronik

Seit 1859 trug man sich in Bozen mit dem Gedanken, der liberalen 'Bozner Zeitung' (seit 1856) eine katholische Zeitung entgegenzustellen, was jedoch erst drei Jahre später, am 1. März 1862 mit der Gründung des 'Südtiroler Volksblattes' als Halbwochenschrift realisiert werden konnte. Als erster Redakteur zeichnete der Priester Anton Oberkofler verantwortlich.[6] Damit hatte man einen Schritt gesetzt, der 1883 mit der Gründung des 'Burggräflers' in Meran nachvollzogen wurde, als man diesen der liberalen 'Meraner Zeitung' als Gegengewicht gegenüberstellte.

Die Zeitung wurde bei der Druckerei J. Wohlgemuth herausgegeben, die jedoch relativ klein und schlecht eingerichtet war; zudem starb der Besitzer des Unternehmens bald nach der Gründung des Blattes, weshalb in der Folge mehrmals der Besitzer wechselte, ehe Druckerei und Verlag Anfang 1893 von der OHG Alois Auer Comp. übernommen wurden.[7]

Zu den technischen Problemen gesellten sich bald politische, stieß das konservativ-klerikale Blatt doch auf heftige Anfeindungen durch die Liberalen, allen voran Bozens Bürgermeister Dr. Josef Streiter, was der Zeitung und Redakteur Oberkofler in der hochliberalen Ära unzählige Konfiskationen und Geldstrafen einbrachte. Besonders im Jahr 1868 erreichten diese einen Höhepunkt, als der Kampf gegen die 'Bozner Zeitung' und Dr. Streiter eskalierte. Über Redakteur Oberkofler wurde eine Arreststrafe verhängt. In diesem Jahr verkürzte das Blatt seinen Titel auf 'Tiroler Volksblatt'.[8]

Mit der Niederlage der Liberalen bei den Reichsratswahlen 1880 und dem Eintritt der Konservativen in die Regierung änderten sich die Verhältnisse für das Blatt. Die Konservativen glaubten, die Liberalen durch ihre Regierungsteilnahme verdrängen zu können. Das 'TV' vertrat jedoch eine schärfere Gangart und setzte sich damit oft in offene Opposition zur Mehrheit der Abgeordneten der Konservativen. Außerdem wurde das Blatt Sprachrohr gegen das Nordtiroler Parteidiktat. Die schärfere Tonart brachte ihm auch mehrere bischöfliche Verweise ein.[9]

---

[3] Vgl. VOLGGER a. a. O., S. 154.
[4] Vgl. Präs. 1914 ff./XII 78c4 (jew. 1. Quartal).
[5] Vgl. BRUNNER a. a. O., S. 116.
[6] Vgl. VOLGGER a. a. O., S. 169 und OBERKOFLER, Anton: Aus den Jugendjahren des Tiroler Volksblattes und seines ersten Redakteurs. In: Tiroler Volksblatt, Nr. 10–33, 2. 2. 1912–24. 4. 1912, hier Nr. 10, 2. 2. 1912, S. 1–3.
[7] Vgl. ebd., S. 171.
[8] Vgl. OBERKOFLER a. a. O., hier 'TV', Nr. 13, 14. 2. 1912, S. 1–3,.
[9] Vgl. VOLGGER a. a. O., S. 170 f.

Ab der Nr. 15 des Jahres 1869 wurden regelmäßig Geschichtsbeilagen, Sonntags- und Unterhaltungsblätter beigelegt, 1873 wurde das Format erheblich vergrößert.

1876 war ein Jahr des Kampfes für die konservative Presse, v. a. für das 'TV', wurde doch ein ministerieller Erlaß verkündet, der die Bildung protestantischer Gemeinden in Tirol gestattete, was beim 'TV' auf heftige Abneigung stieß.[10]

Am 1. Juni 1886 begingen das 'TV' und Anton Oberkofler das 25. Bestands- und Redaktionsjubiläum, was mit einer großen Feier gewürdigt wurde und zu dem „von allen Seiten" Glückwünsche eingingen.[11]

Oberkofler war bis 29. 7. 1893 und ab 1894 bis 1. 5. 1897 Redakteur des Blattes; Kanonikus Oberkofler, auch „Blattl-Toni" oder „Lugen-Toni" genannt, prägte somit das Blatt über mehr als 30 Jahre hinweg. 1897 wurde er von Gesellenpräses Hieronymus Maierhofer abgelöst, blieb jedoch als Mitarbeiter dem Blatt erhalten. Das 50jährige Jubiläum versäumte er nur um zwei Monate; als Nestor der katholischen österreichischen Journalisten bezeichnet, verstarb er 83jährig im Jänner 1912 in Bozen.[12]

Gegen Ende des Jahrhunderts entzweite sich das katholische Lager, der Bruderzwist zwischen Konservativen und Christlichsozialen eskalierte. Der neue 'TV'-Redakteur Maierhofer sowie dessen Nachfolger Vinzenz Prangner neigten eher dem christlichsozialen Lager Aemilian Schöpfers zu, weshalb das Blatt insgesamt ins christlichsoziale Fahrwasser geriet. Dies mißfiel dem erzkonservativen Trienter Fürstbischof sowie dem Propst von Bozen (Hauptbesitzer des Blattes), weshalb Prangner schließlich gehen mußte (zur christlichsozialen 'Post' in Innsbruck) und vom Bischof ein diesem gefälliger Redakteur, Dr. Balthasar Rimbl, eingesetzt wurde. Der Bischof regierte somit unmittelbar in das Blatt hinein und brachte es wieder auf den konservativen Kurs zurück.[13]

Dieser Rückschwenk wurde von christlichsozialer Seite mit der Gründung des Bozner Blattes 'Der Tiroler' beantwortet, das dem 'TV' zum Schaden gereichen sollte; es sollte parallel zum Aufstieg der neuen Zeitung an Bedeutung verlieren. Nunmehr wurde der Parteienkampf auch zwischen diesen zwei Bozner Zeitungen geführt, v. .a bei den Reichsratswahlen vom Jänner 1901. Auch Bischof Valussi setzte sich mit einem Wahlaufruf im 'TV' für den konservativen Kandidaten Di Pauli ein ('TV', Nr. 103, 24. 12. 1900), welcher schließlich gegen den Christlichsozialen Josef Schraffl verlieren sollte.

Im Zuge des Wahlkampfes wurde das Blatt seit 1. Jänner 1901, nachdem die Vorbereitungen schon im Oktober 1900 begonnen hatten und im Dezember Gratis-Probenummern ausgegeben wurden, täglich ediert. Daneben blieb jedoch auch die Möglichkeit, das Blatt weiterhin nur zweimal wöchentlich zu beziehen.[14]

Doch auch die volle Unterstützung von konservativer Seite (Partei, Klerus, Propst von Bozen) konnte die tägliche Ausgabe der Zeitung nicht halten, und schon eineinhalb Jahre später kehrte man zur zweimal wöchentlichen Erscheinungsweise zurück. Trotz daraufhin im Blatt gemachter gegenteiliger Beteuerungen „war die Einstellung der täglichen Ausgabe korrelativ zum Rückgang der konservativen Partei in Deutsch-Südtirol".[15]

Auch in der Redaktion gab es ständig personelle Änderungen, als mehrere Redakteure (u.a. Rimbl) das Blatt verließen und hier erst 1907 wieder eine relative Ruhe einkehrte.

Die Agitation gegen die Christlichsozialen (im Verein mit dem 'Burggräfler' und den 'Neuen Tiroler Stimmen') und auch gegen die Gründung des Bauernbundes durch Schraffl (1904) erreichte während der Reichsratswahl 1907 ihren Höhepunkt, bei der für die Partei ebenso wie für das 'TV' die Niederlage völlig unerwartet kam.

---

[10] Vgl. OBERKOFLER a. a. O., hier 'TV', Nr. 14, 17. 2. 1912, S. 1–3, Nr. 15, 21. 2. 1912, S. 2 und Nr. 16, 24. 2. 1912, S. 2.
[11] OBERKOFLER a. a. O., hier 'TV', Nr. 25, 27. 3. 1912, S. 1.
[12] VOLGGER a. a. O., S. 172 f.
[13] Vgl. ebd., S. 173.
[14] Vgl. ebd., S. 176 f.
[15] Ebd., S. 178.

Besonders der neue Redakteur Burger, der zuvor beim konservativen Innsbrucker 'Volksvereinsboten' tätig war und der meisterhafte Leitartikel verfaßte, brachte frischen Wind in die Redaktion, was jedoch dem Bedeutungsschwund des Blattes keinen Abbruch tat. Besonders die allmähliche Annäherung der gegensätzlichen Standpunkte der zwei katholischen Strömungen entzogen dem 'TV' ein großes Stück seines Betätigungsfeldes.[16]

Anders als die 'Brixener Chronik' und die 'Neuen Tiroler Stimmen', die im Juni 1912 Auszeichnungen erhielten, wurde das 'TV' zum 50jährigen Bestehen von der Regierung völlig ignoriert, was den Bedeutungsverlust zusätzlich dokumentierte.

Anläßlich dieses Jubiläums ging man in einer Festausgabe am 6. April 1912 auf den bisherigen Weg und die Linie des Blattes ein: Das Blatt habe von Beginn an nie in seiner Einstellung geschwankt und habe immer eine „scharfe Tonart" angeschlagen, es sei somit immer „mit größter Entschiedenheit für das geistige und materielle Wohl des katholischen Tiroler Volkes eingetreten".[17]

Die Zeitung habe drei Phasen erlebt: die hochliberale Ära bis 1879 mit dem Kampf gegen das liberale Wirtschaftssystem und gegen den liberalen Kulturkampf. Daher sei das 'TV' seiner katholischen Einstellung wegen verfolgt, konfisziert, Redakteure vor Gericht geschleppt worden. In der zweiten Phase bis 1899 sei es zur Spaltung der Katholiken gekommen, wobei man als Vertreter der schärferen Tonart gegen die eigenen Abgeordneten aufgetreten sei. Die bisher letzte Periode 1899 bis 1912 sei eine harte Zeit für das Blatt gewesen, als es an der Seite der konservativen Abgeordneten gegen die aufkommenden Christlichsozialen gekämpft habe.[18]

Hauptverbreitungsgebiete des 'TV' waren die Stadt Bozen, die Gebiete des Überetsch und des Unterlandes, das Sarntal, ein Teil des Burggrafenamtes und das Eisacktal. Von der Auflage von 1.800 Stück des Jahres 1911 wurden 600 „am Platze" verkauft, 1.200 mittels Post den auswärtigen Abonnenten zugestellt. Trotz des relativ begrenzten Absatzgebietes, das zudem mit dem erstarkenden 'Tiroler' (und auch mit den 'Bozner Nachrichten' und der liberalen 'Bozner Zeitung') geteilt werden mußte, war die Auflage des Blattes beträchtlich. Durch lange Zeit hindurch hatte es somit die höchste Auflage der in Bozen erscheinenden parteipolitischen Blätter und wurde erst 1913 vom 'Tiroler' überrundet.[19]

Der Buchdruckerstreik 1913/14 schwächte das 'TV' (zumindest kurzfristig) um ein weiteres: Zu Weihnachten 1913 klagte man, daß man, „statt im Festtagskleid und Weihnachtsschmuck" zu erscheinen, „in kleinem und ärmlichem Gewande vor unsere Leser treten müsse". Das Blatt sei lediglich imstande, in kleinem Umfang zu erscheinen und könne nur die wichtigsten Nachrichten bringen.[20]

Somit ging das Blatt in reduziertem Umfang und eingeschränkter Qualität ins Jahr 1914. Anläßlich des Streiks grenzte sich das 'TV' auch vehement gegenüber der Sozialdemokratie ab: „Während die anderen Druckereien ruhen, schicken die Sozialdemokraten ihre Agenten im ganzen Lande herum, um Druckaufträge zu werben. Sie leisten also... 'Streikarbeit' und tragen somit zur Verlängerung des Streiks bei (...)."[21]

Im Februar begrüßte man die Maßnahmen Stürgkhs gegen das Parlament: „Nun ist er da, dieser parlamentarische Nothelfer. Gott sei Dank, daß wir in Österreich noch die Möglichkeit haben, daß man auch ohne Parlament regieren kann. Sonst stünden wir schön da! (...) Da rettet immer noch der § 14 die Situation."[22]

Damit sprach sich das Blatt klar gegen den Parlamentarismus aus, was auch aus dem schwindenden Einfluß der Konservativen heraus erklärt werden kann. Als Ersatz für die Parlamentsberichterstattung richtete man eine Rubrik „Tiroler Landtag" ein. Für die laufende „Obstruktion" im Parlament wurden wiederum Sozialdemokraten und Freisinnige verantwortlich gemacht.

---

[16] Ebd., S. 180.
[17] 'TV'-Jubiläumsausgabe, Nr. 28, 6.4.1912, S. 9–12.
[18] Ebd.
[19] Vgl. VOLGGER a.a.O., S. 184 f.
[20] 'TV', Nr. 103/104, 24.12.1913, S. 1.
[21] 'TV', Nr. 6, 21.1.1914, S. 1.
[22] 'TV', Nr. 10, 4.2.1914, S. 1.

Ende Februar wurde schließlich gegenüber dem Wahlkompromiß zwischen Konservativen und Christlichsozialen vorsichtige Zustimmung signalisiert. Das 'TV' schließe sich dem bischöflichen Dank an, der allen „Kompromißmitgliedern" ausgesprochen worden war.[23]
In dieser Ausgabe zog man auch Resümee über den zu Ende gegangenen Druckerstreik, der in Tirol am längsten gedauert hatte (ab 1.12.1913 über zwölf Wochen, übrige Kronländer ab 28.12. über neun Wochen), womit die Tiroler Gesellen am härtesten gekämpft hatten.[24] Unter wieder eingekehrten „normalen" Bedingungen konnte das Blatt wieder ausgestaltet, der Umfang konsolidiert werden.

Mit der Einigung auf gemeinsame Kandidaten des katholischen Lagers für die Landtagswahl fand sich auch das 'TV' im Kreis der Unterstützer; man dürfe nur jene Männer wählen, in deren Händen man die tirolischen Ideale – „Religion und Vaterland" – wohl geborgen wisse. Man müsse die Kandidaten der „katholischen Parteien" wählen, denn nur jene Wirtschaft sei eine gesunde, bei der die sittlichen und religiösen Forderungen vorangingen und vorausleuchteten.[25] Nach der Wahl wurde auch ein Extrablatt mit den detaillierten Wahlergebnissen ediert.
Der Umfang blieb nun stabil, obwohl sich bereits vor Kriegsausbruch ein deutlicher Inseratenschwund einstellte.

Am 1. Juli brachte das Blatt die Titelmeldung von der Ermordung des Thronfolgerpaares: „Etwas Entsetzliches und Fürchterliches ist geschehen." Belgrad sei eine „Mördergrube" – die Diktion schlug damit in dieselbe Kerbe wie u. a. jene des 'Burggräflers'.[26]
Auch die nächsten Ausgaben standen ganz im Zeichen der Bluttat und von deren möglichen Folgen. Die politischen Hintergründe wurden relativ gut, wenn auch subjektiv antiserbisch und proösterreichisch, dargestellt; auch die Sprache war deutlich gemäßigter als etwa jene des 'Burggräflers'. Es wurde zum Handeln aufgefordert, um „in Bosnien Ordnung zu schaffen und mit Serbien ein unzweideutiges Entweder-oder zu reden".[27]
Das Ultimatum wurde in der Folge in relativ ruhigen Ton begrüßt, am 29. Juli titelte man erstmals „Krieg!". Sehr pathetisch faßte man die Ereignisse zusammen: Wie ein Sturmesrauschen sei es durch das alte Reich gegangen, „ein Jauchzen, ein Jubeln, in all den verschiedenen Volkssprachen (…) Österreich, bist du's noch? (…) Austria, sei mir gegrüßt im strahlenden Waffenglanze (…)."[28]

Die neue Lage wurde beleuchtet, die Armee und deren Ausgangslage analysiert und die politische Position aller vermeintlichen Feinde und Verbündeten dargestellt. Zwei Extraausgaben am 29. Juli zur Kriegserklärung und zum Kaisermanifest „An meine Völker" folgten.

Von nun an stand auch das 'TV' völlig im Zeichen der ausführlichen Kriegsberichterstattung, die „zivilen" Rubriken wurden bald vernachlässigt und zurückgedrängt. Lediglich der Tod Papst Pius' X. konnte – wie beim 'Burggräfler' – den Krieg noch einmal von der Titelseite verdrängen.

Im September erschienen erstmals zensurierte Stellen, die sich jedoch in Grenzen halten sollten, denn allmählich schoben sich ausgewählte und genehmigte Meldungen des Pressequartiers oder der Heeresleitungen in den Vordergrund. Auch das Feuilleton wurde in die Propaganda eingebunden, indem hier Feldpostbriefe und Heldengeschichten der Truppen abgedruckt wurden.
Von Beginn an wurden laufend Verlustzahlen und Namenslisten der Gefallenen veröffentlicht. Die Sprache des Blattes war weniger martialisch und zurückhaltender als in vielen anderen Blättern. Auch wurden die Kriegsanleihen im redaktionellen Teil nicht ähnlich vehement wie etwa beim 'Burggräfler' beworben.

---

[23] 'TV', Nr. 16, 25.2.1914, S. 1.
[24] Vgl. ebd., S. 2.
[25] 'TV', Nr. 33, 25.4.1914, S. 1.
[26] Vgl. 'TV', Nr. 52, 1.7.1914, S. 1.
[27] 'TV', Nr. 55, 11.7.1914, S. 1.
[28] Ebd.

Anläßlich einer Abonnements-Einladung zu Weihnachten 1914 stellte man klar, daß das 'TV' weiterhin zu den alttirolischen Grundsätzen halte und in schwerer Kriegsnot „dem braven Tiroler Volke ganz besonders ein warmer und aufrichtiger Freund bleiben" werde.[29]

1915 hatten sich die Kriegsereignisse als Alltäglichkeit im Blatt festgesetzt. Statt der bisherigen Beilagen erschien nun jeweils samstags die illustrierte Beilage „Kriegsbilder", die Fotoreportagen zum Kriegshergang brachte. Zu dieser Zeit war das 'TV' das einzige Blatt Tirols, das eine derartige moderne Beilage anbot.

Mit dem Kriegseintritt Italiens wurde die Südfront zum Hauptthema des Blattes. Im Sommer 1915 häuften sich die Konfiskationen und damit die weißen Zensurflecken, die das Blatt wie alle anderen immer unansehnlicher machten.

Im Dezember brachte man eine Preiserhöhung „zur Kenntnisnahme", die mit der Steigerung der Preise für Rohmaterialien (u. a. Druckfarben plus 200–250 %) begründet wurde. Während des Krieges stünden die Kosten der Berichterstattung und damit der Bezugsgebühren in keinem Verhältnis zu den gestiegenen Herstellungskosten. Bevor man den Umfang reduziere, werde somit der Preis erhöht.

Schon während der weiteren Jahre des Krieges hatte das Blatt mit wirtschaftlichen Problemen zu kämpfen, die sich nach dem Krieg noch häufen sollten und die Zeitung schwer defizitär machten. Ein Grund dafür war auch die sich verstärkende Konkurrenz durch den 'Tiroler', ein anderer, daß das Blatt als Organ der „Ultramontanen" nach dem Krieg zusehends obsolet geworden war und als ein anachronistisches Relikt des 19. Jahrhunderts bewertet wurde.[30]

Nur noch in Bozen und Umgebung verbreitet, von einem klerikalen Bozner Konsortium finanziert, spielte die Zeitung lediglich eine untergeordnete Rolle und war nicht in der Lage, sich mit den Problemen des Landes nach der Annexion auseinanderzusetzen. Politisch im Einheitsfahrwasser des „Deutschen Verbandes" und ansonsten erzkonservativ und kulturkämpferisch, war das Blatt vornehmlich darauf bedacht, das wirtschaftliche Überleben zu sichern.[31]

Trotz der Bemühungen A. Dissertoris, der 1919 in die Firma Auer eingetreten war, um das Druckerei-Unternehmen und das 'TV' auf Vordermann zu bringen, und obwohl 1921 die Druckereien Auer und Ferrari vereinigt worden waren, erwirtschaftete das Blatt 1922 ein Defizit von 26.000 Lire. Eher schlechter als besser wurde die Lage, als 1923 eine Fusion mit dem Meraner „Laurin"-Konsortium zustande kam und damit 'Der Burggräfler' (vgl. dort) als Kopfblatt des 1923 in 'Volksblatt' umbenannten Organs in Meran herausgegeben wurde, war doch auch diese Zeitung defizitär und belastete somit auch das 'Volksblatt'.[32]

Die politische Situation im faschistischen Italien tat das ihre, dem Blatt weitere Probleme zu bereiten. Zudem stand die Zeitung dem 'Tiroler' nun nicht mehr zur Seite, sondern diesem im Wege.[33]

Angesichts dieser Probleme verhandelte man von 1921 bis 1924 auch von Seiten der Tyrolia bzw. Vogelweider über eine Vereinigung oder Interessengemeinschaft mit Ferrari-Auer, die jedoch keine Einigung brachte. Somit wurde der Plan des Vogelweider-Verlages, neben dem 'Burggräfler' und den 'Bozner Nachrichten' auch das 'Volksblatt' aufzukaufen und danach einzustellen, nicht realisiert. Das Blatt sollte trotz wirtschaftlich trister Lage weiterbestehen.

Einen kurzen Aufschwung konnte das 'Volksblatt' nach der Einstellung des 'Landsmanns' (vormals 'Der Tiroler') verzeichnen, als die Zeitung koordiniert mit dem 'Burggräfler' den bisherigen 'Landsmann'-Beziehern zugestellt wurde.[34]

Jedoch auch dieses kurze Aufleben stand bereits im Schatten des allgemeinen Zeitungssterbens in Südtirol, dem auch das 'Volksblatt' nicht entkommen sollte.

---

[29] Vgl. u. zit. 'TV', Nr. 102, 23. 12. 1914, S. 1.
[30] BRUNNER a. a. O., S. 117.
[31] Vgl. ebd., S. 118.
[32] Vgl. ebd.
[33] Vgl. PARTELI a. a. O., S. 226 und HERRE a. a. O., S. 363.
[34] Vgl. ebd. und BRUNNER a. a. O., S. 62.

Ausrichtungsmäßig war das Blatt ab Herbst 1925 nur noch wirtschaftlich, als Insertionsorgan, von Interesse. Es übernahm neben dem 'Volksboten' den Löwenanteil der bis auf einige wenige verbotenen oder aufgelassenen Zeitungen.
Nachdem das Herausgeberabkommen mit Vogelweider im September 1926 zerbrochen war, ging das Blatt am 13.9. noch zum dreimal wöchentlichen Erscheinen über und kam somit zusätzlich am Montag heraus, wobei neuerlich „zum neuen kombinierten Abonnement" mit dem 'Burggräfler' eingeladen wurde.[35]

Nach dem vierten Attentat auf Mussolini und mit dem Nebeneffekt, der geplanten Übersiedlung der faschistischen 'Alpenzeitung' von Meran nach Bozen das Terrain zu ebnen, wurde neben dem 'Burggräfler' auch das 'Volksblatt' als eines der letzten noch bestehenden Südtiroler Blätter von der faschistischen Staatsgewalt verboten, womit die zeitungslose Zeit begann.[36]

„Der hartnäckigen Opposition der antiitalienischen Presse, die nichts aus den zahlreichen Beschlagnahmen gelernt hat, müde, dekretierte die Behörde die Einstellung von Volksblatt, Volksbote, Burggräfler und Dolomiten."[37]
Somit blieb das 'Volksblatt' vom 30. Oktober 1926 die letzte Ausgabe dieser Zeitung. Seither ist im Ferrari-Auer-Verlag kein Tagblatt bzw. tageszeitungsähnliche periodische Druckschrift mehr erschienen.[38]

---

[35] BRUNNER a.a.O., S. 62 und 'TV', 29.9.1926, S. 3.
[36] Vgl. ebd., S. 119.
[37] Zit. ebd., nach wörtlicher Übersetzung bei Ettore Tolomei, AAA, XXIII, 1928, S. 341 f.
[38] Vgl. ebd., S. 119.

1.19 Brixener Chronik / Brixener Bote für das Eisack- und Pustertal

1.19.1 Daten zur äußeren Struktur

Titel:
1888:	Brixener Chronik[1]
1915–1918:	Ausgaben wurden teilweise als 'Beilage zur Brixener Chronik' bezeichnet (waren jedoch reguläre Ausgaben, siehe auch „Allgemeine Chronik", 1.19.2, S. 323 ff.)
ab 05.11.1921:	Brixener Bote für das Eisack und Pustertal (bis 30.09.1922)
ab 21.07.1923:	Brixener Chronik

Untertitel:
1888:	Ein konservatives Wochenblatt
ab 1900:	Zeitung für das katholische Volk
1914:	Überzeile: „Mit Sterne und Blumen Nr. 1"
	Unterzeile: Erscheint jeden Dienstag, Donnerstag und Samstag
ab 27.11.1914:	Überzeile: Tägliche Ausgabe
	Unterzeile: Illustrierte Beilage „Sterne und Blumen"
ab 18.12.1919:	Eisack- und Pustertaler Anzeiger
ab 05.11.1921:	kein Untertitel
ab 21.07.1923:	Eisack- und Pustertaler Anzeiger

Erscheinungsort: Brixen

Erscheinungsdauer: 28.04.1888 bis 03.09.1919 (1914: 27. Jg.)
18.12.1919 bis 30.09.1922
21.07.1923 bis 29.08.1925

Erscheinungsweise:
1888:	einmal wöchentlich
ab 02.01.1891:	zweimal wöchentlich (Montag und Donnerstag, Datum des nächsten Tages)
ab 01.01.1900:	dreimal wöchentlich (Montag, Mittwoch und Freitag, Datum des nächsten Tages)
ab Sept. 1914:	sechsmal wöchentlich, abends (außer Sonn- und Feiertagen, Datum des nächsten Tages)
ab 18.12.1919:	dreimal wöchentlich (Montag, Mittwoch, Freitag, Datum s. o.)
ab 01.03.1921:	zweimal wöchentlich (Dienstag und Freitag)
ab 21.07.1923:	einmal wöchentlich (Freitag abends)

Die 'BC' wurde als Wochenzeitung gegründet, bald zur Halbwochenschrift ausgebaut und erschien angesichts der Herausgabe des 'Tirolers' ab 1900 dreimal wöchentlich. Im Krieg erschien das Blatt als Tageszeitung, wobei die Ausgabe 1915 bis 1918 teilweise nur an Samstagen, Dienstagen und Donnerstagen erfolgte, jedoch als zweimal tägliche Ausgabe. 1918 erschien die Zeitung fallweise nur fünfmal wöchentlich (außer Sonn- und Montagen).
1919 kehrte man zum dreimal wöchentlichen Rhythmus zurück, 1921 wurde das Blatt wieder zur Halbwochen-, 1923 zur Wochenzeitung.

---

[1] In der Folge mit 'BC' abgekürzt.

Umfang: (in Seiten)

	Dienstag		Donnerstag		Samstag	
bis 1910	8–12		8–12		8–12	
1914	6–8		6–8		12–16	
1914 ff.	4–8		4–8		8	
1917	4	Mi 4–8	4–8	Fr 8	4	So 8
1919 ff.	alle Ausg. 4–8, meist 8 Seiten					

1914 betrug der Inseratenanteil am Gesamtumfang meist ca. 50 % bei Wochenendausgaben, während der Woche ca. 15 bis 25 %. Der Umfang sank im Krieg, auch der Inseratenumfang schmolz auf eine halbe bis drei Seiten zusammen, fiel also auch an Samstagen deutlich unter die 50 %-Marke. Einzelne – meist vierseitige – Ausgaben erhielten keine Inserate.
Nach dem Krieg wurde der Umfang stabilisiert und pendelte sich auf meist acht Seiten ein.

Format:	1888:	$32{,}3 \times 23{,}5$ cm
	1889 und 1891:	vergrößert
	1914:	$41{,}1 \times 28$ cm (Kanzleiformat)
Satzspiegel:	1914:	$36{,}9 \times 23{,}9$ cm
Umbruch:	1888:	2 Spalten à 9,1 cm / Spaltentrennlinien
	ab 1891:	drei Spalten
	1914:	3 Spalten à 7,7 cm / Spaltentrennlinien
Schriftart (Brotschrift):		Fraktur
Zeitungskopf:	Höhe: 1891:	13,5 cm
	1914:	13 cm
	ab Nov. 1914:	11,5 cm
	1921–1922:	16 cm
	ab April 1922:	11 cm

Der Zeitungskopf war reich verziert, im Versal „B" waren das Brixener Stadtwappen und der Brixener Dom abgebildet, im „C" der Tiroler Adler. Der Schriftzug war schraffiert unterlegt und mit Verzierungen umrahmt. 1915 bis 1918 wurde der eigene Titel 'Beilage zur…' in einem schmucklosen Kopf abgedruckt.
1921 bis 1923 – mit neuem Titel – wurde auch der Kopf anders gestaltet; über den Titel war eine stilisierte Abbildung Brixens gesetzt, unter dem Titel und dem Stadtwappen fanden die Wappen von mehreren Gemeinden (des 'BC'-Einzugsgebietes) Platz.
Mit dem Wiedererscheinen im Juli 1923 mit altem Titel kehrte auch der altgewohnte Zeitungskopf wieder zurück.

Gesinnung/politische Richtung: zu Beginn konservativ, dann christlichsozial, katholisch-liberal, antisozialdemokratisch, antisemitisch, Tyrolia-Lokalblatt

Impressum:

1888:	Herausgeber Aemilian Schöpfer; Druck: Weger'sche Druckerei, Brixen, verantwortl. Red.: Ignaz Mitterer
ab 04.06.1890:	Druck: Preßvereins-Druckerei
ab 1892:	Verantw. Red.: Dr. Sigismund Waitz
Ende 1897:	Sebastian Rieger
1898:	Dr. Josef Egger
1901:	Herausg. vom Katholisch-politischen Preßverein, Druck und Verlag der Preßvereins-Buchdruckerei
Okt. 1906:	Verantw. Red.: Heinrich Richter
Feb. 1907:	Verantw. Red.: Roman Sieß
Okt. 1907:	Verantw. Red.: Heinrich Richter
ab 1907:	Herausg., Verlag und Druck: Verlagsanstalt Tyrolia GesmbH.

Feb. 1908:	Verantw. Red.: Wilhelm Moroder-Lusenberg
Nov. 1909:	Verantw. Red.: Dr. Bartholomäus Hatzer
ab Okt. 1911:	Verantw. Red.: Robert Meixner
1914:	Herausg.: Verlagsanstalt Tyrolia, reg. GesmbH., Verantw. Red.: Robert Meixner, Druck der Buchdruckerei Tyrolia, sämtliche in Brixen
ab 01.12.1914:	Verantw. Red.: Peter Fuchsbrugger in Bozen, Robert Meixner in Brixen, Druck Tyrolia Bozen
ab 24.05.1915:	Druck und Verlag: Buchdruckerei Tyrolia, Bozen, Museumstraße 42, Verantw. Schriftleiter P. Fuchsbrugger, Bozen
ab 05.06.1915:	Verantw. Schriftl.: Karl Neckermann, Bozen
ab 27.07.1915:	Verantw. Schriftl.: P. Fuchsbrugger, Bozen
ab 21.07.1916:	Verantw. Schriftl.: Robert Meixner, Brixen, nun jeweils abwechselnd Redakteure in Bozen und Brixen angeführt.
ab 15.08.1915:	Robert Spirek, Bozen
ab 26.08.1915:	Robert Meixner, Brixen, Karl Neckermann, Bozen
ab 22.12.1915:	A. Gebhart, Bozen
ab 12.04.1917:	P. Fuchsbrugger, Bozen
ab 05.05.1917:	Michael Weißkopf, Bozen
ab 13.11.1917:	P. Fuchsbrugger, Bozen
ab 12.07.1918:	Michael Weißkopf, Bozen
ab 14.07.1918:	P. Fuchsbrugger, Bozen
ab 02.07.1919:	Franz Nikolussi bzw. P. Fuchsbrugger, Bozen
ab 18.12.1919:	Franz Bacher, Brixen; Druck: Buchdruckerei Tyrolia, Brixen; in der Folge verantw. Red. Fuchsbrugger bzw. Michael Malfertheiner (Bozen bzw. Brixen) abwechselnd sowie Franz Junger, Brixen; Herausgeber und Drucker: Tyrolia Brixen. Dann wieder Bacher, in der Folge Josef Barth verantw. Redakteure in Brixen.
ab 22.08.1925:	Herausg. Verlagsanstalt Vogelweider, für die Red. verantw.: Josef Barth, Druck: Buchdruckerei Vogelweider, sämtliche in Bressanone (Brixen)

Ressorts/Inhalt:

Seit 1910:	mit Bildern illustriert, Leitartikel, Feuilleton, Aus Stadt und Land, Politische Rundschau, Aus aller Welt, Originalkorrespondenzen, Soziales, Kleine Chronik, Kirchliche Nachrichten, Büchertisch, Letzte Post, Börsenkurse, Briefkasten, Inserate.
ab 1913:	„Kleiner Anzeiger" (Kleinanzeigen, amtliche Nachrichten, Ankündigungen…).
1914:	Leitartikel „Artikel zum Tag", Politische Rundschau, Lokalnachrichten, Telegramm, Kirchliche Nachrichten, Soziale Umschau, Sport, Vermischtes, Gerichtliches, Handel und Verkehr, Aus Welt und Leben, Originalberichte, Kleine Chronik, Aus Stadt und Land, Brixner Nachrichten, Aus aller Welt, Nachrichten aus Tirol, Volks- und Landwirtschaft (später Land- und Forstwirtschaft), Feuilleton („unterm Strich"), Ressortbezeichnungen und Anordnung ändern sich fallweise, nicht jedoch inhaltlich.
ab 28.07.:	„Krieg mit Serbien" – Beginn der Kriegsberichterstattung, Kriegsrubriken meist nach geographischen Kriterien eingeteilt, „Der Krieg mit Rußland" etc., „Zivile" Rubriken eingeschränkt, teilweise Sonderausgaben zu aktuellen Kriegsereignissen; ab November redaktionelle Kriegsanleihen-Propaganda.
Ende 1914:	Vermischtes, Letzte Nachrichten (Krieg), Nachrichten aus Stadt und Land, Tagesneuigkeiten, Verlustlisten, im Feuilleton teilweise Feldpostbriefe.
1915:	oft Übernahme von Artikeln diverser, meist ausländischer Zeitungen sowie vom Wolffbüro und Kriegspressquartier, ab Mai wird „Der Krieg mit Italien" zur Hauptrubrik.
1916:	Aus dem Vereinsleben, allmähliche Zurückdrängung der Kriegsberichte.

ab Juni 1917:   „Vom Reichsrate" bzw. ab 1918 „Aus dem Parlament", Generalstabsberichte.
Ende 1918:   Ende der Monarchie, Italien-Einmarsch Hauptthema, „zivile" Rubriken wieder im Vordergrund, ohne wesentlichen Änderungen gegenüber 1914.

Bezugspreise: 'Brixener Chronik'

ab Datum	Einzelnummer		abhol./loco		1/4jährl. Abonnement			
					Zustellung		Zust. Post	
1910	H	10	K	2,50			K	3,–[a]
			K	1,–			K	1,30[b]
1914	H	10	K	2,50			K	3,–
			K	2,–			K	2,60[c]
01.12.1914	H	10	K	3,–	K	4,20	K	4,50[d]
01.01.1916			K	3,60	K	4,20	K	4,70
01.01.1917			K	4,–	K	4,60	K	5,60
April 1918			K	6,60	K	7,20	K	8,–
18.12.1919	L	0,10	L	4,–			L	5,–
29.11.1924	L	0,35	L	4,–			L	4,50[e]

Anmerkungen zu den Preisen:
[a] dreimal wöchentliche Ausgabe
[b] einmal wöchentliche Ausgabe
[c] einmal wöchentliche Ausgabe
[d] tägliche Ausgabe
[e] einmal wöchentliche Ausgabe

Zeitungstyp nach Vertriebsart: vorwiegend Abonnement-Blatt

Auflagen: 1888: 800[2]; 1898: 1.850[3]; 1904–1908: 2.000[4]; 1914: 1.525; 1915: 1.650; 1916: 1260; 1917: 1250; 1918: 1.360[5]; 1924: 2.000.[6]

Beilagen: Seit 1908 erschien einmal wöchentlich (Donnerstag) die illustrierte, meist achtseitige Beilage „*Sterne und Blumen*" im Kleinformat, die vor allem Romane, Erzählungen, Belehrendes, Historisches, Unterhaltung und Rätsel beinhaltete.

Dieses Blatt, das viele österreichische und deutsche Zeitungen als Beilage führten, wurde von der katholischen AG-Druckerei „Badenia" in Karlsruhe redigiert und hergestellt und jeweils mit dem Zeitungsverlag des jeweiligen Blattes im Impressum geführt.

Jubiläumsausgabe: Am 08.06.1913 wurde zum 25jährigen Jubiläum der 'BC' (1888–1913) eine 52seitige Festausgabe ediert.

Das Blatt war reich verziert und teilweise farbig illustriert (rot, grün, gelb), dreispaltig; 20 Seiten waren mit Text, 32 Seiten mit Wirtschaftsinseraten gefüllt. Auf den ersten sieben Seiten ging Schöpfer auf die Anfänge des Blattes ein, wobei auch ein Faksimile der ersten Ausgabe und Fotos maßgeblicher Persönlichkeiten der katholischen Publizistik abgebildet waren.

Zwei Seiten waren mit Erinnerungen von Msgn. Sigismund Waitz (war Redakteur des Blattes, später fürstbischöflicher Vikar und Vorarlberger Weihbischof und Erzbischof von Salzburg) gefüllt.

Weitere Artikel befaßten sich mit der Geschichte der Zeitung, dem Druckereiwesen und Geographischem. Insgesamt schwang hier schon ein wehmütiger Ton mit, als Erinnerung an eine tatenvolle Vergangenheit, der eine unsichere Zukunft gegenüberstand.[7]

---

[2] Vgl. VOLGGER a.a.O., S. 197.
[3] Vgl. ebd., S. 210.
[4] Vgl. Präs. 1904–1908/13/57.
[5] Vgl. Präs. 1914ff./XII 78c4 (jew. 1. Quartal).
[6] Vgl. BRUNNER a.a.O., S. 143.
[7] Vgl. VOLGGER a.a.O., S. 204.

1.19.2 Allgemeine Chronik

1888 wurde in Brixen das „Katholisch-politische Kasino für Brixen und Umgebung" gegründet, dessen Obmannschaft der Kooperator von Virgen, Dr. Aemilian Schöpfer, übernahm.
Schon am zweiten Kasinoabend (jeweils Freitag) wurde die Frage in den Raum gestellt, „Warum erscheint in Brixen keine Zeitung?", was als ursprünglicher Anstoß zur Gründung des hier behandelten Blattes zu werten ist. Der Abend endete mit der Wahl eines Komitees, das die Zeitungsgründung vorbereiten sollte, dessen Obmann wiederum Schöpfer wurde. Die Frage nach dem Redakteur wurde mit dem Namen Ignaz Mitterer, Domchordirektor und bekannter Kirchenmusiker, beantwortet.

Die Namengebung, die eine „schwere Geburt" war, wurde schließlich von der 'Salzburger Chronik' abgeleitet. Als Druckerei fand man die Weger'sche Buchdruckerei in Brixen, womit die Grundlagen für die 'Brixener Chronik' geschaffen waren.[8]
Mitterer sollte als verantwortlicher Redakteur fungieren, geleitet sollte das Blatt allerdings von einem Stab von Theologieprofessoren werden (daher auch als „Professorenblatt" bezeichnet), in dem wiederum Schöpfer die Führungsrolle zuteil wurde.

Erstmals erschien das Blatt schließlich am 28. April 1888 als konservatives Wochenblatt und war vorerst als katholische Zeitung für die Brixener Lokalbedürfnisse gedacht.[9]
Die 'BC' sollte bald zur bedeutendsten Zeitung Südtirols vor dem Weltkrieg aufsteigen. Wichtig wurde das Blatt auch, da es am Sitz des Tiroler Landesbischofs herauskam. Es war wesentlich mit der Biographie von Aemilian Schöpfer verbunden, sowohl was Aufstieg, als auch Niedergang anbelangte: Als Schöpfer nach Bozen ging, um dort ein weiteres Presseunternehmen und damit die Zeitung 'Der Tiroler' zu gründen, sollte dies direkt negativ auf die 'BC' einwirken.

In der ersten Ausgabe stellte man der Frage „Warum eine Zeitung?" die Gegenfrage „Warum k e i n e Zeitung?" entgegen. Bruneck, Lienz, Kufstein, Imst hätten ihr Blatt, Meran zwei, Bozen drei und Innsbruck gar fünf Blätter. Die Frage sei vielmehr, warum es erst jetzt eine Zeitung in Brixen gebe.[10]
Die 'BC' werde die wichtigsten Ereignisse des Landes und seiner Orte sowie der ganzen Welt der Reihe nach aufzeichnen (Chronik), wobei Hauptschauplatz die Politik aus Nah und Fern sein werde. Religiöse, politische und soziale Fragen gelte es zu erörtern. Der Standpunkt werde der katholisch-konservative sein, nur dieser sei „echt tirolisch". Besonderes Augenmerk werde man dem Standpunkt der Kirche schenken sowie den Begebenheiten in Brixen und jenen des Eisack- und Pustertales.[11] Damit waren grob Programm und Aufgabengebiet umrissen worden.

Zu Ende des Jahres verzeichnete man bereits ca. 800 Abonnenten, jedoch auch ein Defizit von ca. 900 Gulden, woraufhin als Lösung der finanziellen Misere an die Gründung einer eigenen Druckerei gegangen wurde.
Durch die Ausgabe von Schuldscheinen wurde zunächst das Defizit abgebaut, 1889 der „Katholisch-politische Preßverein" gegründet, ein Gebäude in Zinggen erstanden und darin die Druckerei eingerichtet. Mit der Schaffung des Betriebes (für den die Konzession ohne Probleme erteilt wurde) konnten das Finanzproblem und die Eigentümerfrage gelöst werden – das Blatt wurde dem Preßverein überantwortet, und am 4. Juni 1890 konnte es erstmals in der eigenen Druckerei hergestellt werden.[12]
Damit konnte auch an die Ausgestaltung der Zeitung gegangen werden; das Format wurde 1889 und 1891 vergrößert, und ab 1891 ging man zum zweimal wöchentlichen Erscheinen über. Jeden Freitag wurde eine Unterhaltungsbeilage angeschlossen. Das Blatt konnte nun als Wochenzeitung oder als Halbwochenschrift bestellt werden.

---

[8] Vgl. KLOTZ a.a.O., S.69f. und Tyrolia-Athesia a.a.O., S.12 und DÖRRER, Brixner Buchdrucker, a.a.O., S.164f. Vorbild für das „Kasino" waren der Presseverein St. Pölten und dessen Druckerei.
[9] Vgl. VOLGGER a.a.O., S.109 u. 196f. Vgl. dazu auch die Geschichte des Tyrolia-Verlages im Kapitel 'Tiroler Anzeiger'.
[10] 'BC', Nr. 1, 28.4.1888, S.1.
[11] Ebd.
[12] Vgl. Tyrolia-Athesia a.a.O., S.14; DÖRRER a.a.O., S.165 und KLOTZ a.a.O., S.77f.

Als hauptamtlicher Redakteur wurde der spätere Salzburger Erzbischof Sigismund Waitz gewonnen, leitender Kopf und spiritus rector blieb jedoch Prälat Schöpfer (sowohl der Zeitung als auch des Preßvereines), der 1895 in den Landtag und 1897 in den Reichsrat (als konservativer Abgeordneter) gewählt wurde. Noch war auch die 'BC' Verfechterin der „schärferen Tonart" innerhalb der Konservativen. Als sich Schöpfer jedoch der christlich-sozialen Sache zuwandte, wurde mit ihm die 'BC' um die Jahrhundertwende zum führenden christlichsozialen Blatt Tirols.[13]

Schöpfer war 1898 aus der „Katholischen Volkspartei" ausgetreten und konstituierte im April 1898 den christlichsozialen Verein in Innsbruck. Als Ergänzung zum 'BC' war im Dezember 1892 erstmals der 'Tiroler Volksbote' ausgegeben worden.

Aus der 'BC', ursprünglich als Blatt zur Vertretung lokaler und katholisch-konservativer Interessen gegründet, wurde somit das Sprachrohr der neuen Bewegung, der Preßverein eine christlichsoziale Presseorganisation.

Ab 1900 wurde das Blatt dreimal wöchentlich ausgegeben. Ihm stellte Schöpfer in Bozen ein weiteres christlichsoziales Organ, den 'Tiroler', zur Seite.[14]

Da nunmehr in Brixen der Preßverein mit der 'BC' und in Bozen der „Preßverein Tyrolia" mit dem 'Tiroler' mit nahezu gleicher Zielsetzung bestanden, wurde der Gedanke einer Vereinigung der beiden Unternehmungen aufgegriffen; 1907 wurden die beiden zur Verlagsanstalt Tyrolia GesmbH mit Sitz in Brixen zusammengeschlossen. Eine Zweigstelle in Innsbruck und damit eine weitere christlichsoziale Zeitung, der 'Allgemeine Tiroler Anzeiger' wurden errichtet und ausgebaut, ebenso wurde das Unternehmen in Bozen erweitert, dies letztlich zu Lasten Brixens.

Noch blieb jedoch die 'BC' Hauptsprachrohr Schöpfers und der jungen Partei, in ihr wurden die meisten programmatischen Artikel veröffentlicht. Ihr kam auch der Hauptverdienst am Sieg der Christlichsozialen bei den Reichsratswahlen, vor allem 1907, zu[15], wobei in der 'BC' als Speerspitze der Partei gegen die Konservativen die Auseinandersetzung in schärfster Tonart geführt wurde.

Nach 1907, mit der Gründung des 'ATA' in Innsbruck als Tagblatt, der mit viel Werbung durch die Tyrolia auch in Südtirol eingeführt wurde, und schon davor, als die 'Tiroler Post' als Parteiorgan etabliert worden war, wurde der Anspruch der 'BC' als führendes christlichsoziales Organ zusehends aufgeweicht. Die Konkurrenz stand nun an allen Seiten: im Norden in Innsbruck der 'ATA', im Süden 'Der Tiroler', zudem verlor das Blatt nach der 1911 erfolgten Gründung der 'Lienzer Nachrichten' mit Osttirol ein weiteres Absatzgebiet.

Vom landesweiten Sprachrohr der Partei war die 'BC' damit wieder zum Lokalorgan für Brixen und Umgebung herabgesunken bzw. zurechtgestutzt worden.

Der Nachrichtenteil der 'BC' blieb zwar durch die gute Versorgung durch die Tyrolia auf hohem Niveau, die programmatischen Leitartikel tragender Persönlichkeiten fanden sich nun jedoch zumeist im 'ATA'.[16]

Noch profitierte das Blatt auch von der intensivierten Abonnentenwerbung des Verlages für seine Zeitungen. Jedoch konnte man auch im Inseratenteil schon die Einschränkungen des Absatzgebietes ablesen, als sich Wirtschafts- und Kleinanzeigen zunehmend auf die nähere Umgebung Brixens zu beschränken begannen.

Auch die Auflagenzahlen sanken von 2.000 Stück des Jahres 1904 auf ca. 1.300 im Jahr 1910 ab, was parallel zum Bedeutungsverlust des Blattes verlief.

Dies korrelierte mit dem Schrumpfen des Absatzgebietes, das vor 1907 noch ganz Tirol umfaßt hatte: 1900 lag das Blatt in 84 Orten über ganz Tirol verstreut in Gasthöfen, Hotels etc. auf, nach 1907 reduzierte sich das Verbreitungsgebiet auf Brixen, Eisack- und Pustertal, Ahrntal und Ladinien.[17]

---

[13] Vgl. VOLGGER a.a.O., S. 110.
[14] Vgl. ebd., S. 111 u. 199 und DÖRRER a.a.O., S. 166.
[15] Ebd., S. 200 f.
[16] Ebd., S. 202 ff.
[17] Vgl. ebd., S. 210 f.

Von der Konkurrenz aus dem eigenen Lager und vom eigenen Verlag bereits geschwächt, machte zusätzlich der Druckerstreik Probleme: Auf Grund der „in allen österreichischen Buchdruckereien ausgebrochenen passiven Resistenz der Personale" sei man genötigt, das Blatt bis auf weiteres in verringertem Umfang erscheinen zu lassen. Die Abonnenten würden jedoch spätestens nach Beendigung des Streiks mit reicherem Umfang schadlos gehalten werden. Der Lohnkampf wurde auch zum Hauptthema der Berichterstattung der 'BC'.[18]

Gegen Ende des Jahres wandte man sich „an unsere P. T. Leser und Freunde": „Immer schärfer gestaltet sich der Kampf zwischen der katholischen und antireligiösen, freisinnigen und farblosen Presse." Die Verteidigung der religiösen Ideale bedürfe der breitesten Unterstützung, weshalb der neuerliche Bezug des Blattes, die Werbung neuer Abonnenten und redaktionelle Hilfe durch schnelle Berichterstattung über lokale Ereignisse nötig sei. „Bleibt treu eurer unentwegt für sie kämpfenden katholischen Presse!" Kämpferische Töne gegen die Sozialdemokratie und die Freisinnigen folgten.[19]

Neben dem Hauptthema Streik stand auch das Parlament im Blickpunkt: „Die Zustände in unserem Parlament spotten jeder Beschreibung." Die Regierung richte heillose Verwirrung an. Der §14 sei jedoch auch nicht das Mittel, die Lage zu bessern.
Damit wurde zwar auch die Volksvertretung, eher jedoch die „Regierung ohne Parlament" kritisiert. Anders als etwa das 'Tiroler Volksblatt', das dem Parlamentarismus eine Absage erteilt hatte, stand die 'BC' auf dem Boden des parlamentarischen Systems.[20]

Nach Beendigung des Druckerstreiks wurde das Blatt wieder umfangreicher und erschien wieder regelmäßiger, jeweils um 6.00 Uhr abends. Es war dem Streik weniger kämpferisch im Ton gegenübergestanden und hatte wiederholt appelliert, die „Kriegsaxt" zu begraben und „frisch ans Werk" zu gehen.
Die Aufmachung wurde wieder solider, die Qualität wurde gesteigert, im Ton blieb man weniger unwirsch und kämpferisch als andere Blätter; eher bedächtig und überlegt in Stil und Ausdruck und um Ausgleich von Gegensätzen bemüht, fanden sich auch weiterhin Leitartikel von christlichsozialen Reichsrats- und Landtagsabgeordneten.

„Auf zur Wahl" hieß es in der Berichterstattung und Agitation zugunsten der eigenen Kandidaten. Man wehrte sich gegen die sozialdemokratischen und freisinnigen Vorwürfe der christlichsozialen Mißwirtschaft, des Subventionsschwindels und der Schuldenmacherei – die Zahlen sprächen eine andere, deutliche Sprache. Deshalb gebe jeder „gute Tiroler" seine Stimme für den christlichsozialen und offiziell anerkannten Kompromißkandidaten.[21]
Der Wahl folgten breite Berichte zur Situation und über die Hintergründe sowie die detaillierte Auflistung der Ergebnisse.

Am 29. Juni wurde in einer Extraausgabe zum Thronfolgermord von der „fürchterlichen Kunde" aus Sarajewo berichtet. Das Thronfolgerehepaar sei „zwei Attentaten ausgesetzt gewesen, von denen das letztere leider gelang". Hier klang dies noch relativ mechanisch und distanziert, in der folgenden Ausgabe vom 1. Juli hieß es schon schärfer: „Ganz Österreich, mit ihm die gesamte Welt steht unter dem niederschmetternden Eindruck der verruchten Mordtat (...)."[22] Die Serben seien „wahnsinnige und gemeine Mordbuben", die „Mörderbande in Sarajewo" wurde angeklagt. Aufgabe der Behörden sei es, „mit Beiseitelassen aller Amtsschimmelbequemlichkeit" den Mord aufzuklären.[23]
In der Folge wurde gefordert, mehr Energie für die „Satisfaktion" aufzuwenden – zwar wünsche man keinen Krieg, jedoch ein hartes Vorgehen gegen die Serben.[24]

---

[18] 'BC', Nr. 143, 2.12.1913, S. 1.
[19] Vgl. u. zit. 'BC', Nr. 154, 25.12.1913, S. 1.
[20] 'BC', Nr. 9, 20.1.1914, S. 1.
[21] Vgl. u. zit. 'BC', Nr. 47, 25.4.1914, S. 1.
[22] 'BC', Nr. 74, 1.7.1914, S. 1.
[23] Ebd.
[24] 'BC', Nr. 81, 18.7.1914, S. 1.

Das Ultimatum wurde dann – „endlich, spät aber doch" – begrüßt. Ende Juli begann schließlich die Kriegsberichterstattung in der 'BC'. Österreich habe diesen Weg gehen müssen, hieß es unter der Schlagzeile „Krieg mit Serbien".[25]

Breite Hintergrundberichte zur Situation, die Heeresstärken etc. folgten. Am 4. August (Nr. 88) bekam das Blatt erstmals die Kriegszensur zu spüren, als ein Leitartikel Schöpfers beanstandet wurde und die „Nach der Konfiskation 2. Auflage" mit zwei weißen Flecken erschien.

Schon bevor man sich entschloß, zum täglichen Erscheinen überzugehen, kam die Zeitung wegen der vielen Sonderausgaben nunmehr annähernd täglich heraus.

Die Titelzeile „Nun wollen wir sie dreschen" kann als beispielhaft für die Art der ultra-patriotisch-nationalistischen und kriegseuphorischen Sprache angesehen werden, der sich auch die 'BC' bediente.[26]

Die Titelseite wurde jeweils mit der wichtigsten, groß gesetzten, zwei- bis dreispaltigen Schlagzeile aufgemacht; militärische Berichte eigener Korrespondenten wurden abgedruckt, der Umfang der Einzelnummer zwar reduziert, andererseits durch die nunmehrige tägliche Ausgabe (seit September) der Gesamtumfang aufrecht erhalten.

Der Inseratenumfang jedoch sank beträchtlich, was dem Blatt und seinem Stellenwert innerhalb des Verlages nicht gerade zuträglich war.

Erst Ende November 1914 wurde in einer Anmerkung im Titelkopf („Tägliche Ausgabe") auf die neue Erscheinungsweise hingewiesen. Im November und Dezember setzte auch die Werbung für die Kriegsanleihen ein.

Die marktschreierische Aufmachung wurde wieder beruhigt, die Schlagzeilen verkleinert, auch der Satz wurde kleiner. Im Impressum schienen abwechselnd die verantwortlichen Redakteure in Brixen und in Bozen auf: Dies war schon eine Vorwegnahme der Degradierung des Blattes zu Beginn des Jahres 1915, als es zum Kopfblatt des Bozner 'Tirolers' wurde, der im Gegensatz zur 'BC' im Krieg einen weiteren Aufschwung erlebt hatte und zur Tageszeitung ausgebaut worden war. Redaktionell wurde diese Tatsache jedoch verschwiegen.

Der Jahresrückblick fiel negativ aus, sei man doch seit fast einem halben Jahr im Krieg, den in solcher Größe und Furchtbarkeit niemand vorausgesehen habe.

Dies klang nicht mehr so euphorisch wie zu Beginn des Krieges, man sah jedoch einen reinigenden Sinn darin: „Wie eine zweite Sintflut wogt der Krieg jetzt durch die Länder, und dieser Krieg hat die Aufgabe, den Menschengeist von seinen Verirrungen wieder zu heilen."[27]

Zur wirtschaftlichen Genesung der 'BC' konnten natürlich die von der Tyrolia im Blatt plazierten Inserate für 'Volksboten' und 'ATA' nicht beitragen.

Im Jänner ging man auf „die Bedeutung der Presse im Weltkrieg" ein, wobei die These vertreten wurde, die Presse (gemeint war die feindliche, Anm.) sei eine der „Hauptursachen des Weltkrieges". Sie trage Schuld, da sie die Bewegung der Südslawen geschürt, Zustände krankgejammert, dem Thronfolger und dem Kaiser die Schuld an den Zuständen gegeben und die Serben zur Tat aufgestachelt habe. Die großserbische Presse habe Princip den Revolver in die Hand gedrückt. Damit vertrat die 'BC' die These von der ungezähmten Macht der Presse.[28]

Übersehen bzw. verschwiegen wurde dabei die Rolle der patriotischen österreichischen Presse, die den Krieg ebenso vehement geschürt hatte – mit umgekehrten Vorzeichen allerdings.

„Den planmäßigen, jahrelangen Hetzen der serbischen, russischen, französischen und englischen Blättern ist es … gelungen, die furchtbare Fackel des Weltkrieges in die Welt zu schleudern (…)."[29] Daher müsse die „gute" katholische Presse gestützt und gestärkt werden.

Nachdem Eigenberichte zunehmend häufig konfisziert wurden, übernahm die 'BC' vermehrt Artikel anderer Blätter sowie von amtlichen Quellen und vom Wolffbüro.

---

[25] 'BC', Nr. 83, 28.7.1914, S. 1.
[26] Vgl. u. zit. 'BC', Nr. 92, 13.8.1914, S. 1.
[27] 'BC', Nr. 1, 1.1.1915, S. 1.
[28] 'BC', Nr. 18, 21.1.1915, S. 1.
[29] Ebd.

Die Rolle Italiens und der Irredenta rückten immer mehr in den Blickpunkt, Italiens Wankelmütigkeit als Bündnispartner wurde kritisiert und als Gefahr erkannt, die Kriegshetze Italiens sei „freimaurerischen, revolutionären Ursprungs".[30] In einer Sonderausgabe vom 24. Mai wurde schließlich der Kriegseintritt Italiens gemeldet.

Die Erscheinungsweise des Blattes veränderte sich ab Jahresmitte insofern, als das Blatt meist nur an drei Tagen pro Woche erschien, an diesen Tagen jedoch zusätzlich eine 'Beilage zur Nr...' als eigenes Blatt (eigener Titel und Kopf) ausgegeben wurde, die Zeitung somit zwar nicht täglich, jedoch weiterhin in sechs Ausgaben wöchentlich erschien. Die sogenannte „Beilage..." wurde praktisch abends für den nächsten Tag ausgegeben.
Die redaktionelle Arbeit bzw. der Inhalt wurde zunehmend in Bozen bestimmt, auch gedruckt wurde das Blatt – als Kopfblatt – in Bozen.

Antisemitische Ausfälle häuften sich, meist verbunden mit der latenten Italienfeindlichkeit: „Die Pseudo-Italiener jüdischer Abstammung, Salandra und Sonnino, haben den charakterschwachen Viktor Emanuel III. zum schamlosen Treubruch, zu einer Judastat sondergleichen verführt und Italien in den Krieg gestürzt. (…) Kluge Staatsmänner, wie Giolitti, wurden in die Verbannung geschickt, während politische Hanswurste und katilinarische Existenzen, wie der Rabbinersohn Bürzel…und der Inzest-Dichter Gabriele D'Annunzio…das arme Volk aufhetzen, belügen und betrügen (…)."[31]
Schon Ende 1915 schlug jedoch Schöpfer in Leitartikeln friedvollere Töne an, als er von der „Friedenssehnsucht" schrieb, worauf das Blatt prompt konfisziert wurde.[32]
1916 setzte sich diese Tendenz mit der Einschränkung der Kriegsberichterstattung fort.
Ab 23.11.1916 fanden sich große Trauerberichte zum Tod des Kaisers im Blatt, die jedoch weniger ausführlich als die anderer Blätter waren.

In den Berichten zu den diversen Friedensbemühungen klang bereits vorsichtiger Optimismus durch. 1917 wurden die Bemühungen in Österreich um eine Wiedereinberufung des Parlaments wiederholt ausdrücklich gewürdigt.
Der „März-Umsturz" in Rußland wurde ausführlich kommentiert, wobei betont wurde, man solle sich nicht allzuviel Hoffnungen auf eine eventuelle Friedensliebe der neuen Führung machen.[33]
Mit der Wiedereinberufung des Reichsrats wurde im Juni 1917 unverzüglich wieder eine eigene Rubrik für die Parlamentsberichterstattung eingerichtet.

Im Juli erschien wieder ein antisemitischer Schmähartikel von Dr. Heinrich Mataja, worin bemängelt wurde, alles jüdische sei sakrosankt, die katholische Kirche könne jedoch geschmäht werden. Die Juden würden eine „staatlich dekorierte Vorzugsstellung" und ein „behördliches Verbot, antisemitisch zu reden und zu schreiben" anstreben. Die Staatsbehörden hätten dieser Tendenz nachgegeben. Nun würden die Juden das wirtschaftliche Leben ausbeuten, die jüdischen Millionäre würden sich vermehren, während die christliche Bevölkerung verarme. Der Vorwurf an die Zensurbehörde lautete, auch wenn antijüdische Artikel unterdrückt würden, werde der Antisemitismus nicht ausgerottet werden, sondern (Gott sei Dank, lt. Mataja) erstarken.[34]

Eine weitere Tendenz des Blattes war, die Monarchie gegenüber einer allfällig aufkommenden Demokratie zu verteidigen – die Demokratie sei gegen den Frieden, alle Kriegshetzer seien Demokraten gewesen (England, Frankreich, nun auch Rußland); das demokratische Prinzip sei kein Allheilmittel; demokratische Einrichtungen könnten zwar von Nutzen sein, Voraussetzung dafür sei jedoch die Herrschaft „großer sittlich-religiöser Ideen in denselben. Zur Gesundung des öffentlichen Lebens wird daher not tun eine Neuorientierung des Gewissens an den ewigen Gesetzen, als eine neue Staatsverfassung. Erst sittliche Verjüngung, dann sind wir zur 'wahren Demokratie' reifer geworden."[35]

---

[30] Vgl. u. zit. 'BC', Nr. 113, 20.5.1915, S. 1.
[31] 'BC', Nr. 241, 21.10.1915, S. 1.
[32] Vgl. 'BC', Nr. 296, 25.12.1915, S. 1.
[33] Vgl. 'BC'-Ausgaben vom März 1917.
[34] Vgl. u. zit. 'BC', Nr. 153, 8.7.1917, S. 1.
[35] 'BC', Nr. 169, 27.7.1917, S. 1.

Im Dezember wurde anläßlich einer Abonnement-Einladung wieder auf die Wichtigkeit hingewiesen, daß die 'BC' als Tagesblatt erhalten bleibe und daß sie die weitaus billigste Tageszeitung Tirols sei: Die Innsbrucker Blätter kosteten jährlich 30–40 Kronen, andere lediglich zweimal wöchentlich erscheinende 10–14 Kronen, während die 'BC' am Platze nur 16, per Postversand 22 Kronen koste.[36]

Die weiterhin schlechte Druckqualität und die vielen Zensurflecken machten das Blatt unansehnlich, die trockenen Generalstabsberichte v. a. ab 1918 machten es nicht attraktiver. Die Preise mußten infolge der allgemeinen Teuerung für Rohmaterialien weiter angehoben werden. Das Blatt erschien 1918 teilweise nur noch fünfmal wöchentlich, da auch an Montagen meist keine Ausgabe erschien.

Trotz zunehmender Friedenstöne wurde noch jeder Sieg publizistisch gefeiert, und die Truppen wurden neuerlich aufgefordert „frisch vorwärts" zu schreiten. Die Probleme des „zivilen" Österreich rückten jedoch zusehends in den Mittelpunkt der Berichterstattung (Reichsrat, Ernährungsfrage u. a.).

Im Juni brachte man einen Nachruf auf Redakteur Meixner, der 31jährig im Krieg an der italienischen Front einem Lungenleiden erlegen war. Meixner war seit 1911 bei der 'BC' gewesen, nachdem er zuvor beim 'ATA' in Innsbruck tätig gewesen war.
Als die 'Arbeiterzeitung' am 24. August schrieb, Österreich-Ungarn solle Welschtirol an Italien abtreten, um einen Friedensschluß zu erreichen, brauste wütender Protest in der 'BC' auf.[37]
Dies sei eine Zumutung für Österreich, man solle sich erinnern, daß Italien 1915 nicht nur Welsch- sondern ganz Südtirol bis zum Brenner incl. Grenzberichtigungen am Isonzo, bei Görz und Triest gefordert habe. Heute stünden die österreichischen Truppen in Italien und nicht umgekehrt; es sei eine Frechheit, nun so etwas in einer österreichischen Zeitung zu lesen – dies sei ein gezielter Angriff durch die Sozialdemokratie auf die Friedenspolitik.[38]

Damit nahm man nunmehr bereits vor Kriegsende die Gelegenheit wahr, den publizistischen Schlagabtausch wieder zu eröffnen und den Parteienkampf wieder in die Berichterstattung einzubinden. Daneben stand die Friedensfrage im Vordergrund, wobei alle Schuld am Hinauszögern einer Beendigung des Krieges der Entente angelastet wurde, welche auf Vorschläge der Monarchie nicht einging. Die Zukunft Tirols angesichts der italienischen Bedrohung rückte ebenfalls in den Blickpunkt des Blattes; am 13. Oktober 1918 wurde die Forderung „Tirol den Tirolern" ohne Abstriche erhoben.

Noch am 27. Oktober 1918 wollte die 'BC' den Glauben an die Monarchie und an Großösterreich nicht aufgeben und das künftige Faktum des Kleinstaates nicht anerkennen. Das Reich habe schon viele Stürme bestanden und werde auch diesem widerstehen. Dabei wurde v. a. die wirtschaftliche Abhängigkeit der einzelnen Reichsgebiete und Völker ins Treffen geführt als stärkstem Antrieb für die Erhaltung der (groß)staatlichen Einheit.[39]
Am 30.10. (Nr. 250) wurde der Zusammenschluß der Konservativen und Christlichsozialen gemeldet, was als hocherfreuliches und langersehntes Ereignis gewertet wurde.
Noch am 3. November wurde über die Unsicherheit angesichts der noch nicht bekannten Waffenstillstandsbedingungen berichtet; es bestehe jedoch kein Anlaß zur Sorge, daß Italien über die Grenzen kommen würde[40], womit sich das Blatt sichtlich täuschen sollte.
Mit dem weiteren Ausbau des 'Tirolers' stand die 'BC' diesem bald nicht mehr (als Kopfblatt) zur Seite, sondern zunehmend im Wege.
Neben politischen Leitartikeln aus christlicher Sicht und internationalen politischen und wirtschaftlichen Nachrichten konzentrierte sich die Zeitung nach dem Krieg vorwiegend auf die Lokalberichterstattung, ein zumeist heimatkundliches Feuilleton sowie einen lokal ausgerichteten Anzeigenteil. Dem

---

[36] Vgl. 'BC'-Ausgaben vom Dezember 1917, Abonnements-Einladungen.
[37] Vgl. 'BC', Nr. 199, 1.9.1918, S. 1.
[38] Ebd.
[39] Vgl. 'BC', Nr. 248, 27.10.1918, S. 1.
[40] 'BC', Nr. 253, 3.11.1918, S. 1. Dies war die letzte mir zur Einsicht vorliegende Ausgabe des Blattes.

Blatt wurde innerhalb des Tyrolia-Verlages also nur mehr die Stellung eines zweitrangigen Bezirksanzeigers zugedacht.[41]

Als am 3. September 1919 schließlich ein eigener 'Südtiroler Volksbote' ins Leben gerufen wurde, mußte die 'BC' vorübergehend weichen und konnte bis Dezember nicht erscheinen. Zunächst für 1. November wieder angekündigt, erschien die Zeitung erst am 18.12.1919 wieder, nunmehr als dreimal wöchentlich erscheinendes Lokalblatt.[42]

Bereits 1920 trug man sich angesichts der wirtschaftlichen Probleme des Blattes mit dem Gedanken der Änderung des Erscheinungsintervalls. Im März 1921 wurde die 'BC' schließlich zur Halbwochenschrift, um der „zur Notwendigkeit gewordenen Ausgestaltung des 'Tirolers' nicht entgegenzustehen".[43]

Nachdem die Zeitung am 26.10.1921 beschlagnahmt worden war, nahm sie dies zum Anlaß, sich in 'Brixener Bote für das Eisack- und Pustertal' umzubenennen, sich in Hinkunft aus politischen Dingen herauszuhalten und sich vornehmlich wirtschaftlichen Fragen zuzuwenden.

Mit ähnlichen Worten und der Klage über die „trostlose Wirtschaftslage" stellte das Blatt am 30. September 1922 schließlich sein Erscheinen ein. Die Nachrichtenvermittlung für Brixen übernahm endgültig der 'Tiroler'.[44]

Zur Auffüllung der Lücke wurde von der Tyrolia ab 2.12.1922 das 'Gemeindeblatt für das Eisack- und Pustertal' ediert, jedoch Ende Februar 1923 wieder eingestellt. Als der Verlag schließlich im Juli 1923 von der Absicht des Blattes 'Bozner Nachrichten' erfuhr, in Brixen ein deutschfreiheitliches Blatt einzuführen, reagierte man sofort, und ab 21. Juli 1923 wurde die 'BC' unter altem Titel und Kopf als Wochenzeitung wieder herausgegeben – um den laut 'Tiroler' „niemals verstummten Wünschen der Brixner nach ihrem eigenen Wochenblatt" Rechnung zu tragen und den Geschäftsleuten wieder ein lokales Insertionsorgan zur Verfügung zu stellen.[45]

Von Franz Bacher, einem Setzer der Brixner Tyrolia-Druckerei, geleitet, bemühte sich das Blatt, gänzlich unpolitisch, Südtiroler Probleme aufzugreifen und den lokalen Geschäftsinteressen zu dienen und nahm damit auch noch einmal einen leidlichen Aufschwung.[46]

Als es im August 1925 den verantwortlichen Redakteur wechseln wollte, nachdem Bacher das Recht zur Zeichnung entzogen worden war, gelang es nicht, einen der Brixner Unterpräfektur genehmen neuen Verantwortlichen vorzuschlagen. Der bisherige Redakteur wurde von der 'BC' somit mit der Weiterführung betraut, worauf die Präfektur wieder entschied, daß dieser nicht mehr zeichnungsberechtigt sei. Auch alle anderen Vorschläge wurden abschlägig entschieden, womit das Blatt ohne verantwortlichen Schriftleiter dastand.[47]

Diese genannten Verhandlungen zogen sich (durch die Hartnäckigkeit sowohl der Behörde als auch der Tyrolia) bis Ende September hin.

Die Einigung blieb aus, womit die Ausgabe der 'BC' vom 29. August 1925 die letzte bleiben sollte.[48] Auch diese katholische Zeitung war also ein Opfer der faschistischen Unterdrückungspolitik in Südtirol geworden. Die erste Zeitungsgründung des katholischen Pressepioniers Aemilian Schöpfer war somit von der Südtiroler Pressebühne verschwunden.

Mit dem 'Katholischen Sonntagsblatt' erhielt Brixen im Jänner 1927 wieder eine lokale Wochenzeitung.

---

[41] Vgl. BRUNNER a.a.O., S. 25 u. 145 ff.
[42] PARTELI a.a.O., S. 227.
[43] Vgl. ebd. und BRUNNER a.a.O., S. 146.
[44] Vgl. ebd.
[45] BRUNNER a.a.O., S. 147 und 'Der Tiroler', 9.7.1923.
[46] Vgl. ebd. und FLEISCHMANN a.a.O., S. 93 f.
[47] Vgl. ebd. und PARTELI a.a.O., S. 227 und HENNERSDORF a.a.O., S. 67.
[48] Vgl. BRUNNER a.a.O., S. 147.

1.20 Der Tiroler / Der Landsmann

1.20.1 Daten zur äußeren Struktur

Vorbemerkung:
'Der Tiroler', der sich während der Jahre des Ersten Weltkriegs und in der Zeit danach zur größten und einflußreichsten Zeitung Südtirols entwickelt hatte, konnte für die Jahre meines primären Untersuchungszeitraumes 1914 bis 1918 nicht eingesehen werden.
Das Untersuchungsschema (Preise, Umfang etc.) muß somit unvollständig bleiben; in der „Allgemeinen Chronik" soll jedoch die Gesamtentwicklung anhand der vorhandenen Literatur dargestellt und damit in die Südtiroler Gesamtsituation eingebettet werden.

Titel:
1900:	Der Tiroler[1]
ab 22.08.1923:	Der Landsmann
ab 24.12.1926:	Dolomiten[2]

Untertitel:
1900:	Zeitung für das christliche Volk der Alpenländer, dann kein Untertitel
ab 22.08.1923:	Tagblatt der Deutschen südlich des Brenners

Erscheinungsort: Bozen

Erscheinungsdauer:
02.01.1900 (bzw. Weihnachten 1899) bis 22.10.1925 (1914: 33. Jahrgang), als 'Dolomiten' von 24.12.1926 bis 09.09.1943, ab 19.05.1945

Erscheinungsweise:
1900:	dreimal wöchentlich (Montag, Mittwoch, Freitag abends, Datum des nächsten Tages)
ab 29.07.1914:	sechsmal wöchentlich, mittags (außer Sonn- und Feiertage)
1926 ff.:	als 'Dolomiten' dreimal wöchentlich

Das Blatt wurde vorerst dreimal wöchentlich ausgegeben. Mit einer Extraausgabe vom 29.07.1914 und mit dem Beginn der Kriegsberichterstattung ging man zum täglichen Erscheinen über. Die Zeitung blieb bis zu ihrer Einstellung Tagblatt.

Umfang: (in Seiten)
vor 1910	8–12
nach 1910	8–16
nach 1918	4–22
Durchschnitt	8

Der Umfang betrug meist durchschnittlich acht Seiten, wobei auch der Krieg keine wesentliche Reduktion brachte, da sich die Zeitung insgesamt gut entwickelte und einen stetigen Anzeigenzuwachs verzeichnen konnte.

Format:
	ab 1911:	41 × 28 cm (Kanzleiformat)
	ab 02.01.1922:	46 × 31 cm

---

[1] In der Folge mit 'T' bzw. für 'Der Landsmann' mit 'L' abgekürzt.
[2] Die 'Dolomiten', ein unpolitisches Sport- bzw. Familienblatt, wurden seit 4.9.1923 von der Tyrolia unregelmäßig ausgegeben, ehe sie ebenfalls verboten wurden. Das Blatt konnte jedoch ab Weihnachten 1926 wieder erscheinen und kann als Nachfolgeorgan des eingestellten 'Landsmanns' gewertet werden. Vgl. dazu im Abschnitt 1.20.2 „Allgemeine Chronik" S. 336.

Satzspiegel:	ab 1911:	36,5 bis 37,5 × 24 cm
	ab 18.02.1919:	37,5 × 25,3 cm
	ab 06.08.1919:	37 × 24 cm
	ab 02.01.1922:	41,5 × 28 cm
Umbruch:	ab 1911:	3 Spalten à 7,7 cm / Spaltentrennlinien
	ab 18.02.1919:	3 Spalten à 8,2 cm / Spaltentrennlinien
	ab 06.08.1919:	3 Spalten à 7,7 cm / Spaltentrennlinien
	ab 02.01.1922:	4 Spalten à 6,7 cm / Spaltentrennlinien
Schriftart (Brotschrift):		Fraktur
Zeitungskopf:	Höhe: bis 1919:	ca. 8 cm
	06.08.1919:	7 cm
	13.04.1920:	5 cm
	01.01.1921:	6 cm
	02.01.1922:	8,5 cm
	10.01.1923:	9 cm
	17.10.1925:	8 cm

Der Zeitungskopf war von Beginn an schmucklos und sehr einfach gehalten. Links und rechts vom Titel waren blockweise Numerierung, Datum, Bezugsbedingungen und -preise abgedruckt.
Mit der weiteren Formatvergrößerung vom 02.01.1922 wurde auch der Kopf verändert, der Schriftzug modernisiert und vergrößert, Bezugsbedingungen etc. unterhalb des Titels in drei Kästen gesetzt, darunter befand sich die Datumszeile.
Mit der Titeländerung 1923 änderte sich das Aussehen unwesentlich; der neue Titel wurde kleiner gesetzt und ein Untertitel aufgenommen.

Gesinnung/politische Richtung:	katholisch-christlichsozial, antiliberal, nach dem Krieg verstärkt antiitalienisch und national-konservativ, als 'Dolomiten' unpolitisch

Impressum:

1900:	Erster Redakteur Carl Aichinger, ab 1902 Peter Fuchsbrugger, Druck und Verlag ab 1900 Buchdruckerei und Buchhandlung Tyrolia Murr & Co., seit 1902: Preßverein Tyrolia, Bozen, ab 1907 Verlagsanstalt Tyrolia
bis 11.07.1918:	Herausg.: Verlagsanstalt Tyrolia eingetr. GesmbH, Verantw. Schriftleiter: P. Fuchsbrugger, Bozen, Druck: Tyrolia Bozen
ab 12.07.1918:	Verantw. Schriftl. Michael Weiskopf
ab 13.08.1918:	Verantw. Schriftl. P. Fuchsbrugger, Bozen
ab 02.07.1919:	Verantw. Schriftl. Franz Nikolussi, Bozen
ab 05.08.1919:	Verantw. Schriftl. P. Fuchsbrugger, Bozen
ab 24.07.1920:	Verantw. Schriftl. Alois Untersulzner, Bozen
ab 07.10.1920:	Verantw. Schriftl. P. Fuchsbrugger, Bozen
ab 06.07.1921:	Verantw. Schriftl. Anton Romen, Bozen
ab 18.08.1921:	Verantw. Schriftl. P. Fuchsbrugger, Bozen
ab 10.06.1922:	Für die Schriftl. verantw.: Dr. Erich Mair, Bozen
ab 25.09.1922:	Für die Schriftl. verantw.: P. Fuchsbrugger, Bozen
ab 06.10.1923:	Für die Schriftl. verantw.: Dr. Josef Georg Oberkofler, Bozen
ab 15.10.1924:	Für die Schriftl. verantw.: P. Fuchsbrugger, Bozen
ab 17.10.1925:	Herausgeber: V. A. Vogelweider, Bozen, Schriftleitung und Verwaltung: Bozen, Museumstr. 42, Nebenschriftleitung und Verwaltung: Meran, Rennweg 18 und Brixen, Weißenturmstr., verantw. Schriftl. P. Fuchsbrugger, Druck: Buchdruckerei Vogelweider, Bozen.

Ressorts/Inhalt:

1910:	Leitartikel, Rundschau (In- und Ausland), Feuilleton (meist unterhaltender Charakter), Tagesneuigkeiten, interessante Meldungen, Nachrichten aus Stadt und Land, teilweise Illustrationen, bester und umfangreichster Nachrichtendienst Südtirols, Eigenberichte, Marktnachrichten, Gerichtsaal, Kirchliche und Vereinsnachrichten, Büchertisch, Volkswirtschaft, Letzte Nachrichten, Briefkasten, Anzeigenteil, entwickelte sich relativ gut, vor allem auch in Kriegs- und Nachkriegszeit.
Juli 1914:	bis Ende 1918 Kriegsberichterstattung (patriotisch, antiitalienisch).
1918:	Innen- und Außenpolitik, Volkswirtschaft, internationale Chronik, viele Leitartikel zur Nachkriegssituation in den neuen Staaten, viel Lokalberichterstattung, heimatlich-volkskundliches Feuilleton, Fortsetzungsromane, Tagesneuigkeiten, Kurze Meldungen, Aus aller Welt, Politische Umschau, Neuestes vom Tage.
1918 ff.:	Letzte Nachrichten, Aus Stadt und Land, Land- und Forstwirtschaft, Sozialpolitik, Verschiedene Nachrichten, Amtsblatt-Auszüge, Kundmachungen, Aus dem Vereinsleben, Tiroler Volkspartei (eigene Parteirubrik), Sport, Theater und Konzerte, Alpine Nachrichten, Büchertisch, Radio (ab 1925), Briefkasten.[3]

Zeitungstyp nach Vertriebsart: vorwiegend Abonnement-Blatt

Auflagen: 1900: 700, davon 300 Abonnenten, Rest Frei- bzw. Werbeexemplare[4]; 1904: 1.300[5]; 1911: 1.800[6]; 1914: 2.000; 1915: 3.000; 1916: 3.350; 1917: 3.700 bzw. 5.600; 1918: 3.600 bzw. 5.300[7]; 1920: 10.500; 1923: 15.000; 1925: 15.000.[8]

Bezugspreise: 'Der Tiroler'/'Der Landsmann'

ab Datum	Einzelnummer	Monatsabonnementpreise		
		loco/abholen	Zust. Bote	Zust. Post
bis 1910			K 2,80	K 3,–
ab 1910			K 3,–	K 3,20
19.04.1919	L 0,10	L 2,88		
01.06.1920	L 0,20	L 7,50		K 9,–
01.12.1924	L 0,30	L 22,50		K 24,–

Beilagen: Von 19. bis 24. April 1921 wurde dem Blatt täglich eine „*Bozner Messezeitung*" beigegeben, die auf sechs Seiten mit durchgehender Seitennumerierung Angelegenheiten der Bozner Messe und Anzeigen beinhaltete.

Während des Ersten Weltkrieges waren dem 'Tiroler' jeweils Lebensmitteltabellen beigefügt worden, weswegen er einen beträchtlichen Konkurrenzvorteil erreichte (vgl. dazu 'Bozner Nachrichten', im Abschnitt 1.16.2 „Allgemeine Chronik", S. 299).

---

[3] Vgl. VOLGGER a.a.O., S. 224 ff. und BRUNNER a.a.O., S. 175 ff.

[4] Vgl. 'Dolomiten'-Jubiläumsausgabe vom 6.12.1952, Artikel von H. Mairhofer. Lt. Präs. 1900/13/135 betrug die Auflage 1.100 Stück. Daraus ersieht man wiederum, daß die Angaben über die Auflagenhöhe an die Statthalterei (für die Quartalsausweise) teilweise überhöht gewesen sein dürften.

[5] Vgl. Präs. 1905/13/57 (4. Quartal).

[6] Vgl. Präs. 1911/XII 78c3/1.058 und VOLGGER a.a.O., S. 226.

[7] Vgl. Präs. 1914 ff./XII 78c4 (jew. 1. Quartal). Die höheren Zahlen für 1917 und 1918 aus 'Dolomiten'-Jubiläumsausgabe vom 6.12.1952, Artikel von M. Gamper, S. 17.

[8] Vgl. BRUNNER a.a.O., S. 174.

Jubiläumsausgabe: Keine, jedoch wurde in einer Jubiläumsausgabe der 'Dolomiten' vom 06.12.1952 von Gamper auch auf diese Zeitung eingegangen – „Tiroler. Ein nicht gefeiertes Jubiläum", hieß der Titel des entsprechenden Artikels auf S.17 der Festausgabe. Dabei wurde die Entwicklung des 'Tirolers' über den 'Landsmann' erläutert, deren Tradition schließlich in den 'Dolomiten' als Nachfolgeorgan bis in die Gegenwart aufrechterhalten wurde und wird.

1.20.2 Allgemeine Chronik

Bereits 1868 wurde von Bernhard Reinmann in der Fleischgasse in Bozen eine Druckerei gegründet, die 1888 auf Josef Ferrari überging und in der seit 1883 der 'Tiroler Sonntagsbote' und der 'Tiroler Alpenfreund' erschienen.

Beide Zeitschriften verloren bald an Bedeutung, auch die Druckerei war schlecht geführt. Als schließlich die Bozner – nach Brixen – auch ein eigenes christlichsoziales Blatt wollten, wandte man sich an Dr. Schöpfer. Dieser legte seine Leitung des Brixner Preßvereins zurück und folgte dem Ruf nach Bozen.
Dort wurden die Ferrari-Druckerei und die Buchhandlung Promberger Murr & Co. erworben.
Als Druckereileiter und Redakteur wurde Carl Aichinger aus Graz gewonnen. Die alten Zeitschriften (s. o.) wurden eingestellt und dafür 'Der Tiroler' herausgegeben. Eine Probenummer wurde zu Weihnachten 1899 ausgegeben, das regelmäßige dreimal wöchentliche Erscheinen am 2. Jänner 1900 aufgenommen[9].
Die Bozener Gründung sollte – ab 1902 – auch als erste den Namen „Tyrolia" tragen.

Der Anfang war schwierig, die Druckerei schlecht eingerichtet mit veralteten Maschinen. Dazu kam die scharfe Reaktion der Konservativen, die ihr eigenes Organ 'Tiroler Volksblatt' einer verstärkten Konkurrenz durch die neue Zeitung ausgesetzt sahen.
Zur Finanzierung des Blattes wurden wie in Brixen Schuldscheine ausgegeben.[10]
Die christlichsoziale Linie des Blattes wurde im ersten programmatischen Leitartikel Schöpfers noch tunlichst verschwiegen.

Trotz der anfänglichen Probleme und der etwas idealistisch voreiligen Gründung der Zeitung sollte sie sich bald zur wichtigsten Vertreterin der neuen politischen Strömung und zur katholischen Zeitung schlechthin entwickeln und 1913 auch die 'Brixener Chronik' überflügeln.

Das Druck- und Verlagsunternehmen „Tyrolia" in Bozen entstand aus dem von Schöpfer initiierten Konsortium, dem neben Schöpfer der Druckereileiter Aichinger und der Präses des katholischen Gesellenvereins und vormalige Redakteur des konservativen 'Tiroler Volksblattes' Maierhofer angehörten.

Nachdem in einer Konferenz vergeblich versucht worden war, eines der Zeitungsorgane ('Tiroler', 'Volksblatt') zum Aufgeben zu überreden, war der Startschuß zur weiteren, intensivierten Auseinandersetzung der zwei Zeitungen gegeben.
Gegenseitig suchten sich die beiden Blätter Abonnenten abzuwerben.[11]
Im September 1900 wandelte sich das Konsortium in die OHG „Buchhandlung und Buchdruckerei 'Tyrolia' Murr & Co." um, Ende 1902 schließlich in den „Preßverein Tyrolia"; 1902 und 1903 wurde der Druckmaschinenpark erneuert, so daß neben dem 'Tiroler' auch die 'Bauernzeitung' und die 'Tiroler Post' in Bozen hergestellt werden konnten.[12]

---

[9] Vgl. Tyrolia-Athesia a.a.O., S.18; VOLGGER a.a.O., S.213f. und DÖRRER, Die Verlagsanstalt Tyrolia, a.a.O., S.274f.
[10] Vgl. VOLGGER a.a.O., S.215.
[11] Vgl. ebd., S.216f.
[12] Ebd., S.219f.

Von Beginn an schoß sich das Blatt auch auf die liberale Partei und deren Bürgermeister Perathoner ein, wobei der Streit vor allem 1908 eskalierte und dem 'T' die städtischen Annoncen entzogen wurden.

Parallel dazu glätteten sich jedoch die Wogen zwischen den beiden katholischen Parteien, womit auch die publizistischen Auseinandersetzungen in den Zeitungen und damit auch im 'T' nachließen.

Schon zuvor (1907) war die Fusionierung der Brixener und Bozener Zweige zur „Verlagsanstalt Tyrolia GesmbH" geglückt, die Bozener Druckerei in die Museumsstraße umgezogen und zur leistungsfähigsten und modernsten Druckerei Deutsch-Südtirols ausgebaut worden, womit auch die Grundlage für den weiteren Ausbau des 'Tirolers' gelegt wurde. In der Zeitung wurde unter dem neuen Druckereileiter vor allem der Inseratenteil umfang- und ertragreicher.[13]

Schon 1900 hatte der Plan bestanden, den 'T' als Tageszeitung herauszugeben, wofür jedoch das Geld gefehlt hatte. Der Plan wurde somit längere Zeit auf Eis gelegt. Erst im Zuge der Annäherung der beiden Bruderparteien wurde dies wieder aktuell und ein Teil der Tiroler Piusvereinsgelder für ein zu gründendes Bozner Tagblatt kapitalisiert.
Der Beginn des Krieges sollte sich diese Frage von selbst lösen, als durch das gesteigerte Bedürfnis nach täglichen Nachrichten der 'T' ab 29. Juli zum täglichen Erscheinen überging.[14]

Mit dem Krieg trat auch im 'T' der ursprünglich parteipolitische Schwerpunkt in den Hintergrund, die katholischen und patriotischen Aufgaben des Preßunternehmens und der Zeitung in den Vordergrund.[15] Damit wurde der 'T' nicht nur zur größten katholischen, sondern überhaupt zur größten Zeitung Deutsch-Südtirols. Während alle anderen Blätter Probleme hatten und teilweise sogar in Existenzschwierigkeiten gerieten, ging der 'T' unter anderem nach einer aggressiv geführten Inseraten- und Abonnentenwerbung und damit der Erschließung neuer Absatzgebiete gestärkt und als auflagenstärkstes Blatt aus dem Krieg hervor.[16]
Noch 1914 war der Inseratenteil des 'T' nicht größer gewesen als jener des 'Burggräflers', erst im Krieg änderte sich dies grundlegend.

Mit dem Zusammenschluß der beiden katholischen Parteien zur „Tiroler Volkspartei" im Jahr 1918 wurde das Blatt das (inoffizielle) Partei- bzw. Interessensorgan (des südlichen Teils) des Landes. Von Bürgern und Bauern wurde es gleichermaßen gern gelesen, brachte es doch auch mit der Annexion des Landes seine unversöhnliche Haltung gegenüber den neuen Machthabern deutlich zum Ausdruck.[17] Durch diese unverdeckte Kritik wurde der 'T' auch zur Hauptzielscheibe der Staatsanwaltschaft.
Im Ringen um die Erhaltung des eigenen Volkstums wurde das Tagblatt von der Wochenzeitung 'Volksbote' unterstützt.

Die klare, aufrechte Linie wurde trotz laufender Konfiskationen weiter verfolgt, weiter für die Autonomie gekämpft; man suchte und fand nie Berührungspunkte mit Italien und lehnte die von der liberalen Presse propagierte Versöhnungspolitik strikt ab.[18]
Diese erklärte Führungsrolle des 'T' im deutschsprachigen Pressewesens Südtirols lenkte also die besondere Aufmerksamkeit der Behörden auf das Blatt. Von der katholischen und christlichsozialen Stimme Südtirols wurde das Blatt somit zum „Rufer ... für den Schutz der gefährdeten Volkstumsrechte".[19]

Durch die von der Militärverwaltung geübte Zensur wurde jedoch in den ersten Monaten nach Kriegsende eine effektive Berichterstattung über die anstehenden Probleme des Landes nahezu unmöglich

---

[13] Tyrolia-Athesia a.a.O., S. 19 f.
[14] VOLGGER a.a.O., S. 223 f.
[15] Vgl. DÖRRER, Die Verlagsanstalt Tyrolia, a.a.O., S. 277.
[16] BRUNNER a.a.O., S. 178 f.
[17] FLEISCHMANN a.a.O., S. 73.
[18] Vgl. ebd. und DÖRRER, Die Verlagsanstalt Tyrolia, a.a.O., S. 277.
[19] BRUNNER a.a.O., S. 179.

gemacht, jeder Ansatz von Kritik an den herrschenden Zuständen unbarmherzig unterdrückt. So erschienen vorerst eher belanglose Nachrichten und Kommentare, die jedoch trotzdem mit vielen Zensurstellen versehen waren. Erst die Aufhebung der Zensur und die Einführung der italienischen Zivilverwaltung bedeuteten für den 'T' die wirkliche Möglichkeit, vehement in die Annexions- und Autonomiedebatte einzugreifen.[20]

Populär und volksnah geschrieben, war das Blatt zur Stelle, wenn es um die Verteidigung der Rechte der Kirche, des Landes Tirol und des deutschen Volkes und dessen Kultur ging. Dabei kam auch im 'T' die Ansicht klerikaler Kreise zum Ausdruck, die dem italienischen Staat mit aller Schärfe gegenüberstanden und den durch den Friedensvertrag geschaffenen Zustand nur als eine vorübergehende Episode ansahen.[21]
Dies wurde unter anderem in zahlreichen Leitartikeln von prominenter Seite zum Ausdruck gebracht.

Gleichzeitig mit dem Ausbau des 'T' (um 1920) zum echten Tiroler Landesblatt wurde die 'Brixener Chronik' in ihrer Erscheinungsweise eingeschränkt, um dem 'Tiroler' nicht im Wege zu stehen.

Um das publizistische Programm abzurunden, übernahm der 'T' zwei Beilagen des 'Burggräflers', und zwar „Die Frau" und „Die Jugendwacht", die dann als eigene Zeitschriften weitergeführt wurden.[22]

Mit bitteren Worten wurde am 10.10.1920 die endgültige Teilung des Landes verkündet.
Die Tyrolia und 'Der Tiroler' überlebten zwar vorerst die Machtergreifung der Faschisten im Jahr 1922, die Lage wurde jedoch äußerst gefährlich. Die Situation für die Zeitung wurde wieder schwieriger, nachdem sie unter Zivilverwaltung ihre Meinung doch relativ frei hatte äußern können.

Zuvor, im Jahr 1921, waren die Tyrolia und ihre Presse reichsdeutsche Stellen um finanzielle Hilfe angegangen. Diesem Ansuchen war jedoch erst im Jahr 1925 Erfolg beschieden, als über Stresemann vor allem für die Volkstumsarbeit Gelder flossen.[23]
1921 war auch eine Nebenredaktion in Meran eingerichtet worden.

Das Pressestillhalteabkommen im Zuge des „Burgfriedens" zu Beginn des Jahres 1923, das auch vom 'T' unterzeichnet wurde, scheiterte am Einspruch der Faschisten (siehe auch 'Bozner Nachrichten', 1.16.2 „Allgemeine Chronik" S. 300).
Am 15. Juli 1923 verordnete Ettore Tolomei in Bozen die 32seitigen „Provvedimenti", die faschistischen Entnationalisierungsmaßnahmen, welche unter Art. 12 auch die ausdrückliche Unterdrückung des 'T' vorsahen.
Mit dem Dekret des Trientiner Präfekten vom 7. August 1923 wurde schließlich der Name 'Tirol' und alle seine Derivate (Tiroler, Südtirol etc.) verboten, was unter anderem auch auf die Zeitungen gemünzt war.

Die „Tyrolia" konnte ihren Namen aus nicht ganz geklärten Gründen noch bis 1925 weiterführen, für das Blatt 'Der Tiroler' mußte jedoch ein neuer Titel gefunden werden.[24]

Das Dekret verschaffte dem Präfekten auch die Vollmacht, im Falle von den faschistischen Ideen widersprechenden Artikeln den verantwortlichen Schriftleiter zu „verwarnen". Bezog dieser Schriftleiter innerhalb eines Jahres eine weitere Verwarnung, hatte der Präfekt das Recht, ihm die weitere Anerkennung als Schriftleiter zu versagen. Diesem Dekret sollte 1925 auch der 'T' zum Opfer fallen.[25]
Am 18. August 1923 kündigte der 'T' an, ab 20. August unter dem Titel 'Brenner-Heimat' zu erscheinen; der dann tatsächlich ab 22.8. benutzte Titel 'Der Landsmann' war schließlich durch eine Leserbefragung zustandegekommen, in welcher der neue Titel mit über 50 Nennungen am meisten Anklang gefunden hatte.[26]

---

[20] Vgl. ebd. und FLEISCHMANN a.a.O., S. 74.
[21] Vgl. HERRE a.a.O., S. 138 und BRUNNER a.a.O., S. 179.
[22] Tyrolia-Athesia a.a.O., S. 55.
[23] Vgl. BRUNNER a.a.O., S. 22 f.
[24] Vgl. ebd., S. 50 f. und MORODER a.a.O., S. 125.
[25] Vgl. HERRE a.a.O., S. 313.
[26] Vgl. BRUNNER a.a.O., S. 181 und FLEISCHMANN a.a.O., S. 84 und PARTELI a.a.O., S. 231.

In der letzten Ausgabe mit dem alten Namen (18.8.) hatte Redakteur Oberkofler einen aufrüttelnden Artikel unter dem Titel „Ade, mein Land Tirol", in dem der Name „Tirol" letztmalig ausgesprochen werden durfte, geschrieben.

Die aufgezwungene Umbenennung tat der Entwicklung und Beliebtheit des Blattes jedoch keinen Abbruch. Trotz der italienischen Anfeindungen konnte die Tageszeitung zunächst mit einer halbherzigen oppositionellen Linie die geistige, nationale und kulturelle Bindung zwischen Volk und Zeitung aufrechterhalten.[27]

Im Sommer 1924 wurde auch in Südtirol das die faschistische Gleichschaltung der Presse intendierende Dekret weiter verschärft zur Anwendung gebracht; das richtete sich vornehmlich gegen den 'L'. Trotz der ab 9. Jänner 1925 gehandhabten strengen Vorzensur wurde das Blatt bereits am 15. Jänner beschlagnahmt und am 19. Jänner erstmals förmlich verwarnt.

Im Juli 1925 mußte auch die Verlagsanstalt ihren Namen aufgeben und nannte sich nun „Vogelweider GesmbH".

Am 23. Juli wurde Redakteur Fuchsbrugger zum zweitenmal verwarnt (wegen Übertretung der Ortsnamenerlässe) und am 5.10. wegen „Verleumdung der Presse" zu über elf Monaten Gefängnis verurteilt; am 22.10. wurde ihm zudem die Zeichnungsbefugnis für den 'L' entzogen, womit das Blatt ohne verantwortlichen Schriftleiter dastand.

Dem Verlag gelang es trotz intensiver Bemühungen nicht, einen neuen Verantwortlichen (u.a. wurde Redakteur Dr. Erich Mair vorgeschlagen) durchzubringen. Somit wurde der 'Landsmann' am 22.10. eingestellt, am 26.11.1925 erschien die letzte Ausgabe.[28]

Damit war dem Verlag die einzige Tageszeitung eingestellt worden. Als Ersatz wurden den Abonnenten ab Dezember der 'Volksbote', der 'Burggräfler' und das 'Volksblatt' zugestellt (vgl. dort).

Der faschistische 'Il Brennero' kommentierte das letztmalige Erscheinen des 'L' zynisch: „Der Giftspeier der Museumsstraße muß in Erwartung seines neuen Watschenmannes sein Erscheinen einstellen."[29]

Hinter dem vehementen Vorgehen, besonders gegen die Tyrolia und ihre Presse, vor allem den 'L', stand auch die Absicht, auf dem Pressemarkt ein Vakuum zu erzeugen, um der faschistischen 'Alpenzeitung' Platz zu schaffen.

Bis November 1926 waren schließlich alle deutschsprachigen Blätter außer der 'Alpenzeitung' eingestellt bzw. ausgeschaltet worden.

Bereits zu Weihnachten konnten jedoch mit ausdrücklicher Genehmigung das Blättchen 'Dolomiten' und der 'Volksbote' (dreimal bzw. einmal wöchentlich) wieder bei Vogelweider erscheinen.

Dies war der letzte Schritt zur Verwirklichung des Vogelweider-Pressemonopols: „So entstand im Kräftefeld von faschistisch-vatikanischer Verständigung, ausländischem Öffentlichkeitsdruck und faschistischer Konsolidierungspolitik in Südtirol an der Jahreswende 1926/27 ein deutschsprachiges, katholisch-gleichgeschaltetes Zeitungswesen eindeutig monopolistischen Charakters."[30]

Gamper und Reut-Nicolussi mußten aus dem Verlag ausscheiden, die Zeitungen hatten sich in den Dienst der Propaganda für die neue Provinz Bozen zu stellen.

Die 'Dolomiten' waren erstmals am 4. September 1923 erschienen. Als illustrierte Sportzeitung waren sie von Josef Linzbach und Josef Eisendle gegründet worden und erschienen 14tägig, später wurden sie unregelmäßig von Gamper ediert, um den harmlosen Zeitungstitel vorzuweisen und damit zu erhalten.

1924 wurde die Zeitung zum Familienblatt abgeändert. Trotz unpolitischen Inhalts war auch dieses Blatt im Herbst 1926 verboten worden.

Nach intensiven Bemühungen Gampers in Rom und mit Vermittlung des Vatikans konnte jedoch das

---

[27] BRUNNER a.a.O., S.182.
[28] Vgl. ebd., S.59 u. 172; FLEISCHMANN a.a.O., S.90f. und HENNERSDORF a.a.O., S.63ff.
[29] Zit. nach PARTELI a.a.O., S.234.
[30] BRUNNER a.a.O., S.68.

Wiedererscheinen erwirkt werden, und am Heiligen Abend 1926 erschienen die 'Dolomiten' wieder.[31]
Mit Jänner 1927 nahmen sie ihr regelmäßiges Erscheinen auf.

Nun im Großformat gedruckt, weiterhin von Eisendle geleitet und zu einer „erschreckenden Harmlosigkeit degradiert", durfte das Blatt keine Kritik an Regierungs- und Parteiensystem üben.
Trotz dieser Befleißigung einer harmlosen Schreibweise war es auch weiterhin faschistischen Angriffen ausgesetzt. Ungeachtet dessen erreichte es 1928 bereits wieder eine Auflage von beachtlichen 13.500 Stück.[32]
Als praktisch faschistisch gleichgeschaltete Publikation und als deklariertes Nachfolgeorgan des 'Landsmanns' bzw. des 'Tirolers' versorgte das Blatt die deutschsprachigen Leser von 1927 bis 1943 mit aktuellen Informationen, zumindest was man in der damaligen Situation darunter verstehen konnte.
Am 9. September 1943 wurde der Vogelweider-Verlag von den Nazis beschlagnahmt, die 'Dolomiten' eingestellt, Redakteure verhaftet. Der Verlag wurde zur nationalsozialistischen „Bozner Verlag- und Druckerei GesmbH" umfunktioniert. Ab 13. September wurde hier die 'Landeszeitung' ediert, die ab 20.9. als 'Bozner Tagblatt' erschien und bis 14.5.1945 die einzige deutschsprachige (NS-)Zeitung Südtirols blieb.

Nach Kriegsende nahmen die 'Dolomiten' am 19.5. ihr Erscheinen – nunmehr als „Tagblatt der Südtiroler" – wieder auf.
Sie blieben bis 1996 die einzige deutschsprachige Tageszeitung Südtirols. Am 1. Oktober 1996 erhielt Südtirol mit der 'Neuen Südtiroler Tageszeitung' (zunächst unter dem Titel 'Tagesprofil') eine zweite Tageszeitung. Sie erscheint fünfmal wöchentlich (Dienstag bis Samstag. Stand: 2000).

---

[31] Vgl. RAMMINGER, Helmut K.: 'Dolomiten' und 'Alto Adige'. Ein Vergleich von Gestaltung und Inhalt der beiden Tageszeitungen der deutsch- und italienischsprachigen Volksgruppen in Südtirol von 1945 bis 1972. – Salzburg: Phil. Diss. 1979, S. 162f. und MORODER a.a.O., S. 175.
[32] Vgl. BRUNNER a.a.O., S. 313 (lt. 'Alpenzeitung' vom 23.2.1928, S.1). Exkurs.

Exkurs: Das Schicksal der Südtiroler Tagespresse unter italienischer Verwaltung und ihre Gleich- und Ausschaltung im Faschismus

Während des Ersten Weltkrieges war es den Italienern nicht gelungen, in Südtirol einzudringen. Erst die „Mißverständnisse" rund um den Waffenstillstand am 3.11.1918 ermöglichten den Einmarsch der Truppen und das Vordringen bis zum Brenner (11. November) ohne Gegenwehr.

Die Friedensverhandlungen in Frankreich wurden von Italien mit großer Härte und Unnachgiebigkeit – vor allem was die Brennergrenze betraf – geführt: Konzessionen waren der österreichischen Delegation keine beschieden.
Letztendlich war es US-Präsident Wilson, der, in offensichtlicher Unkenntnis ethnischer, geographischer und historischer Gegebenheiten, den Italienern das deutschsprachige Südtirol zusprach.
Die neue Grenze entlang des Alpenhauptkammes wurde in den Artikel 27 des Friedensvertrages von St. Germain vom 10.9.1919 aufgenommen.[1]
Am Alpenhauptkamm wurde somit eine Grenze gezogen, ohne daß für diesen Schritt vorher rechtliche Verpflichtungen bestanden hätten. Dies verletzte auch das von Wilson selbst proklamierte Selbstbestimmungsrecht der Völker. Österreich mußte sich zwar diesem Diktat unterwerfen und seine Einwilligung geben, erklärte jedoch gleichzeitig, mit der Rückgliederung Südtirols durch den Völkerbund zu rechnen.[2]

Somit war das weitere Schicksal Südtirols in italienische Hände gelegt. Am 4.9.1919 hatte Eduard Reut-Nicolussi als letzter Südtiroler Abgeordneter im Wiener Parlament gesprochen, wo er noch einmal feierlich Protest gegen die willkürliche Grenzziehung erhob.[3]

Die Pariser Friedensverträge legten den Nachfolgestaaten der Monarchie einen Minderheitenschutz auf (vom Völkerbund kontrolliert) – Italien hingegen blieb von ähnlichen Verpflichtungen als Siegermacht fatalerweise ausgenommen. Die alleinige Verpflichtung Italiens bestand darin, daß es „eine in weitem Maße liberale Politik" befolgen sollte.[4]
Schon zuvor – in der „Proklamation" vom 18.11.1918 des kommandierenden Generalleutnants der italienischen Armee, Guglielmo Conte Pecori-Giraldi, war das feierliche Versprechen gegeben worden, das Volkstum und die bodenständigen kulturellen Einrichtungen der Tiroler zu achten; dies wurde später im Senat und in der Thronrede des Königs 1919 wiederholt.[5]
Diese Versprechungen sollten jedoch lediglich während der Zeit der Zivilverwaltung von Ende 1919 bis zum faschistischen Auftakt 1922 einigermaßen eingehalten werden.

Das Manifest Pecori-Giraldis zeigte aber auch den deutlichen Willen Italiens, das besetzte Gebiet als fixes Eigentum zu betrachten und zu verwalten. Hinter dem Manifest, das allgemein nur General Pecori-Giraldi zugeschrieben wurde, stand jedoch ein Mann, der die gewaltsame Assimilierung der Deutschen Tirols zu seinem Credo machen sollte: Ettore Tolomei.[6]
Tolomei war schon am 27.10.1918 von Ministerpräsident Orlando beauftragt worden, in Rom ein „Vorbereitungsamt für die Behandlung des zisalpinen Deutschtums" einzurichten. Dieses Amt wurde nach der Annexion nach Bozen verlegt, Tolomei die Leitung übertragen und somit die Italienisierungspolitik offiziell eingeleitet.[7] Diese nunmehr „Kommissariat" genannte Einrichtung sollte vorerst weniger das Deutschtum unterdrücken als vielmehr das Italienische konsolidieren. Also nicht etwa das Ver-

---

[1] Vgl. MIEHSLER a.a.O., S. 136–139 und RITSCHEL a.a.O., S. 70 ff.
[2] MIEHSLER a.a.O., S. 142.
[3] Vgl. RITSCHEL a.a.O., S. 90 f.
[4] Ebd., S. 104.
[5] Vgl. HENNERSDORF a.a.O., S. 11 und TRAFOJER a.a.O., S. 30.
[6] TRAFOJER a.a.O., S. 31 f.
[7] Vgl. PARTELI a.a.O., S. 15.

bot deutscher Schulen oder Sprache stand – vorerst – im Vordergrund, sondern die zusätzliche Einführung italienischer Schulen und Sprache etc.[8]
Jedoch erzwangen bereits diese eingeleiteten Schritte unter Militärverwaltung den Widerstand der Südtiroler, der auch von den politischen Führern und vom Klerus getragen und artikuliert wurde.

Sofort wurden das Verkehrs- und das Nachrichtenwesen eingeschränkt, das Gebiet vom Ausland weitgehend abgeriegelt; vor allem Nordtiroler Zeitungen durften nicht mehr eingeführt werden. Kritik von außen wurde damit unterbunden, die strenge Handhabung der Präventivzensur verhinderte diese von innen.
Besonders die deutschsprachigen Blätter litten unter der Willkür des italienischen Zensors. „Gefährliche Nachrichten" (u. a. Fragen des Selbstbestimmungsrechts, der Friedenskonferenz, wirtschaftlicher Not etc.) wurden peinlich genau vor Erscheinen kontrolliert, eine Flut von Konfiskationen war die Folge.

Wiesen z. B. noch im Krieg die weißen Flecken auf die Zensur hin, waren auch diese nunmehr verboten; zensurierte Stellen mußten mit einem „Füllsel" verdeckt werden, was zumeist detailliert vorgeschrieben wurde; damit sollten die Zeitungen völlig unzensuriert aussehen.[9] Gedruckt konnte demnach nur werden, was dem Militärkommando genehm war. Die Presse merkte also wenig vom Frieden.
Am 1. März 1919 traten neue Zensurverordnungen in Kraft, doch blieb vorerst auch unter dieser politischen statt der bisherigen militärischen Zensur alles beim alten.
Am 24. Mai wurde die Pressezensur schließlich aufgehoben, mit königlichem Dekret vom 29. Juni 1919 auch formal abgeschafft.[10]

Zwischen diesen Daten ist ein weiteres ominöses Datum zu erwähnen: die Gründung der „Fasci italiani di combattimento" in Mailand durch Benito Mussolini (23. März), was sich für die weitere Entwicklung Italiens und besonders auch Südtirols schwerwiegend auswirken sollte.

Am 21. Juli 1919 wurde Südtirol in italienische Zivilverwaltung überführt und Luigi Credaro als Generalzivilkommissär für das Trentino und Südtirol bestellt, der im August seinen Dienst antrat. Etliche strenge Bestimmungen wurden damit gelockert, auch die Einfuhr von Zeitungen aus Nordtirol wurde wieder ermöglicht.

Diese konziliante Haltung Credaros erwies sich jedoch schon bald als Täuschungsmanöver: Es dauerte nicht lange, bis die Medien neuerlich (im Oktober) in ihrer Freiheit eingeschränkt wurden. Erst im Frühjahr 1920 wurde die Zensur wieder zurückgenommen, von einer Freiheit der Berichterstattung konnte jedoch auch danach nicht gesprochen werden. Diese wurde vielmehr durch eine neue Konfiskationspraxis abgelöst, vor allem in Form des „objektiven Verfahrens", mit der der Staatsanwalt presserechtlich beanstandete Zeitungen zur Weiterverbreitung verbieten konnte. Credaro als Kommissär spielte dabei eine äußerst destruktive Rolle.[11]

In der Annexionsdebatte im italienischen Parlament rückte erstmals die Südtirolfrage in den Mittelpunkt (vier Südtiroler Abgeordnete unter Führung Eduard Reut-Nicolussis).
Am 10.10.1920 trat schließlich das Annexionsdekret vom 26.9. in Kraft. Südtirol wurde damit endgültig integraler Bestandteil des Königreichs Italien.[12]
Schon zuvor, am Herz-Jesu-Sonntag vom 13. Juni 1920, war es zu ersten bedeutsamen Zwischenfällen zwischen Italienern und Südtirolern gekommen. Diese setzten sich fort und erfuhren mit einem gewaltsamen faschistischen Auftreten am 24. April 1921 einen Höhepunkt, als bei einem Trauerumzug der Lehrer Franz Innerhofer von hinten erschossen wurde. Die zu dieser Zeit schon erstarkten Faschisten mußten – vorerst – aus Bozen fliehen.[13]

---

[8] Vgl. ebd., S. 16.
[9] TRAFOJER a. a. O., S. 36–38.
[10] Vgl. BRUNNER a. a. O., S. 10.
[11] Vgl. ebd., S. 10 f., PARTELI a. a. O., S. 62–66 und FLEISCHMANN a. a. O., S. 60.
[12] PARTELI a. a. O., S. 78 ff.
[13] Vgl. RAMMINGER a. a. O., S. 54–56.

Der Solidarisierungseffekt unter den Südtirolern hatte auch der „Edelweißliste" des „Deutschen Verbandes" im Mai einen großen Wahlerfolg von 90% der abgegebenen Stimmen gebracht – vier Abgeordnete waren in das italienische Parlament eingezogen; 35 Mandate italienweit waren der Anfangserfolg der Faschisten.[14]

Für die Presse brachte erst die Einführung des italienischen Presserechts, einer liberalen Konstruktion des Jahres 1848, eine Einschränkung der Konfiskationsmöglichkeit. Dieses trat mit Dekret vom 19. Juni 1921 am 1. Jänner 1922 in Südtirol in Kraft.

Die Südtiroler Presse konnte nun trotz vehementer Drohungen offen gegen Faschismus schreiben und ihre Ablehnung zum Ausdruck bringen. Der faschistische Terror sollte jedoch erst beginnen[15]: beim Rededuell Mussolini – Stresemann im Februar 1929 sollte ersterer seinen Willen klar kundtun, was von Anfang an seine Absicht gewesen war – die Einrichtungen kultureller und politischer Selbstverwaltung zu zerstören und die Italienisierung Südtirols als Staatsaufgabe festzuschreiben.[16]

Ende November 1921 wurden vier maßgebliche österreichische Journalisten des Landes verwiesen (dies geschah bereits unter faschistischem Druck): der Wiener Leopold Nemec, der 'Tiroler'-Chefredakteur Dr. Anton Klotz, dessen Wirtschaftsredakteur Dr. Hans Kneß und der ehemalige 'Tiroler'-Redakteur Michael Weißkopf.[17]

Die schwerste Zeit begann mit der gewaltsamen Machtergreifung Mussolinis, die mit dem „Marsch auf Bozen" am 2.10.1922 begann, als das Rathaus besetzt und Bürgermeister Perathoner zum Rücktritt gezwungen wurde. In Trient wurde Credaro aus seinem Amt als Generalkommissär vertrieben, dieses aufgelöst und statt dessen die Präfektur der Provinz Trient errichtet. Am 28.10. übernahm Mussolini nach dem „Marsch auf Rom" die Regierungsgewalt in Italien. Damit begann für Italien und besonders für Südtirol eine Gewaltherrschaft, deren Ausübung sich vor allem auf die Kontrolle der Informationsmedien stützte.[18]

Am Anfang stand jedoch der Versuch des Regimes, zu einem Ausgleich mit den Südtirolern zu kommen, wofür auf Südtiroler Seite jedoch wenig Interesse bestand. Lediglich der Versuch der Bozener Blätter, mit dem Faschismus und deren Organ 'Piccolo Posto' zu einem „Burgfrieden" zu kommen, kann hervorgehoben werden. Dieser „Burgfriede" wurde jedoch praktisch nicht in die Tat umgesetzt (Jänner bis März 1923).[19]

Für die Presse war das Scheitern dieses Abkommens als eigentlicher Auftakt der faschistischen Ära mit ihren Repressionen anzusehen. Zu diesem Zeitpunkt (12. März 1923) erhielt auch Tolomei den offiziellen Auftrag, einen Maßnahmenkatalog gegen Südtirol auszuarbeiten, der schließlich in die „Provvedimenti per l'Alto Adige" mündete und dessen 32 Punkte eine umfassende Verbotspolitik deutscher bzw. tirolischer Einrichtungen beinhalteten[20]; die „Provvedimenti" wurden am 15.7. verkündet. In kaum einem Staat wurden die Vergewaltigungspläne für eine völkische Minderheit so offen und zynisch programmiert und proklamiert wie im faschistischen Italien. Durch verschiedene Methoden – Assimilierung, Verdrängung, Kulturpropaganda, Wirtschaftskrieg, Umsiedlung, aber auch die Gleich- und Ausschaltung der Presse – sollte ein mehrheitlich italienischer Charakter des Landes erreicht werden.[21]

Hier seien nur einige wichtige Punkte dieses Italienisierungsprogrammes angeführt: Zusammenlegung des Trentino und Südtirols zu einer Einheitsprovinz, Ernennung italienischer Gemeindesekretäre, Einführung der italienischen Amtssprache, Auflösung des „Deutschen Verbandes", Verbot des Namens

---

[14] Vgl. ebd., S. 57.
[15] Vgl. BRUNNER a.a.O., S. 12 und PARTELI a.a.O., S. 89.
[16] HENNERSDORF a.a.O., Vorbemerkung.
[17] Vgl. BRUNNER a.a.O., S. 45.
[18] Vgl. ebd., S. 46, RAMMINGER a.a.O., S. 60 und PARTELI a.a.O., S. 110 ff.
[19] Vgl. Kapitel 1.16.2 'Bozner Nachrichten', „Allgemeine Chronik", S. 300.
[20] Vgl. BRUNNER a.a.O., S. 48 ff., PARTELI a.a.O., S. 122 f., RAMMINGER a.a.O., S. 66 ff. und HERRE a.a.O., S. 313.
[21] PARTELI a.a.O., S. 124 f.

"Tirol" und aller seiner Derivate, Einstellung des Tagblattes 'Der Tiroler', Italianisierung der deutschen Ortsnamen, Förderung der italienischen Sprache und Kultur etc.[22]

Die Durchführung der „Provvedimenti" hatte schon vor der Verkündung begonnen: Die Vereinigung des Trentino und Südtirols zur Einheitsprovinz war bereits geschehen (21.1.1923), Hauptstadt und Sitz des Präfekten wurde Trient. Bereits am 29.3. war die Einführung italienischer Ortsnamen angeordnet worden.

Nach der Verkündung der „Provvedimenti" wurde am 7. August der öffentliche Gebrauch des Begriffes „Tirol" und seiner Derivate verboten, was besondere Verbitterung in der Bevölkerung hervorrief und einen der schwerwiegendsten Eingriffe in das Leben und Selbstverständnis der Südtiroler darstellte.

Mit königlichem Dekret vom 1.10. wurde zudem die italienische Unterrichtssprache in den Schulen eingeführt.[23]

Während des Inkrafttretens dieser und weiterer Dekrete fiel als erste Zeitung das sozialdemokratische Wochenblatt 'Volksrecht' der faschistischen Machtpolitik zum Opfer; am 16.8. nahmen die Faschisten das Bozner Gewerkschaftshaus in Besitz, erklärten die „Freien Gewerkschaften" für aufgelöst und verunmöglichten die weitere Herausgabe der Zeitung.[24]

Fast ein Jahr zuvor, im November 1922, hatte bereits die 'Bozner Zeitung' aufgegeben: nicht unter faschistischem Druck, sondern eher im Gegenteil – wegen ihrer Anbiederung an die italienischen Machthaber hatte sie alle Sympathien in der deutschsprachigen Bevölkerung verloren, fand daher nahezu keine Leser und Inserenten mehr und mußte ihr Erscheinen gezwungenermaßen „freiwillig" einstellen.

Die weitere Durchführung der Entnationalisierungsmaßnahmen der Jahre 1924/25 brachte weitere Verschlechterungen der Verhältnisse für die in der nunmehr vereinigten Provinz Trentino in der Minderheit befindlichen deutschsprachigen Südtiroler.

Mit dem Verbot des Namens „Tirol" mußte das Bozner Tagblatt 'Der Tiroler' seinen Titel ändern und erschien ab 23.8.1923 als 'Der Landsmann'. Die in den „Provvedimenti" enthaltene ausdrückliche Forderung der Einstellung dieser Zeitung wurde jedoch noch nicht in die Tat umgesetzt.[25]

Im Juni 1924, nach der Ermordung des sozialistischen Abgeordneten Matteotti, eröffneten die antifaschistischen Parteien einen heftigen Feldzug gegen den Faschismus, worauf dieser zum Gegenangriff überging und unter anderem ein neues Gesetz über die Presse (besser „gegen" die Presse, Anm.) erließ.[26]

So bedeutete ein Gesetz vom Juli praktisch die Vorstufe zur Zensur und räumte dem Präfekten das Recht ein, einem verantwortlichen Redakteur, der innerhalb eines Jahres zweimal „verwarnt" wurde, die Anerkennung zu entziehen.

Die jeweilige Zeitung durfte nicht erscheinen, ehe sie nicht einen neuen verantwortlichen Redakteur gefunden hatte, was die Faschisten bzw. die Präfektur jedoch in der Praxis zumeist zu verhindern wußten. 'Der Landsmann' bezeichnete dieses Gesetz als „Presse-Knebelungsgesetz".[27]

Das Ermessen des Präfekten war praktisch uneingeschränkt, das Gesetz somit Handhabe zur Einstellung unliebsamer Blätter. Es sollte innerhalb von zwei Jahren die Ausschaltung der gesamten politischen Oppositionspresse (in Italien wie in Südtirol), die Zusammenlegung oder Einstellung der großen bürgerlichen Zeitungen und die Einführung des Berufsregisters für die Journalisten bringen und somit Italiens Presse zum publizistischen Propagandainstrument der faschistischen Diktatur umfunktionieren.[28]

---

[22] Vgl. MORODER a.a.O., S.118ff., GRUBER a.a.O., S.19f. und HENNERSDORF a.a.O., S.36ff.
[23] Vgl. RITSCHEL a.a.O., S.110f. und GRUBER a.a.O., S.21ff.
[24] BRUNNER a.a.O., S.51.
[25] MORODER a.a.O., S.125.
[26] Vgl. DRESLER, Adolf: Die Presse im faschistischen Italien. 4. Aufl. – Essen: Essener Verlagsanstalt 1939, S.15.
[27] Vgl. ebd., S.20f. und BRUNNER a.a.O., S.54.
[28] Ebd., S.16 und ebd., S.55.

Obwohl die Zensur de jure – noch – nicht wieder eingeführt wurde, „ließ die neue Regelung jedes Präventivsystem herkömmlicher Art hinter sich".[29]

Am 8.1.1925 schließlich wurde von Präfekt Vittorelli die Vorzensur auch de jure in Südtirol eingeführt, welche auch wiederum das Belassen weißer (also zensurierter) Stellen untersagte, worauf bereits am 15.1. 'Der Landsmann' erstmals im Sinn der faschistischen Dekrete verwarnt wurde; Redakteur Fuchsbrugger wurde vorgeworfen, durch tendenziöse Berichterstattung „die Verbrüderung der zwei Völkerschaften zu verhindern".

Fünf Wochen später traf den verantwortlichen Redakteur des 'Volksboten', Michael Gamper, der gleiche Schlag.[30] Damit schwebte über diesen Tyroliablättern bereits das Damoklesschwert einer zweiten Verwarnung, die die Einstellung zur Folge haben konnte.

Der bis dahin geduldete Name der Verlagsanstalt „Tyrolia" mußte schließlich im Juli 1925 aufgegeben werden – ein weiterer Aufschub für die Umbenennung sei nicht mehr möglich, teilte die Behörde mit. Die Firma hieß mit dem Beschluß vom 2. Juli „Vogelweider GesmbH", nachdem der Namensvorschlag „Schiller" abgelehnt worden war.[31]

Ende August hatte sich die 'Brixener Chronik' vergeblich um die Anerkennung eines neuen verantwortlichen Redakteurs bemüht. Die Willkür des faschistischen Apparats machte dies jedoch unmöglich, womit das Blatt eingestellt blieb.

Am 20.10.1925 trat das am 21.9. auch auf die Zeitungen ausgedehnte Verbot des Gebrauchs der deutschen Ortsnamen in Kraft. Nachdem die 'Bozner Nachrichten' gegen diese Bestimmung verstoßen hatten und zweimal konfisziert wurden, nahmen sie dies zum Anlaß, ihr Erscheinen „freiwillig", jedoch unter Protest, einzustellen.[32] Die Ursache lag freilich in den schikanösen Bestimmungen der faschistischen Gesetzgebung.

Hinter dem scharfen Kampf des Faschismus gegen die Südtiroler deutschsprachige Presse verbarg sich auch der Plan, eine eigene faschistische Tageszeitung deutscher Sprache herauszugeben.

Die Voraussetzungen waren nun gegeben: 'Der Landsmann' in Bozen als größte Tageszeitung war am 26.10.1925 letztmalig erschienen (nach der zweiten Verwarnung und der Nichtanerkennung eines neuen Schriftleiters), der Vertrieb deutschsprachiger Zeitungen aus Österreich und dem Deutschen Reich wurde erschwert, teilweise sogar ein Post-Beförderungsverbot erlassen.

Als eigentliche Tageszeitung bestand nur noch die 'Meraner-Zeitung'[33], die somit das nächste logische Opfer wurde; der Herausgeber, die Ellmenreich-Druckerei Pötzelberger, wurde im Jänner 1926 durch Repressionen (Beschlagnahmen und Drohung der Einstellung) gezwungen, das Blatt „freiwillig" Ende Februar einzustellen und den Druck der neuen faschistischen 'Alpenzeitung' zu übernehmen, die erstmals am 2.3.1926 erscheinen konnte, womit ein weiterer Schritt in Richtung völliger Gleich- und Ausschaltung der Südtiroler Presse getan war.[34]

Die übriggebliebenen zwei häufiger als einmal wöchentlich erscheinenden Blätter 'Der Burggräfler' und das 'Volksblatt' führten als durch Zensur und stetige Bedrohung der „Verwarnung" eingeschüchterte und faktisch gleichgeschaltete Blätter nur noch ein Schattendasein.

Auch die große Wochenzeitung 'Volksbote' unter Kanonikus Michael Gamper war wie bereits erwähnt erstmals verwarnt worden und konnte, praktisch jeglicher Kritikfähigkeit beraubt, ihrer ursprünglichen Presseaufgabe des Bewahrens des Volkstums nicht mehr nachkommen.

Doch Anfang November 1926 bereitete der Faschismus im Zuge der Konsolidierung seiner Diktatur auch diesen gleichgeschalteten Zeitungen ein Ende.

---

[29] BRUNNER a.a.O., S.55.
[30] Vgl. GRUBER a.a.O., S.26 und HENNERSDORF a.a.O., S.63ff.
[31] Tyrolia-Athesia a.a.O., S.57.
[32] BRUNNER a.a.O., S.60.
[33] Vgl. GRUBER a.a.O., S.27f.
[34] Vgl. ebd., S.28.

Graphik 7: Die Ausschaltung der deutschsprachigen Presse in Südtirol unter dem Faschismus

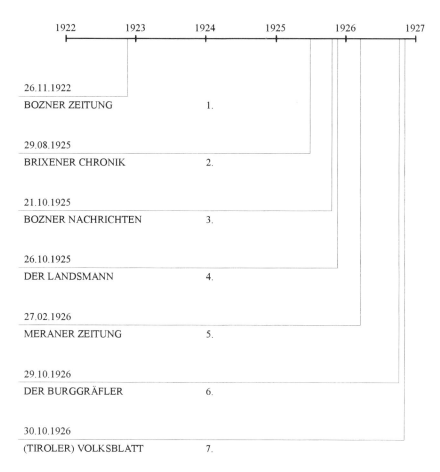

1. Die 'Bozner Zeitung' war auf Grund ihrer italienfreundlichen Schreibweise nicht mehr lebensfähig und mußte somit ihr Erscheinen stillschweigend einstellen.
2. Die 'Brixener Chronik' wurde anläßlich eines Wechsels des verantwortlichen Redakteurs, dem die Präfektur nicht zustimmte, zwangsweise eingestellt.
3. Die 'Bozner Nachrichten' hatten gegen die „Ortsnamenerlässe" verstoßen und nahmen das als Anlaß für die Einstellung. Tatsächlich kam die Einstellung unter faschistischem Druck zustande.
4. Der 'Landsmann' (früher 'Der Tiroler') bzw. dessen verantwortlicher Redakteur Fuchsbrugger wurde zweimal verwarnt, der Redakteur verhaftet und die Zeitung somit zwangsweise eingestellt.
5. Die 'Meraner Zeitung' wurde zwangsweise eingestellt, um der faschistischen 'Alpenzeitung' Platz zu machen.
6. 'Der Burggräfler' wurde nach dem vierten Attentat auf Mussolini verboten und somit zwangsweise eingestellt.
7. Das 'Volksblatt' wurde ebenso wie der 'Burggräfler' und gleichzeitig mit diesem eingestellt.

Nach dem vierten Attentat (angeblich durch einen Anarchisten) auf Mussolini vom 31.10. in Bologna wurden zusammen mit der verbliebenen italienischen Oppositionspresse auch die letzten Südtiroler Blätter verboten: an italienischen Blättern wurden unter anderem 'Il Mondo', 'La Voce Repubblicana', 'l'Avanti', 'l'Unita' oder 'La Stampa' eingestellt. 'Der Burggräfler' und das 'Volksblatt' konnten noch am 29. bzw. 31.10. letztmalig erscheinen und blieben nach dem Attentat eingestellt.

Am 3.11. wurde, nach einer Durchsuchung der Redaktions- und Druckereiräumlichkeiten der Verlagsanstalt Vogelweider in Bozen und Meran durch die Faschisten, bei der angeblich belastendes Beweismaterial gefunden wurde, mit der Verfügung des Präfekten Guadagnini auch der 'Volksbote' eingestellt. Die Besetzung der Druckerei Vogelweider wurde angeordnet, womit das Verlagsunternehmen in faschistischen Händen war.[35]

Außerdem wurde Mitte November ein völliges Einfuhrverbot sämtlicher deutscher Zeitungen nach Südtirol verhängt.

Ende Oktober war auch das harmlose Familienblatt 'Dolomiten' eingestellt worden, das jedoch, gleichgeschaltet und unpolitisch, ab Ende 1926 wieder erscheinen durfte, womit in Südtirol die „schreckliche, die zeitungslose Zeit" wieder endete.[36]

Zuvor, von November bis 23. Dezember 1926, war lediglich das faschistische Tagblatt 'Alpenzeitung' (deutsche Ausgabe der 'La provincia di Bolzano') als deutschsprachiges Organ erschienen.

Damit war mit Ende Oktober das alteingesessene Südtiroler Pressewesen vollständig vernichtet worden. Kontakte der deutschsprachigen Volksgruppe von Ort zu Ort, von Tal zu Tal, wurden durch das Kappen des Verbindungsgliedes „Presse" unterbunden.

Die Absichten, die diesen drastischen Maßnahmen zugrunde gelegen waren, ließen sich leicht durchschauen: Die deutsche Bevölkerung sollte „durch den Vorwand nichtigster Vorwürfe der deutschen einheimischen Presse beraubt und so das Gefühl der Verbundenheit, das im Kampf gegen den gemeinsamen Feind Kraft und Ausdauer verlieh, langsam zerstört werden".[37]

Die Genehmigung für die Herausgabe der 'Dolomiten' und des 'Volksboten' sowie danach des 'Katholischen Sonntagsblatts' in Brixen sollte dann der von den Faschisten praktisch befürwortete bzw. geduldete letzte Schritt zur Verwirklichung des Vogelweider-Pressemonopols sein und auch voll zum Tragen kommen: das Bestreben des katholischen Verlages, „seine klerikal-konservative Presse ins Fahrwasser der sich abzeichnenden Kooperation zwischen Faschismus und Vatikan zu manövrieren, um ihr durch diese vermeintliche politische Neutralisierung die weitere Existenz, ihre Ideologie und Identität zu sichern".[38]

Andererseits lag dem Faschismus mit diesem Schritt einer neuerlichen „Erlaubnis" zur Herausgabe der – freilich gänzlich ihrer Kritik- und politischen Funktion beraubten – Blätter daran, „die Welt glauben zu machen, daß nun in Südtirol eine Wendung eingetreten sei".[39]

Die politische Wirklichkeit mit ihren weiteren scharfen Repressalien gegen die Opposition und im Norden gegen die deutsche Minderheit sollte freilich ein anderes Bild ergeben.

---

[35] Vgl. ebd., S. 28 f., BRUNNER a.a.O., S. 64 und Tyrolia-Athesia a.a.O., S. 59 f.
[36] FLEISCHMANN a.a.O., S. 64.
[37] GRUBER a.a.O., S. 26.
[38] BRUNNER a.a.O., S. 65.
[39] Vgl. u. zit. ebd., S. 67.

1.21 Tiroler Tageszeitung

1.21.1 Daten zur äußeren Struktur

Titel:
   1945 ff.:   Tiroler Tageszeitung[1]

Untertitel:
   21.06.1945:   Herausgegeben von der 12. Heeresgruppe für die Tiroler Bevölkerung
   ab 23.06.1945:   Herausgegeben von den amerikanischen Streitkräften für die österreichische Bevölkerung
   ab 10.07.1945:   Herausgegeben von den französischen Streitkräften für die österreichische Bevölkerung
   ab 05.09.1945:   kein Untertitel
   ab 18.03.1946:   Unabhängiges österreichisches Volksblatt
   2000:   Unabhängige Tageszeitung für Tirol, gegründet 1945

Erscheinungsort: Innsbruck

Erscheinungsdauer: seit 21.06.1945 ff.
                            23.09.1946 nicht erschienen (Papiermangel)

Erscheinungsweise: sechsmal wöchentlich (ohne Sonn- und Feiertage)

Umfang: (in Seiten)

Juni 1945	2	
Juli, Nr. 24	4	
August	4 (samstags)	
September	4–6 (samstags)	
Oktober	4 (wochentags)	
Dezember	tlw. 8	
März 1946	6–8	
	12 (samstags)	
Aug./Sept.	4–6	
1947	2–4	
	6–8 (samstags)	
Ende 1947	4–8	

Die 'TT' erschien zu Beginn mit lediglich zwei Seiten Umfang ohne Inserate. Im Juli 1945 erschien sie erstmals vierseitig, ab August hatte die Samstagsausgabe regelmäßig vier Seiten, meist mit bereits einer Seite Kleinanzeigen. Mit der Erweiterung auf tlw. sechs bis acht Seiten nahmen auch die Inserate auf bis zu zwei Seiten zu (samstags), während der Woche waren bis zu eineinhalb Seiten Anzeigenraum. Zu Weihnachten 1945 erschien eine sechsseitige Beilage mit drei Seiten Inseraten.

Während der zunehmenden Papierknappheit 1946 schrumpfte der Umfang wieder auf sechs bis acht, teilweise sogar auf nur vier Seiten ab, ehe sich das Blatt 1947 auf vier bis acht Seiten konsolidierte (bei achtseitigen Ausgaben bis zu vier Seiten Anzeigen).

Format: 1945:   44,5 × 30 cm (Kanzleiformat)
                Stand 2000:   47,7 × 32,3 cm (Berliner Format)

Satzspiegel: 1945:   41,5 × 28 cm
                Stand 2000:   44,2 × 28,3 cm

Umbruch: 1945:   4 Spalten à 6,7 cm / Spaltentrennlinien
                ab 11.08.1945:   Anzeigenseiten 6 Spalten à 4,4 cm
                1946:   Kleinanzeigen 8 Spalten à 3,3 cm
              Stand 2000:   5 Spalten à 4,4 cm u. 1 Spalte à 3,7 cm

---

[1] In der Folge mit 'TT' abgekürzt.

Schriftart (Brotschrift):
  1945:   Fraktur, Schlagzeilen tlw. Antiqua
  ab Nov. 1945:   Ressorttitel in Antiqua, Artikel tlw. Antiqua, Großteil noch Fraktur
  ab 18.03.1946:   alles Antiqua

Zeitungskopf: Höhe 1945:   8,5 cm

Der Kopf des Blattes war schmucklos gesetzt, in der Mitte befand sich von Beginn an der Tiroler Adler. In der Unterzeile fanden sich Adresse, Erscheinungsweise, Preise und Anzeigenannahmen. Ab 11.08.1945 wurde der Kopf graphisch verändert – der Tiroler Adler wurde schraffiert und größer hinter die Titelzeile gesetzt.

Gesinnung/politische Richtung: zu Beginn Besatzungsorgan (der US- bzw. der französischen Streitkräfte), 1946 in Unabhängigkeit entlassen, seither liberal-konservativ, stark tirolzentriert

Impressum:
  1945:   vorerst kein Impressum, jedoch Druck von Tyrolia, Satz von der Wagner'schen Univ.-Buchdruckerei, ab 18.03.1946 Wagner auch Druck, Chefred. ab August 1945 Dr. Anton Klotz (08.02.1946 erstmals erwähnt als: Chefredakteur und für den Inhalt verantwortlich)
  ab 14.02.1946:   Verlag 'Tiroler Tageszeitung', Druck: Tyrolia AG, sämtliche in Innsbruck, A.-Hofer-Str. 4
  ab 18.03.1946:   Druck: WUB, Erlerstr. 5–7 (Schriftleitung und Verwaltung)
  ab 01.03.1946:   Chef vom Dienst: Franz Baldauf
  ab 02.04.1947:   Eigentümer und Herausgeber: Schlüsselverlag GesmbH

Ressorts/Inhalt:
  1945:   teilweise illustriert (v.a. Landkarten), Politik (Ausland, Krieg, Fernost), kurze Wirtschaftsmeldungen, Stadt und Land (Lokales), Internationales, Aus Österreich (Inlands-Politik), Amtliches (vor allem von Besatzungsmacht), vorerst keine Inserate. Artikel über 3. Reich und Hitler, Anti-NS-Berichte.
  ab Nr. 5:   Neues aus aller Welt
  ab Nr. 7:   Aus dem übrigen Österreich, Alpines bzw. Aus der Bergwelt, RF-Programm „Radio Rot-Weiß-Rot". Allmählich Ausbau der Rubriken, auch Kultur (Programm des Landestheaters), Neues in Kürze, Sport und Spiel, Leitartikel (Klotz, Gvatter …) wird zur Dauereinrichtung.
  ab Nr. 24:   erste Seiten aus- und inländische Politik, Aus Stadt und Land, Beginn des Feuilletons („unterm Strich"), teilweise schon Rubrik für Leserpost, Theater und Kunst.
  07.08.1945:   erstmals Inserate bzw. Kleinanzeigen. Kleinrubriken mehren sich: Kirchliches, Filmtheater, ab September Neuestes vom Tage, Amtliche Mitteilungen, im November weiter ausgebaut: Aus Welt und Wissen, Wohin heute, Fragen der Wirtschaft, Kunst/Literatur/Wissenschaft.
  ab 23.11.1945:   Freie Tribüne der Parteien (nur im November) – für Wahlberichte.
  ab Dezember: der Leitartikel wird mit „Die Stimme zum Tag" überschrieben, Unterhaltung und Rätsel, Witzecke, Schachaufgaben, Fortsetzungsroman, Kleine Wochenchronik (samstags).
  1946:   Gerichtssaal, Radio Innsbruck, Ende Jänner „TT gibt Auskunft", tlw. Leserrubrik „Rund um die Annasäule", Aus den Bundesländern, Österreichische Innenpolitik.
  ab 18.03.1946:   (Druck bei WUB) allmählicher Umbau der Ressorts: Großrubrik „Sport-Tageszeitung", Leitartikel, Internationale Politik und Nachkriegsordnung, mehr Illustrationen, Samstag: Recht und Wirtschaft, Theater/Musik/Kultur (Großrubriken), unregelmäßig Fotoreportagen „Mit der Kamera durch Stadt und Land".

August 1946:	weiterer Ressortausbau: Nachrichten aus Österreich, Im Telegrammstil, Vor dem Volksgerichtshof (Nürnberger Prozesse), Bild- und Textreportagen zum Wiederaufbau.
ab Dezember:	Wirtschaft/Technik/Verkehr.
März 1947:	Wovon spricht man heute in Wien (kleine Meldungen, Politik, Gesellschaft und Kultur), Blick ins Ausland, Aus Österreich, Stadt und Land, Kunst/Literatur/Wissenschaft, Amtliche Mitteilungen, Kirchliches, Für den Landwirt.

Zeitungstyp nach Vertriebsart: vorerst nur Einzelverschleiß, kein Postabonnement, ab 01.03.1946 im Abonnement (auch Zustellung per Post möglich), Einzelverkauf und Kolportage werden zunehmend wichtiger.

Auflagen: 1945: 65.000–70.000[2]; 1967 wochentags: 48.000, samstags: 58.000; 1976 wochentags: 83.000, samstags: 96.000[3]; Druckauflage 1986: 94.840[4]; Druckauflage 1989/90: 99.931[5]; Druckauflage 1999: 114.800 (österr. Auflagenkontrolle ÖAK).

Bezugspreise: 'Tiroler Tageszeitung'

ab Datum	Einzelnummer		Monats-Abonnement			
			abhol./loco		Zustellung	
Nr. 1	Pf	15	M	3,–	M	3,30
ab Nr. 4 nur im Einzelverkauf erhältlich (keine Postzustellung)						
03.12.1945	G	15				
01.03.1946			S	3,70	S	4,–
Samstag	G	20				
01.07.1947	G	20	S	4,–	S	4,40
01.09.1947	G	35	S	6,50	S	6,80
2000	S	10,–/Sa. 12,–			S	208,–

Beilagen: Am 05.03.1946 wurde eine „*TT-Faschingszeitung*" dem Blatt beigelegt, die auf vier Seiten Witze und Falschmeldungen brachte.
Am 24.12.1946 wurde eine schön illustrierte „*Weihnachts-Beilage*" ediert, die mehrere Erzählungen und Reportagen brachte (Krippenkunst Tirol, Unruhige Welt – hoffenden Welt, Weihnachtsgeschichte, In Sonne und Schnee, Reportage über das Ötztal).
Eine „*Neujahrs-Beilage*" 1947 beinhaltete Heimatliches in Text und Bild.

Jubiläumsausgabe: Sonderpublikation „50 Jahre Tiroler Tageszeitung", 'TT' Nr. 141, 21.06.1995.

1.21.2 Allgemeine Chronik

Noch vor dem Eintreffen der US-Truppen in Innsbruck wurde die Stadt von der Tiroler Widerstandsbewegung befreit; der Exekutivausschuß brachte bereits am 4. Mai 1945 die 'Tiroler Nachrichten' als sein Organ heraus.

---

[2] Vgl. STADLER, Rudolf: Zur Unterscheidung von Zeitung und Zeitschrift. Klassifikationsmerkmale von Printmedien. – Salzburg: Phil. Diss. 1990. Im November 1945 wurde die Auflage auf Grund der Papierzuteilung für die neuen Parteizeitungen gesenkt.
[3] Vgl. 33 Jahre Tiroler Tageszeitung. In: Werbung in Österreich, Nr. 44, 1979, S. 2–3, hier S. 3.
[4] Vgl. Massenmedien in Österreich. Medienbericht III. Hg. vom IfP Salzburg. – Salzburg/Wien: IPG 1986, S. 30. Dies entspricht einem 3,5-%-Anteil an der Gesamtdruckauflage der österreichischen Tageszeitungen.
[5] Vgl. Der Standard. Medienkompendium. Sonderdruck. Hg. von Oscar Bronner. – Wien 1990, S. 31.

Nur diese eine Nummer konnte jedoch erscheinen, eine zweite wurde nicht mehr hergestellt, da die Psychological Warfare Division (PWD) die Zeitung verbot.[6]
Damit begann ein (tages)zeitungsloser Zustand, der eineinhalb Monate dauern sollte.

Der Einmarsch der US-Truppen in Tirol (zuvor in Vorarlberg) markierte den Beginn einer US-Medienstrategie, deren primäres Ziel es war, vorerst die totale Kontrolle über das Nachrichtenwesen und die Journalisten zu erlangen. In Salzburg wurde dazu die Information Service Branch (ISB) installiert, die alle weiteren medienpolitischen Maßnahmen setzen sollte[7] und die auch praktisch den Anstoß zur Gründung einer Heereszeitung in Tirol gab: Am 21.6. wurde somit auch in Tirol der zeitungslose Zustand beendet, als von der 12. Heeresgruppe der US-Armee erstmals die 'Tiroler Tageszeitung' herausgegeben wurde, deren redaktionelle Leitung ein kleines Team der ISB übernahm (James W. Williamson, Hans Lehmann). Major Martin Hertz, seit Mitte Juni zuständig für Medienangelegenheiten in der US-Zone, hatte zuvor Gruber mitgeteilt, daß nunmehr eine „freie österreichische Zeitung" in Innsbruck möglich sei. Gruber erteilte in der Folge an Fritz Molden und Joseph Moser den Auftrag, gemeinsam mit Hertz die Herausgabe der Zeitung einzuleiten.[8] Ein weiterer Amerikaner, Albert Reid, stieß dazu und organisierte vor allem den Vertrieb des Blattes. Zudem wurden bereits zu Beginn Österreicher zum Aufbau der Zeitung herangezogen.[9]

In der – nur zwei Seiten „starken" – ersten Ausgabe hieß es: „Mit Ende des Dritten Reiches ist die Hoffnung wieder erstanden auf die Rückkehr zum normalen zivilisierten Leben, zur demokratischen Regierungsform und zum Eintritt als würdiges Mitglied in die Familie der freien Völker."[10] Neben dieser programmatischen Einleitung wurde ausgeführt, daß die Militärverwaltung keine imperialistischen Ziele verfolgen werde oder sich hier als Eroberer betätigen wolle, sondern sich verantwortlich fühle für die Organisierung eines wirklichen Friedens, und beim Wiederaufbau helfen wolle.[11]
Eine amtliche „Erklärung über die Zurückhaltung in der Parteipolitik" wurde abgedruckt und gemeldet, daß Dr. Gruber als Landeshauptmann installiert sei.

Die Meldung vom Selbstmord des Gauleiters Franz Hofer war die erste „Ente" der 'TT', wie sich später herausstellen sollte.
Viele Artikel über das Nazi-Regime wurden abgedruckt, die antinationalsozialistische Redaktionsführung der Amerikaner war deutlich spürbar. Internationale Politik nahm zu Beginn den Schwerpunkt der Berichterstattung ein.

Ab der Nummer vier wurde vermerkt, daß die Zeitung „nur im Einzelverkauf erhältlich" sei und es vorerst keine Postzustellung gebe. Technisch war die Herstellung des Blattes noch einigermaßen schwierig, wurde doch der Satz bei Wagner hergestellt, dieser zur Tyrolia transportiert, wo die Zeitung schließlich gedruckt wurde. Dies dauerte bis ins Frühjahr 1946 an.

Dazu ein kurzer Vorgriff: Als im November die drei Parteizeitungen erschienen, hatten diese ähnliche technische Herstellungsprobleme. Jedoch hatte die 'TT' – neben der Tatsache, daß sie schon fünf Monate am Markt eingeführt war – den Vorteil, den bestmöglichen Standort innezuhaben – im Haus der WUB in der Erlerstraße: Hier erschienen vor und während des Krieges die 'Innsbrucker Nachrichten', deren Karteien, Archiv und Abonnentenlisten die 'TT' übernommen hatte.

---

[6] Vgl. TSCHOEGL, Rudolf: Tagespresse, Parteien und alliierte Besatzung. Grundzüge der Presseentwicklung in der unmittelbaren Nachkriegszeit 1945–1947. – Wien: Phil. Diss. 1979, S. 97 f.
[7] MUZIK a.a.O., S. 108.
[8] Vgl. HAUSJELL, Österreichs Tageszeitungsjournalisten, a.a.O., S. 225; TSCHOEGL a.a.O., S. 98 und 50 Jahre Tiroler Tageszeitung. Sonderpublikation der 'TT', Nr. 141, 21.6.1995, S. VI.
[9] HAUSJELL a.a.O., S. 226.
[10] 'TT', Nr. 1, 21.6.1945, S. 2.
[11] Ebd.

Die Erlerstraße wurde ganz einfach nach dem Krieg wieder zur „Fleet Street Tirols". Die anderen Zeitungen, wo sie auch unterkamen, mußten vom Standort und den Standortvoraussetzungen her zur zweiten Garnitur gehören.[12]

Am 28. Juni kündigte die 'TT' mit dem Hinweis „Am Freitag keine Zeitung" an, daß die Nazis alle kirchlichen Feiertage abgeschafft hätten, so auch den 29. 6., den Peter-und-Paul-Tag: Dieser würde nun erstmals wieder gefeiert, weshalb das Blatt erst wieder am Samstag erscheinen werde.[13] Auch an dieser kleinen Episode (daher wird sie hier angeführt) war abzulesen, wie sich das Leben langsam wieder normalisierte.

Schon im ersten Bestandsmonat wurden das Blatt und die Ressorts allmählich ausgebaut, obwohl sich noch keine rechte Kontinuität in der inhaltlichen Gestaltung einstellte. Man konzentrierte sich auf schon veröffentlichte Artikel aus dem 'Österreichischen Kurier', auf Berichte aus der US-Besatzungszone und auf Weltpolitik; Nachrichten aus der Sowjetzone und Wien kamen vorerst nicht vor.[14]

Am 5. Juli wurden die amerikanischen von den französischen Besatzungstruppen abgelöst, worauf diese auch die Herausgabe der 'TT' übernehmen sollten.
Am 9. Juli wurde angekündigt, daß die Zeitung „von morgen an" unter der Aufsicht der französischen Verbündeten herausgegeben werde.
Dazu hieß es pathetisch: „Wir begrüßen unsere heldenhaften Verbündeten, die Franzosen, deren starken Geist die Nazis nicht besiegen konnten und deren Heldenmut die Bewunderung der Welt gewonnen hat." Außerdem wurde jenen Österreichern gedankt, die „berufen waren", bei der Wiedererstehung einer Tiroler Zeitung zu helfen.[15]

Von 10. Juli (Nr. 15) an erschien die 'TT' als Heeresblatt der französischen Streitkräfte. „An unsere Leser" gewandt, dankte man den Amerikanern, die geholfen hätten, das heranwachsende Verderben abzuwehren. „Unsere Verbündeten haben uns in der 'Tiroler Tageszeitung' ein wertvolles Angebinde übergeben. Wir danken ihnen dafür, daß sie durch die Gründung einer Presse der Wiederaufnahme der geistigen Beziehungen einen außerordentlich wertvollen Dienst erwiesen haben." Dann grüßte man alle, die unter nationalsozialistischer Bedrückung gelitten hätten und Willens seien, an der Zukunft eines freien Österreich mitzuarbeiten.[16]

Dr. Anton Klotz, der in der Folge Chefredakteur des Blattes wurde, schrieb vom „Abschied von Freunden – Gruß an Freunde" und hieß damit die Franzosen und General Béthouart, den Oberkommandierenden der Truppen in Tirol, willkommen.
Dr. Klotz, bis 1936 Chefredakteur des 'Tiroler Anzeigers', hatte von 1938 bis 1941 im KZ Buchenwald eingesessen. Nun war er – schon unter den Amerikanern – Redakteur, ab August Chefredakteur des Blattes und verfaßte in der Folge den Großteil der politischen Leitartikel, vor allem zahlreiche über das Naziregime und dessen Verbrechen.

Am 18. Juli veröffentlichte die 'TT' einen „Willkommensgruß der demokratischen Parteien" an Béthouart. Die Parteien, in einer Arbeitsgemeinschaft geeint, baten um verständnisvolle Förderung aller Mittel, die zum vollständigen Ausmerzen des NS-Gedankengutes beitragen würden, vor allem der „Aufklärungsarbeit", womit sie ihren Wunsch nach eigenen Presseorganen verklausuliert kundtaten.[17]
Große, feierliche Berichte über die Ankunft Béthouarts in Innsbruck folgten. Zudem wurde Herr Weymüller willkommen geheißen, der mit dem General eintraf und Chef des gesamten Nachrichtenwesens in der französischen Zone war.

In der Nr. 27 erschien ein Artikel von Landesrat Josef Ronczay zum Wiederaufbau der KPÖ, am Tag

---

[12] ZOLLER a. a. O., S. 113 f.
[13] 'TT', Nr. 7, 28. 6. 1945, S. 1.
[14] Vgl. TSCHOEGL a. a. O., S. 98.
[15] 'TT', Nr. 15, 9. 7. 1945, S. 1.
[16] 'TT', Nr. 16, 10. 7. 1945, S. 1.
[17] 'TT', Nr. 23, 18. 7. 1945, S. 1.

darauf ein Leitartikel von Michael Weißkopf (ehemaliger Redakteur der 'Brixener Chronik' und des 'Tirolers', der wie Klotz aus Südtirol ausgewiesen worden war).
Noch gehörte also die 'TT' in die Liste der alliierten Presse, die den Charakter einer Heeresgruppenzeitung bzw. Besatzungsarmeezeitung hatte. Typisch für diese Zeitungen war ihr Einsatz für die „Konsolidierungspropaganda": Sie hatten die Zivilbevölkerung der besetzten Zone nach alliierten Richtlinien zu informieren.[18] Von Beginn an konnten jedoch Österreicher redaktionell tätig sein, und so wurde, wie z. B. am 31. Juli, wiederholt betont, daß die 'TT' nicht die Sache einer Partei vertrete, was sie sicherlich bereits bewiesen habe, drucke sie doch abwechselnd Leitartikel von Dr. Klotz, Karl Gvatter (SP) oder Josef Ronczay (KP) sowie von anderen Personen des öffentlichen Lebens ab. „Diese Aufgabe besteht darin, die Werte zu unterstreichen, die das Gemeingut aller kultivierten Völker sind und von den Nazis so schändlich mißhandelt wurden."[19]
Auch Geistliche wie Msgn. Dr. Franz Kolb kamen zu Wort, des öfteren auch Landesrat Dr. Hans Gamper sowie Dr. Eduard Reut-Nicolussi, der sich vorwiegend zur Südtirol-Frage zu Wort meldete.

Im August wurde angezeigt, daß von nun an „Inserate in der TT" erscheinen würden, womit einem vielfachen Wunsch der Bevölkerung entsprochen werde. Vorerst wurden vor allem private Kleinanzeigen abgedruckt.[20]

Die Franzosen duldeten auch die Propagierung des Einheitsgedankens anläßlich der Großkundgebung zu „Südtirol zu Tirol und Österreich"[21], als einige Ausgaben lang die Bitten und Wünsche an die Großmächte vorherrschten, mit dem Tenor, Tirol wieder zu vereinigen.
Als das Blatt ab 5. September ohne Untertitel (somit ohne Hinweis auf die Herausgeberschaft durch die Franzosen) erschien, war dies bereits ein Anzeichen für den langsamen Rückzug der Besatzer aus der Zeitung.

Im September und Oktober wurde in der 'TT' wiederholt der Entschluß der Alliierten gelobt und begrüßt, Wahlen zu ermöglichen und das parlamentarische Leben wieder auf eine vollkommen legale Basis zu stellen und damit den Aufbau des föderalistischen Systems zu fördern.

Anfang Oktober verkündete man den Alliierten Rats-Beschluß über die „Wiedererrichtung einer freien Presse" in Österreich, also einer Pressefreiheit, die „nur" noch den Bedingungen der militärischen Sicherheit unterliegen sollte. Der Beschluß wurde vollinhaltlich und wörtlich abgedruckt.
„Der demokratischen Presse wird hiermit das höchstmögliche Ausmaß von Freiheit" unter gewissen Bedingungen gewährt. Die Presse hatte sich zu verpflichten, die Demokratie aufrechtzuerhalten, nationalsozialistische, deutsche und militärische Denkweisen zu bekämpfen und die militärische Sicherheit der Besatzungstruppen nicht zu gefährden. Die Zeitungen würden keiner Zensur mehr unterliegen. Verletzungen der Bestimmungen sollten Strafen, inklusive der zeitweiligen Einstellung zur Folge haben. Die Aufsicht oblag dem Alliierten Rat.[22]

Aufgrund dieser Bestimmungen sollte nie die 'TT', wohl aber sollten in den Folgejahren je einmal die 'Tiroler Nachrichten' und die 'Tiroler Neue Zeitung' jeweils für kurze Zeit eingestellt werden.
Wie der Ratsbeschluß ab November durchzuführen war, wurde in der 'TT' vom 31.10. unter dem Titel „Neugestaltung der Presse in der französischen Besatzungszone Österreichs" verlautbart[23]: Durch die Probleme bei der Papierzuteilung (u. a. keine Papierfabrik in der französischen Zone) könnten nur die drei genehmigten Parteizeitungen erscheinen, wöchentlich könnten drei Tonnen Rotationspapier zugeteilt werden; zur Hintanhaltung einer Nazikontinuität müßten die Zeitungen Namen der Mitarbeiter und Herkunft der Geldmittel bekanntgeben; in den Besatzungszeitungen 'Vorarlberger Nachrichten' und 'TT' müßte eine freie Tribüne für die Parteien zur Verfügung gestellt werden; weiters wurde noch

---

[18] TSCHOEGL a. a. O., S. 153 f.
[19] 'TT', Nr. 34, 31. 7. 1945, S. 1.
[20] 'TT', Nr. 40, 7. 8. 1945, S. 2.
[21] Vgl. 'TT'-Ausgaben ab Nr. 62, 3. 9. 1945.
[22] 'TT', Nr. 88, 3. 10. 1945, S. 1 und ZOLLER a. a. O., S. 103 f.
[23] Vgl. 'TT', Nr. 112, 31. 10. 1945, S. 1 und ZOLLER a. a. O., S. 104 f.

einmal vermerkt, daß es Aufgabe der freien Presse sei, die nationalsozialistische, altdeutsche und militaristische Ideologie zu bekämpfen.

Am 13. November zeigte die 'TT' schließlich an, daß in den folgenden Tagen drei neue Tageszeitungen erscheinen würden, weshalb nun die Auflage gekürzt werde (gekürzt werden mußte, Anm.), um die begrenzt vorhandene Papiermenge unter den Zeitungen aufteilen zu können. Dabei wurde betont, daß die 'TT' weiterhin ihre strikte Neutralität im Kampf der Parteien beibehalten werde.[24]

Als am 15. und 16.11.1945 die Parteizeitungen erstmals erschienen, zitierte die 'TT' den Direktor des französischen Informationsdienstes Weymüller, der „den Beginn einer neuen Ära im Pressewesen unseres Landes" proklamierte.[25]

Mit der Genehmigung der Parteizeitungen in Tirol wurde auch die 'TT' völlig in österreichische Hände – in Privatbesitz – übergeben[26], was nach außen jedoch erst im Jahr 1946 (im Impressum) sichtbar wurde. Das Blatt sollte französischen Intentionen nach als „Informationszeitung" mit „streng überparteilichem Charakter" weiterschreiben. Dr. Klotz blieb Chefredakteur.
Die Franzosen übergaben die Zeitung an Klotz (60%), den Tiroler Handelskammerpräsidenten Fritz Miller (15%), den Sekretär der Arbeiterkammer Ernst Müller (10%) und an Univ.-Prof. Dr. Arnold Herdlitczka (15%).[27]

Hinter den Kulissen war jedoch schon ein Mann tätig, der zum „Medienmogul" Tirols aufsteigen sollte: Joseph Stephan Moser.
Nachdem der junge Oberleutnant 1945 in Tirol abrüstete (1944 verwundet und Mitglied der Tiroler Widerstandsgruppe), wurde er von den Verantwortlichen beauftragt, Aufbau und Zukunft des „NS-Gauverlages" (vormals Wagner) zu sichern. Der ehemalige Abgeordnete der Tiroler Widerstandsbewegung und Druckereifachmann, der sich nebenbei noch dem Gemüsehandel widmete, wurde kommissarischer Verwalter bzw. Treuhänder des Gauverlages und der Druckerei, der ehemaligen Wagner'schen Univ.-Buchdruckerei (WUB), der größten Druckerei Tirols, die in der Nazizeit unter Zwang verkauft worden war (1938).[28]

Hier sei kurz vorgegriffen: Die 'TT' ging am 18. März 1946 bezüglich Satz, Druck und Verwaltung völlig an die von Moser verwaltete WUB über, womit Moser – auch wirtschaftlich – immer mehr Einfluß auf das Blatt erlangte. Im Dezember 1946 wurde für die 'TT' die neue Firma „Schlüsselverlag" (Geschäftsführer Dr. Klotz, weiters beteiligt waren J. S. Moser, Manfred Nayer, Hubert Rück und Fritz Miller) im Handelsregister eingetragen. Moser gelang es schließlich, seine Konkurrenten (Klotz etc., s.o.) auszubooten und Herr im „Schlüsselverlag" zu werden.[29]
Das inzwischen wieder als WUB GesmbH firmierende Verlags- und Druckhaus blieb noch längere Zeit ein Streitpunkt. Die Erben der Familie Buchroithner (Besitzer bis 1938, von den Nazis zwangsverkauft) stellten erfolgreiche Rückstellungsansprüche, und nach Ablauf der Besatzungszeit ging die Unternehmung wieder in den Besitz der Familie über. Moser blieb jedoch 25%-Teilhaber.[30]
Soweit ein kurzer zeitlicher Vorgriff.

Die angekündigte „Freie Tribüne" erschien ab 23.10.1945 (Nr. 131); darin konnten die Parteienvertreter jeweils eine Spalte lang ihre Wahlpropaganda verbreiten. Diese Rubrik wurde nach den Parlamentswahlen, die von der 'TT' als „bestandene Reifeprüfung für das österreichische Volk" bewertet wurden, wieder aufgelassen, als nach der intensiven Wahlberichterstattung wieder ein gewisser redaktioneller Alltag in den 'TT'-Spalten einkehrte.

---

[24] 'TT', Nr. 122, 13.11.1945, S. 1.
[25] 'TT', Nr. 124, 15.11.1945, S. 2.
[26] Vgl. HAUSJELL a.a.O., S. 228 f.
[27] MUZIK a.a.O., S. 114.
[28] Ebd.; TSCHOEGL a.a.O., S. 150 f. und 33 Jahre, a.a.O., S. 2.
[29] MUZIK a.a.O., ebd.
[30] Vgl. ebd. und TSCHOEGL a.a.O., S. 150 f. Vgl. dazu auch im Kapitel 'Innsbrucker Nachrichten' – den Abschnitt 1.1.2.1, S. 83 zur Geschichte des Wagner-Verlags.

Ab Dezember erschienen Drahtberichte des Wiener Sonderberichterstatters Dr. Erwin Broniewski und somit wieder Nachrichten aus Wien und der sowjetischen Zone. Auch der Unterhaltungsteil erhielt mehr Platz, wobei sich der Umfang des Blattes allgemein auf bis zu acht Seiten steigerte.

Eine zwölfseitige Ausgabe zum Jahresende brachte einen reich verzierten Artikel von Klotz zu den Wiederaufbauarbeiten und den Ausblick in eine „hellere Zukunft", Feuilletonistisches, eine Jahreschronik und Wirtschaftsinserate.[31]
Die Zeitung hatte nun ein relativ konstantes „Gesicht"; die Kleinrubriken wurden zwar öfters umbenannt, neue Großrubriken eingeführt, Illustrationen nahmen zu, der Gesamteindruck des Blattes blieb jedoch erhalten. Die Schreibweise war weiterhin betont neutral, wenn nicht neutralisiert.

Laufend wurden nun auch Artikel des Sonderberichterstatters Didier Lazard vom Nürnberger Kriegsverbrecherprozeß abgedruckt.
Am 13. Februar 1946 konnte man schließlich auch ankündigen, daß die 'TT' ab 1. März im Abonnement erhältlich sein werde.
Ab 14. Februar erschien das Blatt im eigenen „Verlag Tiroler Tageszeitung". Noch wurde das Blatt von der Tyrolia gedruckt.

Am 18. März ging die Zeitung völlig an die WUB über und nannte sich nun im Untertitel „Unabhängiges österreichisches Volksblatt", womit Moser seinen Einfluß auf das Blatt steigern konnte. Nach außen hin war von diesen Vorgängen wenig zu bemerken. Lediglich stilistisch griffen Änderungen Raum; der Satz wurde nunmehr in modernen Antiqua-Schriften hergestellt, die Rubriken teilweise umgestaltet.
Im Zuge der Anwendung der Entnazifizierungs-Gesetze wurden diese befürwortet, mit der Einschränkung allerdings, daß streng nach „Tätern", „Kollaborateuren" und „Eingeschriebenen" (als Mitläufer bezeichnet) in Art und Umfang der Bestrafung unterschieden werde.[32]

Am 8. Juni (Nr. 131) wandte man sich an Leser und Abonnenten: Die 'TT' wolle Mittler sein zwischen Leser und Öffentlichkeit, dabei objektiv und umfassend ein Spiegelbild aller Ereignisse des Lebens und des Weltgeschehens vermitteln. Um sich jedoch ein Bild von den neuen Wünschen der Leser machen zu können, bat man um Mitarbeit, indem die Leser Fragen beantworten und einsenden sollten: Welche Gebiete sollten ausführlicher behandelt werden? Vorschläge zur Verbesserung seien willkommen. Gebe die Zeitung ein befriedigendes Bild über Ereignisse im Land? Wünsche man mehr Heimatkunde? Wie bewerte man den Sportteil?
Ob daraufhin Anregungen der Leser eingingen bzw. ob diese zum Anlaß von Veränderungen genommen wurden, war aus dem Blatt selbst nicht – zumindest nicht augenscheinlich – zu ersehen.

Regelmäßig erschienen weiterhin Artikel zur NS-Vergangenheit, die wiederholt scharf verurteilt wurde. Fotoreportagen wurden ins Blatt gerückt, die Gestaltung wurde zunehmend professionell, der Leitartikel hatte seinen endgültigen Platz in der ersten Spalte der Titelseite gefunden. Die Ressorts wurden zügig weiter ausgebaut. Der Wiederaufbau wurde vorwiegend aus Tiroler Sicht reportiert. In einer vorläufigen Rubrik „Vor dem Volksgerichtshof" wurde über die österreichischen Entnazifizierungsmaßnahmen berichtet.
Im September 1946 folgten breite Berichte zum Gruber-Degasperi-Abkommen, das überwiegend positiv kommentiert wurde.

Im Herbst machte sich wieder der eklatante Papiermangel bemerkbar, als der Umfang wieder auf zeitweise nur vier Seiten zusammenschmolz. Die Versorgung mit Rotationspapier war äußerst schwierig, die Entscheidung über die Papierverteilung lag in den Händen der Militärverwaltungen, war jedoch im Mai an den neugegründeten „Verband österreichischer Zeitungsverleger" übertragen worden, der aber vorläufig auch keinen Ausweg aus der Misere fand.[33]
Am 21. September verkündete die 'TT' schließlich: „Nun ist es soweit. Entsprechend den Ankündi-

---

[31] Vgl. 'TT', Nr. 160, 31. 12. 1945, S. 1 ff.
[32] Vgl. 'TT'-Ausgaben ab April 1946.
[33] MUZIK a. a. O., S. 125 f.

gungen der Tiroler Tageszeitungen sind diese nunmehr infolge Papiermangel gezwungen, ihr Erscheinen einzustellen." Man hoffe aber, daß in den nächsten Tagen eine ausreichende Papiermenge eintreffen möge, um dienstags wieder erscheinen zu können.
Wie die anderen Blätter erschien somit auch die 'TT' am folgenden Montag nicht. Papier mußte jedoch eingetroffen sein, da das Blatt am Dienstag wiederum – zwar nur vierseitig – erscheinen konnte.

Allmählich sollte sich jedoch auch diese Situation bessern und der 'TT' in der Folge gestatten, ihren Umfang wieder ein wenig auszudehnen. Zu Weihnachten und zu Neujahr konnte die Zeitung auch wieder mit illustrierten Beilagen erscheinen.

Im Jänner 1947 blickte man auf die bisherige Entwicklung zurück, resümierte die amerikanische Gründung, die französische Übernahme und die Entlassung in die Unabhängigkeit. Mit November 1945 sei die 'TT' endgültig in österreichischen Besitz (in die VerlagsgesmbH von Klotz etc., s.o.) übergegangen. Die Zusammensetzung der Gesellschafter zeige auch, daß der objektive und unabhängige Charakter der Zeitung gewahrt sei.[34]
Am 2. April wurde erstmals als Eigentümer und Herausgeber die „Schlüsselverlags GesmbH" im Impressum angeführt. Über diese Gesellschaft sollte schließlich, wie erwähnt, J.S. Moser völlig die „Gewalt" über die Zeitung erlangen.

Laufend wurden kleinere Ressort- und graphische Veränderungen und Verschiebungen der Schwerpunkte vorgenommen, was dem Gesicht der Zeitung unmerklich neue Züge verlieh; das Grundgerüst blieb allerdings erhalten.

Im Mittelpunkt des Interesses und der Berichterstattung des Blattes standen nun die beginnenden Staatsvertrags-Verhandlungen in London sowie die Autonomiedebate in Südtirol.
Im November beklagte sich die Zeitung (wohl zu Recht) in einem Kommentar über den „Skandal" einer „'demokratischen' Abwürgung der Pressefreiheit": Der Kritik lag der Landtags-Beschluß über die Papierzuteilung zugrunde, die (lt. Beschluß) nicht nach Auflagenhöhe vorgenommen werden sollte, sondern nach parteipolitischen Geschäftsinteressen. Es sehe so aus, als ob die Zuteilung so geschehe, daß bei Papierknappheit die Parteiblätter den gewohnten Umfang hätten und die Minderzuteilung voll zu Lasten der überparteilichen Presse gehen solle.[35]
„Der Zweck dieses Gewaltaktes ist ja derselbe, den die nationalsozialistische Diktatur durch Gleichschaltung der Presse erreicht hat: Der Bevölkerung soll die Möglichkeit genommen werden, sich durch Zeitungen informieren zu lassen, die nicht vorbehaltlos Parteidoktrinen vertreten, sondern sich einen über die Scheuklappen der Parteipolitik hinausreichenden Gesichtskreis bewahrt haben (…)."[36] Auch in den folgenden Ausgaben wurden diese Praktiken mit jenen Hitlers oder Mussolinis gleichgesetzt.

Die letzte Ausgabe des Jahres 1947 (zum Ende meiner eigentlichen Berichtsperiode) hatte acht Seiten (vier Seiten Inserate), brachte im Leitartikel einen „Ausblick auf 1948" und als Schlagzeile: „London setzt sich für Autonomie Südtirols ein". Politik, Lokales, ein Roman, amtliche Nachrichten, Kirchliches und Gerichtssaalberichte sowie Veranstaltungshinweise und Sport und ein Ausblick auf die Zukunft Innsbrucks („Innsbruck im Jahr 2000") rundeten das Blatt ab.[37]

Die Zeitung sollte weiterhin einen langsamen, aber kontinuierlichen Aufstieg erleben. Sie behielt bis in die fünfziger Jahre hinein annähernd dieselbe Aufmachung (Klotz bürgte für Kontinuität), der Umfang wurde gesteigert. In den sechziger Jahren erreichte das Blatt annähernd jenes Bild, das es in der Gegenwart ergab.
Mit 1. Juli 1992 wurde die Zeitung wieder wesentlich umgestaltet, der Schriftzug des Zeitungskopfes blieb jedoch praktisch unverändert.

Geprägt wurde das Blatt von Moser, der die 'TT' zu einer fast einzigartigen Monopolstellung innerhalb

---

[34] 'TT', Nr. 7, 11.1.1947, S. 3.
[35] 'TT', Nr. 260, 14.11.1947, S. 2.
[36] Ebd.
[37] Vgl. 'TT', Nr. 296, 31.12.1947, S. 1–8.

der österreichischen Bundesländer führte und ein verschachteltes Firmenimperium rund um „Schlüsselverlag" und 'TT' aufbaute.[38]

Moser war auch Gründungsmitglied der APA und lange Zeit in leitender Funktion im „VÖZ" tätig. Mit der „Schlüsselwerbung Moser & Co" baute er sich ein wirksames Instrument zur Betreuung des Anzeigengeschäfts der 'TT' auf.[39] Zahlreiche andere Firmen Mosers mischen kräftig in der Medienszene Tirols mit.

Seit 1981 konnte Moser auf eine eigene Druckerei stolz sein, deren Bau auf den Konflikt mit Ex-Partner Hellmut Buchroithner (WUB) zurückzuführen war: die 'TT' war jahrelang bei der WUB gedruckt worden, die mit Moser ständig Preiskämpfe ausfocht, was zum Zerwürfnis und zu einer langjährigen Prozeßserie führte (Moser war damals noch WUB-Teilhaber). Moser mußte schließlich um ca. 200 Mio. S ein neues Verlagshaus samt Druckerei errichten.

Seine Position konnte er trotz dieser hohen Ausgaben halten und mit der Herausgabe regionaler Wochenblätter (als 'TT'-Beilagen) festigen.[40]

1986 betrug die Druckauflage der 'TT' 94.840 Stück mit 259.000 Lesern. 1988/89 stieg die Auflage auf 99.931 (österreichweit 3,6%) und hatte eine Reichweite von 4,4% (274.000 Leser), sowie einen Anteil von nahezu 60% in Tirol.[41]

Doch alles dürfte – finanziell – für Moser Ende der achtziger Jahre nicht mehr eitel Wonne gewesen sein, nahm der eigenwillige und verschlossene Tycoon doch mit 45% die deutsche „Axel Springer-Verlag AG" in die 'TT' herein.

Nach vierwöchigen Verhandlungen unterzeichnete die 'TT' mit dem deutschen Verlag im November 1989 einen Kooperationsvertrag, Mitte Dezember übernahm Springer 45% der „J. S. Moser Medientreuhandgesellschaft", welche Inhaber der „TT-Unternehmensgruppe" ist. Moser blieb jedoch Herausgeber und Vorsitzender der Chefredaktion.

2000 ist der Axel Springer Verlag über die Buch- und Zeitschriften-Beteiligungsges.m.b.H. & Co.KG in Innsbruck mit 65% an der Moser Holding AG beteiligt, 35% hält die J. S. Moser Medien-Treuhand Ges.m.b.H. Die Druckauflage betrug 1999 laut ÖAK im Jahresschnitt 114.800 Stück, die Reichweite in Nordtirol laut Media-Analyse 64%.

---

[38] Vgl. MUZIK a.a.O., S. 206.
[39] Vgl. 33 Jahre, a.a.O., S. 2.
[40] Vgl. MUZIK a.a.O., S. 206f.
[41] Vgl. Der Standard. Medienkompendium, a.a.O., S. 30 und Massenmedien in Österreich, a.a.O., S. 30 u. 40.

1.22 Tiroler Nachrichten

1.22.1 Daten zur äußeren Struktur

Titel:
    1945 ff.:   Tiroler Nachrichten[1]
    ab 26.05.1973:   Neue Tiroler Zeitung

Untertitel:
    1945 ff.:   Tagblatt der österreichischen Volkspartei

Erscheinungsort: Innsbruck

Erscheinungsdauer:
    15.11.1945 bis 25.05.1973 und
    26.05.1973 bis 31.01.1990
    15. bis 30.06.1946 amtl. Erscheinungsverbot

Erscheinungsweise: sechsmal wöchentlich (außer Sonn- und Feiertage)

Umfang: (in Seiten)

Nov. 1945	2	Das Blatt hatte zu Beginn lediglich zwei Seiten Umfang (ohne Inserate). Samstags konnten teilweise schon vier- bis sechsseitige Ausgaben gedruckt werden, im Jänner 1946 konnte bei achtseitigen Samstagsausgaben bereits ca. eine Seite mit Anzeigen gefüllt werden. Die Wochenendausgaben steigerten sich auf bis zu zwölf Seiten, wochentags erschien die Zeitung mit durchschnittlich vier Seiten. Im Herbst 1946 mußte der Umfang wegen Papierknappheit wieder reduziert werden, ehe 1947 wieder meist vier- bis achtseitige Ausgaben erscheinen konnten.
Dez. 1945	tlw. 4	
1946 Samstag	tlw. 6	
19.01.1946	8	
Feb. 1946	4–8	
März 1946	tlw. 12	
ab Mai 1946	6–12	
Herbst	2–4	
Samstage	8–10	
Jänner 1947	2–4	
Februar 1947	4–8	

Format: 1945:   45,5 × 31 cm (Kanzleiformat)
                                                     auch als 'NTZ' Großformat
           ab 1976:   Kleinformat

Satzspiegel: 1945:   41,3 × 27,6 cm

Umbruch: 1945:   4 Spalten à 6,7 cm / Spaltentrennlinien

Schriftart (Brotschrift):   Fraktur, ab August 1946 teilweise Antiqua (Sport, Radioprogramm, Veranstaltungen, Kleinanzeigen), ab November außer Kleinanzeigen wieder durchwegs Fraktur.
                                                    1948 Schlagzeilen zumeist in Antiqua.

Zeitungskopf: Höhe: 1945:   7 cm
                    ab Nr. 2:   9 cm
                    ab 01.01.1946: 10,5 cm
                    ab 15.01.1947: 8 cm

Der Kopf des Blattes war einfach und schmucklos gestaltet; links war der Tiroler Adler abgebildet, rechts wurden in einem Kasten Erscheinungsweise, Bezugsbedingungen und Adresse mitgeteilt. Bereits in der zweiten Ausgabe wurde der Titelschriftzug größer gesetzt. Zum Jahreswechsel wurde der Kopf umgestaltet; der Tiroler Adler wurde vergrößert und stilisiert, der Schriftzug moderner gesetzt, der Kopf allgemein vergrößert.

---

[1] In der Folge mit 'TN' abgekürzt.

Am 15. und 16.01.1947 wurde der Kopf nur dreispaltig (links) gesetzt, wahrscheinlich, um Platz einzusparen.
1948 erschien das Blatt wiederum mit einem neuen Kopf, Adler und Schrift wurden erneut modernisiert.

Gesinnung/politische Richtung: ÖVP-Parteiblatt für Tirol, konservativ, christlichsozial

Impressum:
1945:	Eigentümer und Verleger: ÖVP-Landesleitung Tirol, für den Inhalt verantwortlich: Dr. Karl Cornides und Rudolf Spirek, beide in Innsbruck, Satz: Tyrolia, Druck: Wagner'sche Univ.-Buchdruckerei, beide in Innsbruck
1946:	Verlag, Eigentümer und Herausgeber: ÖVP, Landesgruppe Tirol, Verlagsleiter: Pressereferent der ÖVP, Dr. Max Jenewein, Druck: Verlagsanstalt Tyrolia, Innsbruck, Chefredakteur und verantwortlich: Dr. Karl Cornides
02.04.1946:	Eigentümer: ÖVP, Verleger und Herausgeber: Tiroler Nachrichten, Druck, Expedition und Verwaltung: Tyrolia
01.04.1947:	für den Inhalt verantw.: Rudolf Spirek
	als 'NTZ': Verlag: Österreichischer Verlag, Zweigstelle Klagenfurt, Volkszeitung, Druck: Carinthia

Ressorts/Inhalt:
1945:	Leitartikel, Politik international, Innenpolitik, Neues aus Österreich (politische, wirtschaftliche und gesellschaftliche Meldungen), Auslandsnachrichten, Lokales, Gerichtssaal, Sport, Veranstaltungen, Radio Innsbruck, Kirchliches, Amtliche Kundmachungen, Wahlpropaganda, bald Berichte vom Nürnberger Kriegsverbrecherprozeß, noch keine Illustrationen;
Nov./Dez.:	Volkswirtschaft, Österreichische Rundschau, Aus Kultur und Wissenschaft, ab Nr. 8 erstmals Fotos, Aus aller Welt, Sport, Allerlei aus Österreich, Schulnachrichten, Feuilleton („unterm Strich"), Kunst/Musik/Literatur, ab Dezember „Zur Besinnung und Einkehr" (erbauliche Erzählungen, Historisches und Gedichte); 19. Dezember erstmals „Kleiner Anzeiger", Liste der Tiroler Kriegsgefangenen, Südtirol-Problematik oft behandelt.
1946:	Nordtirol und Südtirol (eine Rubrik, Tirolisches, Historisches und Geographisches, Kultur, jeweils eine Seite). 5. März Faschingsrubrik „Der entfesselte Adler", ab März auch Rubrik „Vorarlberg" (Lokales, Sport), ab Mai „Der Leser hat das Wort", Wetterbericht, ab Juli „Aus der Heimat" (Lokales), Südtirol als eigene Rubrik eingerichtet, in Samstagausgaben Unterhaltungsteil (Rätsel, Denksport, Wissenswertes) ausgebaut.
1947:	Politik, Lokales und Sport sowie Feuilleton mit Romanen im Vordergrund, Volkswirtschaft ausgebaut, außerdem Kurznachrichten, Aus dem Gerichtssaal, Aus der Heimat, Veranstaltungen; Inhalt blieb nun relativ konstant, nur teilweise verschiedene Gewichtung des Ressorts.

Bezugspreise: 'Tiroler Nachrichten'

ab Datum	Einzelnummer		Monatsabonnement	
			loco/abholen	Zust. Post
1945	Pf	15	vorerst nur	
Samstag	Pf	20	Einzelverkauf	
01.04.1946	Pf	15	S 3,60	S 3,80[a]
01.07.1947	G	20	S 4,–	S 4,40
01.09.1947	G	35	S 6,50	6,80

[a] Preise lt. Österreichs Zeitungen und Zeitschriften. Nach dem Stand vom 1. April 1946. – Wien 1946.

Zeitungstyp nach Vertriebsart: vorerst nur Einzelverkauf, dann vorwiegend Abonnement-Blatt

Auflagen: 1945: 24.000²; 1947: 25.000–30.000³; 1986 hatte die 'Neue Volkszeitung', zu deren Ring auch die 'NTZ' gehörte, eine Druckauflage von 53.689 Stück (1,9%-Anteil an österreichischer Druckauflage bei Tageszeitungen), wobei der 'NTZ' ein Anteil von höchstens 10.000 bis 15.000 Stück zugemessen werden konnte.⁴

Beilagen: Ab 31.01.1946 wurde der „*Jungtiroler*", zweiseitige Donnerstagsbeilage der Pressestelle der ÖJB Tirol, den 'TN' beigegeben, die vor allem Sport, einen Kulturspiegel, Jugendthemen und Artikel zu Ausbildung, Universität und Schule beinhaltete. Für den Inhalt zeichnete Dr. Weithaler von der ÖJB-Pressestelle verantwortlich, die künstlerische Ausgestaltung besorgte G. Sonnewend. In der ersten Ausgabe wurden das Programm der ÖJB (Österreichische Jugendbewegung, katholische ÖVP-Jugendorganisation) und ein Leitartikel vom Tiroler Landesjugendführer Dr. Pahle abgedruckt.

Ab März erschien als Samstagsbeilage „*Der Arbeiter*" (Untertitel: „Beilage des Arbeiter- und Angestellten- und Beamtenbundes"). Auf zwei Seiten wurde zu diversen Belangen der Arbeitnehmer Stellung genommen und über „Soziales" berichtet, zudem wurden Tips gegeben und Berufsaussichten erläutert .

Ende 1946 und 1947 konnten diese Beilagen auf Grund der herrschenden Papierknappheit nicht erscheinen.

Jubiläumsausgabe: keine

1.22.2 Allgemeine Chronik

Die schon erwähnte einzelne Ausgabe der 'Tiroler Nachrichten' vom 4. Mai 1945, die von der Tiroler Widerstandsbewegung ediert worden war (Schriftleiter Fritz Würthle, Druck vom „Deutschen Alpenverlag", ehemals „Tyrolia"), kann nur bedingt als Art Vorläuferin der hier behandelten 'TN' gewertet werden. Lediglich eine gewisse personelle Kontinuität von der Widerstandsbewegung zur ÖVP war konstatierbar.

In dieser einzelnen Ausgabe wurde von der „Befreiung unserer Heimat" berichtet, außerdem von den Ereignissen rund um den US-Einmarsch in Tirol und vom Kampf der Widerstandsbewegung.⁵

Dieses Blatt fand eher seine Fortsetzung in der 'TT', welche bis November auch die einzige Tageszeitung Tirols blieb. Erst die mit 1. Oktober beschlossene „Wiedereinrichtung der freien Presse" sollte die Türen für die Herausgabe von drei Partei-Tagblättern öffnen. Eines davon war das ÖVP-Organ 'Tiroler Nachrichten', das am 15.11.1945 erstmals als „Tagblatt der Österreichischen Volkspartei" erscheinen konnte.

Wie die 'TT' hatten auch die 'TN' zu Beginn Probleme mit der räumlichen Trennung von Satz und Druck, die auf Tyrolia und Wagner aufgeteilt waren.

Erster Chefredakteur war Dr. Karl Cornides, der von Rudolf Spirek in dieser Funktion unterstützt wurde.⁶

Das Blatt konnte vorerst nur im Einzelverschleiß erstanden werden, die Zustellung durch die Post war noch nicht möglich.

Von Beginn an wurde die Zeitung in den Dienst der Partei sowie der Wahlpropaganda gestellt, waren doch nur noch knapp zwei Wochen Zeit bis zur Nationalratswahl.

Zum Anlaß des Erscheinens der drei Parteiblätter wurde in den Räumen der Informationsabteilung der Militärregierung ein Empfang für die Parteiführer und Chefredakteure der Tageszeitungen gegeben,

---

² Vgl. STADLER a.a.O. Zoller gibt die Anfangsauflage (lt. Gattinger) mit 7.000 bis 8.000 Stück an, dürfte damit jedoch zu tief gegriffen haben. Vgl. ZOLLER a.a.O., S. 180.
³ Vgl. ZOLLER a.a.O., ebd.
⁴ Vgl. Massenmedien in Österreich. Medienbericht III, a.a.O., S. 30.
⁵ Vgl. 'TN', Nr. 1, 4.5.1945, S. 1.
⁶ Vgl. 'TN', Nr. 1, 15.11.1945, Impressum und HAUSJELL a.a.O., S. 219f.

bei dem der Direktor des französischen Informationsdienstes Weymüller in einer Ansprache eine neue Ära im Pressewesen Tirols" ausrief.[7]

In der ersten 'TN'-Ausgabe schrieb Landeshauptmann Dr. Alfons Weißgatterer im Geleitwort: Die Folge des dreisten Spiels mit der Wahrheit im NS-System sei heute ein großes Mißtrauen in das gesprochene und geschriebene Wort. „Eine Zeitung, die ihrer Leserschaft nicht nur Nachrichten und Unterhaltung bieten, sondern darüber hinaus auch an der Formung einer politischen Gemeinschaft mitwirken will, muß zu ernstem und kompromißlosem Dienst an der Wahrheit bereit sein." Sie müsse weiters sachlich und gründlich unterrichten und sich von „böswilliger Kritiksucht und mürrischem Pessimismus fernhalten." Durch uneigennützigen Dienst am Vaterland müsse sie ein Beispiel für echten Patriotismus geben, dann sei sie in der Lage, Vertrauen zu gewinnen und die öffentliche Meinung zu führen. Die 'TN' sei diesen Dienst an Österreich dem Volk schuldig und habe darüber hinaus die Aufgabe, das Land im Rahmen der Presse der übrigen Bundesländer würdig zu vertreten und ein „getreues Sprachrohr des politischen und kulturellen Wollens und Fühlens unserer Bevölkerung zu sein."[8]

Weiters wurde Wesen und Inhalt der ÖVP im Leitartikel von Landesgruppenobmann Abg. Dr. Adolf Platzgummer dargelegt.

Daß das Blatt nicht über Nacht entstanden war, zeigte schon die Herausgabe der bereits erwähnten Ausgabe vom 4. Mai, als somit bereits ein Konzept für die Zeitung bestanden hatte.

Schon die Widerstandsbewegung hatte im Winter 1944/45 die Herausgabe einer neuen, freien, katholischen und christlichsozialen Zeitung besprochen.[9]

Nach dem Alliierten-Rats-Beschluß vom 01.10. wurde Univ.-Prof. Reut-Nicolussi von der ÖVP-Tirol beauftragt, sich um das Entstehen einer neuen Zeitung zu kümmern; allerdings war vor allem der Parteisekretär Dr. Jenewein vorrangig mit diesem Vorhaben befaßt.[10]

Das Blatt wurde schließlich im eigenen „Verlag Tiroler Nachrichten" herausgegeben und war dem Parteistatut nach der Landesparteileitung verantwortlich.[11]

Der Verlag bildete somit zwar ein eigenes Geschäftsorgan, war wirtschaftlich jedoch nur eine Art „Abteilung" der Landesparteileitung. Der Verlag war auch nicht Mitglied der Kammer der gewerblichen Wirtschaft, wohl aber VÖZ-Mitglied. Da die ÖVP somit Eigentümer und Herausgeber war, fungierte jeweils der Landesparteisekretär als Geschäftsführer des Blattes.[12]

Chefredakteur Cornides war Mitglied einer Tiroler Gruppe von Widerstandskämpfern gewesen; unterstützt wurde er von Rudolf Spirek, der auf journalistische Erfahrung aus der Ersten Republik zurückblicken konnte und der sich vorwiegend um den Lokalteil kümmerte. Geschäftsführer des Verlages wurde Dr. Hans Kness.[13]

Wirtschaftlich wurde das Blatt vom „Katholischen Preßverein" unterstützt, was neben dem Vorhandensein eines Grundstockes journalistisch erfahrener Mitarbeiter gegenüber den anderen Parteizeitungen von Bedeutung war.[14]

Technisch hatte man andererseits noch große Probleme: Redaktion, Setzerei und Druckerei waren räumlich auf drei verschiedene Innsbrucker Straßen verstreut (Marktgraben, Andreas-Hofer-Straße, Erlerstraße). Die „Schiffe" mit dem Bleisatz wurden mit einem Handkarren von der Tyrolia in die Erlerstraße transportiert.[15]

Auflagenmäßig konnte sich das ansonsten vom politisch-ideologischen Standpunkt am ehesten in Tirol

---

[7] Vgl. 'TN', Nr. 1, 15. 11. 1945, S. 1 und ZOLLER a. a. O., S. 106.
[8] 'TN', Nr. 1, ebd.
[9] ZOLLER a. a. O., S. 110.
[10] Vgl. ebd.
[11] Vgl. TSCHOEGL a. a. O., S. 168.
[12] ZOLLER a. a. O., S. 111.
[13] Vgl. ebd., S. 112.
[14] TSCHOEGL a. a. O., S. 169.
[15] Vgl. ZOLLER a. a. O., S. 112.

verankerte Parteiblatt gegenüber der schon am Markt eingeführten 'TT' nie durchsetzen. Auch wollten wohl viele Leser nach siebenjährigem Zwang, gleichgeschaltete Propaganda- und Parteizeitungen lesen zu müssen, nun „unabhängige" Blätter konsumieren.[16]

Nach und nach kamen auch – vor allem als Leitartikler – die Vertreter der VP-Bünde wie Bauernbund-Obmann Josef Muigg (Nr. 4), Hans Gamper als Arbeitnehmervertreter (ab Nr. 5) oder Josef Dinkhauser für den Wirtschaftsbund (Nr. 6) zu Wort, wobei diese Artikel noch ganz auf die Wahlpropaganda abgestimmt waren und der Vorstellung der VP-Kandidaten dienten.

Wie idealistisch die VP-Politiker die Politik und ihre Presse sahen, verdeutlichte unter anderem ein Geleitwort von Unterstaatssekretär Dr. Gruber, der schrieb, die freie Presse sei eine unabdingbare Voraussetzung der Demokratie, welche wiederum als Kontrolle der Regierung durch die öffentliche Meinung fungiere. Das freie Wort dürfe nicht mißbraucht werden; die neue Zeitung 'TN' solle „eine Waffe im Kampf um die Gesinnung der Menschen" sein, jedoch nicht ein grobes „Hackbeil der politischen Demagogie" sondern ein „eleganter österreichischer Degen".[17]

Die Redakteure und Mitarbeiter sahen die Sache naturgemäß etwas differenzierter: Chefredakteur Cornides betonte, daß die ÖVP der Redaktion keine Richtlinien vorgab, die Partei jedoch annahm, daß sich die Redaktion bemühte, den Partei-Interessen zu entsprechen.[18] Cornides und Spirek waren der Auffassung, daß ein zu starker Parteieinfluß der Zeitung schaden würde, weshalb man auf eine gewisse Selbständigkeit Wert legte.

Die Einflußnahme auf das Blatt schien eher eine wirtschaftliche – in der Person des Geschäftsführers Kness – gewesen zu sein: Kness war vor dem Krieg Verlagsleiter der Tyrolia in Wien (zuvor in Südtirol) gewesen und hatte die Geschäftsführung der 'TN' 1945 übernommen; ab 1947 war auch er inoffiziell Chefredakteur des Blattes. Eben diese Doppelfunktion sollte sich nicht immer positiv auswirken, wollte Kness doch als Redakteur eine gute Zeitung machen, als Verlagsdirektor setzte er diese jedoch auf Sparflamme.[19]

Im Zuge der Berichterstattung vom Kriegsverbrecherprozeß in Nürnberg durch den eigenen Korrespondenten Karl Anders wurde von Beginn an zwischen sogenannten „Mitläufern" und „großen Tätern" unterschieden.

Im Dezember erschienen erstmals Kleinanzeigen im ÖVP-Blatt, die politische und volkswirtschaftliche sowie die Kulturberichterstattung wurden ausgebaut.

Von Anfang an hatte das Blatt relativ scharfe Attacken vor allem gegen Kommunisten und Sozialisten geritten und stellte sich gegen jede Form von Diktatur; Kommunismus wurde dabei mit Diktatur gleichgesetzt – dieses „Gespenst" gehe um, der Wähler solle daran denken, wurde gewarnt.[20]

In der selben Ausgabe (Nr. 8) wurde erstmals ein Foto – mit führenden Männern der Tiroler ÖVP – abgedruckt. Wahlberichte und -werbung sowie Stimmzettel zum Ausschneiden rundeten die Propaganda ab.

Das Wahlergebnis wurde schließlich mit Zufriedenheit als „Wahlsieg der ÖVP" kommentiert, das Abschneiden der KPÖ als „vernichtende Niederlage der Kommunisten in ganz Österreich" bewertet.[21]

Nach Beendigung der breiten Wahlberichterstattung wurde das Blatt weiter ausgebaut, der Umfang wuchs weiter, Rubriken wurden erweitert und neue eingeführt, Parlamentsberichte, Regierungsbildung und die Eröffnung des Landtags standen im Mittelpunkt, wobei sich wiederum VP-Mandatare eifrig als Schreiber betätigen.

Trotz weiter bestehender technischer Probleme hatte das Blatt im Dezember schon ein ansehnliches

---

[16] Ebd., S. 113.
[17] 'TN', Nr. 7, 22. 11. 1945, S. 1.
[18] ZOLLER a.a.O., S. 116.
[19] Vgl. ebd., S. 125.
[20] 'TN', Nr. 8, 23. 11. 1945, S. 1.
[21] 'TN', Nr. 10, 26. 11. 1945, S. 1.

Gesicht und einen konsolidierten Umfang von zumeist vier Seiten, wobei auch die Anzeigen allmählich mehr Raum einnehmen.
Zum Jahresende blickte Landeshauptmann Weißgatterer auf die vergangenen Ereignisse zurück und gab einen Ausblick („Tirol an der Jahreswende"). Dabei wurde die Landesregierung auf einer Sonderseite photographisch abgebildet.

Mit der ersten Ausgabe des Jahres 1946 wurden die Titelseite und der Zeitungskopf neu gestaltet, was mit dem Wechsel des Drucks von Wagner zur Tyrolia zusammenhing.
Im Leitartikel schrieb Landesrat Gamper zur Südtirol-Problematik: „Südtirol ist eine terra irredenta (…), das seiner Erlösung entgegen sieht. So lange das nicht geschieht, bleibt Tirol ein politisches Erdbebengebiet mitten in Europa."[22]
Die Südtirol-Debatte stand in der Folge relativ häufig im Mittelpunkt von Berichten und Leitartikeln.

Am 19. Jänner erschien die Zeitung erstmals mit bereits acht Seiten Umfang (eine Seite Inserate), Ende des Monats legte man erstmals die Jugendbeilage „Der Jungtiroler" bei. Ab Februar war das Blatt, bisher nur im Einzelverkauf erhältlich, auch im Abonnement beziehbar.
Die stetige Zunahme der Inserate und Kleinanzeigen (Samstag tlw. zwei Seiten) machten auch die Einrichtung einer eigenen Inseratenabteilung notwendig, deren Leitung Karl Müller übernahm und bis 1966 innehatte. Diese befand sich vorerst in der Erler-, dann in der Brixner- und der Leopoldstraße, ehe sie ihr endgültiges Zuhause 1947 in der Meranerstraße fand. Acht Personen, davon drei im Außendienst, waren dort beschäftigt.[23]

Auch die Redaktion wurde personell aufgestockt; Journalisten wie Claus Gatterer oder Hans Benedict, die sich später im ORF einen Namen machten, wurden als Mitarbeiter gewonnen. Auch aus der Ersten Republik bekannte Namen wie L. Bauernfeind oder Dr. Erich Mair (Tyrolia, Südtirol) tauchten wieder auf.[24]

Ab März erschien einmal wöchentlich die Beilage „Der Arbeiter". Bereits zwölfseitige Ausgaben mit bis zu vier Seiten Großinserate der Wirtschaft konnten ediert werden; eine Faschingsbeilage vom 5. März markierte zusätzlich die langsame Normalisierung der Lage.

Daß man trotz Konzentrierung von Satz und Druck weiterhin räumliche Probleme hatte, zeigte eine Notiz vom 2. April, als man darauf hinwies, daß man im Zuge der örtlichen Veränderungen zwischen 'TT' und 'TN' die eigene Geschäftsstelle aus der Erlerstraße (Wagner) wegverlegt habe. Die Volkspartei als Eigentümer, Verleger und Herausgeber der 'TN' habe mit der technisch-geschäftlichen Durchführung (Druck, Expedition und Verwaltung) endgültig die Verlagsanstalt Tyrolia betraut. Die Verwaltung befinde sich einstweilen in der Leopoldstraße 14, die Redaktion in der Andreas-Hofer-Straße 4.[25]
Wie die 'TT' brachte auch das VP-Blatt im Frühjahr (v. a. April) große Aufrufe zur Großversammlung für ein vereintes Tirol und die Unterstützung aller dahingehenden Bemühungen.
Teilweise erreichte das Blatt im Frühjahr auch mehr Umfang als die unabhängige 'TT'.

Im Lauf des Jahres stellte sich eine gewisse Kontinuität und Normalität im Blatt ein. Auch die publizistisch ausgetragenen Parteikämpfe wurden seltener und weniger scharf geführt, wobei die Blätter und die Parteien noch unter dem Eindruck des „Zusammenarbeiten-Müssens" im Sinne des Wiederaufbaus in einem „besetzten" Land standen.

Die „Zensurmaßnahmen" der französischen Besatzer hielten sich in Grenzen. Laut Cornides hatten die Behörden auf die unabhängige 'TT' mehr Einfluß ausgeübt.[26] Zudem hatte Cornides gute Beziehungen zum französischen Presseoffizier Gallifet und pflegte gute Kontakte mit den leitenden Persönlichkeiten der Besatzungsmacht (vor allem als Präsident der Französisch-Österreichischen Vereinigung).

---

[22] 'TN', Nr. 1, 2.1.1946, S. 1.
[23] Vgl. ZOLLER a.a.O., S. 118.
[24] Vgl. HAUSJELL a.a.O., S. 219.
[25] Vgl. 'TN', Nr. 77, 2.4.1946, S. 3.
[26] ZOLLER a.a.O., S. 120.

Einmal, vom 15. bis 30. Juni 1946, wurde das Blatt jedoch von den Franzosen verboten, als auf Verlangen der russischen Besatzungsmacht ein Artikel vom 11. Juni beanstandet wurde, in dem Widerstandskämpfer mit illegalen Nazis praktisch gleichgesetzt worden waren. Dies war jedoch auf ein Mißverständnis zurückzuführen gewesen, wie die 'TN' in ihrer nach dem „amtlichen Erscheinungsverbot" ersten Ausgabe vom 1. Juli sich beeilten zu betonen: Der Artikel mußte Mißverständnisse und Protest auslösen, hätte er doch in dieser Form nicht erscheinen dürfen, wofür man sich entschuldige; es sei niemals Absicht gewesen, Freiheitskämpfer mit braunen Illegalen gleichzustellen. Dies sei ein Verstoß gegen das alliierte Pressegesetz gewesen; vielmehr hätten die 'TN' den Grundsatz, keine Nazis in die Redaktion aufzunehmen. Allerdings sei man für eine gerechte Behandlung der Ex-Nazis, was jedoch nichts mit Sympathie für diese zu tun habe, sondern vielmehr mit der weltanschaulichen Überzeugung und Vorstellung vom österreichischen Rechtsstaat.[27]

Der inkriminierte Artikel war – von Cornides unbearbeitet – versehentlich von Spirek, der einen „Füller" gebraucht hatte, ebenfalls unredigiert ins Blatt genommen worden.[28]

Im Juli, nach Aufhebung des Verbots, konnte das Blatt wieder zur Tagesordnung übergehen: der Unterhaltungsteil wurde ausgebaut, „Südtirol" wurde eigenständige Rubrik; die Verwaltung übersiedelte Anfang September in die Brixnerstraße.

Im Herbst mußte der Umfang auf Grund der Papierknappheit wieder zurückgenommen werden, wobei das „viele, unnötig bedruckte" Papier beklagt wurde: besser wäre es, den großen Tageszeitungen – zu denen sich die 'TN' offensichtlich zuzählten – mehr Papier zuzuteilen und dafür Zeitschriften, „für die bestimmt kein allgemeines Bedürfnis besteht", zurückzustellen.[29]

Wie die anderen Blätter konnten auch die 'TN' am Montag, 23. September, nicht erscheinen, dann wurde wieder Papier angeliefert.

Am 15. November blickte das Blatt auf „Ein Jahr 'Tiroler Nachrichten'" zurück: Vor einem Jahr sei die erste Ausgabe erschienen – als eine „Improvisation der 24 Stunden zuvor gebildeten Redaktion". In den ersten Monaten habe man sich mit lediglich zwei Redakteuren und einer Sekretärin abgemüht, das Erscheinen des Blattes zu ermöglichen. Erst mit der Übersiedlung zur Tyrolia sei eine Zeit der Fortentwicklung gekommen, die jedoch bald durch Probleme mit der Papierzuteilung behindert worden sei. Heute seien die 'TN' ein „getreues Abbild der unbefriedigenden Lage unseres Vaterlandes. An Anstrengungen, etwas Gutes zu schaffen, hat es nicht gefehlt", nämlich die Zeitung zu dem zu machen, was sie hoffentlich in Zukunft werde: „Das politische Sprachrohr des Tiroler Volkes."[30]

Im November wurde der Satz, der zuvor teilweise in Antiqua-Lettern erfolgt war, wieder umgestellt, und das Blatt erschien außer im Anzeigenteil wieder in Frakturschrift.

Der Umfang blieb weiterhin eingeschränkt, auch die Beilagen konnten noch nicht wieder erscheinen. Im Jahr 1947 standen vorerst Politik und Lokales sowie der Sport- und Feuilletonteil im Vordergrund. Ergänzt wurde dieser Rahmen durch die fortlaufende Propagierung der eigenen politischen Ideologie.

Der Umfang betrug nun fallweise nur noch zwei Seiten. Am 13. Jänner gab man Beschlüsse des Präsidiums des „VÖZ" bekannt, nach denen die österreichischen Tageszeitungen bei Aufrechterhaltung der bisherigen Auflagenhöhe bis auf weiteres zweiseitig, Samstag vierseitig, erscheinen würden. Am 17. Jänner, wenige Tage später, war dies offensichtlich bereits hinfällig, als auch die 'TN' wieder vier- bis sechsseitig erscheinen konnten.[31]

Im März und April wurden anläßlich der Märzgedenktage wiederholt Leitartikel ins Blatt gerückt, die den austrofaschistischen Abwehrkampf gegen Hitler und die Personen Dollfuß' und Schuschniggs glorifizierten.[32]

---

[27] 'TN', Nr. 136, 1. 7. 1946, S. 3.
[28] Vgl. ZOLLER a. a. O., S. 121 f.
[29] 'TN', Nr. 193, 6. 9. 1946, S. 1.
[30] 'TN', Nr. 251, 15. 11. 1946, S. 3.
[31] Vgl. 'TN'-Ausgaben vom 13. – 17. 1. 1947 und besonders Nr. 8, 13. 1. 1947, S. 2.
[32] Vgl. 'TN'-Ausgaben vom März/April 1947.

Dr. Cornides schied im Frühjahr 1947 als Chefredakteur aus (1. April nicht mehr im Impressum) und wurde von Spirek abgelöst. Cornides ging als Verleger nach Wien[33], blieb den 'TN' jedoch als Leitartikler erhalten.
Der Umfang konnte jetzt auch wieder auf acht bis zwölf Seiten gesteigert werden.

Als Kommentatoren fungierten unter anderem Alois Lugger (späterer Innsbrucker Bürgermeister), Reut-Nicolussi, Landesrat Gamper, Rudolf Spirek, Minister Felix Hurdes, Nationalräte, aber auch Ex-Minister des Ständestaates wie Eduard Ludwig.

Mit der wieder erfolgten Umfangerweiterung konnten auch die Ressorts erneut ausgedehnt werden, allerdings mußten 1947 auch zweimal (Juli, September) die Bezugspreise erhöht werden.
Insgesamt hatte das Blatt ein regelmäßiges „Gesicht" erhalten, lediglich der Zeitungskopf sollte 1948 umgestaltet bzw. modernisiert werden; dieser sollte sich dann bis zur Einstellung des Blattes kaum mehr verändern.
Die politischen Angriffe gegen Sozialisten und Kommunisten sowie gegen deren ausländische „Schwesterparteien" wurden 1947 wieder intensiviert.

Zum Heiligen Abend 1947 edierte man eine ausführliche, 14seitige Ausgabe. Die letzte Nummer 1947 umfaßte acht Seiten (drei Seiten Anzeigen); die Spitzenmeldungen waren eine Neujahrsbotschaft des Bundeskanzlers, ein Artikel über „Tirols wirtschaftlichen Aufstieg", ein Rückblick auf das Innsbruck des abgelaufenen Jahres, daneben fanden sich vor allem Lokal- und Sportberichte.[34]

Letztmalig erschienen die 'Tiroler Nachrichten' am 25. Mai 1973 (Nr. 121), im 28. Jahrgang stehend. Auf Seite 3 wandte man sich an die „lieben Leser": Seit der Gründung vom 15. 11. 1945 seien einem die 'TN' trotz stetigem Auf und Ab ans Herz gewachsen, das Blatt habe stets seinen Mann gestellt – was sei jedoch heute? Wie überall in der Welt sei auch in Österreich das Zeitungswesen in der Krise, mit Funk und Fernsehen sei eine starke Konkurrenz erwachsen; die Menschen wollten von Zeitungen nicht mehr parteipolitisch informiert werden, sondern sich aus einer Vielzahl von politischen, lokalen, kulturellen und sportlichen Informationen eine Meinung bilden. Die Tage der Parteipresse seien daher gezählt – weshalb man sich verabschiede. Es sei nun gelungen, eine „Tiroler Pressegesellschaft" zu gründen, „die ab morgen als Eigentümer und Herausgeber der 'Neuen Tiroler Zeitung' verantwortlich zeichnet".[35]

Als Verleger des Nachfolgeorgans trat die Zweigstelle Klagenfurt des „Österreichischen Verlags" (mit der 'Volkszeitung'), als Drucker die Carinthia auf. Das neue Tiroler VP-Blatt ging im Großformat als Teil der 'Volkszeitung' und als „unabhängige, moderne Zeitung an den Start".[36]
Es mußte jedoch entgegen diesen optimistischen Worten praktisch als Ein-Mann-Betrieb beginnen und brav mit den ÖVP-Schwesterzeitungen in Klagenfurt und Salzburg ('Salzburger Volks-Zeitung', 'SVZ') kooperieren.

Die neue Tiroler VP-Zeitung war mit tatkräftiger Unterstützung der Raiffeisen-Gruppe ins Leben gerufen worden: Die Raiffeisen-Männer Günther Schlenck und Norbert Mantl hielten an der „Tiroler Pressegesellschaft mbH" zwei Drittel, die Tiroler VP war in der gleichnamigen KG Kommanditist.[37]
Die 'NTZ' war jedoch nur Statist in der VP-Medienstrategie, die auf einen Pressering des „Österreichischen Verlages" in Graz und Klagenfurt aufgebaut war, der auch den kleinen Blättern wie der 'NTZ' das Überleben sichern sollte.

'NTZ', 'SVZ' und ihr Hauptblatt 'Volkszeitung' wurden in Klagenfurt gedruckt und erhielten dort ihren Mantelteil (vor allem Außen- und Innenpolitik) von der Zentralredaktion. Der Lokalteil der 'NTZ' wurde in einer Redaktionszweigstelle in Innsbruck (Meranerstraße) erstellt. Diese Zusammenarbeit

---

[33] Vgl. ZOLLER a. a. O., S. 123.
[34] Vgl. 'TN', Nr. 296, 31. 12. 1947.
[35] 'TN', Nr. 121, 25. 5. 1973, S. 3. Die 'Neue Tiroler Zeitung' wird in der Folge mit 'NTZ' abgekürzt.
[36] 'NTZ', Nr. 1, 26. 5. 1973.
[37] MUZIK a. a. O., S. 160.

mit den Kärntnern gab es seit 1971 – unter Wahrung einer möglichst großen redaktionellen und wirtschaftlichen Eigenständigkeit.[38]

Als im Herbst 1989 die Kärntner 'Volkszeitung' in erhebliche wirtschaftliche Probleme schlitterte und in Konkurs ging, wurde sie von einer Auffanggesellschaft weiterbetreut und herausgegeben. Die damit verbundenen Probleme mit dem Mantelteil, den auch die 'NTZ' übernahm, sollten nicht ohne Folge bleiben.

Am 31. Jänner 1990 mußte man in der letzten 'NTZ'-Ausgabe „in eigener Sache" berichten, daß „mit heutigem Datum" die „Tiroler Presse GesmbH & Co. KG" die Herausgabe des Blattes einstelle.[39] Die Gründe dafür seien vielfältiger Natur: Die vergangenen Jahre seien gekennzeichnet gewesen von Umwälzungen, Neuerungen und Neuerscheinungen auf dem Mediensektor, wovon besonders die Parteiblätter betroffen gewesen seien; zudem seien unabhängige Zeitungen durch ausländische Beteiligungen von Mediengiganten gestärkt worden.

Seit 1945 habe nunmehr die ÖVP-Tirol ein zwar kleines, aber eigenes Sprachrohr gehabt, das im Verband mit dem Kärntner und Salzburger Organ hergestellt worden sei. Die 'NTZ' sei in Kärnten gedruckt worden, was immer Probleme bereitet habe (fehlende Aktualität). Der 1989 erfolgte Besitzerwechsel zu einer privaten Herausgebergesellschaft bei der 'Volkszeitung' habe einen Rückzug der Kärntner ÖVP aus dem „Dreier-Verbund" gebracht. „Gewisse sich anbahnende Entwicklungen bei unseren südlichen Partnern ließen es nun … nicht mehr verantwortbar erscheinen, weitere Risiken einzugehen."[40] Die Kosten-Nutzen-Rechnung sei außerdem in Richtung „Einstellung" des Blattes ausgefallen. „Die Ära der Parteizeitungen dürfte der Vergangenheit angehören", stellte man durchaus realistisch fest.

Was waren nun diese oben angeführten „sich anbahnenden Entwicklungen bei den südlichen Partnern"?
Im August 1989 ging die 'Volkszeitung' in Konkurs. Man war bemüht, eine Auffanggesellschaft zu gründen und das Blatt parteiunabhängig weiterzuführen. Allein eine Auffanggesellschaft konnte die entstehenden Probleme für 'SVZ' und 'NTZ' nicht lösen, die ja mit dem Kärntner Organ im Zeitungsring verbunden waren.
Konnte auch die 'Volkszeitung' parteiunabhängig weitererscheinen, hätten die beiden verbliebenen VP-Organe sich um einen neuen Mantelteil umsehen müssen.
Die 'Volkszeitung' erschien auch weiter, als Kurt Geissler, Kärntner „Medienzar", noch im August 90 % der Anteile des in Konkurs befindlichen Blattes übernahm. Geissler geriet jedoch bald in wirtschaftliche Schwierigkeiten und trat von allen Funktionen seines „Medienimperiums" (Tele-Uno u. a.) zurück.[41]
Die Kärntner 'Volkszeitung' stellte schließlich am 5. Februar 1990 ihr Erscheinen ein, nachdem die 'Neue Tiroler Zeitung' bereits am 31. Jänner letztmalig erschienen war, womit sich auch für das letzte der drei Blätter, die 'SVZ', beträchtliche Probleme ergaben. Eine Privatisierung dieses Blattes wurde angesichts des Auseinanderfallens des VP-Medienringes, dem auch die 'NTZ' angehört hatte, in den Raum gestellt.[42] Die 'SVZ' konnte sich aber als Parteiorgan halten und besteht noch (Stand 2000).
In Tirol allerdings hat die ÖVP seit Februar 1990 keine Tageszeitung mehr.

---

[38] Vgl. ebd.
[39] 'NTZ', Nr. 25, 31. 1. 1990, S. 1.
[40] Ebd.
[41] Vgl. Der Standard. Medienkompendium, a. a. O., S. 157, nach Artikeln in: 'Der Standard' vom 28. 8. 1989, 13. 1. 1990 u. 6. 2. 1990.
[42] Vgl. ebd., S. 159, nach Artikel in: 'Der Standard' vom 1. 2. 1990.

1.23 Tiroler Neue Zeitung

1.23.1 Daten zur äußeren Struktur

Titel:
    1945:   Tiroler Neue Zeitung[1]
    ab 01.06.1950:   Neue Tageszeitung

Untertitel:
    1945:   Organ der Kommunistischen Partei Österreichs – Land Tirol
    ab 01.06.1950:   Redaktion Tirol

Erscheinungsort: Innsbruck

Erscheinungsdauer:
    16.11.1945 bis 31.05.1950 und
    01.06.1950 bis 29.12.1956
    ab 1957 wurde den Abonnenten die 'Volksstimme' zugestellt
    zwischen 25. und 30.07.1947 nicht erschienen (Verbot)

Erscheinungsweise:
    1945:   fünfmal wöchentlich (morgens bzw. mittags)
    ab 18.03.1946:   in Innsbruck abends ab 16.30 Uhr durch Kolporteure, ab 17.00 in Trafiken
    ab September 1946:   teilweise Doppelnummern, daher nur vier- bis fünfmal wöchentlich (1947 ebenfalls)

Umfang: (in Seiten)

Nov. 1945	2	Wie die anderen Tagblätter konnte die 'TNZ' zu Beginn nur mit
02.12.1945	4	zwei Seiten Umfang, noch ohne Inserate, erscheinen. Ende des Jah-
Dez. 1945	2–4	res erschienen fallweise Kleinanzeigen, als auch der Umfang auf
1946	4–6	vier, teilweise schon sechs Seiten anstieg.
Ostern 1946	8	Bei Feiertagsausgaben wie zu Ostern waren acht bis zwölf Seiten
1947	4–6	die Regel, wovon ca. zwei bis drei Seiten mit Inseraten gefüllt wa-
Feiertage	6–12	ren. Nach einer Umfangkürzung im Herbst 1946 erreichte das Blatt
1950/51	6	1947 wieder den Durchschnittsumfang von vier bis sechs Seiten
an Samstagen	12	wochentags.
1956	10–20	

Format: 1945:   45,6 × 30,5 cm (Kanzleiformat)

Satzspiegel: 1945:   41,3 × 27,8 cm

Umbruch: 1945:   4 Spalten à 6,7 cm / Spaltentrennlinien

Schriftart (Brotschrift):   Antiqua, als 'Neue Tageszeitung' ab 01.06.1950 Fraktur

Zeitungskopf: Höhe: 1945   14 cm
                    ab Nr. 2:   11 cm
                    ab 15.01.1946:   8,5 cm

Der Kopf war schmucklos, rechts war der Tiroler Adler abgedruckt, der Schriftzug in moderner Antiqua gesetzt. Schon in der zweiten Ausgabe wurde der Kopf verkleinert, ab 15.01.1946 wurde er nur noch dreispaltig (links) und verkleinert gesetzt.

Gesinnung/politische Richtung: Tiroler KPÖ-Partei- und Kampforgan

---

[1] In der Folge mit 'TNZ' abgekürzt.

Impressum:

1945:	Eigentümer: KPÖ, Landesorganisation Tirol, Museumstraße, Heraugeber: Josef Ronczay (Landesobmann), Chefredakteur: Emil Huk, Druck Wagner, Redaktion und Verwaltung: Maria-Theresien-Straße 19
ab 13.01.1946:	Herausgeber: Felix Pettauer, Chefredakteur und verantwortlich: Emil Huk, Druck: Wagner'sche Univ.-Buchdruckerei, Erlerstraße 5
ab 15.08.1946:	Für den Inhalt verantwortlich: Stefan Benkovic
1950:	Druck und Verlag: Druck-, Verlags- und Buchhandels-GesmbH, für den Inhalt verantwortlich: Ernst Fuchs, alle Bregenz

Ressorts/Inhalt:

1945:	zu Beginn vor allem Parteiberichterstattung (auch über ausländische Linksparteien) und Wahlpropaganda, Politik, Aus aller Welt, Leitartikel, Von Tag zu Tag, Sport-Allerlei, Radio Innsbruck, Theater und Konzerte, Das Kinoprogramm, Amtliche Mitteilungen, Wichtiges in Kürze, noch keine Anzeigen und Illustrationen, in der Folge oft Kurzglossen (meist Leserzuschriften oder von anderen Blättern übernommene Artikel), Nürnberger Kriegsverbrecherprozeß, Weltspiegel, Kultur-Kritik, Letzte Meldungen, Österreichische Rundschau; im Dezember erstmals Fotos, Feuilleton, Lokalteil „Tirol" ausgebaut, Medizinische Rundschau, Leserbriefe-Rubrik, teilweise Übernahme von 'Volksstimme'-Artikeln.
1946:	Themen Demokratie, Antifaschismus und Arbeiterfragen im Vordergrund, auch schon Serien (Politik, Historisches, Geographie, Heimatkundliches);
März 1946:	meist groß aufgemacht „Thema des Tages" (oft Politik), Gartenecke, Briefe an die 'TNZ', Parteinachrichten, In Kürze, Aus den Nachbarstaaten, auch Südtirol wurde zentrales Thema;
Juni:	tlw. „i"-Tipf auf der Lauer (diverse Begebenheiten werden persifliert).
1947:	Lokalteil „Von Tag zu Tag" ausgebaut, keine Illustrationen mehr, sonst relative Kontinuität in Ressortaufteilung.

Bezugspreise: 'Tiroler Neue Zeitung'

ab Datum	Einzelnummer		Monatsabonnement			
			abhol./loco		Zust. Post	
1945	G	15				
Feb. 1946	G	15	S	2,70	S	3,50
Juni 1947	G	15	S	3,–	S	3,50
01.07.1947	G	20	S	4,–	S	4,40
01.09.1947	G	35	S	6,50	S	6,80

Zeitungstyp nach Vertriebsart:	vorerst nur Einzelverkauf, ab Februar 1946 Abonnement möglich
Auflagen:	1945: 10.000[2]; zum Vergleich: 1989/90 Druckauflage der 'Volksstimme': 46.747[3]
Beilagen:	Vorerst keine Beilagen; ab Juni 1946 erschien die Monatsbeilage „*Der Bauer hat das Wort*". Im Untertitel hieß das Blatt „Monatsbeilage der TNZ für Bauern, Land- und Forstarbeiter". Diese erschien jeweils am letzten Samstag des Monats, vierspaltig, zweiseitig und beinhaltete vor allem Ratschläge für den Agrarbereich (meist aus kommunistischer Sicht).
Jubiläumsausgabe:	keine

---

[2] Vgl. STADLER a.a.O.
[3] Vgl. Der Standard. Medienkompendium, a.a.O., S. 31. Das entsprach österreichweit einem 1,7 %-Anteil an der Tageszeitungs-Druckauflage. Lt. Optima 1989 hatte die 'Volksstimme' jedoch nur noch 12.000 Leser; vgl. ebd., S. 27.

1.23.2 Allgemeine Chronik

Einen Tag später als die ÖVP und die SPÖ, am 16.11.1945, brachte auch die Tiroler KPÖ ein Tagblatt auf den Markt: die 'Tiroler Neue Zeitung', wobei die Kommunisten anders als die anderen Parteien auf keine Tageszeitungstradition im konservativen Tirol zurückgreifen konnten.

Wie auch die SPÖ ließ sich die KPÖ nicht davon abhalten, in Vorarlberg und Tirol (französische Besatzungszone) zwei Tageszeitungen ins Leben zu rufen, obwohl General Béthouart empfohlen hatte, für die beiden Länder nur ein gemeinsames Blatt herauszugeben (da er wohl für die Parteipresse von Beginn an schwarz gesehen hatte).

Dabei hatten sich in Vorarlberg die Probleme schon im November abgezeichnet, als keine Druckerei bereit war, das KP-Blatt 'Vorarlberger Tagesnachrichten' herzustellen, weshalb die Partei in Eigenregie eine Verlagsgenossenschaft errichtete und bald die Schwierigkeiten orten mußte, im „dunkelsten Winkel Österreichs ein kommunistisches Organ dauernd zu erhalten".[4]

Etwas leichter hatten es die Tiroler Genossen, die in der Wagner'schen Univ.-Buchdruckerei den Druck für ihre Tageszeitung sicherstellen konnten.

Die 'TNZ' war eines von sechs österreichischen KP-Blättern 1945/46, von denen sich die 'Österreichische Volksstimme' zum Zentralorgan (in Wien) entwickelte. In den Bundesländern war die Gründung von Zeitungen problematischer, da hier die KP-Presse lediglich auf die illegale Tradition ihrer Publizistik verweisen konnte[5], weshalb es auch an qualifizierten Berufsjournalisten fehlte. Daher wurden in der Folge auch schreibende Parteifunktionäre von Wien aus in die Länder, so auch nach Tirol, geschickt.[6]

Erster Chefredakteur wurde Emil Huk, der zumindest auf nebenberufliche Erfahrung als Journalist zurückgreifen konnte. Er war aus dem Schweizer Exil zurückgekehrt. Er ging bereits im Dezember nach Wien, kam 1946 jedoch nach Innsbruck zurück, ehe er 1947 endgültig in die Bundeshauptstadt zurückkehrte.[7]

Als Herausgeber fungierte Josef Ronczay, der Landesparteiobmann der Tiroler KPÖ war.

Von Beginn an herrschten in der großformatigen, fünfmal wöchentlich erscheinenden, vorerst nur im Einzelverschleiß vertriebenen und anders als die anderen Zeitungen schon in Antiqua gedruckten KP-Zeitung Parteiberichte und -propaganda vor, wobei die ÖVP, als größtes Feindbild, als reaktionär eingestuft wurde, da sie sich nicht klar vom Austrofaschismus losgesagt habe.[8] Wie die zwei anderen Parteizeitungen erschien das Blatt lediglich zweiseitig, ohne Illustrationen, ohne Beilagen und Anzeigen; erst allmählich fanden sich vereinzelt private Kleinanzeigen.

Der Landesrat, KP-Landesobmann und Herausgeber Ronczay schrieb in der ersten Nummer „Zum Geleit": 1933 sei die KP verboten, die Arbeiterbewegung entrechtet und versklavt, der Volkswille durch zwei Faschismen getreten worden. Nun, nach der Befreiung durch die Alliierten, beginne eine neue Zeit. Die KPÖ sei die Partei des Volkswillens und habe von Beginn an im Kampf gegen den Faschismus in vorderster Front gestanden und viele Opfer für die Befreiung gebracht. Die nunmehrige Säuberung (von Nationalsozialisten, Anm.), die erst in der Entwicklung stecke, und die Demokratisierung des öffentlichen Lebens ließen noch zu wünschen übrig.[9] In dieser „Zeit der schwersten Arbeit" entstehe die Zeitung des Volkes, die 'TNZ'. Sie werde „Sprachrohr der Werktätigen in Stadt und Land" sein und mitbestimmen im Kampf um Gerechtigkeit; sie werde Verbündete der Wahrheit sein und gerade jetzt kämpfen, da in freier Wahl über die Zukunft des Landes entschieden werde.[10]

---

[4] Vgl. MUZIK a.a.O., S.117 (Zitat aus der Vorarlberger KP-Zeitung).
[5] Vgl. TSCHOEGL a.a.O., S.180.
[6] Vgl. ebd., S.181.
[7] Vgl. HAUSJELL a.a.O., S.222.
[8] 'TNZ', Nr.1, 16.11.1945.
[9] Ebd., S.1.
[10] Ebd.

Der obligatorische Bericht zu den Feierlichkeiten anläßlich der Verkündung der Pressefreiheit bestand aus der bloßen Wiedergabe von Zitaten.

Im Rahmen der Wahlpropaganda schrieb das Blatt bereits vor dem Wahltag von „Wahlbetrug" und „Wahlschwindel". Daneben standen der „Kampf gegen den Faschismus" und die Leiden der Sowjetvölker im Vordergrund. Wiederum wurde vor allem die ÖVP attackierte: „Die Österreichische Volkspartei sieht in den Überresten des Faschismus ihre Reserve!"[11] Die Propaganda setzte sich in dieser Tonart fort. Eigene Wahlaufrufe waren an die Jugend, die Frauen, an Heimkehrer sowie die Eisenbahner adressiert.

Zum Wahlergebnis titelte das Blatt: „Linkssieg in Österreich", wobei eine 56 %-Mehrheit von Sozialisten und Kommunisten gemeint war. Die Wahlschlappe in Tirol wurde dabei nahezu totgeschwiegen.[12] Die Wahlentscheidung nehme man hin, sei man doch demokratisch und werde weiterarbeiten, obwohl den anderen Parteien die Verpflichtung auferlegt worden sei, die Probleme des Landes zu lösen. Nur eine Schlacht sei verlorengegangen, man sei jedoch auf dem richtigen Weg und erst am Anfang des Kampfes für Österreich, den man gewinnen werde.[13]

Bald setzten wie in den anderen Blättern auch in der 'TNZ' große Berichte zum Nürnberger Kriegsverbrecherprozeß ein.
Allmählich wurden die Rubriken ausgebaut, das Feuilleton erweitert, dem Lokalteil wurde mehr Platz zugestanden. Nach viel anfänglicher Improvisation erhielt das Blatt nun ein gefestigteres Aussehen, die Ressorttitel wurden ausgeschmückt, auch Illustrationen kamen schon fallweise vor. Des öfteren wurden Artikel der 'Volksstimme' übernommen.

Zunehmend grenzte sich das Blatt auch von der SPÖ ab, welche laut 'TNZ' nicht mit ihren unseligen Traditionen brechen wolle.[14] Die Erklärung, welche Traditionen man damit meinte, blieb die Zeitung allerdings schuldig.
1946 betrug der Umfang zumeist regelmäßig vier Seiten, in die zunehmend auch Wirtschaftsthemen sowie Inserate Aufnahme fanden.

Am 13. Jänner schien als Herausgeber nicht mehr Ronczay, sondern Felix Pettauer auf, der in Innsbruck Gemeinderat war und Ronczays Nachfolger als Landesparteiobmann wurde.
Hauptinhalte der Berichterstattung waren die Themen Demokratie, Anti-Faschismus, Verstaatlichung, Arbeiterbewegung und Gewerkschaften, Entnazifizierung, Kultur und Feuilleton sowie die Kommentierung – meist in Form des Leitartikels – dieser Komplexe. Viele Leitartikel stammten aus der Feder führender KPÖ-Funktionäre und Mandatare wie Ernst Fischer und J. Kopelnig. Die „neue" Demokratie im Osten von Österreich (Ungarn, Tschechoslowakei, Jugoslawien) und die demokratische Bewegung dort – jedenfalls was die KPÖ darunter verstand – wurden gewürdigt; diese Staaten seien den nach dem Ersten Weltkrieg entstandenen mitteleuropäischen Demokratien weit voraus.[15]

Im März wandte man sich „an unsere Innsbrucker Leser!": Wegen der in Tirol vorherrschenden Druck- und Satzschwierigkeiten sehe man sich gezwungen, die 'TNZ' ab 18. März in Innsbruck-Stadt als Abendblatt erscheinen zu lassen, weshalb die Zeitung durch Kolporteure ab 16.30 Uhr, in Trafiken ab 17.00 Uhr erhältlich sei, die Abonnement-Belieferung jedoch unverändert bleibe.[16]

Das „Thema des Tages" (zumeist Außenpolitik), politische Kurzmeldungen sowie der Leitartikel (der seinen festen Platz in der vierten Spalte gefunden hatte) prägten jeweils die Titelseite.

Einen Umfang von acht Seiten erreichte das Blatt erstmals zu Ostern 1946, als auch bereits zweieinhalb Seiten Inserate erschienen. Übereinstimmung mit den gegnerischen Zeitungen erzielte man in der

---

[11] Vgl. die ersten 'TNZ'-Ausgaben und zit. 'TNZ', Nr. 4, 20.11.1945, S. 1.
[12] Vgl. 'TNZ', Nr. 10, 27.11.1945, S. 1.
[13] Ebd.
[14] Vgl. 'TNZ'-Ausgaben vom Dezember 1945.
[15] Vgl. 'TNZ'-Ausgaben vom Jänner/Februar 1946.
[16] 'TNZ', Nr. 57, 16./17.3.1946, S. 1.

Südtirol-Debatte, wobei auch für die 'TNZ' der Wunsch nach Wiedervereinigung an erster Stelle stand.
Ab Juni erschien die Agrarbeilage „Der Bauer hat das Wort", die in der Folge einmal monatlich ediert wurde.
In der ersten Ausgabe hieß es: „(…) Es ist unsere Absicht, vorbehaltlos und ohne Rücksichtnahme auf eine vermeintliche Unfehlbarkeit von Personen und Organisationen überall hinzuleuchten (…). Mögen also ruhig manche die Nase rümpfen und die Ohren zurückzulegen, wenn sie gewahr werden, daß in Tirol Bauern und Landarbeiter die Bauernbeilage der 'Tiroler Neuen Zeitung' lesen."[17]
Ab 15. August war Stefan Benkovic für die Redaktion zuständig, der aus der Emigration heimgekehrt war und Erfahrung als Journalist mitbrachte.[18]

Auch das KP-Blatt litt unter dem immer ärger werdenden Mangel an Rotationspapier, worüber man sich wiederholt beklagte, wie etwa am 5. September: „Wer beherrscht die Papiererzeugung?" Die Hintergründe des „Papierskandals" seien in der Besitzerstruktur zu suchen; kapitalistische Konzerne, von Nazis geleitet, würden die Papierindustrie beherrschen, weshalb die Verstaatlichung derselben „lebensnotwendig" sei, um die Freiheit der Presse zu sichern. Das Papierkartell werde von der Neusiedler Papier AG bestimmt, an deren Spitze die ehemaligen Nazis Linhart, Wilfert und Frey stünden, welche von der NS-Säuberung in der Wirtschaft nicht erfaßt worden seien.[19]

Wie in den anderen Zeitungen wurde angesichts der Papierknappheit am 20. September darauf hingewiesen, daß das Blatt am Montag, 23. September nicht erscheinen könne. Am Dienstag, als das Blatt wieder hergestellt werden konnte, erklärte man, daß geringe Mengen an Papier eingetroffen seien und man wieder den normalen Erscheinungsrhythmus aufnehme.[20]
Allerdings erschien die Zeitung teilweise als Doppelnummer (z.B. Freitag/Samstag oder Montag/Dienstag), womit der Erscheinungsrhythmus zwischen vier- und fünfmal wöchentlich schwankte.

Zum Jahresende resümierte man über das Positivum der „Bauernbeilage"[21], welche ein Versuch war, über die Presse die Bauernschaft für die KPÖ zu gewinnen.
Weiterhin erschien das Blatt nur vier- bis fünfmal pro Woche. So hatte etwa die Ausgabe vom 7. Februar erst die Nummer 25 oder jene vom 21. März die Nummer 53.
Illustrationen fehlten nun wieder, die Seiten wurden zu „Bleiwüsten".

Im Sommer mußten die Preise erhöht werden: für den 1. Juni sei der Tageszeitungspreis auf 20 Groschen – wie für ganz Österreich bereits seit 1945 – festgelegt worden, wobei die Tiroler Blätter jedoch noch gezögert hätten, die Bezugspreise anzuheben. Angesichts der enormen Preiserhöhungen für Papier, Druck, Löhne und Gehälter, Transport, Porti etc. müsse man diesen Schritt jedoch mit Juli nachvollziehen.[22]

Vom 25 bis 30. Juli konnte die 'TNZ' dreimal nicht erscheinen. Am 31. Juli wurde dieses amtliche Verbot unter dem Titel „Die Wahrheit – trotz allem!" erklärt, wobei die Landesleitung der Partei gegen das dreitägige Verbot des Blattes und die Beschränkung der Pressefreiheit Protest einlegte. Die 'TNZ' sei vom französischen Hochkommissär verboten worden, da man gegen die Richtlinien der demokratischen Presse Österreichs verstoßen habe. Dies ginge auf zwei Artikel vom 24. und 25. Juli zurück, die man telefonisch vom Pressedienst der KPÖ erhalten habe.[23]

Im September wurden die Preise ein weiteres Mal beträchtlich angehoben.
Die Inhalte blieben konstant, auch die Feindbilder blieben dieselben; Schwerpunkt der Politikberichterstattung war Osteuropa. Mit Vehemenz nahm sich das Blatt der finanziellen und wirtschaftlichen Not

---

[17] 'TNZ'-Beilage „Der Bauer hat das Wort", Nr. 1, S. 1.
[18] Vgl. 'TNZ', Nr. 158, 15.8.1946, Impressum und HAUSJELL a.a.O., S. 222.
[19] 'TNZ', Nr. 172, 5.9.1946, S. 1 u. 6.
[20] 'TNZ', 20. – 24.9.1946.
[21] Vgl. 'TNZ', Nr. 250, 27./28.12.1946, S. 3.
[22] 'TNZ', Nr. 120, 1.7.1947, S. 3.
[23] 'TNZ', Nr. 140, 31. 7./1.8.1947, S. 1.

und „Ausbeutung" der „kleinen Leute", des „kleinen Mannes" an. Die Währungsreform wurde kritisiert, da diese auf den Rücken der Schwachen ausgetragen würde. Der Marshall-Plan sei ein „Diktat des Dollars", für den man seine Freiheit opfere.[24]

Zu Weihnachten wurde eine zwölfseitige Ausgabe ediert, die mehr als zur Hälfte mit Inseraten gefüllt war. Auch die letzte Ausgabe des Jahres 1947 wies einen ähnlich hohen Anzeigenanteil auf. In dieser Ausgabe standen Wirtschaftsberichte im Vordergrund, daneben Innenpolitik, Tirolisches, Chronik, Sport sowie Veranstaltungstips.[25]

Im Leitartikel „Dem neuen Jahr entgegen" wurde Lob an die Arbeiter gespendet; an deren Fleiß und Willen sei es nicht gescheitert, daß sich die allgemeine Lage noch nicht gebessert habe. Aber auch die Kriegshetzer seien nicht untätig gewesen. Nachdem der Faschismus besiegt worden sei, sei jetzt die amerikanische Politik in dessen Rolle geschlüpft, um den „Plan der kapitalistischen Weltherrschaft" in die Tat umzusetzen. Was Hitler damals gewesen sei, seien die USA jetzt. 1947 hätten sich zwei Lager gebildet: „Das Lager des Friedens, der Demokratie und des Sozialismus und das Lager der Kriegshetzer, der aggressiven Welteroberungspolitik, der Antidemokraten und kapitalistischen Ausbeuter."[26]

Die 'TNZ' bestand unter diesem Namen bis zu 31. Mai 1950, ehe sie im Juni zur 'Neuen Tageszeitung' wurde. Dies begründete man in der letzten Ausgab damit, daß man durch den Ausbau der eigenen Druckerei in der Lage sei, das Blatt auch selber herstellen zu können; der Wagner'schen Univ.-Buchdruckerei wurde somit der Rücken gekehrt.

Die 'Neue Tageszeitung' wurde sechsmal wöchentlich, Montag bis Freitag, sechsseitig, (Samstag zwölfseitig) ausgegeben und sollte reichhaltiger und interessanter werden. Der Nachrichtendienst für In- und Ausland werde verbessert, der Unterhaltungsteil verstärkt, eine illustrierte Frauen- und Kinderbeilage werde beigegeben und der Bilderdienst ausgebaut.[27]
Diese neue Zeitung, eine Fusion der 'TNZ' mit dem Vorarlberger KP-Blatt, erschien im selben Format in Fraktur-Satz, die Einzelnummer kostete 40 Groschen. Als Druckerei und Verleger schien nun die „Druck-, Verlags- und BuchhandelsGmbH" in Bregenz, Römerstraße 19, auf; Herausgeber blieb die KPÖ, für den Inhalt zeichnete Ernst Fuchs verantwortlich.[28]

Diese fusionierte KP-Zeitung für Vorarlberg und Tirol (in Tirol mit dem Untertitel „Redaktion Tirol") erschien lediglich sechseinhalb Jahre; am 29. Dezember 1956 kam das endgültige Aus für die westösterreichische KP-Tagespresse, als neben dem 'Salzburger Tagblatt' auch die 'Neue Tageszeitung' eingestellt wurde. Inzwischen von Max Keller redigiert, nahm man am 29. Dezember „Abschied von unseren Lesern": Man bedankte sich für die Treue und bat, dieses Wohlwollen auf die 'Österreichische Volksstimme' – Ausgabe für Tirol und Vorarlberg – zu übertragen.[29]
Begründet wurde dieser Schritt mit den stark gestiegenen Herstellungskosten, die zur Einstellung gezwungen hätten.[30] Wahrer Grund dürfte jedoch mit einiger Sicherheit der Mangel an Lesern und Inserenten in den konservativen Bundesländern gewesen sein.

Ab 2. Jänner 1957 wurde den bisherigen Abonnenten die 'Österreichische Volksstimme' angeboten, die eine Lokalredaktion und Verwaltung in der Innsbrucker Gumppstraße 36 einrichtete.

Die „Ära" der kommunistischen Tagespresse in Tirol (und Vorarlberg) hatte also lediglich elf Jahre und zweieinhalb Monate gedauert.

---

[24] Vgl. 'TNZ'-Ausgaben vom Herbst 1947.
[25] Vgl. 'TNZ', Nr. 142, 31. 12. 1947.
[26] Ebd., S. 1.
[27] 'TNZ', Nr. 102, 30./31. 5. 1950, S. 1.
[28] Vgl. 'Neue Tageszeitung', Nr. 1, 1. 6. 1950.
[29] 'Neue Tageszeitung', 29. 12. 1956, S. 1.
[30] Ebd., S. 4.

2. Personelle Kontinuitäten im Tiroler Tagesjournalismus von der I. bis zum Beginn der II. Republik

Vorausgeschickt sei hier, daß bei der Aufzählung der einzelnen Personen nicht die Vollständigkeit im Vordergrund stand, sondern die Verfügbarkeit von Daten. Lediglich jene Personen wurden aufgeführt, die anhand der Impressen der Zeitungen zuordenbar waren (v. a. Verleger, Herausgeber, Chef- bzw. verantwortliche Redakteure) und zu denen eindeutige Aussagen getroffen werden konnten.

Außerdem wurden diese Angaben um jene aus der Dissertation von Fritz Hausjell ergänzt bzw. erweitert. Der erste und zweite Teil dieses Kapitels stützt sich hauptsächlich auf die Angaben Hausjells.

Zu vielen Namen, etwa jenen aus der NS-Zeit (z. B. des NS-Gauverlages und der NS-Zeitungen, wie Schönwitz oder Kainrath) waren keine Daten mehr eruierbar, was eine eventuelle Kontinuität in der II. Republik anbelangt.

Die einzelnen Namen wurden der Einfachheit halber in loser Reihenfolge alphabetisch behandelt.

2.1 Allgemeines

Vorderhand soll hier festgehalten werden, wie es um die personellen Kontinuitäten in der Tiroler Presse nach dem Zweiten Weltkrieg gegenüber dem Nationalsozialismus bestellt war.

Bestehende Kontinuitäten aus der Ersten Republik und insbesondere aus dem Ständestaat sollen daneben jedoch nicht vernachlässigt werden. Die NS-Zeit und die Frage, ob die Entnazifizierung im Tiroler Pressewesen gegriffen hat oder Kontinuitäten überwogen, stehen jedoch im Vordergrund.

Die Entnazifizierung fand in Österreich nicht in einem Ausmaß wie in Deutschland statt. Dieses Faktum traf auch und vor allem auf das Pressewesen zu.

Theoretisch gab es vier Ebenen der Entnazifizierung für das österreichische Pressewesen: die direkten und indirekten Eingriffe der Alliierten auf den Pressesektor Österreichs; die Gesetze der österreichischen Regierung; die moralisch-politischen Implikationen der Parteien beim Presseaufbau sowie die Beschlüsse der Sektion Journalisten bezüglich der Entnazifizierung des Journalistenberufes.[1]

Die Alliierten überprüften im Oktober 1945 die Herausgeber und angestellten Journalisten der 'TT' und der ab November erlaubten Parteizeitungen. Dies führte zwar zum Ausschluß einiger Journalisten, vielfach wurden jedoch offensichtlich belastete (freie) Mitarbeiter übersehen oder praktisch als minderbelastet („Mitläufer") pardoniert.

---

[1] Vgl. TSCHOEGL a. a. O., S. 232 f.

2.1 Allgemeines

Der Nationalrat verabschiedete am 6. Februar 1947 das Nationalsozialistengesetz, wonach jeder in Sonderlisten registriert werden sollte, der zwischen 1. Juli 1933 und 27. April 1945 der NSDAP oder einer ihrer Organisationen angehört hatte, wobei auch die „Verfasser von Druckschriften jedweder Art" verzeichnet wurden.

Dieses Gesetz schuf zwar die gesetzliche Möglichkeit zur Entnazifizierung – auch im Pressewesen – allein die politisch-moralische Komponente, der Wille dazu war unterentwickelt; schon vor Beschlußfassung hatten sich Vertreter der Großparteien von dem Gesetz distanziert. Auch im Nachrichtenwesen sollte in der Folge die Entfernung belasteter Personen nicht wirklich vorangetrieben werden. Die Entnazifizierungsdebatte zum Pressewesen fand auch keinen Eingang ins Nationalrats-Plenum.[2]

Nicht viel anders war es in der Sektion Journalisten der Gewerkschaft, die sich zwar ein rechtliches und bürokratisches Instrumentarium zur Entnazifizierung geschaffen hatte, in der die politische Bereitschaft zur Durchführung jedoch ebenfalls fehlte.[3]

Soweit in aller Kürze zur Entnazifizierung, nun zu den Tiroler Journalisten: Gut die Hälfte aller Tiroler Redakteure und Chefredakteure hatte 1945 journalistische Erfahrung. Stärker als im Österreichischen Durchschnitt kamen in Tirol auch unerfahrene Kräfte zum Zug. Nationalsozialistisch belastete Schreiber waren in Tirol unterrepräsentiert – ein Viertel war nachweislich antinationalsozialistisch eingestellt, wobei jedoch vielfach eine Kontinuität zum Austrofaschismus bestanden hatte (führend oder exponiert tätig); überdurchschnittlich war auch jener Personenkreis vertreten, der vor 1945 im faschistischen Ausland journalistisch tätig war.[4]

Daß in Tirol (z.B. gegenüber Wien) ein relativ hoher Prozentsatz an journalistisch unerfahrenen Kräften zum Einsatz kam, lag auch am deutlich gestiegenen Tageszeitungs-Arbeitsmarktangebot, während sich im Osten Österreichs der Arbeitsmarkt nicht so stark verändert hatte.

1945 konnte demnach nicht von einem völligen Bruch und Neubeginn gesprochen werden. Immerhin 56% (österreichweit) der 1945–47 in den Tageszeitungen beschäftigten Personen hatten journalistische Erfahrung aus der Ersten Republik und/oder aus dem Ständestaat. 37% verfügten über schreiberische Praxis aus der NS-Zeit.

Bei den journalistischen Eliten (leitende und Chefredakteure) kam es 1945 gegenüber der Nazizeit zu einem fast vollständigen Wechsel, hingegen gab es zum Ständestaat eine relativ hohe Elitenkontinuität.[5] Je niedriger schließlich die journalistische Hierarchie (mittlere Positionen, freie Mitarbeiter), desto höher die NS-Kontinuität.

Die Vertreibung und Vernichtung der Juden aus dem Journalismus schlug sich vorwiegend in Wien nieder; in Tirol war das jüdische Element weit unterrepräsentiert, weshalb hier die Auswirkungen auf den (jüdischen) Journalismus nicht spürbar wurden, da dieser faktisch nicht existierte. 1938 wurden laut DÖW vier Journalisten verhaftet, worunter sich jedoch kein Jude befunden haben dürfte.[6] Hingegen richtete sich der Naziterror vor allem ge-

---

[2] Ebd., S. 237 ff.
[3] Vgl. ebd., S. 244.
[4] Vgl. HAUSJELL a.a.O., S. 279.
[5] Vgl. ebd., S. 317 f.
[6] Vgl. Dokumentationsarchiv des Österreichischen Widerstandes: Widerstand und Verfolgung in Tirol

gen das katholische Segment in den Redaktionen und Verlagen, was vor allem die Tyrolia und ihre Mitarbeiter und Journalisten zu spüren bekamen (vgl. u. a. Dr. Lampert, Dr. Klotz).

Die Tatsache, daß viele Ex-Nazis 1945/46 bereits wieder die Tiroler Presse mitgestalten konnten, wirkte sich auch auf die Vergangenheitsbewältigung in den Zeitungsspalten selbst aus: Vordergründig wurde das Unrecht in den Zeitungen aufgezeigt, das durch die Anwendung des Verbotsgesetzes (angeblich, Anm.) geschah. Die Zahl der Journalisten, die sich mit den Verbrechen des NS-Regimes auseinandersetzten, war hingegen verschwindend gering. Auch die Parteien – und damit die Parteizeitungen – scheuten sich, sich gründlich mit der NS-Vergangenheit auseinanderzusetzen, um potentielle Wähler nicht von vorneherein zu verschrecken.[7]

Zwar wurde in den Zeitungen über die Entnazifizierung anderer Berufsgruppen berichtet, der eigene Berufsstand wurde jedoch völlig ausgespart; dabei machte auch die Tiroler Tagespresse keine Ausnahme.

2.2 Die vier Tageszeitungen 1945–1947

Die 'TT' erschien anfänglich als Heereszeitung der US- bzw. der französischen Streitkräfte und wurde im November 1945 „austrifiziert", d. h. praktisch in die Unabhängigkeit entlassen. Da sonst noch keine Tageszeitung erscheinen konnte, schöpfte das Blatt durchschnittlich mehr erfahrene Journalisten ab als in der Folge die Parteiblätter.

Die Amerikaner und Franzosen bemühten sich um die Rekrutierung versierter Journalisten, wobei offensichtlich auch in Kauf genommen wurde, daß mehr als die Hälfte davon (der freien Mitarbeiter) im Nationalsozialismus journalistisch gearbeitet hatten.[8] Die personelle Kontinuität zu den Jahren 1938–1945 war somit stärker ausgeprägt als zur Ersten Republik und/oder zum Ständestaat.

Erster österreichischer Chefredakteur der 'TT' wurde bald Dr. Anton Klotz, der bis 1936 Chefredakteur des vorher christlichsozialen, dann vaterländischen Blattes 'TA' war (siehe Kap. 2. 3. „Die Personen" S. 379). Mitarbeiter waren unter anderem Franz Baldauf, der ebenfalls beim 'TA' beschäftigt war, Dr. Karl Cornides, späterer 'TN'-Chefredakteur, Landesrat Gamper, der Kommunist Josef Ronczay, Dr. Eduard Reut-Nicolussi sowie der spätere Landeshauptmann Dr. Alfons Weißgatterer.

Knapp zwei Drittel der ständigen und freien Mitarbeiter war journalistisch erfahren, was dem österreichischen Durchschnitt entsprach. Die Zahl jener, die vor 1945 nachweislich antinationalsozialistisch eingestellt waren, war jedoch stark unterrepräsentiert.[9]

Als (ab November) unabhängiges Organ umfaßte die 'TT'-Redaktion (mit Klotz) bereits neun Journalisten, die mit zwei Ausnahmen alle über publizistische Erfahrungen verfügten, wobei allerdings die Mehrheit zuletzt bei NS-Organen gearbeitet hatte – damit hob sich die 'TT' eindeutig vom Österreich-Durchschnitt ab. Unter anderem waren Karl-Heinz Kaesbach oder Karl Paulin einschlägig vorbelastet.

1934–1945. Eine Dokumentation. 2. Bände. Bearb. von Peter EPPEL, Brigitte GALANDA u. a. – Wien: Österreichischer Bundesverlag 1984, hier Band 1, S. 605.
[7] HAUSJELL a. a. O., S. 323 f. (nach einer Untersuchung von Herbert Dachs).
[8] HAUSJELL a. a. O., S. 296 f.
[9] Vgl. ebd., S. 227 f.

Somit hatte die 'TT' 1945–1947 sehr viele erfahrene Schreiber, die jedoch häufig nationalsozialistisch vorbelastet waren; die Zeitung griff offensichtlich lieber auf erfahrene, wenn auch belastete Journalisten zurück als junge, unbelastete Mitarbeiter auszubilden.[10]

Die ÖVP konnte auf journalistisch erfahrene Mitarbeiter aus der Ersten Republik, vor allem aber aus dem Ständestaat, zurückgreifen; 63% der Redakteure und Chefredakteure (österreichweit) der VP-Tagblätter waren Journalisten. Dies traf jedoch vor allem auf Wien zu, im Westen und somit auch in Tirol hatte die Partei wesentlich mehr Rekrutierungsprobleme. Rund 40% der ÖVP-Chefredakteure des Jahres 1945 waren zwischen 1933 und 1938 führend im Sinn des Austrofaschismus im Pressewesen tätig.[11] 27% waren sowohl vor als auch nach dem Anschluß im Journalismus tätig, womit diese Gruppe (mit NS-Vergangenheit) deutlich größer war als bei den Sozialisten und Kommunisten; in der Volkspartei herrschte die Tendenz vor, einen Strich unter die Vergangenheit – sowohl die austrofaschistische als auch die nationalsozialistische – zu ziehen.

Die 'TN'-Redaktion bestand von Beginn an faktisch aus vier Personen, von denen zwei journalistische Erfahrung hatten (Spirek, Bauernfeind). Chefredakteur Cornides war vor 1938 als Verleger tätig gewesen. Die freien Mitarbeiter hatten zum Großteil journalistische oder schriftstellerische Erfahrung aus der NS-Zeit, aber auch journalistisch unerfahrene Personen waren überrepräsentiert.[12]

Insgesamt war somit ca. die Hälfte der Redakteure und Mitarbeiter journalistisch versiert. Die erfahrenen Redakteure hatten ihren Beruf im Nationalsozialismus nicht ausgeübt bzw. nicht ausüben können, waren jedoch im Ständestaat exponiert im Pressewesen gewesen. Da überdurchschnittlich viele freie Mitarbeiter nationalsozialistisch belastet waren, war Chefredakteur Cornides faktisch der einzige, der nachweislich vor 1945 antinationalsozialistisch eingestellt war.[13]

Mehr Probleme bei der Rekrutierung erfahrener Journalisten als die ÖVP hatte die SPÖ, vor allem auch im konservativen Westen Österreichs, nicht zuletzt wegen der Tatsache, daß ihre Tageszeitungstradition bereits 1934 weitgehend unterbrochen wurde und daher ein Großteil der SP-Journalisten ihren Beruf nicht ausüben konnten. In der Redaktion des Tiroler SP-Organs 'VZ' waren 1945–1947 wesentlich weniger Redakteure und Chefredakteure, die in der NS-Publizistik tätig gewesen waren, beschäftigt als bei 'TT' und 'TN'.[14]

Wegen des Mangels an erfahrenen sozialdemokratischen Journalisten auch in Tirol hatte die 'VZ' relativ viele junge, aber auch ältere Anfänger in ihrer Redaktion. Antinationalsozialistische Mitarbeiter waren bei den SP-Zeitungen tendenziell stärker vertreten als in der VP- und unabhängigen Presse.

Chefredakteur Ludwig Klein war journalistisch unerfahren. Er hatte sich seit 1938 im Schweizer Exil aufgehalten. Wendelin Schöpf, verantwortlicher Redakteur 1946/47, war im Ständestaat zeitweilig inhaftiert gewesen. Auch er konnte auf keine schreiberische Erfahrung zurückgreifen. Hans Flöckinger war ebenfalls kein Journalist, hatte jedoch Buchdrucker-Erfahrung. Redakteur Fritz war nationalsozialistisch vorbelastet – er war damit der einzige Redakteur, der vor 1945 journalistisch – wenn auch im NS-System – tätig gewesen war,

---

[10] Ebd., S. 231 f.
[11] Vgl. ebd., S. 289.
[12] Ebd., S. 219.
[13] Ebd., S. 221.
[14] Vgl. ebd., S. 291.

was das Dilemma der 'VZ' verdeutlichte.[15] Unter den freien Mitarbeitern war vor allem Emil Berlanda schon beim NS-Organ 'IN' beschäftigt gewesen.

Noch größere Probleme hatte die österreichische und insbesondere die Tiroler KP bei der Rekrutierung von Journalisten für ihre Tageszeitungen des Jahres 1945; in Tirol konnte man nicht auf eine Tageszeitungstradition zurückgreifen, zudem waren viele KP-Journalisten bereits in den Dreißigerjahren emigriert. Lediglich die Wiener 'Volksstimme' konnte relativ viele erfahrene Schreiber engagieren. Bei den anderen KP-Blättern gestalteten vor allem Anfänger den Inhalt.

Der Anteil der vor 1945 nachweislich antifaschistisch eingestellten Redakteure und Chefredakteure in der unmittelbaren Nachkriegszeit war in der KP-Presse mit Abstand am höchsten. Somit boten die kommunistischen Zeitungen am ehesten die Gewähr einer antinationalsozialistischen Schreibweise.[16]

Der erste Chefredakteur der **'TNZ'**, Emil Huk, war in der Ersten Republik nebenberuflich journalistisch tätig und kam aus der Emigration zurück; Lokalredakteur Frick, wie Huk Antifaschist, fing ohne journalistische Kenntnisse beim Tiroler KP-Organ an. 1946 kehrte Stefan Benkovic aus der Emigration zurück und wurde 1947 Chefredakteur des Blattes (journalistische Erfahrung).[17]

Von den sechs Journalisten, die 1945–1947 in der Redaktion der **'TNZ'** tätig waren, war nur ein Drittel journalistisch erfahren, sodaß das Blatt vor allem von Berufsfremden gestaltet wurde. 50 % der Redakteure waren vor 1945 nachweislich Antinationalsozialisten – ein hervorstechendes Merkmal, das auch bei anderen KP-Blättern anzutreffen war.[18]

2.3. Die Personen

Franz BALDAUF (TT), Journalist, war bis November 1936 Redakteur des katholischen 'Volksrufs', 1928 Chefredakteur sowie von 1936 bis 1938 Redakteur des christlichsozialen bzw. vaterländischen 'TA'. In der NS-Zeit war er kurze Zeit inhaftiert.

Ab Juli 1945 war er ständiger Mitarbeiter der 'TT', ab Dezember Redakteur, 1946 Chef vom Dienst und stellvertretender Chefredakteur. 1947 mußte er wegen angeblicher Delikte diese Stellung aufgeben. Da zu den Jahren 1938–1945 keine genauen Daten bekannt sind, kann hier nicht mit Sicherheit gesagt werden, ob sich Baldauf nationalsozialistisch betätigt hatte. Vor 1938 war er exponiert publizistisch tätig und antinationalsozialistisch eingestellt. Er verstarb 72jährig im Jahr 1961.[19] (Kontinuität I. Rep./Ständestaat/II. Rep.)

Auch Leopold BAUERNFEIND (TN) war journalistisch ausgiebig erfahren; er war schon 1907 beim 'ATA' als Feuilletonist beschäftigt, schrieb für die 'TBZ' und den 'Volksboten' und redigierte zeitweise die Tyrolia-Lokalblätter. Bis 1938 blieb er Redakteur des 'TA', also auch während des Austrofaschismus. 1938 bis 1945 war er mit hoher Wahrscheinlichkeit nicht publizistisch in Tirol tätig.

---

[15] Vgl. ebd., S. 236 ff.
[16] Ebd., S. 293.
[17] Vgl. ebd., S. 222.
[18] Vgl. ebd., S. 224.
[19] Vgl. HAUSJELL a.a.O., S. 407 und 'TA' 1928–1938.

Ab November 1945 war Bauernfeind Redakteur des ÖVP-Blattes 'TN' und übernahm im Februar 1946 die Redaktionsleitung des wiedererschienenen 'Volksboten'. 1947 feierte er sein 40jähriges Berufsjubiläum.[20] (Kontinuität Monarchie/I. Rep./Ständestaat/II.Rep.)

Stefan BENKOVIC (TNZ) kehrte im Herbst 1946 aus der Emigration (1938, Tschechoslowakei, Norwegen, Schweden) zurück, wo er in der Emigrationspresse tätig war, und stieß zum Tiroler KP-Organ 'TNZ'. In der Ersten Republik war er wahrscheinlich Mitarbeiter beim Blatt 'Die Rote Fahne'. Benkovic war erwiesener Antinationalsozialist. Er wurde am 9. September 1946 als Kassier in den Vorstand der Tiroler Landesgruppe der Journalistengewerkschaft gewählt; 1947 wurde er Chefredakteur der 'TNZ', 1967 ging der KP-Journalist in Pension.[21] (Kontinuität I. Rep./II.Rep.)

Emil BERLANDA (VZ, IN) war Musikkritiker der sozialistischen 'VZ' (ab Jänner 1946). Bereits 1944 war er jedoch in dieser Funktion schon bei den 'IN', dem NS-Gaublatt, tätig gewesen (NSDAP-Mitglied seit 1941). Dies wurde von der Journalistengewerkschaft (Untersuchungsfall) jedoch nur als „scheinbare Belastung" bewertet. Berlanda war zudem als Komponist und Postinspektor (bis 1945) tätig. Musikkritiken waren ihm mit 19. Mai 1944 untersagt worden, am 1. Jänner 1945 wurde er als Postinspektor pensioniert. Im April 1945 hatte er nochmals einen Artikel in den 'IN' publiziert.[22] (Kontinuität NS-Zeit/II. Rep.)

Dr. Josef BLATTL (TG) war Chefredakteur des 'TG' von 1924 bis 1934 und nach dem Anschluß ab 12. März 1938. 1934 war er vom Ständeregime seines Postens enthoben und zweimal inhaftiert worden. Eine Hochverratsklage, drei Geldstrafen und die Verbringung ins Anhaltelager Wöllersdorf am 5.2.1934 folgten: Seine illegale NS-Mitgliedschaft war bekannt geworden. Mit der Annexion kehrte er als Schriftleiter zum 'TG' zurück, 1940 rückte er zur Wehrmacht ein.

Mit dem Wiedererscheinen des 'TG' 1952 wurde auch der ehemalige Nazi Blattl wieder in der Redaktion des Kufsteiner Blattes beschäftigt.[23] (Kontinuität I. Rep./NS-Zeit/II. Rep.)

Hellmut BUCHROITHNER (IN) war seit 1936 Inhaber der Wagner'schen Univ.-Buchdruckerei (Sohn Engelbert Buchroithners) und somit auch Verleger und Herausgeber der deutschnationalen 'IN' und ihres Abendblattes 'NZ'. Mit der Annexion wurde er faktisch enteignet, die Firma zum NS-Gauverlag umgewandelt. Nach 1945 mußten er und seine Familie ca. zehn Jahre unter anderem mit dem Verwalter des Druckereibetriebs, J.S. Moser, kämpfen, um den ehemaligen Besitz wieder zurückzuerhalten.

Vor 1938 bzw. 1933 hatten Buchroithner und seine Zeitungen für den Anschluß an Deutschland votiert, im Ständestaat wurden diese Töne unterdrückt. Zum Nationalsozialismus hatte er keine publizistische Kontinuität aufzuweisen.[24] (Kontinuität I. Rep./Ständestaat/II. Rep.)

Herbert BUZAS (TA, TT) war ab 1935 Redaktionssekretär, dann bis zum Anschluß Redakteur des 'TA'; danach konnte er – als Redakteur einer vaterländischen Zeitung – nicht mehr in Innsbruck arbeiten. Er ging ins „Altreich" und war dort wieder journalistisch tätig (u.a. bei der 'Funk-Zeitung' in Nürnberg), ehe er zur Wehrmacht eingezogen wurde. Dane-

---

[20] Vgl. ebd., S. 410 und 'TA' 1907–1938, Tyrolia-Lokalblätter, 'TN' 1945 ff. u. 'Volksbote' 1946 ff.
[21] Vgl. ebd., S. 417 u. 222 und 'TNZ' 1947.
[22] Vgl. ebd., S. 238 u. 421.
[23] Vgl. 'TG' bzw. 'TV' 1924–1945, 1952.
[24] Vgl. 'IN' und 'NZ' 1936–1938, Verlag Wagner ab 1945.

ben arbeitete er für die faschistische Belgrader 'Donauzeitung' (laut Hausjell, Buzas selbst bestreitet das, Anm. d. Verf.). Gegen Ende des Krieges gehörte er einer Jornalistengruppe (Würthle, Ronczay) an, die nach dem Zusammenbruch des NS-Reiches die Tiroler Medien in die Hand nehmen wollte. Ab Juli 1945 war er Hörfunkreporter bei Radio Innsbruck, dann Redakteur der 'Wochenpost' und ab Juli 1948 Redakteur der 'TT' bis 1991.[25] (Kontinuität Ständestaat/NS-Zeit/II. Rep.)

Dr. Karl CORNIDES (TN) stammte mütterlicherseits aus der deutschen Verlegerfamilie Oldenbourg, deren Berliner Filiale er 1936 bis 1941 leitete. Wegen politischer Unzuverlässigkeit mußte er aus dem Verlag ausscheiden und kam zur Wehrmacht. Er soll vor 1938 auch für den Tyrolia-Verlag in Wien tätig gewesen sein.

Er war nachweislich Anti-Nationalsozialist. Nach einer Kriegsverwundung 1943 kam er im Mai 1945 nach Innsbruck und wurde Pressechef einer Widerstandsgruppe. Im Herbst wurde er von Dr. Reut-Nicolussi als Chefredakteur der neuen ÖVP-Zeitung 'TN' engagiert; in dieser Funktion war er bis zum Frühjahr 1947 in Innsbruck tätig (zuvor bereits freier Mitarbeiter der 'TT'), ehe er nach Wien ging und Geschäftsführer des „Verlags für Geschichte und Politik" wurde.[26] Er blieb dem Tiroler VP-Blatt jedoch noch einige Zeit als Leitartikler erhalten. (keine Kontinuität)

Hans FLÖCKINGER (VZ) war 1945/46 verantwortlicher Redakteur der SP-Zeitung 'VZ'. Er verfügte über keine journalistische Erfahrung, jedoch war er um 1935 Buchdrucker in der sozialdemokratischen Druckerei gewesen; wegen des Verdachts des Hochverrats war er im Ständestaat angezeigt worden. Flöckinger wurde schließlich SP-Vizebürgermeister in Innsbruck.[27] Als schreibender Journalist schien er in der 'VZ' nicht auf. Er dürfte als Sozialdemokrat Anti-Nationalsozialist gewesen sein. (keine Kontinuität)

Karl FRICK (TNZ), Tiroler Journalist, hatte 1939 (weil ohne Staatsbürgerschaft) keine Arbeitserlaubnis mehr erhalten. Er meldete sich zur Wehrmacht, desertierte jedoch im Juli 1941 zur Roten Armee. Er war Mitarbeiter verschiedener Zeitungen und in der österreichischen Emigration in der Sowjetunion aktiv.

Im September 1945 kehrte der Anti-Nationalsozialist nach Österreich zurück und wurde von der KPÖ nach Tirol geschickt, wo er als Lokalredakteur zur 'TNZ' stieß. Ohne besondere Kenntnisse ging er an die Arbeit und wurde 1946 auf eine einmonatige Lehre zur 'Volksstimme' nach Wien geschickt. Danach war er wieder Redakteur des Tiroler KP-Organs, ehe er 1947 endgültig als Wirtschaftsredakteur zum Wiener KP-Blatt ging.[28] Vor dem Krieg hatte er nicht journalistisch gearbeitet. (keine Kontinuität)

Günther FRITZ (VZ) war 1938–1941 HJ-Kameradschaftsführer, danach als Horchfunker bei der deutschen Wehrmacht. Im November 1945 kam er aus Kriegsgefangenschaft nach Österreich zurück und begann sein Jus-Studium. Von November 1946 bis März 1947 war er Gerichtssaalreporter beim „Tiroler Nachrichtendienst". Im Juli 1947 stieß er zum SP-Organ 'VZ', später wurde er Leiter der Lokalredaktion der Tirol-Ausgabe der 'AZ'. Vor

---

[25] Vgl. HAUSJELL a.a.O., S. 440.
[26] Vgl. ebd., S. 219 u. 448 und 'TT' 1945, 'TN' 1945–1947.
[27] Vgl. ebd., S. 236 und 'VZ' 1945f.
[28] Vgl. ebd., S. 222 u. 483 und 'TNZ' 1945–1947.

1938 und im NS-Staat war er zwar nicht journalistisch, jedoch als HJ-Führer tätig und somit bedingt vorbelastet.[29] (keine Kontinuität)

Hans GAMPER (TA, TT, TN), Politiker, Tiroler Landesrat schon in der I. Republik und im Ständestaat sowie nach 1945 in der Regierung Weißgatterer, war zwar kein Journalist, hatte sich in christlich-sozialen sowie vaterländischen Blättern ('TA') und nach dem Krieg in der 'TT' und den 'TN' publizistisch wiederholt zu Wort gemeldet. Im Nationalsozialismus war er nicht tätig.[30] (Kontinuität I. Rep./Ständestaat/II. Rep.)

Franz GÖSSL (TBZ), vermutlich aus Südtirol stammender Schriftsteller, war ab etwa 1938 auch als Journalist in Tirol tätig; im NS-Gauverlag veröffentlichte er seinen ersten Roman (erreichte durch NS-Förderung 1944 eine Auflage von 54.000 Stück). Zudem war er als freier Journalist für NS-Zeitungen in Serbien und faschistische Blätter in Kroatien tätig. Der ehemalige NSDAP-Anwärter wurde 1945 Redakteur des Tiroler 'Volksboten' und des 'Vorarlberger Volksblattes'.[31] Während des NS-Regimes war er auch Mitarbeiter der gleichgeschalteten 'TBZ'. (Kontinuität NS-Zeit/II. Rep.)

Alfred GRUNDSTEIN (IN), aus Württemberg stammend, zog 1938 nach Tirol und arbeitete beim NS-Gaublatt 'IN'. 1940 mußte er zur Wehrmacht, wo er wegen abfälliger Äußerungen über das Regime von einem Spitzel angezeigt und im Oktober 1944 verhaftet wurde. Nach Halle an der Saale verbracht wurde er am 12. Februar 1945 zum Tode verurteilt und am 26. Februar hingerichtet.[32]

Dr. Franz GSCHNITZER (TN) war von 1927 bis 1968 Univ.-Prof. für Römisches und Modernes Privatrecht an der Universität Innsbruck. Im nationalsozialistischen „Deutschen Alpenverlag" publizierte er 1944 einen Feldpostbrief. Ab November 1945 war er ständiger Mitarbeiter der 'TN' (v. a. Leitartikel) und Nationalratsabgeordneter. 1947/48 wurde er Rektor der Universität Innsbruck, offenbar wurde er als nicht belastet eingestuft (hier fand Hausjell die Formel „minderbelastet", was jedoch nicht zutreffen dürfte, Anm. d. Verf.). 1956 bis 1961 war er Staatssekretär im Außenministerium.[33] (Kontinuität I. Rep./Ständestaat/NS-Staat/II. Rep.)

Karl GVATTER (TT) war schon in der I. Republik Redakteur des SP-Organs 'VZ' in Innsbruck, zudem Mitarbeiter der Wiener 'AZ' gewesen. Nach dem Krieg schrieb er Leitartikel in der 'TT', im November wechselte er zum SP-Blatt 'Vorarlberger Volkswille'.[34] (Kontinuität I. Rep./II. Rep.)

Dr. Heinrich HAMMER (TT), Kunsthistoriker und Publizist, hatte bereits vor 1938 einschlägig publiziert, nach dem Anschluß erschienen Bücher im „Deutschen Alpenverlag" und im „NS-Gauverlag" in Innsbruck. Von 1920 bis 1939 war Hammer Professor für Kunstgeschichte an der Innsbrucker Universität und als solcher Verfasser grundlegender Werke

---

[29] Vgl. ebd., S. 238 u. 487 und 'VZ' 1947.
[30] Vgl. 'TA' 1930–1938, 'TT' 1945, 'TN' 1945 f.
[31] Vgl. HAUSJELL a. a. O., S. 496 und 'TBZ' bzw. 'TLB' 1938–1944.
[32] Vgl. Zeugen des Widerstandes. Eine Dokumentation über die Opfer des Nationalsozialismus in Nord-, Ost- und Südtirol von 1938–1945. Bearb. von Johann HOLZNER u. a. – Innsbruck/Wien/München: Tyrolia 1977, S. 38.
[33] Vgl. HAUSJELL a. a. O., S. 505 und 'TN' 1945 ff. und LEIDLMAIR A.: Schriftliche Information, 25. 08. 1997.
[34] Vgl. ebd., S. 505 und 'VZ' 1930 ff.

zur Kunstgeschichte Tirols und Innsbrucks. Ab 1945 war er gelegentlicher Mitarbeiter der 'TT'.[35] (Kontinuität Ständestaat/NS-Zeit/ II. Rep.)

Dr. Josef R. HARRER (IN) war freier Schriftsteller und Journalist (Buchpublikationen 1928, 1930), der sich vor allem während des NS-Regimes rege journalistisch (v. a. im Feuilleton) betätigte, unter anderem bei der faschistischen 'Donauzeitung' sowie in den Jahren 1942/43 bei den 'IN'. Ab Februar 1939 publizierte er unter dem Pseudonym „Lukas Nell", zwischen 1942 und 1944 unter richtigem Namen.

Auch nach der NS-Zeit arbeitete er als freier Journalist beim Hörfunk und verschiedenen Zeitungen, unter anderem bei 'Das kleine Volksblatt', und veröffentlichte mehrere Bücher.[36] (Kontinuität I. Rep./NS-Zeit/II. Rep.)

Dr. Arnold HERDLITZKA (TT), Univ.-Professor, wurde 1939 von den Nazis zwangsweise in den Ruhestand versetzt. 1945 wurde er von der provisorischen Landesregierung als Hochschullehrer reaktiviert und wurde im November 15 %-Teilhaber der in die Unabhängigkeit entlassenen 'TT'.[37] (Kontinuität I. Rep./Ständestaat/II. Rep.)

Dr. Rudolf HITTMAIR (TT) war im Wagner-Verlag sowohl in der I. Republik als auch im Ständestaat tätig und publizierte auch. Er blieb nach der Umwandlung in den „NS-Gauverlag" im Unternehmen (auch Veröffentlichungen) und war auch nach der Rückwandlung 1945 weiterhin im Betrieb sowie als Mitarbeiter der 'TT' tätig. (Kontinuität I. Rep./Ständestaat/NS-Staat/II. Rep.)

Jutta HÖPFEL (TT, bis 1951 J. Pohl), 1928 in Berlin geboren, wurde von US-Press and News-Chief James W. Williamson zur 'TT' gebracht, vorerst als Sekretärin, dann auch als Mitarbeiterin im Kulturressort. Sie arbeitete zudem für Radio Innsbruck, Zeitschriften sowie weiterhin für die 'TT', später auch für die 'TN', den 'Volksboten' und das ORF-Landesstudio.[38] (keine Kontinuität)

Emil HUK (TNZ) war in der I. Republik freier Journalist, emigrierte 1938 nach Frankreich und hielt sich anschließend von 1941 bis 1945 illegal in der Schweiz auf.

1945 kehrte er zurück und wurde erster Chefredakteur des Tiroler KP-Organs 'TNZ'. Er ging bald nach Wien, kam 1946 für kurze Zeit zum Tiroler Blatt zurück, ehe er 1947 endgültig in Wien (im Verlagswesen) blieb.[39] (Kontinuität I. Rep./II. Rep.)

Gilbert IN DER MAUR (AL) war Mitbegründer, Herausgeber und in der Anfangszeit verantwortlicher Schriftleiter des Anschlußorgans 'Alpenland'. 1887 in Vaduz geboren, wurde er nach dem Krieg Journalist und war 1918–1933 aktiv in der Anschlußbewegung tätig. Als NS-Sympathisant arbeitete er später als Korrespondent der 'Berliner Zeitung', im Zweiten Weltkrieg war er bei der Wehrmacht in Wien. Ob er nach 1945 publizistisch tätig war, kann nicht mit Sicherheit gesagt werden.[40] (Kontinuität I. Rep./NS-Zeit)

Karl-Heinz KAESBACH (TT) war von 1930 bis 1943 Redaktionsleiter eines Berliner Büros verschiedener auswärtiger Zeitungen, 1943–1945 Leiter der Zentralredaktion der Nach-

---

[35] Vgl. ebd., S. 517 und 'TT' 1945 f. und LEIDLMAIR a. a. O.
[36] Vgl. ebd., S. 521.
[37] Vgl. Dokumentationsarchiv, a. a. O., Band 2, S. 421.
[38] Vgl. HAUSJELL a. a. O., S. 530.
[39] Vgl. ebd., S. 222 u. 547 und 'TNZ' 1945 ff.
[40] Vgl. 'AL' 1920–1934.

richtenagentur „Transozean-Europa-Presse". Angeblich war er vor 1945 auch im deutschen Propagandaministerium vertreten. Er stieß 1945 als Redakteur zur 'TT', wurde dann von den Franzosen kurzfristig interniert, jedoch nicht verurteilt. Anschließend kehrte er nach Deutschland zurück, blieb der 'TT' jedoch als Korrespondent verbunden (neben anderen journalistischen Tätigkeiten). In den Achtzigerjahren war er Deutschland-Korrespondent der 'TT' mit Sitz in München.[41] (Kontinuität Weimarer Republik/NS-Zeit/II. Republik)

Ernst KAINRATH (IN), Deutscher, wurde am 15. April 1938 kommissarischer Hauptschriftleiter des NS-Organs 'IN', danach Hauptschriftleiter und Verantwortlicher für Politik des Blattes (bis Oktober 1944), ehe er zur Wehrmacht einrückte. Seine Leitartikel hatten vor allem die Beweihräucherung des Führers zum Thema, seine Schriftführung wurde vom SD jedoch als Manko empfunden, da er zu wenig auf die Bedürfnisse des Landes einging (lt. SD). Er war mit ziemlicher Sicherheit nach 1945 nicht mehr in Österreich publizistisch tätig.[42]

Ludwig KLEIN (VZ) war ursprünglich Gemeindearbeiter in Wien, 1934–1938 Bezirksleiter der illegalen Sozialdemokratie in Wien; im August 1938 emigrierte er nach Zürich, kam 1945 zunächst nach Vorarlberg, dann nach Innsbruck, wo er erster Chefredakteur des wiedererstandenen SP-Parteiblattes 'VZ' wurde und auch den 'Vorarlberger Volkswillen' mitredigierte.

1951 wurde er Chefredakteur der APA.[43] Journalistische Erfahrung hatte er zwar keine mitgebracht, dürfte sich seit 1945 jedoch gut eingearbeitet haben. (keine Kontinuität)

Dr. Anton KLOTZ (TA, TT) war nach dem Ersten Weltkrieg Redakteur des 'TA', ehe er nach Südtirol zur 'BC' und zum 'Tiroler' ging.

Als Ausländer wurde er 1921 ausgewiesen und wechselte wieder zum 'TA' nach Innsbruck, wo er Redakteur, anschließend Chefredakteur wurde.[44] Dort blieb er bis 1936, ehe er von Kanzler Schuschnigg als Leiter des Bundespressedienst (vaterländisch) nach Wien berufen wurde. 1932–1936 erschienen auch mehrere Buchpublikationen. 1938 wurde er – als exponierter Vertreter des Ständestaates – ins KZ Buchenwald verbracht (bis 1941). Die Jahre 1942–1944 sind nicht exakt wiederzugeben: Ein Jahr nach seiner KZ-Entlassung tauchte ein „SS-Kriegsberichterstatter Anton Klotz" auf, der von Beruf Journalist war. Zwar erscheint es unwahrscheinlich, daß ein eben aus dem KZ Entlassener der SS beitrat und an der Front als Kriegskorrespondent tätig wurde. Die Lücke in Klotz' Lebenslauf jedoch deutete darauf hin, daß er – eventuell als Entlassungsbedingung aus dem KZ – der SS beitreten mußte. In dieser Zeit verfaßte er auch ein Dokument über das KZ, das später im Nürnberger Prozeß Verwendung fand.

Ab Juni 1945 war er Redakteur, ab August Chefredakteur der 'TT' (bis zu seinem Tod 1961) und wurde im November Teilhaber des Blattes. Er war somit erwiesenermaßen exponiert im Ständestaat tätig und nach der KZ-Haft möglicherweise SS-Journalist gewesen. Mit Sicherheit war er jedoch antinationalsozialistisch eingestellt.[45] (Kontinuität I. Rep./Ständestaat/II.Rep.)

---

[41] Vgl. HAUSJELL a.a.O., S. 229f. u. 558 und 'TT' 1945ff.
[42] Vgl. 'IN' 1938–1944.
[43] Vgl. HAUSJELL a.a.O., S. 236 u. 575 und 'VZ' 1945ff.
[44] Vgl. Tyrolia-Athesia a.a.O., S. 44ff.
[45] Vgl. HAUSJELL a.a.O., S. 227 u. 576 und 'BC' u. 'T' 1920/21, 'TA' 1922–1936, 'TT' 1945ff. und 50 Jahre Tiroler Tageszeitung, a.a.O., S. VII.

Dr. Hans KNESS (TN), beim Tyrolia-Verlag beschäftigt und wie Klotz 1921 aus Südtirol ausgewiesen, war anschließend in Wien und Innsbruck wiederum bei Tyrolia als Journalist mit betont katholischer Haltung tätig. 1938 wurde er gekündigt und ging zum „Kösel & Pustet-Verlag" nach München. 1945 kehrte er nach Tirol zurück, wurde freier Mitarbeiter der 'TN' und 1947 (bis 1965) deren Chefredakteur. Zugleich war er Geschäftsführer des VP-Blattes.[46] (Kontinuität I. Rep./Ständestaat/II. Rep.)

Simon KOMPEIN (KP-Blätter), KP-Politiker und Journalist aus Kärnten, war 1932 vom ZK in verschiedene österreichische Orte als Instruktor geschickt worden. Dabei kam er 1935 auch nach Tirol und Vorarlberg, wo er auch illegale KP-Blätter (Tiroler Volkszeitung, Rote Volkszeitung) herausgab, ehe eine Geheimdruckerei ausgehoben und Kompein 1935 zu zweieinhalb Jahren Kerker verurteilt wurde. Nach seiner vorzeitigen Enthaftung war er weiter illegal tätig, wurde 1939 von der Gestapo verhaftet und ins Zuchthaus, anschließend ins KZ Dachau gebracht. Im Oktober 1945 wurde er Chefredakteur des Kärntner KP-Organs 'Volkswille'.[47] (Kontinuität I. Rep./II. Rep.)

Dr. Karl LAMPERT (TA) war Nachfolger des 1936 verstorbenen Tyrolia-Präsidenten Aemilian Schöpfer. Nach dem Anschluß 1938 wurden eine Reihe katholischer Zeitschriften (mit ca. 100.000) Abonnenten) sowie der 'TA' und der 'Volksbote' eingestellt, die Tyrolia in den „Deutschen Alpenverlag" umgewandelt.[48]

Generaldirektor Schiemer und andere Mitarbeiter wurden verhaftet. Dr. Lampert wurde am 5. Juli 1940 inhaftiert und im Oktober ins KZ Dachau gebracht, danach nach Sachsenhausen, im August 1941 wieder entlassen. Im Februar 1943 wurde er erneut verhaftet (jeweils auf Grund seiner katholischen und vorherigen verlegerischen Tätigkeit) und ins Gestapo-Gefängnis Stettin überstellt. Am 13.11.1944 wurde er wegen Wehrkraftzersetzung und anderer „Delikte" hingerichtet.[49]

Michael LAP, Tiroler Journalist, wurde am 23. Juni 1938 nach Dachau verschleppt.[50]

Eduard und Adolf LIPPOTT (TG), Verleger und Drucker des 'TGB' in Kufstein, waren wie ihr Vater dem Deutschnationalismus verpflichtet gewesen, weshalb ihr Blatt 1938 auch nicht gleichgeschaltet werden mußte. Die Brüder Lippott konnten ihren Verlag ohne Bruch weiterführen und beschäftigten vor 1934 und nach dem Anschluß auch den Nazi Dr. Blattl (s. o.).

Nach dem Ende des Nazi-Regimes, im Jahr 1952, konnten Adolf als Schriftleiter, Verleger und Herausgeber und Eduard als Drucker wieder publizistisch tätig sein.[51] Deutlicher als in anderen Blättern war in diesem Lokalorgan die Kontinuität aus der I. Republik über den Ständestaat (unterdrückt, das Blatt erschien jedoch) und vor allem den NS-Staat in die II. Republik evident.

Ab 1946 wurde Ellek LUSTMANN (TNZ), Parteifunktionär der KPÖ, fallweise als „Gastarbeiter" zur 'TNZ' nach Innsbruck entsandt. Kontinuität zur NS-Zeit war nicht gegeben, auch konnte er auf keine journalistische Erfahrung vor 1945 zurückgreifen.[52]

---

[46] Vgl. ebd., S. 577 und Tyrolia-Verlag Süd- und Nordtirol 1920–1938, 'TN' 1945 ff.
[47] Vgl. ebd., S. 583.
[48] Vgl. Dokumentationsarchiv, a. a. O., Band 2, S. 150 f.
[49] Vgl. Zeugen des Widerstandes, a. a. O., S. 48 f.
[50] Vgl. Dokumentationsarchiv, a. a. O., Band 2, S. 393.
[51] Vgl. 'TG' bzw. 'TV' 1920–1945, 1952.
[52] Vgl. HAUSJELL a. a. O., S. 224.

2.3 Die Personen

Dr. Otto LUTTEROTTI (IN) arbeitete ab 1938 als Universitäts-Assistent in Innsbruck, wo er 1942 habilitierte (aus politischen Gründen ohne venia leg.), 1944 denunziert und entlassen wurde. Von Dr. Hammer hatte er den Kunstgeschichte-Lehrstuhl übernommen, zudem hatte er während der NS-Zeit Bücher veröffentlicht und beim Gaublatt 'IN' mitgearbeitet. Ab Dezember 1945 war er für kurze Zeit Mitarbeiter der unabhängigen 'TT'.[53] (Kontinuität NS-Zeit/II.Rep.)

Dr. Erich MAIR (TA, TN) war bereits 1922 Chefredakteur des Bozner Tyrolia-Blattes 'Der Tiroler' gewesen, in der Folge in Innsbruck beim 'TA' als leitender Redakteur tätig. Nach 1936 war er angeblich im Statistischen Reichsamt in Berlin beschäftigt. 1945 nach Innsbruck zurückgekehrt, war er führend in der Südtirol-Frage engagiert und schrieb ab Dezember für die 'TN' und andere Blätter als freier Mitarbeiter.[54] (Kontinuität I. Rep./Ständestaat/II. Rep.)

Ernst MAIR (TNZ) war vor 1940 kaufmännischer Angestellter in Innsbruck, anschließend wurde er zum Reichsarbeitsdienst einberufen, danach kam er zur Wehrmacht; wegen politischer Äußerungen wurde er zu einem Strafbataillon versetzt, ehe er in Kriegsgefangenschaft (bis 1945) geriet. Beruflich unerfahren, war der Anti-Nationalsozialist ab 1946 Lokalreporter, ab 1947 Redakteur der 'TNZ'.[55] (keine Kontinuität)

Leonidas MARTINIDES (TN) hatte 1925 beim 'Neuen Wiener Journal' seine journalistische Tätigkeit begonnen, von 1930 bis Mai 1938 war er Chefredakteur beim 'Ennstaler' (christlichsozial), ehe er in Graz inhaftiert wurde, Arbeitsverbot und Gauverweisung bekam. Schon Ende 1938 wurde er jedoch Chefredakteur des 'Neuen Wiener Journals'. Als Mitarbeiter des Reichenberger Blattes 'Die Zeit' (ab 1941) befleißigte er sich eindeutig nationalsozialistischer Schreibweise.

Ab 1945 war er als freier Mitarbeiter neben anderen Blättern bei den 'TN' tätig, später wurde er Vorstandsmitglied der Concordia, „Presserat"-Mitbegründer und Publizistik-Lehrbeauftragter in Wien und Salzburg.[56] (Kontinuität I. Rep./Ständestaat/NS-Zeit/II. Rep.)

Hans METZLER (IN), Journalist aus Tirol oder Vorarlberg, war Mitglied des „Reichsverbandes der deutsche Presse" und Kriegsberichterstatter der Wehrmacht. 1942–1944 erschienen Kriegsberichte unter anderem in der 'Donauzeitung' und in den 'IN' (Mitte 1943, während des Heimaturlaubes in Tirol) in eindeutiger NS-Schreibweise. Ab Dezember 1945 war er Mitarbeiter und Leitartikler beim 'Vorarlberger Volksblatt'.[57] (Kontinuität NS-Zeit/II. Rep.)

Joseph Stefan MOSER (TT) war Tiroler Medienzar im klassischen Sinn und Mann der ersten Stunde der Tiroler Publizistik der II. Republik. Er begründete als erste Nachkriegszeitung Tirols die 'Wochenpost'.

Er wurde am 1. April 1918 in St. Gallen geboren, mit seinen Eltern (die aus Alpbach stammten) verbrachte er lange Zeit in der Schweiz, ehe er 1944 als verletzter Oberleutnant

---

[53] Vgl. ebd., S. 627 und LEIDLMAIR a. a. O.
[54] Vgl. ebd., S. 633 und 'T' 1922, 'TA' Dreißigerjahre, 'TN' 1945 ff.
[55] Vgl. ebd., S. 224 u. 634 und 'TNZ' 1946 ff.
[56] Vgl. ebd., S. 640 und 'TN' 1945 ff.
[57] Vgl. ebd., S. 651 und 'IN' 1943.

der deutschen Wehrmacht zurückkehrte und sich 1945 der Tiroler Widerstandsbewegung anschloß.

Schon bei der Gründung der 'TT' war Moser schließlich im Hintergrund tätig, als er beauftragt wurde, den Wiederaufbau der Wagner'schen Druckerei und des Verlages zu sichern. Er wurde kommissarischer Leiter und Treuhänder der Betriebe. Dabei erlangte er immer mehr Einfluß auf die bei der WUB gedruckte 'TT', danach auch auf den neuen „Schlüsselverlag", als deren Geschäftsführer er ab 2. April 1947 auch Herausgeber der Zeitung wurde, was er bis zu seinem Tod am 8. April 1993 (zudem Chefredakteur bis Anfang der Neunzigerjahre) blieb.

Moser führte das Blatt zu seiner bis heute unangefochtenen Quasi-Monopolstellung am Tiroler Tageszeitungsmarkt. Er war zudem Gründungsmitglied der APA und Vorstandsmitglied des VÖZ. Mit Einstieg der deutschen Springergruppe (anfangs 45%, 1993 65% Anteile) zog er sich als Chefredakteur und zunehmend auch von seiner Geschäftsführertätigkeit zurück. (keine Kontinuität). Vgl. dazu auch S. 65 und S. 351–354.

Dr. Manfred NAYER (TN, TT), Innsbrucker Journalist, war 1937–1945 Jagdflieger bei der Wehrmacht und kam 1945 schwer verwundet als Mitarbeiter zu den 'TN'. Ab 1946 war er Wirtschaftsredakteur der 'TT' sowie Chefredakteur-Stellvertreter und Gesellschafter des Schlüsselverlages, 1961 bis ca. 1970 Chefredakteur des Blattes, anschließend Korrespondent des 'Liechtensteiner Volksblattes'.[58] (keine Kontinuität)

Dr. Egon OETZBRUGGER (TT) war von 1938 bis 1942 HJ-Mitglied, Student (Dramaturgie, Journalistik) und im Krieg Gebirgsjäger der deutschen Wehrmacht. 1946 wurde er freier Mitarbeiter (Theaterkritiker) der 'TN', 1947 redaktioneller Mitarbeiter der 'Stimme Tirols', ab 1948 Chefredakteur der 'Freien Presse', 1954 Mitarbeiter für Kultur bei der 'TT', 1959 schließlich Redakteur und Ressortleiter des Blattes.[59] (bedingte Kontinuität NS-Zeit/II. Rep.)

Dr. Fritz OLBERT (IN) war im Ständestaat Student und schloß 1940 an der Universität Innsbruck mit einer stark NS-lastigen Dissertation zur Tiroler Tagespresse ab. Ab 26. März 1938 zeichnete er als Chefredakteur für den Inhalt der gleichgeschalteten 'Deutschen Volks-Zeitung' verantwortlich (sowie als Chef vom Dienst und Leiter des Politikressorts). Schon 1935 war er in die Redaktion eingetreten. Nach der Einstellung des Blattes im April 1939 wechselte er zum NS-Organ 'IN', wo er ab Juli als Verantwortlicher für (NS-)Bewegung und die Gauhauptstadt geführt wurde. Über seinen weiteren Werdegang konnten keine Fakten erhoben werden.[60] (Kontinuität Ständestaat/NS-Zeit)

Karl PAULIN (IN) war seit 1919 Verwalter des Wagner'schen Zeitungsverlages, 1919–1938 Redakteur der 'IN', 1938–1945 Kulturschriftleiter des Gauorgans 'IN' sowie Schriftleiter der ebenfalls gleichgeschalteten Zeitschrift 'Bergland'. Daneben veröffentlichte er Bücher. 1944 feierte er im Gauverlag sein 25jähriges Berufsjubiläum als Redakteur. 1945/46 war er Schriftleiter des 'Alpenboten' in Innsbruck und Leiter des Wagner'schen Buchverlages.[61] (Kontinuität I. Rep./Ständestaat/NS-Zeit/II. Rep.)

---

[58] Vgl. ebd., S. 667 und 'TN' 1945, 'TT' 1946 ff.
[59] Vgl. ebd., S. 680 und 'TN' 1946, 'TT' 1954 ff.
[60] Vgl. 'VZ' bzw. 'DVZ' 1935–1939, 'IN' 1939 ff.
[61] Vgl. HAUSJELL a.a.O., S. 691 und 'IN' 1945.

Dr. Walter PEMBAUR (AL) wurde als Nachfolger In der Maurs Chefredakteur des Anschlußorgans 'AL', blieb in dieser Funktion jedoch nur kurze Zeit (1922). In der II. Republik war er Bürgermeister von Innsbruck.[62] (Kontinuität I. Rep./II. Rep.)

Dr. PFLÜGL (TG), Unterstaatssekretär des Außenamtes a.D., war als Leitartikler (zumeist ausländische Politik, vor allem Südtirol-Problematik) beim großdeutsch ausgerichteten und für den Anschluß eintretenden 'TG' in Kufstein tätig. Vor allem 1928 trat er wiederholt vehement für die Wiedervereinigung Tirols ein. Nach mehreren Verwarnungen im Ständestaat wegen der großdeutschen Schreibweise wurde ihm 1937 untersagt, weiterhin im 'TG' zu publizieren, nachdem ihm zuvor schon jede anderweitige schriftstellerische Tätigkeit untersagt worden war. Nach dem Anschluß konnte Pflügl wieder im 'TG' veröffentlichen.[63] (Kontinuität I. Rep./Ständestaat, nur bedingt/NS-Zeit)

Ernst PROCOPOVICI (TT) war ab 1933 Chefredakteur und Miteigentümer des Presse- und Nachrichtenbüros „Österreichischer Zeitungsdienst", das er im März 1938 in Übereinkunft mit den beiden jüdischen Miteigentümern alleine übernahm (bis 1942). Um dieses Büro weiterführen zu können, trat er 1939 der SA bei. Vermutlich weil er bis 1938 aktiv bei der Heimwehr tätig gewesen war wurde er jedoch 1941 von der NSDAP abgelehnt und aus der SA entlassen. 1942 war, er bei der deutschen Wehrmacht, kam in Kriegsgefangenschaft, aus der er erst im November 1945 zurückkehrte.

Im Jänner 1946 wurde er in Innsbruck Lokal- und Gerichtssaalredakteur der 'TT', 1948 Obmann der Tiroler Landesorganisation der Journalistengewerkschaft.[64] (Kontinuität I. Rep./Ständestaat/NS-Zeit, nur bedingt/II.Rep.)

Dr. Eduard REUT-NICOLUSSI (TA, TT, TN), einer unter den letzten Südtiroler Mandataren im alten Reichsrat bzw. im neuen republikanischen Parlament der I. Republik, dann Südtiroler Abgeordneter im römischen Parlament, publizierte in Südtiroler Tyrolia-Blättern (Zwanzigerjahre) und veröffentlichte mehrere Bücher (u.a. „Tirol unterm Beil"), zudem schrieb er in der I. Republik für den 'TA'. Im Krieg war er aktiver Widerstandskämpfer. Reut-Nicolussi war auch Professor für Völkerrecht und 1951/52 Rektor der Universität Innsbruck.

Nach der Befreiung 1945 war er zuerst bei der 'TT' als Mitarbeiter, anschließend als Mitbegründer und Mitarbeiter bei den 'TN' journalistisch tätig.[65] (Kontinuität I. Rep./II. Rep.)

Max RIEDER (TT), 1943–1945 bei der deutschen Wehrmacht, wurde im Juli 1945 ohne journalistische Erfahrung ständiger Mitarbeiter der 'TT' bis etwa 1946. Anschließend arbeitete er als Redakteur für die Wiener 'Welt am Abend'.[66] (keine Kontinuität)

Josef RONCZAY (VZ) war vor 1938 Redakteur der 'VZ' (bis 1934 sozialdemokratisch, danach Organ der staatlichen Gewerkschaften und der Arbeiterkammer), nach dem Anschluß und der Gleichschaltung bis ca. 1939 ständiger Mitarbeiter für Sport und Feuilleton der 'DVZ'. Später wurde er als aktiver Widerstandskämpfer verfolgt und inhaftiert.

1945 wurde er KP-Landesrat der provisorischen Tiroler Regierung und arbeitete von

---

[62] Vgl. 'AL' 1922.
[63] Vgl. 'TG' 1925–1937, 1938ff.
[64] Vgl. HAUSJELL a.a.O., S. 229 u. 718 und 'TT' 1947ff.
[65] Vgl. Tyrolia-Zeitungen der Zwanzigerjahre, 'TT' 1945, 'TN' 1945ff. und LEIDLMAIR a.a.O.
[66] Vgl. HAUSJELL a.a.O., S. 730 und 'TT' 1945f.

Juli bis Oktober für die 'TT'. Ab November war er als Landesobmann der Tiroler KPÖ auch als Herausgeber der 'TNZ' tätig. Außer als Leitartikler war er für das KP-Blatt nicht journalistisch tätig.1946 folgte der Austritt oder Ausschluß aus der KPÖ.[67] (Kontinuität Ständestaat/NS-Zeit/II. Rep.)

Dr. Juliane SAUTER (TN, ehem. Pleschner) promovierte 1936, übersiedelte nach Berlin und kam 1942 nach Tirol (Seefeld) zurück. Ab Dezember 1945 war sie Feuilletonredakteurin der 'TN', 1947–52 Kulturredakteurin (Theater, Kunst) und arbeitete zudem beim Hörfunk, später auch für die 'Furche' und die 'SN'.[68] (keine journalistische Kontinuität)

Dr. Karl SCHADELBAUER (IN, TN) publizierte in der I. Republik und während des Ständeregimes (Historisches), hauptberuflich war er Arzt. 1938–1945 war er ständiger Mitarbeiter des NS-Organs 'IN' mit eindeutig antisemitischer Schreibweise. Ab Dezember 1945 war der damit vorbelastete Arzt Mitarbeiter der 'TN', Leiter des Innsbrucker Stadtarchivs, Lektor an der Universität Innsbruck, Herausgeber und Buchautor.[69] (Kontinuität I. Rep./Ständestaat/NS-Zeit/II. Rep.)

Dr. Josef SCHEIDLE (TBZ) war ab 1933 Redakteur, ab 1934 verantwortlicher Redakteur der 'TBZ' und damit exponiert im Ständestaat tätig. Nach dem Anschluß wurde er ausgeschieden (als Angestellter der 'TBZ' war er auch Angestellter des Bauernbundes), jedoch ab 14. Juli 1938 wieder als Verantwortlicher für den Gesamtinhalt des Blattes eingestellt. Unter anderem wurde er wieder beschäftigt, weil laut SD die Berichterstattung bezüglich Tirol-Bezug und Agrarischem zu wünschen übrig ließ – Scheidle sollte dieses Manko ausbessern. Er blieb in dieser Position bis zum Ende des Blattes (resp. 'TLB'/'Landbote') im April 1945. Nach dem Krieg trat Scheidle in den Dienst der Landesregierung, wurde zum Hofrat ernannt und war dann als Leiter und Intendant von Radio Tirol am Aufbau des ORF-Landesstudios Tirol beteiligt.[70] (Kontinuität Ständestaat/NS-Zeit/II. Rep.)

Albert SCHIEMER (Tyrolia) wurde 1945 vom Ordnungsausschuß der Tiroler Widerstandsbewegung als Treuhänder und kommissarischer Leiter des 1938 gleichgeschalteten Tyrolia-Verlages, also des „Deutschen Alpenverlages", wie das Unternehmen in der NS-Zeit hieß, eingesetzt. Er schaffte es, daß die Betriebe weitergeführt werden konnten, als ob sie bereits wieder offiziell im Eigentum der Tyrolia – also des rechtmäßigen Besitzers – wären. Ab Oktober 1945 konnten Betrieb (Druckerei, Verlag, Buchhandlungen, Zeitungen) und Vermögenschaften wieder unter dem eigentlichen Firmennamen „Tyrolia" geführt werden. Schiemer war als Tyrolia-Verantwortlicher 1938 von den Nazis verhaftet worden, nun wurde er Generaldirektor des Unternehmens. Im Nationalsozialismus konnte er nicht verlegerisch tätig sein.[71]

Schiemer hatte bereits 1909 für den Verlag gearbeitet, zuerst in Brixen, und trug wesentlich zum Aufstieg des Unternehmens bei. Nach der Firmentrennung 1925 wurde er Generaldirektor des Nordtiroler Zweiges. (Kontinuität I. Rep./Ständestaat/II. Rep.)

Erich P. SCHMIDT (TNZ) war im Dezember 1945 als „junger Bursche" zum Tiroler KP-Organ 'TNZ' gestoßen und arbeitete als Kultur- und Sportredakteur.[72] (keine Kontinuität)

---

[67] Vgl. 'VZ' bzw. 'DVZ' 1938/39, 'TT' 1945, 'TNZ' 1945/46.
[68] Vgl. HAUSJELL a.a.O., S.756 und 'TN' 1945ff.
[69] Vgl. ebd., S.758 und 'TN' 1945ff.
[70] Vgl. 'TBZ' bzw. 'TLB' 1933–1945.
[71] Vgl. Tyrolia-Athesia a.a.O., S.22ff. u. 33 u. 94ff.
[72] Vgl. HAUSJELL a.a.O., S.224 und 'TNZ' 1945f.

Karl Heinz SCHMIDT (TA, TT) war vor dem Krieg nebenberuflich freier Sportjournalist beim vaterländischen 'TA'. Von 1938 bis Kriegsende war er bei der Wehrmacht. Ab Ende 1945 bzw. Anfang 1946 arbeitete er als Sportredakteur für die 'TT' und wurde 1947 provisorischer Obmann der Tiroler Journalistengewerkschaft. Bis 1954 war er Leiter des Sportressorts der 'TT'.[73] (Kontinuität Ständestaat/II. Republik)

Wendelin SCHÖPF (VZ) schien 1946/47 als verantwortlicher Redakteur der sozialistischen 'VZ' auf, verrichtete jedoch keine redaktionellen Arbeiten. Er war zudem Sekretär der Tiroler Textilarbeitergesellschaft und Innsbrucker Gemeinderat. Im Ständestaat war er zeitweilig wegen illegaler politischer Betätigung für die Sozialisten inhaftiert.[74] (keine Kontinuität)

Dr. Arthur SCHUSCHNIGG, Wiener Kunsthistoriker und Journalist, war von 1926 bis 1933 freier Mitarbeiter bei Tiroler Zeitungen (Kultur), hauptberuflich im Tiroler Landesmuseum beschäftigt.

Von 1933 bis 1938 war er bei der RAVAG, ehe er entlassen wurde. 1940 bis 1945 diente er bei der Wehrmacht. Im Juni 1945 war er kurze Zeit Mitarbeiter der 'SN', danach beim Aufbau von Radio Tirol tätig.[75] (Kontinuität I. Rep./Ständestaat/II. Rep.)

Dr. Josef SEIDL (IN) war in der I. Republik und teilweise im Ständestaat verantwortlicher Schriftleiter bei den deutschnationalen 'IN' und deren Abendblatt 'NZ'. Im NS-Regime zeichnete er für Theater, Kunst und Beilagen der gleichgeschalteten 'IN' verantwortlich, ehe er mit hoher Wahrscheinlichkeit zur Wehrmacht einrückte.[76] (Kontinuität I. Rep./Ständestaat/NS-Zeit)

Der Deutsche August SIEGHARDT (TG) war teilweise Redakteur bzw. Hauptschriftleiter des 'TG' in Kufstein in den Dreißigerjahren und ab 1940 während des Nationalsozialismus. Bereits 1912–1922 war er Schriftleiter des Blattes gewesen. Zwischenzeitlich dürfte er sich wiederholt in Deutschland aufgehalten haben. Als das von 1938 bis 1945 nationalsozialistische Blatt 1952 wiedererschien, war Sieghardt bereits ab der Nr. 2 wieder als Autor tätig.[77] (Kontinuität Monarchie/I. Rep./Ständestaat/NS-Zeit/II. Rep.)

Josef SINGER (AB) war während des Austrofaschismus (ab Februar 1936) verantwortlicher Schriftleiter des katholischen Organs des Ständestaates 'Außferner Bote' und konnte diesen Posten auch nach dem Anschluß halten. Mit der Übernahme der „Außferner Buchdruckerei GesmbH" der Brüder Knittel durch Franz Werk schied jedoch auch Singer aus. Nach der Annexion hatte sich Singer als illegaler Nazi entpuppt.[78] (Kontinuität Ständestaat/NS-Zeit)

Rudolf SPIREK (TA, TN) war schon 1915 Redakteur des Tyrolia-Blattes 'BC', in der Folge für den Verlag tätig. Ab 1931 bis 1936 war er verantwortlicher Schriftleiter des christlichsozialen bzw. vaterländischen 'TA', ab 1936 Verantwortlicher im Sinne des Preßgesetzes. Nach dem Weltkrieg wurde er Lokalredakteur und stellvertretender Chefredakteur des

---

[73] Vgl. ebd., S. 768 und 'TA' Dreißigerjahre, 'TT' 1945 ff.
[74] Vgl. ebd., S. 236 und 'VZ' 1946 f.
[75] Vgl. ebd., S. 782.
[76] Vgl. 'IN' 1933 u. 'NZ' 1926 ff.
[77] Vgl. 'TG' 1912 ff., 1952.
[78] Vgl. 'AB' 1936 ff.

VP-Blattes 'TN', ab April 1947 zeichnete er für den Inhalt verantwortlich.[79] (Kontinuität Monarchie/I. Rep./Ständestaat/II. Rep.)

Dr. Richard STEIDLE (TA), seit 1913 Rechtsanwalt in Innsbruck, war Gründer und Führer der Tiroler Heimatwehr, Landtagsabgeordneter, Bundesrat, Sicherheitsdirektor für Tirol; er wurde 1933 bei einem NS-Anschlag verletzt. Ab 1934 war er Bundeskommissär für Propaganda; als solcher publizierte er in mehreren vaterländischen Zeitungen, unter anderem auch im 'TA'. Nach dem Anschluß wurde er in Wien inhaftiert und ins KZ Buchenwald verbracht, wo er am 30. August 1940 „auf der Flucht" erschossen wurde.[80] (Kontinuität Monarchie/I. Rep./Ständestaat)

Ludwig STRATMANN, Tiroler Student und Journalist, wurde nach dem Anschluß verhaftet und am 31. Mai 1938 ins KZ Dachau verbracht.[81] (keine Kontinuität)

Alfred STROBEL (IN), vor 1934 Journalist der 'IN', wurde als illegaler Nazi im Ständestaat mehrfach inhaftiert und dann mit Beschäftigungsverbot belegt. Er ging 1935 nach Deutschland zum „Deutschen Nachrichtenbüro Berlin" und kam 1938, mit dem Anschluß, als kommissarischer Leiter des NS-Organs 'IN' nach Innsbruck zurück. Später stieg er zum Hauptschriftleiter der vom DNB herausgegebenen Sonderdienste auf. In den Fünfzigerjahren arbeitete er im Kulturressort der 'TT'.[82] (Kontinuität I. Rep./NS-Zeit/II. Rep.)

Anton THIEL (TN, TT) war 1938/39 HJ-Mitglied, von 1941 bis Kriegsende bei der deutschen Luftwaffe. Ab Sommer 1946 arbeitete er als Sportredakteur für die 'TN', bei denen er bis 1954 als Redakteur für Lokales, Sport und Kultur blieb, ehe er als Ressortleiter zur 'TT' wechselte. Er starb im Jahr 1993.[83] (keine journalistische Kontinuität)

Wolfgang THOMAS (IN) war seit 1931 Journalist bei Wiener Zeitungen und übersiedelte 1936 nach Berlin (ebenfalls als Redakteur).

Er war NSDAP- und Reichsschrifttumskammer-Mitglied. Auf ministeriellen Auftrag wurde er am 14. März 1938 nach Wien entsandt und dort als Schriftleiter der 'Neuen Freien Presse' eingesetzt. Nach deren Einstellung wechselte er in die Redaktion des 'Neuen Wiener Tagblattes'. Nach kurzer Zeit bei der Wehrmacht arbeitete er weiter journalistisch für österreichische Blätter, so auch für die 'IN', für die er eindeutig nationalsozialistische Leitartikel verfaßte. 1945 kam er nach Salzburg, wo er bereits ab September ständiger Mitarbeiter der 'SN' und dann Redakteur wurde. Ab Mitte November war er beim amerikanischen ISB angestellt (kulturelle Angelegenheiten). Als jedoch seine NSDAP-Mitgliedschaft bekannt wurde und er dies im Fragebogen der Amerikaner nicht erwähnt hatte, wurde er im Februar 1946 vom ISB entlassen.[84] (Kontinuität I. Rep./NS-Zeit/II. Rep.)

Dr. Alfons WEISSGATTERER (TT, TN) war Mitglied des Exekutivausschusses der Tiroler Widerstandsbewegung und Politiker. Er wurde 1945 Nachfolger von Dr. Gruber als Landes-

---

[79] Vgl. HAUSJELL a.a.O., S.219 und 'BC' 1915, 'TA' 1931–1938, 'TN' 1945 ff.
[80] Vgl. Zeugen des Widerstandes, a.a.O., S.94.
[81] Dokumentationsarchiv, a.a.O., Band 2, S.391.
[82] Vgl. 'IN' vor 1934, 1938 und 50 Jahre Tiroler Tageszeitung, a.a.O., S. XXVI.
[83] Vgl. HAUSJELL a.a.O., S.828.
[84] Vgl. ebd., S.829f. und 'IN' 1943, 'SN' 1945.

hauptmann. Er publizierte vorerst in der 'TT' (v. a. Leitartikel), anschließend ab November im VP-Organ 'TN'.[85] (keine Kontinuität)

Michael WEISKOPF (BC, TT), Osttiroler Priester, war 1917 Chefredakteur der 'BC', 1918 des 'Tirolers' in Bozen. Wie Klotz und Kness wurde auch er 1921 aus Südtirol ausgewiesen. Später leitete er in Innsbruck das 'Kirchenblatt' und das Seelsorgeamt und blieb bis zu seinem Tod Generalvikar der Diözese Innsbruck. In der NS-Zeit war er mehrfach, teilweise wegen „Presseangelegenheiten", inhaftiert.[86] Nach dem Krieg publizierte er fallweise in der 'TT'. (Kontinuität Monarchie/I. Rep./Ständestaat/II. Rep.)

Fritz WÜRTHLE (TN) hatte aus der I. Republik und dem Ständestaat journalistische Erfahrung; er war später Mitglied des Exekutivausschusses der Tiroler Widerstandsbewegung und gab als dessen Schriftleiter die Nr. 1 der 'TN' am 4. Mai 1945 heraus, die jedoch nur mit dieser einen Ausgabe erscheinen konnte. Er wurde dann Chefredakteur der von Joseph S. Moser gegründeten 'Wochenpost', war später Kulturjournalist, dann Kulturattaché in Bonn.[87] (Kontinuität I. Rep./Ständestaat/II. Rep.)

Reinhold ZIMMER (VZ) war von Beginn an in der wiedererstandenen 'VZ' als Redakteur tätig (November 1945). Bis 1933 hatte er in Schlesien bei der lokalen sozialistischen Presse gearbeitet, ehe er von den Nazis entlassen und mehrfach durch SA und Gestapo verfolgt wurde. Ab 1935 war er unter anderem als Werbeberater sowie als freischaffender Unterhaltungsschriftsteller tätig, 1940 wurde er zur Wehrmacht eingezogen.

In den ersten Monaten des Wiedererscheinens der 'VZ' zeichnete er seine Artikel mit dem Pseudonym „Fürchtegott Frechsdachs". Somit war er in den Jahren 1945 bis 1947 der einzige Redakteur des SP-Blattes, der vor 1945 journalistische Erfahrung gesammelt hatte.[88] (Kontinuität Schlesien vor 1933/II. Rep.)

---

[85] Vgl. 'TT' 1945, 'TN' 1945 ff.
[86] Vgl. Tyrolia-Athesia a. a. O., S. 24 ff. und Dokumentationsarchiv, a. a. O., Band 2, S. 349 und 'TT' 1945, 'BC' 1917, 'T' 1918.
[87] Vgl. Dokumentationsarchiv, a. a. O., Band 2, S. 576 und 50 Jahre Tiroler Tageszeitung, a. a. O., S. VIII.
[88] Vgl. HAUSJELL a. a. O., S. 236 ff. und 'VZ' 1945 ff.

3. Zusammenfassung

Erscheinungsweise

Insgesamt wurden im Untersuchungszeitraum 1914 bis 1947 für Nord-, Ost- und Südtirol 30 bzw. 31 (mit dem 'TA'-Abendblatt 'IZ') Zeitungen – Tageszeitungen und solche im weitesten Sinn (zwei-, drei- oder viermal wöchentliches Erscheinen) sowie Wochenzeitungen, die fallweise zum häufiger als einmal wöchentlichen Erscheinen übergingen – dargestellt.

Relativ grob eingeteilt – da bei einigen Zeitungen die Erscheinungsweise zwischen ein- und sechsmal wöchentlich schwankte, und die Zuordnung daher nicht eindeutig, ohne widersprüchlich zu sein, möglich war – ergab sich für Nord- und Osttirol folgendes Bild: Es kamen zehn bzw. elf (mit 'IZ') Tageszeitungen (mindestens fünfmal, teilweise bis zu dreizehnmal wöchentlich) heraus, vier Blätter, die zwischen zwei- und viermal pro Woche erschienen und zehn Zeitungen, die ein- bis zweimal wöchentlich publiziert wurden und somit zumeist Wochenzeitungs-Charakter aufwiesen.

In Südtirol erschienen drei Tageszeitungen (zumeist sechsmal pro Woche) und drei Blätter, die zwar auch teilweise sechsmal, zumeist jedoch nur ein- bis dreimal wöchentlich erschienen, also zeitweise den engeren Tageszeitungs-Charakter aufwiesen und zeitweise als Wochen- und Halbwochenschriften erschienen.

Titel

Von allen 30 (31) untersuchten Blättern zusammen betrachtet haben zehn (elf) Zeitungen ihren Titel während ihres Gesamterscheinungs-Zeitraumes nie geändert, sechs Zeitungen je einmal, 14 häufiger als einmal, davon wiederum neun Blätter zweimal (wobei des öfteren nach einem zwischenzeitlichen Wechsel wieder zum früheren Titel zurückgewechselt wurde), drei Blätter hatten ihren Titel dreimal, eines fünfmal und eines ('Bote für Tirol') gar achtmal gewechselt.[1]

Untertitel

Bei den Untertiteln gab es naturgemäß mehr Fluktuation: nur fünf (sechs mit 'IZ') Blätter haben ihren Untertitel nachweislich nie verändert bzw. hatten keinen solchen; bei drei Tyrolia-Lokalblättern konnte dies nicht verifiziert werden.

---

[1] Hier wurden alle Namensänderungen berücksichtigt, also nicht nur jene im eigentlichen Untersuchungszeitraum 1914–1947.

Der Großteil der Zeitungen (also 22 oder 25 – drei nicht verifiziert) verzeichnete somit Wechsel in der Untertitelgebung, wobei die Anzahl der Änderungen zwischen ein- und 17mal schwankte und sich insgesamt rund 160 Untertitelwechsel ergaben. Der Durchschnitt liegt somit bei fünf Wechseln.

Am häufigsten haben die 'TBZ'/'TLB' mit 17 Änderungen, die 'MZ'/'SLZ' mit 15, die 'IN' mit 13 und der 'TG'/'TV' mit vierzehn Änderungen ihren Untertitel gewechselt.[2]

Erscheinungsorte

Die untersuchten Zeitungen wurden während ihres gesamten Erscheinungszeitraumes an insgesamt 17 verschiedenen Orten hergestellt bzw. herausgegeben, wobei die Erscheinungsorte 27mal gewechselt wurden. Am häufigsten schienen naturgemäß Innsbruck (20mal) und Bozen (neunmal) als Erscheinungsorte auf, was die dominante Stellung der beiden „Metropolen" als Zeitungszentren bestätigte.

Die anderen Druck- bzw. Verlagsorte spielten dementsprechend nur untergeordnete Rollen. In Schwaz wurden zumindest zeitweise bzw. kurzfristig vier Blätter hergestellt bzw. verlegt, in Brixen erschienen dreimal Blätter, in Meran, Reutte, Imst und Lienz je zweimal; Wörgl, Kitzbühel und Kufstein schienen je einmal als Erscheinungsorte auf.

Die meisten Ortswechsel erlebte die sozialdemokratische 'VZ', die neben Dornbirn auch die Schweiz und Linz als Herstellungsorte verzeichnete. Der 'BT' erschien kurze Zeit in Trient, der 'AB' teilweise im deutschen Füssen, die 'LN' kamen ab März 1938 im Gauverlag in Klagenfurt heraus.

18 der 31 untersuchten Zeitungen haben ihren Erscheinungsort nie gewechselt; am öftesten wechselte die 'VZ' (viermal) ihren Erscheinungs- bzw. Herstellungsort, zwölf Blätter machten ein-, zwei- oder dreimalige Ortsveränderungen mit. Zum Beispiel wechselte der amtliche 'BT' seinen Erscheinungsort jeweils mit dem Wechsel des Tiroler Regierungssitzes, weshalb das Blatt in Brixen, Bozen, Trient und schließlich in Innsbruck ediert wurde (und wird).

Der 'AB' war in Reutte erschienen und mußte in der NS-Zeit nach Füssen ausweichen, kehrte zurück und wurde schließlich bis zu seiner Einstellung erneut in Füssen hergestellt.

Vgl. zu diesen Ausführungen die jeweiligen Zeitungs-Einzeldarstellungen, Unterkapitel „Erscheinungsort", „Allgemeine Chronik".

Erscheinungsdauer

Zusammengerechnet erreichten die 31 Blätter eine Gesamterscheinungsdauer von 1.282,5 Jahren (1813–1992), was einer durchschnittlichen Lebenszeit von 41,3 Jahren entspricht.

---

[2] Die Untertitel-Wechsel konnten nicht vollständig festgehalten werden, da v. a. die Südtiroler Blätter nach Ende des Untersuchungszeitraumes (1914–1918) bezüglich der Untertitel nicht komplett erfaßt wurden bzw. auch im entsprechenden Zeitraum nicht vollständig eingesehen werden konnten. Daraus ergeben sich kleinere Ungenauigkeiten. Insgesamt sind die genannten Werte jedoch relativ genaue Annäherungswerte.

Nahezu genau im Mittel lag 'DB', der 43 Jahre erschienen war.

Am längsten erschien und erscheint (Stand 2000) der amtliche 'BT', der es 2000 auf bereits 181 Erscheinungsjahre gebracht hat (1813–1940, 1946–2000). Am kürzesten erschienen die 'TSZ' mit knapp zwei Jahren, das Abendblatt 'IZ', das es lediglich auf vier Jahre brachte, die 'Außferner Zeitung' mit 6,5 Jahren und die 'Nordtiroler Zeitung', die ca. 10 Jahre bestand.

Auf ein langes Leben konnten die 'IN' mit 91,5 Jahren zurückblicken, ebenso die noch 2000 bestehende 'TBZ', die es bisher auf 98 Jahre Bestehen brachte, der 'TG' (1871–1967 und wieder ab 1986) sowie die älteste untersuchte Südtiroler Zeitung, die 'BZ', die 1922 nach 83 Jahren einging.

Von den untersuchten Blättern bestehen im Jahr 2000 lediglich noch die 1945 entstandene 'TT', der alte amtliche 'BT', der 'TG' und die 1902 gegründete 'TBZ'.

Nach den Entstehungsjahren war der 'BT' (1813) ältestes (am frühesten entstandenes) Blatt; es folgten die 'IN' (1854) bzw. die 'BZ' (1856 bzw. 1840), die 'NTS', die 1861 gegründet wurden, das '(Süd)-Tiroler Volksblatt' (1862) und die 'MZ', die 1867 entstand; zwischen 1880 und der Jahrhundertwende (Ende 1899) wurden acht Zeitungen ins Leben gerufen, von 1900 bis zum Beginn des Ersten Weltkrieges entstanden 10 der untersuchten Blätter.

In der Folge wurden bis 1938 noch vier – meist kurzlebige – Zeitungen gegründet. Nach dem Zweiten Weltkrieg bis zum Ende des Jahres 1945 wurden drei Blätter wiederbegründet ('VZ', 'BT', 'TBZ') und drei neu gegründet ('TT', 'TN', 'TNZ').[3]

Umfang

Der durchschnittliche Umfang der 31 Blätter lag – unabhängig von deren Erscheinungsweise – bei ca. acht bis zwölf Seiten, wobei es naturgemäß Schwankungen zwischen Wochentags- und Samstags- bzw. Sonntagsausgaben gab; Zweitgenannte wiesen zumeist um einige Seiten mehr Umfang auf, was vor allem auf ein gesteigertes Inseratenaufkommen und reichhaltigere redaktionelle Teile und Beilagen zurückzuführen war. Schwankungen des Umfangs ergaben sich auch entsprechend den verschiedenen politischen und wirtschaftlichen Zeiträumen, besonders auf Grund von Kriegs- und Krisenzeiten. Vor allem im Ersten und Zweiten Weltkrieg sank der Umfang des Großteils der Zeitungen auf zumeist lediglich zwei bis vier Seiten.

Auch nach 1945 hatten die neuen bzw. wiedererstandenen Blätter zumeist nur zwei Seiten, nur allmählich stieg der Umfang auf durchschnittlich vier bis acht Seiten.

Besonders zu Feiertagen wie Ostern, Pfingsten, Weihnachten und Neujahr wurden von den meisten Zeitungen umfangreichere Ausgaben ediert. Vor allem die großen Tageszeitungen erreichten Stärken von oft 24–30 und fallweise auch mehr Seiten.

Am umfangreichsten waren die 'IN', die 'VZ', der 'ATA', die 'TSZ', die 'TBZ', in Südtirol die 'BZ' und die 'MZ' sowie die 'BN' und der 'T'. Die Lokalblätter blieben meist nicht im Umfang der einzelnen Ausgaben zurück, sondern durch die geringere Erscheinungshäufigkeit im Gesamtumfang auf jeweils eine Woche umgerechnet.[4]

---

[3] Vgl. bei den einzelnen Zeitungen die Abschnitte „Erscheinungsdauer", „Allgemeine Chronik".
[4] Vgl. dazu ebd., Abschnitt „Umfang".

Formate/Änderungen

Die untersuchten 31 Blätter erschienen 1914–1947 zum Großteil im Kanzleiformat (15), fünf im Berliner Großformat, acht im Folio- und drei im Quartformat, wobei die Grenzen zwischen diesen jeweils fließend waren und die Formate in diesem Zeitraum 38mal gewechselt bzw. verändert (vergrößert oder verkleinert) wurden. Dabei nahmen 15 Zeitungen keine oder nur unwesentliche Formatänderungen vor, acht Blätter wechselten je einmal ihre Größe, zwei Blätter zweimal, drei Zeitungen veränderten ihr Format dreimal, ein Blatt fünf- und zwei Blätter sechsmal.

Entsprechend den Änderungen im Format veränderten sich naturgemäß auch die Satzspiegel bzw. die Druckflächen der Zeitungen.[5]

Umbruch/Änderungen

Im Layout überwog bei den Tiroler Zeitungen der dreispaltige Umbruch (24). Fünf Blätter erschienen vierspaltig, zwei zweispaltig. Der fünf- und mehrspaltige Umbruch war noch nicht – auch nicht beim Großformat – gebräuchlich.

16mal wurde der Umbruch verändert (Südtiroler Blätter im Zeitraum 1914–1918, Nord- und Osttirol 1914–1947), wobei der Wechsel vom drei- zum vierspaltigen überwog, der bei acht Zeitungen vorgenommen wurde. Dreimal wechselte man vom zwei- zum dreispaltigen, viermal vom vier- zum dreispaltigen Umbruch. Einmal ging man vom drei- zum zweispaltigen Erscheinungsbild über.[6]

Schriftart/Änderungen

Bei den verwendeten Schriftarten überwog im redaktionellem Teil (Brotschrift) die Fraktur, die bei 30 bis 31 Blättern zum Einsatz kam. Lediglich die kommunistische 'TNZ' (ab November 1945) erschien von Beginn an in Antiquaschrift, wurde jedoch nach der Umgestaltung 1950 in Fraktur gesetzt. Auch die 1945 wiedererstandene 'VZ' erschien bis 1947 in Antiqua, ab 1948 aus technischen Gründen wieder in Fraktur.

Zumindest teilweise (im redaktionellen Teil) wurde der Satz bei zwölf Zeitungen in Antiqua erstellt, vor allem auch in der Zeit der Nationalsozialisten, wobei es bei der Umstellung von Fraktur auf Antiqua jedoch offensichtlich Probleme gab und die Abänderung somit während des Krieges steckenblieb.

Schlagzeilen, Ressorttitel sowie Inserate erschienen jedoch bereits zu Beginn des Untersuchungszeitraumes fallweise, in den Folgejahren vermehrt im modernen Antiqua-Satz. Die 'VZ' druckte ab 1930 fallweise Beilagen in Antiqua.[7]

---

[5] Vgl. dazu ebd., unter „Formate" und „Satzspiegel".
[6] Vgl. dazu ebd., unter „Umbruch".
[7] Vgl. dazu ebd., unter „Schriftart", insbesondere Erklärungen dazu in der Anmerkung 5 zum Abschnitt 1.1 ('IN'), S. 72–73.

Gesinnung und Wechsel der politischen/ideologischen Richtung

Politische Gesinnungen bzw. ideologische Ausrichtungen der Zeitungen änderten sich 29mal. Berücksichtigt wurden hier sowohl freiwillige, selbstgewollte Wechsel bzw. Schwenke der Einstellung als auch Änderungen, die sich aus Wechsel der Eigentümer- bzw. Herausgeberstruktur ergaben, sowie erzwungene Richtungsänderungen (v. a. im Ständestaat und im Nationalsozialismus). 16 Zeitungen machten praktisch keinen wesentlichen Gesinnungswandel durch (vgl. Graphik 8).

Ausgangspunkt für die Zählung der Wechsel war jeweils die ursprüngliche ideologische Ausrichtung der Blätter zu Beginn ihres Erscheinens.

Die Amtsblätter waren jeweils dem politischen Wechsel der Landesregierungen unterworfen, wie etwa der 'BT', der von liberalen, christlichsozialen, vaterländischen, nationalsozialistischen Landesführungen und schließlich 1946 wieder von einer demokratischen Regierung herausgegeben wurde. Auch der 'AB' in Reutte machte die Wechsel vom christlichsozialen (mit deutschnationalem Einschlag) zum Ständestaat-Organ bis zum NS-Amtsblatt durch.

Die liberalen Zeitungen des 19. Jahrhunderts schwenkten ausnahmslos auf eine deutschnationale bzw. großdeutsche Linie um (u. a. die 'IN'). Die Zeitungen 'IN' und 'NZ' sowie der 'TG' wurden schließlich auch von den Nationalsozialisten vereinnahmt bzw. ließ sich letztgenannte ohne Gleichschaltung vereinnahmen.

Zwei ursprünglich katholisch-konservative Organe ('BC' und 'TL') wurden von der christlichsozialen Tyrolia übernommen; die christlichsozialen Blätter wiederum (sowie die agrarisch-christliche 'TBZ') wurden 1933/34 in vaterländische Gesinnungszeitungen umgewandelt.

Die sozialdemokratische 'VZ' wurde ebenfalls vom Ständestaat auf Linie gebracht bzw. staatlich gleichgeschaltet, 1938 schließlich von den Nationalsozialisten übernommen; 1945 konnte dieses Blatt als Organ der Tiroler SPÖ wiedererstehen. Auch die vaterländischen Blätter wurden – wenn nicht eingestellt – nationalsozialistisch gleichgeschaltet (z. B. 'LN' und 'TBZ').

In Südtirol machten die zwei großdeutschen Blätter ('BZ', 'MZ') einen Schwenk zu einer gemäßigt italienfreundlichen Linie durch, während sich die unpolitischen bzw. farblosen 'BN' einer national-konservativen Richtung zuwandten.

Die in Nordtirol gleichgeschalteten NS-Blätter wie der 'BT' und die 'TBZ' konnten 1945/46 in ihrer ursprünglichen Gesinnung und ihrem Aufgabenbereich wiedererstehen.

Die als Besatzungsorgan gegründete 'TT' bemühte sich mit der Entlassung in die Unabhängigkeit um eine liberal-konservative Blattlinie.

Die 'TSZ' (monarchistisch-national) sowie die drei Parteiblätter ab November 1945 waren keinem politischen Parteiwechsel mehr unterworfen.[8]

---

[8] Vgl. dazu ebd., unter „Gesinnung/politische Richtung", „Allgemeine Chronik".

3. Zusammenfassung

Graphik 8: Veränderungen der Gesinnung/politischen Richtung der Zeitungen

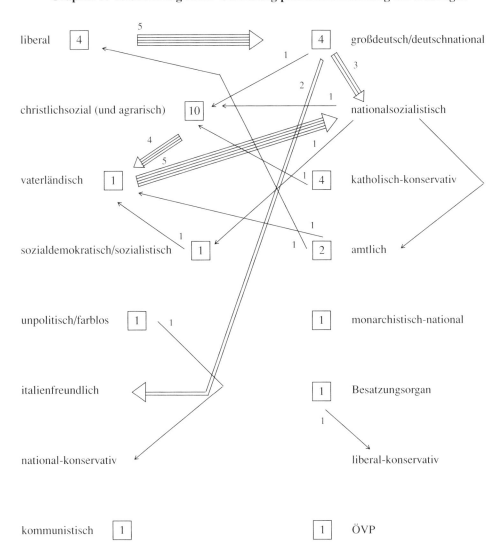

Eigentümer/Verleger/Herausgeber und Wechsel

In der Verleger- bzw. Eigentümerstruktur ergaben sich 35 Wechsel, die sich zumeist auch mit Änderungen in der Herausgeberstruktur deckten (vgl. dazu Graphik 9).

Auf den Wagner-Verlag ging ein Blatt ('NZ', von Druckerei Jenny) über. Von diesem wurden zwei Zeitungen, 'IN' und 'NZ', im Zuge der Gleichschaltung auf den NS-Gauverlag (Fortführung der Wagner-Betriebe nach der Enteignung) übertragen.

Zum Tyrolia-Verlag (der Einfachheit und Übersichtlichkeit halber Innsbruck, Brixen und Bozen zusammengefaßt) gingen drei Blätter der Druckerei Lauterer im Zuge des „Vereins der Unterinntaler Lokalpresse" über, die 'BC' stieß von Aemilian Schöpfer bzw. der Weger'schen Druckerei dazu, jeweils ein Blatt kam vom Christlichsozialen und vom Osttiroler Preßkonsortium ('Die Post', 'LN'); von der Druckerei Egger aus Imst kamen zwei Zeitungen ('TL', 'Oberl. Wochenpost') zur Tyrolia.

Von der Tyrolia wanderte ein Blatt schließlich zur Druckerei J.G. Mahl ('LN'), eines zu Egger zurück ('Oberl. Wochenpost') sowie die 'TBZ' zum Tiroler Bauernbund (Druckerei Lampe).

Die oben angeführten 'LN' kamen schließlich von Mahl in Lienz zum NS-Gauverlag Kärnten.

Der 'TL' ging, noch bevor er zur Tyrolia kam, von C. Lampe auf die Druckerei Egger über. Das Amtsblatt 'AB' mußte im Zuge der Gleichschaltung 1938 von der Außferner Druckerei in den Verlag F. Werk wechseln, von wo es schließlich nach Füssen zur Holdenried'schen Druckerei wanderte.

Der amtliche 'BT' der Tiroler Landesregierung bzw. des Landeshauptmannes wurde vom NS-Gauverlag vereinnahmt, ebenso die 'TBZ', die 1945 wieder in den Besitz des Bauernbundes rückgeführt werden konnte.

Die sozialdemokratische 'VZ', von Ignaz Saska gegründet, ging bald in das Eigentum der Sozialdemokratischen Partei über, wurde 1933 in die Front der vaterländischen Presse überführt und 1938 mit der Innsbrucker Buchdruckerei und Verlagsanstalt gleichgeschaltet, ehe sie 1945 wieder in SP-Besitz neu erstehen konnte.

In der Zweiten Republik ging die 'TT' von den französischen Truppen auf den neuen Verlag 'Tiroler Tageszeitung' und schließlich auf den „Schlüsselverlag" über. Die 'TNZ' wurde von der KPÖ Tirol an die 1950 gegründete Druck-, Verlags- und Buchhandels GmbH in Bregenz abgegeben.

Das Volkspartei-Blatt 'TN' ging von der Landesparteileitung auf den „Österreichischen Verlag" der ÖVP in Klagenfurt über.

Auch die Südtiroler Blätter waren mehreren Eigentümer- bzw. Herausgeberwechseln ausgesetzt: So ging die 'BZ' von der Druckerei Eberle auf Friedrich Sueti, danach auf Hans Görlich über, der die Druckerei Feller betrieb.

Die 'MZ' des Verlages Stockhausen wurde von der Pötzelsberger Druckerei Friedrich Ellmenreichs übernommen.

Die 'BN' des Gotthard Ferrari jun. wurde schließlich von einem konservativen Geschäftsleute-Konsortium übernommen. Das konservative 'TV' wurde von der Druckerei Wohlgemuth an die Alois Auer Comp. abgegeben, der 'Burggräfler' wechselte von der Druckerei Eberlin/Jandl zum Laurin Konsortium.

Graphik 9: Veränderungen der Zeitungen in der Verleger- bzw. Eigentümerstruktur

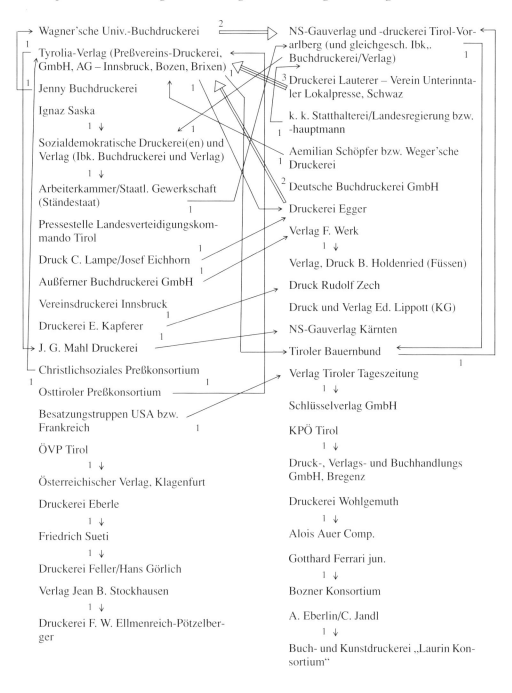

Lediglich das 'AL' der Deutschen Buchdruckerei, die 'NTS' der Vereinsdruckerei und die 'TSZ', die vom Landesverteidigungskommando ediert wurde, machten keine Veränderungen in der Eigentümer- bzw. Herausgeberstruktur mit.[9]

Inhalt/Ressorts

Als wichtigste Ressorts wurden die Innen- und Außenpolitik von allen untersuchten Zeitungen außer dem amtlichen 'BT' gepflegt, wobei in der Innenpolitik wiederum die Landespolitik den Schwerpunkt einnahm.

Je nach Größe und regionaler oder landesweiter Bedeutung und Verbreitung standen nationale, Landes- oder Gemeindepolitik im Vordergrund. Die Weltpolitik wurde vor allem von den größeren Tagblättern ausführlicher, von den Lokalzeitungen eher stiefmütterlich behandelt.

Bei der 'TSZ' war Politik im herkömmlichen Sinn nicht vorhanden, im Zusammenhang mit der Kriegs- und damit der Diplomatieberichterstattung konnte jedoch auch von politischen Inhalten gesprochen werden.

Diese Kriegsberichterstattung wurde von praktisch allen Zeitungen, die während der zwei Weltkriege erschienen, betrieben, wobei diese die anderen Ressorts zumeist in den Hintergrund drängte. Lediglich der 'BT' wies keine Kriegsberichte im Sinne des Wortes auf; er brachte hingegen Kriegsgesetze und -verordnungen zum Abdruck.

Amtliche Berichte brachten in relativ intensiver Art 16 Blätter, einzelne Sparten bzw. einzelne Mitteilungen waren jedoch in allen Zeitungen enthalten; dies geschah auch teilweise unter staatlichem Zwang wie im Stände- oder im NS-Staat sowie in der Besatzungszeit. Darunter fielen auch parteiamtliche sowie offizielle Kriegs- bzw. Wehrmachtsberichte. Am intensivsten war die amtliche Nachrichtenübermittlung im 'BT', dem 'AB', der 'TSZ', den 'LN' (Amtsblatt beigelegt) und im 'TG'.

Der Sportteil war im Untersuchungszeitraum noch wenig ausgeprägt, nur die Hälfte der Zeitungen führte regelmäßige Sportrubriken ein, die anfänglich vor allem „Alpines" beinhalteten. Zu einer regelmäßigen Einrichtung entwickelte sich der Sport in der Tiroler Presse in der Zeit der Ersten Republik, im Nationalsozialismus (als Propagandainstrument)und schließlich in der Zweiten Republik.

Parteiberichterstattung (im Sinne von parteiergreifend) und Wahlpropaganda wurden von 24 Blättern betrieben, wobei das Spektrum von Sympathiekundgebungen für eine bestimmte Richtung oder Partei bis zur offenen, aggressiven Propaganda für eine Partei bzw. ein Anliegen einer Partei reichte. Die restlichen Blätter mischten sich weniger bis gar nicht in die Parteienkämpfe (einseitig) ein, wie etwa die Amtsblätter, die farblosen 'BN' oder die 'TT'.

Auffällig dabei war, daß die meisten parteiergreifenden Zeitungen gar nicht als offizielle Organe einer Partei fungierten, sondern die Partei auf Grund eines der eigenen Ideologie am ehesten entsprechenden Programmes unterstützten.

Offen deklarierte Parteiorgane waren die 'VZ' bis 1933 und ab 1945, die kommunistische 'TNZ' und die VP-Zeitung 'TN' sowie mit Abstrichen der 'TA'. Die christlich-sozialen

---

[9] Vgl. Impressen der Zeitungen und Abschnitte „Allgemeine Chronik".

oder großdeutschen Blätter vertraten zwar die Richtungen der jeweiligen Partei, waren jedoch zum überwiegenden Teil keine offiziellen Parteiorgane. Die Parteiberichterstattung und in Wahlzeiten die Propaganda waren in diesen jedoch ähnlich stark ausgeprägt wie in den deklarierten Parteizeitungen.

Anschlußpropaganda (zum Deutschen Reich) von 1918 bis in die 20er-, teils die 30er-Jahre, wurde vom Gros der nach dem Weltkrieg verbliebenen Blätter betrieben, wobei sich elf Zeitungen diesem Thema besonders intensiv widmeten, allen voran das 'AL' und die 'IN', aber auch die 'VZ', mit Abstrichen auch der 'TA' oder etwa der 'AB' und insbesondere auch der Kufsteiner 'TG'.

Das klassische Feuilleton, also der Bereich „unterm Strich", meist auf Seite eins, wurde von 20 Zeitungen, also von zwei Dritteln, in der einen oder anderen Form in unterschiedlicher Intensität und Regelmäßigkeit gepflegt.

Hauptbereiche dabei waren: (Fortsetzungs-)Romane, Novellen, Erzählungen, Wissenschaftliches, Geographisches, Historisches, Kunstgeschichte und Heimatkunde.

Neben dem klassischen Feuilleton erfuhren die Rubriken Kultur/Kunst/Theater/Literatur/Film etc. einen beständigen Ausbau; die Rubriken wurden von 15–20 Blättern relativ umfangreich gestaltet, waren bei allen Zeitungen jedoch in der einen oder anderen Form enthalten.

Die Lokalberichterstattung nahm bei allen Zeitungen am meisten Raum in Anspruch. Beim 'BT' und bei der 'TSZ' konnte man jedoch nur bedingt von einem Lokalteil sprechen, brachten diese doch nur lokale bzw. Landesgesetze und -verordnungen und lokale Kriegsereignisse, daneben jedoch keine Regional- und Lokalpolitik, Chronik aus „Stadt und Land", lokale Wirtschaft etc.; diese Bereiche wurden wiederum von allen anderen Zeitungen sehr intensiv bearbeitet und belegten wohl am besten die lokale Ausgeprägtheit und Verankerung der Tiroler Presse.

Auch und vor allem für die landesgeschichtliche Forschung sind die Lokalteile der Zeitungen heute unverzichtbar.

Ein Wirtschaftsteil kam – wiederum mit der Ausnahme 'BT' – in allen Zeitungen in verschiedenen Ausprägungen und Gewichtungen vor. Während die großen Zeitungen sich vornehmlich um nationale sowie welt- und volkswirtschaftliche Belange kümmerten, stand bei den Regionalblättern die lokale bzw. Tiroler Wirtschaft im Vordergrund der Berichterstattung. Andere wiederum, wie die 'TBZ', widmeten sich am intensivsten der Land- und Forstwirtschaft. In Südtirol stand vor allem der Fremdenverkehr im Brennpunkt des publizistischen Interesses.

Fünf Blätter hatten relativ ausführliche Radio- bzw. Rundfunkrubriken: 'TT', 'TN', 'TNZ' in der 2. Republik, sowie davor 'Der Tiroler' und die 'VZ'; die 'IN' und der 'TA' verfügten über eigene Rundfunkbeilagen (siehe dort), die zeitweilig auch deren Abendblättern beigefügt waren.

Soziales und Gewerkschaftsbelange fanden vor allem in der sozialdemokratischen 'VZ' und der kommunistischen 'TNZ' breiteren Niederschlag, daneben auch im christlichsozialen 'Tiroler', während sich diese Themata in den übrigen Zeitungen nur vereinzelt und nur wenig umfangreich fanden.

Kirchliche Themen wurden in 17 Blättern regelmäßig behandelt, dabei vor allem von den konservativen und christlichsozialen, jedoch auch etwa vom 'AL' oder den farblosen

'BN', die jedoch nicht nur das katholische, sondern auch das ansonsten totgeschwiegene evangelische Element hervorhoben. Die anderen Zeitungen behandelten kirchliche Anliegen nur am Rande bzw. veröffentlichten lediglich Gottesdiensttermine.

In 16 Zeitungen, also etwa der Hälfte, wurde die Gerichtssaalberichterstattung relativ ausführlich betrieben, in anderen, wie den kleineren Lokalblättern, wurde dieses Ressort eher vernachlässigt bzw. lediglich spektakuläre Fälle der jeweiligen Bezirksgerichte aufgegriffen. Die entsprechenden Rubriken wurden zum überwiegenden Teil mit „Aus dem Gerichtssaal" überschrieben.

Die Parlaments- bzw. Landtagsberichterstattung wurde in etwa 15 Zeitungen ausreichend bis ausführlich gepflegt, hier vor allem von den überregionalen Tageszeitungen. In Zeiten wie im Ersten oder nach dem Zweiten Weltkrieg wurde die Wiedereinsetzung des Parlaments bzw. die Redemokratisierung der gesetzgebenden Körperschaften von den meisten Blättern heftig eingefordert.

Ähnlich institutionalisiert wie in der Gegenwart war die Parlamentsberichterstattung im Untersuchungszeitraum jedoch noch bei weitem nicht.

Die Rubriken Chronik, Rundschau oder „Allerlei" wurden in verschiedenen Ausgestaltungen von allen Zeitungen geführt. In diese wurden alle tagesaktuellen Begebenheiten aufgenommen, die in das vorherrschende Ressortschema nicht passend und klar einzufügen waren.

Rubriken wie „Unterhaltung", wobei man unter diesem Begriff relativ viele Bereiche subsumieren konnte, die Spezial-Gerichtsberichte nach dem Zweiten Weltkrieg (Volksgerichtshof, Nürnberger Kriegsverbrecherprozesse), Wissenschaft und Technik, Verkehr, Börse, Programm- und Veranstaltungshinweise, Buchtips, Heimatliches, Gesellschaftliches, Frauen- und Kinderseiten, Service-Rubriken wie jene der 'TBZ' (Auskünfte aller Art) oder besondere Schwerpunkte wie die Anschlußpropaganda oder die Schwerpunktberichte zum Deutschen Reich vor allem im 'AL', der sogenannte „Nichtamtliche Teil" des 'BT' und viele weitere kleine und Lokalrubriken, die alle hier anzuführen zu weit ginge, ergänzten das Bild, das die Tiroler Tagespresse bot. Kommentare, Glossen, Reportagen, Bildberichte, Statistiken, Romane, Leserbriefe umrahmten die Ressorts.

Dabei wurde vor allem der klassische Leitartikel von 15 Zeitungen als regelmäßige Einrichtung geführt. Andere verzichteten darauf bzw. brachten solche nur fallweise zum Abdruck.[10]

Preise

Die einzelnen Ausgaben (im Einzelverschleiß) bei den Anfang 1914 bestehenden Tiroler Blättern kosteten im Durchschnitt 10 Heller, lediglich die 'Nordtiroler Zeitung' mit 15 und die drei Blätter des „Vereines Unterinntaler Lokalpresse" mit je 12 Heller waren teurer. Die 'TSZ' kostete 1915–1917 zwischen 20 Heller und einer Krone. Die 'Neueste Zeitung' war mit 6 Hellern am billigsten.

Die Monatsabonnements bewegten sich 1914 bei Preisen zwischen 50 Heller und zwei

---

[10] Vgl. unter „Inhalt/Ressorts" der einzelnen Zeitungen.

Kronen. Der Durchschnitt (vor allem der großen Tageszeitungen) lag bei einer bis 1,50 Kronen (der niedrigere Wert bezieht sich jeweils auf das Abonnement loco zum Abholen, der höhere auf Postzustellung auswärts).

Für die 'TSZ' zahlte man monatlich zwischen einer und drei Kronen (1915–1917), wobei die Preise für Zivilisten jeweils über jenen für die Truppen lagen.

Im Zuge der sich immer schneller drehenden Inflationsspirale stiegen auch die Zeitungspreise bis 1924/25 um das zehn- bis fünfzehntausendfache an. Zu Beginn des Jahres 1922 betrugen die Preise für die Einzelnummer (der Nordtiroler Zeitungen) meist 1.000,- Kronen. Lediglich der amtliche 'BT' mit 120,- der 'AB' mit 400,-, die 'NZ' mit 600,- und der 'TG' mit 900,- Kronen waren preiswerter.

Die Südtiroler Blätter, die seit 1919 die Lira-Währung führten, wurden hier nicht mehr berücksichtigt (siehe dazu die Dissertation von Erwin Brunner a.a. O.)

Die Monats-Abonnements stiegen auf durchschnittlich 20.000,- Kronen an (z.B. 'IN' 21.000–23.000,-, 'TA' und 'VZ' 17.000–20.000,-). Im Vergleich dazu kosteten die Lokal- und Amtsblätter relativ wenig ('TG' 3.600–3.800,-, 'AB' 1.600,-, 'BT' nur 625,-). Das 'AL' kostete – inzwischen bereits zum Wochenblatt geworden – 3.400,- Kronen. Billigste Tageszeitung war die 'NZ' mit 10.000–11.500,- Kronen.

Die Teuerung hatte auch in den Jahren nach der Währungsumstellung von 1924/25 (von Kronen auf Schilling) wieder eingesetzt: Zu Beginn des Jahres 1938 kosteten die Tiroler Blätter zwischen 10 und 30 Groschen (was 1.000 bzw. 3.000,- Kronen vor der Reform 1925 entsprach), wobei wiederum der 'BT', die 'NZ' und der 'AB' mit 10 bzw. 12 Groschen am billigsten waren. Die Tagblätter 'IN', 'VZ' und 'TA' waren um 20 bis 30 Groschen erhältlich, ebenso der 'TG'; die 'TBZ' lag bei 30 Groschen.

Die 'IZ', Abendblatt des 'TA', hatte sich 1933–1936 zwischen 10 und 30 Groschen (Straßenverkauf) bewegt.

Die Preise für das Monats-Abonnement reichten von 30 Groschen ('BT') bis 6,50 Schilling ('IN' und 'NZ'); der 'AB' kostete S 1,-, der 'TG' S 1,80, die 'TBZ' als Wochenzeitung 50 Groschen. Die 'VZ' war mit einem Preis von S 3,60 bis 4,- relativ preiswert. Der 'TA' war um S 4,10 bis 6,20 erhältlich.

Nach dem Anschluß und der erfolgten Umstellung auf die deutsche Reichsmark-Währung kosteten die einzelnen Ausgaben der verbliebenen Blätter 1939 zwischen 7 ('BT') und 20 ('IN', 'TBZ') Reichspfennig. Die entsprechenden Abonnements (monatlich) reichten von 20 Rpf. bis zu 3,65 RM, wobei die Amtsblätter 'BT' und 'AB' wiederum die billigsten, das NS-Gaublatt 'IN' mit 2,50 bis 3,65 RM das teuerste war.

Nach Beendigung des Krieges und dem Wiedererstehen der Tiroler Tagespresse kosteten die vorerst nur im Einzelverschleiß erhältlichen neuen bzw. wiederbegründeten Zeitungen zwischen 15 und 30 Groschen (die vier Tageszeitungen 15 bis 20 Groschen), die Monatsabonnements (vorerst nur loco zum Abholen) zwischen S 1,20 ('BT') und S 4,-, wobei das KP-Blatt 'TNZ' mit 2,70 bis 3,50 am billigsten war. Die 'TN' sowie die 'VZ' kosteten demgegenüber 3,60 bis 3,80, die 'TT' als teuerste zwischen 3,70 und 4,- Schilling.[11]

---

[11] Vgl. unter „Bezugspreise" der einzelnen Zeitungen.

Vertriebsarten

25 Zeitungen wurden vorwiegend über Abonnement bezogen, davon vor allem die 'TBZ' im Abonnement per Post, da sie hauptsächlich bäuerliche Abnehmer hatte, die zum überwiegenden Teil außerhalb des Erscheinungsortes Innsbruck im ländlichen Raum zu finden waren. Der amtliche 'BT' war nur einem begrenzten Publikum zugänglich, vor allem Gerichten, Ämtern und Behörden, Kommunalverwaltungen etc.

Der Einzelverkauf im Untersuchungszeitraum bis 1945 war nur unterdurchschnittlich ausgeprägt, die Kolportage wurde erst in der Ersten Republik möglich, wobei vor allem das Abendblatt 'IZ' als Boulevard- und Kolportageblatt eingeführt wurde und nicht im Einzelabonnement erhältlich war (nur zusammen mit dem 'TA'). Ebenso war das Abendblatt der 'IN' (seit 1929), die 'NZ', ab 1934 im Abonnement zusammen mit dem Stammblatt beziehbar, jedoch daneben auch im separaten Abonnement und im Einzelverkauf erhältlich.

Nach dem Zweiten Weltkrieg waren die neuen Tageszeitungen vorerst nur im Einzelverschleiß erhältlich (Trafiken, Kolportage), erst ab Mitte 1946 wurde allmählich die Zustellung per Bote und vor allem per Post möglich.

Regionale Tagblätter und Lokalzeitungen waren zwar auch vorwiegend Abonnementzeitungen, in den Erscheinungsorten jedoch war der Einzelverkauf durchaus üblich und gut entwickelt, so z. B. beim 'TG' in Kufstein, bei der 'BZ' und der 'MZ' in Bozen und Meran.

Ein Sonderfall war die 'TSZ', die in Sammelabonnements gratis an die Kommanden und Truppen versendet wurde, für einzelne Offiziere und Soldaten waren auch Einzelabonnements möglich, ebenso für Zivilisten, jedoch zu einem höheren Preis.[12]

Auflagen

Zu Beginn des Untersuchungszeitraumes (1914) erreichten die 'IN' mit 16.000 Exemplaren die weiteste Verbreitung.[13] 'NZ', 'ATA' und 'TBZ' hatten mit jeweils 8.000 Stück lediglich die Hälfte der Auflage der größten Tiroler Zeitung.

Die Südtiroler sowie die einzelnen Lokalblätter kamen über Auflagen von 3.000 Stück vorerst nicht hinaus.

Das Amtsblatt 'BT' erreichte auf Grund seines beschränkten Bezieherkreises lediglich eine Auflage von zumeist 150 Exemplaren.

Die 24 untersuchten Zeitungen des Jahres 1914 erreichten eine Gesamtauflagenhöhe von rund 73.000 Stück, die 17 Blätter ohne Südtirol von ca. 58.500 (vgl. dazu und zur Folgezeit Graphik 10).

Im Jahr 1916 hatte laut Quartalsausweis die 'TSZ' mit 23.000 Stück die höchste Auflage.

1918 betrug die Auflage der 'IN' bereits 22.000 Stück, jene des 'ATA' war auf 12.000 angewachsen, jene der 'TBZ' betrug 11.500 Exemplare.

---

[12] Vgl. dazu unter „Zeitungstyp nach Vertriebsart" bei den einzelnen Zeitungen.
[13] Diese und folgende Zahlen jeweils aus den Quartalsausweisen (1. Quartal) der Präsidialakten. Diese dürften zwar nicht immer den tatsächlichen Auflagenhöhen entsprochen haben, stellen jedoch eine relativ genaue Annäherung an die realen Werte dar.

Graphik 10: Auflagenentwicklung

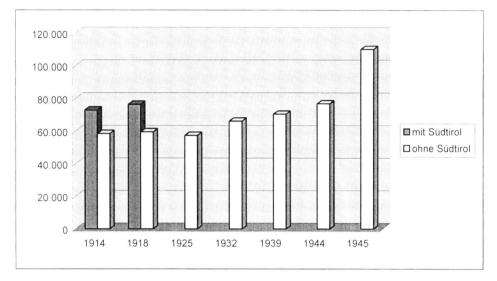

Der christlichsoziale 'Tiroler' war zur größten Zeitung Südtirols geworden, wobei die Angaben zur Auflage beträchtlich schwankten (zwischen 3.600 und 5.600). Insgesamt war die Zahl der Zeitungen gesunken (nun 23, davon 16 in Nord- und Osttirol), die Gesamtauflage jedoch auf rund 76.400 mit bzw. 59.550 ohne Südtirol gestiegen (vgl. Tab. 2 auf S. 402).

Bis 1925 sank die Zahl der Blätter auf zehn (nun alle Angaben ohne Südtirol), die Auflagenhöhe auf 57.350 ab, wobei die 'IN' mit 18.000 Stück weiterhin größtes Blatt blieben; die 'TBZ' mit 12.800 Stück nahm Rang zwei ein. Es folgten der 'TA' mit 7.000, die 'NZ' mit 6.000 und die 'VZ' mit immerhin 5.000 Stück. Das 'AL', das zu Beginn der 20er-Jahre kurzfristig auf eine Auflage von 20.000 Exemplaren gekommen war, rutschte bis 1925 kontinuierlich auf lediglich 1.900 Stück ab; diese Zahl sollte sich bis zum Ende des Blattes im Jahr 1934 auf 600 reduzieren.

1932 erreichten die 'IN' und die 'NZ' als deren nunmehrige Abendausgabe jeweils Auflagen von 18.000 Stück; die 'TBZ' war wieder auf 8.300 abgerutscht, der 'TA' erreichte wieder eine Höhe von 8.000, der 'BT' von immerhin 500 Stück.

Insgesamt erschienen die zehn untersuchten Blätter des Jahres 1932 in 66.100 Exemplaren, was einer Steigerung gegenüber 1925 von 8.750 gleichkam (vgl. Tab. 3 auf S. 403).

Zu Beginn des Jahres 1939, ca. ein Jahr nach der Annexion, erschienen die gleichgeschalteten 'IN' und die 'NZ' als Gaublätter in einer Auflage von zusammen 43.000 Stück täglich. Die 'TBZ' als agrarisches NS-Interessensorgan erreichte eine Auflage von knapp 21.000 Exemplaren (bei Pflichtbezug), die 'VZ' 3.200, das Privatblatt 'TG' nunmehr bereits 3.000 Stück. Die Gesamtauflage dieser fünf Blätter (ohne 'LN') war somit auf über 70.000 Stück angewachsen.

Anfang 1944 betrug die Auflage der verbliebenen drei Zeitungen (ohne 'LN') ca. 76.900, was einer Steigerung seit 1932 von über 10.000 Stück bei gleichzeitiger Reduzierung der Zeitungstitel von 10 auf 3 entsprach.

Tabelle 2: Auflagen 1914 und 1918

	1914	1918
Innsbrucker Nachrichten	16.000	22.000
Innsbrucker Neueste Zeitung	8.000	9.000
Volks-Zeitung	3.800	3.000
Neue Tiroler Stimmen	2.400	2.400
Tiroler Anzeiger	8.000	12.000
Bote für Tirol	150	150
Tiroler Grenzbote	1.350	2.800
Lienzer Zeitung	800	–
Nordtiroler Zeitung	2.000	1.600
Oberländer Wochenpost	1.500	750
Außferner Zeitung/Bote	600	600
Lienzer Nachrichten	1.230	1.100
Tiroler Landzeitung	2.316	600
Schwazer Lokal-Anzeiger	900	650
Wörgler Anzeiger	1.000	500
Kitzbüheler Anzeiger	500	400
Tiroler Bauernzeitung	8000	11.500
Bozner Zeitung	850	1.000
Meraner Zeitung	2.300	2.800
Bozner Nachrichten	3.100	3.300
Der Burggräfler	2.850	2.900
Tiroler Volksblatt	1.800	1.900
Brixner Chronik	1.525	1.360
Der Tiroler	2.000	3.600
Gesamtauflage	72.971	76.410
ohne Südtirol	58.516	59.550

Nach dem Weltkrieg und dem Wiedererstehen der demokratischen Presse erreichten die vier Tageszeitungen zum Jahreswechsel 1945/46 eine Gesamtauflage von 110.000 bis 119.000 Stück (Schwankung Wochentags- und Wochenendausgaben); die inzwischen unabhängige 'TT' erschien mit 65.000 bis 70.000 Exemplaren, das VP-Organ 'TN' mit ca. 24.000, die 'VZ' mit 11.000 bis 15.000 sowie die 'TNZ' der KPÖ mit ca. 10.000 Auflage.

Somit hatte sich die Zahl der untersuchten Zeitungen seit 1914 von 24 bzw. 17 (ohne Südtirol) auf diese vier (bzw. ab 1946 sechs incl. 'BT' und 'TBZ') verringert, gleichzeitig ergab sich eine Auflagensteigerung von 72.971 bzw. 58.516 (ohne Südtirol) auf 110.000–119.000 Stück des Jahres 1946, was in Nordtirol einer Verdoppelung der Auflagenhöhe gleichkam (vgl. Tab. 4 auf S. 403).

Als rein rechnerische Durchschnittsauflage (Mittelwerte) ergaben sich über die Jahre folgende Annäherungswerte: 'IN' 18.000, 'NZ' 8.000, 'VZ' 5.000, 'NTS' 2.400, 'ATA' 8.000, 'TSZ' 23.000, 'BT' 150, 'AB' 1.700, 'AL' (600–20.000) ca. 5.000, 'TG' 2.800, 'LZ' 700, 'NZ' 1.800, 'Die Post' 900, 'Außferner Zeitung' 550, 'LN' 1.700, 'TL' 1.400, 'SLA' 600, 'WA' 750, 'KA' 400, 'TBZ' 11.000, 'BZ' (40–1.300) ca. 500, 'MZ' 3.000, 'BN' 2.000, 'DB' 2.800, 'TV' 2.100, 'BC' 1.500, 'T' (700–15.000) ca. 6.000, 'TT' 58.000, 'TN' 20.000, 'TNZ' 10.000 ('IZ' keine Angaben).

Tabelle 3: Auflagen 1925 und 1932

	1925	1932
Innsbrucker Nachrichten	18.000	18.000
Neueste Zeitung	6.000	18.000
Volks-Zeitung	5.000	5.900
Tiroler Anzeiger	7.000	8.000
Bote für Tirol	150	500
Außferner Bote	2.000	2.100
Alpenland	1.900	700
Tiroler Grenzbote	2.500	2.400
Lienzer Nachrichten	2.000	2.200
Tiroler Bauernzeitung	12.800	8.300
Gesamtauflage (ohne Südtirol)	57.350	66.100

Tabelle 4: Auflagen 1939, 1944 und 1945

	1939	1944	1945/46
Tiroler Tageszeitung			65.000–70.000
Innsbrucker Nachrichten und Neueste Zeitung	43.286		
Innsbrucker Nachrichten		38.160	
Tiroler Nachrichten			24.000
Volks-Zeitung	3.200		11.000–15.000
Tiroler Grenzbote	3.000		
Tiroler Volksblatt (ehem. Grenzbote)		3.706	
Tiroler Neue Zeitung			10.000
Tiroler Bauernzeitung	20.998		
Der Landbote (ehem. Bauernzeitung)		35.000	
Gesamtauflage	70.484 (ohne Lienzer Nachrichten)	76.866 (ohne Lienzer Nachrichten)	110.000–119.000

Im Vergleich zur Auflage der Tiroler Tagespresse von 110.000 bis 119.000 Stück zu Beginn des Jahres 1946 erreichte die Gesamtauflage der Tagespresse Österreichs 1946 eine Höhe von 2,513 Mio. Exemplare (Quelle: VÖZ-Pressehandbuch), womit die vier Tiroler Tagblätter lediglich einen Anteil von 4,38 bis 4,74 Prozent erreichten.[14]

---

[14] Vgl. dazu die Auflagenhöhen der einzelnen Zeitungskapitel sowie VÖZ-Pressehandbuch aus: Der Standard. Medienkompendium, a.a.O., S. 31.

Beilagen

Die 'IN' führten insgesamt zehn Beilagen: Romane, eine illustrierte Monatszeitschrift („Bergland"), Kunst/Wissenschaft/Unterhaltung, Schule, Radioprogramm, Kultur-Wochenschrift, Sport, HJ-Beilage, Alpines, Wehrpolitik-Militär.[15]

Die 'NZ' hatte sechs Beilagen: Sport, Radioprogramm, Kulturzeitschrift („Das neue Österreich"), „Bergland", Unterhaltung, Kultur („Lebendiges Tirol").

Die 'VZ' führte sieben Beilagen: zweimal Unterhaltung, jährlich den Tätigkeitsbericht (Partei, Druckerei, Zeitung), die Bildbeilage, die Wochenbeilage (Unterhaltung) und nach 1945 zwei Jugend-Beilagen.

Der 'ATA' führte im Untersuchungszeitraum zusammen mit der 'IZ' elf Beilagen: Frauen, Sonntags-Unterhaltung, Frauenblatt, Alpines, Schützenwesen, Familie, Sammler/Literatur/Kultur, illustrierte Monatsschrift („Weltguck"), Besinnliches (Frau und Kind), Jugend, RF-Programm.

Die 'TSZ' wies zwei Beilagen auf: Kriegsflugblätter (Feuilleton, Militärisches, Unterhaltung) und eine literarische Beilage.

Der 'BT' hatte die Kulturberichte aus Tirol zur Beilage. Der 'AB' führte eine Inseraten- sowie eine Unterhaltungsbeilage.

Das 'AL' brachte drei Beilagen, die vor allem Wahlpropaganda sowie Nachrichten-Rundschauen brachten.

Der 'TG' zählte zwölf Beilagen: Unterhaltung, „Die Zeit" (Unterhaltung, bebildert), Kufsteiner Anzeiger, Kitzbüheler Bote, Feierabend, Heimatblätter, zwei weitere Unterhaltungsblätter, Zwecksparer, Heimatkunde, NS-Bildbeobachter.

Die 'LZ' führte insgesamt neun Beilagen: Fremdenblatt, Sammler, Unterhaltung, Landwirtschaft, Heiteres, Landwirtschaft, Reise, Lokalanzeiger, „Die Zeit".

Die 'NZ' führte keine Beilagen.

'Die Post' hatte eine illustrierte Wochenbeilage.

Die 'Außferner Zeitung' dürfte wie die anderen Tyrolia-Blätter die illustrierte Beilage „Sterne und Blumen" geführt haben, welche auch die 'LN' beilegten.

Der 'TL' wies sechs Beilagen auf: Roman, Familie, Gewerbeblatt, „Alpenrosen", Roman, illustriertes Sonntags-Blatt.

Die drei Zeitungen der Unterinntaler Lokalpresse dürften ebenfalls „Sterne und Blumen" als Beilage geführt haben, der 'SLA' zudem eine Unterhaltungs- und Wissensbeilage.

Die 'TBZ' hatte im Untersuchungszeitraum sechs Beilagen: Bäuerinnen (zweimal), Politik, Landwirtschaft (zweimal), Dorfjugend bzw. Jungbauer.

Südtirol 1914–1918

Die 'BZ' führte in diesem Zeitraum drei Unterhaltungsbeilagen.

---

[15] Jeweils im gesamten Untersuchungszeitraum. Hier wurde nur die Art der Beilagen-Inhalte angeführt.

Die 'MZ' wies fünf Beilagen auf: Fremdenliste, Heimat, Nachrichtenblatt, Bozner Tagblatt, Meraner Zeitung (die zwei letztgenannten waren Nachrichten-Beilagen).

Die 'BN' führten im genannten Zeitraum keine Beilagen.

'DB' hatte hingegen deren sechs: Roman, zweimal Kirchliches, Jugend, Frau, Literatur, Eltern.

Das 'TV' führte drei Beilagen: Sonntag-Unterhaltung, Landwirt, Kriegsbilder.

Die 'BC' führte auch die illustrierte Schrift „Sterne und Blumen".

'Der Tiroler' hatte eine Messezeitung und während des Krieges als Service Lebensmittelkarten (bzw. -verzeichnisse) beigelegt.

Die 'TT' erschien 1945–1947 mit einer Faschingszeitung, einer Weihnachts- und einer Neujahrsbeilage (als solche gekennzeichnet).

Die 'TN' führten zwei Beilagen zu den Bereichen Jugend und Arbeiter.

Die 'TNZ' wies eine Bauernbeilage auf.

Damit führten die untersuchten Blätter im Zeitraum von 1914 bis 1947 (Südtirol 1914–1918) 115 Beilagen.

In dieser Zahl ist jedoch als Unsicherheitsfaktor die Beilage „Sterne und Blumen" enthalten, die einerseits Überschneidungen ergab, andererseits konnte bei vier Blättern nicht mit Sicherheit eruiert werden, ob diese tatsächlich dieses Blatt als Beilage führten.

Die oben angeführte Zahl ist jedoch ein (relativ genauer) Annäherungswert – auch, da nicht immer eine einwandfreie Unterscheidung zwischen „Beilage" und „Ressort" getroffen werden konnte.

Nach Themen geordnet ergab sich folgendes Bild: Zwei Beilagen waren militärischer Natur, ebenfalls zwei beschäftigten sich vorwiegend mit dem Alpinismus. Den Wagner-Blättern 'IN' und 'NZ' wurde die illustrierte Monatszeitschrift „Bergland", der 'NZ' zudem die kulturpolitische Zeitschrift „Das neue Österreich", dem 'TA' und der 'IZ' – wenn gewünscht – die Monatsschrift „Weltguck" beigelegt.

Unter das große Kapitel „Unterhaltung, Roman, Heimatkunde, Literatur, Kunst und Feuilleton" konnten 41 Beilagen eingereiht werden.

Mit Schulthemen befaßte sich eine, mit den Schwerpunkten Frau, Kind und Familie acht Beilagen.

Zwei Rundfunkprogrammteile waren als reine Beilagen ausgewiesen (während andere Zeitungen diese nur als Rubriken brachten).

Zwei Beilagen widmeten sich ausschließlich Sportthemen. Unter die Rubrik „Jugend" fielen acht, davon jedoch zwei Hitler-Jugend-Beilagen. Das Tiroler Schützenwesen hatte eine Beilage zum Inhalt.

Lediglich Anzeigen, Inserate und Mitteilungen brachten drei Beilagenblätter. Als politische bzw. Wahlkampf-Beilagen konnten zwei Blätter bewertet werden.

Es gab fünf Nachrichten-Beilagen, ebenso fünf Bilder- sowie drei Service-Beilagen.

Den Themen Reise/Tourismus und Wirtschaft waren fünf verbunden, der Landwirtschaft widmeten sich sechs sowie der Kirche zwei Beilagen.

Einen Tätigkeitsbericht (zur Situation der Partei, der Druckerei, des Verlages und der Zeitung) edierte einmal jährlich die 'VZ' als Beilage.

Somit führten lediglich drei Blätter nachweislich keine Beilagen im Untersuchungszeitraum, bei drei Blättern gab es nachweislich Überschneidungen („Sterne und Blumen"), bei weiteren vier Tyrolia-Zeitungen kann dies angenommen werden. Die illustrierte „Zeit" wurde von zwei großdeutsche Zeitungen ('TG', 'LZ') geführt.[16]

Jubiläumsausgaben – Festnummern

Jubiläumsausgaben im weitesten Sinn des Wortes (eigenständige Festausgaben, Jubiläumsbeilagen, Festgaben in Form von Büchern, Festnummern) wurden von zehn der untersuchten Zeitungen ediert – jeweils zu „runden" Jubiläen – wobei drei Blätter zweimal mit Festausgaben erschienen, sechs begingen ein Jubiläum je einmal (Zeitraum 1911–2000). 21 Zeitungen hatten keine Festnummern aufzuweisen.

Das einjährige Bestehen beging die 'TSZ' im Jahr 1916 mit einer Festnummer.

25 Jahre feierte die 'BC' im Jahr 1913; das 40jährige Bestandsjubiläum beging die 'VZ' 1932. Je eine Festausgabe zum 50. Geburtstag edierten das 'TV' 1912 und der 'TG' 1921, die 'TBZ' 1957, die 'NTS' bereits im Jahr 1911. 60 Jahre Bestand feierte der 'TG' 1931, das 70jährige Zeitungsjubiläum begingen die 'IN' im Jahr 1923, im Jahr 1928 schließlich das 75jährige mit einer großen Festschrift.

1992 feierte die 'TBZ' ihr 90jähriges Bestehen mit einer reichhaltigen Festnummer. Einen Sonderfall bildete das Südtiroler Blatt 'Der Tiroler', das erst 1952 in dessen Nachfolgeorgan 'Dolomiten' mit einer Festausgabe gewürdigt wurde – unter dem bezeichnenden Titel: „Tiroler. Ein nicht gefeiertes Jubiläum."[17] Am 21. Juni 1995 gab die 'TT' die Sonderpublikation: „50 Jahre Tiroler Tageszeitung" heraus.

---

[16] Die genauen Namen und Inhalte unter „Beilagen" bei den einzelnen Zeitungen.
[17] Vgl. dazu unter „Jubiläumsausgaben" und „Allgemeine Chronik" bei den jeweiligen Zeitungen.

4. Ausblick

Die Auflagenzahl der österreichischen Tagespresse von 2,513 Mio. Stück im Jahr 1946 war ein vorläufiger Höhepunkt; diese Zahl wurde erst 1977 wieder erreicht bzw. mit 2,529 Mio. überschritten und ist in den Folgejahren weiter angestiegen.

Dazwischen jedoch (1946–1957) sank die Auflage der Tagblätter auf einen absoluten Tiefpunkt von 1,226 Mio. Stück (1957), was einer Halbierung gegenüber 1946 gleichkam – sowohl in Wien als auch in den Bundesländern.[1]

Gründe dafür waren die wirtschaftliche Not, Papier- und Rohstoffknappheit, ein allgemeines Zeitungssterben sowie mit dem endgültigen Abzug der Alliierten im Jahr 1955 die Einstellung von Besatzungszeitungen; außerdem wurde die Zahl der Hauptausgaben der Parteizeitungen reduziert (und in Nebenausgaben umgewandelt).

Die nach 1957 wieder einsetzende Auflagensteigerung – bei weiterer Reduktion der publizistischen Einheiten – war auf folgende Hauptfaktoren zurückzuführen: die Zeitung als Ergänzung des neuen Mediums Fernsehen, Einkommenssteigerungen, Steigerung des Bildungsniveaus, wachsende Zahl der Haushalte bei gleichzeitiger Verringerung der Personenzahl in den Haushalten. Wie erwähnt reduzierte sich von 1946 bis 1992 die Zahl der publizistischen Einheiten um rund die Hälfte (von 36 auf 17).

Auch in Tirol sollte die Anzahl der Einheiten und ebenso die Auflagen schrumpfen: Vorerst mußte auch die 'TT' ihre Auflage senken, als das wenige vorhandene Rotationspapier mit dem Erscheinen der Parteiblätter mit diesen geteilt werden mußte. Doch mit der allmählichen wirtschaftlichen Besserung (und damit auch Besserung der Papierversorgung) und dem Nicht-Reüssieren der Parteiorgane konnte die 'TT' zu einem kontinuierlichen Aufstieg ansetzen und erreichte 1999 (laut ÖAK) eine Auflage von 114.800 Stück. Nach letzten Zahlen (Media-Analyse 1999) hatte die 'TT' in Nordtirol 313.000 Leser (Reichweite 64 %). Die Reichweite in Tirol liegt knapp über der 60 %-Marke (1999).

Als Medieninhaber scheint 2000 die Schlüsselverlag J. S. Moser GesmbH auf, als Herausgeber die Gesellschafterversammlung der Moser Holding AG; Chefredakteur ist Claus Reitan.[2]

Schlechter hingegen erging es den Tiroler Parteizeitungen: Die 'TN', Tiroler VP-Organ, zu Beginn mit 24.000 bis 30.000 Exemplaren gedruckt, sanken – und damit teilten sie das Schicksal anderer österreichischer Parteiblätter – in der Lesergunst ab, die Druckauflage reduzierte sich, bis man sich gezwungen sah, eine Veränderung in der Blattstruktur vorzunehmen; das Blatt wurde 1973 in die 'Neue Tiroler Zeitung' umgewandelt, von der neugegründeten „Tiroler Pressegesellschaft" ediert[3] und von der Klagenfurter „Carinthia" hergestellt.

---

[1] Vgl. Der Standard. Medienkompendium, a.a.O., S. 31.
[2] Vgl. dazu auch Kap. 1.21 S. 345 ff. ('TT').
[3] Vgl. dazu Kap. 1.22 S. 355 ff. ('TN'), bes. S. 362–363 im Abschnitt „Allgemeine Chronik".

Der Mantel (Politik, Wirtschaft etc.) wurde von der Klagenfurter 'Volkszeitung' (der ÖVP) übernommen. Die 'Neue Tiroler Zeitung' erschien am 31. Jänner 1990 letztmalig – als letztes Tiroler Parteiorgan.

Die 'VZ' der Tiroler SPÖ war bereits Ende Mai 1957 eingestellt worden. Lediglich eine Tirolredaktion der 'AZ' wurde weitergeführt, bis schließlich auch dieser Teil („Tirol-AZ", „AZ-Tirol") 1969 endgültig verschwand.

Die kommunistische 'TNZ' erschien unter diesem Titel lediglich bis Ende Mai 1950, danach als 'Neue Tageszeitung' mit einer Tiroler Redaktion (Druck und Verlag in Vorarlberg) bis Ende 1956.

1950 bzw. 1956, 1957 bzw. 1969 und 1990 waren also die Todesdaten der drei Parteiorgane in Tirol. Das 'TT'-Lokalmonopol hatte sich gegenüber der Parteipresse vollständig durchgesetzt.

Daß dieses Monopol nicht zu einem völlig flächendeckenden wurde, dafür sorgten in jüngerer Vergangenheit die zwei größten österreichischen Tageszeitungen, die 'Neue Kronen Zeitung' und der 'Kurier'.

Der 'Tirol-Kurier' als Bundeslandausgabe (deklarierte Regionalausgabe, keine Mutation, zunächst ohne eigene Tiroler Redaktion, lt. Ex-Chefred. F. F. Wolf) erscheint seit 6. April 1975 und erreicht im Bundesland eine Reichweite von 17,9 % an Wochenenden (87.000 Leser) und 8,8 % an Wochentagen (47.000 Leser).[4] Der 'Tirol-Kurier' erreicht damit eine knapp dreimal so große Reichweite wie der 'Kurier' vor der Tirol-Regionalisierung. Bundesweit betrug die Reichweite laut Media-Analyse 1998 12 Prozent.

Als Herausgeber und Medieninhaber scheint im Tiroler Impressum die „Kurier Zeitungsverlag und Druckerei GmbH" in Wien, als Verleger die „Mediaprint Zeitungs- und Zeitschriftenverlag GmbH & Co. KG" auf, als Drucker die „Mediaprint Zeitungsdruckerei GmbH &Co. KG" (2000).

Die eigenständige Tirol-Redaktion in Innsbruck hat am 11.11.1983 ihre Arbeit aufgenommen. Diese lieferte ihre Berichte für den österreichweiten Chronik-Teil des 'Kurier' zu. Mit dem Erscheinen der 'Tiroler Krone' hatte der 'Tirol-Kurier' keine Verkaufsrückgänge zu verzeichnen, so Ex-Chefredakteur Franz F. Wolf.[5]

Eine Tirol-Ausgabe der 'Neuen Kronen Zeitung' erscheint seit 13. Septmeber 1992, ebenso wie der 'Kurier' mit eigenem Tiroler Lokal- und Sportteil, wobei täglich bis zu 25 Seiten mutiert werden. Von der Bundesausgabe werden komplett übernommen: Politik, Ausland, Lokales aus Österreich, österreichischer und internationaler Sport und die TV-Seite; lokale Erweiterungen sind möglich.[6]

Medieninhaber ist die „Krone-Verlag GmbH & Co.KG" in Innsbruck, als Herausgeber zeichnet Hans Dichand und als Verleger wie beim 'Kurier' der „Mediaprint Zeitungs- und Zeitschriftenverlag GmbH & Co. KG". Hergestellt wird die 'Tiroler Krone' im „Druckereizentrum Salzburg BetriebsgesmbH". Als eigene Tiroler Sonntags-Beilage führen beide Zeitungen „Shopping in Tirol" (Herausgeber „Mediaprint Anzeigen GmbH & Co. KG").

---

[4] Media-Analyse 1999.
[5] Vgl. Brief 'Kurier', 18.2.1993 (Chefredakteur F. F. Wolf).
[6] Vgl. Brief 'Neue Tiroler Krone', 30.1.1993 (Chefredakteur W. Prüller).

Die Media-Analyse 1999 errechnete für die 'Tiroler Krone' in Nordtirol 202.000 Leser (37,8 % Reichweite) an Wochenenden sowie 146.000 Leser (27,4 %) während der Woche. Für 1992 hatte die Media-Analyse erst 63.000 Leser ausgewiesen, was einer Reichweite von 13,7 % entsprochen hatte. In Osttirol erreicht die 'Kärntner Krone' eine Reichweite von 4,1 % (22.000 Leser). Österreichweit wurde die 'Neue Kronen Zeitung' im Jahr 1998 von 43,1 % der Bevölkerung gelesen.[7]

Chefredakteur Walther Prüller (zuvor Chef vom Dienst bei der 'TT') schrieb in der ersten Ausgabe zur Geburtsstunde der 'Tiroler Krone' unter anderem: Endlich erscheine die 'Krone' mit einer eigenen Tirol-Ausgabe. Viel Interesse, Neugier und Freude seien vorausgegangen, das Aufatmen sei schließlich unüberhörbar gewesen. Nun werde man einen ausführlichen Lokal- und Sportteil für Tirol gestalten, doch auch auf Kultur und Politik werde man nicht vergessen. Das Blatt richte sich „gegen niemanden", „Unabhängigkeit" sei Programm. Nun gebe es in allen Bundesländern eigene Regionalausgaben – hier in Tirol sei der letzte weiße Fleck nunmehr verschwunden (Prüller scheint dabei Vorarlberg übersehen zu haben, Anm. d. Verf.).[8]

Beide Zeitungen bieten auch – wieder – ein monatliches Abhol-Abonnement an: Die Blätter werden für einen Monat bezahlt – zum halben Normalpreis – und werden von den Abonnenten selbst an „ihrer" Trafik abgeholt – wie es schon von 1914 und bis in die Zeit des Zweiten Weltkrieges hinein alltäglich gewesen war; damals hieß es „loco zum Abholen".

An „Krone-Verlag" und „Kurier-AG" und somit auch an deren Tirol-Ausgaben werden jeweils ca. 49 % der Anteile von der „WAZ" – „Westdeutsche Allgemeine Zeitungsverlagsgesellschaft E. Brost & J. Funke mbH & Co. KG – Westdeutsche Allgemeine Zeitungsverlag GmbH & Co.KG Zeitschriften-Beteiligungs-KG" gehalten. Sie stehen damit ebenso in Geschäftsverbindung und in einem gewissen ausländischen Abhängigkeitsverhältnis wie die 'TT', an der seit Mitte Dezember 1989 die deutsche „Axel-Springer-Verlag-AG" zunächst 45 % hielt und ab 1992 auf 65 % erhöhte.

Im Unterschied zum Untersuchungszeitraum 1914 bis 1947 ist die Tiroler Tagespresse der Gegenwart von drei „unabhängigen" Zeitungen und nicht mehr von Gesinnungs- oder Parteiblättern dominiert. Die anderen (überregionalen) österreichischen Tagblätter spielen in Tirol nur eine untergeordnete Rolle. Die drei Tagblätter (davon zwei Nebenausgaben der Bundesausgabe) erreichten 1999 (incl. Überschneidungen) 514.000 Leser bei einer (Druck-)Auflage von zusammen ca. 180.000 Stück ('TT' ca. 114.000; sehr grobe Schätzung, da nur ungenaue Zahlen über die Auflagen der Regionalausgaben von 'Kurier' und 'Krone' verfügbar waren) bei einer Einwohnerzahl von rund 650.000, während 1914 fünf Nordtiroler Tageszeitungen (per definitionem) mit einer Auflage von 38.200 Stück erschienen – rechnet man die restlichen zwölf untersuchten Blätter dazu, waren die 58.500 Stück immer noch nur ein knappes Drittel der Auflagenzahl des Jahres 1999. Zum Vergleich: 1910 hatte Tirol 301.000 Einwohner (Gebiet des Bundeslandes Tirol).[9]

Von den ursprünglich in die Untersuchung aufgenommenen Zeitungen bestehen 2000 noch die schon erwähnte 'TT', der amtliche 'BT' und die 'TBZ' sowie – nach mehrjähriger Unterbrechung wieder – der 'TG'.[10]

---

[7] Vgl. Media-Analyse 1998 und 1999.
[8] 'Neue Kronen Zeitung' – 'Tiroler Krone', Nr. 1, 13.9.1992, S. 10.
[9] Vgl. dazu Die Bevölkerung Tirols, a.a.O., S. 6.
[10] Vgl. dazu Kap. 1.21 ('TT'), 1.7 ('BT'), 1.13 ('TBZ') und 1.9 ('TG'), bes. unter „Allgemeine Chronik" S. 347 ff., 189 ff., 269 ff. und 224 ff.

Der 'BT' wird als „Amtsblatt der Behörden, Ämter und Gerichte Tirols" vom Amt der Tiroler Landesregierung einmal wöchentlich (Mittwoch) ediert, die 'Bauern-Zeitung' erscheint ebenfalls wöchentlich als Organ des Tiroler Bauernbundes und der Bauernkammer.[11]

Mit Beginn des Jahres 1993 erhielt die 'TBZ' ein neues Gesicht (Layout) und erfuhr eine inhaltliche Umgestaltung, wofür – vor allem als inhaltliche Orientierung – im Herbst 1992 eine Leserbefragung durchgeführt wurde.

So wurden der Zeitungskopf ausgeräumt und luftiger gestaltet, die Brotschrift vergrößert, Titel bzw. Schlagzeilen geändert und neue Rubriken eingerichtet, der Sportteil hingegen fiel der Leserumfrage zum Opfer. Die inhaltliche Umgestaltung wurde 1993 fortgesetzt.

Die 'TBZ' hatte Ende der 90er Jahre eine Reichweite von ca. 17% in Tirol und von ca. 1,4% österreichweit.

Im Jahr 2000 erschienen sechs überlokale Wochen-, Sonntags- und Monatszeitungen ('Kirche', 'Rundblick', die erwähnte 'Tiroler Bauern-Zeitung', 'Tiroler Wirtschaftsbund Info', 'TW-Tiroler Wirtschaft', 'Wirtschaft Aktiv'), weiters 44 Bezirks- bzw. Gemeindezeitungen, 69 Amtsblätter sowie Publikationen von Verbänden, Vereinen u.ä. (u.a. 'Bote für Tirol'), außerdem neun Parteiorgane bzw. periodische Publikationen von Partei-Organisationen, 19 Zeitschriften aus dem Bereich Kultur (Monatsschriften und fallweise erscheinende Periodika), 15 Magazine bzw. magazinähnliche Zeitschriften sowie 16 Betriebszeitungen.[12]

Ständige Korrespondenten arbeiteten für die Tageszeitungen 'Der Standard' (Dr. Benedikt Sauer, Hannes Schlosser), 'Die Presse' (Robert Benedikt), 'Dolomiten' (Bernhard Liensberger), 'Kleine Zeitung' (Osttirol: Günther Hatz), ,'Salzburger Nachrichten' (Dr. Anna Steinkeller) sowie 'Alto Adige' (Dr. Benedikt Sauer, Hannes Schlosser) in Tirol.[13]

Zwei-, drei- oder viermal wöchentlich erscheinende Blätter, die vor allem in der Monarchie, aber auch noch in der Zeit bis in den Zweiten Weltkrieg hinein, durchaus gebräuchlich waren, bestehen 2000 keine mehr. Diese Erscheinungsform ist aus dem Tiroler Pressewesen verschwunden.

Ein abschließender Vergleich: Die Gesamtreichweite der Tageszeitungen betrug in Tirol 1980 57,6% und sogar 71,9% mit den Überschneidungen durch Mehrfach-Zeitungs-Leser (hier ohne 'NTZ', mit 'NTZ' ca 75%). Damals – also vor der Etablierung eigener Tirol-Ausgaben der beiden größten österreichischen Tageszeitungen – hatte die 'TT' eine Reichweite von 52,4%, die 'Neue Kronen Zeitung' von 9,8 und der 'Kurier' von 9,7% ('NTZ' 1975–1978 zwischen 3,9 und 4,7%).[14]

1999 lag die Reichweite in Tirol wochentags für die'TT' bei 60,1%, bei der 'Tiroler Krone' bei 27,4% und beim 'Tirol Kurier' bei 8,8%, womit 'TT' und 'Krone' ihre Reichweiten signifikant ausbauen konnten, während der 'Tirol Kurier' leichte Lesereinbußen zu verzeichnen hatte. Insgesamt wies somit die Gesamtreichweite der Tiroler Tagespresse durch die Regionalisierungsbemühungen steigende Tendenz auf (Nettoreichweite ohne Überschneidungen 75,6%).[15]

---

[11] Vgl. Medienverzeichnis 2000, Bundesland Tirol.
[12] Vgl. ebd.
[13] Vgl. ebd.
[14] Vgl. Media-Analysen 1975–1980.
[15] Media-Analyse 1999.

Abkürzungen

a. D.	außer Dienst
a. a. O.	am angegebenen Ort
AB	Außferner Bote
Abb.	Abbildung
Abs.	Absatz
AG	Aktiengesellschaft
AL	Alpenland
Anm.	Anmerkung
ANSA	Agenzia Nazionale Stampa Associata
AOK	Armeeoberkommando
APA	Austria Presse-Agentur
ATA/TA	Allgemeiner/Tiroler Anzeiger
Aufl.	Auflage
AZ	Arbeiterzeitung
BC	Brixener Chronik
Bd.	Band
BGBl.	Bundesgesetzblatt
BN	Bozner Nachrichten
BT	Bote für Tirol
BZ	Bozner Zeitung
bzw.	beziehungsweise
ca.	circa
DB	Der Burggräfler
Ders.	Derselbe
Dies.	Dieselbe
Diss.	Dissertation
Dr.	Doktor
ebd.	ebendort
etc.	et cetera
f./ff.	folgende Seite(n)
Fl.	Gulden
FPÖ	Freiheitliche Partei Österreichs
G	Groschen
GesmbH	Gesellschaft mit beschränkter Haftung
Gestapo	Geheime Staatspolizei
H	Heller
Hg./Hrsg.	Herausgeber(in)
hg./hrsg.	herausgegeben
hist.	historisch
i. R.	in Ruhe(stand)
IB	Institutsbibliothek
IN	Innsbrucker Nachrichten
ISB	Information Service Branch
IZ	Innsbrucker Zeitung
Jg.	Jahrgang
K	Krone
k. k./k. u. k.	Kaiserlich (und) königlich
KA	Kitzbüheler Anzeiger
Kap.	Kapitel

KPÖ/KP	Kommunistische Partei Österreichs
KPQ	Kriegspressequartier
KZ	Konzentrationslager
L	Lire
LA	Landesarchiv
LN	Lienzer Nachrichten
lt.	laut
LZ	Lienzer Zeitung
Msgn.	Monsignore
MZ/SLZ	Meraner Zeitung/Südtiroler Landeszeitung
NR	Nationalrat
Nr.	Nummer
NSDAP/NS	Nationalsozialistische Deutsche Arbeiterpartei/nationalsozialistisch
NTS	Neue Tiroler Stimmen
NZ	Neueste Zeitung und Nordtiroler Zeitung
ÖVP/VP	Österreichische Volkspartei
P. T.	praemisso titulo, den (gebührenden) Titel vorausgeschickt
Pg.	Parteigenosse
Phil.	philosophisch
Präs.	Präsidialakten
PWD	Psychological Warfare Division
Rep.	Republik
RF	Rundfunk
RM	Reichsmark
Rpf.	Reichspfennig
S	Schilling
S.	Seite
s. o./u.	siehe oben/unten
SA	Sturmabteilung
SD	Sicherheitsdienst (der SS)
SLA	Schwazer Lokal-Anzeiger
SN	Salzburger Nachrichten
SPÖ/SP	Sozialistische Partei Österreichs
SS	Schutzstaffel
T/L	Der Tiroler/Der Landsmann
TBZ/TLB	Tiroler Bauern-Zeitung/Tiroler Landbote
TG/TV	Tiroler Grenzbote/Tiroler Volksblatt
TL	Tiroler Land-Zeitung
TN/NTZ	Tiroler Nachrichten/Neue Tiroler Zeitung
TNZ	Tiroler Neue Zeitung
TSZ	Tiroler Soldaten-Zeitung
TT	Tiroler Tageszeitung
TV	Tiroler Volksblatt (Bozen)
u. a.	unter anderem
UB	Universitätsbibliothek
Univ.-Prof.	Universitäts-Professor
US-	United States/US-amerikanisch
v. a.	vor allem
VF	Vaterländische Front
vgl.	vergleiche (bei)
VÖZ	Verband Österreichischer Zeitungen
VZ	Volks-Zeitung
WA	Wörgler Anzeiger
WUB	Wagner'sche Universitäts-Buchdruckerei
zit.	zitiert (nach, bei)
ZK	Zentralkomitee

('Die Post' und die 'Außferner Zeitung' wurden nicht abgekürzt.)

Quellen- und Literaturverzeichnis

1. Ungedruckte Quellen

a) Gesprächsprotokolle

    Andreas Humer, Redakteur der 'Tiroler Bauern-Zeitung', Juli 1991
    Dr. Hanns Humer, Chefredakteur 'Präsent', Juli 1991
    Ferdinand Kaiser, Landtagsabgeordneter und Landesparteisekretär der SPÖ-Tirol i.R., Juli 1991
    Erwin Köll, Amt der Tiroler Landesregierung, August 1991
    Dr. Fritz Steinegger, ehem. Archivar im Tiroler Landesarchiv, September 1991
    Dr. Peter Stoisavljevic, September 1991

b) Antwortschreiben

    Verlagsanstalt Tyrolia, 27.06.1991,
    Wagner'sche Univ.-Buchdruckerei Buchroithner & Co., 27.06.1991
    Eggerdruck, 01.07.1991
    FPÖ Tirol, Juli 1991
    KPÖ Tirol sowie Bibliothek des ZK der KPÖ, 01.07. bzw. 10.07.1991
    ÖVP Tirol, Juli 1991
    SPÖ Tirol, Juli 1991
    Amt der Tiroler Landesregierung, Landesarchiv, 23.09.1991
    Amt der Tiroler Landesregierung, Kanzleidirektion, 10.12.1992
    Brief 'Neue Tiroler Krone', 30.01.1993 (Chefred. W. Prüller)
    Brief 'Tirol Kurier', 18.02.1993 (Chefred. F.F. Wolf)
    Leidlmair A.: Schriftliche Information, 25.08.1997

c) Telefonische Antworten

    J. G. Mahl, Druckerei Lienz, Juli 1991, April 2000
    Außerferner Druck- und VerlagsgmbH., Juli 1991
    Union-Buchdruckerei Zelenka, Juli 1991
    Tiroler Landesregierung – Pressedienst, Juli 1991, April 2000
    Tiroler Bauern-Zeitung – Landwirtschaftskammer, Juli 1991, April 2000
    Eggerdruck, April 2000
    Amt der Tiroler Landesregierung – Medienservice Land Tirol, April 2000
    Tiroler Tageszeitung – Redaktion, April 2000

d) Kopienmaterial (Grafiken, Artikel etc. aus Privatbeständen)

    Von A. Humer, Tiroler Bauern-Zeitung
    Von F. Kaiser, SPÖ
        Unser Aufstieg – Ausschnitt
        Abb. Gebäude der Druckerei der 'Volks-Zeitung', Mentlgasse 12
        'VZ', 26.08.1893 – Kopie
        'VZ', 09.09.1893 – Kopie
        'VZ', 28.05.1932 – Kopie
        'VZ', 12.02.1934 – Kopie
        Mitteilungen der SPÖ-Landesorganisation Tirol

e) **Präsidialakten des/der Präsidialbüros/Präsidialkanzlei der k.k.-Statthalterei für Tirol und Vorarlberg und der Landesregierung für Tirol 1914–1924:**

I 7 f	Verordnungsblätter
XII 78a	Offizielle Organe
XII 78b	Telegrafen-Korrespondenzbüro
XII 78c	Politische Zeitschriften. Erscheinen, Aufhören und Veränderungen, Konfiskationen, Auflagen
XII 78g	Pflichtexemplare
XII 78h	Sonstiges
XXXVI 332e	Zensur, kriegsbedingte Ausnahmeverfügungen

f) **Präsidialakten des Präsidialbüros der Landesregierung für Tirol und des Amtes der Tiroler Landesregierung 1925:**

X 41	Pressewesen

g) **Präsidialakten des Amtes der Tiroler Landesregierung, der Landeshauptmannschaft für Tirol, des Landeshauptmannes von Tirol und des Reichsstatthalters für Tirol und Vorarlberg 1926–1940:**

XII 60	Pressewesen

2. Gedruckte Quellen

a) Kataloge, Bibliographien

ADMAC-Jahresbibliographien zur österreichischen Literatur zur Massenkommunikation und Bibliographien der österreichischen Literatur zur Massenkommunikation 1945–1975 und 1981 (Neugebauer/ADMAC)

Dissertationslisten der Institute für Publizistik in Wien und Salzburg

IB-Kataloge der Institute für Publizistik, für Geschichte, für Politikwissenschaft an der Universität Salzburg

Katalog der Bibliothek im Tiroler Landesmuseum Ferdinandeum in Innsbruck

Repertorien (Eingangs- und Nachschlagbücher) der Präsidialkanzlei für die Präsidialakten der Statthalterei für Tirol und Vorarlberg (1914–1918), der Landesregierung für Tirol (1919–17.10.1925), des Amtes der Tiroler Landesregierung (19.10.1925–1933), der Landeshauptmannschaft für Tirol (1934–1938), des Landeshauptmannes von Tirol (1939–1940), des Reichsstatthalters für Tirol und Vorarlberg (1940–1945). Die Repertorien für 1919–1925 auf Mikrofilmen 571 und 576, für 1925–1950 auf Mikrofilmen 581 und 585)

SPIESS, Volker: Verzeichnis deutschsprachiger Hochschulschriften zur Publizistik 1885–1967. – Berlin/München: Spiess 1969

UB-Kataloge der Universitäten Salzburg und Innsbruck

b) Jahrbücher, Handbücher, Lexika, Dokumentationen, Statistiken, Tabellen

ALA-Zeitungskatalog. Hrsg. von Haasenstein & Vogler. – Berlin 1925, 1932

BÖMER, Karl: Handbuch der Weltpresse. Hrsg. vom Institut für Zeitungswissenschaft Berlin und dem Außenpolitischen Amt der NSDAP. 2. Auflage. – Berlin: Carl Duncker Verlag 1934

Brockhaus-Enzyklopädie in 20 Bänden. 17. völlig neubearbeitete Auflage. 15. Band (Por-Ris). – Wiesbaden: Brockhaus 1972

Der Neue Brockhaus. In 5 Bänden. 5. völlig neubearbeitete Auflage. – Wiesbaden: Brockhaus 1975

Der Standard. Medienkompendium 1990. Sonderdruck. Hrsg. von Oscar Bronner. – Wien 1990

Die Bevölkerung Tirols von 1910 bis 1948. – Innsbruck: Tiroler Landesregierung 1948

Die Katholische Presse Österreichs (1934). – Hrsg. von „Das kleine Volkblatt". – Wien 1934

Dokumentationsarchiv Des Österreichischen Widerstandes: Widerstand und Verfolgung in Tirol 1934–1945. – Eine Dokumentation. 2 Bände. Bearbeitet von Peter Eppel, Brigitte Galanda u. a. – Wien: Österr. Bundesverlag 1984

Gutenberg-Jahrbuch. Hrsg. von Alois Ruppel. – Mainz: Verlag der Gutenberg-Gesellschaft 1937, 1950, 1955

Heide, Walter: Handbuch der deutschsprachigen Zeitungen im Ausland. – Berlin/Leipzig: de Gruyter 1935

Koszyk, Kurt; Pruys, Hugo: dtv-Wörterbuch zur Publizistik. 4. neubearbeitete Auflage. – München: dtv 1976

Massenmedien in Österreich. Medienbericht III. Hrsg. vom IfP Salzburg. – Salzburg/Wien: IPG 1986

Media-Analyse. Hrsg. vom Verein Arbeitsgemeinschaft Media-Analysen. – Wien: diverse Jahrgänge (www.media-analyse.co.at)

Österreichische Auflagenkontrolle/ÖAK. Österreichische Gemeinschaft zur Feststellung der Verbreitung von Werbeträgern (Daten werden quartalsweise ergänzt) – Wien: diverse Jahrgänge (www.oeak.at)

Österreichische Post-Zeitungs-Liste für das Jahr 1914. – Wien 1914

Österreichisches Jahrbuch. Hrsg. vom Bundespressedienst. – Wien: Folge 9 (1928), Folge 15 (1935), Folge 16 (1936), Folge 18 (1947)

Österreichisches Städtebuch. Band 5: Tirol, Teil 1. Hrsg. von Alfred Hoffmann. – Wien: Verlag der österreichischen Akademie der Wissenschaften 1980

Österreichs Zeitungen und Zeitschriften. Nach dem Stand vom 1. April 1946. – Wien 1946

Paupié, Kurt: Handbuch der österreichischen Pressegeschichte 1848–1959. 2 Bände. – Wien: Braumüller 1960, 1966

Pfaundler, Gertrud: Tirol-Lexikon. Ein Nachschlagewerk über Menschen und Orte des Bundeslandes Tirol. – Innsbruck: Rauchdruck 1983

Ploetz – Große illustrierte Weltgeschichte in 8 Bänden. Band 5: Das Zeitalter der Weltkriege. – Freiburg/Würzburg: Verlag Ploetz 1984

Ploetz – Große illustrierte Weltgeschichte in 8 Bänden. Band 4: Das Werden des modernen Europa. – Freiburg/Würzburg: Verlag Ploetz 1984

Pressehandbuch und Handbuch „Österreichs Presse-Werbung-Graphik". Hrsg. vom VÖZ, diverse Jahrgänge

Pürer, Heinz: Einführung in die Publizistikwissenschaft. Fragestellungen, Theorieansätze, Forschungstechniken. 2. Auflage. – München: Ölschläger 1981

Renckstorf, Carsten: Massenmedien, Gesellschaft und sozialwissenschaftliche Massenkommunikationsforschung. In: Internationales Handbuch für Rundfunk und Fernsehen. – Hamburg: Bredow-Institut 1984/1985

Statistisches Handbuch der Stadt Innsbruck 1950. Hrsg. vom Statistischen Amt der Stadt Innsbruck 1950

Statistisches Jahrbuch für die Republik bzw. für den Bundesstaat Österreich. – Wien: diverse Jahrgänge

Tiroler Medienverzeichnis. Hrsg. von der Tiroler Landesregierung. Bundesland Tirol, Autonome Provinz Bozen-Südtirol und Trentino. – Innsbruck: diverse Jahrgänge

Vinz, Curt; Olzog, Günther: Dokumentation deutschsprachiger Verlage. 6. Auflage. – Wien/München: Olzog Verlag 1977

Zeugen des Widerstandes. Eine Dokumentation über die Opfer des Nationalsozialismus in Nord-, Ost- und Südtirol von 1938–1945. Bearb. von Johann Holzner u. a. – Innsbruck/Wien/München: Tyrolia 1977

c) Fachliteratur

Abel, Karl-Dietrich: Presselenkung im NS-Staat. – Berlin: Colloquium 1968

Ackerl, Isabella: Das Kampfbündnis der NSDAP mit der Großdeutschen Volkspartei vom 15. Mai 1933. In: Jedlicka, Ludwig; Neck, Rudolf: Vom Justizpalast zum Heldenplatz…, S. 121–128

Albrich, Thomas; Eisterer, Klaus; Steininger, Rolf: Tirol und der Anschluß. Voraussetzungen, Entwicklungen, Rahmenbedingungen. 1918–1938. – Innsbruck: Haymon 1988

Albrich, Thomas: „Gebt dem Führer Euer Ja!" Die NS-Propaganda in Tirol für die Volksabstimmung am 10. April 1938. In: Albrich/Eisterer/Steininger: Tirol und der Anschluß…, S. 505–538

ANDICS, Hellmut: Der Staat, den keiner wollte. – Wien: Goldmann 1984
DERS.: Die Insel der Seligen. – Wien: Goldmann 1984
Anonym: Neugestaltung der Presse in der französischen Besatzungszone Österreichs. In: Tiroler Tageszeitung, Nr. 112, 31.10.1945, S. 1
Anonym: Unternehmen Sunrise. In: Der Spiegel, Nr. 43, 10.10.1966 (Jg. 20), S. 132–153
ARDELT, Rudolf G.: Zwischen Demokratie und Faschismus. Deutschnationales Gedankengut in Österreich 1919–1930. – Wien/Salzburg: Geyer 1972
ATTESLANDER, Peter: Methoden der empirischen Sozialforschung. 2. Auflage. – Berlin: de Gruyter 1971
AUER, Olga: Beginn der Parteienpresse in Österreich mit besonderer Berücksichtigung der Parteienentwicklung. – Wien: Phil. Diss. 1951
AUER, Rudolf: Die moderne Presse als Geschichtsquelle. – Wien: Phil. Diss. 1943
BACHINGER, Karl u. a.: Grundriß der österreichischen Sozial- und Wirtschaftsgeschichte von 1848 bis zur Gegenwart: Wien: ÖBV-Klett-Cotta 1987
DERS.: Österreich 1918–1945. In: BACHINGER, Karl u. a.: Grundriß der österr. Sozial- und Wirtschaftsgeschichte…, S. 40–83
BAERNTHALER, Irmgard: Die Vaterländische Front. Geschichte und Organisation. – Wien: Europaverlag 1971
BAUER, Wilhelm: Die öffentliche Meinung in der Weltgeschichte. – Tübingen: Mohr 1914
BAUMGÄRTNER, Ernst Georg: Die österreichische Presse in ihrer Stellungnahme zur Anschlußfrage 1918–1938. – Wien: Phil. Diss. 1950
BAUMGARTNER, Peter: 200 Jahre Tagespresse in Österreich. In: Amtliche Linzer Zeitung, Nr. 19, 1983 (Jg. 35), S. 2–4
DERS.: Das Reichs-Presseschaf. In: Festschrift: 350 Jahre Amtliche Linzer Zeitung. – Linz: Amt der oberösterreichischen Landesregierung, Abtlg. Presse 1980
BENEDIKT, Heinrich: Geschichte der Republik Österreich. – Wien: Verlag für Geschichte und Politik 1954
BERCHTOLD, Klaus: Österreichische Parteiprogramme 1868–1966. – Wien: Verlag für Geschichte und Politik 1967
BLUMTHALER, Ruth: Die Landeshauptstadt Innsbruck 1918–1929. Dargestellt vorwiegend aufgrund der Berichterstattung in den 'Innsbrucker Nachrichten'. – Innsbruck: Histor. Hausarbeit 1976
BOBROWSKY, Manfred; DUCHKOWITSCH, Wolfgang; HAAS, Hannes (Hg.): Medien- und Kommunikationsgeschichte. – Wien: Braumüller 1988
BOBROWSKY, Manfred; LANGENBUCHER, Wolfgang (Hg.): Wege zur Kommunikationsgeschichte. – München: Ölschläger 1987
BÖMER, Karl: Das Dritte Reich im Spiegel der Weltpresse. Historische Dokumente über den Kampf des Nationalsozialismus gegen die ausländische Lügenhetze. – Leipzig: Stephan Seibel & Co. 1934
BOHRMANN, Hans (Hg.): NS-Presseanweisungen der Vorkriegszeit: Edition und Dokumentation. Bearb. von Gabriele Toepser-Zeigert. – München 1984 ff.
BOTZ, Gerhard: Die Eingliederung Österreichs in das Deutsche Reich. Planung und Verwirklichung des politisch-administrativen Anschlusses (1938–1940). – Wien: Europaverlag 1988 (3. Aufl.)
BRACHER, Karl Dietrich; SAUER, Wolfgang; SCHULZ, Gerhard: Die nationalsozialistische Machtergreifung. – Köln/Opladen: Westdeutscher Verlag 1960
BRACHER, Karl Dietrich: Einleitung. Voraussetzungen des nationalsozialistischen Aufstiegs. In: BRACHER/SAUER/SCHULZ: Die nationalsoz. Machtergreifung…, S. 1–27
DERS.: Stufen der Machtergreifung. In: BRACHER/SAUER/SCHULZ: Die nationalsoz. Machtergreifung…, S. 31–368
BREIDENBACH, Heinrich: Die Presse der deutschsprachigen sozialdemokratischen Bewegung in Österreich zwischen Hainfeld und Erstem Weltkrieg. – Salzburg: Phil. Diss. 1980
BREIT, Gerda: Das Pressewesen Nordtirols von 1860–1914. – Innsbruck: Phil. Diss. 1950
BROOK-SHEPERD, Gordon: Der Anschluß. – Graz/Wien/Köln: Styria 1963
BRUNNER, Erwin: Die deutschsprachige Presse in Südtirol von 1918–1945. – Wien: Phil. Diss. 1979
BUCHACHER, Robert: Die Tages- und Wochenpresse des Bundeslandes Kärnten von der Gründung der Republik bis zur Gegenwart (1918–1973). – Wien: Phil. Diss. 1973

BURKHART, Roland: Zur Zukunft der Kommunikationsgeschichte. In: DUCHKOWITSCH, Wolfgang: Mediengeschichte…, S. 51–59
CARSTEN, Francis L.: Der Aufstieg des Faschismus in Europa. – Frankfurt: Europäische Verlagsanstalt 1968.
CHRISTOPH, Horst: Der vergrabene Ehrendolch. In: Profil, Nr. 10, 07. 03. 1988, S. 86–88
CILLER, Alois: Vorläufer des Nationalsozialismus. – Wien: Ertl-Verlag 1932
CSOKLICH, Fritz: Presse und Rundfunk. In: WEINZIERL/SKALNIK: Österreich 1918–1938…, S. 715–730
DERS.: Massenmedien. In: SKALNIK/WEINZIERL: Das neue Österreich…, S. 259–276
DALICHOW, Fritz: Die Zeitung im neuen Staat. Grundsätze nationalsozialistischer Zeitungsgestaltung. – Berlin: Büttner o. J.
DALMA, Alfons: Der Wiederaufbau der Bundesländerpresse. In: PÜRER/DUCHKOWITSCH/LANG: Die österreichische Tagespresse…, S. 103–109
Der Anschluß. Eine Zeitungs-Geschichte. Beilage zu Profil, Nr. 10, 07. 03. 1988. Hrsg. von Ernst SCHMIEDERER
Der Tod eines Staates. 1938–1988. Als aus Österreich die Ostmark wurde. Sonderdruck aus den Salzburger Nachrichten. Redaktion: Franz Mayerhofer. – Salzburg: Salzburger Druckerei 1988
D'ESTER, Karl: Zeitungswesen. – Breslau: Ferd. Hirt 1928
DERS.: Zeitungswissenschaft und Geschichte. In: Beiträge zur Zeitungsforschung und Zeitungskunde. Festgabe für Wilhelm Waldkirch zum 60. Geburtstag. – Heidelberg: G. Braun 1930, S. 41–44
DIAMANT, Alfred: Die österreichischen Katholiken und die Erste Republik. Demokratie, Kapitalismus und soziale Ordnung 1918–1934. – Wien: Volksbuchhandlung 1960. Deutsch von Norbert Leser
DÖHNE, Wilhelm: Presse- und Nachrichtenpolitik in Österreich von der Ersten bis zur Zweiten Republik (1918–1946). – Wien: Phil. Diss. 1947
DÖRFLER, Stefan: Die feierliche Eröffnung der Österreichischen Pressekammer. – Wien 1936
DERS.: Wesen und Werden der Österreichischen Pressekammer. – Wien 1936
DÖRRER, Anton: Brixner Buchdrucker. In: Gutenberg-Jahrbuch 1937. – Mainz: Verlag der Gutenberg-Gesellschaft 1937, S. 144–167
DERS.: Das Innsbrucker Verlagshaus F. Rauch und seine Vorgänger 1673–1929. – Linz: F. Winkler 1929
DERS.: Die Verlagsanstalt Tyrolia in Innsbruck und Athesia in Bozen (1888–1900–1950). In: Gutenberg-Jahrbuch 1950. – Mainz: Verlag der Gutenberg-Gesellschaft 1950, S. 274–279
DERS.: 400 Jahre Wagner in Innsbruck. In: Gutenberg-Jahrbuch 1955. – Mainz: Verlag der Gutenberg-Gesellschaft 1955, S. 154–161
DOVIFAT, Emil; WILKE, Jürgen: Zeitungslehre, Bd. I u. II, 6. neubearbeitete Auflage. – Berlin/New York: de Gruyter 1976
33 Jahre Tiroler Tageszeitung. In: Werbung in Österreich, Nr. 44, 1979, S. 2–3
DRESLER, Adolf: Die Presse im faschistischen Italien. 4. Auflage. – Essen: Essener Verlags-Anstalt 1939
DUCHKOWITSCH, Wolfgang: Mediengeschichte. – Wien: Böhlau 1985
DERS.: Mediengeschichte vor neuen Einsichten. In: BOBROWSKY/DUCHKOWITSCH/HAAS: Medien- und Kommunikationsgeschichte…, S. 23–28
DERS.: Mediengeschichte vor neuen Einsichten – Ein Beitrag zum Abbau von Berührungsängsten und zum Festigen von Dialogfähigkeit. In: Medien-Journal, Nr. 2, 1984 (Jg. 8), S. 2–7
DERS.: Mediengeschichte zwischen Historie und Soziologie. Auf dem Weg von innen nach außen. In: DUCHKOWITSCH: Mediengeschichte…, S. 37–50
DUREGGER, Peter: Zur Geschichte des Zeitungswesens in Lienz. In: Osttiroler Bote, Nr. 51, 22. 12. 1960
EBERLE, Josef: Großmacht Presse. Enthüllungen für Zeitungsgläubige, Forderungen für Männer. – Wien/Regensburg: Herold 1920
EIGENTLER, Ernst: Tirol im Inneren während des Ersten Weltkrieges 1914–1918. – Innsbruck: Phil. Diss. 1954
FABRIS, Hans Heinz: Das österreichische Mediensystem. In: FISCHER: Das politische System Österreichs…, S. 501–535
DERS.: Illegale Presse der Ersten Republik in Selbstzeugnissen und Dokumenten. In: Medien-Journal, Nr. 2, 1984 (Jg. 8), S. 25–29

Ders.: Massenmedien – Instrumente der „Skandalisierung" oder „vierte Gewalt" – Zum Kontrollpotential der Medien. In: Brünner, Christian: Korruption und Kontrolle. – Wien: Böhlau o.J., S. 239–264

Ders.: Medienforschung in Österreich. Bestandsaufnahme, Koordination, Programmatik. – Wien/New York: Springer 1975

Ders.: Österreichs Beitrag zu Kommunikationswissenschaft und -forschung. Zwischen Aufbruch und Verhinderung. In: Publizistik, Heft 2, 1983 (Jg. 28), S. 204–220

Ders.: Politik aus zweiter Hand. Massenmedien und politische Kultur in der zweiten österreichischen Republik. In: Publizistik, Heft 3, 1969 (Jg. 14), S. 268–276

Fajkmajer, Hugo: Die Presse in der österreichischen Gesetzgebung. – Wien: Phil. Diss. 1951

Felix, Josef: Staatliche Pressestellen in Österreich von 1848 bis 1938 unter besonderer Berücksichtigung der Zeit von 1918 bis 1938. – Wien: Phil. Diss. 1980

Fessl, Christina: Die innenpolitische Entwicklung in Österreich in den Jahren 1934 bis 1938. – Wien: Phil. Diss. 1967

Festschrift: 350 Jahre Amtliche Linzer Zeitung. – Linz: Amt der oberösterreichischen Landesregierung – Abteilung Presse 1980

Fischer, Heinz: Das politische System Österreichs. 3. ergänzte Auflage. – Wien/München/Zürich: Europaverlag 1974

Fleischmann, Gerald: Tyrolia – Vogelweider – Athesia. Geschichte und Entwicklung eines Südtiroler Presseverlages. – Wien: Phil. Diss. 1967

Fontana, Josef: Geschichte des Landes Tirol. Band 3: Vom Neuaufbau bis zum Untergang der Habsburgermonarchie (1848–1918). – Bozen: Athesia, Innsbruck-Wien: Tyrolia 1987

Franke, Traute: Elemente und Faktoren der kommunalen Presse Österreichs. – Wien: Phil. Diss. 1956

Frei, Norbert: Nationalsozialistische Eroberung der Provinzpresse. Gleichschaltung, Selbstanpassung und Resistenz in Bayern. – Stuttgart: dva 1980

Fuehr, Christoph: Das k.u.k.-Armeeoberkommando und die Innenpolitik in Österreich 1914–1917. – Graz/Wien/Köln: Böhlau 1968

50 Jahre Tiroler Tageszeitung. Sonderpublikation der 'TT', Nr. 141, 21.06.1995

Funder, Friedrich: Vom Gestern ins Heute. Aus dem Kaiserreich in die Republik. 3. Aufl. – Wien: Herold 1952

Ders.: Als Österreich den Sturm bestand. Von der Ersten in die Zweite Republik. – Wien: Herold 1952

Furche-Dossier: Katholische Publizistik 1938. In: Die Furche, Nr. 10, 11.03.1988, S. 11–13

Furche-Dossier: 1938 – Österreichs Passion. In: Die Furche, Nr. 1, 08.01.1988. S. 9–11

Furche-Dossier: Tanz auf dem Vulkan. In: Die Furche, Nr. 4, 29.01.1988, S. 9–11

Furche-Dossier: Von Tirol nach Tirol. In: Die Furche, Nr. 15, 10.04.1987, S. 12–14

Gamper, Michael: Tiroler. Ein nicht gefeiertes Jubiläum. In: Dolomiten, Jubiläumsausgabe, Nr. 282, 06.12.1952, S. 17

Ders.: Vom Wochenblatt zum Tagblatt. In: Dolomiten, Jubiläumsausgabe, Nr. 282, 06.12.1952, S. 18

Ders.: Wie es zur Herausgabe der Dolomiten kam. In: Dolomiten, Jubiläumsausgabe, Nr. 282, 06.12.1952, S. 9–10

Gartner, Franz: Der Plan einer deutsch-österreichischen Zollunion und die Wiener Presse. – Wien: Phil. Diss. 1949

Gasser, Hans Georg: Die Probleme der Distribution bei Tageszeitungen. – Wien: Phil. Diss. 1977

Gedye, G.E.R.: Als die Bastionen fielen. – Wien: Junius Verlag 1981

Gehl, Jürgen: Austria, Germany and the Anschluß 1931–1938. – London 1963

Gehler, Michael: „Wir werden es den Nazis zeigen!" Die Höttinger Saalschlacht vom 27. Mai 1932. – In: Albrich/Eisterer/Steininger: Tirol und der Anschluß…, S. 271–306

Ders.: Viel Sand im Getriebe. Medien und Propaganda im Gau Tirol-Vorarlberg nach dem Anschluß. In: Rathkolb/Dusek/Hausjell: Die veruntreute Wahrheit…, S. 423–437

Geschichte der Kommunistischen Partei Österreichs. 1918–1955. – Wien: Globus 1977

Goldinger, Walter: Der geschichtliche Ablauf der Ereignisse in Österreich 1918–1945. – In: Benedikt, Heinrich: Geschichte der Republik…, S. 15–288

Golowitsch, Helmut: Der berufsständische Aufbau der Presse im deutschen Reich (1933–1945) und in Österreich (1936–1945). – Wien: Phil. Diss. 1974

GOTTSCHLICH, Maximilian: Journalismus zwischen Macht und Verantwortung. In: PÜRER, Heinz: Praktischer Journalismus in Zeitung, Radio und Fernsehen. – Salzburg: KfJ 1984, S. 347–356

GRATZ, Alois: Die österreichische Finanzpolitik von 1848–1948. In: MAYER, Hans: 100 Jahre…, S. 222–309

GRÖSSL, Franz: Justiz, Presse, Pressegesetz. In: NENNING, Günther: Richter und Journalisten. – Wien: Europaverlag 1965, S. 59–72

DERS.: Der Wiederaufbau der ÖVP-Presse. In: PÜRER/DUCHKOWITSCH/LANG: Die österreichische Tagespresse…, S. 91–97

GROTH, Otto: Die Zeitung. Band 1. – München/Leipzig/Berlin 1928

GRUBER, Alfons: Südtirol unter dem Faschismus. 2. Aufl. – Bozen: Athesia 1975

GUNDOLF, Hubert F.: Über die moderne periodische Presse im Hinblick auf die Vielheit von heute. – Innsbruck: Phil. Diss. 1953

GURATZSCH, Dankwart: Macht durch Organisation. Die Grundlagen des Hugenbergschen Presse-imperiums. – Düsseldorf: Bertelsmann 1974

GUTMANN, Josef A.: Die Tiroler Landesgesetzgebung in der Zeit von 1848 bis 1918 und ihre Besonderheiten. – Innsbruck: Phil. Diss. 1948

HAAS, Hannes: Zwischen Komplementarität und Konkurrenz. Zur Veränderung des Kommunikationssystems durch die Einführung „neuer Medien" am Beispiel der Ersten Republik. In: DUCHKOWITSCH: Mediengeschichte…, S. 127–142

HAAS, Hildegard: Das Südtirolproblem in Nordtirol von 1918–1938. – Innsbruck: Phil. Diss. 1984

HACKL, Dietz: Die mißbrauchte Macht. Anatomie der Presse. – Wien: Braumüller 1964

HÄMMERLE, Elisabeth: Die Tages- und Wochenzeitungen Vorarlbergs in ihrer Entwicklung vom Ende der Monarchie bis 1967. – Wien: Phil. Diss. 1969

HAGEMANN, Jürgen: Die Presselenkung im 3. Reich. – Bonn: Bouvier 1970

HAGEMANN, Walter: Publizistik im Dritten Reich. – Hamburg: Hanseatischer Gilden Verlag 1948

DERS.: Die Zeitung als Organismus. – Heidelberg: Vohwinckel 1950 (= Beiträge zur Publizistik, Bd. 1)

HAGER, Hubert: Der Verlag „Das Bergland-Buch" und seine Stellung im Kiesel-Komplex. – Salzburg: Publ. Seminar-Arbeit 1990

HALE, Oron: Presse in der Zwangsjacke 1933–1945. – Düsseldorf: Droste 1965

HALL, Murray G.: Österreichische Verlagsgeschichte 1918–1938. – Wien: Böhlau 1985 (2 Bände)

DERS.: Verlagswesen in Österreich 1938–1945. In: STADLER, Friedrich: Kontinuität und Bruch 1938–1945–1955. Beiträge zur österreichischen Kultur- und Wissenschaftsgeschichte. – Wien: Jugend & Volk 1988, S. 83–92

HALTER-SCHMID, Ruth: Schweizer Radio 1939–1945. Die Organisation des Radiokommunikators durch Bundesrat und Armee. Ein Beitrag zur Mediengeschichte. – Bern/Stuttgart: Haupt 1979

HANISCH, Ernst: Westösterreich. In: TALOS/HANISCH/NEUGEBAUER: NS-Herrschaft in Österreich…, S. 437–456

HAUSJELL, Fritz: Österreichs Tageszeitungsjournalisten am Beginn der 2. Republik (1945–47). Eine kollektivbiographische Analyse ihrer beruflichen und politischen Herkunft. – Salzburg: Phil. Diss. 1985 (3 Bände)

DERS.: Die gleichgeschaltete österreichische Presse als nationalsozialistisches Führungsmittel (1938–45). In: TALOS/HANISCH/NEUGEBAUER: NS-Herrschaft in Österreich…, S. 319–330

DERS.: „Die undeutschen und zersetzenden Elemente in Österreichs Presse werden in kürzester Zeit restlos ausgemerzt sein." In: RATHKOLB/DUCHKOWITSCH/HAUSJELL: Die veruntreute Wahrheit…, S. 183–197

DERS.: Journalisten für das Reich: der „Reichsverband der deutschen Presse" in Österreich 1938–1945. – Wien: Verlag für Gesellschaftskritik 1993

HAUTMANN, Hans: Die Anfänge der linksradikalen Bewegung und der Kommunistischen Partei Deutschösterreichs. – Wien: Europaverlag 1970

HECHENBICHLER, Erich: Amtspublizistik. Das Problemfeld des beamteten Journalismus. In: Publizistik, Heft 3, 1969 (Jg. 14), S. 298–310

HEMETSBERGER-KOLLER, Hildegard: Österreich von 1945 bis zur Gegenwart. In: BACHINGER u.a.: Grundriß der österreichischen…, S. 84–118

HENNERSDORF, Felix: Südtirol unter italienischer Herrschaft. Eine Schilderung mit urkundlichen Belegen. – Berlin: Bernhard & Graefe 1926

HEROLD, Otto: Betriebs- und Unternehmensformen im Zeitungswesen unter besonderer Berücksichtigung österreichischer Verhältnisse. – Wien: Phil. Diss. 1950

HERRE, Paul: Die Südtirol-Frage. Entstehung und Entwicklung eines europäischen Problems der Kriegs- und Nachkriegszeit. – München: Beck 1927

HIMMELREICH, Josef: Geschichte der Deutsch-Tiroler Presse. Zeitungswissenschaftliche Abhandlung für das Institut für Zeitungsforschung an der Universität München. – Gelsenkirchen 1927

HITTMAIR, Rudolf: 300 Jahre Wagner'sche Universitätsbuchhandlung. – Innsbruck 1939

HÖLLRIGL, Christiane: Ein langer Weg. Österreichs Tagespresse feiert ihren 200. Geburtstag. In: Multimedia, Nr. 11, 1983, S. 1 u. 12

HOLZBACH, Heidrun: Das System Hugenberg. Die Organisation bürgerlicher Sammlungspolitik vor dem Aufstieg der NSDAP. – Stuttgart: dva 1981

HOLZHAMMER, Josef: Immer vorwärts, nie zurück! Über die Anfänge der Sozialdemokratie in Tirol. In: Volks-Zeitung, Nr. 202, 28. 10. 1911, S. 1–5

HOLZNER, Johann: Untersuchungen zur Überwindung des Nationalsozialismus in Österreich. – Innsbruck: Phil. Diss. 1971

HÜBENER, Karl-Rudolf: Illegale österreichische Presse von 1933–1938. – Wien: Phil. Diss. 1969

HUEMER, Peter: Sektionschef Robert Hecht und die Zerstörung der Demokratie in Österreich. Eine historisch-politische Studie. – Wien: Verlag für Geschichte und Politik 1975

HUTER, Alois: Mensch und Massenmedien. Der anthropologische Aspekt der Medienforschung. – Salzburg: Müller 1981

HUTER, Franz: Die politische Entwicklung bis 1918. In: HUTER, Franz: Südtirol. Eine Frage des europäischen Gewissens. – Wien: Verlag für Geschichte und Politik 1965, S. 121–132

HYE, Franz-Heinz: Die politischen Kräfte in Innsbruck 1918–1938. In: ALBRICH/EISTERER/STEININGER: Tirol und der Anschluß…, S. 143–168

DERS.: Tirol 1918–1938. Die Entwicklung des österreichischen Bundeslandes vom Zusammenbruch 1918 bis zum Anschluß 1938. Beilage der Tiroler Tageszeitung vom 12. März 1988

INGRIM, Robert: Der Griff nach Österreich. – Zürich: Europaverlag 1938

IVAN, Franz; LANG, Helmut W.; PÜRER, Heinz (Hg.): 200 Jahre Tageszeitung in Österreich 1783–1983. Ausstellungskatalog und Festschrift: Wien: ÖNB, VÖZ 1983

JACOBSEN, Hans Adolf: Nationalsozialistische Außenpolitik 1933–1938. – Frankfurt/Berlin: Metzner 1958

JAGSCHITZ, Gerhard: Die Presse in Österreich von 1918–1945. In: PÜRER/DUCHKOWITSCH/LANG: Die österreichische Tagespresse…, S. 42–82

JAKOB, Waltraud: Geschichte der Salzburger Zeitungen 1668–1978. – Salzburg: Phil. Diss. 1978

JEDLICKA, Ludwig; NECK, Rudolf: Vom Justizpalast zum Heldenplatz. Studien und Dokumentation 1927–1938. – Wien: Österreichische Staatsdruckerei 1975

JEDLICKA, Ludwig: Ende und Anfang. Österreich 1918/1919. Wien und die Bundesländer. – Salzburg: SN-Verlag 1969

DERS.: 1918 – Das Ende der Donaumonarchie. In: JEDLICKA, Ludwig: Ende und Anfang…, S. 7–62

DERS.: Vom Waffenstillstand zum Vertrag von St. Germain 1919. In: JEDLICKA, Ludwig: Ende und Anfang…, S. 89–117

JOCHUM, Manfred; BOBROWSKY, Manfred: Der Weg in den Untergang. Journalisten vermitteln den Anschluß. – Wien: Braumüller 1988

JUNKER, Helmut: Das publizistische Ringen um die Arbeiterschaft im österreichischen Ständestaat (1933–1938). Eine Studie zur Geschichte und Technik der politischen Propaganda. – Wien: Phil. Diss. 1964

KADECKA, Norbert: Das österreichische Presserecht. – Berlin: Verlag von Georg Stilke 1931

KAMITZ, Reinhard: Die österreichische Geld- und Währungspolitik von 1848–1948. In: MAYER, Hans: 100 Jahre…, S. 127–221

KAUFMANN, Fritz: Sozialdemokratie in Österreich. Idee und Geschichte einer Partei von 1889 bis zur Gegenwart. – Wien: Amalthea 1978

KAUSEL, Anton: Österreichs Wirtschaft 1918–1968. – Wien: Verlag für Geschichte und Politik 1968

KELLER, Heinrich: Die Justiz als Staat im Staat? In: FISCHER, Heinz: Das politische System Österreichs…, S. 317–336

KELSEN, Hans: Die Entstehung der Republik Österreich und ihrer Verfassung. In: KLECATSKY, Hans: Die Republik Österreich. Gestalt und Funktion ihrer Verfassung. – Wien: Herder 1968, S. 9–76

KEREKES, Lajos: Von St. Germain bis Genf. Österreich und seine Nachbarn 1918–1922. – Wien: Verlag Hermann Böhlaus Nachf. 1979

KERNBAUM, Hans; WEBER, Fritz: Österreichs Wirtschaft 1938–1945. In: TALOS/HANISCH/NEUGEBAUER: NS-Herrschaft..., S. 49–67

KIEFER, Carmen: Die Geschichte der 'Salzburger Volks-Zeitung' von 1945 bis heute (1990). Ein Beitrag zur Salzburger Zeitungsgeschichte. – Salzburg: Phil. Diss. 1991. Als Buch: gleicher Titel, Veröffentlichung der Dr. Hans Lechner-Forschungsgesellschaft, Salzburg 1992

KIESLICH, Günther: Geschichte der Presse. – Salzburg: Manuskript 1970/71

KLAAR, Karl: Gründung und Fortschritt der Fa. Marianischen Vereinsbuchhandlung und Buchdruckerei A.G. Innsbruck 1856–1936. Erschienen im eigenen Betrieb 1936.

KLEIN, Johann Wolfgang: Die 'Salzburger Wacht', das Organ der Salzburger Sozialdemokratie von der Gründung 1899 bis zum Verbot am 12. Februar 1934. – Salzburg: Phil. Diss. 1983

KLETLER, Bruno: Mein Tagebuch. Durch Kampf zum Sieg. – Innsbruck: Selbstverlag 1938

KLOTZ, Anton: Dr. Aemilian Schöpfer. Priester und Volksmann. – Innsbruck/Wien/München: Tyrolia 1936

KLUGE, Ulrich: Der österreichische Ständestaat 1934–1938. Entstehung und Scheitern. – Wien: Verlag für Geschichte und Politik 1984

KNOCHE, Manfred; SCHULZ, Winfried: Folgen des Lokalmonopols von Tageszeitungen. In: Publizistik, Heft 3, 1969 (Jg. 14), S. 298–310

KÖFLER, Gretl: Tirol und die Juden. In: ALBRICH/EISTERER/STEININGER: Tirol und der Anschluß..., S. 169–182

KÖNIGSHOFER, Franz Werner: Die Wirtschaft des Bundeslandes Tirol von 1918 bis zum Ausbruch der Weltwirtschaftskrise im Jahre 1929. – Innsbruck: Phil. Diss. 1978

KOERNER, Ralf Richard: So haben wir es damals gemacht. Die Propagandavorbereitungen zum Österreich-Anschluß durch das Hitler-Regime 1933–1938. – Wien 1958

KÖSSLER, Gabriele: Die Presse im demokratischen Willensbildungsprozeß in Österreich. – Salzburg: Jur. Diss. 1972

KOHLBACH, Rochus: Kreuz und Feder. – Graz: Styria 1933

KREISSLER, Felix: Von der Revolution zur Annexion. Österreich 1918 bis 1938 – Wien/Frankfurt/Zürich: Europaverlag 1970

KRIECHHAMMER, Maria: Die großdeutsche Volkspartei in Österreich 1929–1934. – Salzburg: Hist. Hausarbeit 1977

KUPRIAN, Hermann: Tirol und die Anschlußfrage 1918–1921. In: ALBRICH/ EISTERER/STEININGER: Tirol und der Anschluß..., S. 43–74

KUTMANN, Susanne: Die großdeutsche Partei in der Ersten Republik. – Salzburg: Hist. Hausarbeit 1973

KUTSCHERA, Heinrich: Die Geheimnisse der „sechsten" Großmacht. Gesellschaftliche, historische und wirtschaftliche Grundlagen. Organisation und Technik. – Wien: Selbstverlag 1935

LANG, Helmut W.: Der österreichische Zeitungsverlag im 17. Jahrhundert. In: IVAN/PÜRER/LANG: 200 Jahre Tageszeitung..., S. 41–54

LANGENBUCHER, Wolfgang R.: Von der Presse- über die Medien- zur Kommunikationsgeschichte. In: DUCHKOWITSCH: Mediengeschichte..., S. 11–24

DERS: Von der Pressegeschichte zur Kommunikationsgeschichte. In: BOBROWSKY/DUCHKOWITSCH/HAAS: Medien- und Kommunikationsgeschichte..., S. 16–22

LANGER, Otto: Der Wiederaufbau der kommunistischen Presse – Die „Volksstimme". In: PÜRER/DUCHKOWITSCH/LANG: Die österreichische Tagespresse..., S. 91–97

LECHTHALER, Alois: Handbuch der Geschichte Tirols. – Innsbruck/Wien/München: Tyrolia 1936

DERS.: Geschichte Tirols. 2. Aufl. – Innsbruck/Wien: Tyrolia 1948

LEDERER, Hans: Aus der Werdezeit des Boten von Tirol. In: Innsbrucker Nachrichten, Nr. 273, 27. 11. 1926, S. 3–4

LEITER, Friedrich: Zeitung im Kriege und nach dem Kriege. – Wien: Perlesverlag 1915

LENART, Birgit: Österreichs Preßvereine und was aus ihnen geworden ist. – Salzburg: Phil. Diss. 1982

LERG, Winfried: Pressegeschichte oder Kommunikationsgeschichte? In: LERG, Winfried; KOSZYK, Kurt: Presse und Geschichte. Beiträge zur historischen Kommunikationsforschung. – München: Verlag Dokumentation 1977, S. 9–24

DERS.: Programmgeschichte als Forschungsauftrag. In: BOBROWSKY/DUCHKOWITSCH/HAAS: Medien- und Kommunikationsgeschichte…, S. 78–87

LERG, Winfried; SCHMOLKE, Michael: Massenpresse und Volkszeitung. – Assen: Van Gorcum 1968

LESER, Norbert: Die Entwicklung des Demokratieverständnisses in Österreich. In: FISCHER: Das politische System Österreichs…, S. 13–29

LETTNER, Lydia: Die französische Österreichpolitik von 1943–1946. – Salzburg: Phil. Diss. 1980

LUDWIG, Eduard: Der ständische Aufbau der österreichischen Presse. – Wien: Sonderdruck aus der Wiener Wirtschaftswoche 1937

LUNZER, Marianne: Politische Parteien und Presse. In: PÜRER/DUCHKOWITSCH/LANG: Die österreichische Tagespresse…, S. 30–41

DIES.: Parteien und Parteienpresse im wirtschaftlichen und gesellschaftlichen Wandel des 19. Jahrhunderts. In: IVAN/LANG/PÜRER: 200 Jahre Tageszeitung…, S. 87–117

MACKOWITZ, Rudolf: Kampf um Tirol 1945. – Innsbruck: Wagner 1945

MADEREGGER, Silvia: Die Juden im österreichischen Ständestaat 1934–1938. – Wien/Salzburg: Geyer 1973

MAGAZINER, Alfred: Macht und Ohnmacht der Presse. In: Die Zukunft, Nr. 6, 1979, S. 14–17

MAGENSCHAB, Hans: Demokratie und Rundfunk. Hörfunk und Fernsehen im politischen Prozeß Österreichs. – Wien: Herold 1973

MAIR, Nothburga: Die sozialdemokratische Bewegung in Deutsch-Tirol von ihren Anfängen bis zum Ersten Weltkrieg. – Wien: Phil. Diss. 1966

MATHIS, Franz: Deutsches Kapital in Österreich vor 1938. In: ALBRICH/EISTERER/STEININGER: Tirol und der Anschluß…, S. 435–452

MATHIS, Herbert: Die Habsburgermonarchie (Cisleithanien) 1848–1918. In: BACHINGER, Karl: Grundriß der österreichischen Sozial- und Wirtschaftsgeschichte…, S. 6–39

MAYER, Hans: 100 Jahre österreichische Wirtschaftsentwicklung 1848–1948. – Wien: Springer 1949

MAYER, Klaus: Die Organisation des Kriegspressequartiers beim k.u.k. AOK im Ersten Weltkrieg 1914–1918. – Wien: Phil. Diss. 1963

MAYER, Kurt M.: Der heimliche Zeitungskaiser. Joseph Stephan Moser, Medienbesitzer. In: Wiener, Heft 65, September 1985, S. 53–54

MEISSNER, Michael: Zeitungsgestaltung: Typografie, Satz und Druck, Layout und Umbruch. – München: List 1992

MELISCHEK, Gabriele; SEETHALER, Josef (Hg.): Die Wiener Tageszeitungen. Eine Dokumentation. Frankfurt a. M.: P. Lang 1992

MIEHSLER, Herbert: Südtirol als Völkerrechtsproblem. – Graz: Styria 1962

MIKOLETZKY, Hanns-Leo: Österreichische Zeitgeschichte. Vom Ende der Monarchie bis zum Abschluß des Staatsvertrages. – Wien: Österreichischer Bundesverlag 1962

MOERL, Anton: Erinnerungen aus bewegter Zeit Tirols. 1932–1945. – Innsbruck: Wagner 1955

MOLISCH, Paul: Geschichte der deutschnationalen Bewegung Österreichs. – Jena 1926

MONTZKA, Heinrich: Wie unsere Republik entstand. – Leipzig/Wien: Deuticke 1931

MORODER, Alexandra: Michael Gamper als Publizist. – Salzburg: Phil Diss. 1983

MOTH, Georg: Neu-Österreich und seine Baumeister. Ziele und Aufbau der berufsständischen Ordnung und der Vaterländischen Front. – Wien: Steyrermühl 1935

MÜLLER, Franz: Franz von Papen, die deutsche Österreichpolitik in den Jahren 1934–1938. – In: ALBRICH/EISTERER/STEININGER: Tirol und der Anschluß.., S. 357–384

MUZIK, Peter: Die Zeitungsmacher. Österreichs Presse – Macht, Meinungen und Milliarden. – Wien: Orac 1984

NAUTZ, Jürgen: Die österreichische Wirtschaft und die Anschlußfrage. In: ALBRICH/EISTERER/STEININGER: Tirol und der Anschluß…, S. 385–402

NECK, Rudolf: Die politische Publizistik in der Ersten Republik. In: ZÖLLNER, Erich: Öffentliche Meinung…, S. 95–102

Neunzig Jahre Tiroler Bauern-Zeitung. Sonderbeilage zur 'Tiroler Bauern-Zeitung', Nr. 13, 26.03.1992, S. I-XXIV

NEUREITER, Gerlinde: Die Geschichte des „Salzburger Volksblattes" von 1870 bis 1942. – Salzburg: Phil. Diss. 1985
NICK, Rainer; PELINKA, Anton: Parlamentarismus in Österreich. – Wien/München: Jugend & Volk 1984
NICK, Rainer; WOLF, Jacob: Regionale Medienlandschaften. Tirol, Südtirol, Vorarlberg. – Innsbruck: Studia GmbH 1996
NOLTE, Ernst: Die faschistische Bewegung. Die Krise des liberalen Systems und die Entwicklung des Faschismus. – München: dtv 1966
NUSSBAUM, Ernst-Werner: Der Anzeigenmarkt der österreichischen Tagespresse nach dem 2. Weltkrieg. – Wien: Phil. Diss. 1949
NUSSBAUMER, Josef: Die „Tausend-Mark-Sperre" vom Mai 1933 und der Tiroler Fremdenverkehr. In: ALBRICH/EISTERER/STEININGER: Tirol und der Anschluß…, S. 307–330
DERS.: Wirtschaftliche und soziale Verhältnisse in Tirol 1945. In: WANNER, Gerhard: 1945. Ende und Anfang in Vorarlberg, Nord- und Südtirol. – Lochau 1986, S. 109–114
OBERKOFLER, Anton: Aus den Jugendjahren des Tiroler Volksblattes und seines ersten Redakteurs. In: Tiroler Volksblatt, Nr. 10–33, 02.02.1912–24.04.1912, S. 1–3
OBERKOFLER, Gerhard: Februar 1934. Die historische Entwicklung am Beispiel Tirols. – Innsbruck: SPÖ Tirol 1974
DERS.: Der 15. Juli 1927 in Tirol. Regionale Bürokratie und Arbeiterbewegung. Mit einem Vorwort von Helmut Konrad. – Wien: Europaverlag 1982
DERS.: Die Tiroler Arbeiterbewegung von den Anfängen bis zum Zweiten Weltkrieg. – Wien: Europaverlag 1979
OETTL, Brigitte: Die Entwicklung der politischen Parteien in Südtirol seit 1918. – Innsbruck: Phil. Diplomarbeit 1981
OLBERT, Fritz: Tiroler Zeitungsgeschichte. Das Zeitungswesen von Nordtirol von den Anfängen bis zur Gegenwart. – Innsbruck: Phil. Diss. 1940
ORTEGA Y GASSET, José: Der Aufstand der Massen. – Madrid: Revista de Occidente 1930 (orig.)
PALLAVER, Günther: „Ihr Deutsche, gebt uns Brüdern Raum, da wir nach Norden schreiten." Eine großdeutsche Lösung für Südtirol? In: ALBRICH/EISTERER/STEININGER: Tirol und der Anschluß…, S. 221–270
PAN, Christoph: Die Südtiroler Wirtschafts- und Sozialstruktur von 1910–1961. – Bozen: Schriftenreihe des Südtiroler Wirtschafts- und Sozialinstituts 1963
PARTELI, Othmar: Geschichte des Landes Tirol. Band 4/1. Südtirol (1918–1970). – Bozen: Athesia, Innsbruck: Tyrolia 1988
PAULIN, Karl: Vom Tiroler Schrifttum und seinen Betreuern. – Innsbruck 1939
PAUPIÉ, Kurt: Die österreichischen Tageszeitungen seit 1945. In: Publizistik, Heft 4, 1956 (Jg. 4), S. 222–228
PELINKA, Peter; SCHEUCH, Manfred: 100 Jahre AZ. Die Geschichte der Arbeiter-Zeitung. – Wien/Zürich: Europaverlag 1989
PETZINA, Dietmar: Die deutsche Wehrwirtschaftsplanung und der Anschluß Österreichs. In: ALBRICH/EISTERER/STEININGER: Tirol und der Anschluß…, S. 453–480
PFEIFFER, Helfried: Die Ostmark-Eingliederung und Neugestaltung. Historisch-systematische Gesetzessammlung nach dem Stande vom 16. April 1941. – Wien: Verlag der Staatsdruckerei 1941
PIPERGER, Alois: Der Wiederaufbau der sozialistischen Presse – Die Rolle der Arbeiterzeitung. In: PÜRER/DUCHKOWITSCH/LANG: Die österreichische Tagespresse…, S. 83–90
PISECKY, Franz: Tirol – Vorarlberg. Die deutschen Gaue seit der Machtergreifung. (Band 3). – Berlin: Junker & Dünnhaupt 1940
PRAKKE, Henk: Vom Sinn der Publizistik. – Assen: Van Gorcum 1965
Presse in Fesseln. Eine Schilderung des NS-Pressetrusts. Gemeinschaftsarbeit des Verlages auf Grund authentischen Materials. – Berlin: Verlag Archiv und Kartei 1947
PROSS, Harry: Geschichte und Mediengeschichte. In: SCHREIBER, Erhard u. a.: Kommunikation im Wandel der Gesellschaft. – Düsseldorf: Droste 1980, S. 25–35
DERS.: Geschichte und Mediengeschichte. In: BOBROWSKY/DUCHKOWITSCH/HAAS: Medien- und Kommunikationsgeschichte…, S. 8–15
PÜRER, Heinz; DUCHKOWITSCH, Wolfgang; LANG, Helmut W.: Die österreichische Tagespresse. Vergangenheit, Gegenwart, Zukunft. – Salzburg: KfJ 1983

Pürer, Heinz: Manuskript: Strukturgeschichte der deutschsprachigen Presse. Bei Prof. Kieslich. – Salzburg 1971

Ramminger, Helmut K.: 'Dolomiten' und 'Alto Adige'. Ein Vergleich von Gestaltung und Inhalt der beiden Tageszeitungen der deutsch- und italienischsprachigen Volksgruppen in Südtirol von 1945 bis 1972. – Salzburg: Phil. Diss. 1979. Als Buch: gleicher Titel, mit einem Vorwort von Anton Pelinka. – Innsbruck: Inn-Verlag 1983

Rathkolb, Oliver; Duchkowitsch, Wolfgang; Hausjell, Fritz: Die veruntreute Wahrheit. Hitlers Propagandisten in Österreichs Medien. – Salzburg: Otto Müller 1988

Rathkolb, Oliver: US-Medienpolitik in Österreich 1945–1950. Von antifaschistischer „Reorientierung" zur ideologischen Westintegration. In: Medien-Journal, Heft 3, 1984 (Jg. 8), S. 2–9

Rauchensteiner, Manfried: Gauleiter Hofers „Alpenfestung" und die militärische Befreiung Nordtirols. In: Wanner, Gerhard: 1945. Ende und Anfang in Vorarlberg, Nord- und Südtirol. – Lochau 1986, S. 35–44

Reut-Nicolussi, Eduard: Tirol unterm Beil. – München: Beck 1928

Richter, Clemens: Katholische Presse in Europa. Ein internationaler Überblick. – Osnabrück: Fromm 1969

Riedl, Ingeborg: Statistische Untersuchung über die politischen Zeitungen Österreichs 1914–1949. – Wien: Phil. Diss. 1949

Riedmann, Josef: Geschichte Tirols. – München: Oldenbourg 1983

Ders.: Geschichte des Landes Tirol. Band 4/2. Das Bundesland Tirol (1918–1970). – Bozen: Athesia, Innsbruck: Tyrolia 1988

Rieger, Paul: Der Zerfall des österreichischen Nationalitätenstaates und die politische Tagespresse Wiens. – Wien: Phil. Diss. 1957

Rings, Werner: Kollaboration und Widerstand. Europa im Krieg 1939–1945. – Zürich: Ex libris Verlag 1979

Ritschel, Karl-Heinz: Diplomatie um Südtirol. Politische Hintergründe eines europäischen Versagens. – Stuttgart: Seewald 1966

Rodler, Brigitta: Die Salzburger Presse vor und nach dem Anschluß Österreichs an das Dritte Reich. – Salzburg: Phil. Diss. 1971

Röglsperger, Helga: Die Politik Frankreichs gegenüber Österreich von 1918–1922. – Wien: Phil. Diss. 1973

Romanik, Felix: Der Leidensweg der österreichischen Wirtschaft 1933–1945. – Wien: Bundesverlag 1957

Ross, Dieter: Hitler und Dollfuß. Die deutsche Österreichpolitik 1933–1934. – Hamburg: Leibnitz 1966

Rossiwall, Theo: Die letzten Tage. Die militärische Besetzung Österreichs 1945. – Wien: Kremayr & Scheriau 1969

Sänger, Fritz: Politik der Täuschungen. Mißbrauch der Presse im Dritten Reich. Weisungen, Informationen, Notizen 1933–1939. – Wien: Europaverlag 1975

Sarcinelli, Ulrich (Hg.): Massenmedien und Politikvermittlung – eine Problem- und Forschungsskizze. In: Rundfunk und Fernsehen, Nr. 39, 1991, S. 469–486

Sassmann, Hanns: Kulturgeschichte Österreich. Vom Urzustand bis zur Gegenwart. – Wien: Amonesta 1935

Schiemer, Georg: Unser Betriebsneubau – Werden und Vollendung. In: Der Volksbote, Nr. 6, 08.02.1969, Festbeilage, S. V-VI

Schimanko, Heinz: Erscheinungsformen der österreichischen Tagespresse 1945–1960. – Wien: Phil. Diss 1961

Schmolke, Michael: Alte Zeitungen als neuer Anstoß. In: Festschrift: 350 Jahre Amtliche Linzer Zeitung…, S. 9–14

Ders.: „Presse" – Beitrag in „Österreich-Lexikon", 1996

Ders.: Jede Zeit hat ihre Zeitung. In: Duchkowitsch: Mediengeschichte…, S. 25–35

Ders.: Macht der Medien. Zur Funktion der Massenmedien in unserer Gesellschaft. Manuskript 1979

Ders.: Von der repräsentativen zur präsentativen Demokratie. Die Teilhabe der Medien an der Macht. In: Freie Argumente, Nr. 15, 1988, S. 25–31

SCHNEEFUSS, Walter: Demokratie im alten Österreich. – Klagenfurt: Kleinmayr 1949
DERS.: Österreich. Zerfall und Werden eines Staates. – Leipzig: Goldmann 1937
SCHOBER, Richard: Die paramilitärischen Verbände in Tirol 1918–1927. In: ALBRICH/EISTERER/STEININGER: Tirol und der Anschluß…, S. 113–142
DERS.: Die Tiroler Frage auf der Friedenskonferenz von St. Germain. – Innsbruck: Wagner 1982
SCHÖNBERG, Michael: Die amerikanische Medien- und Informationspolitik 1945–1950. – Wien: Phil. Diss. 1975
SCHÖNE, Walter: Was ist Zeitung? In: Publizistik, Heft 6, 1956 (Jg. 1), S. 323–330
SCHOOF, Karl: Das Schriftleitergesetz vom 4. Oktober 1933. Ein Beitrag zur Erforschung des NS-Pressewesens. – Wien: Phil. Diss. 1968
SCHOPPER, Hans: Presse im Kampf. Geschichte der Presse während der Kampfjahre der NSDAP (1933–1938) in Österreich. – Brünn/Leipzig/Wien 1941
SCHROTTA, Werner: Die wirtschaftliche Entwicklung der österreichischen Tagespresse nach 1945. In: Festschrift: 350 Jahre Amtliche Linzer Zeitung…, S. 57–60
SCHULMEISTER, Otto: Freiheit und Bedrohung der Presse – 200 Jahre Tageszeitung in Österreich. In: IVAN/LANG/PÜRER: 200 Jahre Tageszeitung…, S. 17–40
SELLA, Gad Hugo: Die Juden Tirols. Ihr Leben und ihr Schicksal. – Tel Aviv 1979
SIEGERT, Michael: 100 Mann und kein Befehl. In: Profil, Nr. 10, 07.03.1988, S. 66–70
SIMON, Walter B.: 1918–1938. Ideologien und Politik. – Wien/Graz/Köln: Böhlau 1984
SKALNIK, Kurt: Die österreichische Presse. Vorgestern – gestern – heute. – Wien: Bergland 1964
SKALNIK, Kurt; WEINZIERL, Erika: Das neue Österreich. Geschichte der Zweiten Republik. – Graz: Styria 1975
SPANN, Gustav: Zensur in Österreich während des Ersten Weltkrieges 1914–1918. – Wien: Phil. Diss. 1972
STADLER, Karl: Österreich 1938–1945 im Spiegel der NS-Akten. – Wien/München: Herold 1966
STADLER, Rudolf: Zur Unterscheidung von Zeitung und Zeitschrift. Klassifikationsmerkmale von Printmedien. – Salzburg: Phil. Diss. 1990
STAUDINGER, Anton: Christlichsoziale Partei und Errichtung des „Autoritären Ständestaates" in Österreich. In: JEDLICKA/NECK: Vom Justizpalast zum Heldenplatz…, S. 65–81
DERS.: Die Ereignisse in den Ländern Deutsch-Österreichs im Herbst 1918 – Tirol. In: JEDLICKA, Ludwig: Ende und Anfang…, S. 70–74
STEIGER; Margit: „…mit den makellosen Waffen des Geistes…". Nationalsozialismus in Literatur und Journalismus. In: RATHKOLB/DUCHKOWITSCH/HAUSJELL: Die veruntreute Wahrheit…, S. 293–306
STEINACKER, Harold: Staatswerdung und politische Willensbildung im Alpenraum. – Darmstadt: Wissenschaftliche Buchgesellschaft 1967
STEININGER, Rolf: Der Anschluß – Stationen auf dem Weg zum März 1938. In: ALBRICH/EISTERER/STEININGER: Tirol und der Anschluß…, S. 9–42
STIEFEL, Dieter: Konjunkturelle Entwicklung und struktureller Wandel der österreichischen Wirtschaft in der Zwischenkriegszeit. – Wien: Institut für Höhere Studien 1978
STOISAVLJEVIC, Peter: Die Bildung der öffentlichen Meinung durch die Presse und das periodische Publikationswesen im Spätmittelalter und in der Neuzeit (anhand von ausgewählten typischen Beispielen und Zeitabschnitten). – Innsbruck: Phil. Diss. 1953
STOREK, Henning: Dirigierte Öffentlichkeit. Die Zeitung als Herrschaftsmittel in den Anfangsjahren der nationalsozialistischen Regierung. – Opladen: Westdeutscher Verlag 1972
STOLZ, Otto: Geschichte des Landes Tirol. – Innsbruck/Wien/München: Tyrolia 1955
DERS.: Geschichte der Stadt Innsbruck. – Innsbruck/Wien/München: Tyrolia 1959
STUHLPFARRER, Karl; STEURER, Leopold: Die Ossa in Österreich. In: JEDLICKA/NECK: Vom Justizpalast zum Heldenplatz…, S. 35–64
STUHLPFARRER, Karl: Antisemitismus, Rassenpolitik und Judenverfolgung in Österreich nach dem Ersten Weltkrieg. In: DRABEK, Anna: Das österreichische Judentum. – Wien: Jugend & Volk 1974, S. 141–164
SÜNDERMANN, Helmut: Die Grenzen fallen. – München: Zentralverlag der NSDAP – Franz Eher Nachf. 1939

SWOBODA, Ernst: Kommentar zum Pressegesetz und zur Strafgesetznovelle 1929 samt den übrigen einschlägigen Vorschriften. – Graz: Moser 1930

TALOS, Emmerich; HANISCH, Ernst, NEUGEBAUER, Wolfgang: NS-Herrschaft in Österreich 1938–1945. – Wien 1988

Tirol 1918–1968. – Innsbruck: Amt der Tiroler Landesregierung 1968

TOMEK, Lydia: Die Geschichte der österreichischen Pressegesetzgebung. – Wien: Phil. Diss. 1950

TRAFOJER, Karl: Die innenpolitische Lage in Südtirol 1918–1925. – Wien: Phil. Diss. 1950

TREMEL, Ferdinand: Wirtschafts- und Sozialgeschichte Österreichs. – Wien: Phil. Diss. 1971

THOEGL, Rudolf: Tagespresse, Parteien und alliierte Besatzung. Grundzüge der Presseentwicklung in der unmittelbaren Nachkriegszeit 1945–1947. – Wien: Phil. Diss. 1979

Tyrolia-Athesia. 100 Jahre erlebt, erlitten, gestaltet. Ein Tiroler Verlagshaus im Dienste des Wortes. Redaktion: Hanns Humer. – Innsbruck/Bozen: Tyrolia/Athesia 1989

Unser Aufstieg. 30 Jahre auf steinigem Boden. Die Entwicklung der Sozialdemokratischen Partei in Tirol. – Innsbruck: Innsbrucker Buchdruckerei 1924

VEITER, Theodor: Die Rechtslage der Italiener in der österreichisch-ungarischen Monarchie (mit besonderer Berücksichtigung Tirols). In: HUTER, Franz: Südtirol…, S. 188–235

VOLGGER, Franz: Das Pressewesen Deutsch-Südtirols von 1900–1914 (2 Bände). – Innsbruck: Phil. Diss. 1971

WAGNER, Dieter; TOMKOWITZ, Gerhard: Ein Volk, ein Reich, ein Führer. Der Anschluß Österreichs 1938. – München: Piper 1968

WALSER, Harald: Die illegale NSDAP in Tirol und Vorarlberg 1933–1938. – Wien: Europaverlag 1983

DERS.: Der Juli-Putsch 1934 in Tirol. In: ALBRICH/EISTERER/STEININGER: Tirol und der Anschluß…, S. 331–356

WANDRUSZKA, Adam: Die österreichische Presse in der franzisko-josephinischen Epoche. In: ZÖLLNER, Erich: Öffentliche Meinung…, S. 89–94

WANIVENHAUS, Helga: Die Pressefreiheit in Österreich. Geschichte ihrer Verwirklichung und ihrer gedruckten Normen. – Wien: Staatswiss. Diss. 1971

WANNER, Gerhard: 1945. Ende und Anfang in Vorarlberg, Nord- und Südtirol. – Lochau 1986

WASSERMANN, Alois: Tirols Schicksalsstunde. Schuld und Strafe. Ein Beitrag zu den historischen Quellen der Landesgeschichte. – Wenns/Tirol: Wassermann um 1930

WEINGARTNER, Karl: Die Verlagsanstalt Tyrolia. Geschichte/Profil/Auftrag. In: Der Volksbote, Nr. 6, 08.02.1969, Festbeilage, S. III-IV

WEINZIERL, Erika: Der österreichische Widerstand 1938–1945. In: SKALNIK/WEINZIERL: Das neue Österreich…, S. 11–29

DIES.: Zwischen Monarchie und Republik, zwischen Diktatur und Demokratie. In: Festschrift: 350 Jahre Amtliche Linzer Zeitung…, S. 30–35

WERNER, Karl-Heinz: Österreichs Industrie- und Außenhandelspolitik 1848–1948. In: MAYER, Hans: 100 Jahre…, S. 359–479

WERSIG, Gernot: Inhaltsanalyse. Einführung in ihre Systematik und Literatur. 3. Auflage. – Berlin: Spieß 1974

WINDISCH, Paul: Parteien in Österreich. Ihre Geschichte, ihre Ideologie. – Wien: Leopold-Figl-Institut 1981

WOLF, Peter Heinrich: Die Zeitungen von Tirol und Vorarlberg 1814–1860. – Innsbruck: Phil. Diss. 1957

ZALLINGER-THURN, Bernhard von: Die Grundlagen der Südtiroler Politik (1914–1946). – Bozen: Selbstverlag 1949

ZENDRON, Othmar: Die Kommunistische Partei Österreichs im Kampf gegen den Nationalsozialismus. 1938–1945. – Salzburg: Hist. Hausarbeit 1980

ZÖLLNER, Erich: Geschichte Österreichs von den Anfängen bis zur Gegenwart. 3. Aufl. – Wien: Verlag für Geschichte und Politik 1966

DERS.: Öffentliche Meinung in der Geschichte Österreichs. – Wien: Bundesverlag 1979

ZOLLER, Griet: Die Parteizeitung und ihre Probleme. Nachgezeichnet am Beispiel der Tiroler Nachrichten, Neue Tiroler Zeitung. – Salzburg: Phil. Diss. 1987

d) Zeitungen

Alpenland 1920–1934
Arbeiter-Zeitung – Tirol-Ausgabe 1957–1969
Aussferner Bote 1922–1941
Aussferner Zeitung 1913–1919
(Der) Bote für Tirol 1813–1940, 1946 ff.
Bozner Nachrichten 1893–1925
Bozner Zeitung 1856–1922
Brixener Chronik 1888–1925
Der Burggräfler 1883–1925
Der Tiroler / Der Landsmann 1899–1925
Innsbrucker Nachrichten 1854–1945
Innsbrucker Neueste Nachrichten / Innsbrucker Neueste / Neueste Morgen-Zeitung / Neueste Zeitung 1913–1944
Innsbrucker Zeitung 1933–1937
Kitzbüheler Anzeiger 1908–1919
Lienzer Nachrichten 1911–1945
Lienzer Zeitung 1886–1915
Meraner Zeitung / Südtiroler Landeszeitung 1867–1926
Nordtiroler Zeitung 1909–1919
Die Post / Tiroler Post / Der Oberländer / Oberländer Wochenpost 1899–1919
Schwazer Lokal-Anzeiger /1908–1919
(Allgemeiner) Tiroler Anzeiger 1908–1938
Tiroler Bauern-Zeitung / Tiroler Landbote / Der Landbote 1902–1945, 1946 ff.
Tiroler Grenzbote / Tiroler Volksblatt 1871–1945, 1952 ff.
Tiroler Land-Zeitung 1892–1919
Tiroler Nachrichten / Neue Tiroler Zeitung 1945–1973/1990
Tiroler Neue Zeitung 1945–1956
Tiroler Soldaten-Zeitung 1915–1917
(Neue) Tiroler Stimmen 1861–1919
Tiroler Tageszeitung 1945 ff.
(Deutsches) Tiroler Volksblatt / Südtiroler Volksblatt 1898–1925
(Deutsche) Volks-Zeitung 1892–1939, 1945–1957
Wörgler Anzeiger 1908–1919

Verzeichnis der Graphiken und Tabellen

Graphik 1: Organisation des Eherverlages 1944: Reichsleiter für die Presse der NSDAP 39
Graphik 2: Presse- und Propagandaorganisation des Gaues Tirol-Vorarlberg im NS-Staat ... 62
Graphik 3: Wagner: Buchhandlung, Verlag und Druckerei 1554–1955 80
Graphik 4: Marianische Vereinsbuchhandlung und Buchdruckerei A. G. und 'Tiroler Stimmen' 147
Graphik 5: Die Entwicklung der Verlagsanstalt Tyrolia 162
Graphik 6: Zur Geschichte der Zeitung 'Der Burggräfler' 305
Graphik 7: Die Ausschaltung der deutschsprachigen Presse in Südtirol unter dem Faschismus . 343
Graphik 8: Veränderungen der Gesinnung/politischen Richtungen der Zeitungen 393
Graphik 9: Veränderungen der Zeitungen in der Verleger- bzw. Eigentümerstruktur 395
Graphik 10: Auflagenentwicklung 1914–1945 401

Tabelle 1: Die Zeitungen in chronologischer Reihung nach ihrem Gründungsjahr 45
Tabelle 2: Auflagen 1914 und 1918 402
Tabelle 3: Auflagen 1925 und 1932 403
Tabelle 4: Auflagen 1939, 1944 und 1945/46 403

Register
Personen – Verlage – Druckereien

Abram, Simon 115, 122, 127, 132
Adler, Friedrich 125
Adler, Viktor 126
Adamovic, Ludwig 196
Aichinger, Karl (Carl) 266, 270, 331, 333
Amann, Hans 212
Amann, Max 37–39, 95
Amann, Simbert 255, 259, 261–263, 266, 270
Amonn, Philipp Jakob 298
Anders, Karl 359
Angerer, Johann (Hans) 95, 267
Anzengruber, Ludwig 122
Aricochi, Alois 115, 119–120, 126, 131
Athesia (Verlag, Druckerei) 98, 165
Auer, Alois (Druckerei, Verlag) 302–303, 305, 310, 312–313, 317–318, 394–395
Auer-Laurin (Verlag) 300
Aufschlager, Johann, 146–147, 148
Austerlitz, Friedrich 131

Baader, August 266, 270, 272
Bacher, Franz 321, 329
Baldauf, Franz 155, 346, 372, 374
Barth, Josef 321
Bator, Hans 207
Bauer, Otto 130–131
Bauernfeind, Leopold 155, 168, 250–253, 255, 258, 261–263, 360, 373–375
Baumgärtner, Ernst Georg 23
Baur, Wilhelm 39
Becker, Gustav 219
Bender, Josef 116
Benedict, Hans 260
Benedikt, Robert 410
Benkovic, Stefan 365, 368, 374–375
Berchtold, Sigmund, 155, 160
Berger, Otto 50, 209
Bergland(-Presse) 52, 78, 82, 87, 90–92
Berlanda, Emil 140, 373, 375
Béthouard, Emile Marie 67, 349, 366
Blattl, Josef 219, 229, 232, 234–235, 237, 375, 380
Blobel, Oskar 183
Blumthaler, Ruth 23
Brandl (Polizeipräsident Wien) 110
Breit, Gerda 21–22, 248

Broniewski, Erwin 332
Brost, E. 409
Brugger, Anton 277
Brunner, Erwin 21–22, 288, 296
Buchacher, Robert 22
Buchroithner, Engelbert sen. 81–82, 90, 92, 375
Buchroithner, Engelbert jun. 81–82
Buchroithner, Hellmut (Helmut) 81–82, 354, 375
Buchroithner (Familie) 65, 81–83, 351
Bürckel, Josef 36, 234
Bürzel 327
Burger, Josef 312, 315
Burtscher, Johann 116
Buzas, Herbert 375–376

Caucig, Franz von 74, 99
Christoph, Edmund 93, 111
Cerny, Anton 116
Cornides, Karl 356–362, 372–373, 376
Coufal 121
Credaro, Luigi 339, 340
Csoklich, Fritz 23

Dallago, Karl 84
Dankl, Viktor 183–184
D'Annuncio, Gabriele 327
Danzer, Karl (Carl) Maria 127, 155, 172
Defregger, Franz von 183
Degasperi, Alcide 352
Denz, Egon 93, 111, 216
Deutsch, Julius 141
Deutscher Alpenverlag 58, 65, 83, 163, 167, 357, 377, 380, 384
Dichand, Hans 408
Diebow 223
Dietrich, Georg 74, 211
Dietrich, Otto 94, 97, 205
Dillersberger, Josef 223, 226
Dingenauer, Gallus 79–80
Dinghofer, Franz 89
Dinkhauser, Josef 359
Dissertori, Alfred 312, 317
Dönitz, Karl 99
Dörrer, Anton 23
Dolleneck, Leo 89, 137

Dollfuß, Engelbert 35, 55, 92, 109–110, 131–132, 136, 177–179, 195–196, 203, 216, 232–233, 236, 361
Domanig, Maria 158
Dovifat, Emil 15, 17
Drißner, Ernst 100
Duregger, Peter 254

Ebenberger, Hans 116
Eberl, Harald 75
Eberle, Josef 16, 19, 280
Eberle, Josef (Druckerei) 26, 279, 298, 394–395
Eberlin, Anton 303–306, 394–395
Edlinger, Anton 289
Edlinger (Druckerei) 26, 120–121
Egger, Josef 320
Egger, Josef (Druckerei) 248–250, 255, 257–259, 394–395
Egger-Lienz, Albin 79, 183, 266, 271
Eher, Franz (Nachfolge-Verlag GmbH) 37, 81–82, 223, 234, 428
Eichhorn, Joseph 255, 257–258, 395
Eigentler, Ernst 22
Einhauer 202
Eisendle, Josef 336–337
Ellmenreich, Albert 286, 289, 294–295
Ellmenreich, Friedrich Wilhelm 286, 288–289, 291, 293–294, 394–395
Ellmenreich, Oskar 289, 294–295
Ellmenreich (Druckerei) 48, 342
Emanuel III. 327
Emmer, Johannes 89
Ender, Otto 90
Erler, Josef 84, 183
Eugen, Erzherzog 183

Fabris, Hans Heinz 18
Falser, Heinz von 199
Fasser, Ludwig 159
Faßl, Karl 116
Feller, Hans 279
Feller(sche Druckerei) 279, 281–282, 394–395
Ferdinand Karl, Erzherzog 24
Ferrari, Gotthard 279–280, 297–299, 305, 394–395
Ferrari, Josef 333
Ferrari (Druckerei) 26, 48, 161–162, 298, 300, 303, 305, 310, 317–318, 333
Feuerstein, F. A. (Druckerei) 120
Ficker, Ludwig von 82
Fingerl, Jakob 116
Fingeller, Hans 229
Fischer, Ernst 367
Fischer-Poturczyn, Fritz 212
Fischnaler, Konrad 89

Fleischmann, Gerald 22
Flöckinger, Hans 66, 116, 139–140, 373, 376
Flöckinger, Hermann 121
Flöckinger (Druckerei) 49, 115
Florineth, Anton 304–305
Fontana, Josef 23
Frank, Friedrich 215–216
Franke, Traute 185–186
Franz Ferdinand, Erzherzog 192
Franz Josef I., Kaiser 49, 86, 150–151, 271, 287, 292, 309, 327
Frauenfeld 176
Frei, Norbert 20
Freudenberger, Hermann Heinrich 268
Frey 368
Frick, Karl 374, 376
Friedl, Ferdinand 116
Fritz, Günther 140, 373, 376
Frohnweiler (Druckerei) 66, 116, 139
Fromm, Karl Josef 298
Fuchs, Ernst 365, 369
Fuchs, Franz 312
Fuchsbrugger, Peter 250, 266, 270, 321, 331, 335, 342
Funke, J. 409

Gäch, Hans 79–80
Gallifet 360
Gamper, Hans 156, 350, 359–360, 362, 372, 377
Gamper, Michael 22, 165, 299, 336, 342
Gasser, Vinzenz 148
Gatterer, Claus 360
Gebhard, Andreas 253, 255, 259–263
Gebhart, A. 321
Gehler, Michael 23
Geissler, Kurt 363
Giolitti, Giovanni 327
Glaser, Hans 81–82, 90
Glatz, Sebastian 304–306
Gleinsler 124
Goebbels, Josef 37–38, 62–63, 110
Görlich, Hans 279–280, 282–284, 394–395
Gössl, Franz 377
Götzfried, Leo 200
Gottschlich, Maximilian 17
Graßner, F. J. 210
Grebmer zu Wolfsthurn, F. F. von 81–82
Greinz, Rudolf 183
Grissmann, Louis 250
Gröbner, August P. 188, 197
Größl, Franz 267
Groh, J. 207
Gross, J. 81
Groth, Otto 16
Grothe, Günther von 81–82

Gruber, Alfons 23
Gruber, Karl 348, 352, 359, 386
Grünau, Freiherr von 210
Gruener, Franz 89, 127
Grünspan 111
Grundstein, Alfred 377
Gschnitzer, Franz 377
Guadagnini, Giuseppe 344
Gufler, Josef 145, 149, 152, 155, 173, 273, 297–298, 299–300
Gutenberg, Johannes 16
Gvatter, Karl 115, 120, 126, 131–132, 140, 346, 350, 377

Habsburg (Kaiserhaus) 236
Hämmerle, Elisabeth 22
Hagemann, Jürgen 38
Hagemann, Walter 16–17
Haider, Friedl 267
Hammer, Heinrich 90, 377
Haniel (Staatssekretär) 213
Hardt-Stremayr, Rainer von 74
Harrer, Josef R. 378
Hatz, Günther 410
Hatzer, Bartholomäus 321
Hauser, Rolf 115
Hausjell, Fritz 23, 370, 376
Hausschild (Hauschild), Eberhard 80, 83
Hauzwicka, Rudolf 116
Heine, Heinrich 122
Heinz, Alois 142
Heiserer, Karl 200
Heitzinger, Josef 219
Henggi, Franz 252
Hennersdorf, Felix 23
Herbert, Ludwig 223
Herdlitzka, Arnold 65, 351, 378
Herre, Paul 23
Hertz, Martin 348
Herzweg, Georg 122
Hilber, Bruno 200
Hilpold, Hans 199
Hilpoltsteiner, Franz 268
Himmelreich, Josef, 22, 257, 260–261, 280
Hindenburg, Paul von 133
Hinz, Paul 239
Hitler, Adolf 13, 36, 38, 64, 78, 91, 93–94, 96, 99, 109–110, 131–132, 137–138, 176, 179, 181, 203–204, 232, 234, 236, 273–275, 346, 353, 361, 369
Hittmair, Margarete 81
Hittmair, Rudolf 378
Hodny (Major a. D.) 109
Höger (bayer. stellv. Ministerpräs.) 133
Höller, Rupert 24, 79–80

Hoeniger, Karl Theodor 297
Höpfel, Jutta 378
Hörtnagl, Hans 90
Hofer, Franz 61–64, 95, 97, 99, 109, 139, 166, 197, 274–275, 348
Holdenried, B. (Druckerei) 200, 205, 394–395
Holzhammer, Josef 121–122
Holzmann, Hermann 267, 277
Hradeczky, Arthur 207
Hüttenberger, Franz 116, 139–140, 142
Hütter (Leiter d. ital Pressedienstes) 214
Hugenberg, Alfred 210
Huk, Emil 365–366, 374, 378
Hunold, Balthasar 84
Hurdes, Felix 362
Hussarek, von (Ministerpräs.) 126

Ihrenberger, Maria 202
In der Maur, Gilbert 88, 128, 174, 207, 209–215, 378, 382
Innerhofer, Franz 213, 339
Innitzer, Theodor (Kardinal) 204

Jagschitz, Gerhard 23
Jandl, Carl (Druckerei, Verlag) 26, 48, 288, 303–306, 395
Janetschek (Bez.-Hptm. Kufstein) 232
Jehly, Georg 148–149, 273, 306
Jenewein, Max 356, 358
Jenny, Rudolf (Christian) 84, 95, 105
Jenny, R. & M. (Druckerei) 42, 44, 102, 105, 108, 394–395
Jentzsch, Hans 211
Joksch, M. 207, 215
Jordan, Franz 84
Junger, Franz 321
Junker, Helmut 55, 135
Jury (Staatsrat) 234

Kaesbach, Karl-Heinz 372, 378
Kainrath, Ernst 74, 61, 94–95, 97, 99, 102, 111, 370, 379
Kaltschmied (Buchhandlung) 106
Kapferer, E. 244–245, 395
Karl I., Kaiser 14, 126, 151, 170, 193, 226, 326
Kathrein, Rudolf 267, 277
Kathrein, Theodor Freiherr von 148, 150, 292
Kauer, Alfons 115
Kautsky, Karl 120, 132
Kehrle, F. H. 163, 167–168
Keller, Karl 200
Keller, Max 369
Keller (Gebrüder) 200, 205
Kellner, Adolf Oskar 212
Keuschnigg, Georg 267, 277

Kienzl 271
Kiesel, Maria (Marie) 81–82, 90
Kiesel, Reinhold 74, 81–82
Kiesel (Verlag) 48–49, 51, 81–82, 86, 89–90, 102, 124, 188, 192
Kieslich, B. 188
Kinz, Paul 62, 267, 273
Kirchberger, A. 188
Kirchebner, R. 188
Kirchlehner, Theodor 170
Klein, Ludwig 116, 119, 139–141, 373, 379
Kleindl, Karl 116
Kleißl, Robert 266
Klotz, Anton 23, 58, 65–66, 67, 165, 167, 175, 178, 340, 346, 349–351, 353, 372, 379
Kneringer, Paul 260
Kness (Kneß), Hans 165, 340, 358–359, 380
Knittel, Hildebert 199–200
Knittel, Josef 199–200, 202
Knittel, Karl 200
Knittel, Oscar 200
Knittel (Brüder) 204, 385
König, Ludwig 219, 287
Kössler, Gabriele 18
Kolb, Franz 350
Kometer, Bartholomäus 146–147
Kompein, Simon 380
Kopelnig, J. 367
Koppelstätter (Verlag) 26, 249
Kostenzer, Hans 136
Kraft, Emil 292
Krainz, Winfried 207
Kranewitter, Franz 84, 111
Kratz, Friedrich 203
Kravogl (Bez.-Hptm. Reutte) 202
Krebs, August 223
Kröll, H. 116
Kutschera, Heinrich 17–18

Lampe, Carl 255, 257, 266, 272–273
Lampe, C. (Druckerei) 51, 394–395
Lampert, Karl 167, 372, 380
Langhans, J. E. 74, 78–79
Lantschner, Fritz, 215–216, 274–275
Lap, Michael 380
Lapper, Karl 62–63
Laurin (Druckerei, Konsortium) 300, 303, 305, 309–310, 317, 394–395
Lauterer, C. (Druckerei, Verlag) 260–262, 394–395
Lazard, Didier 352
Lechner, Franz 267, 277
Leers, Johann von 74
Lehmann, Hans 348
Lemhoff, Eugen 85

Lenart, Birgit 22
Leopold I., Kaiser 24
Leuthner, Karl 123
Lezua, Arthur 62–63
Liensberger, Bernhard 410
Linhart 368
Linzbach, Josef 336
Lippott, Adolf 219, 236, 380
Lippott, Eduard d. Ältere 219, 224, 228, 230
Lippott, Eduard d. Jüngere 219, 224–226, 229–230, 234, 236, 380
Lippott (Druckerei, Verlag) 26, 42, 49, 60, 219, 231, 234, 237, 395
Ludwig, Eduard 110, 224, 230, 362
Lueger, Karl 26
Lugger, Alois 362
Lustmann, Ellek 380
Lutterotti, Otto 381

Mackowitz, H. von 188
Magenschab, Hans 18
Mahl, Hans 183, 238, 240–241
Mahl, J. G. (Johann Georg) 26, 48, 238–240, 242, 253–254, 394–395
Maierhofer (Mairhofer), Hieronymus 314, 333
Mair, Erich 155, 331, 335, 360, 381
Mair, Ernst 381
Malfertheiner, Michael 321
Manhardt, Auguste von 102, 207
Mankiewics (Direktor Dt. Bank) 210
Mantl, Robert 362
Marcic, René 18
Marek, Hans 207
Margreiter, Fritz 348
Marianische Vereinsbuchhandlung 146–148
Marshall, George Catlett (-Plan) 31, 369
Martinides, Leonidas 381
Mataja, Heinrich 327
Matteotti, Giacomo 341
Mayer, Oswald 116
Mehoffer, Viktor von 287
Meißner (dt. Staatsminister) 96
Meixner, Robert 252, 321, 328
Menzel, Josef 115, 131
Metternich, Klemens Fürst von 185
Metzler, Hans 381
Miller, Fritz 351
Mitterer, Fritz 65
Mitterer, Ignaz 320, 322
Mörl, Anton 53, 110, 134, 232–233, 254
Molden, Fritz 348
Moroder, Alexandra 22
Moroder-Lusenberg, Wilhelm 321
Moser, Joseph Stephan (Stefan) 42, 65, 348, 351–354, 375, 381–382, 387

Moy de Sons, Ernst Freiherr von 146–147
Müller, Ernst 65, 116, 126, 129, 351
Müller, Adam Heinrich 189
Müller (Dr.) 197
Muigg, Josef 359
Musil, Robert (Dr., Oberleutnant) 182
Mussolini, Benito (Duce) 14, 175, 301, 310, 317, 339–340, 343–344, 353
Muzik, Peter 65

Nagel, Georg 239
Nayer, Manfred 351, 382
Neckermann, Karl 321
Negrelli, Leo 295
Nemec, Leopold 340
Neuner, Alois 188
Neuner, L. 74
Neurauter, F. 116
Niederegger, Alfons 253
Nikolussi, Franz 321, 331
Nitsche, Josef 312
NS-Gauverlag (und Druckerei Tirol GmbH) 58–60, 65, 82–83, 98–99, 111, 138, 188, 196, 205, 267, 269, 275–276, 351, 370, 375, 377–378, 394–395

Oberkofler, Anton 312–314
Oberkofler, Gerhard 23, 121
Oberkofler, Josef Georg 331, 336
Obermoser, Johann 273
Oetzbrugger, Egon 382
Olbert, Fritz 22, 74, 116, 120, 136, 138, 382
Ongania, Karl 168
Oppenauer, Johann 215
Oppenauer, Sepp 207, 216
Orlando, Vittorio Emanuele 338
Orszag 124
Ortega y Gasset, José 11

Pahle, Alois 253, 357
Pardeller, Josef 312
Parteli, Othmar 23
Paulin, Karl 74, 89, 97, 105, 110, 372, 382
Paupié, Kurt 22, 170
Paur, Daniel 79–80
Paur, Hans 79–80
Paur, Hieronymus 80
Pavaloni 95
Pech, Franz 168, 250
Pecori-Giraldi, Guglielmo 338
Peinsipp (Dr.) 253
Pembaur, Walther 207, 211, 215, 383
Perathoner, Julius 281–282, 333, 340
Pettauer, Felix 365, 367
Pfeiffersberg, Max von 297

Pfister, Hans 51, 54, 102, 134–135, 136, 212
Pflügl (Dr., Unterstaatssekretär a. D.) 224, 229, 233–234, 383
Pichler, Adolf 84
Pichler, Kurt 74
Piech, Alfred 74, 95, 102
Piernsieder, Josef 24
Pilz (Minister) 196
Pirmoser 224, 230
Pisecky, Franz 56, 62–63, 96
Pitra, Franz 297–298
Pitter, Andrä 253
Pittermann, Bruno 141
Pius X., Papst 308, 316
Plattner, Friedrich 216
Platzgummer, Adolf 358
Plohovich, Georg 159
Pölt-Nordheim, Klara 183
Pötzelberger, S. (Druckerei) 286, 289, 291, 293–295, 342, 394–395
Popp, Othmar 54, 56, 116, 134–136
Populorum, Adolf 116
Prachensky 124
Prakke, Henk 15, 41
Prangner, Vinzenz 314
Prechtl, Hermann 44, 102, 105–108
Princip, Gavrilo 326
Procopovici, Ernst 383
Promberger Murr & Co. (Buchhandlung) 331, 333
Prüller, Walther 409
Pürer, Heinz 17
Pustet, Anton (Verlag) 167

Raab, Julius 196
Rabitsch, D. 267
Rainer, Franz 252
Ramminger, Helmut K. 22
Rapoldi, Maria 116, 124
Rapoldi, Martin 115, 121–123, 126, 130
Rappel, Johann B. 224
Rauch, Felician 24–25, 51, 79, 146–148, 167, 188, 198
Rehwald, Herbert 207, 216
Reid, Albert 348
Reinl, Kurt 267, 274
Reinmann, Bernhard 333
Reisacher, Benedikt Karl 24
Reisch, Hans 234
Reisch, Max 111
Reischach (Graf) 74
Reiss, A. 81
Reitan, Claus 407
Reiter, Ferdinand 155
Renner, Karl 120, 132, 141, 151

Reut-Nicolussi, Eduard 336, 338–339, 350, 358, 362, 372, 376, 383
Richter, Fritz 74, 267
Richter, Heinrich 320
Rieck, Eduard 81
Rieder, Max 383
Riedl, Ingeborg 23
Riedmann, Josef 23
Rieger, Sebastian (Reimmichl) 249, 269, 272, 320
Rienhardt, Rolf 38–39
Rimbl, Balthasar 314
Ritzer, Martin 225, 231, 263
Röhrl, Richard 65, 162–163, 166–168
Rohracher, Franz 239
Rohracher, Josef Anton 238–239, 242
Rohu, Heinrich 75
Romen, Anton 297, 331
Roncay, Josef 116, 349–350, 365–367, 376, 383
Roschmann-Hörburg, Anton Leopold von 189
Rosner, Willi 111
Rott (Staatssekretär, Minister) 137, 196
Rück, Hubert 74, 94, 351
Rühling, Wilhelm 163, 167
Rungg, Josef 266
Rutzinger, Josef 81–82, 90, 214
Rutzinger geb. Kiesel, Frieda 90

Salandra, Antonio 327
Santifaller, Luis 303
Sarcinelli, Ulrich 19
Saska, Ignaz 116, 120–121, 394–395
Sauer, Benedikt 410
Sauter, Juliane 384
Schachenmann, A. 116, 138–139
Schadelbauer, Karl 384
Schärf, Adolf 141
Schaub, Willy 74, 97
Scheidle, Josef 266–267, 273–275, 277, 384
Schiemer, Albert 65, 163–164, 167–168, 380, 384
Schilling, Ferdinand 155, 266
Schlechter, Mathias 255
Schlenk, Günter 362
Schlosser, Hannes 410
Schlüsselverlag 65, 68, 346, 351, 353–354, 382, 394–395, 407
Schmiderer, Richard 253
Schmidt (Staatssekretär) 196
Schmidt, Erich P. 384
Schmidt, Karl Heinz 385
Schmitz, P. A. 159
Schmitz, Richard 168
Schmolke, Michael 12–13, 15, 19, 41
Schneider, Alexander 207, 211, 215
Schneider, Hubert (Druckerei) 52, 116

Schneller, Christian 84
Schober, Johann 90, 109, 130–131, 230
Schönberg, Michael 23
Schöne, Walter 16
Schönherr, Karl 84, 122, 183
Schönwitz, Kurt 61, 74, 83, 96, 138–139, 267, 370
Schöpf, Wendelin 116, 373, 384
Schöpfer, Aemilian 23, 26, 161, 164–166, 168–169, 249, 253, 269–271, 314, 320, 322–324, 326, 329, 333, 380, 394–395
Schopenhauer, Arthur 16
Schraffl, Josef 211, 253, 266, 269–272, 314
Schramm (Dornbirn) 121
Schramm, Heinrich 260, 262–263
Schreiner 121
Schrott, Christian, 313
Schuler, Franz 267
Schullern, Heinrich von 183
Schulmeister, Otto 24
Schulz, Hugo 123
Schumacher, Anton 79–80, 83, 85
Schumacher, Casimir 79–80
Schumacher, Eckart von 79, 81–82, 84, 90, 122, 192
Schumacher, Franz 151, 253
Schumacher, Johann (Nepomuk) 79–80, 83
Schumpp, Wolfgang 79–80
Schuschnigg, Arthur 385
Schuschnigg, Kurt von 93, 110, 136–137, 179, 181, 203–204, 233–234, 236, 273, 361, 379
Schwärzler, Alois 249
Seidl, E. R. 207
Seidl, Josef 74, 94, 102, 385
Seidler, Ernst 126
Seipel, Ignaz 129–131, 168, 177
Seitz, Karl 120, 132
Seyß-Inquart, Arthur 56, 93, 110, 138, 196, 234
Sieghardt, August 219, 223–225, 231, 236–237, 385
Sieß, Roman 320
Singer, Josef 200, 202, 204, 385
Sinwel, Rudolf 223, 227–228
Skorpil, Robert 159
Sonnewend, G. 357
Sonnino, Giorgio 327
Sonnweber, Hans 267
Spielmann, Erwin 74
Spielmann, Karl 116
Spin, Richard 51
Spirek, Rudolf 155, 160, 321, 356–359, 361–362, 373, 385
Springer, Axel (Verlag) 354, 382, 409
Steidle, Richard 109, 386
Steinkeller, Anna 410
Steurer, Leopold 23
Stifter, Hubert 89
Stinnes, Hugo 50, 210

Stockhausen, B. (Verlag) 26
Stockhausen, Jean Baptiste 286, 288–289, 394–395
Stoisavljevic, Peter 22, 248, 259–263
Stolz, Otto 89
Straffner, Josef (Sepp) 89–90, 109, 172, 209–210, 215, 224, 231
Stratmann, Ludwig 386
Streiter, Josef 281, 313
Stresemann, Gustav 210, 215, 335, 340
Strobel, Alfred 61, 86, 89, 94–95, 102, 108–111, 386
Stürgkh, Karl 125, 192, 315
Stumpf, Franz 89, 131, 173, 203, 232, 272
Styria (Verlag) 167
Sündermann, Helmut 95, 236
Sueti, Friedrich 279, 281, 298, 394–395

Tafatscher, Franz 89
Tauch (Minister) 196
Thaler, Franz 306
Thaler, Joseph 303–304, 306; 310
Thiel, Anton 386
Thoma, Ludwig 122
Thomas, Wolfgang 386
Tolomei, Ettore 335, 338, 340
Tragseil, Franz Xaver 273
Trattner, Johann Thomas Edler von 24
Treichel, Simon 75
Tschögl, Rudolf 23
Tschugmell, Johann 188, 190, 193
Tschurtschenthaler, Georg 211
Turba, Franz 102
Tyrolia (Verlag, Druckerei) 6, 14, 22, 26–27, 42, 45–46, 48–49, 51–52, 58, 65–66, 83, 155, 159–171, 177, 179–182, 248–253, 255–256, 258–263, 266–267, 269–272, 277, 282, 284, 289, 293, 298–300, 305, 309–310, 317, 320–321, 324, 326, 329, 331, 333–336, 342, 346, 348, 352, 356–361, 372, 374, 376, 380, 383–385, 392, 395, 406, 428

Untersulzner, Alois 331

Valussi, Karl Eugen 314
Veider, Andreas 253
Verninger, Wilhelm 207
Viertler, Michael 116
Vittorelli, Cesare 342
Völker, Hans 155
Vogelweider (Verlag) 165, 305, 310, 317–318, 321, 331, 335, 337, 342, 344
Volgger, Franz 20, 22, 280, 296
Vonbank, J. G. 148

Wagner, August 115, 126

Wagner, Jakob Christoph 80
Wagner, Johann Nepomuk 80
Wagner, Kurt 74, 267
Wagner, Michael Alois 24, 79–80
Wagner, Michael Anton 79–80
Wagner, R. 102
Wagner('sche Univ.-Buchdruckerei/Verlag) 5, 12, 14, 25–27, 39, 45, 48–49, 51, 58, 65–66, 74, 78–83, 88–90, 95, 100, 102, 107–109, 116, 139, 146, 159, 188, 190, 192–194, 196, 198, 214, 346, 348, 351–352, 354, 356–357, 360, 365–366, 369, 375, 378, 382, 394–395, 405, 411, 428
Waitz, Sigismund 252, 272, 313–314, 316, 320, 322, 324
Wallpach, Arthur von 84
Walter, Kurt 82
Wassermann, Vinzenz 83
Weger('sche Druckerei) 320, 322, 394–395
Wehner, Eduard 78
Weiskopf, Michael 165, 321, 331, 340, 350, 387
Weißgatterer, Alfons 357, 360, 372, 377, 386
Weithaler (Dr.) 357
Werk, Franz 200, 204–205, 385, 394–395
Weymüller 349, 351, 357
Wieser, Albert A. 74, 81–82, 102
Wieser, Josef 224
Wildmann, Josef 298
Wilfert 368
Wilke, Jürgen 15
Williamson, James W. 348, 378
Wilson, Woodrow 127, 338
Winkler, Ernst 253
Winkler, Josef 116, 130
Winter 135
Witting, Andreas 146–147
Witting (Druckerei) 26
Wörndle, Heinz von 183
Wohlgemuth, J. (Druckerei) 303, 305, 312–313, 394–395
Wolf, Franz Ferdinand 408
Wolf, Peter Heinrich 22, 43
Würthle, Fritz 357, 376, 387
Wurm, Jörg 273–274, 275

Zallinger, Bernhard von 294
Zangerle, Hans 199
Zaunrith (Druckerei) 268
Zech (Stadtrat) 215
Zech, Rudolf (Druckerei) 49, 121, 244–245, 395
Zernatto (Staatssekretär) 196
Zimmer, Reinhold 140, 387
Zingerle, Ignaz von 84
Zoller, Griet 23

HANDBUCH ZUR NEUEREN GESCHICHTE TIROLS

Gesamtleitung Helmut Reinalter

BAND 2
Zeitgeschichte

herausgegeben von
Anton Pelinka und Andreas Maislinger

1. Teil: **Politische Geschichte.** 13 Beiträge mit 115 Tabellen und 12 Graphiken auf 671 Seiten. Abkürzungs- und Literaturverzeichnis, Namen- und Ortsregister.
2. Teil: **Wirtschaft und Kultur.** 11 Beiträge mit 81 Tabellen und 51 Graphiken auf 582 Seiten. 40 z. T. farbige Bildtaf., Abkürzungs- und Literaturverzeichnis, Namen- und Ortsregister.

1993. Leinen mit Schutzumschlag. ISBN 3-7030-0259-X.

Die beiden Teilbände werden nur gemeinsam abgegeben.
öS 1.140,–/DM 163,–/Lire 140.000,–

Die Landesgeschichtsforschung hat in den letzten Jahrzehnten einen großen Aufschwung genommen, die Beschränkung auf einseitig territorial-dynastische Betrachtungsweise aufgegeben und ihren Inhalt sowie ihre Methoden verfeinert: Heute zieht sie stärker interdisziplinäre, strukturgeschichtliche und vergleichende Arbeitsweisen heran.

Mit dem Anspruch einer modernen und umfassenden Geschichte des Landes Tirol seit 1500 auf dem Boden neuester Forschungen hat sich eine Gruppe von Historikern, Politologen, Ökonomen, Kunsthistorikern, Germanisten, Musik- und Religionswissenschaftlern zusammengetan, um ein Handbuch zur neueren Landesgeschichte zu verfassen, wobei die Vielfalt der Meinungen und Interpretationen bewußt intendiert ist und anregen und provozieren soll.

Das Handbuch ist auf zwei Bände geplant: Der erste umspannt die Neuzeit von Kaiser Maximilian I. bis zum Ersten Weltkrieg und wird in Längsschnitten auch die Volkskunde, Literatur, Musik und Kunst dieser Epoche behandeln. Dieser Band ist derzeit noch in Arbeit und soll in absehbarer Zeit folgen.

Der zweite Band setzt sich in zwei Teilbänden mit der Zeitgeschichte Tirols auseinander: Er gibt einen systematischen Einblick in die Geschichte des Landes Tirol von 1918 bis in die unmittelbare Gegenwart.

Tirol im Ersten Weltkrieg

Politik, Wirtschaft und Gesellschaft

Hg. v. RICHARD SCHOBER und ROLF STEININGER

Die militärische Lage Tirols während des Ersten Weltkriegs wurde in zahlreichen Publikationen dargestellt. Die zivilen Belange des Landes zwischen 1914 und 1918 sind aber noch kaum erforscht. Diese Reihe soll dazu beitragen, dieses Forschungsdefizit abzubauen. Die Autoren befassen sich auf breiter Quellengrundlage mit den politischen, wirtschaftlichen und sozialen Gegebenheiten der Kriegszeit. Bisher sind 2 Bände erschienen.

Als nächster Band ist eine Forschungsarbeit über die **Presse und Zensur** geplant. Weitere Arbeiten über die Kirche und die Militärgerichtsbarkeit in Tirol während des Ersten Weltkriegs sind in Vorbereitung.

Band 1: GERD PIRCHER, **Militär, Verwaltung und Politik in Tirol im Ersten Weltkrieg.** 1995. 252 Seiten, 4 Bildtafeln, brosch. ISBN 3-7030-0288-3, öS 380,–/DM 54,–

Der Zivilbevölkerung an der südlichen Tiroler Landesgrenze brachte der Erste Weltkrieg besonders harte Eingriffe. Mit dem Kriegseintritt Italiens machte sich im Trentino eine Verschärfung des Nationalitätenkonflikts bemerkbar. Die Evakuierungen im Grenzgebiet und die Zwangslage der Flüchtlinge, denen von großen Teilen der Deutschtiroler Bevölkerung mit Mißtrauen begegnet wurde, trugen dazu bei. Schließlich arteten sicherheitspolitische Maßnahmen gegen irredentistisch gesinnte, „politisch unzuverlässige Personen" zu schikanösen Festnahmen unbescholtener Bürger aus. Die überzogenen Maßnahmen der militärischen Stellen führten zu schweren Spannungen mit den zivilen Behörden und verschärften das politische Klima im Land.

Das Buch von Gerd Pircher führt eine Fülle bislang kaum bekannter Fakten an, die zur Verschärfung des Nationalitätenkonflikts in Tirol beitrugen und schließlich zur Verstörung der „österreichischen Idee" im Trentino führten.

Band 2: MATTHIAS RETTENWANDER, **Stilles Heldentum? Wirtschafts- und Sozialgeschichte Tirols im Ersten Weltkrieg.** 1997. 392 Seiten, 32 Bildtafeln, brosch. ISBN 3-7030-0311-1, öS 540,–/DM 78,–

Der entbehrungsreiche Lebensalltag in den Dörfern und Städten während des Ersten Weltkriegs hatte tiefgreifende Auswirkungen auf die gesellschaftspolitische Entwicklung. Er entfremdete eine traditionell kaisertreue Bevölkerung zunehmend der Wiener Zentralregierung.

Die Bauern litten unter überdurchschnittlichen Belastungen seitens der Militärbehörden, die Arbeiter unter der Kriegsleistungsgesetzgebung, Handel und Gewerbe unter der Bewirtschaftung der Bedarfsgüter. Während ihre Männer im Krieg waren, kämpften die Frauen daheim um die tägliche Existenzsicherung. Im Lauf des Krieges stieg besonders im Trentino die Zahl der Haushalte, die unter die Armutsgrenze sanken, dramatisch an.

Matthias Rettenwander hinterfragt das „stille Heldentum" abseits der Fronten. Der Autor schildert den allmählichen Niedergang des Tiroler Wirtschaftslebens und die soziale Verelendung der Bevölkerung während der Kriegsjahre und interpretiert die schwerwiegenden gesellschaftspolitischen Folgen.

ROMAN SPISS

Landeck 1918–1945

Eine bisher nicht geschriebene Geschichte

SCHLERN-SCHRIFTEN 307

1998. 422 Seiten mit 108 Abbildungen. Geb. ISBN 3-7030-0324-3, öS 492,–/DM 70,–

Die Zwischenkriegszeit und der Zweite Weltkrieg waren auch für Landeck, das 1923 zur Stadt erhoben wurde, ein besonders schwieriger Zeitabschnitt.

Detailliert zeigt der Autor auf, wie die massiven wirtschaftlichen Schwierigkeiten allmählich zu einer Radikalisierung der Bevölkerung führten. Heimatwehr, Nationalsozialisten und Kommunisten erhielten immer stärkeren Zulauf. Bei den Gemeinderatswahlen 1933 wurden die Nationalsozialisten zur stärksten Partei. Das Verbot der NSDAP drei Monate nach der Wahl hatte zwar die Aberkennung der NS-Gemeinderatsmandate zur Folge, doch die „Illegalen" machten durch Schmieraktionen, Flugschriften und Sprengkörper weiter auf sich aufmerksam.

Die wirtschaftlichen Probleme der Stadt konnten im Ständestaat nicht bewältigt werden. Auf diesem Hintergrund ist die anfängliche Begeisterung vieler Landecker für den „Anschluß" 1938 zu sehen.

Die Beseitigung der Arbeitslosigkeit innerhalb weniger Monate stärkte zunächst die Position der neuen Machthaber und ließ viele die ersten Warnzeichen übersehen: Schon in den ersten Tagen gab es im Bezirk 78 Verhaftungen, die beiden jüdischen Geschäfte in Landeck wurden zu NS-Trachtenstuben, die höchsten Ämter von Fremden aus dem „Altreich" besetzt.

Erst die Kriegsjahre brachten ein allmähliches Umdenken. Der Fronteinsatz der Männer sollte durch Hunderte Kriegsgefangene und Zwangsarbeiter wettgemacht werden, die als regelrechte Arbeitssklaven eingesetzt waren. Die Lebensmittelversorgung für die Bevölkerung war kaum ausreichend. Von der Front wurden seit 1943 immer mehr Tote gemeldet: Drei Viertel der 229 Gefallenen kamen in den letzten Kriegsjahren um. Die antikirchlichen Maßnahmen und das Euthanasieprogramm der Nationalsozialisten weckten vor allem die Skepsis der religiösen Bevölkerung. Der wachsenden Gefahr der Luftangriffe begegnete man mit Tarnanstrichen öffentlicher Gebäude und mit dem Bau von Luftschutzstollen. Am 5. Mai 1945 verließ der letzte deutsche Divisionsgefechtsstab Landeck.

Roman Spiss hat sich neben der „objektiven" Darstellung der Ereignisse aufgrund der Quellen auch um die „subjektive" Wahrnehmung von Betroffenen bemüht: In einem eigenen Abschnitt läßt der Autor 36 Zeitzeugen zu Wort kommen. Ihre sehr persönliche Sichtweise bereichert die Darstellung ebenso wie die über 100 bislang zumeist noch unpublizierten zeitgenössischen Abbildungen.

UNIVERSITÄTSVERLAG WAGNER · A-6010 INNSBRUCK · POSTFACH 165
TEL. 05 12/58 77 21, FAX 05 12/58 22 09

OSWALD ÜBEREGGER

FREIENFELD UNTERM LIKTORENBÜNDEL

Eine Fallstudie zur Geschichte Südtiroler Gemeinden unter dem Faschismus

1996. 235 Seiten mit 26 Graphiken und 26 Tabellen, 16 Bildtafeln.
Geb. ISBN 3-7030-0304-9, öS 380,–/DM 54,–

„Freienfeld unterm Liktorenbündel" ist die umfassend aufgearbeitete Geschichte einer Südtiroler Kleingemeinde unter dem Faschismus. In acht ausführlichen Kapiteln geht der Autor in einem stark analytischen Forschungsansatz vor allem der Frage nach, wie sich faschistische Politik und Verwaltung in der Gemeinde als unterster Ebene öffentlicher Verwaltung äußerte und welche Bruchlinien und Veränderungsprozesse sie für das öffentliche Leben bedeutete.

SÜDTIROL
UND DER ITALIENISCHE NATIONALISMUS

Entstehung und Entwicklung einer europäischen Minderheitenfrage

In zwei Bänden quellenmäßig dargestellt von Walter Freiberg, hg. von Josef Fontana

Teil 1: Darstellung. 1989. 2., verbesserte Auflage 1994. 445 Seiten mit 36 Abb.
Geb. ISBN 3-7030-0262-X, öS 640,–/DM 92,–/Lire 88.000,–

In den zwanziger Jahren nimmt der Faschismus die Italienisierung Südtirols, für das seit 1923 offiziell nur noch der Name „Alto Adige" zulässig ist, in Angriff. Sie findet ihren Höhepunkt 1939 im Plan, „die Überbleibsel der Barbareneinfälle", die sich jeder Assimilierung widersetzen, zu Auswanderung zu bewegen: Die Südtiroler haben „freie Wahl" – zwischen zwei Diktaturen, zwischen Assimilation und Abwanderung. Aufbauend auf einer Fülle von teilweise schwer einsehbarem Quellenmaterial (vgl. dazu den ergänzenden umfangreichen Band 282/2) hat Kurt Heinricher unter dem Pseudonym Walter Freiberg diese Untersuchungen zum italienischen Nationalismus verfaßt, deren Schwerpunkt die zwanziger und dreißiger Jahre bilden. Josef Fontana hat das Werk überarbeitet und ergänzt.

Teil 2: Dokumente. Enthält 369 Dokumente. 1990. 796 Seiten.
Geb. ISBN 3-7030-0225-5, öS 840,–/DM 120,–/Lire 114.000,–

„Ein hervorragendes Nachschlagewerk", schrieb die FAZ am 17. Jänner 1992 über diese Dokumentensammlung zur Zeit des Faschismus in Südtirol. Die insgesamt 367 Briefe, Akten, Gesetze, Rapporte, Verträge im originalen und vollen Wortlaut haben zur Ergänzung und Revision so mancher Position der Zeitgeschichte geführt. Ein Beispiel: Die Wiedergabe eines Berichtes Giuseppe Mastromatteis an Mussolini, in dem der Präfekt betont, daß Italien die Aussiedlung der deutschsprachigen Bevölkerung Südtirols gewollt und von Hitler verlangt habe, klärt einen bislang strittigen Punkt unter den Historikern; der berühmte Brief des deutschen Botschafters Nadolny in Rom, als „Nadolny-Plan" für eine Option in die Zeitgeschichte eingegangen, erweist sich im vollen Wortlaut als Beleg dafür, daß Italien es war, das auf die Aussiedlung der Südtiroler drängte.

Sonderpreis bei Bezug beider Bände: insgesamt öS 1.240,–/DM 178,–/Lire 170.000,–